사회변혁적 노동조합운동

20세기 초 유럽과 미국의 신디컬리즘

국립중앙도서관 출판예정도서목록(CIP)

사회변혁적 노동조합운동 : 20세기 초 유럽과 미국의 신디컬
리즘 / 지은이: 랠프 달링턴 ; 옮긴이: 이수현. -- 서울 :
책갈피, 2015
        p. ;   cm

원표제: Radical Unionism : the rise and fall of revoluti
onary syndicalism
원저자명: Ralph Darlington
참고문헌과 색인수록
영어 원작을 한국어로 번역
ISBN 978-89-7966-113-2 93900 : ₩22000

국제 노동 운동[國際勞動運動]
생디칼리슴[syndicalisme]
노동 조합[勞動組合]

321.57-KDC6
331.886-DDC23   CIP2015025585

사회변혁적 노동조합운동

20세기 초 유럽과 미국의 신디컬리즘

랠프 달링턴 지음 | 이수현 옮김

책갈피

사회변혁적 노동조합운동
20세기 초 유럽과 미국의 신디컬리즘

지은이 | 랠프 달링턴
옮긴이 | 이수현
펴낸곳 | 도서출판 책갈피

등록 | 1992년 2월 14일(제2014-000019호)
주소 | 서울 성동구 무학봉15길 12 2층
전화 | 02) 2265-6354
팩스 | 02) 2265-6395
이메일 | bookmarx@naver.com
홈페이지 | http://chaekgalpi.com

첫 번째 찍은 날 2015년 10월 5일

값 22,000원

ISBN 978-89-7966-113-2
잘못된 책은 바꿔 드립니다.

차례

1부 신디컬리즘 운동의 동역학

2부 신디컬리즘과 공산주의

감사의 말

내가 다양한 자료를 찾을 수 있도록 도와준 샐퍼드의 노동계급도서관 직원들(특히, 알랭 케이헌)과 맨체스터의 전국노동사박물관, 런던의 영국신문도서관, 디트로이트의 월터루서도서관, 암스테르담의 국제사회사연구소 직원들에게 매우 감사한다. 이 연구는 리프먼-밀리밴드재단과 영국학술원(SG-34667)의 재정 지원을 약간 받았다. 그 덕분에 나는 해외의 기록 보관소를 찾아다니며 많은 자료를 연구하고 영어로 번역할 수 있었다. 또, 내가 각종 토론회에 제출한 글의 초고나 이 책의 각 장 또는 책 전체의 원고를 읽고 통찰력 있는 비평을 해 준 많은 사람들, 특히 데이브 빌, 이언 버철, 존 돕슨, 릭 핼펀, 헬게 호엘, 스티브 제프리스, 존 켈리, 데이브 리든, 앨 레이니, 마틴 스미스, 마틴 업처치에게도 감사한다. 이 책은 내 파트너인 캐럴 맥팔레인의 아낌없는 지지가 없었다면 쓰지 못했을 것이다. 이 책을 우리 딸 사스키아에게 바친다.

약어표

AFL   미국노동총동맹

CGL   노동조합총연맹(이탈리아)

CGT   노동조합총연맹(프랑스)

CGTU   통일노동조합총연맹(프랑스)

CNT   전국노동조합총연맹(스페인)

FAI   이베리아아나키스트연맹(스페인)

IFTU   국제노동조합연맹(암스테르담 인터내셔널)

ISEL   산업신디컬리스트교육동맹(영국)

ITGWU   아일랜드운수일반노조

IWW   세계산업노동자동맹(미국)

POUM   마르크스주의통일노동자당(스페인)

UGT   노동조합총연합(스페인)

USI   노동조합연합(이탈리아)

일러두기

1. 이 책은 Ralph Darlington, *Radical Unionism: The Rise and Fall of Revolutionary Syndicalism*(Haymarket Books, 2013)을 번역한 것이다. 2부 프롤로그와 6장은 천경록이 번역했다.

2. 인명과 지명 등의 외래어는 최대한 외래어 표기법에 맞춰 표기했다.

3. 《 》부호는 책과 잡지를 나타내고 〈 〉부호는 신문, 주간지, 노래를 나타낸다. 논문은 " "로 나타냈다.

4. 본문에서 [ ]는 옮긴이가 독자의 이해를 돕거나 문맥을 매끄럽게 하려고 덧붙인 것이다. 지은이가 인용문에 덧붙인 것은 [— 지은이]로 표기했다.

5. 본문의 각주는 옮긴이가 넣은 것이다.

6. 원문에서 이탤릭체로 강조한 부분은 고딕체로 나타냈다.

7. 단체명은 되도록 한국어로 표기했지만, 자주 등장하는 일부 단체명은 통용되는 로마자 약어로 표기했다(약어표 참조).

한국어판 머리말

  신디컬리즘이 주장한 혁명적 노동조합운동은 자본주의 사회 내 '정상적' 노동조합운동의 고유한 구성 요소 세 가지, 즉 부문주의와 개혁주의와 선거주의(이것들은 근본적으로 [노동계급의 투쟁을] 제한한다)에 강력하게 도전했다. 첫째, 노동조합이 처음 출현했을 때 그것은 계급 전체가 아니라 일부의 조직이었다. 이 점은 노동조합trade union이라는 단어 자체가 원래 특정한 직업trade을 가진 노동자들의 조합union에서 유래했고, 그래서 자본주의 체제가 노동자들에게 강요하는 부문 간 분리를 반영한다는 데서도 드러난다. 노동조합 지도자들은 주로 다른 노조보다 자기 노조 조합원들의 처지를 개선하는 데 관심이 있었고, 자기 노조를 점진적으로 그때그때 편의에 따라 자본주의에 적응시켰을 뿐 운동 건설에는 관심이 없었다. 이와 달리, 신디컬리즘의 목표는 모든 노동자를 아우르는 조합labour union을 새로 건설하(거나 기존 노조를 그렇게 변화시키)는 것이었다. 즉, 노동계급 전체를 포괄해서 모든 사용자와 자본주의 체제 일반에 맞서 계급투쟁을 벌이는 단일한 조직을 건설하는 것이었다.

둘째, 노동조합은 "자본의 침탈에 맞서는 저항의 중심"이었지만[1] 근본적으로 기존 자본주의 체제의 틀 안에서 노동자들의 조건을 점진적으로 개선하는 데 몰두했다. 그래서 협소한 목표, 예컨대 임금 인상을 위해 노력했을 뿐 임금제도 자체의 폐지를 위해 분투하지는 않았다(임금제도가 노동자들한테서 잉여가치를 뽑아내는 데 필수적이었는데도 말이다). 이와 달리, 신디컬리스트들은 노동력이 착취당하는 조건을 개선하려 했을 뿐 아니라, 착취 자체도 없애려 했다. 노동조합운동은 그 목표와 방법이 모두 혁명적이어야 했던 것이다.

셋째, 기존 노동조합은 흔히 경제와 정치의 분리를 바탕으로 자본주의 사회의 변화를 추구하는 의회 사회주의 정당에 종속되는 것을 당연하게 여겼다. 노동조합은 주로 임금 인상과 노동조건 개선을 위한 경제투쟁을 벌이고 사회주의 정당은 노동자들을 대신해 의회에서 정치 활동을 해야 한다는 관점에서, 노동과 자본 사이의 투쟁은 정치적 문제가 아니라 경제적·사회적 문제일 뿐이라고 생각했다. 즉, 노동자 투쟁은 사회주의자들을 당선시키고 그들이 의회에서 사회 개혁 법률을 통과시키도록 하는 활동의 들러리에 불과하다고 봤다. 이와 달리, 신디컬리스트들은 혁명적 노동조합운동을 통한 대중적 노동계급 투쟁이 노동계급의 자기해방과 새로운 사회 건설에 극히 중요하다고 주장했다.

신디컬리즘 운동의 출현과 성장은 노동조합운동의 형태가 고정불변이 아니라는 것을 잘 보여 준다. 노동조합에 관해 마르크스와 엥겔스가 1844~1847년에 말한 것과 1865~1871년에 말한 것이 다르고 1905년 혁명 전에 레닌이 한 말과 혁명 기간에 한 말이 다른 것을 보면, 노동조합운동도 시대에 따라 변한다는 것과 그 성격과 활동 방식은 근본적으로 노동조합이 자본주의의 '정상적' 상황에서 활동하는

지 아니면 혁명적 시기에 활동하는지에 따라 결정된다는 것을 알 수 있다. 분명히, 혁명적 형태의 노동조합운동을 옹호한 신디컬리즘의 매력은 20세기 초의 특정 상황, 즉 자본주의 경제의 변동, 기존 의회 정치와 주류 노동조합운동에서의 소외, 폭발적 수준의 대규모 노동자 투쟁 같은 다양한 요인들이 맞물린 상황 때문에 더 커졌다. 그래서 사회를 변혁할 수 있는 핵심 수단을 혁명적 노동조합운동에서 찾은 것이다.

신디컬리스트들은 노동조합운동 안에 이미 존재했고 전에 드러난 적 있는 긍정적 요소들을 효과적으로 부각했다(비록 그 궁극적 잠재력을 실현하고 한계를 극복하려면 의식적 노력이 필요하다는 것도 인정했지만). 마르크스·엥겔스·레닌·트로츠키·그람시와 그 밖의 혁명적 마르크스주의자들과 마찬가지로 신디컬리스트들도 최소한의 임금 인상과 노동조건 개선을 요구하는 노동조합 투쟁조차 자본주의 체제에 맞서는 투쟁으로 발전할 수 있다고 강조했다. 그러나 그들은 자본주의 사회 내의 노동조합운동의 모순된 성격에 대해서는 그리 민감하지 않았다. 특히, 노동계급이 혁명적으로 투쟁하는 시기에 조차 [노동조합운동에] 내재한 개혁주의와 관료주의 압력에 둔감했다.

신디컬리스트들은 기존의 보수적 노조 관료들, 즉 자본주의의 틀 안에서 개혁을 추구하는 수준으로 계급투쟁을 제한하는 데 물질적 이해관계가 있는 상근 간부들로 이뤄진 사회계층을 신랄하게 비판했다. 특히 영국 신디컬리스트들은 노조 관료의 구실을 분석하고 노조 안에서 관료의 부정적 영향력을 극복할 수 있는 실천적 해법으로 현장조합원 조직을 제안하는 데서 선구적 기여를 했다. 그러나 신디컬리스트 조직 자체도 관료주의의 영향을 안 받을 수는 없었다. 관료주의는 노동조합운동에 고유한 자기 제한적 성격에서 비롯하기 때문이다. 또 신디컬리스트들이 작업장 대표들의 현장조합원 조직이 노동자

권력기관으로 발전할 수 있다는 사실을 깨닫기까지는 러시아 혁명의 충격과 볼셰비키의 영향이 필요했다.

20세기 후반의 신디컬리즘

국제 노동조합운동 안에 의식적으로 조직된 주요 세력으로서 혁명적 신디컬리즘은 더는 존재하지 않는다. 많은 전문가는 혁명적 신디컬리즘을 특정한 역사적 상황의 산물로 보기 때문에 오늘날의 매우 발전한 자본주의 사회에서, 특히 의회 제도가 잘 확립돼 있고 대중적 개혁주의 정당과 잘 조직되고 관료화한 노동운동이 존재하는 사회에서는 혁명적 신디컬리즘이 상시적으로나 광범하게 다시 나타날 가능성은 없다고 생각한다. 그래서 기존 문헌은 거의 모두 신디컬리즘을 기묘한 역사적 현상에 불과한 것처럼 다룬다.

그러나 신디컬리즘의 영향력은 오늘날에도 여전히 남아 있고 그 매력이 완전히 끝장난 것도 아니라는 증거가 있다. 이 점을 분명히 알고 싶으면, 먼저 한쪽 끝에 20세기 초의 의식적으로 조직된 혁명적 신디컬리즘 운동을, 반대쪽 끝에 훨씬 더 다양한 형태의 투쟁적 노동조합운동을 두고 둘을 연결해 보면 된다. 이런 관점에서 보면 신디컬리즘의 가장 기본적 특징 가운데 일부(공격적 산업 투쟁과 노동자들의 독립성을 강조하고 정치를 회피하는 것)는 특정 시기의 산업 투쟁 속에서 되살아났다는 것을 알 수 있다. 예컨대, 1950년대 영국에서는 비록 매우 파편적이고 비정치적이었지만 강력한 직장위원회 운동이 민간 제조업 부문에서 건설됐다. 그 과정에서 현장 노동자들은 '아래로부터 개혁주의'라고 부를 수 있는 전통을 발전시켰는데, 이것은 그들의 독립성과 자주성이 증대했음을 보여 준다. 이 전통은 노동당 국회의원과 노조 상근 간부에게 의지해서 개혁을 추구하도록 부추기는 '위로부터 개혁주의' 전통과는 사뭇 달랐다.[2] 그리고 1970년대에는 광범한 정치사상과 조직 문제를 거부하고 협소하게 작업장과 노동조합 쟁점에만 관심을 갖고 활동하는 투쟁적 노동자 그룹들이 있었다.[3] 따라서 어떤 면에서는 신디컬리즘의 기본적 특징 가운데 적어도 일부는 비록 희석된 형태로나마 때때로 나타난다는 것을 알 수 있다.

그러나 훨씬 더 중요한 점은, 앞서 말한 신디컬리즘 연결선의 중간 부분에서 [1950년대나 1970년대 경향보다] 훨씬 더 발전되고 조직적 기반이 있고 혁명적 염원을 표현하는 경향, 즉 '고전적' 신디컬리즘 전통과 더 비슷한 경향을 발견할 수 있다는 사실이다. 이것이 반드시 혁명적 신디컬리즘 노동조합운동을 오늘날에 맞게 개조하려고 과거의 이론적 전통과 실천적 경험을 재평가하려는 분명한 노력을 나타내는 것은 아니다. 그렇다 해도 최근 몇 년 동안 세계에서 가장 강력하고 급진적인 노동자 운동의 일부에서 '유사 신디컬리즘' 경향이라고 부를 수 있는 다양한 흐름들(특히, 혁명적 산업 투쟁을 강조하면서 정치조직을 거부하는)이 다시 나타났다는 것은 매우 중요하다. 이런 흐름들은 완전히 의식적인 신디컬리즘 조직이나 운동과 달리 신디컬리즘식 사상과 실천의 사례일 뿐이라는 점을 강조해야겠지만, 앞서 말한 다양한 형태의 투쟁적 노동조합운동들보다는 훨씬 더 분명하고 확연하다. 따라서 그런 '유사 신디컬리즘'의 징후가 존재한다는 것을 인정하고, 그 성격과 기원을 이해하고, 20세기 초의 고전적 신디컬리즘 운동과 비교하려고 노력하는 일은 중요하다. [20세기 후반에] 그런 흐름들은 다음과 같은 나라들에서 찾아볼 수 있었다.

(1) 1960년대 말의 미국: 도지혁명적노조운동DRUM은 디트로이트의 여러 자동차 공장에 고용된 흑인 노조 투사들이 노조 지도부의 반

대를 무릅쓰고 벌인 비공인 파업을 계기로 결성됐다. 신디컬리즘 전통에 따라 도지혁명적노조운동은 자본주의를 전복할 수 있는 방법은 오직 혁명적 노동계급 투쟁뿐이(고 그 투쟁에서 흑인 노동자들이 선봉에 설 것이)라는 확신에서 주로 작업장 노조 조직과 현장 투쟁에 집중하는 경향이 있었다. 비슷한 혁명적 노동조합운동은 다른 도시들에서도 건설됐고, 이 다양한 조직이 모여서 혁명적흑인노동자동맹LRBW을 결성했다. 그들의 존속 기간은 약 2년에 불과했지만, 디트로이트의 일부 공장에서는 상당히 강력한 세력이었다.[4]

(2) 1960년대 말과 1970년대 초의 이탈리아: 이른바 '노동자주의' 경향, 특히 로타 콘티누아(계속 투쟁)와 포테레 오페라이오(노동자 권력)는 공산당과 사회당과 공식 노조의 '계급 협력' 노선을 거부한 현장 투사들이 결성했다. 그들은 산업 노동계급과 계급투쟁이 혁명적 사회변화의 수단으로 가장 중요하다고 주장했고 정치 수준에서는 자본주의에 대한 '노동계급의 자율성'을 강조했다. 그들의 영향력은 자발적 노동자 투쟁의 대규모 물결이 이탈리아를 휩쓸고 전통적 조직들을 옆으로 제쳐 버렸을 때는 강력했지만, 노동자 투쟁이 쇠퇴하자 시들해지고 말았다.[5]

(3) 1980~1981년의 폴란드: 노동자 1000만 명을 아우르는 독립적 자치 노조인 솔리다르노시치(연대)는 대중파업의 물결에서 생겨났고, 공산당이 지배하는 국가 관료 기구와 공식 노조의 정치적 정당성에 불만을 품은 수많은 사람들의 정서를 반영했다. 연대노조는 모든 노동자를 (산업·업종·직업의 차이와 상관없이) 신디컬리즘의 이상인 '단일 거대 노조'로 조직했다. 또, 계급투쟁이야말로 사회 변화의 핵심 수단이라고 분명하게 공언했고, 노조 자체가 혁명적 변화의 주요 수단이라고 봤다. 핵심적 관심사는 노동자 통제를 제도화한 구조 속에서 '자주 관리'를 통해 중앙의 국가 계획 입안자들의 권력을 엄격

하게 제한하는 것이었다. 또, '정당정치'도 분명하게 거부했다.[6]

(4) **1980년대 중반의 남아공:** 남아공노동조합회의COSATU 내의 '노동자주의' 경향은 노조가 혁명적 변화의 수단이 될 수 있고 노조는 정치를 피해야 한다고 생각한(중간계급 민족주의 조직에 대한 독립성을 유지해야 한다는 것이 그 이유였다) 흑인 노조 투사들이 결성했다. 그들은 아프리카민족회의ANC의 '포퓰리즘' 전략, 즉 모든 계급을 포함하는 광범한 기반 위에서 무장투쟁과 지역사회 활동을 통해 민족 해방과 다수의 지배를 쟁취한다는 전략을 거부하고, 남아공 자본주의와 아파르트헤이트 국가 둘 다에 맞서 흑인 노동자들의 투쟁을 고무해야 한다고 주장했다. 그들은 상당한 영향력에도 불구하고 점차 ANC에 도전하기가 힘들어졌고 1980년대 말쯤 그 영향력은 사그라지고 말았다.[7]

(5) **1990년대 초의 러시아:** 소츠프로프(사회주의노조연합) 내의 '신디컬리즘' 경향은 1989년 광원 파업 뒤에 그리고 지령 경제에서 사적 시장경제로 급속하게 전환하던 초기에 사회적·정치적 변화가 잇따를 때 모스크바를 비롯한 여러 도시의 일부 산업에서 생겨난 신생 독립 노조 운동이었다. 공산당이 지배하는 관료주의적 공식 노조와 독립적으로 활동하던 신디컬리즘 경향은 노동자들을 동원하는 기본 원칙으로 자주 관리를, 노동자 투쟁의 주된 형태로 파업을 강조했다. 이 신디컬리즘 경향의 작은 영향력은 1991년 소련 쿠데타 후 머지않아 사라져 버렸는데, 공식 노조들이 되살아나고 독립적 노동자 조직들이 위축됐기 때문이다(광산 지역은 예외였다).[8]

(6) **1990년대 중후반의 프랑스:** 우체국 노동자들의 독립 노조인 SUD-PTT(연대·단결·민주-체신노조)는 신자유주의 '개혁' 정책을 강행하려는 정부에 반발해서 프랑스를 휩쓴 공공 부문 파업 물결의 여파로 등장했다. 당시 자율적 조정위원회들이 많은 파업을 이끌었는

데, 이 조정위원회들은 [조합원의] 활동을 통제하는 보수적인 프랑스 민주노총CFDT 간부들의 권한에 도전하고 현장의 구조를 더 민주화하는 수단으로 세워졌다. CFDT에서 축출당한 우체국 노동자들이 만든 조직은 (다른 산업의 다른 SUD 노조들과 함께) 가장 능동적인 투사들에게 활동 수단을 제공하고 노조 관료주의의 대안이 될 수 있었다. 그들의 1999년 헌장은 이중적 구실, 즉 당면한 일상적 요구를 위한 투쟁과 정당에서 독립적인 사회 변혁 투쟁의 결합을 추구했는데, 이것은 분명히 고전적 프랑스 신디컬리즘 전통과 비슷하다.[9]

미래

미래를 전망해 보자면, 신디컬리즘식 사상과 실천(한편으로 고전적 모델을 따르는 완전히 의식적인 조직과 다른 한편으로 자발적인 일상적 현장 활동 사이의 중간 어디쯤에 있는)은 신흥공업국에서든 서구의 자유민주주의 선진국에서든 국제 노동조합운동의 다양한 부분 안에서 다시 나타날 가능성이 농후한 듯하다. 그 이유는 다음과 같다.

첫째, 1989년 동유럽 혁명으로 국제 노동자 운동 안에서 정설 스탈린주의 전통과 대중적 공산당의 영향력이 소멸했다.

둘째, 유럽 전역의 사회민주주의도 비슷한 위기를 겪고 있다. 왜냐하면 많은 사회주의 정당과 노동자 정당이 전에는 자본주의 체제의 공격에 분노한 노동자들의 지지를 받았지만 이제는 우파 정당들의 신자유주의 정책을 고스란히 받아들이는 바람에 노동자들의 지지를 잃고 있기 때문이다. 사회민주주의 정부를 경험하며 환멸을 느끼고 정치적으로 급진화한 많은 노동자는 기성 사회민주주의 정당뿐 아니라 '공식' 정치제도와 정치과정 자체에서도 점차 소외됐다. 주목할 만한 사실은 유럽과 북아메리카에서 세계 자본주의를 비판하는 항의 운동이 등장하더니 (일부 노동조합운동 세력을 포함한) 다양한 활동가 그룹과 융합돼서 잠재적으로 매우 반자본주의적인 정치적 혼합물을 만들어 냈지만, 이 운동은 대부분 정당에 대해 거의 적대적인 태도를 발전시켰다는 것이다. 이것은, 예컨대 '공식 좌파' 정당(사회민주당·공산당·녹색당)의 집권 후 행적, '급진 좌파' 조직들의 부정적 경험, 자율주의의 영향력 등 다양한 요인을 반영한다. 그 결과는 운동주의였는데, 2002년 브라질 포르투알레그레 세계사회포럼 때 공식적으로 정당을 거부한 것이 대표적이다. 또 다른 결과는 아나키즘의 영향을 받은 마이클 하트와 안토니오 네그리의 사상이 널리 퍼지고 인기를 끈 것인데, 엄청나게 유명해진 책 《제국》에서 하트와 네그리가 미국 IWW까지 거슬러 올라가 영감과 모델을 찾으면서 옹호하는 '다중'의 대항문화는 강령 없이 행동하고, 조직적 중심도 없고 규율 있는 전위도 없으며, 정당과 노조 활동에도 적대적이다.[10]

셋째, 국제 자본이 생산성과 수익성 극대화를 가차없이 추구하는 경향과 세계화의 압력 때문에 사용자와 국가가 노동자의 임금과 노동조건을 끊임없이 공격하자 전 세계 많은 나라에서 자발적인 비공식 반란이 일어났고 그중 일부는 총파업이었다. 그 과정에서 현장조합원들은 대체로 매우 관료적이고 온건한 공식 노조 지도부를 압박해서 반격에 나서게 하는 데 주도력을 발휘했다.[11] 일부 나라에서는 이것이 중요한 조직적 함의가 있는데, 예컨대 이탈리아에서 가장 큰 현장조합원 조직인 코바스(현장위원회연맹)는 공식 노조 체계 안에서 활동하는 것에 철저하게 반대했고 마르크스주의, 아나코신디컬리즘, 자율주의가 뒤섞인 정치의 영향을 받았다.

바로 이런 상황, 즉 경제적·정치적 불안정성과 전통적 개혁주의 좌파의 이데올로기적 공백이 맞물린(그리고 노동계급 안에 뿌리내린 혁명적 마르크스주의 정당의 영향력이 없거나 매우 작은) 상황에서 특정 나라에서는, 특히 대규모 노동자 투쟁이 부활할 경우에는 자유주의적 자본주의 모델에 반대하는 새로운 유사 신디컬리즘 경향이 다시 나타날 수 있다.

2015년 9월
랠프 달링턴

머리말

　20세기의 첫 20년 동안 국제적으로 파업 투쟁이 엄청나게 분출하는 가운데 전 세계 많은 나라에서는 혁명적 신디컬리즘 사상이 대중적 노동자 운동과 만나고 운동을 건설하는 데 도움을 줬다. 혁명적 노동조합 투쟁으로 자본주의를 파괴하는 데 헌신한 신디컬리즘 노조가 늘어난 것은, 기존 노조들이 신디컬리즘 원칙을 받아들이거나 아니면 주류 개혁주의자들과 결별한 반대파들이 새로운 혁명적 노조와 조직을 따로 만든 결과였다. 이 국제적 운동은 제1차세계대전 직전과 직후 시기, 그러니까 대략 1910년부터 1920년대 초까지 가장 활발했다(스페인에서는 더 나중에 신디컬리즘 운동이 절정에 달했다).

　신디컬리즘 사상과 실천의 영향을 받은 노조 가운데 가장 크고 유명한 것은 프랑스의 노동조합총연맹CGT, 스페인의 전국노동조합총연맹CNT, 이탈리아의 노동조합연합USI이다. 프랑스(와 1930년대 초 스페인)에서 신디컬리즘은 적어도 한동안 노동조합운동의 다수파 경향이었고, 이 점은 아일랜드운수일반노조ITGWU가 보여 주듯이 아일랜드에서도 마찬가지였다. 다른 나라에서도 신디컬리즘은 상당한 소수의 노조 활동가들을 결집시킨 계기가 됐는데, 흔히 '워블리스'라고 부르는 미국의 세계산업노동자동맹IWW이 그랬다. 영국에서 신디컬리즘은 제1차세계대전 전에는 산업신디컬리스트교육동맹ISEL 안에서, 전시에는 금속 부문의 직장위원회·노동자위원회 운동 지도부 안에서 (더 분산된 형태로) 나타났는데, 그들은 기존 노조 안에서 계속 활동하면서도 현장조합원들의 비공식적 혁신 운동을 장려했다. 신디컬리즘의 영향을 받은 이 다양한 조직과 운동 안에서 전국적 명성, 때로는 국제적 명성을 얻은 중요한 산업 현장 투사도 많았다. 그중에는 프랑스의 페르낭 펠루티에, 빅토르 그리퓌엘, 에밀 푸제, 이탈리아의 아르만도 보르기, 알체스테 데암브리스, 스페인의 앙헬 페스타냐, 살바도르 세기, 미국의 '빅 빌' 헤이우드, 빈센트 세인트 존, 엘리자베스 걸리 플린, 아일랜드의 짐 라킨, 제임스 코널리, 영국의 톰 만, J T 머피 등이 있다. 그 밖에도 주목할 만한 신디컬리즘 노조와 운동은 유럽의 다른 나라들, 스칸디나비아반도, 라틴아메리카뿐 아니라 호주, 뉴질랜드, 남아공, 러시아에도 있었다.

제1차세계대전 직전과 직후에 등장한 혁명적 신디컬리즘은 국제 노동운동 안에서 나타난 더 광범한 노동자 급진주의의 한 측면이었을 뿐이다(비록 두드러진 측면이기는 했지만). 그것은 사회민주주의 정당과 주류 노동조합이 사회적·정치적 조건을 실제로 개선하는 데 실패한 것에 대한 불만이 높아지고, 새로운 활동가 집단(노동조합 투사, 좌파 사회주의자, 혁명적 마르크스주의자, 신디컬리스트 등)이 기존의 주류 노동운동 지도자들과는 다른 노선에 따라 조직화한 것을 반영했다.

신디컬리즘에 매력을 느낀 사람들은 의회 민주주의나 국가를 통해 개혁을 추구하는 것은 막다른 길에 이르렀다며 이를 거부했다. 신디컬리스트들은 위에서 사회주의를 도입하는 국가 통제식 사회주의 개념에 반대하고, 사회의 혁명적 변화는 반드시 아래에서 나와야 하며 다수의 작업이어야 한다고 주장했다. 생산 현장에서 노동자들이 스스로 행동하고 조직한 결과여야 한다는 것이다. 이렇게 능동적이고 주의주의적인 혁명 전략 개념과 주체적 자기해방을 강조하기 위해 신디컬리스트들은 원래 마르크스가 1866년에 작성한 제1인터내셔널 임시 규약의 첫 문장 "노동계급의 해방은 노동계급 스스로 쟁취해야 한다"는[1] 말을 재발견해서 자신들의 표어로 삼았다.

사회주의 정당과 노동조합 관료들의 보수성·관료주의·부패에 대한 반감 때문에 신디컬리스트들은 경제 영역에서 노동자들의 집단적 '직접행동'을 매우 강조했다(그리고 모든 정치 활동을 산업 투쟁에 종속시켰고, 신디컬리즘 조직은 모든 정당에 대해 철저하게 독립을 지켰다). 그 결과 개혁주의 노동조합운동의 전통적 기능, 즉 자본주의 틀 안에서 사용자와 단체교섭을 해서 임금과 노동조건을 개선하려고 투쟁하는 것은 적절하지 않다고 여겼다. 오히려 신디컬리스트들은 계급에 기반을 둔 노동조합을 복원해서 자본주의와 국가를 파괴하는 데 헌신하는 투쟁 조직으로 만들려는 운동을 전개했다. 그들은 노동계급의 해방으로 가는 길은 격렬한 산업 투쟁(보이콧, 사보타주, 파업, 연대 행동 등)을 거쳐 혁명적 총파업에서 절정에 달할 것이고, 그 결과로 자본주의 체제는 전복되고 노동자들이 산업과 사회를 통제하게 될 것이라고 믿었다. 신디컬리스트들은 노동조합이 두 가지 기능을 한다고 봤다. 자본주의 체제에서는 계급투쟁 전선에서 사용자들에 맞서 투쟁하는 구실을 하고, 자본주의가 전복된 뒤에는 경제와 산업을 관리하는 구실을 한다는 것이다. 신디컬리즘 운동이 채택한 전략과 조직 형태는 나라마다 다양했지만, 어디서나 그들은 "독립적 노동자들의 혁명적 능력과 창조적 재능에 기대를 걸고, 노동자들의 집단적 자주 관리 권한을 강조하고, 노동자들에게는 스스로 일을 처리할 수 있는 능력이 있다고 굳게 믿었다."[2]

물론 당시 분명한 혁명적 노선을 지지한 것은 신디컬리스트들만이 아니었다. 1870~1914년에는 제2인터내셔널로 조직된 의회주의적·개혁주의적 사회주의 세력인 사회민주주의 정당들이 유럽과 아메리카에서 중요한 세력으로 등장했지만, 더 오래된 이데올로기적 역사와 전통을 가진 더 급진적인 종류의 사회주의 세력들도 있었다. 그중에는 선택된 소수의 비밀 음모 집단이 무장봉기로 체제를 전복한다는 사상을 신봉한 블랑키스트들과 자유지상주의적 견해를 가진 아나키스트들도 있었는데, 아나키스트들은 신디컬리즘 운동 안에서 다양한 영향을 미쳤다. 그러나 처음에는 비록 하찮게 보이는 좌파였지만 당시 투쟁적 노동계급 행동이 분출하는 가운데 가장 중요한 기여를 했다고 할 수 있는 세력은 혁명적 마르크스주의자들이었다. 예컨대, 독일 사회민주당 지도자인 에두아르트 베른슈타인의 '점진적 사회주의'라는 '수정주의'적 주장을 논박하고 1905년에 '대중파업' 이론을 발전시킨 로자 룩셈부르크는 당과 노조 관료들의 보수성과 그들이 노동계급의 반란을 기꺼이 억제하려 한다는 점을 설명했을 뿐 아니라, 노동자들의 경제·정치 투쟁의 자발성과 혁명적 잠재력을 예찬하기도 했다. 마찬가지로, 트로츠키의 '연속혁명' 이론과 레닌의 전위당 개념은 노동자들의 자주적 활동을 혁명적 마르크스주의 정치의 핵심으로 여기는 대안의 토대를 놓았다. 그리고 이탈리아 공장평의회 운동의 경험을 정교하게 분석해서 그것을 미래의 프롤레타리아 국가 모델로 삼은 그람시도 혁명적 공산주의라는 대안 논쟁에 기여했다.

혁명적 마르크스주의보다 신디컬리즘 전통이 1900년대 초 사회주의 운동에 더 심대한 영향을 미쳤다는 것은 사실이다. 그래서 에릭 홉스봄은 다음과 같이 말했다.

> 1905~1914년에 마르크스주의 좌파는 대다수 나라에서 혁명적 운동의 언저리에 있었고, 실제로는 혁명적이지 않은 사회민주주의자들이 마르크스주의의 주력으로 여겨진 반면, 혁명적 좌파의 대다수는 아나코신디컬리스트였거나 적어도 고전적 마르크스주의보다는 아나코신디컬리즘 사상과 정서에 훨씬 더 가까운 사람들이었다.[3]

그러나 그런 대안적 마르크스주의 정치는 1917년 10월 러시아 혁명 후 전 세계에서 새롭게 급진적 의의와 영향력을 획득할 수밖에 없었다. 사실, 신디컬리즘의 전성기는 20년 남짓 되는 아주 짧은 기간에 불과했다. 신디컬리즘이 국제 노동조합운동 안에서 강력하고 영향력 있는 경향으로 존재한 시기는 제1차세계대전 직후 많은 나라를 뒤흔든 혁명적 노동자 투쟁의 물결이 사그라지면서 사실상 끝나 버렸고, 그 뒤에는 사용자들과 국가가 반혁명과 탄압을 주도하는 국면이 이어졌다. 그러나 혁명적 신디컬리즘 운동에 도전한 결정적인 이데올로기적·정치적 사건은 볼셰비키가 이끈 러시아 노동자들의 국가권력 장악과 그 뒤의 공산주의인터내셔널(코민테른) 창립 그리고 코민테른의 노동조합 기구인 적색노조인터내셔널 출범이었다. 그 후 신디컬리즘은 비록 제2차세계대전 때까지 유럽에서 여전히 하나의 세력으로 남아 있었지만, 과거의 어렴풋한 그림자로만 살아남았을 뿐이고 한편으로는 되살아난 사회민주주의 세력에 의해(사회민주주의자들은 노동자들의 불만을 기존 체계 안에 가둬 두는 데 성공했다) 다른 한편으로는 새로운 혁명적 공산당들(뒤늦게 설립됐지만 대다수 나라에서 신디컬리즘 조직을 급속하게 대체한)에 의해 밀려났다. 중요한 예외는 스페인뿐이었는데, 스페인의 아나코신디컬리즘은 1936~1939년의 내전기에 대중적 추종자들을 거느리고 있었다. 조지프 화이트가 지적했듯이, 20세기에 노동운동 내부의 뚜렷한 경향 가운데 "신디컬리즘만큼 그 역사적 '순간'이 짧고 잠정적 가설들이 사건과 새로운 학설에 의해 완전히 대체되고 흡수돼 버린" 경향은 없을 것이다(화이트가 직접 거론한 사례는 영국이지만 다른 나라도 마찬가지라 할 수 있다).[4]

그러나 혁명적 신디컬리즘이 비록 수명도 짧았고 전반적 목표를 달성하지도 못했지만(특히, 러시아 혁명의 설계자들에 비하면), 그래도 20세기 초에 많은 나라를 휩쓴 노동계급 투쟁의 물결이 분출하는 데 상당한 기여를 한 것은 사실이다. 그것은 당시 노동자들의 조직·자신감·정치의식 수준이 높아졌음을 보여 줬다. 혁명적 신디컬리즘이 유력한 노동정책과 전략을 대변했을 때는 모든 정치가 유동적이었고 정치적 권위와 책임의 성격 같은 문제들을 둘러싼 광범한 논쟁이 벌어졌을 때였다. 에밋 오코너는 "마르크스주의 초창기와 레닌의 현실주의가 승리한 1917년 사이에" 진부한 정설에 도전한 신디컬리즘 운동은 독특한 현상이었을 뿐 아니라 매우 큰 영향을 미치기도 했다고 주장했다.[6] 확실히 자본주의를 비타협적으로 비판했다는 점에서 신디컬리즘은 이른바 국가의 중립성에 대해 그리고 노동자 통제 없는 국유화라는 사회민주주의 정책으로 사회를 변혁할 수 있다는 주장에 대해 중요한 의문을 제기했다. 또 노동자들의 공격적 직접행동을 예찬했다는 점에서, 기존의 산업·정치 질서뿐 아니라 주류 노동운동의 권위 체계에도 도전했다. 비록 신디컬리즘에 고무된 사람들의 주장이 당시 노동 정치의 흐름에 의문을 제기한 유일한 주장도 아니었고 오로지 신디컬리스트들만이 혁명적 경향이었던 것도 아니지만, 그래도 그들은 근본적 사회변혁 방법에 대한 다양한 논쟁에 강력하고 독특한 이데올로기적·정치적 기여를 했다.

'신디컬리즘'을 정의하기

흔히 '신디컬리즘'이라는 용어의 의미를 잘못 알고 있는 경우가 매우 많다. 이 용어는 (대개 지역) 노동조합을 뜻하는 프랑스어 생디카 우브리에르Syndicat ouvrier에서 유래했고, 따라서 생디칼리슴Syndicalisme의 문자 그대로 의미는 노동조합운동이다. 먼저 지적해 두고 싶은 것은 영어에서 '신디컬리즘'은 흔히 신디컬리즘 운동을 줄여서 부를 때 쓰는 말이지만, 프랑스의 CGT는 사실 자신들의 운동을 '혁명적 노동조합운동'이라고 불렀다는 사실이다. 따라서 더 개혁주의적인 실천, 즉 투쟁적·부문적·비정치적 노조 활동에 집중하지만 딱히 혁명적 의지는 없는 실천을 가리키는 데 '신디컬리즘'이라는 말을 쓰게 되면 혼란을 부를 수 있다. 역설이게도, 20세기의 첫 10년 동안 CGT의 공식적인 혁명적 선언에도 불구하고 (일부 대형 노조와 연맹으로 조직된) 소수의 조합원들은 분명히 개혁주의적 견해를 갖고 있었다. 더욱이 1910년 이후에는 노조 지도부 전체가 자본주의 사회에 적응하는 쪽으로 상당히 이동해서, 기존의 사상을 누그러뜨리고 개혁주의 활동도 많이 하고 [정부의] 전쟁 노력에도 협력했다. CGT 안에 여전히 혁명적 분파가 상당히 많았는데도 그랬다. 그런 내부 긴장이나 각국 운동 내의 강조점 변화(이 점은 프랑스뿐 아니라 다른 나라에서도 마찬가지였다)에도 불구하고 이 책에서 '신디컬리즘'이라는 말은 (특별히 다른 단서를 달지 않는다면) 대체로 혁명적 목표에 헌신하는 운동과 조직 그리고/또는 소수 집단을 가리키는 데 사용할 것이다.[7]

따라서 가장 넓은 의미에서 신디컬리즘을 정의하면 한마디로 '혁명적 노동조합운동'이라고 할 수 있을 것이다. 물론 이런 정의는 지금까지 혁명적 정치에 헌신한 노동조합을 모두 포함하지는 않는다. 공산당과 그 밖의 좌파가 지배한 노동조합들도 때로는 혁명적 정치에 헌신했기 때문이다. 그러나 여기서 강조하고 싶은 것은 신디컬리즘이 **혁명**과 **노동조합운동**을 똑같이 중시한다는 점이다. 즉, 신디컬리즘의 핵심은 노동조합에 기초한 사회를 건설할 목적으로 노동조합이 벌이는 혁명적 행동이다.[8] 앞서 봤듯이, 이런 개념은 혁명적 사회 변화를 추진할 결정적 행위자로 정당이나 국가가 아니라 노동조합을 내세웠다는 점에서 그리고 노동자들이 관리하는 집산화된 사회·경제 질서의 운영 주체가 정당이나 국가가 아니라 노조라고 봤다는 점에서 사회주의나 공산주의와 달랐다.

아마 더 골치 아픈 사실은 '신디컬리즘'이 전 세계에서 다양한 형태로 발전한 수많은 혁명적 노동조합운동들, 즉 서로 연관되지만 상당히 다른 운동들을 가리키는 매우 포괄적인 용어일 수밖에 없다는 것이다. 래리 피터슨은 신디컬리즘이라는 용어를 쓰게 되면 단일한 배타적 모델 때문에 다양한 운동의 차이를 흐려 버릴 위험이 있다고 주장했다. 사실 신디컬리즘은 혁명적 산별노조 운동을 지지하는 더 일반적인 운동 안의 여러 분파 가운데 하나일 뿐이라는 것이다.[9] 확실히, 서로 다른 운동이 때로는 각 나라에서 다양한 용어로 불렸다는 사실을 염두에 둬야 한다. 예컨대, 프랑스와 영국에서는 '혁명적 신디컬리즘', 미국에서는 '산별노조 운동', 스페인과 이탈리아에서는 '아나코신디컬리즘', 아일랜드에서는 '라킨주의'라고 했다. 그리고 신디컬리즘은 비슷한 경제·사회·정치 상황에서 생겨난 국제적 현상이지만 분명히 **일국적** 상황이나 전통과의 직접적 연관 속에서 구체적으로 나타났으므로 각국의 신디컬리즘 운동은 저마다 독특했고 결코 획일적이지 않았다.

그렇지만 그런 다양한 운동을 흔히 '신디컬리즘'이라고 부르는 것은 유익할 뿐 아니라 정당하다고 할 수 있다. 왜냐하면 그런 운동들 사이에 근본적 유사성이 있기 때문이다. 물론 전략·전술·조직은 조금씩 달랐고 스스로 부르는 명칭도 차이가 있었다. 예컨대, 미국의 IWW 지도자들 가운데 '신디컬리스트'라고 자처한 사람은 거의 없었다. 사실, 대다수는 '산별노조 운동가'라는 명칭을 더 좋아했다. 조지프 컨린은 신디컬리즘이라는 용어를 고집하는 역사가들이 "혼란을 자아내는 명칭"을 사용한다며 비판했다. 그 이유는 유럽(과 미국)에서 스스로 의식적으로 그 용어를 채택한 사람들과 IWW는 전략적 방향이나 조직 형태 같은 중요한 측면에서 서로 달랐기 때문이라는 것이다.[10] 그러나 멜빈 듀보프스키가 설득력 있게 주장했듯이, IWW의 신문·소책자·책·연설 등을 잘 살펴보면 신디컬리스트를 자처한 유럽의 노동조합 투사들이 신봉한 사상·개념·이론과 거의 다르지 않다(비록 모든 전술도 그런 것은 아니지만)는 사실을 알 수 있다.[11] 실제로 IWW의 신문 〈솔리대리티〉(연대)는 프랑스 신디컬리즘 운동 소식을 보도할 때 흔히 다음과 같은 문장으로 시작했다. "프랑스의 생디칼리슴은 미국의 산별노조 운동이다. 프랑스 생디칼리슴의 원칙들은 대체로 미국 IWW의 원칙들이다."[12] 또 미국의 사회주의 이론가인 로버트 라이브스 러몬트는 1913년에 다음과 같이 썼다. "겉보기에는 다르지만, 혁명적 목표라는 이 살아 있는 정신이 프랑스·영국의 신디컬리즘과 미국의 산별노조 운동을 하나로 만든다. 이 근본적 동일성을 잊어버리거나 가볍게 여겼다가는 명쾌한 생각이 뒤죽박죽 혼란으로 바뀌고 말 것이다."[13] 비슷한 주장은 아일랜드 ITGWU의 '신디컬리즘'에도 적용된다(적어도 ITGWU 중앙의 많은 지도자들은 정도 차이는 있었지만 신디컬리즘을 지향했다).[14] 다시 말해, 각국의 신디컬리즘 운동이 채택한 구체적 전략과 조직 형태, 자신을 설명할 때 사용한 용어보다는 그 운동들에 공통된 근본적 성격이 더 중요하다.

또 하나 지적해야 할 것은 각국의 구체적 상황에 더 적합한 용어라는 것들 자체가 문제가 많다는 사실이다. 왜냐하면 시간이 흐르면서 각국의 운동 지도부가 흔히 교체됐기 때문이다. 예컨대, 흔히 스페인 CNT를 설명할 때 '아나코신디컬리즘'이라는 용어를 사용하지만, 실제로는 살바도르 세기 지도부 하의 '순수한 신디컬리즘' 시기가 1907년 CNT의 전신인 〈솔리다리다드 오브레라〉 그룹 창립 때부터 [제2차] 전국 대회가 열린 1919년까지 이어졌다. 1919년이 돼서야 아나코신디컬리스트들이 마침내(그러나 잠깐) CNT를 접수했다. 1924년 스페인 정부가 CNT를 불법화하자 더 온건한 신디컬리스트들이 노조 지도부를 차지했다. 1927년 CNT 내부에서 독자적인 소수 그룹을 결성한 뒤에야 아나키스트들은 [1931년] 제2공화국 수립과 그 후의 내전기에 마침내 전면에 복귀할 수 있었다. 다시 말해, '신디컬리즘'이라는 포괄적 용어를 더 제한적 의미의 용어로 바꾸려는 시도는 결코 우리의 이해를 분명하게 해 주지 못하고(맥락에서 벗어나게 만든다) 때로는 오해를 부를 수도 있다.

마지막으로, 광범한 포괄적 용어를 사용하는 것이 정당하다고 할 수 있는 또 다른 근거는 신디컬리즘을 이데올로기적 원칙이라는 측면에서 이해해야 할 뿐 아니라 행동 방식으로도, 즉 노동계급 투쟁에 관여하는 실천적 사회운동으로도 이해해야 하기 때문이다. 프레더릭 리들리는 신디컬리즘이 "운동에서 나타난 사상의 총합이자 그 **활동**의 총합, 운동 참가자들이 공유한 관점이자 그들의 행동 방식"이라고 주장했다.[15] 마르셀 판데르린던은 신디컬리즘 운동이 조직과 현장 수준에서 실천한 것과 비교하면 신디컬리즘의 이데올로기는 별로 중요하지 않다고 여긴다.[16] 이런 시각에서 보면, 프랑스 CGT의 운동뿐 아니라 대체로 아나키즘의 영향을 더 많이 받은 스페인 CNT나 산별노조 운동의 영향이 강한 미국 IWW와 아일랜드의 '라킨파' ITGWU도 혁명적 신디컬리즘 운동으로 보는 것이 타당하다.

그러나 이 책에서는 이렇게 다양한 운동을 모두 가리키는 데 '신디컬리즘'이라는 포괄적 용어를 사용하면서도, 각 운동의 고유한 특징과 궤적을 무시하지 않기 위해 그 운동들 사이에(각각의 운동 안에도) 존재하는 상당한 차이도 놓치지 않으려고 노력할 것이다. 이 점은 공식 조직의 경계 밖에서 더 폭넓게 나타난 신디컬리즘 운동, 특히 제1차세계대전 당시 영국 직장위원회 운동 지도부 안에서 나타난 신디컬리즘(전쟁 이전 신디컬리즘 전통의 특징들이 대부분 그대로 이어졌다)을 분석할 때도 마찬가지다.

신디컬리즘 다시 보기

혁명적 신디컬리즘 운동을 다룬 일반적 문헌은 아주 많지만, 그런 문헌들은 몇 가지 중요한 한계가 있다. 첫째, 거의 모든 문헌이 어느 한 나라의 사례를 탐구하는 데 국한된다. 그래서 나름대로 아주 유익한 문헌이 흔히 특수성을 과장하고, 다른 나라들의 경험과 비교하려는 노력을 거의 하지 않고, 신디컬리즘 운동의 기원·발전·동역학·궤적을 만들어 낸 비슷한 요인들과 신디컬리즘 운동의 일반적·국제적 성격을 흐리는 경향이 있다. 최근 들어 이런 결함을 바로잡으려는 노력이 하나둘 시작됐지만,[17] 아직은 매우 시험적인 것들이고 많은 물음에 답을 하지 않거나 아예 논의조차 하지 않는다. 그러나 국제적 관점이 필요하다는 것은 거의 틀림없다. 왜냐하면 그런 관점이 있어야 여러 나라의 신디컬리즘 운동을 서로 비교하고 대조할 수 있고, 각국의 운동 사이에는 공통의 주제와 동기도 많기 때문이다.

둘째, 각국의 신디컬리즘 운동을 평가하는 방식은 여전히 놀라울 만큼 혼란스럽다. 예컨대, 다음과 같은 핵심 물음들에 대해 다양한 역사가들이 내놓은 해석이 서로 충돌할 뿐 아니라, 아직 해결되지 않은 논쟁과 논란도 부지기수다. 신디컬리즘 운동을 낳은 객관적·주관적 조건은 구체적으로 어떤 것인가? 신디컬리즘은 수공업자, 농업 노동자, 임시직 노동자, 그 밖에 경제적으로 주변화한 집단들, 흔히 미숙련·미조직 노동자들 사이에서 강력했는가? 아니면 급속하게 성장하는 산업 프롤레타리아 사이에 진짜로 뿌리를 내릴 수 있었는가? 미국과 영국의 신디컬리스트들은 산별노조 운동을 더 강조한 반면, 다른 나라의 신디컬리스트들은 대체로 노동조합운동을 직업별 노조 건설과 동의어로 여겼다는 주장은 사실인가? 그들은 어느 정도까지 중앙 지도부를 거부하고 지역의 자율성과 분권화를 지지했는가? 신디컬리즘의 영향력은 얼마나 컸는가? 신디컬리즘은 "저항 세력 없는 저항 운동"이었을 뿐인가? 즉, 근본적으로 노동자들의 투쟁성을 자극하지도 교육하지도 못한 채 가끔 예외적 시기 말고는 대체로 운동의 언저리로 밀려나 있던 실패작에 불과한가? 아니면 (비록 신디컬리즘 활동가들은 소수였지만) 당시의 대중파업과 반反의회주의 선동에서 생겨난 더 광범한 "원초적 신디컬리즘 정신"이 노동계급 운동 안에 실제로 존재했는가? 신디컬리즘 조직들이 모두 볼셰비즘을 거부한 것은 두 전통 사이의 해소할 수 없는 적대적 차이를 반영한 것인가? 아니면 당시 혁명적 노동자 투쟁의 성공과 실패에서 발전한 공산주의와 신디컬리즘 사이에 정치와 경제의 새로운 종합이 존재했는가?

이런 고려 사항들을 바탕으로 이 책은 국제적 범위에서 신디컬리즘 운동의 동역학과 궤적을 역사적으로 비교 분석해서 우리의 이해를 넓히려 한다. 그러기 위해 기존의 문헌을 엄밀하게 비판적으로 분석하고, 그동안 이 주제와 관련해 무시돼 온 측면들을 중시하고, 새로 발굴된 문서 자료들을 효과적으로 활용하고, 새로운 통찰들을 보여 주고, 상당히 독창적인 해석과 평가를 내놓을 것이다. 특히 (2부에서) 전 세계 신디컬리즘 운동의 일부 지도자들이 이데올로기적·정치적으로 공산주의로 전향한 것에 초점을 맞춰 신디컬리즘과 공산주의의 관계를 체계적으로 살펴본 것은 최초의 시도다. 이 책은 신디컬리즘 운동이 러시아 혁명, 코민테른과 적색노조인터내셔널에 어떻게 반응했는지, 그리고 신디컬리스트들을 설득해서 신생 혁명적 공산당으로 끌어들이려 한 볼셰비키의 공공연한 노력에 어떻게 반응했는지를 분석한다. 또 신디컬리스트들이 공산주의로 전환하는 원인이 된 신디컬리즘 전략·전술의 한계와 두 전통이 신생 공산당 내에서 얼마나 종합됐는지도 분석한다. 그 대안인 볼셰비키·공산주의 전통의 전반적 강점과 두드러진 약점도 살펴본다.

그 과정에서 신디컬리즘(과 공산주의) 전통이 직면한 많은 중요한 딜레마, 예컨대 다음과 같은 물음들을 철저하게 재검토할 것이다. 노동조합은 혁명적 투쟁의 도구로 바뀔 수 있는가? 아니면 개혁주의를 지향하는 고유의 압력이 결국은 그런 잠재력을 갉아먹고 마는가? 사회민주주의 정당과 노조 지도자들은 그 보수성 때문에 기존 질서에 얼마나 순응하게 되는가? 그들은 단지 자본과 노동 사이의 모순을 흐리기만 하는가 아니면 실제로 자본 편으로 넘어가는가? 혁명가들은 개혁주의 단체들과 완전히 따로 조직돼야 하는가? 그래서 새로운 투쟁적 노조를 만들거나 분명한 혁명적 정당을 만들어야 하는가? '투쟁적 소수'는 노동계급 운동 안에서 어떤 종류의 지도부 구실을 해야 하는가? 산업 선동과 사회주의 정치는 어떤 관계인가? 자본주의의 혁명적 전복은 총파업으로 이룰 수 있는가 아니면 무장봉기가 필요한가?

이 책은 이런 문제들을 분석할 때, 신디컬리즘 전통과 공산주의 전통의 서로 다른 자본주의관·혁명관·사회주의관도 살펴보고, 신디컬리즘이 공산주의로 전환하는 과정에서 이론적·조직적 유산 전체가 어떻게 변했는지도 검토한다. 분석의 초점은 노동조합과 자본주의, 투쟁과 순응, 현장조합원과 노조 관료, 경제와 정치, 산업 투쟁

과 정치조직, 자발성과 지도, 중앙집중화와 분권화, 당과 계급의 관계
(와 긴장)이다. 이런 쟁점·문제·주제를 살펴보면서 이 책은 반자본주
의적·혁명적 노동조합운동의 성격에 관한 개념과 이론을 전반적으로
재정립하려 한다. 이런 의미에서 이 책은 노동의 역사뿐 아니라 오늘
날에도 적절한 노동조합운동의 사회학과 정치학에도 기여하려 한다.

나는 혁명적 마르크스주의 관점에서, 즉 마르크스·엥겔스·레닌·트
로츠키·룩셈부르크·그람시와 초창기 코민테른의 전통에서 신디컬리
즘을 분석하고 평가했다는 사실을 미리 말해 둬야겠다. 그런 이론적
분석 틀을 바탕으로 했다는 것은 필연적으로 내가 신디컬리스트들의
혁명적 염원과 전투적 행동에 공감한다는 것을 뜻한다. 그러나 그들의
정책과 행동을 비판적으로 검토할 수밖에 없었다는 뜻이기도 하다. 물
론 독자들은 내 연구를 뒷받침하는 정치적 가정들을 공유할 의무가
전혀 없다. 오히려 독자들은 이 책이 단지 정치적 입장을 옹호하는 데
서 그치지 않고 충분한 자체 근거를 바탕으로 신디컬리즘 운동의 실
제 사회적 과정을 제대로 서술했기를 요구할 권리가 있다. 이런 요구를
얼마나 잘 충족시켰는지를 판단하는 것은 독자들의 몫이다.

이 책은 여섯 나라의 신디컬리즘 운동, 즉 프랑스의 CGT, 스페인
의 CNT, 이탈리아의 USI, 미국의 IWW, 영국의 ISEL과 직장위원회·노
동자위원회 운동, 아일랜드의 ITGWU를 집중적으로 살펴본다. 굳이
이 나라들의 운동을 선택한 이유는 산업과 정치의 발전 상황, 신디컬
리즘 운동의 규모와 영향력이 나라마다 달랐고, 몇몇 나라의 신디컬
리즘 노조와 조직은 국제 운동을 자극하고 발전시키는 데서 결정적
구실을 했기 때문이다. 또 이렇게 선택하면, 다양한 신디컬리즘 조직
형태(노동조합, 노동조합 연맹체, 선전 조직뿐 아니라 더 광범한 운동
안의 신디컬리즘 성향 지도부 등)와 전략(혁명적 노조를 따로 건설
할 것인가 아니면 개혁주의자들이 주도하는 기존 노조 안에서 활동

할 것인가 등)도 자세히 살펴볼 수 있다. 마지막으로, 20세기 초 거의 비슷한 시기에 시작되고 발전하고 절정에 달했다가 그 후 쇠퇴한 운동들의 공시적 비교 분석도 가능하다(물론 이 각각의 국면들의 정확한 시점은 나라마다 상당히 달랐다). 여기서 스페인은 예외다. 그래서 CNT의 구실은 나중의 스페인 내전기와 관련해서도 살펴봤다.[18]

이 여섯 나라 운동의 역사를 하나씩 연대순으로 자세히 다루지는 않을 것이다. 그런 설명은 다른 많은 문헌에서 찾아볼 수 있다. 오히려 나는 그 운동들의 철학, 기원, 조직적 특징, 영향과 소멸을 집중적으로 살펴보면서, 운동의 핵심 동역학을 국제적으로 비교 분석할 것이다. 이렇게 넓은 범위를 살펴봐야 했기 때문에, 이 연구는 불가피하게 주로 기존의 2차 문헌을 폭넓게 이용했다. 그중에는 어느 한 나라의 신디컬리즘 조직과 노동운동을 연구한 일국적 차원의 자료뿐 아니라, (가능한 곳에서는) 몇 나라를 개괄적으로 비교 분석한 자료도 있다. 그러나 이 연구는 그렇게 광범한 자료로 작업한 다른 역사가들의 연구 성과를 종합하고 흔히 기존의 관점들을 비판적으로 살펴보는 데 그치지 않고 [독자적인] 문헌 연구에도 바탕을 뒀다. 여기에는 당대의 수많은 신문·소책자·도서에 실린 신디컬리스트들(과 그 밖의 평론가들)의 글뿐 아니라, 각종 대회 선언문과 의사록 같은 자료들도 포함된다. 두 경우 모두에서 많은 외국어 자료를 영어로 번역했다.

방법론

이렇게 광범한 연구에서는 중심축 구실을 하는 방법론적 가정들이 많다. 첫째, 여느 노조와 마찬가지로 신디컬리즘 노조에도 내부 이견이 있으므로, 근본적 목표나 적절한 행동 방식, 바람직한 조직 구조에 관한 견해들이 서로 충돌한다는 사실에 주의해야 한다. 둘째, 신디컬리즘 조직을 고정된 실체로 봐서는 안 되고 오히려 유동성과 역동성이 있는, 따라서 그 실천이 복잡한(때로는 모순된) 조직으로 봐야 한다. 셋째, 주로 신디컬리즘 운동의 동역학(그들의 조직, 지도부, 사상과 활동)에 초점을 맞추면서도 각국에서 신디컬리즘 운동이 생겨나고 발전한 더 광범한 노동계급 운동과 투쟁이라는 맥락 속에서 살펴봐야 한다(물론 이런 비교 연구에는 불가피한 한계가 있지만). 넷째, 신디컬리즘의 주적이던 행위자들(특히 사용자, 국가, 개혁주의 노동단체)의 전략을 고려해야 한다. 다섯째, (앞서 지적한 바에 따라) 구조와 행위자의 상호작용을 검토하려는 노력이 매우 중요하다. 즉, 객관적 상황(달성 가능한 것을 좌우하거나 억제하는 전반적인 물질적 사회·경제·정치 환경과 역사적 사건들)과 신디컬리즘 운동의 주관적 경험(집단적 동원과 전략적 선택 과정에 행위자로서 건설적으로 참여하는 것)을 통합하려 해야 한다. 비록 이렇게 '전체사'를 구축하려는 염원은 실현 불가능한 요구처럼 보이지만, 이 연구는 가능한 한 이 다양한 요인들을 고려하기 위해 최선을 다할 것이다.[19]

일반적으로 노동조합과 노동조직을 다룬 많은 역사서들이 순전히 사상·이데올로기 논쟁이나 위대한 정치 '지도자들'의 삶 또는 '제도의 발전'(주요 정책을 만들어 내는 부서와 이데올로기에 의해 기계적으로 고안되고 통제되는 것처럼 보이는)에만 집중하는 경향이 있다는 것은 오래전부터 지적돼 왔다.[20] 그래서 노동단체 기층 회원들의 삶과 활동 경험은 사실상 무시되고, 그런 회원들은 어떤 제도의 의의나 파업의 효과 따위를 증명하는 '머릿수 계산'에서만 나타난다는 것이다.[21] 이 연구는 되도록 그런 함정을 피하려 할 것이다. 특히, 신디컬리즘을 지지하도록 사람들을 동원하는 데서 능동적 지도부가 한 구실이나 중앙 지도부와 기층 회원들 사이의 복잡하고 까다로운 관계에 많은 신경을 쓸 것이다. 그러나 이런 국제적 비교 분석이 다뤄야 하는 범위가 워낙 넓고 이용 가능한 경험적 증거도 매우 부족해서 현장에서 신디컬리즘을 지지한 보통 남성과 (그보다는 훨씬 적지만) 여성의 삶·조직·활동에 세밀한 주의를 기울이기는 힘들었다(물론 가능한 곳에서는 기존의 연구 성과를 활용했다).

이런 비교 연구에는 딜레마도 있기 마련이다.[22] 위르겐 코카가 설명했듯이, 두 연구 대상을 효과적으로 비교하려면 각각의 대상 전체보다는 **특정** 측면만을 비교해야 한다. 그래서 비교사는 연구자의 관점(이론, 추상적 개념, 일반화, 선택에 의존하는)에 영향을 받는 정도가 일반적 역사 연구보다 훨씬 더 크다.[23] 그러나 이것은 맥락 속에서 살펴봐야 한다는 요구와 충돌하기 쉬운데, 역사가들은 대체로 그런 충돌을 피하려 한다. 그래서 대다수 비교 연구는 흔히 두 가지 또는 기껏해야 세 가지 사례를 다룰 뿐이다. 그러나 그때조차 국가별 비교 연구가 우리의 이해를 넓히기는커녕 오히려 진부한 고정관념을 강화할 위험이 있다. 특히, '국가별 총합'이 현지의 실상을 교묘하게 왜곡해서 보여 줄 수 있다(예컨대, 스페인과 이탈리아 같은 나라에서는 지방마다 조건이 엄청나게 다를 수 있다).[24] 또 제임스 크로닌이 주장했듯이, 공통의 사회적·경제적 과정이 상호작용하여 각국에서 대체로 비슷한 결과를 낳았다고 가정하는 포괄적 발전 이론들을 적용할 위험도 있다.[25] 그렇게 보편화하는 가정들은 때때로 각국 노동운동의 다양한 궤적에서 특정 측면들을 완전히 무시할 수 있다. 그러나 이렇게 만만찮은 온갖 딜레마에도 불구하고 신디컬리즘이라는 국제적 현상의 규모와 의의를 온전히 이해하려면 국경을 뛰어넘는 비교 분석이 훨씬 더 절실한 과제라고 할 수 있다. 연구자가 할 수 있는 일은 그런 어려움과 위험을 인식하고 최대한 피할 길을 찾으려고 노력하는 것뿐이다.

한편으로, 내가 개념적 틀을 선택하고 사회적 저항의 유사성과 일반적 양상을 강조할 때 그 바탕에는 내가 연구한 모든 나라에서 신디컬리즘 운동은 자본주의 구조조정의 충격과 기존 개혁주의 노동운동 조직들의 약점이 맞물린 결과로 나타났다는 생각이 깔려 있다. 다른 한편으로, 이 책은 국제 신디컬리즘 운동의 역사 속에서 공통의 토대가 각국 고유의 특징과 차이로 바뀌는 과정도 살펴본다. 다시 말해, 두 가지 관심사, 즉 국제적 유사성과 각국의 차이(와 국내의 차이)는 상호 보완적인 것으로 여겨진다.

마지막으로, 신디컬리즘은 남아공·스칸디나비아·호주 등 아주 멀리 떨어진 나라들에서도 나타난 운동이라는 세계적 현상임을 감안하면, 이 책에서 살펴본 여섯 나라 신디컬리즘 운동의 독특한 경험들을 얼마나 일반화할 수 있는가 하는 문제가 있다. 분명 무시해서는 안 되는 중요한 특이성들이 있는데, 특히 다양한 물질적·이데올로기적 상황 요인들의 측면에서 그렇다. 이런 요인들 때문에, 더 광범한 지리적 범위를 바탕으로 일반화하는 데는 한계가 있을 수밖에 없다. 그렇다 해도 이 책이 다루지 않는 신디컬리즘 운동들의 큰 그림을 분석해서 일반화하는 것이 전혀 불가능한 일은 아니라고 할 수 있다. 이 점에서 아마 이 책에서 살펴보는 여섯 나라의 운동은 다른 나라의 운동들이 공통으로 직면한 이런저런 중요한 딜레마의 본보기 구실을 할 수 있을 것이다. 이 점에서 이 책의 전반적 주장들은 훨씬 더 광범하게 적용될 수 있을 듯하다. 물론 각국의 구체적 조건들을 항상 염두에 두면서 말이다.[26]

이 책의 구조

1부는 다양한 신디컬리즘 운동의 동역학을 살펴본다. 특히, 그 행동 철학, 신디컬리즘 운동이 등장하게 된 독특한 경제·사회·정치 상황, 이렇게 노동조합에 기반을 둔 반자본주의 투쟁 형태가 얼마나 영향을 미쳤는지, 나중에 신디컬리즘 운동이 소멸하게 된 이유 등을 살펴본다. 2부에서는 신디컬리즘 운동의 가장 유명한 인물들 일부가 공산주의로 전향하는 과정을 살펴본다. 신디컬리즘 운동과 공산주의 운동 사이에 갈등이 있었던 다섯 가지 특정(그러나 상호 연관된) 영역들을 주제별로 나눠서 살펴볼 것이다. 그 주제는 자본주의 사회의 노동조합, 노조 관료주의 문제, 경제와 정치의 관계, 국가와 혁명, 지도(부)와 혁명적 정당의 구실 등이다. 마지막 12장은 1920년대 초 신생 공산당 내에서 신디컬리즘과 공산주의가 융합되는 과정을 분석한다.

1부
신디컬리즘
운동의
동역학

1장 철학과 실천

혁명적 신디컬리즘의 이데올로기를 이론적으로 정확히 설명하기는 쉽지 않다. 왜냐하면 대다수 신디컬리즘 활동가들은 대부분 1914년 이전에 마르크스주의·사회주의·아나키즘 철학의 주창자들이 제시한 것과 같은 이론적 정식화를 공공연히 거부했기 때문이다. 그들은 종합적 역사철학이나 자본주의 경제 분석을 발전시키려 하지 않았다. 물론 신디컬리스트들도 그런 문제를 생각하긴 했지만, 실제로 통일된 사상 체계, 즉 마르크스주의 같은 체계적 이론을 만들어 내는 것은 결코 그들의 목표가 아니었다. 그래서 프레더릭 리들리는 프랑스 신디컬리스트들을 다음과 같이 설명했다.

CGT [이론가들 — 지은이]가 … 글을 쓸 때 염두에 둔 독자는 사회철학자가 아니라 노동자였다. CGT 이론가들은 당면 현안들을 다뤘다. 그들의 사상은 이런저런 신문·소책자·연설 등에 흩어져 있다. 그들은 결코 자신들의 사상을 단 한 권의 책으로 모으려 하지 않았다. 그러기도 어려웠을 것이다. 그들은 견해가 바뀌었고, 항상 이견이 있었기 때문이다. …
확실히, 신디컬리스트들이 명확한 철학을 스스로 만들어 낸 적은 한 번
도 없었다.[1]

사실 신디컬리즘은 어느 특정 저술가나 저술가 집단이 만들어 낸
것이 아니었다. 신디컬리즘이라는 단어에 '-이즘'이 들어 있어서 뭔가
이론적 냄새가 나는 것은 사실이지만, 신디컬리즘은 원래 운동에 붙인
이름이었지 모종의 사회 이론을 가리키는 말이 아니었다.[2] 그래서 빅
토르 그리퓌엘(CGT 사무총장), 에밀 푸제(CGT 기관지 〈라 부아 뒤
퓌플〉(인민의 소리) 편집자), 조르주 이브토(CGT 산하 노동거래소* 부
문 책임자) 같은 프랑스 신디컬리즘 지도자들은 "신디컬리즘의 이론
적 틀을 짜는 것보다는" 노동자들의 삶을 개선하기 위한 일상 투쟁
속에서 "발전하는 신디컬리즘의 실천을 표현하는 데" 더 관심이 많았
다.[3] 이 점에서, 신디컬리즘은 노동계급에게 강요된 인위적 신념이 아
니라 끊임없이 발전하는 열린 이론, 즉 투쟁 경험 자체의 결과로 나
타나고 형성되는 이론이라고 사람들은 주장했다. 그래서 1919년에 스
페인 신디컬리스트 E G 솔라노는 다음과 같이 설명했다.

신디컬리즘은 단지 신념이 아니라 살아 있는 조직이다. … 신디컬리즘은
강령 없이 생겨났다. 아니, 더 정확히 말하면 신디컬리즘의 강령은 존재
하지 않는다. … 오늘날 신디컬리즘 운동을 이끌고 있는 바로 그 사람들
은 선험적으로 정식화된 테제에 결코 익숙하지 않다. 그들의 행동 자체

---

* Bourses du Travail. 1887년 파리에서 처음 설립된 뒤 곧 전국의 대도시로 확산된
  일종의 지역 노동조합 연합체로 노동자들의 취업 알선, 직업교육, 실업 기금 조성, 상
  호부조 활동 등을 했다. 이 책의 124쪽 참조.

가 그들에게 경험적 테제 구실을 한다. 따라서 거의 항상 사상보다 행동이 앞선다.[4]

사실 대다수 나라에서 신디컬리즘 지도자들은 신디컬리즘 운동의 두드러진 특징 하나가 비非이론적 성격이라고 생각했다. 즉, 추상적 이론은 "최악의 경우 신디컬리즘에 해롭고 기껏해야 신디컬리즘과 아무 상관없다"고 생각했다.[5] 그래서 푸제는 다음과 같이 강조했다. "다양한 사회주의 학파와 신디컬리즘의 차이는 신디컬리즘에는 학설이 따로 없다는 것이다(그리고 이것이 신디컬리즘의 우수한 점이다). 노동조합 안에는 철학적 사고나 논의가 거의 없다. 노동조합은 그보다 더 나은 것을 한다. 즉, 노동조합은 행동한다!"[6] 1909~1914년에 발행된 CGT 신문 〈라 비 우브리에르〉(노동자의 삶)를 편집한 피에르 모나트도 비슷한 말을 했다. "혁명적 신디컬리즘은 그 전의 사회주의나 아나키즘과 달리 이론보다는 행동에서 두각을 나타낸다. 따라서 우리가 혁명적 신디컬리즘을 찾을 수 있는 곳은 책이 아니라 행동이다."[7] 미국에서 가장 널리 배포된 IWW 소책자는 《사보타주와 직접행동》,《왜 파업은 패배하는가! 어떻게 승리하는가!》,《전술과 방법》 등이었는데, 《전술과 방법》의 복사본은 모든 IWW 조합원에게 배포됐다. 제목을 보면 알 수 있듯이 이 소책자들은 주로 계급투쟁의 전술을 다뤘고, 이론을 완전히 무시하지는 않았지만 근본적으로는 행동을 주장했다.[8] 마찬가지로, 영국에서도 신디컬리즘 운동은 주로 조직적 문제들을 고민했고 정치 전략 같은 분야가 아니라 산업 전술 분야에서 혁신을 이뤄냈다. 그래서 브란코 프리비체비치는 다음과 같이 설명했다.

그들은 대체로 먼 미래의 일보다는 당대의 화급한 문제들에, 계급투쟁의 최종 목표보다는 전술과 방법에 훨씬 더 관심이 많았다. ISEL에서는 계급투쟁에 기꺼이 참여하려는 사람은 누구든지 소속 조직이나 정치적 견해와 무관하게 환영받았다. 그들은 노동계급의 주력이 실천적 계급투쟁에 참여하고 있을 때 이론적 차이를 고집하는 것은 한가한 짓이라고 주장했다.[9]

신디컬리즘이 비록 특정 사상가의 일관된 작품이 아니라 "이론을 추구하는 실천"이었다 하더라도,[10] 신디컬리즘 사상을 유명하게 만든 사람은 분명히 1908년에 《폭력에 대한 성찰》을 써서 신디컬리즘의 사상적 주창자를 자처한 프랑스 사회철학자 조르주 소렐이었다. 그러나 소렐은 주로 외부에서 신디컬리즘 운동을 사색했을 뿐이고 신디컬리즘 노조의 실천에 큰 영향을 미치지 않았다는 것은 널리 알려진 사실이다.[11] 실제로 많은 나라에서 신디컬리스트들은 부르주아 자유주의 지식인들을 노골적으로 불신했다. 자유주의 지식인들이 운동을 억제하는 구실을 하고 노동계급을 이용해 정치적 출세를 꾀한다고 우려했기 때문이다. 요컨대, 지식인은 노동계급의 지지자로 운동의 외부에 남아 있을 때만 유용한 구실을 할 수 있다고 신디컬리스트들은 생각했다. 그런 불신 때문에 신디컬리스트들은 노동계급과 함께 운동을 통제하려고 줄기차게 투쟁했는데, 그 투쟁이 꽤나 성공할 수 있었던 것은 신디컬리즘 운동의 지도자 다수가 근본적으로 노동계급 출신이었기 때문이다.[12]

따라서 신디컬리즘이 나중에 더 광범한 이데올로기가 된 것은 사실이지만, 신디컬리즘은 운동이나 '행동 철학'으로 설명하는 것이 가장 적절한 듯하다.[13] 노동조합 안에서 일반적 흐름은 자발적인 혁명적 행동에서 비롯한 해방의 경험을 자본주의 전복 수단으로 강조하는 것이었지, 일관되게 정식화된 사상 체계나 통일된 학설 체계를 발전시키는 데 관심을 쏟는 것은 아니었다.

어떤 점에서 신디컬리즘은 제2인터내셔널의 대다수 노동자 정당을 지배한 결정론적 마르크스주의에 대한 반발이었다. 제2인터내셔널은 경제적 철칙이 역사를 지배하고 인간의 의식과 행동은 사회를 형성하는 데서 진정한 구실을 하지 못한다고 봤다. 이 오래된 사고방식은 수동성을 낳은 반면, 혁명적 잠재력이 있는 노동계급의 자주적 행동을 강조한 신디컬리스트들의 주장은 일종의 전투 준비 명령이었다. 신디컬리스트들은 노동자들이 주로 **행동**을 통해 배운다고 생각했다. 스페인의 신디컬리즘 지도자 안드레우 닌은 1919년 12월 CNT 대회에서 다음과 같이 말했다. "저는 행동을, 혁명을 열렬히 지지합니다. 저는 [현실과] 동떨어진 이데올로기나 추상적 문제보다는 행동을 신봉합니다."[14] 그는 노동자들의 혁명 의지를 발전시키려면 끊임없는 직접행동이 필요하다고 주장했다. 혁명은 무엇보다 노동자들이 스스로 의지를 갖고 행동한 결과라는 사실을 감안하면, 체제의 불의를 폭로하는 것으로 족하다는 것이었다.[15]

영국의 신디컬리즘을 연구한 역사가 밥 홀턴은 이렇게 "신디컬리즘은 … 이론적이지 않다"고 보는 "고정관념"이 "혁명적 산별노조 운동의 실제 성격과는 거의 무관한 … 특히 두드러진 오해"라고 반박했다.[16] 그는 언뜻 보면 이론에 반대하는 듯한 많은 신디컬리스트의 태도를 혼란스런 노동조합 투쟁성으로 해석해서는 안 되고 오히려 우브리에리슴(노동자주의), 즉 계급투쟁을 노동자들이 통제해야 한다는 믿음과 '외부 전문가'와 중간계급 지식인을 거부하는 태도가 드러난 것으로 해석해야 한다고 주장했다. 미국 IWW의 한 조합원은 다음과 같이 말했다. "가장 중요한 사람은 소렐 같은 자들이나 … 그와 비슷한 인물들이 아니다. 최전방에서 싸우는 무명의 빌 존스 같은 사람들, 즉 냄새나는 옷을 입고, 머릿속으로는 반란을 꿈꾸고, 가슴속에는 희망을 품고, 눈에서는 결의가 느껴지고, 주먹을 움켜쥔 채 직접행동에 나서는 사람들이야말로 가장 중요하다."[17]

신디컬리즘 운동은 다양한 지적·이데올로기적 영향의 산물이었고 신디컬리스트들이 비록 심오한 분석서를 저술하지는 못했지만 수많은 소책자·리플릿·연설 등을 통해 일관되고 논리적인 주장들을 내놓았다는 것은 틀림없는 사실이다. 미국 IWW의 〈인더스트리얼 워커〉, 이탈리아 USI의 〈인테르나치오날레〉, 영국 ISEL의 〈인더스트리얼 신디컬리스트〉 같은 신문들은 결정적으로 중요한 선전물이자 운동의 조직자 구실을 했다. 더욱이 대다수 신디컬리스트들은 작업장의 일상적 문제에 관심을 쏟을 수밖에 없는 산업 투사들이었지만, 운동의 시야는 결코 직접적 경제 쟁점으로 제한되지 않았다. 사실 많은 신디컬리즘 지도자들은 비록 공식 교육은 거의 받지 못했지만, 그래도 '노동자 지식인'이라고 부를 수 있는 사람들이었다. 그들은 정치 참여와 노조 활동 분야에서 재능을 드러냈을 뿐 아니라 아나키즘이나 마르크스주의 이론도 잘 알고 사상투쟁도 벌이는 사람들이었다. 노동계급 교육은 적어도 소수의 헌신적인 신디컬리스트 활동가들에게는 중요했다. 예컨대, 프랑스의 지역 노동거래소와 미국의 IWW 회관 안에 조직된 활동가들, 또 영국의 평민동맹/노동자대학운동 같은 단체들과 수많은 비공식 토론 서클을 통해 조직된 활동가들에게는 그랬다. 그런 그룹과 조직은 자본주의가 발전해 온 다양한 과정을 하나의 사회체제로 분석하려고 열심히 노력했다.[18] 따라서 신디컬리즘은 비록 선험적·종합적 사상 체계라기보다는 "이론을 추구하는 실천"이었지만,[19] 그래도 전략·전술·이데올로기에 관한 견해들을 엉성하게 짜 맞춘 잡탕이 아니라 하나의 이론으로 발전한 것이었다.

그렇지만 대다수 신디컬리스트들에게 이론은 단지 생산 현장에서 노동자 대중이 겪는 일상적 경험을 반영한 것이었을 뿐이라는 점은 여전히 사실이다. 사상은 노동자들이 스스로 참여한 직접적 투쟁을 해명하는 데만 실제로 사용됐다. 푸제는 《신디컬리즘의 기초》에서 사상이란 노동운동의 경험에 대한 "통찰력 있는 해석"이라고 설명했다.[20] 자발성을 예찬하는 '경험 이데올로기'인 신디컬리즘은 사회주의 운동 안에서 경쟁하는 다른 경향들보다 이론적 토대에 덜 의지했다.[21] 마르크스주의와 달리 신디컬리즘 운동은 이론과 실천을 종합하려는 노력을 거의 하지 않았다. 즉, 일반적인 이론적 사상 체계라는 분석 도구와 국제 노동계급 선진 부위의 실천 경험을 일반화해서 서로 연결하려는 노력을 하지 않았다. 신디컬리즘은 사회 변화에 관한 포괄적 설명도, 혁명에 관한 근본적 이론도 제시하지 않았다. 또, 신디컬리즘과 경쟁하던 마르크스주의가 위대한 혁명적 이론가들(특히, 마르크스·엥겔스·레닌·트로츠키·룩셈부르크·그람시)을 배출한 것과 달리 신디컬리즘은 결코 그러지 못했다.

얄궂게도 20세기 초 세계의 서로 다른 지역들에서 노동계급의 불만이 터져 나왔을 때 신디컬리스트들이 중요한 영향을 미칠 수 있었던 이유 하나는 십중팔구 신디컬리즘 사상이 모호했기 때문이다. 단기적으로는 그런 모호함 덕분에 신디컬리스트들이 노동계급 내의 다양한 집단에서 지지자들을 확보할 수 있었다. 즉, 의회정치에 환멸을 느낀 사회주의자와 아나키스트, 더 투쟁적인 정책들을 열망한 노동조합 활동가, 이데올로기에 연연하지 않는 불만분자가 모두 신디컬리즘에 매력을 느낄 수 있었던 것이다.[22] 그러나 이렇게 이론적 명확성이 없다는 것은 결국 치명적 약점이었음이 드러났다. 그래서 1920년대에 노동계급 투쟁이 가라앉자 대다수 나라에서 신디컬리즘 운동은 처음에 등장했을 때와 마찬가지로 빠르게 사그라들었다.

혁명적 신디컬리즘 사상과 운동은 다양한 나라에서 다양한 형태로 나타났지만 그들의 철학 전체를 신디컬리즘으로 일반화해서 설명할 수 있는 단일한 목표와 방법은 분명히 존재한다. 물론 이런 요소들이 모든 운동에 똑같은 정도로 존재한 것도 아니고 항상 분명하고 일관되게 나타난 것도 아니었다. 그러나 과잉 단순화의 위험을 무릅쓰고 말한다면, 다양한 신디컬리즘에 공통된 이론적·실천적 핵심은 있었다고 할 수 있다. 이런 핵심 요소로 여덟 가지를 꼽을 수 있겠다. 즉, 계급 전쟁과 혁명적 목표, 자본주의 국가와 의회 민주주의 거부, 정당에 대한 자율성, 혁명의 수단인 노동조합, 직접행동, 총파업, 노동자 통제, 반ℝ군국주의와 국제주의가 그것이다.

계급 전쟁과 혁명적 목표

신디컬리즘은 자본주의를 이해관계가 정반대인 양대 사회 계급, 즉 부르주아지와 프롤레타리아로 이뤄진 사회로 설명했다. IWW의 창립자이자 가장 유명한 지도자 중 한 명인 '빅 빌' 헤이우드는 다음과 같이 말했다. "우리는 착취자와 피착취자의 이해관계가 같을 수 있다는 생각을 철저히 거부한다."[23] 자본주의 사회는 노동 착취에 바탕을 두고 있기 때문에 자본가와 노동자 사이의 계급 전쟁은 결코 피할 수 없었다.

신디컬리즘의 활동은 … **계급투쟁**에 바탕을 둔다. 노동자 계급과 사용자 계급은 공통점이 전혀 없다. … 현 사회체제의 그런 성격 때문에, 노동자들이 생존을 유지할 수 있는 방법은 오로지 경제 분야에서 자본가들에 맞서 계속 투쟁하는 것, 그리고 자본주의 체제가 노동자들에게 참으라고 강요하는 비참한 생활 조건을 거부하며 공공연히 반란을 일으키는 것뿐이다.[24]

그래서 영국의 주요 신디컬리즘 지도자인 톰 만은 다음과 같이 지적했다. "노동조합의 목표는 **계급 전쟁**을 벌이는 것이고 모든 기회를 이용해 적과 싸워 이기는 것이다."[25] 노동자들은 직접적 노동조건을 개선하려고 투쟁하는 과정에서, 자본가계급의 권력은 생산수단을 소유하고 통제하는 데서 비롯한다는 사실을 깨달을 것이다. 그래서 노사 대결을 사용자와 노동자의 흔한 충돌 이상으로, 즉 서로 싸우는 양대 계급인 자본과 노동의 충돌로 보게 될 것이다. 그러나 비록 이런 계급투쟁을 통해 중요한 일상적 양보를 얻어 낼 수 있는 것은 사실이지만, 이런 투쟁 자체가 노동자들을 가차 없는 자본주의 착취 과정에서 해방해 주지는 못한다. 그래서 푸제는 다음과 같이 설명했다.

부분적 승리로 경제 관계가 바뀌지 않는다는 것은 분명하다(우리가 아무리 그런 승리를 중요하게 여기고 그런 승리로 말미암아 이런저런 특권이 없어진다고 해도 말이다). … 노동자가 자본과 국가에 종속된 상태는 계속 유지될 것이다. … 따라서 노동시간이 아무리 단축되고 임금 수준이 아무리 높아지고 공장이 아무리 편안하고 위생적으로 바뀐다고 해도 … 종속적 노사 관계, 정부-시민 관계가 계속 존재하는 한 항상 두 계급이 있을 것이다. 그래서 필연적으로 두 계급의 충돌은 존재할 것이고, 둘은 서로 싸울 수밖에 없을 것이다.[26]

기존의 자본주의 사회·경제·정치 체제가 철저하게 혁명적으로 전복돼야만 노동계급의 최종 해방과 더불어 생산수단의 공동 소유·통제에 바탕을 둔 사회의 수립도 가능할 것이다. 헤이우드는 1905년 IWW 창립 대회에서 다음과 같이 말했다.

우리가 여기 모인 것은 이 나라의 노동자들과 손잡고 노동계급 운동을 건설하기 위해서입니다. 그 운동의 목적은 자본주의의 노예라는 굴레에서 노동계급을 해방하는 것입니다. … 이 조직의 목표와 목적은 노동계급이 저 자본가 양반들과 무관하게 경제 권력, 생활 수단을 소유하고 생산과 분배 기구를 통제하는 것이어야 합니다. … 이 조직은 계급투쟁에 바탕을 둘 것이고 그 토대 위에 건설될 것이며, 어떠한 타협도, 어떠한 굴복도 모를 것이고, 그 목표와 목적은 오로지 이 나라 노동자들이 자기 노동 생산물의 가치를 온전히 갖게 하는 것뿐입니다.[27]

톰 만은 신디컬리즘이 영국 노동조합의 전통적인 보수적 표어, 즉 "공정한 노동에 대한 공정한 임금"이 아니라 "혁명적 목표를 내걸어야 한다"고 주장했다. 왜냐하면 "신디컬리즘은 임금 체제를 철폐하려고, 노동자들이 자기 노동의 성과를 온전히 누리게 하려고, 그래서 사회체제를 자본주의에서 사회주의로 바꾸려고 애쓸 것이기 때문이다."[28]

자본주의 국가와 의회 민주주의 거부

신디컬리스트들은 자본주의 국가를 통한 개혁 입법 추구와 의회 민주주의를 거부하고 혁명적 산업 투쟁을 지지했다. 그들은 자본주의 사회에서 경제체제와 정치체제는 밀접하게 연결돼 있고 국가기구의 형태를 좌우하는 것은 경제 질서라고 주장했다. 의회 사회주의자들의 생각과 달리 국가는 노동자들에게 이롭게 사회를 변혁하는 데 쓰일 수 있는 독립적·중립적 기구가 아니라 자본가들의 지배 도구다. 마르크스가 말했듯이 "지배계급의 집행위원회"라는 것이다. 중앙집중적이고 관료적인 국가기구(와 경찰·군대·민병대·사법부)는 필연적으로 노동자들에 맞서 자본가계급과 동맹할 것이다. 따라서 그런 중앙집중적 정치권력을 유지하는 것은 노동자 통제, 노동자 민주주의라는 신디컬리즘의 목표와 양립할 수 없었다.[29]

마찬가지로, 신디컬리스트들은 의회가 단지 자본주의의 힘을 영속시키는 부르주아 입법기관이라고 봤다. 의회는 사회적 갈등의 진정한 본질을 은폐하는 허울일 뿐이었다. 의회 민주주의 이데올로기(보통선거권과 법 앞의 평등)는 사람들이 현실의 경제적 불평등을 보지 못하게 했다. 그래서 톰 만은 다음과 같이 설명했다.

> 오늘날 노동자들은 지배계급을 경멸하는 법을 배워야 하고, 지배계급의 마력을 유지시켜 주는 기관, 즉 의회를 다루는 법을 배워야 한다. 노동자들은 의회가 적의 도구라는 사실을 깨달아야 하고, 노동자들이 결코 효과적으로 이용할 수 없는 제도라는 점을 직시해야 한다. 노동자들은 의회를 자본주의 체제의 소유로 여겨야 한다.[30]

의회 사회주의자들의 실패는 바로 이런 바탕 위에서 이해할 수 있었다. 그들은 노동자들의 운명을 개선하고 사회 개혁을 실현하려고 노력했지만, 그런 노력은 의회와 국가의 자본주의적 조작을 통해 체제에 전혀 해롭지 않은 것이 돼 버리거나 아니면 그들 스스로 의회의 부르주아적 분위기에 빠져서 체제 옹호론자가 돼 버렸다. 어느 쪽이든 사회 개혁은 근본적 소유관계를 바꾸지도 못했고 정말로 중요한 것을 하나도 제공하지 못했다. 그래서 IWW 초기에 지도적 인물이었던 토머스 해거티 신부는 IWW 창립 대회에서 냉소적으로 다음과 같이 말했다. "투표함은 자본주의적 양보일 뿐입니다. 투표함에 종이 쪼가리를 집어넣는 것으로는 노동계급의 해방을 이루지 못했고, 제

생각에 앞으로도 결코 그럴 수 없을 것입니다."[31] 노동자들이 의회 입법에서 하찮은 이득이라도 챙길 수 있었다면, 그것은 오로지 노동자들의 직접행동을 통해 외부에서 자본가들에게 압력을 가했기 때문이다. 그래서 ISEL의 신문은 다음과 같이 선언했다.

의회 활동은 산업 투쟁보다 덜 중요하다. 오직 산업 투쟁만이 정치 활동을 효과적으로 만든다. 그러나 의회 활동이 있든 없든 간에 산업 투쟁의 연대는 경제적 자유를 보장할 것이고, 따라서 자본주의와 그에 따른 빈곤과 불행도 모두 없애 버릴 것이다.[32]

신디컬리스트들은 정치권력을 장악한 뒤에만 새로운 사회질서를 수립할 수 있고 산업 투쟁이 아니라 정치 활동으로 그럴 수 있다는 의회 사회주의자들의 생각을 철저히 거부했다. 오히려 신디컬리스트들은 사회의 진짜 권력은 경제 권력이며, 노동자들이 생산 현장의 직접행동으로 산업을 통제하게 됐을 때만 자신들에게 이롭게 사회를 변화시킬 수 있다고 주장했다. 정치 활동만으로는 결코 자본주의 경제체제를 폐지할 수 없을 것이다. 한 IWW 조합원은 그 문제를 다음과 같이 제기했다.

우리는 과학이 우리에게 분명히 가르쳐 주는 대로 원인과 결과, 즉 착취와 경제적 조건을 엄격하게 다뤄야 하는가 아니면 형이상학의 우둔한 가르침에 무릎을 꿇고 경제적 조건의 반영, 즉 정치를 다뤄야 하는가?[33]

이런 관점에서 보면, 정부와 국가라는 정치권력은 경제권력에, 계급투쟁에 종속된 부차적인 것이었다. 따라서 자본주의를 파괴하고 국가를 전복하고 생산수단을 통제하려면 노동계급은 노동조합이라는 경제조직을 통해 산업 조직과 투쟁에 집중해야 했다. 의회 놀음은 노동계급의 에너지를 엉뚱한 곳에 낭비하게 만드는 수단일 뿐이었다.

신디컬리즘 운동의 일부 지도자들은 의회를 통한 '정치 활동'의 잠재적 가치를 완전히 무시하지는 않았다는 사실을 지적해 둬야겠다. IWW의 창립자 중 한 명인 유진 데브스는 미국 사회당 당원이었고 1900년과 1904년에 사회당 후보로 대통령 선거에 출마하기도 했다(그는 1908년에 IWW와 결별했다). 미국 사회주의노동당의 지도자였던 대니얼 디 리언과(1908년에 쫓겨나기 전까지) IWW 안에서 활동하던 리언 지지자들도 마찬가지였다. 심지어 빌 헤이우드도 1906~1913년에 미국 사회당 내 좌파 당원이었다. 이탈리아 신디컬리즘의 주요 이론가였고 1904년 의회 선거에 출마했던 아르투로 라브리올라도 정치 활동을 무시하지 않았다. 아일랜드의 ITGWU 지도자였던 짐 라킨도 1912년 지방선거에서 더블린의 노동당 후보로 출마했다. 영국 직장위원회 운동의 지도자였던 J T 머피도 1918년 총선에서 사회주의노동당 후보로 출마했다. 그렇지만 국제적으로 신디컬리즘 운동의 지도자들은 모두 노동조합을 주된 투쟁 영역으로 봤고, 정치 활동은 근본적으로 선전 무기일 뿐 개혁주의와 의회주의로 변질돼서는 안 된다고 생각했다. 산업 투쟁이 여전히 가장 중요했고, 정치는 산업 전쟁의 메아리일 뿐이었다. 신디컬리스트들은 마르크스의 공식, 즉 노동계급의 해방은 노동계급 자신의 행동이어야 한다는 말의 의미를 노동계급의 해방은 (선거와 의회 형태의) 정치적 수단으로는 달성할 수 없고 오직 노동자들이 스스로 독자적 산업 투쟁을 통해서만 이룰 수 있다는 뜻으로 받아들였다.

따라서 그들은 생산수단의 국가 소유에 철저하게 반대했다. 심지어 [의회 사회주의자들보다] 더 단호하고 좌파적인 사회주의자들과 마르크스주의자들이 제안하는 생산수단 국유화도 한사코 반대했다. 왜냐하면 국유화를 "자본주의적 집중과 조직화의 최고 형태"로 봤기 때문이다. "국가에 고용된 사람들과의 관계에서 [국가는 — 지은이] 사기업만큼이나 부도덕한 착취자일 가능성이 높다."[34] 신디컬리스트들이 염원한 것은 산업의 국유화가 아니라 노동자들이 "스스로 공동의 이익을 위해 산업을 완전히 통제하고 관리하는" 사회였다.[35]

정당에 대한 자율성

신디컬리스트들은 모든 노동자 정당과 사회주의 정당을 혐오했다(따라서 정치적 중립성과 절대적 독립성을 원칙으로 내세웠다). 프랑스에서 CGT는 사회주의 정당들과 분리하는 정책을 일관되게 추진했다. 노동자들을 대변한다고 자처하며 서로 경쟁하던 사회주의 정당들이 1905년에 마침내 하나의 정당으로 합치기로 하자 이듬해 CGT 대회에서는 유명한 아미앵 헌장을 채택해, 모든 정당에 참여하는 것을 반대하기로 결정했다. 스페인의 CNT도 정당이나 정치조직과의 조직적·이데올로기적 연계를 철저히 거부했다. 또 미국에서는 1905년 IWW의 규약 전문前文에서 정치 활동에 관한 구체적(그러나 모순된) 언급을 했지만, 1908년 조직을 숙청·정화하는 과정에서 정치 관련 언급을 모두 삭제하고 정당과의 동맹을 일절 거부하기로 결정했다.

개혁주의적 사회주의자나 혁명적 마르크스주의자 같은 '정치적 사회주의자들'과 달리 신디컬리스트들은 정당이 계급 전쟁을 제대로 수행할 수 없다고 생각했다. 1909년 CGT 사무총장으로 선출된 레옹 주오는 주류 노동조합들의 국제회의에서 다음과 같이 반박했다.

아마 여러분은 정치조직이 큰 배고 경제조직은 그 배에 매달린 작은 보트라고 생각하실 겁니다. 우리가 볼 때는 큰 배가 노조 조직입니다. 따라서 정치 활동은 노조 활동에 종속돼야 합니다.[36]

모든 나라에서 신디컬리즘 조직과 사회주의 정당 사이에는 강력한 반감이 있었는데, 이데올로기적 차이뿐 아니라 사회주의 정당이 노조를 정치적으로 통제하고 종속시키려 한 것도 그런 반감을 악화시킨 요인이었다.

프랑스에서 [CGT의] 정치적 중립성은 두 측면이 있었다. 첫째, CGT와 산하 단체들은 공식적으로 정당에 대해 중립을 지켜야 할 의무가 있었다. 따라서 어떤 노동자 조직도 정당이나 정치인을 공식적으로 지지해서는 안 됐고, '생디카'는 정당에 가입하거나 심지어 정당의 전당대회 같은 행사에 참여할 수도 없었다. 둘째, CGT와 산하 단체들 자체도 중립지대여야 했다. 노조 밖에서 벌어지는 정치 토론·논쟁·선전을 CGT 안으로 끌고 들어오면 절대 안 됐고, 노조는 오로지 경제투쟁만 벌여야 했다. 노동자 개인은 자기 노조 밖에서 자유롭게 정치 활동에 참여할 수 있지만(정당을 지지하는 투표나 심지어 정당 가입도 할 수 있었다), 자신이 참여하는 정치 활동과 관련해서 CGT의 명의를 사용하는 것은 일절 금지됐다.[37] 비슷한 정치적 중립 원칙은 비록 정도는 달랐지만 다른 나라들에서도 적용됐다. 예컨대, 스페인에서는 정치 신념이나 종교 신앙과 무관하게 임금노동자는 누구나 CNT에 들어올 수 있었지만, CNT를 대표해서 지방선거나 국회의원 선거에 출마하거나 정치적 임무를 맡는 일 등은 할 수 없었다.

신디컬리스트들은 자신들의 태도를 정당화하는 근거로 다양한 주장을 내세웠다. 먼저, 정당은 특정한 이데올로기나 정치 신념에 따라 사람들을 조직하지 당원의 출신 계급을 따지지 않는다는 것이었다. 따라서 노동자뿐 아니라 전문가와 지식인(의사·변호사·교수·기자·학생 등), 지주와 자본가도 정당의 당원이 될 수 있었다. 심지어 '노동'을 대변한다고 자처하는 사회주의 정당조차 다양한 계급 출신 사람들을 받아들였고, 대체로 노동계급에 속하지 않는 사람들이 당을 이끌었다. 따라서 정당은 "이해관계가 대립하는 사람들이 뒤죽박죽 뒤섞인 응집력 없는" 조직이었고,[38] 그나마 취약한 단결조차 경제적 이해관계가 충돌하면 쉽게 깨질 수밖에 없었다.[39] 이와 달리 노조는 정치 신념과 무관하게 계급 이해관계에 따라 사람들을 조직한다고 신디컬리스트들은 설명했다. 노조원은 모두 노동자였고, 공통의 착취 조건을 경험했으며, 계급투쟁 자체가 강요하는 집단적 관계로 동료 노동자들과 연결돼 있었다. 정당은 사람들이 선택해서 결성한 단체였다면 노조는 필요해서 만든 단체였다.[40] 이런 이유로 모종의 계급 타협을 대변할 수밖에 없는 정당과 달리 노동자들의 진정한 이해관계를 옹호하는 믿을 만한 조직은 노동조합뿐이었다. 오직 노조만이 정치적 차이를 뛰어넘어 노동자들을 단결시킬 수 있고, 노동자들의 해방을 위한 투쟁 속에서 그들을 단일한 투쟁 세력으로 묶어 낼 수 있다는 것이었다.

따라서 서로 다른 정치 신념들은 (아무리 계급 이데올로기나 사회주의 이데올로기를 자처하는 신념이라도) 노조 속으로 들어와서는 안 됐다. 노조가 임금 인상과 노동조건 개선을 위해 사용자에게 효과적으로 압력을 가하려면 노동자들의 정치적 견해와 무관하게 논란의 여지 없는 공통의 경제적 이해관계를 바탕으로 최대한 많은 노동자를 조직해야 했기 때문이다. 노조는 온갖 견해를 가진 모든 노동자로 이뤄져야 했고, 따라서 정치적 견해를 노조로 끌어들이게 되면 분열이 일어나서 대중행동이 힘들어지고 사용자에 맞서는 노조의 힘이 약해질 위험이 있었다. 그래서 푸제는 다음과 같이 설명했다.

CGT는 임금 노예제와 사용자 계급을 제거하려면 투쟁해야 한다는 사실을 알고 있는 노동자를 모두 받아들인다(그들의 정치적 차이는 따지지 않는다). … 이런저런 (철학·정치·종교 등의) 학설에 오염된 채 경제 영역이라는 분쟁 지역에 들어온 사람은 노동조건 개선과 완전한 해방에 대한 열망이라는 원칙에 동의한 뒤에야 조야한 측면들을 떨쳐낼 것이다. 바로 그런 이유로, 신디컬리즘은 (학설의 장벽을 전혀 세우지 않고, 어떤 신조도 정식화하지 않으면서도) 다양한 사회 학설의 전형적 실천으로서 나타난다.[41]

또 정당은 선거와 의회에서 성공하는 것을 추구하기 때문에 불가피하게 원칙 있는 계급의식적 정책들을 물타기 하고, 부르주아 정당들과 협력하고, 자본주의 국가와 타협하다가 끝내는 노동계급의 이익을 배신하게 된다고 신디컬리스트들은 주장했다. 의회정치는 가장 선량한 정치적 대표들조차 부패하게 만들었고, 정당의 목표가 정치적 국가[권력] 장악임을 감안할 때 정당은 부르주아 기회주의자들에게 비옥한 토양이었다. 흔히 정당을 이끄는 관료적 상근 간부들(비교적 고액의 보수를 받는)은 사회변혁이 필요하다고 미사여구를 늘어놓는 것보다 조직(과 조직 내에서 자신들의 개인적 지위)을 유지하고 보존하는 것을 더 중요하게 여기는 경향이 있었다.

그러나 신디컬리즘 운동 지도자들이 사회주의 정치인들을 맹비난했다는 사실에도 불구하고 많은 현장조합원들은 개인적으로 의회 선거에서 사회주의자에게 투표했을 가능성이 높다. 그리고 신디컬리스트들이 정치적 자율성을 추구했다고 해서, 공동의 이익이 걸린 문제들에서 사회주의 정당과 비공식적으로 연계하지 않은 것도 아니었다. 예컨대, 1912년 프랑스에서는 군 복무 기간을 2년에서 3년으로 늘리려는 3년 징병법에 반대하는 운동이 벌어졌을 때 CGT와 사회당이 긴밀하게 협력했다. 또 많은 신디컬리스트들이 '정치 활동'을 일축했지만, 근본적으로는 노동자 정당이나 사회주의 정당의 다수파가 옹호하는 선거·의회 정치의 '막다른 길'을 거부하거나 최소화하고 있었을 뿐이다(정치 활동 개념을 협소하게 이해한 결과였다). 개혁주의적 사회주의 정당 안에서 활동하면서도 노동자들의 직접행동을 희생시키면서까지 의회주의를 강조해서는 안 된다고 생각한 급진 좌파 집단들과 혁명적 마르크스주의 정당들도 있었는데, 이들과 신디컬리스트들이 협력하기도 했다. 그래서 제1차세계대전 전에 영국의 ISEL 지지자들은 노조 안에서 급진적 혁신 운동들을 건설할 때 사회주의노동당SLP이나 사회민주연맹SDF 회원들과 협력했다. 그리고 전시 직장위원회·노동자위원회 운동의 지도자들 가운데 신디컬리즘의 영향을 받은 많은 사람들(특히, 아서 맥매너스, 톰 벨, 윌리엄 폴, 윌리 갤러처, J T 머피)은 비록 산업 투쟁이 먼저라고 주장하면서도, 사회주의노동당이나 영국 사회당BSP의 당원으로서 정치 활동과 혁명적 사회주의 정당이 모종의 구실을 할 수 있다고 분명히 밝혔다.[42]

마찬가지로, 앞서 봤듯이 미국 IWW의 가장 유명한 인물 가운데 일부도 사회주의 정당의 당원이었다. 심지어 1908년에 IWW가 분열한 뒤에도(IWW는 1908년 대회에서 규약을 개정해 정치 활동[과 정당 가입]을 일절 금지했[고 그래서 정치 활동을 강력히 주장하던 리언파는 IWW를 탈퇴했]다) 개혁주의자들이 주도하던 미국 사회당 안에서 좌파 당원들은 계속 중요한 구실을 했다. 예컨대, 헤이우드는 1910년에 사회당의 전국집행위원으로 선출되기도 했다(1913년에 당에서 쫓겨나기 전까지는).

훨씬 더 의미심장한 곳은 이탈리아였다. 이탈리아의 상황은 독특해서, 사회당 내 혁명적 집단들 사이에서 등장한 선구적 신디컬리스트들은 몇 년 동안 기꺼이 당에 남아 있었다(그들은 사회당 안에서 지도부에 반대하는 선전과 활동을 통해 주류 사회주의 정치 논쟁에 영향을 미쳤다). 물론 그들은 산업 투쟁이야말로 혁명적 변화를 성취할 주된 방법이라고 주장했다(그러다가 1908년에 죄다 당에서 축출당했다). 스페인에서도 CNT는 정치조직이나 정당에 대한 절대적 자율성을 옹호했지만, 그렇다고 해서 1930년대 제2공화국과 내전 시기에 이베리아아나키스트연맹FAI과 강력한 조직적·이데올로기적 연계를 맺을 수 없었던 것은 아니다. FAI의 목표는 이베리아 반도 전역에서 자유지상주의의 영향력을 강화하기 위해 다양한 이질적 아나키스트 그룹들을 단결시키는 것이었다. 특히 CNT 내에서 그렇게 하려 했다. FAI는 신디컬리스트들 사이에서 개혁주의 흐름을 차단할 의도로 창립됐고, 그 중요성은 운동의 전위 구실을 했다는 점에 있었다. 다시 말해, FAI는 사실상 운동의 '정치적 날개' 구실을 한 것이다.

또 하나 지적해야 할 것은, 신디컬리스트들이 스스로 '비정치적'이라고 주장했고 심지어 그들이 '반정치적'이었다고 주장하는 비평가들도 있지만 실제로는 신디컬리스트들이 다양한 직접적 정치 쟁점에 관여했다는 사실이다. 예컨대, 미국에서 IWW가 벌인 '자유 연설' 운동은 혁명적 노조를 널리 선전하려고 거리 모퉁이에서 빈 상자 위에 올라가 웅변과 연설을 할 권리를 옹호하려는 것이 목적이었으므로 IWW는 불가피하게 법원에서 각 주州의 법률과 정치적 권위에 도전할 수밖에 없었다. 프랑스에서도 CGT는 군 복무 기간 연장에 반대하는 운동을 벌였다. 스페인에서도 CNT는 프랑코의 파시즘에 반대하는 투쟁에서 극히 중요한 구실을 했다. 그리고 모든 나라에서 신디컬리스트들은 제1차세계대전에 반대했다.

그렇지만 대체로 신디컬리스트들은 정치 문제가 산업 조직과 작업장의 직접행동으로 해결될 수 있다고 생각하는 경향이 있었다. 불화를 일으키는 정치조직이 아니라 공격적 산업 투쟁을 통해 노동자들의 단결과 계급의식이 발전할 수 있고 노동자들이 경영진의 특권을 점차 잠식해서 미래의 산업 공화국 틀을 짤 수 있다는 것이었다. 따라서 정치 문제는 산업 조직과 노조 투쟁에 종속된 것으로 여겼고, 당 조직이 아니라 노조가 노동계급을 구제해 줄 것이라고 생각했다.

혁명의 수단인 노동조합

신디컬리스트들은 노동조합이 당면 목표와 장기적 목표 둘 다를 위한 결정적 투쟁 수단이라고 여겼다. 한편으로, 그들은 노조의 존재 이유가 사용자에 맞서 노동자들을 조직하는 것, 즉 계급투쟁이 벌어지는 바로 그곳에서 노동자들을 조직해 계급의 적에 정면으로 맞서는 것이라고 생각했다.[43] 따라서 노조는 기회만 생기면 노동자들의 임금과 노동시간, 노동조건을 방어하고 개선하기 위해 사용자에 맞서 일상적 투쟁을 벌여야 했다. 다른 한편으로, 신디컬리스트들은 노조가 자본주의를 전복하고 새 사회를 건설하려는 전반적 목표 아래 노동계급 전체를 위해 투쟁하는 데 헌신하는 전투적 조직으로 변모할 수 있다고 믿었다. 이렇게 노조를 투쟁 기관이자 혁명의 수단으로 보는 이중적 노동조합 개념은 1906년 CGT의 아미앵 대회에서 빅토르 그리퓌엘이 한 발언에서도 드러난다.

신디컬리즘은 일상적 요구로 노동시간 단축, 임금 인상 등을 내걸고 당장의 조건을 개선해서 노동자들의 복지를 증진하고 노동자들의 활동을 조정하려 합니다.

그러나 이런 임무는 신디컬리즘의 활동 가운데 한 측면일 뿐입니다. 신디컬리즘은 완전한 해방을 준비합니다. 그리고 그런 해방을 실현할 방법은 자본가계급을 수탈하는 것뿐입니다. … 신디컬리즘은 노동조합이 지금은 저항 조직이지만 미래에는 생산·분배 조직, 사회를 개조하는 토대가 될 것이라고 주장합니다. 아미앵 대회는 이 이중의 임무, 즉 일상적 임무와 미래의 임무가 임금노동자의 지위에서 비롯한다는 것, 이 임무가 노동계급의 어깨에 놓여 있으며 따라서 모든 노동자는 정치적·철학적 견해나 성향과 무관하게 노동조합이라는 필수 조직에 소속될 의무가 있다고 선언하는 바입니다.[44]

CNT의 신문 〈솔리다리다드 오브레라〉(노동자 연대)도 1917년 1월 "노동조합 조직에 대한 일반론"이라는 제목의 사설에서 스페인 신디컬리즘의 핵심 목표 두 가지를 다음과 같이 강조했다.

노동시간 단축, 임금 인상 등은 개혁주의일 뿐이고, 자본과 임금노동을 폐지해서 프롤레타리아를 해방하는 것이 혁명주의다. 모든 신디컬리즘 운동, 즉 순수한 계급 운동에는 이 두 측면이 다 있다.[45]

신디컬리스트들은 자본주의 사회 자체 내에 자본주의를 전복할 수단뿐 아니라 자본주의를 대체할 새 질서의 뼈대도 들어 있다고 생각했다. 그래서 1908년 IWW의 규약 전문에 추가된 구절은 다음과 같이 주장했다.

노동계급의 역사적 임무는 자본주의를 폐지하는 것이다. 단지 자본가들에 맞선 일상적 투쟁을 하기 위해서뿐 아니라, 자본주의가 전복됐을 때 생산을 계속하기 위해서도 생산의 군대를 조직해야 한다. 우리는 산별 노조를 조직함으로써 낡은 사회의 껍질 속에서 새 사회의 구조를 만들고 있다.[46]

그러나 신디컬리스트들은 노조가 노동자들의 집단적 능력과 투쟁 정신을 발전시킬 때만, 즉 "전투에서 드러나는 활력을 강화하고 혁명적 이상이 노동자들 사이로 스며드는 과정을 촉진하고 발전시킬 때만" 혁명의 수단이 될 수 있다는 것도 인정했다.[47] 이런 노력의 성공 여부는 중앙집중적이고 관료주의적이고 [노조의] 자산을 보존하는 데 골몰하는 상근 간부들의 협상 기술에 달려 있지 않았다. 기존의 개혁주의 노조를 지배하는 그들은 노동자들을 위해 단기적 양보를 얻어 내는 데 스스로 만족하고 "자본주의 착취 체제를 옹호하고 방어하는 것만이 유일한 삶의 목표인 듯했다."[48] 신디컬리스트들은 노조 상근 간부들이 공식적 단체교섭 메커니즘에 점차 통합되는 것을 비난했다. 이런 협상 메커니즘이 현장의 급진적 투쟁보다는 사용자들과의 타협을 추구하도록 부추겼기 때문이다. 그래서 IWW의 신디컬리스트 출신인 윌리엄 Z 포스터는 다음과 같이 지적했다.

노동[운동]의 역사를 아주 대충만 훑어봐도 알 수 있는 사실은 … 이들 [노조 지도자들 ─ 지은이]은 자신들이 관리하는 거액의 기금이 위태로워지는 것을 두려워하는 관료 집단의 내적 보수성 때문이든 아니면 완전히 배신자가 됐기 때문이든, 대개 자신들의 강력한 권한을 이용해 파업이 벌어지지 않게 만들거나 자기 조합원들이 다른 노동자들과 협력해서 파업을 벌인 뒤에는 서둘러 작업에 복귀하게 만든다는 것이다. … 신디컬리스트들은 노조 안에서 이 중앙집중적 세력이 보편적으로 해로운 영향을 미치고 있다는 점을 지적했고, 노동자들이 함께 파업을 벌이려면 먼저 노조 간부들한테서 파업권부터 되찾아 와야 한다는 것을 배웠다.[49]

이처럼 신디컬리스트들은 노조 안에서 관료주의나 개혁주의 경향이 발전하면 노동자들의 투쟁 정신이 약해질까 봐 우려해서 관료주의·개혁주의 경향에 저항했다(8장 참조). 그런 저항의 중요한 사례 하나는 노조와 사용자의 '계약', 즉 단체협약에 서명하기를 거부한 것이다. 특히 단체협약 유효기간에 파업권을 제한한다는 조항이 있으면 무조건 서명을 거부했다. 얄궂게도, 미국노동총동맹ᴬᶠᴸ 산하 많은 노조가 단체협약이 정식으로 체결되지 않으면 노동자들을 제대로 보호하기 힘들다는 이유로(사용자들은 파업 때 양보해 놓고도 합의 사항을 명시한 문서가 없으면 파업이 끝난 뒤 시치미를 뗐기 때문이다) 단체협약 체결을 위해 끈질기게 투쟁하고 있을 때 IWW는 노사 간 협약 체결 개념 자체를 거부했다. 헤이우드는 "어떤 계약도, 어떤 합의도, 어떤 협정도 안 된다"고 단언했다. "이런 것들은 위험한 동맹이고, 자본가계급과 이런 동맹을 맺는다면 배신자로 혹독하게 비난받아야 한다."[50]

IWW 조합원들이 보기에 사용자들은 노조가 단체협약을 강요할 수 있을 만큼 충분히 강력하지 않으면 단체협약 따위는 전혀 신경 쓰지 않았고 "노조가 충분히 강력해서 [사용자에게] 양보를 강요할 수 있다면 굳이 한시적 협정을 맺을 필요가 없었다."[51] 왜냐하면 그런 한시적 협정은 시한이 만료될 때 사용자에게 미리 파업에 대비할 시간을 벌어 주고 오히려 노동자들이 경제 상황을 이용해 사용자가 가장 취약할 때 공격하는 것을 가로막았기 때문이다.[52] 게다가 단체협약은 동조 파업 호소를 방해해서, 사용자가 노동자들끼리 서로 싸우게 이간질하거나 파업 때 대체 인력을 투입하게 할 수 있었다. 어떤 협정도 IWW의 지도 원리, 즉 "한 사람에 대한 공격은 모두에 대한 공격"이라는 원리를 침해해서는 안 됐다. 단체협약은 또, 파업이 끝나면 작업장의 계급투쟁도 끝난다는 생각을 부추겼다. 그러나 빈센트 세인트 존이 말했듯이 "사용자와 협정을 체결했다고 해서 싸움이 끝난 것은 아니다. 임금 제도가 존속하는 한 모든 평화는 무장한 휴전일 뿐이다. '자본과 노동의 전쟁터'에서는 일시적 '휴전'만이 가능하다." 따라서 "IWW가 사용자 계급과 합의할 수 있는 것은 단 하나, 즉 생산수단을 완전히 넘겨받는 것뿐이다."[53]

아일랜드의 ITGWU도 다른 어떤 고려 사항보다 계급 전쟁을 추진하는 데 몰두했다. 덮어놓고 단체협약을 존중하는 일 따위는 전혀 없었다. 노동계급의 연대가 최우선이었다. 제임스 코널리는 미국에서 IWW 조직자로 활동하다가 아일랜드로 돌아왔기 때문에 신디컬리즘 사상의 영향을 매우 많이 받은 혁명적 사회주의자였는데, 그는 ITGWU의 전략을 다음과 같이 요약했다.

우리 중에 어느 누구도 노동계급의 일부가 체결한 계약을 고려하느라 다른 노동계급 일부가 자본가계급이라는 적에게 시달리고 있을 때 그들을 방어하기 위해 즉시 행동해야 할 의무를 저버리지 않았다. 적들이 예상치 못한 신속한 행동으로 우리가 잠시 승리할 수 있지만, 영속적 승리를 확보하기 전까지 영속적 평화란 헛된 희망에 불과하므로 우리의 승리는 일시적일 뿐이라 것이 우리의 태도였다.[54]

어디서나 신디컬리스트들은 거액의 파업 기금을 쌓아 두거나 조합원과 그 가족에게 위한 실업·질병·사망 수당을 제공하기를 거부했다. 한편으로는, 중앙집중적 노조 관료들의 수중에 거액의 자금이 쌓이면 조합원과 동떨어진 관료들 자신의 이해관계가 발전해서 그들이 파업에 반대하려 할까 봐 이를 피하려고 그랬다. 다른 한편으로는, 노동자들이 파업의 경제적 영향을 극대화하는 독자적 행동으로 승리하려 하기보다 기금 축적에 수동적으로 의지하도록 부추기는 조처는 모두 "자본주의 착취 체제를 전복하지 않으면 [노동자들은 ─ 지은이] 항상 임금 노예일 수밖에 없다"는 사실을 '흐려 버리는' 효과를 낸다고

생각했기 때문이다.[55]

노동조합을 통해 노동계급의 힘을 동원하려 했던 신디컬리스트들은 노조를 계급적·혁명적으로 재건해야 한다고 주장했다. 모든 신디컬리스트의 일치된 견해는 기존 노동조합이 "구조는 너무 부문주의적이고, 정책은 너무 타협주의적이며, 집행부는 너무 과두 체제여서 혁명적 이행의 실행 기관 구실을 할 수 없다"는 것이었다.[56] 그러나 구체적 노조 재건 전략에 대해서는 근본적 이견이 있었다. 프랑스와 영국의 신디컬리스트들은 "안에서 파고드는" 전략, 즉 기존의 노동조합 운동 안에서 활동하며 노조의 성격과 목표를 혁명적으로 바꾼다는 전략을 채택했다. 그래서 CGT 조합원들 사이에서 등장한 프랑스 신디컬리즘 운동은 CGT에서 분리 독립을 추구하지 않고, 산업과 지역을 뛰어넘어 모든 임금노동자를 단일한 혁명적 조직으로 단결시킨다는 목표 아래 CGT를 장악해서 소속 노조들(상대적으로 지역의 직업별 노조 성격이 강한)을 계급 노선에 따라 재조직하는 데 성공했다. 영국에서도 제1차세계대전 전에 톰 만이 건설한 ISEL은 기존 노조를 산업별 조직으로 통합하고 재건해서 신디컬리즘 사상과 결합하는 것을 통해서만 혁명적 운동을 효과적으로 건설할 수 있다는 신념에 따라 스스로 선전 활동 말고 다른 활동은 하지 않았다. 그래서 ISEL 창립 대회에서는 다음과 같이 선언했다.

오늘날 노동조합운동의 특징인 부문주의는 자본가계급에 맞서 효과적으로 투쟁하고 노동자들의 경제적 자유를 확보하는 데 완전히 무능하므로, 이 대회는 (직업이나 업종이 아니라) 계급을 바탕으로 모든 노동자의 산업 조직을 건설할 때가 이제 무르익었다고 선언한다.[57]

이와 달리 미국 신디컬리스트들은 AFL이라는 우산 아래 모여 있던 계급 협력주의적 직업별 노조들, 이른바 '실리주의 노동조합'에[*] 철저하게 반대하는 것 말고는 대안이 없다고 봤다. AFL을 자본주의의 보호막으로 여겼기 때문이다. 그래서 AFL과 경쟁하는 완전히 새로운 혁명적 조직을 건설해야 한다는 이른바 '이중 노조' 전략을 지지했다. IWW는 산별노조 운동을 바탕으로 미국 노동계급 전체(AFL이 받아들이려 하지 않던 노동자들, 즉 이민노동자, 계절노동자, 여성·흑인 노동자 등을 포함한)를 단결시킨다는 염원에 따라 건설됐다. 그래서 각 산업과 작업장에서 하나의 노조를 건설하고, 이를 확대해서 이론적으로는 노동계급 전체를 아우르는 단일 노조, 즉 '단일 거대 노조'를 건설하려 했다. 아일랜드의 ITGWU도 기존의 온건한(그리고 잉글랜드에 기반을 둔) 항만노조의 혁명적 대안으로서 등장했다.

스페인과 이탈리아 신디컬리스트들은 이 둘을 혼합한 전략을 추구했다. 그래서 초기에는 전국적 노조 연맹체 안에서 활동하다가 이내 떨어져 나와서 새로운 노조 연맹체를 건설했고 개혁주의에 반발한 혁명적 세력을 끌어당기는 구심 노릇을 하려 했다. 그러나 스페인에서든 이탈리아에서든 신디컬리스트들은 근본적으로 기존의 지역 노조나 노동회의소[**] 같은 노동운동 단체들에서 계속 활동했다. 그러면서 이런 단체들을 지역·지방·중앙의 신디컬리스트 위원회 구조를

---

* business union. 노조는 기업처럼 운영돼야 한다고 주장하며 계급적·혁명적 노동조합운동에 반대하고, 자본주의 체제 안에서 노동조건을 개선하는 것으로만 그 임무를 한정하는 노동조합. 주로 미국의 보수적 노동조합을 일컫는다.

** Chambers of Labour. 프랑스의 노동거래소를 모델로 1891년 이탈리아 밀라노에서 처음 설립된 후 각지에서 잇따라 설립된 지역별 노동조합. 주로 노동자들에 대한 법률 지원, 상담 지도, 노사 중재, 여성과 미성년 노동에 대한 입법 활동 등을 했다.

통해 혁명적 형태의 노조 조직과 연결했다.

역설이게도 노조 재건 전술에 관한 신디컬리스트들의 이견은 각 국 신디컬리즘 운동 안에서도 분명히 드러났다. 그래서 주요 신디컬리즘 조직에서 떨어져 나온 소규모 그룹들이 주류 조직과 경쟁하기도 했다. 미국 IWW의 조직자였던 윌리엄 Z 포스터는 유럽 여행을 마치고 돌아오면서, 이중 노조 운동이 효과적이라는 IWW의 신념이 틀렸다고 확신하게 됐다. 포스터가 1912년에 결성한 북아메리카신디컬리스트동맹SLNA은 IWW를 해체해야 한다고, 그래서 프랑스 신디컬리스트들처럼 IWW 조합원들도 AFL 산하 노조 안에서 영향력을 확대하려는 노력에 집중해야 한다고 주장했다. 한편, 기존 노조의 대안으로 혁명적 산별노조를 건설하려는 IWW 전통은 영국의 소규모 사회주의노동당을 중심으로 결집한 신디컬리즘 경향에 영향을 미쳤다. 그들은 기존 노조에 적대적인 혁명적 노조, 즉 영국산업노동자동맹IWGB을 따로 건설하려고 잠시 동안 노력했다. 그러나 이런 움직임들은 소규모였고 그들이 산업에 미친 직접적 영향은 각 나라의 주도적 신디컬리즘 조직에 견주면 미미했다.

그러므로 대다수 신디컬리스트들은 기존 노조 안에서 선전·선동하는 데 집중한 반면, 일부는 기존 노조 밖에서 대안적인 혁명적 노조를 건설하고자 분투했고, 또 다른 신디컬리스트들은 기존 노조 안에서 활동하면서도 개혁주의 조직과는 다른 혁명적 연맹체를 건설해서 기존 노조를 가입시키려는 혼합 전략을 채택했다. 그렇지만 이렇게 서로 다른 노조 재건 전략의 공통점도 있었는데, 그것은 계급 노선에 따라 노동조합을 혁명적 조직으로 재건하는 과정에서 부문·성·민족·정치의 차이를 떠나 노동계급 전체를 단결시키는 것이 [신디컬리즘의] 주요 임무라고 봤다는 것이다.

직접행동

앞서 봤듯이, 직접행동 지지는 여러 면에서 신디컬리즘의 가장 강력한 특징이자 개혁주의적인 '정치적 사회주의'와의 두드러진 차이점이었다. 노동계급은 의회 활동과 선거 득표를 통해서는 스스로 해방될 수 없을 것이라고 신디컬리스트들은 주장했다. 오히려 노동계급의 해방은 작업장이라는 경제 영역 안에서 "노동자에 의한, 노동자를 위한, 노동자의" 집단적 "직접"행동을 통해서만 가능하다는 것이었다.[58] 노동자들이 생산 현장에서 임금을 올리고 노동조건을 개선하고 노동시간을 단축하려는 행동이 모두 그런 직접행동이었고, 그중에는 전통적 파업, 간헐적 파업, 수동적 저항, 준법투쟁, 사보타주, 총파업도 포함됐다.

프랑스의 독립적 잡지 《르 무브망 소셜리스테》(사회주의 운동)의 편집자이자 신디컬리즘 지지자였던 위베르 라가르델은 "[노동자들을 ― 지은이] 대신해 제3자가 개입하는 대표·대의·위임이 아니라, 자신의 일을 스스로 처리하려는" 노동계급의 의지를 나타내는 것이 직접행동이라고 말했다.[59] 그는 두 원칙이 서로 모순된다고 봤다. 즉, 간접행동은 [부르주아] 민주주의와 그것을 계승한 의회 사회주의 원칙의 필수적 일부이고, 직접행동은 노동자와 노동자의 목표 사이에 중재자가 전혀 필요 없다는 것이었다. 푸제는 직접행동을 다음과 같이 정의했다.

> 자신의 강점을 이용하고, 자신의 조직을 통해 독립적으로 행동하고, 다른 어떤 중재자의 도움에도 의지하지 않고, 외부 세력에게 아무것도 기대하지 않고, 투쟁 조건이나 공격과 저항 수단을 스스로 만들어 내고, "노동계급의 해방은 노동계급 자신의 임무"라는 공식을 일상생활 속에서 실천하려는 노동계급의 행동.[60]

IWW 초기에 가장 두드러진 형태의 직접행동은 '자유 연설'을 위해 투쟁하며 벌인 대규모 시민 불복종 운동이었다. IWW 조직자들은 미국 서부 전역의 크고 작은 도시 거리 모퉁이에서 빈 비누 상자 위에 올라가 연설하며 각 지역 직업소개소의 갈취 관행을 폭로하고 계절노동자를 가입시키기 위해 노력했었다. 그러자 사용자들의 압력을 받은 각 지방 관리들은 가두 공개 연설을 금지하는 법을 만들어 IWW의 조직 활동을 방해하고 연설자를 처벌하려 했다. 그래서 IWW는 미국 전역의 조합원들에게 이 도시 저 도시로 몰려다니며 연설금지법을 거부하는 활동을 벌이라고 호소했다. 이에 호응한 IWW 조합원 수백 명이 화물열차에 올라타고 투쟁이 벌어지는 곳이면 어디든지 달려갔고, 그들은 기차에서 내리자마자 곧바로 체포·수감됐다. IWW의 전략은 감옥을 가득 채우고 법 집행 기관들을 곤경에 빠뜨려서 그들이 연설금지법을 철회할 수밖에 없게 만든다는 것이었다. 그런 수동적 저항 전략은 야만적 폭력에 맞닥뜨리기 일쑤였다. 그러나 감옥이 재소자로 넘치고, 사법기관의 업무가 마비되고, 늘어난 경찰과 재소자를 부양하기 위한 비용이 급증하자 각 도시의 관리들은 결국 연설금지법을 철회하고 IWW 조합원들을 풀어 줄 수밖에 없었다. 1908년부터 1916년까지 벌어진(최장 6개월 동안 지속된 경우도 있었다) '자유 연설' 운동 가운데 30개가 대체로 성공했는데, 신디컬리스트들은 이 독특한 직접행동 전술을 노동자들에게 계급투쟁을 교육하고 단일 거대 노조 가입 반대에 대응할 실천적 필요성도 알리는 수단으로 여겼다.[61] 그렇지만 그 전술은 다른 나라에서는 되풀이되지 않았다.

국제적으로 훨씬 더 흔히 사용된 직접행동 방식은 사보타주였다. 비록 신디컬리스트들이 발명한 것은 아니지만, 사보타주는 프랑스 신디컬리즘 전술의 필수적 일부가 됐고(CGT는 1897년에 사보타주 전술을 공식적으로 채택했다) 그 뒤 다른 나라들로 퍼져 나갔다. 푸제는 생산 속도를 늦추거나 준법투쟁을 벌이거나 제품의 질을 떨어뜨리거나 특정 상황에서는 기계를 파괴하는 것처럼 기업 이윤에 타격을 가할 목적으로 하는 특정한 행동 방식을 사보타주로 정의했다.[62] IWW는 흔히 '사보타주'의 상징으로 나막신을 사용했는데, 프랑스에서 어떤 남성 노동자가 기계에 나막신(프랑스어로 사보sabot)을 집어던져 작업을 중단시킨 데서 '사보타주'라는 말이 유래했다고 생각했기 때문이다. 그러나 프랑스어 '사보타주'의 원래 의미는 일을 서둘러 대충 하거나 부주의하게, 느리게, 또는 생각이나 솜씨 없이 한다는 것이었다. 마치 나막신으로 두들기듯이 말이다. 1906~1917년에 IWW의 주요 조직자 중 한 명이었던 엘리자베스 걸리 플린은 다음과 같이 설명했다.

사보타주는 주로 능률을 떨어뜨리는 것을 의미한다. 생산 속도를 늦춰서 생산량을 줄이거나 아니면 서투른 솜씨로 일을 해서 제품의 질을 떨어뜨리거나 아니면 형편없는 서비스를 제공하는 것이다. … 이 세 형태의 사보타주, 즉 품질·생산량·서비스에 악영향을 미치는 행위의 목표는 사용자의 이윤에 손해를 끼치려는 것이다. 사보타주는 사용자가 특정 조건을 받아들이도록 강요할 목적으로 이윤에 타격을 가하는 수단이다. 노동자들이 파업을 벌이는 것과 목적은 같지만 강요의 형태가 다를 뿐이다.[63]

가장 단순하고 신디컬리스트들이 가장 자주 권유한, 그러면서도 가장 덜 위험한 사보타주 방식은 생산 속도 늦추기, 즉 작업을 하면서 벌이는 파업이었다. 그래서 프랑스(와 이탈리아) 철도 노동자들이 이른바 '진주 목걸이greve perlee' 파업을 벌이면 전국의 운송 체계 전체가 혼란에 빠졌다. 그들은 기존의 운송법 조항을 문자 그대로 엄격하게 지켜서 어떤 열차도 제시간에 목적지에 도착하지 못하게 만들었다. 또 일부러 형편없는 솜씨로 부주의하게 일을 해서 상품을 망치거나 기계를 손상시키는 방법도 사용됐다. 몽펠리에 노동거래소는 1900년에 발행한 소식지에서 불필요한 의심을 사지 않고도 사고를 낼 수 있는 다양한 사보타주 방법을 노동자들에게 조언한 것으로 유명했다. 예컨대, 가게 점원은 옷감이 슬쩍 땅에 떨어지게 하거나, 의류 노동자는 자기 손을 거쳐 가는 원료의 결함을 모른 척하거나, 기계 수리공은 기계에 기름칠하는 것을 깜빡 잊는 방법 등이 있었다. 1910년에 프랑스 철도 노동자들은 상품을 엉뚱한 곳으로 보내거나 부패하기 쉬운 상품을 측선으로* 보내 [배송을 지연시키]기도 했다. 또 파리의 이발사들은 노동시간 단축 투쟁을 벌이며, 저녁 8시 이후에도 감히 이발을 요구하는 손님은 누구든지 "빡빡머리가 될 것"이라고 선언했다.[64] 그렇게 '점잖은 사보타주'를 활용한 덕분에 이발사들의 월요일 휴무가 법으로 제정될 수 있었던 것을 예로 들며 조르주 이브토(1901년부터 CGT의 노동거래소 부문 책임자였다)는 그 전술이 "의회 연단에서 4년 동안 늘어놓은 온갖 미사여구"보다 더 효과적이었음이 입증됐다고 결론지었다.[65]

일부 프랑스 신디컬리스트들은 사보타주가 실제로 기계를 물리적으로 파손하는 것이라고 해석하기도 했다. 1900년 CGT 대회 얼마 후 몽펠리에 노동거래소 소식지는 다음과 같이 제안했다.

여러분이 정비사라면 2펜스어치의 아무 파우더만 있어도, 아니 그냥 모래 가루만 조금 있어도 손쉽게 기계의 작동을 멈춰서 사용자에게 [노동]

---

* 側線. 열차의 운행에 늘 쓰는 선로 외의 선로. 열차 차량의 재편성 또는 화물의 적재나 하차 따위에 쓴다.

시간 손실과 수리 비용을 부담시킬 수 있을 것이다. 여러분이 소목장이라면,* 사용자 모르게 가구를 약간 망가뜨려서 손님이 가구를 사지 않게 만드는 것보다 더 쉬운 일이 또 어디 있겠는가?[66]

CGT 초창기에 노동거래소 부문의 사무부총장을 지낸 폴 델레살은 CGT 대회에서 평화적 방식의 사보타주를 강조하는 발언을 했지만, 푸제와 이브토는 (사람은 아니더라도) 기계와 재산을 겨냥한 물리적 폭력 행위도 사보타주에 포함된다고 본다는 사실을 거의 숨기려 하지 않았다.[67] 어느 쪽이든 이런 방식의 사보타주는 파업의 성공에 도움이 됐는데, 작업 재개를 불가능하게 만들어서 "대중의 이탈"을 막는 데 기여하고 파업을 신속하게 종결지었기 때문이다.[68] 또 그런 실천들은 파업 때 대체 인력 채용을 가로막는 보호막 구실을 하므로 노동을 중단하는 데 꼭 필요한 보조 장치로 여겨졌다. 푸제에 따르면, 서로 다른 두 경제적 계급이 존재하고, 따라서 뚜렷이 다른 두 도덕률이 존재하기 때문에 부르주아적 가치를 기준으로 프롤레타리아의 사보타주 행위를 판단할 수는 없었다. "오늘날과 달리 기계가 노동자의 적이 아니라 친구가 될 때만 노동자는 기계를 존중할 것이라는 사실을 자본가는 깨달아야 한다."[69] 사보타주 전술의 사용은 착취에 저항하고 노동계급의 목표를 실현하는 수단으로서 효과적인 경우에만 지지를 받았다. 그리고 그런 실천들은 널리 활용돼서, 1909~1910년 프랑스 우체국과 철도 파업 때 신디컬리즘의 영향을 일부 받은 노동자들은 전신선을 잘라 버리기도 했다.[70]

미국에서는 사보타주와 폭력의 관계가 확실하지 않았는데, 정적政敵들이 IWW는 주로 폭력을 써서 목적을 달성하려 한다고 떠들어 댔기

---

* 나무로 가구나 문방구 따위를 짜는 일을 직업으로 하는 사람.

때문이다. 1910년 이후 사보타주는 IWW가 계급투쟁에서 사용할 전술 목록에 공식적으로 포함됐고, IWW 간행물에 사보타주 선전이 자주 등장하기 시작했다. IWW는 이 주제를 다룬 세 가지 소책자를 널리 배포했고, 사보타주의 상징인 나막신과 검은 고양이가 IWW의 노래·삽화·만화·스티커에 끊임없이 등장했다. 한편으로, IWW는 공식적으로 사보타주와 재산 파괴를 동일시하지 않았고, 사보타주는 대체로 노동자들이 능률을 떨어뜨리는 것을 뜻했다. 사보타주 전술을 사용해 기계를 못쓰게 만들 때조차 "그 의도는 기계를 파괴하거나 영구 불량으로 만들려는 것이 아니라 잠시 가동 불능 상태로 만들어서 대체 인력이 투입되더라도 일을 못 하게 하고 그래서 파업 기간에 작업이 완전히 그리고 진짜 확실히 중단되도록 하기 위해서였다."[71] 어쨌든 사보타주는 재산을 겨냥한 것이었지 사람을 겨냥한 것이 아니었다. 다른 한편으로, IWW는 흔히 의도적으로 모호한 어휘를 사용했다. 그래서 IWW의 간행물에서 기계를 단지 일시적으로 **못쓰게 만드는** 것과 폭력적으로 파괴하는 것의 구별이 항상 명확하지는 않았다. 비누 상자 위에 올라가 연설하는 IWW 연사들은 일부러 섬뜩한 말로 사보타주를 공공연하게 옹호했고 일부 노조의 노래 가사에서는 폭력을 배제할 수 없는 상황이 있다고 넌지시 내비치기도 했다. 최근 일부 평론가들은 다음과 같이 주장하기도 했다. "IWW는 '직접행동'과 '사보타주'라는 말을 일부러 약간 모호하게 사용했다. 마치 1960년대의 공민권 운동가들이 모호하지만 위협적인 문구 '필요하다면 무슨 수를 써서라도'라는 말이 유용하다는 것을 깨달았듯이 말이다."[72]

　IWW 조합원들이 실제로 폭력을 사용했는지 아닌지는 딱 잘라 말하기 힘들다. 비록 1909년부터 1919년까지 많은 미국인이 (특히 제1차세계대전 동안과 그 후의 이른바 '적색 공포' 시기에) 다음과 같이 확신하게 됐지만 말이다.

[IWW 조합원들은 ─ 지은이] 무자비한 살인자 … 무법자들이다. 그들은 수확을 앞둔 들판에 불을 지르고, 좋은 목재에 대못을 박고, 제재소를 폐허로 만들고, 폭파 음모를 꾸민다. 또 탄약 제조를 사보타주해서 전쟁을 방해한다. 그들은 악마의 초인적 능력을 가진 진짜 초능력자다. 동에 번쩍 서에 번쩍 신출귀몰하는 거의 전능한 존재다.[73]

사실 독립적인 많은 공식 조사들은 당시의 언론 보도가 말과 현실을 구분하지 못했으며 자주 'IWW의 위협'을 과장했다고 결론지었다. 그리고 캘리포니아에서 IWW는 사보타주 등 수백 건의 범죄 혐의로 기소됐지만 "법정에서 유죄가 입증된 것은 단 한 건도 없었다."[74] 그랬어도 미국 전역에서 많은 IWW 조합원이 연방 정부와 주 정부의 박해를 받았고, IWW는 이른바 '무법無法' 조직이라는 이유로 끊임없는 공격에 시달렸다.

다른 나라의 많은 신디컬리스트와 마찬가지로 많은 IWW 조합원도 폭력 없는 계급투쟁은 불가능하다는 사실을 분명히 알고 있었던 듯하다. 사용자와 국가는 노동자 투쟁을 분쇄하고 혁명을 막기 위해 항상 폭력과 무력을 사용했다. 따라서 자본가들이 부추긴 폭력에 노동계급도 폭력으로 맞서야 했다. 그래서 세인트 존은 다음과 같이 말했다. "우리가 폭력을 옹호하려는 게 아니다. 그러나 조합원들에게 총에 맞거나 마치 소처럼 두들겨 맞아도 그저 가만히 있으라고 말할 수 없다. 일반적 규칙으로서 폭력은 우리에게 강요된 것이다."[75] 사실 파업 때 폭동, 폭행, 물리적 파손 같은 폭력이 실제로 분출한 곳은 흔히 사용자가 '대체 인력'을 투입해 폭력을 유발하고 경찰이나 군대가 개입해 사태를 악화시킨 경우였다. 어디서나 대다수 신디컬리스트들은 쟁의행위 도중에 그런 폭력적 방법을 사용하는 것은 투쟁의 승리를 위해 완전히 정당하고 필요하다고 생각했다. 사용자가 노조 조직에 맞서 완강하게 저항할 때 이를 깨뜨릴 수 있는 방법은 오로지 전투적 행동(필요하다면 과시적 폭력도 불사하는)뿐이었다.

그러나 1919~1923년에 스페인에서는 (당시) 아나키즘의 영향을 받은 CNT가 사보타주 전술을 해석할 때, 훨씬 더 문제가 많은 물리적 폭력 형태도 정당화했다. 그래서 바르셀로나에서 총파업이 패배하고 사용자들이 직장 폐쇄를 단행하자 CNT와 사용자 단체 사이에 격렬한 무장투쟁이 벌어졌다. 이 '암담한 시기'의 특징은 경찰과 군대가 국가 테러를 자행하면(이 때문에 CNT의 지도적 조합원 21명이 살해당했다) 이에 맞서 전문적 피스톨레로스pistoleros, 즉 CNT의 조직적·재정적 지원을 받는 다양한 아나키즘 조직에서 활동하던 총잡이들이 반격하는 식으로 충돌이 끊임없이 되풀이됐다는 것이다(이 총잡이들은 임금 인상 수용을 거부하는 사용자들을 잇따라 암살했다). 모든 CNT 지도자가 그런 폭력을 지지한 것은 결코 아니었지만(예컨대, 살바도르 세기와 앙헬 페스타냐) 아나키즘의 영향을 더 많이 받은 인물들(유명한 게릴라 지도자 부에나벤투라 두루티 같은 사람들)은 노동계급의 패배기에 사용자들이 완전히 제멋대로 하도록 내버려 둬서는 안 된다는 이유로 그런 폭력 행위를 정당화했다. 제럴드 미커가 주장했듯이, 처음에 '청년 테러리스트들'은 혁명을 조금이라도 앞당기겠다는 이상주의적·이타주의적 동기에서 시작했지만, 습격atentado은 '직접행동' 사상의 스페인식 속류화였다(프랑스와 이탈리아 등지에서 직접행동은 항상 개인적 행동이라기보다는 파업, 보이콧, 심지어 사보타주조차 집단적 행동이었고, 개인을 살해하는 행위는 결코 아니었다).[76] 더욱이 흔히 고립된 소규모 무장 단체들로 주도권이 넘어가면서 대중적 노동조합 조직들이 주변으로 밀려나자, 이런 폭력 행동 전술은 국가 탄압을 강화하고 경찰의 끄나풀과 비밀공작이 늘어나게 만들고 수많은 CNT 조합원의 투옥을 초래했을 뿐이다.

그러나 1923년 프리모 데 리베라 장군이 스페인에서 군사 쿠데타를 일으켜 집권하자 그런 개인적 폭력 행위는 대체로 포기됐고, 다른 어느 나라의 신디컬리즘 조직도 스페인식 폭력 행위를 모방하지 않았다. 더욱이 투쟁 방법으로 폭력을 완전히 배제하지는 않았지만, 그렇다고 해서 주된 방법으로 여기지도 않았고 가장 확실한 성공 방법으로 여기지도 않았다. 승리는 대중의 산업 투쟁을 조직함으로써 얻을 수 있다고 봤던 것이다. 그래서 IWW의 엘리자베스 걸리 플린은 다음과 같이 설명했다.

제 말은 폭력을 사용해서는 안 된다는 것이 아니라 폭력이 필요하지 않은 곳에서는 우리가 폭력에 의지할 이유가 없다는 것입니다. … 대중행동은 개인적 폭력이나 물리적 폭력보다 훨씬 더 현대적인 방법입니다. 대중행동이 뜻하는 것은 노동자들이 자신의 노동력 제공을 중단하고 도시의 생산을 마비시키고 사용자들의 생활 수단을 차단해서 그들의 숨통을 끊어 버리는 것입니다. 폭력은 단지 노동자들의 취약성을 드러내는 것일 수 있습니다. … 물리적 폭력은 인상적입니다. 그것이 특히 인상적일 때는 폭력에 대해 말은 하면서도 실제로는 폭력에 의지하지 않을 때입니다. 그러나 실제 폭력은 파업을 실행하는 구식 방법입니다. 모든 산업을 마비시키는 대중행동은 파업을 실행하는 더 새롭고 훨씬 더 무서운 방법입니다.[77]

이런 이유로 신디컬리즘 운동의 직접행동 전략을 지배한 것은 파업이라는 산업 [투쟁] 무기였다. 신디컬리스트들은 파업을 계급 전쟁의 가장 분명한 표현이자 가장 생생한 상징으로 여겼다.[78] 그리피엘은 파업이 가장 뛰어난 직접적 경제투쟁, 노동자가 이용할 수 있는 가장 효과적인 무기, "도서관에 있는 책을 모두 합친 것보다 더 귀중한" 것

이라고 생각했다.[79]

　파업은 이중의 기능을 한다. 즉, 파업은 개혁주의적 측면도 있고 혁명적 측면도 있다. 결정적으로 파업은 노동자들이 "수동적으로 굴종하는 습관"을 극복했다는 신호, "더는 경영진의 … 권위를 인정하지 않고 자신들의 권리와 이익을 용감하게 방어할" 태세가 돼 있다는 신호였다.[80] 비록 사용자한테 당장 사소한 양보를 약간 얻어 내기만 할 생각으로 벌인 파업이라도 거기에는 잠재적으로 혁명적 함의가 있었다. 그런 파업이라도 만약 성공한다면, 그것은 자본주의 체제를 타격하고 부르주아지의 힘을 약화시킬 터였다. 설사 패배하더라도 그 경험이 "노동자들의 기억이라는 은행에 저축되는" 교훈을 가르쳐 줄 것이므로 여전히 파업은 벌일 만한 가치가 있었다.[81] 그래서 프랑스 신디컬리스트들은 모든 파업은 그 결과가 어찌 되든 간에 '혁명의 학교', 사회혁명의 훈련소라고 생각했다. 계급투쟁의 현실 속에서 노동자들을 교육하고, 사용자의 악랄함을 노동자들에게 폭로하고, 노동계급의 연대를 고무하고, 계급의식을 강화하고, 귀중한 교훈을 남겨서 미래의 더 큰 혁명적 전투를 준비하게 하는 학교이자 훈련소라고 생각한 것이다. 신디컬리스트들은 노동자들이 그렇게 파업을 경험하는 과정에서만 혁명을 준비할 수 있게 된다고 봤다. 그래서 그리퓌엘은 다음과 같이 썼다.

　다음과 같은 사실을 표어로 삼는 것은 어떨까? 쇠를 단련해야만 대장장이가 될 수 있다! … 끊임없는 투쟁으로 단련돼서 어떻게 싸우고 행동하는 것이 최선인지를 알게 된 노동자가 혁명을 위해 준비된 노동자다.[82]

　마찬가지로 IWW도 파업 투쟁을 사용자에 맞선 게릴라 전쟁의 일부로 여겼다. 노동계급의 연대를 강화하는 전술이자 자본주의 체제를 비판하는 선동 수단으로 여긴 것이다. 플린은 다음과 같이 말했다.

> 노동의 승리란 무엇입니까? 저는 그것이 이중적이라고 생각합니다. 노동자들은 경제적 이익도 얻어야 하지만 완전히 승리하려면 혁명적 정신도 있어야 합니다. 노동자들이 하루에 몇 푼 더 벌고 노동시간이 몇 분 더 단축되는 것도 중요한 성과입니다. 그러나 똑같은 정신 상태로 작업에 복귀하고 사회에 대한 태도도 바뀌지 않는다면 그것은 일시적 성과이지 영속적 승리가 아닙니다. 노동자들이 계급의식적 정신, 사회에 대한 조직적이고 단호한 태도를 갖고 일터로 돌아간다는 것이 뜻하는 바는 당장은 경제적 성과가 전혀 없더라도 미래에 쟁취할 가능성이 있다는 것입니다. 다시 말해, 노동의 승리는 경제적인 것이어야 할 뿐 아니라 혁명적인 것이기도 해야 합니다. 그렇지 않다면 노동의 승리는 불완전한 것입니다. … 따라서 노동의 승리는 이중적이어야 하지만, 둘 중 하나만 가능하다면 경제적 이익보다는 [혁명적] 정신을 얻는 것이 더 낫습니다.[83]

IWW는 파업이 '수동적 포위'여야 한다는 생각을 거부했다. 즉, 파업 때는 노동자들이 집에 머물거나 길거리를 배회하고 그러다가 몇 주 또는 몇 달 뒤 파업의 승리나 패배가 선언되는 것은 바람직하지 않다고 생각했다. 오히려 IWW는 대중적 피케팅, 거리 행진과 시위를 옹호했다. 파업 때 노동자들은 할 일이 아무것도 없으면 쉽게 사기가 꺾일 수 있다. 그러나 대중행동을 통해 "파업 노동자들은 서로 용기를 얻고 공통의 이해관계를 깨닫고 연대의 필요성을 느끼게 된다."[84] IWW의 파업 전술은 노동자들에게 경험을 통해 계급투쟁의 현실을 교육하려고 만들어진 것이었다. 그래서 〈인더스트리얼 워커〉는 다음과 같이 썼다. "[IWW는 — 지은이] 파업할 때 항상 하나의 근본 목표를 염두에 뒀다. … 그것은 노동계급의 의식과 투쟁성을 끌어올리는 것이었다."[85]

신디컬리스트들이 볼 때, 투쟁적 노조를 조직하는 데서 결정적으로 중요한 것은 노동계급의 연대였다. 예컨대, 아일랜드에서 노동계급의 연대는 "ITGWU의 핵심 윤리였고, 다른 모든 것은 이 핵심 윤리의 곁가지에 불과했다."[86] 그 목표는 어떤 노동자 집단이 쟁의에 들어가더라도 다른 노동조합원들의 능동적 지지에 의지할 수 있게 하려는 것이었다. 다른 노동조합원들이 단지 재정 지원만 하는 것이 아니라 산업 투쟁으로도 지원할 수 있게 하려 했던 것이다. 피켓라인은 엄격하게 지켜야 했고, (부당한 조건에서 생산되거나 제작된) '더러운' 상품은 거래할 수 없었다. '동조 파업'은 사용자의 저항을 분쇄할 결정적 수단이었다. 특히 사용자가 파업 노동자들을 통째로 대체 인력으로 교체해서 파업을 분쇄하려 하는 중요한 상황에서는 더 그랬다. 다른 모든 나라에서도 신디컬리스트들은 파업을 한 노동자 집단에서 다른 노동자 집단으로 확산시키려 했고, 노동자들이 특정 사용자에 맞서 벌이는 개별 파업을 자본가계급 전체에 맞선 대결로 일반화하려고 노력했다.

따라서 신디컬리스트들은 총파업이 새로운 사회를 건설할 수 있는 '직접행동'의 최종 형태라고 생각했다. 이런 관점에서 모든 파업은 "거대한 최종 격변의 축소판이자 시도·준비"라고 봤던 것이다.[87]

총파업

신디컬리스트들은 노동계급의 해방으로 가는 길은 격렬한 산업 투쟁을 거칠 것이고 그 절정은 당연히 혁명적 총파업이며 혁명적 총파업으로 자본주의 체제는 전복되고 노동자들이 산업과 사회를 통제하는 체제가 수립될 것이라고 생각했다. 부분파업이든 총파업이든 모든 파업은 개별적 개혁을 쟁취하는 것, 그래서 사용자들의 권위와 특권을 어느 정도 박탈하는 것이 목표였지만, 혁명적 총파업은 노동자를 착취하는 임금 체제 자체를 폐지하겠다는 노동자들의 의지를 나타냈다. 혁명적 총파업이 벌어지면 이제는 자본가들이 강압적으로 수탈당하고 프롤레타리아는 해방될 것이다. 그리퓌엘은 혁명적 총파업으로 "수백 년 동안 계속된 지긋지긋한 낡은 무대는 막을 내리고, 인류에게 더 크고 더 풍요로운 활동 분야를 제공할 새로운 무대의 막이 오를 것"이라고 주장했다.[88]

신디컬리스트들은 총파업이 "선동·항의·연대"의 수단일 뿐 아니라 "신디컬리즘 운동의 승리와 혁명적 결말"의 수단이기도 하다고 생각했다.[89] 부정적 의미에서 총파업은 노동을 전면 중단하고 자본주의 사회와 국가의 정상적 기능을 완전히 마비시키는 것이었다. 긍정적 의미에서 총파업은 새로운 사회의 도래를 알리는 것이었다. IWW 지도자 빌 헤이우드에게 총파업은 "노동자들이 조직되고 스스로 규율 있게 행동하는, [그래서 ─ 지은이] 미국을 완전히 마비시키고 … 자본가와 국회의원과 정치인을 모두 바닷속으로 쓸어넣어 버리는" 순간이었다. 그날이 오면 "자본가의 산업 통제권이 대중에게 넘어오고 자본가들은 지구상에서 사라질 것"이라고 헤이우드는 예언했다.[90] 이탈리아 신디컬리즘 운동의 지도자 알체스테 데암브리스는 다음과 같이 설명했다.

신디컬리스트들이 말하는 총파업은 … 노동계급이 부르주아지에 맞서 벌이는 투쟁이 혁명적 결말을 맞으며 신성해지는 역사적 순간이다. 총파업은 경제적 권력이(따라서 정치적 권력과 법률적 권력도) 자본가들의 손에서 프롤레타리아의 손으로 넘어가는 신호탄이 될 것이다.[91]

비록 총파업 개념이 분명히 정의되지도 않았고 총파업 주창자들 사이에 이견도 있었지만, 대체로 다음과 같은 전망에 대해서는 견해가 일치했다. 즉, 전면적 총파업은 예상치 못한 순간에 자발적 힘이 분출하면서 시작될 것이다. 다시 말해, 십중팔구 개별 경제 부문에서 별로 혁명적이지 않은 이유로 벌어지는 평범한 파업 운동으로 시작될 것이고, 그런 다음 들불처럼 다른 산업들로 확산돼서 혁명의 불길이 타오르게 하는 불꽃이 될 것이다. 그 절정은 혁명적 총파업이 될 것이다. 신디컬리스트들의 임무는 그런 날을 앞당기기 위해 현장에서 준비하는 것이다.[92]

총파업이 어떤 영향을 미칠지에 대해 약간 모호한 구석이 있었다는 것은 어쩌면 당연했다. 조르주 소렐은 프랑스 신디컬리즘과 관련된 가장 중요한 지식인이라 할 수 있는데, 그가 볼 때 총파업이 중요한 이유는 그 실현 가능성 때문이라기보다는 총파업이 노동자들에게 영감을 줄 수 있다는 점 때문이었다. 소렐은 총파업이 노동자들을 고무해서 일상적 투쟁을 더 열심히 하게 만드는 일종의 '신화' 구실을 한다고 생각했던 것이다.[93] 그러나 신디컬리즘 운동을 직접 지도하는 사람들에게는 상이한 두 가지 견해가 있었다(물론 똑같은 사람이 때에 따라 두 가지 견해를 모두 주장하는 경우도 가끔 있었다).

한편으로, 노동자들은 작업 도구를 내려놓고 '팔짱을 낀 채' 생산수단을 평화적으로 접수할 날을 그냥 기다리기만 하면 된다는 생각이 있었다. 혁명은 어느 날 온 국민이 일을 하지 않기로 합의하는 것일 뿐이라는 생각이었다. 경제가 마비되고 노동자들이 더는 사용자의 말을 듣지 않겠다는 단호한 의지를 표명하면, 사용자들은 결국 굴복할 수밖에 없을 것이다. 자본가계급도 국가도 필수 서비스를 제공하지 못할 것이므로, 전반적 권위는 그런 서비스를 제공할 수 있는 유일한 기구, 즉 노동조합의 손으로 꼼짝없이 넘어올 것이다. 그렇게 해서 단일한 의사 표시(총파업)와 혁명은 완수될 것이다. 이런 철학은 이탈리아 출신의 아나키스트이자 IWW 조직자였던 조지프 에토르가 1912년 로런스 섬유 노동자들의 파업 집회에서 연설할 때 다음과 같이 잘 설명했다.

> 전 세계의 노동자들이 승리하기를 원한다면, 그들 자신의 연대를 인정하기만 하면 됩니다. 노동자들이 팔짱을 낀 채 아무 일도 안 한다면, 세계는 멈춰 버릴 것입니다. 주머니에 손을 집어넣고 있는 노동자들은 온갖 재산을 가진 자본가들보다 더 강력합니다. 노동자들이 계속 주머니에 손을 집어넣고 있는 한은 자본가들이 도저히 손쓸 도리가 없습니다. 수동적으로 저항하는 노동자들, 움직이기를 한사코 거부하고 철저하게 침묵을 지키는 노동자들은 저쪽이 준비한 온갖 공격 무기와 수단보다 훨씬 더 강력합니다.[94]

파토와 푸제가 지은 유토피아 소설 《어떻게 혁명을 일으킬 것인가》에서는 산업 투쟁이 고조되다가 군대와 충돌이 벌어져 노동자 몇 명이 살해당하자 총파업이 벌어지고 토지·공장 점거가 잇따르더니 결국 정부가 해체되는데, 이 모든 일이 놀라울 만큼 쉽게 이뤄진다.[95] 이런 관점에서 보면, 프랑스의 오래된 블랑키식 무장봉기 개념(소수 정예 집단이 혁명을 일으킨다는 생각)은 더는 타당하지 않았다. 1871년 파리코뮌의 교훈은 격렬한 정치적 전투도 무력으로 진압될 수 있다는 것이었다. 이와 달리, CGT의 창립자인 페르낭 펠루티에가 볼 때 총파업의 매력은 국가를 피해 간다는 점이었다. 왜냐하면 총파업이 벌어지면 국가는 정확히 누구를 탄압해야 하는지 알지 못할 것이고 엄청나게 많은 총파업 참가자 수에 압도되고 말 것이기 때문이었다. 군대를 보내 파리의 반란군 3만 명을 진압할 수는 있었다. 그러나 "모든 곳에 있지만 어디에도 없는" 혁명, 아주 널리 퍼져 있는 혁명을 진압하는 데 군대는 아무 쓸모도 없을 것이다. 군대가 모든 공장이나 모든 철도 노선을 지킬 수는 없다는 단순한 이유 때문이다.[96] 1922년에 설립된 신디컬리스트 인터내셔널의 지도자 루돌프 로커는 그 점을 다음과 같이 강조했다. "노동자들은 총파업이 정치적 봉기의 바리케이드를 대체한다고 생각한다."[97] 다시 말해, 총파업이라는 수단으로 작업장을 통제하기만 해도 충분히 기존 질서를 무너뜨리고 혁명적 사회 변화를 이룰 수 있다는 것이다.

다른 한편으로, 신디컬리스트들은 흔히 파업 노동자들이 굶주림 끝에 굴복하지 않는다 해도 국가가 개입해서 총파업을 무력으로 해결하려 들 것이라는 점을 어느 정도 인정했다. 그래서 노동자들은 파업 투쟁의 결과로 공장·광산·철도·건설현장을 아주 손쉽게 장악할 수 있으리라고 기대할 수는 없을 것이다. 노동자들은 자본가들이 자발적으로 항복하기를 기다리기보다는 직접 나서서 생산수단 통제권을 장악해야 할 것이다. 그와 동시에 국가를 전복하기 위한 장기간의 투쟁도 시작해야 하고, 그 과정에서 무력 사용은 적어도 작업 중단만큼이나 중요할 것이다. 그래서 조르주 이브토는 무력 사용이 총파업 성공의 필수 요인 가운데 하나라는 점을 결코 의심하지 않았다. 그는 노동자들이 생산수단을 차지하려고 시도할 때마다 부르주아 사회질서를 구하기로 작정한 정부의 신속한 대응에 부딪힐 것이라고 주장했다. 프롤레타리아는 탄압에 직면하면, 그리고 이브토가 "테러 [체제]의 확립"이라고 부른 것에 맞닥뜨리면, 당연히 이에 대응하거나 아니면 패배를 인정해야 할 것이다.[98] 마찬가지로 에밀 푸제도 총파업이 벌어지기 전에 "마찰, 타격, 다소 무례한 접촉"이 있을 것이고, 따라서 효과적 대응이 있어야 한다는 것은 확실하다고 지적했다(파토와 함께 지은 소설의 유토피아적 분위기와 전혀 다른 느낌으로 그렇게 말했다).[99] 이런 시나리오에서는 총파업 개념이 무장봉기나 혁명적 권력 장악이라는 더 오래된 개념들과 점차 결합됐다.

노동자 통제

신디컬리스트들은 노동자가 생산과 사회를 통제한다는 혁명적 목표에 헌신했다. 영국에서 ISEL의 목표는 〈신디컬리스트〉 매호에 다음과 같이 명시돼 있었다.

자본주의에 맞서는 **계급 전쟁**. 이 전쟁의 목표는 노동자들이 사회 전체의 이익을 위해 스스로 산업 시스템을 장악해서 관리하는 것이다.[100]

미국에서 IWW는 이런 산업 체제, 즉 "모든 노동자가 산업을 소유하고 통제하는 데 지분과 발언권이 있고, 자기 노동의 성과를 온전히 누리는" 체제를 가리켜 "협동하는 복지 공동체", "노동자 복지 공동체", "산업 복지 공동체" 또는 그냥 "산업 민주주의" 따위로 다양하게 불렀다.[101] 스페인 CNT의 최종 목표는 1919년 대회(아나키즘의 영향을 받은)에서 이뤄진 합의에 따라 "자유지상주의적 공산주의"로 규정됐다.

앞서 봤듯이, 신디컬리스트들은 그런 목표를 달성하는 과정에서 노동조합이 현재는 계급투쟁의 핵심 기관이고 미래에는 누구나 바라는 계급 없는 새로운 사회의 맹아가 될 것이라고 여겼다. 다시 말해, 노동조합은 자본주의에 맞서 싸우는 투쟁 기관일 뿐 아니라 혁명 후의 사회에서 경제와 산업을 관리하는 기관이기도 할 것이라고 예상했다. 그래서 CGT의 아미앵 헌장은 다음과 같이 주장했다. "오늘날 투쟁 조직인 노동조합은 미래에는 생산과 분배의 조직, 사회를 재조직하는 토대가 될 것이다."[102] 사실 이것이 뜻하는 바는 노동계급의 단일한 조직으로서 노동조합은 3중의 임무가 있다는 것이었다. 첫째는 노동자들의 직접적 이익을 옹호하는 것이고, 둘째는 자본주의를 혁명적으로 전복하는 것이고, 셋째는 미래의 사회를 재조직하는 것이다.

모든 나라에서 신디컬리스트들은 미래 사회의 세부적 구조에 대해 일부러 모호한 태도로 일관했다는 사실을 지적해 둬야겠다. 그리퓌엘은 다음과 같이 말했다.

오늘날 우리 임무의 성격이 어떤 것인지를 그리고 우리가 어떻게 변화를 일으키려 하는지를 우리가 보여 줄 수 있을까? 그럴 수 없다. 프랑스 혁명이 금방이라도 일어날 것 같았던 18세기에도 사상가·저술가·철학자들이 혁명 후 무슨 일이 일어날지를 예견할 수 없었듯이 우리도 미래를 예언할 수 없다. … 당시 그들은 부르주아지가 어떻게 해서 권력을 잡을지 예견할 수 없었다. 우리도 자유로운 [미래] 사회가 정확히 어떤 모습일지 예견할 수 없다.[103]

그러나 이 미래 사회가 어떻게 건설될지를 보여 주는 자세한 청사진은 없었다 해도 운영 원리들은 분명히 찾아볼 수 있었다. 예컨대, "노동자들이 스스로 생산과정을 통제한다, 공익을 위해 생산을 합리적으로 조직하고 활용한다, 필요에 따라 자원을 분배한다" 등.[104] 미래 사회조직의 구체적 특징에 대한 신디컬리스트들의 생각은 나라마다 달랐지만(다른 나라와 견주면 미국과 아일랜드의 신디컬리스트들은 '단일 거대 노조'라는 계획 아래 상대적으로 더 중앙집중적인 사회구조를 구상했다), 기본 골격은 모든 경우에 똑같아서 분권화와 연방주의라는 원리를 바탕으로 한 것이었다. 따라서 가장 중요한 운영

원리는 사회의 꼭대기가 아니라 바닥에서 생산관리가 실행되고, 아래에서 위로 의사 결정이 이뤄져야 한다는 것이다. 이것이 뜻하는 바는 직접생산자들이 경제적·사회적 결정권을 모두 쥐고 있어야 한다는 것, 즉 각 기업의 노동자들이 스스로 선출한 위원회를 통해 경제와 사회를 운영해야 한다는 것이다. CGT의 구상은 다음과 같았다.

생디카가 사용자를 대체할 것이고 노동자들이 자기 작업장의 생산을 조직할 것이다. [전국의 노동조합 — 지은이] 연맹들이 자기 산업 내의 기술적 조정을 책임지고 철도나 우체국 같은 국가적 사업도 운영할 것이다. 노동거래소[지역 노조 연합체 — 지은이]가 시청을 대신해 공공 업무를 맡음과 동시에 재화를 분배하고 교환하는 중심 기구가 될 것이다. 마지막으로 통계국 형태의 연맹이 중앙정부와 가장 흡사한 기관이 될 것이다. … 기본 구호는 간단하다. "작업장이 정부를 대체할 것이다."[105]

이탈리아와 스페인 신디컬리스트들의 계획도 이와 비슷했다. 영국에서는 각 산업을 소유하고 관리하는 전국적 산별노조의 구실이 더 강조되지는 않았지만, 아래로부터 실행되는 노동자 통제라는 공통의 개념은 존재했다. 신디컬리즘의 영향을 받은 사우스웨일스광원연맹 산하 비공식혁신위원회URC가 1912년에 펴낸 소책자 《광원들의 다음 과제》는 그런 노동자 통제가 다양한 산업 전체에서 어떻게 조정될 수 있는지를 다음과 같이 요약했다.

모든 산업은 먼저 그 산업을 쟁취하기 위해, 산업 통제권을 얻고 나서 그 산업을 운영하기 위해 철저하게 조직된다. 모든 산업을 조정할 중앙 생산위원회는 산하 통계 부서를 통해 사람들의 필요를 알아내서 다양한 산업부문에 자신의 요구 사항을 전달할 것이고, 어떤 조건에서 어떻게 작업이 이뤄져야 하는지는 사람들이 스스로 결정하도록 놔둘 것이다. 이것이 바로 실생활 속의 진짜 민주주의, 진짜 성인 남녀를 위한 민주주의다.* 다른 방식의 민주주의는 모두 함정이다.[106]

모든 나라에서 신디컬리스트들은 (아나키즘의 영향을 받아) 이 새로운 사회의 유일한 정부 형태는 정치적 국가기구가 아니라, 노동조합을 통해 노동자들이 스스로 직접 경제를 관리하는 기구일 것이라고 생각했다. 따라서 신디컬리즘 혁명은 자본주의 국가와 그 제도들, 즉 정부·행정조직·사법부·경찰·군대를 모두 타도할 것이다. 그것들을 모두 완전히 없애 버릴 것이다. 헤이우드는 다음과 같이 선언했다. "국가나 정부 따위는 존재하지 않을 것이다. 지금 존재하는 국가의 기능은 산업이 대체할 것이다." 현재 존재하는 국가권력과 권위 때문에 계급 분열을 비롯한 온갖 불평등이 생겨났다. 그래서 신디컬리스트들은 원칙적으로 권력과 권위를 나타내는 모든 것, 특히 모든 종류의 국가권력을 맹비난하고 거부했다. 그 과정에서 그들은 마르크스주의 혁명 개념도 거부했다. 마르크스주의는 노동계급이 국가권력을 장악하리라고 봤기 때문이다. 라가르델은 다음과 같이 썼다. "문제는 국가를 장악하는 것이 아니라, 국가를 파괴하고 마비시키고 국가의 기능과 속성을 제거하는 것이다."[107] 이탈리아 신디컬리스트인 아르투로 라브리올라는 《신디컬리즘과 개혁주의》라는 책에서 국가사회주의 구상에 대한 불안감을 다음과 같이 피력했다.

사적 소유를 국가 소유로 대체한다고 해서 자본주의 생산 체제가 폐지되지는 않는다. 이 체제의 특징은 생산수단 소유자와 임금노동자의 분

---

* 영국은 1928년에야 21세 이상의 성인 남녀 모두에게 보통선거권이 허용됐다.

리다. 오히려 사회주의는 노동자들이 자율적으로 생산을 통제하는 체제를 건설해서 생산수단 소유자와 생산자의 차별을 없애려 한다. 사적 산업이 국가로 넘어가면 국가 관료가 자본가를 대신하고 노동자는 여전히 임금노동자로 남아 있을 것이다.[108]

일단 국가가 폐지되면 시민사회의 노동자 조직이 중앙집중적 국가의 정치적 기능을 대부분 재흡수할 것이다.[109] 스페인 CNT가 1936년 5월 유명한 사라고사 대회에서 선언했듯이, 미래 사회에서는 "사유재산, 국가, 권위의 원칙이 폐지될 것이고, 따라서 사람들이 착취자와 피착취자, 억압자와 피억압자로 나뉘는 계급 분열도 폐지될 것이다."[110]

마지막으로 신디컬리스트들은 그런 미래 사회에서는 개인이 해방되고 자유를 되찾아서 자유롭게 발전할 것이라고 생각했다. 그래서 단지 상품 생산자가 아니라, 자기 운명과 일상생활을 온전히 통제할 수 있는 그런 인간이 될 것이다. 파토와 푸제의 소설이 묘사하는 세계에서는 여성이 과거에 집에서 하던 지겨운 일(요리와 청소 등)에서 해방돼, 자신이 원한다면 밖에 나가서 일을 할 수도 있고 집에서 아이를 돌볼 수도 있다. 공공 세탁소와 급식소가 있을 것이고, 공동 육아가 이뤄질 것이다.[111] 미국에서는 헤이우드가 뉴저지 주 패터슨에서 파업 중이던 섬유 노동자들을 상대로 연설하면서 이상적 사회의 경제적 조건을 다음과 같이 묘사했다.

유토피아 같을 것입니다. 여러분은 멋진 식당에서 파는 최고의 음식을 즐길 수 있을 것입니다. 여러분이 음식을 먹을 때 최상급 오케스트라가 연주하는 달콤한 음악이 귓가에 흐르면서 소화를 도와줄 것입니다. 학교에는 커다란 수영장이 있을 것이고 대리석으로 된 개인 욕실도 있을 것입니다. 이 건물의 한 층에서는 미술 걸작들을 전시할 텐데, 여러분은 뉴욕 메트로폴리탄 미술관에 전시된 것들보다 훨씬 뛰어난 작품들을 보게 될 것입니다. 다른 층에는 최고급 도서관이 있을 것입니다. … 작업실은 상상을 초월할 만큼 좋을 것입니다. 여러분이 앉아서 일하는 의자는 모리스식 안락의자라서,* 일하다 피곤하면 편안하게 휴식을 취할 수도 있을 것입니다.[112]

반군국주의와 국제주의

신디컬리스트들은 애국주의와 군국주의에 반대하는 운동을 전개했고, 국제 노동자들의 단결을 고무했다. [신디컬리스트들의] 반군국주의는 사용자들과 국가를 보호하는 것이 군대의 주요 기능이라는 뿌리 깊은 신념에서 나왔는데, 경찰과 때로는 군대가 거듭거듭 노사분규에 개입해서 유혈 충돌이 벌어지고 파업 노동자들이 구속되고 심지어 사망했던 오랜 역사는 그런 신념을 더 강화했다.

예컨대, 프랑스 신디컬리스트들은 군대가 자본주의 체제와 부르주아 공화국의 주요 옹호자라고 봤다. 이브토는 "군대는 넘을 수 없는 장벽이므로 파괴해야 한다"고 썼다.[113] 젊은 노동자가 군대에 징집돼 옛 동지들의 저항을 진압하는 데 이용된다는 생각이 프랑스 신디컬리스트들의 뇌리에서 떠나지 않았다. 푸제는 다음과 같이 말했다. "부르주아지는 착취 체제를 완벽하게 만들었다. 그들은 자신의 부를 창출해 주는 노동자들을 이용해 자신을 보호한다. 그리고 작업복 입은

---

* 등을 기대는 정도를 조정할 수 있는 팔걸이 의자로, 영국 빅토리아 시대의 시인·공예가이자 혁명적 사회주의자였던 윌리엄 모리스가 세운 회사의 제품이었다.

노동자들이 처지 개선을 요구하면, 군복 입은 노동자들을 보내 진압한다."[114] 따라서 프랑스 신디컬리스트들의 반군국주의 선전의 직접 목표는 병사들, 특히 노동계급 징집병들을 설득해서 파업 때 사용자 편에 서서 자기 동지들을 공격하거나 파업 파괴자 구실을 하지 못하도록 막는 것이었다. 1901년 CGT는 프랑스 병사들에게 배포하려고 《마뉘엘 뒤 솔다》(병사 안내서)라는 소책자를 제작했는데, 그것은 징집을 거부하는 대안으로 탈영을 장려했다는 점에서 분명히 선동적 성격이 강한 것이었다. CGT의 선전은 병사들에게 자기 계급 사람들을 향해 발포하라는 장교의 명령에 복종하지 말라고 거듭거듭 요청했다. 마찬가지로 영국의 신디컬리스트들도 1911년 7월 배포한 리플릿 "영국 병사들에게 보내는 공개서한"에서 노동쟁의 때 파업 노동자들에게 총을 쏘지 말고 오히려 자본주의에 맞서 노동계급의 연대라는 대의에 충실하라고 권유했다.

> 사병들이여! 동지들이여! 형제들이여! 여러분은 군대에 있다. 우리도 그렇다. 여러분은 파괴의 군대에 있고, 우리는 산업의 군대, 건설의 군대에 있다. … 여러분은 노동자의 아들이다. 우리가 우리의 처지(그것은 여러분의 부모와 형제자매의 처지다)를 개선하고자 파업에 들어가면, 장교가 여러분에게 우리를 살해하라고 명령할 것이다. 그 명령을 따르지 말라! … 이제 더는 지배계급의 자발적 도구가 돼서 여러분의 부모를, 여러분의 계급을 욕되게 하지 말라. … 영국을 영국인들이, 세계를 노동자들이 되찾을 수 있도록 힘을 보태라![115]

동시에 신디컬리스트들은 반애국주의 선전을 반군국주의의 필수적 측면으로 여겼다. 부르주아지는 노동자들의 애국심을 이용해, 노동자들이 노동과 자본의 근본적인 경제적 충돌을 깨닫지 못하게 하고 부르주아지의 이익을 방어하는 일에 더 충성하도록 만들었다. IWW의 신문 〈인더스트리얼 워커〉는 다음과 같이 선언했다.

> [노동자에게는 — 지은이] 조국이 없다. 국기에 대한 사랑? 노동자를 위해 나부끼는 국기는 하나도 없다. 출생지에 대한 사랑? 빈민가를 사랑하는 사람은 아무도 없다. 성장한 곳에 대한 사랑? 먹고살려고 끊임없이 '버둥거린' 공장을 사랑하는 사람은 없다. 모국어에 대한 사랑? 노동자가 아는 말은 사람을 노예 부리듯 혹사하는 자들의 은어뿐인데, 그들의 말은 죄다 지겨운 고역을 시키는 것이고 고역이 끝나면 강요된 게으름이 뒤따른다.[116]

무엇보다 노동계급의 일원이라는 사실 때문에 노동자가 되고 노동자 정체성도 갖게 됐기 때문에, 노동자들은 자기 계급에게 가장 충성해야 했(고 국경을 초월해 충성해야 했)다. 신디컬리스트들은 민족적 애국주의가 아니라 국제 노동계급의 연대를 옹호했다.

> [신디컬리스트들은 자신들이 — 지은이] 국제적으로 조직된 자본주의 질서에 맞서 경제투쟁을 벌일 수밖에 없는 사람들이고, 이 자본주의 질서는 결국 국제적으로 조직된 노동계급만이 분쇄할 수 있다고 생각했다. 그들의 목표는 국경을 초월한 혁명이었고, 희망 사항은 분열을 초래하는 국경과 국민국가가 아무 구실도 하지 못할 새로운 사회질서를 도입하는 것이었다.[117]

그래서 신디컬리스트들은 전쟁을 거부했다. 전쟁은 노동계급의 이익과 아무 관계가 없는, 순전히 자본가들의 이익 다툼일 뿐이라고 봤기 때문이다. 1908년 CGT 대회는 제1인터내셔널의 문구를 되살려서

"노동자에게는 조국이 없다"고 선언했다.[118] 다시 말해, 노동자에게는 민족의 벽이 존재하지 않았다. 그리고 모든 나라에서 신디컬리스트들은 제1차세계대전을 자본가들의 어리석음을 보여 주는 실례라고 맹비난했다. 산업 소유자들이 돈을 긁어모으는 일을 도와주려고 노동자들이 아무 의미 없는 학살에 동원됐다는 것이었다. 진정한 분열은 민족 간의 분열이 아니라 착취자와 피착취자 간의 분열이었다.

스페인에서 CNT는 교전국들의 전쟁 범죄는 서로 피장파장이라고 단언했다. CNT는 유럽의 기존 사회질서에서 정의를 찾을 수 없으므로, 전쟁에서 어느 쪽이 이기는지는 결코 노동자들의 관심사가 아니라고 주장하며 스페인의 절대적 중립을 요구했다. 또 국제 아나키즘 운동의 오래된 우상들(크로포트킨·말라토·그라브 등)이 이른바 '16인 선언'을 발표해서 연합국을 지지한다고 선언하자 격분해서 그들과 관계를 단절하기도 했다.[119] CNT의 초대 사무총장이었던 호세 네그레는 심지어 다음과 같이 선언했다. "독일이 이기든 프랑스가 이기든 노동자에게는 똑같다. 노동자들은 전쟁 전과 마찬가지로 계속 착취당하고 압제에 시달릴 것이기 때문이다. 어쩌면 전쟁 전보다 더 심한 착취와 억압에 시달릴 것이다."[120]

미국에서는 유럽의 전쟁 발발도 그 뒤 미국의 참전도 IWW의 태도를 바꿔 놓지 못했다. 한 IWW 조합원이 준비한 리플릿은 자신들의 태도를 다음과 같이 선명하게 요약했다. "셔먼 장군은* '전쟁은 지옥'이라고 말했다. 자본가들이 차지할 천국의 땅덩이를 키우려고 지옥에 가지는 말라."[121] IWW는 희생을 치를 만한 전쟁은 오직 계급 전쟁뿐이라고 생각했으므로, 미국 노동자들에게 [전쟁에 나가지 말고] 국내에 남아서 기업주들에 맞서 투쟁하라고 조언했다. 1914년에 미국과 멕시

---

* 미국 남북전쟁 당시 북군의 장군.

코가 전쟁 직전까지 간 듯했을 때, 헤이우드는 항의 집회에서 "계급을 배신하는 것보다는 조국을 배신하는 것이 더 낫습니다" 하고 말했다. 그는 나중에 다음과 같이 썼다. "은행가, 금리생활자, 배당 소득자를 셔먼의 지옥으로 보내 주자."[122] 그리고 IWW는 기관지인 〈솔리대리티〉 편집자의 말을 빌려 "노동계급을 조직해서 산업을 접수하기 시작하고 … 장차 전쟁과 그 밖의 각종 야만 행위를 낳을 자본주의 침략을 모두 저지하자"고 제안했다.[123]

비록 프랑스의 CGT가 애국주의에 굴복했고 이탈리아의 USI 안에는 전쟁을 지지하는 중요한 소수 '참전파'가 있었지만(4장 참조), 대체로 신디컬리즘은 제1차세계대전 직전과 전시의 유럽에서 조직 노동조합운동 내의 다른 어떤 이데올로기적 경향보다 더 진정으로 전쟁에 반대한 운동이었다. 그들은 계급의 이익을 국가의 이익에 종속시키기를 거부했고, '방위주의' 정책도 인정하지 않았으며, 계급투쟁의 언사도 포기하지 않았다.[124]

몇 가지 단서

신디컬리즘의 철학을 고려할 때 부딪히는 분명한 문제 하나는 운동의 이데올로그들과 정치 지도자들의 견해가 현장조합원 지지자들의 견해와 얼마나 일치하는지를 알기 힘들 때가 많다는 점이다. 다른 어느 사회운동과 마찬가지로 신디컬리즘 운동에서도 참여 수준이 다양했다는 것은 거의 확실하다. 즉, 아는 것도 많고 매우 특정한 행동 방침에 헌신하는 사람들부터 아는 것도 많지 않고 운동의 광범한 목표를 그저 지지하기만 했던 사람들에 이르기까지 일종의 피라미드 구조가 있었다.

예컨대, 프랑스 신디컬리즘은 소수의 지도적 인물들, 특히 그리퓌엘·푸제·이브토·델레살에게 분명히 많은 빚을 졌다. 이 네 사람은 CGT에서 혁명적 신디컬리즘 분파의 가장 분명한 지도자였다. 그들이 CGT의 소책자를 대부분 썼고, 조직 지도부의 요직을 차지했고, 기관지를 편집했다. 그들이 바로 CGT를 앞으로 나아가게 하는 진정한 사상적 원동력이었다. 따라서 이들이 쓴 글의 내용과 신디컬리즘을 곧바로 동일시하기 십상이지만, 그런 생각이 틀린 이유는 그들의 사상이 CGT가 공식적으로 채택한 것보다 흔히 더 급진적이었기 때문이다(CGT라는 단체는 어쨌든 다른 나라의 신디컬리즘 조직과 달리 내부에 강력한 개혁주의 경향이 포진해 있었다). 더욱이 CGT의 일부 조합원들은 주로 신디컬리즘 철학 자체 때문에 조직에 매력을 느낀 것이 아니라, CGT가 당장의 불의에 대해 기꺼이 뭔가를 하려 했고 CGT가 제시하는 실천적 해결책이 맘에 들어서 그랬을 가능성이 크다.[125]

다른 한편으로, 신디컬리즘 일반의 '행동 철학'이 대중의 지지를 받은 이유는 그것이 상당수 프랑스 노동자들의 필요와 염원에 들어맞는 것처럼 보였기 때문이라는 점을 감안하면 CGT 지도자·활동가와 대다수 현장조합원을 너무 칼같이 나누는 것도 잘못일 것이다. 조합원들은 일단 조직에 들어오면 신디컬리즘 학설을 대부분 배웠을 것이고, 대체로 그것들을 받아들인 듯하다(물론 강조점의 차이나 신디컬리즘 철학을 열렬히 지지하는 정도의 차이는 결코 무시할 수 없다). 이 책에서 비교 연구 대상으로 삼은 조직들 가운데 신디컬리즘을 공식 이데올로기로 내세우는 정도가 가장 약했던 ITGWU에서조차 라킨·코널리·오브라이언을 비롯한 중앙 지도자들의 혁명적 일반노조 주장, 직접행동 철학과 지향은 많게든 적게든 대다수 조합원에게 수용된 듯하다.

그와 동시에 각국의 신디컬리즘 운동이 정치적으로 동질적이지 않았고 오히려 내부적으로 다양한 그룹들(공식적 조직이든 아니든) 사이에 차이가 있었다는 점은 분명하다(4장 참조). 또 시간이 흐르면서 각국 신디컬리즘 조직 내부에서 변화가 나타나기도 했다. 예컨대, IWW는 1905~1908년에 정치 활동에 대한 태도가 바뀌었고, CGT는 1910년을 전후로 해서 혁명적 목표에 헌신한다는 방침이 바뀌기도 했다. 그리고 각국의 신디컬리즘 운동이 강조하는 정책의 특정 측면도 서로 조금씩 달랐다. 예컨대, 프랑스와 미국의 신디컬리즘 운동은 다른 나라의 운동들보다 더 사보타주를 강조했다. 또 신디컬리즘 운동의 지도자들이 개인적으로 강조하는 정책이 때에 따라 달라지기도 했다. 마지막으로 신디컬리즘 철학이 무엇보다 **행동**을 지향했음을 감안할 때, 우리는 각국의 운동들 전체에서 신디컬리즘 철학은 대체로 다양할 수밖에 없었고 '신성불가침'의 원칙 따위는 거의 없었다는 점을 명심해야 한다. 물론 혁명적 신디컬리즘의 동역학을 종합적으로 평가할 때는 그런 차이와 변화를 충분히 고려해야 하지만, 그렇다고 해서 앞서 개괄한 신디컬리즘 철학의 총론이 틀린 것은 아니다.

신디컬리즘의 행동 철학을 간략하게 요약했으니, 이제 신디컬리즘의 기원과 발전, 각국의 신디컬리즘 운동이 실천에서 다양한 형태를 취한 이유를 살펴보자.

2장 기원과 성장

제1차세계대전을 전후로 전 세계에서 다양하게 나타난 혁명적 신디컬리즘 운동의 기원과 성장을 어떻게 설명할 수 있는가? 각국에서 신디컬리즘의 영향력이 커진 이유를 설명하는 매우 통찰력 있는 문헌들은 몇 가지 있지만, 오직 마르셀 판데르린던과 웨인 소프만이 (간략한 형태로나마) 국제 운동 전체를 비교·설명하려 했다.[1] 판데르린던과 소프는 신디컬리즘이 어디서든 근본적으로 특수한 일국적 요인들의 독특한 표현이었음을 인정하면서도, 각국에서 신디컬리즘이 확산된 데는 다양한 장기적 발전 요인들이 맞물려 있었다고 주장한다. 그들이 지적한 장기적 요인들은 다음과 같다. 첫째, 노동자들 사이에서 급진적 분위기의 확산. 노동자들의 투쟁성 분출이 파업 수준 고양으로 나타났다. 둘째, 노동과정·노동관계의 성격과 변화. [생산의] 기술적·조직적 변화로 말미암아 노동강도가 세지고 관리자의 통제가 심해졌다. 셋째, 주류 노동운동의 전략 거부. 기존의 노동자·사회주의 정당과 노동조합은 적절하지 않다는 생각과 비판이 늘어났다. 넷째, 대안 전략으로서 총파업의 실현 가능성. 대중파업을 선거주의 정치와 개혁주의적 노동조합운동의 대안으로 볼 수 있게 됐다. 다섯째, 공간적·지리적 요인들. 마치 열이나 전자기파가 사방으로 퍼져 나가듯이 신디컬리즘의 태도와 실천이 국내에서뿐 아니라 국제적으로도 노동자들 사이에서 확산됐다.

판데르린던과 소프의 분석은 분명히 신디컬리즘의 확산을 촉진한 여러 요인들을 확인하는 데 귀중한 기여를 했지만, 몇 가지 중요한 한계도 있다. 첫째, 주로 분석적인 그들의 설명은 흔히 한 나라의 사례에 대한 다양한 연구를 폭넓게 일반화하지만, [장기적] 발전 요인들이 각국에서 실제로 어떻게 나타났는지를 살펴보는 경우는 거의 없다. 둘째, 다양한 요인들의 상호의존 정도를 평가해서 각 요인이 다른 요인에 어떻게 직접적 영향을 미쳤는지를 보여 주려는 실질적 노력이 전혀 없다. 셋째, 이런 요인들이 영향을 미치는 방식이 나라마다 (그리고 각 나라 안에서) 실제로 어떤 차이가 있었는지를 충분히 고려하지 않는다. 넷째, 국제 신디컬리즘 운동의 발전에 기여한 몇 가지 중요한 부가적 요인들, 예컨대 국가와 사용자들의 탄압이 어떤 구실을 했는지, 그리고 다양한 이데올로기적 요인들(특히 아나키즘)이 신디컬리즘에 어떤 영향을 미쳤는지 등을 무시한다.

그러나 판데르린던과 소프의 선구적 분석에서 나타나는 중요한 문제점 하나는 신디컬리스트들의 의식적 조직 활동과 지도를 경시한다는 것이다(비록 신디컬리즘의 국제주의를 연구한 소프의 글들은 좀 덜하지만).[2] 분명히, 국제 혁명적 신디컬리즘 운동의 등장을 가능하게 만든, 심지어 거의 확실하게 만든 다양한 객관적 요인(경제적·사회적·정치적 요인)들이 있었다. 그러나 따지고 보면 그런 역사적 '원인들'은 가능성 이상을 설명하기에는 불충분하다. 사회운동은 사람들·활동·지도력 같은 주관적 요소에 달려 있다. 따라서 신디컬리스트들이 어떻게 가능성을 현실성으로 만들었는지를 고려하는 것이 중요하다. 이것은 또, 신디컬리스트들의 투쟁성을 자극했을 뿐 아니라 그 투쟁성에 대응하기도 했던 사용자들과 국가의 이데올로기적·정치적 구실과 밀접한 연관이 있는데, 이런 내적 동역학의 결과를 가늠하기는 쉽지 않다.

2장에서는 판데르린던과 소프의 초기 작업을 바탕으로 그 성과를 상당히 확장해서, 이 책에서 주로 탐구한 여섯 나라 신디컬리즘 운동의 기원과 성장을 설명해 주는 다면적 요인들을 제시하려 한다. 그 핵심 요인으로는 산업적·경제적 배경, 정치적 맥락, 노동조합 체계, 아나키즘과 그 밖의 이데올로기적 요인들, 노동자 투쟁과 정치적 급진화의 수준, 신디컬리스트들의 의식적·조직적 개입, 신디컬리즘 운동의 국제적 교류를 들 수 있다.

분명하고 간결한 설명을 위해 이 영향 변수들을 차례대로 하나씩 살펴보겠다(물론 그들 사이의 상호 연관에도 주의를 기울이면서). 이 다면적 요인들은 20세기 초 노동자 투쟁의 일반적 분출에 기여했다고 볼 수 있지만, 왜 이 급진화의 일부가 특별히 신디컬리즘 운동으로 나타났는지를 밝히는 데도 도움이 될 것이다.

산업적·경제적 배경

흔히 신디컬리즘과 신디컬리즘 특유의 노동운동 방식은 자본주의가 취약한 나라에서 산업 발전이 막 시작될 때의 진통에서 비롯했다고 생각한다.[3] 그러나 이런 경제적 요인이 어떤 영향을 미쳤으며 다른 요인들보다 얼마나 더 중요했는지에 대해서는 서로 모순된 해석들이 있다. 신디컬리즘은 20세기 초에 새로 등장한 대규모 중공업의 공장 노동자들이 아니라 수공업자, 농업 노동자, 임시직 노동자, 그 밖의 주변화한 집단들, 즉 주로 미숙련·미조직 노동자들 사이에서 강력했다는 흔한 생각은 3장에서 다루겠다. 여기서는 자본주의 경제 발전의 전반적 수준이 어느 정도까지 결정적 영향을 미쳤는지를 살펴보겠다.

확실히, CGT가 등장한 나라인 프랑스의 경제적 현대화는 아주 느렸고 대규모 공업화는 영국·독일·미국보다 뒤처졌다. 1871년부터 1914년까지 변화의 속도가 빨라졌지만, 여전히 중소 규모 작업장이 생산에서 두드러진 구실을 하면서, 더 수가 적고 지리적으로 집중되고 고도로 산업화한 기업들과 나란히 공존했다. 1906년까지도 10인 미만의 작업장에 산업 노동인구의 3분의 1이 고용돼 있었다. 전체 산업 노동자 가운데 59퍼센트가 종업원 100인 이하 기업에서 일했고, 100명 이상 일하는 공장에 고용된 노동자는 12퍼센트에 불과했다.[4]

버나드 모스는 프랑스 경제가 발전하던 이 '예외적' 상황에서 당시 반쯤은 수공업자인 꽤 많은 숙련 노동자의 중요한 부분이 기계화와 탈숙련화, 공장 체제의 확산에 대한 두려움 때문에 '숙련직 사회주의'라는[*] 독특한 형태의 신디컬리즘을 지향하게 됐다고 주장한다.[5] 작업장은 프랑스 노동자들이 사상과 의식을 획득하는 통로가 됐고, 숙련 노동자들은 그들이 생산과정에서 차지하는 위치에 걸맞은 가치관을 갖게 됐다. 그들의 자부심, 관리자의 통제에서 벗어나 자율성을 추구

---

[*] 당시 프랑스 노동운동을 주도한 노동자들은 전통적 수공업자도 산업 노동자도 아닌, 프롤레타리아화 과정을 겪고 있던 숙련 기능공이었고, 따라서 전문직professional trade 과 프롤레타리아의 계급의식을 모두 드러냈는데, 처음에는 민주공화국 운동 내의 협동(조합)적 사회주의자였던 이 숙련 노동자들이 나중에는 아나키즘도 마르크스주의도 아닌 모종의 혁명적 사회주의, 즉 둘의 중간에 있는 '숙련직 사회주의'를 지향하게 됐다는 것이 모스의 주장이다.

하는 성향, 직접행동에 대한 헌신 등은 그들이 노동을 지배하는 현실을 반영했다. 자본주의의 필연적 압박 때문에 그들은 임금노동을 끝장내고 사회를 재조직하기 위한 비전, 즉 일종의 협동(조합)적 사회주의를 발전시킬 방안들을 모색했다. 숙련 노동자들의 삶 자체가 노동조합이나 사회주의 정당 같은 거대한 관료적 조직과 맞지 않았고, 오히려 지역별로 조직되고 분권화한 신디컬리즘 조직 형태와 더 잘 맞았다. 소프는 이 분석을 다음과 같이 요약했다.

> 산업화한 노동자들은 흔히 조직되지 않은 상태였고 … 수공업 위주의 분권화한 경제 안에 노동자들이 흩어져 있다 보니 대규모 노조를 구성하기도 힘들었다. 프랑스 노동조합의 특징은 소규모 지역 노조들이 널리 흩어져 있다는 것이었다. … 수십 년간의 소규모 작업장 경험과 소규모 지역 노조들이 널리 퍼져 있는 현실은 신디컬리즘의 비전, 즉 분권화와 생산자 통제를 바탕으로 사회화한 경제라는 비전과 꼭 맞았다. 또 강력한 대규모 노조가 거의 없었다는 점도 직접행동 방식을 지지하도록 부추긴 요인이었다. 사용자와 효과적으로 협상할 조직된 힘이 없다 보니 노동자들은 [공격적인 '직접행동' — 지은이]이라는 방식에 의존했다. … 특히 아주 다루기 힘든 … 사용자와 대결할 때는 더 그랬다. … 따라서 프랑스 신디컬리즘이 예찬하고 받아들인 직접행동은 당시의 경제 발전과 노조 조직이라는 제약 조건들을 반영했다.[6]

그러나 프랑스 신디컬리즘이 주로 자본주의 경제 발전의 후진성에서 비롯했다는 견해를 반박하는 연구도 많다.[7] 이렇게 반박하는 관점에서 보면, 주로 작업 현장에서 벌어지는 '수공업자'의 직접행동에 초점을 맞추는 견해는 프랑스의 산업이 스페인이나 이탈리아 같은 다른 유럽 나라들보다 특별히 소규모는 아니었다는 점에서 부적절하다. 비록 [프랑스 자본주의가] 불균등하게 발전한 것은 사실이지만, 1905년 이후 10년 동안 경제가 급성장하면서 산업 노동인구가 상당히 증가했다. 사실 프랑스 노동자들이 직접행동과 신디컬리즘을 매우 좋아하게 된 것은 그들의 노동 경험이나 숙련 수준 때문이라기보다는 제3공화국의 반동적 부르주아 국가와 의회 민주주의, 기존 정치조직들에 대한 엄청난 불신 때문이었다. 그런 불신은 1789년 프랑스 대혁명, 1830년과 1848년 반란, 1871년 파리코뮌의 경험에 근거한 혁명적 정치 전통이라는 맥락 속에서 생겨난 것이었다. 이런 경험들이 아래로부터 변화를 추구하는 대중문화를 확립해 놓았던 것이다. 생산관계의 영역에서는 비교적 강력해도 정치 영역에서는 무기력한 일부 노동자들(특히 숙련 노동자들이 그랬지만, 단지 숙련 노동자들만은 아니었다)이 계급 중심의 행동을 발전시키는 근본적 수단으로서 주로 자신들의 현장 협상 능력과 비공식적 협동조합에 의지하게 된 것은 바로 이런 정치 상황의 결과였다.

스페인에서도 신디컬리즘(특히 아나코신디컬리즘) 사상과 투쟁 방법은 후진적인 경제·산업 상황과 딱 맞았던 것처럼 보이지만, 신디컬리즘을 부추긴 더 광범한 사회적·정치적 요인들도 있었다. 20세기 초의 스페인은 여전히 압도적으로 농업국이었고 자본주의 산업 발전은 이제 막 시작되고 있었다. 100여 년 동안 스페인은 반半봉건적인 절대왕정 체제를 전복하고 현대적인 자본주의 부르주아 국가를 강화하려는 장기간의, 그러나 성공하지 못한 투쟁과 내전으로 분열돼 있었다. 이런 원심적 경향은 북부와 북동부 해안 지방의 산업 발전으로 더 심해졌다. [북부의] 바스크 지방과 [북동부의] 카탈루냐 지방에서 산업 발전과 함께 민족주의가 성장해 마드리드의 중앙집권적 지주 귀족 지배계급에 반대했기 때문이다. 따라서 스페인에서는 중부 카스티야 지방의 대토지 소유자들은 강력한 통일국가를 요구하고, 바스크와 카탈루냐 지방의 산업 자본가들은 독자적 언어·문화의 보존과 지방자치·독립을 요구하며 서로 대립하는 역사적 분열이 지속되고 있었다. 한편으로는 정치적으로 취약한 상업·제조업 부르주아지가, 다른 한편으로는 가톨릭교회와 귀족 출신 군 장교 집단이라는 쌍둥이 기둥에 의지해서 권력을 유지하는 절대왕정이 사실상 스페인을 짓누르고 있었다. 고질적 정치 불안과 사용자들의 격렬한 반발 때문에 '정상적' 노동조합 관행이 발전할 수 있는 안정된 상황은 만들어지지 않았다. 오히려 (연방주의, 반성직주의,* 반군국주의, 모든 정당에 대한 깊은 적대감 같은) 아나키즘 개념과 결합된 혁명적 노동조합운동의 신디컬리즘 원칙이 (남부 안달루시아 지방의 부재지주 토지에서 일하는) 가난한 무토지 노동자와 (북부 카탈루냐 지방의 바르셀로나 같은 선진적 도시들의) 산업 노동자라는 비옥한 토양에 뿌리를 내렸다.[8]

농업이 압도적인 또 다른 나라인 이탈리아에서도 신디컬리즘(과 아나키즘)이 매력이 있었던 근본적 이유는 북부와 남부의 차이가 심각했기 때문인 듯하다. 한편으로 자본주의가 매우 발전한 북부 지방의 이른바 '산업 트라이앵글', 즉 밀라노·토리노·제노바의 현대적 산업 시설에는 새로운 공장 프롤레타리아가 있었고, 다른 한편으로 남부 농업지대에는 반쯤 정체한 농민·수공업자 경제가 있었다.[9] 이탈리아 남부는 아마 유럽 전체에서 가장 지독하게 착취당하는 산업 지역이었을 텐데, 그렇게 끔찍한 빈곤 상황에서는 안정된 노동조합이나 사회주의 조직이 결코 존재할 수 없었을 것이다. 노동자들의 반란은 대부분 자발적 기아 퇴치 운동의 형태를 취하는 경향이 있었고, 이런 운동들은 개혁주의적 사회주의 조직의 선동보다는 아나키즘 쪽으로

---

* anti-clericalism. 성직자들이 정치·사회 문제에 영향력을 행사하거나 교리주의를 내세우고 특권과 부를 누리는 데 반대하는 운동과 사상. 반교권주의라고도 한다.

이끌리기 쉬웠다.[10] 이런 토대 위에서 나중에 혁명적 신디컬리즘 운동이 발전하게 된다. 즉, 이탈리아의 혁명적 신디컬리즘 운동은 (아나키즘 전통의 일부를 취하면서도 그 전통을 직접행동 전술을 추구하는 지역적 노동조합운동과 연결한 덕분에 처음에는 주로 남부에서, 그러나 나중에는 북부에서도) 일부 산업 노동자들뿐 아니라 광범한 농업 노동자나 수공업자 집단도 끌어당길 수 있었던 것이다. 그러나 그런 사회적·경제적 요인을 제대로 이해하려면, 다른 나라와 마찬가지로 이탈리아에서도 기존의 정치제도나 기구를 통해 상황을 개선할 수 있는 기회가 대부분 막혀 있었다는 사실과 연결해서 봐야만 한다.

이와 달리, 영국과 미국처럼 더 발전한 산업사회의 혁명적 신디컬리즘 운동은, 점차 소수의 자본가 수중에 산업이 집중되고 사용자 단체가 산업을 지배하는데도 기존의 지역별·직업별·부문별 노동조합이 제대로 대처하지 못하는 상황에 대한 반응이었던 듯하다. 예컨대, 영국의 노동조합은 세계 어느 나라의 노동조합보다 강력했지만, 말 그대로 수백 개의 서로 다른 노조로 흩어져 있어서 역량이 계속 낭비되고 있었다. 그래서 대기업의 성장과 '자본의 연합'에 맞서 노동자의 힘을 강화하는 필수적 수단은 [노조] 통합과 산별노조 운동뿐이라고 여기게 됐다.[11]

미국에서도 IWW의 매력은 기업 권력의 성장과 관계있었다. 미국은 1870년부터 1917년까지 놀라울 만큼 빠르게 산업이 발전해서 세계의 주요 산업국으로 탈바꿈했다. 새로운 대공업이 확산되면서 소유와 부가 대규모 산업 기업으로 집중됐다.[12] IWW 창립자들은 그런 '트러스트'의 성장에 맞서 '단일 거대 노조'에 가맹된 산별노조들의 통합으로 대응하려 했다. IWW의 매력은 AFL의 노조 조직 방식과 관계가 있었다. AFL은 극소수의 노동자를 부문별 노조로만 조직했기 때문에 거의 다 미국 토박이 숙련 남성 노동자만으로 이뤄져 있었다. 따라서 AFL이 무시하는 미조직 노동자 대중을 조직할 수 있는 모종의 노동조합운동이 필요했다. 즉, 외국 출신 노동자나 미숙련·여성·흑인 노동자 등을 조직하기 위한 운동이 필요했던 것이다.

물론 영국에서든 미국에서든 산별노조 운동은 결코 혁명적 신디컬리즘과 똑같은 것이 아니었으므로 더 개혁주의적인 태도와 얼마든지 양립할 수 있었다. 그러나

이런 식의 조직적 변화는 점차 투쟁적 정책과 연결됐다. 왜냐하면 자본의 힘이 집중되면 흔히 조직 노동자들을 겨냥한 공격적 정책이 뒤따랐기 때문이다. 이런 상황에서 직접행동 방식과 결합된 산별노조 운동은 투사들을 신디컬리즘 조직과 훨씬 더 가까워지게 만들었다.[13]

그러나 상대적 후진국과 선진국의 차이를 너무 과장해서는 안 된다. 신디컬리즘 정서를 고무하고 조직을 성장시킨 요인은 후진국에서든 선진국에서든 기술적·조직적 변화로 말미암아 많은 숙련 노동자의 안정, 지위, 작업 통제권이 잠식된 것이었음을 감안해야 한다. 특히 노동과정을 더 강력하게 통제하려는 경영진의 노력이 숙련 노동자들의 급진화에 한몫했다(각국의 산업 발전 수준이 어느 정도였든 간에). 그래서 프랑스에서는 제1차세계대전 전까지 25년 동안 이른바 '산업 전쟁'(마이클 해너건의 표현이다)이 벌어졌는데, 바로 그때 그곳에서 신디컬리즘이 출현했다.

전국의 작업장과 공장에서 생산과정 통제권을 두고 엄청난 투쟁이 벌어졌다. 어디서나 사용자들은 작업 현장 통제권을 장악하고 제조 과정에 대한 전문 지식이나 기술을 독점하기 위해 무진 애를 썼고, 어디서나 숙련 노동자들은 이런 시도에 저항했다.[14]

이와 비슷한 일이 영국의 오래되고 급속하게 발전하던 금속·철도·건설 산업에서도 일어났다. 기술과 노동 조직 방식의 변화로 말미암아 숙련 노동자들은 노조를 통합해서 협상 능력을 강화하려고 노력했다. 여기서도 산별노조 운동이 저절로 신디컬리즘 경향을 띠게 되지는 않았지만, 흔히 경영진이 작업장 내부 문제에 개입하려는 것에 맞선 격렬한 저항과 밀접한 연관이 있었다. 따라서 '작업 통제권'을 강력히 원하는 숙련 노동자들과 산업에 대한 노동자 통제를 강조하는 신디컬리스트들 사이의 간극은 그리 크지 않았다. 더욱이 혁명적 산별노조 운동이 생산 현장의 직접행동을 강조한 것도 숙련 노동자들의 상당수가 신디컬리즘에 매력을 느낀 요인이었다.[15]

더 일반적 수준에서 신디컬리즘 조직의 기원과 발전은 사용자들이 모든 형태의 독립적 노조 조직을 매우 적대시한 데서 비롯했다는 것도 분명하다. 상대적 후진국이던 스페인과 이탈리아의 지주계급은 터무니없이 반동적이었고 농업 노동자를 가혹하게 착취했지만, 그에 못지않게 신흥 자본가계급도 일체의 노조 결성 기도에 격렬하게 반발했다. 그러나 CNT와 USI에 대한 사용자들의 격렬한 반발도 [스페인·이탈리아보다] 더 선진국인 미국에서 벌어진 일, 즉 노골적 계급 전쟁을 배경으로 IWW가 결성된 것에는 미치지 못한다. 미국의 산업 노동자들은 (주로 숙련 노동자였고 이민노동자 비율이 매우 높았는데) 더 나은 삶을 기대하며 유럽에서 건너왔지만, 형편없는 임금과 고된 장시간 노동에 시달려야 했고 흔히 산업 현장이나 작업장에는 노동조합도 거의 없었다. 노동자들은 가장 기본적인 권리, 즉 조직하고 파업하고 피케팅할 권리를 위해서라도 싸우지 않으면 안 된다는 사실을 깨달았다. 조직을 건설하려고 시도한 많은 노동자가 해고되고 블랙리스트에 오르고 투옥되고 때로는 살해당했다. 예컨대, 서부의 몬태나·콜로라도·아이다호·유타 주써 등지에서는 광공업 회사들이 생산성과 수익성을 높이려고 노동자들에게 물리적 공격도 서슴지 않았다. 그런 상황에서 (IWW 창립에 참여한 조직들 가운데 하나였던) 서부광원연맹의 호소(그 지도자인 빌 헤이우드는 흔히 산업 현장에서 폭력적 직접행동을 조직해서 기꺼이 "불에는 불로 맞서 싸우겠다"고 선언했다)는 자신들의 불만을 해결할 현실적 수단이 없다고 느낀 노동자들에게 매력적이었다.[16]

사용자들의 공격이 신디컬리즘 정서를 부추긴 중요한 요인이었다는 사실은 1913년 아일랜드 더블린에서 일어난 파업과 직장 폐쇄를 보면 분명히 알 수 있다. 그 전까지 아일랜드의 숙련 노동자들은 대부분 조직되지 않은 상태였는데, 주된 원인은 사용자들이 대규모 대체 인력 투입과 전원 징계 등을 통해 노조 결성 시도를 체계적으로 무산시켰기 때문이다. 그래서 공식 노조 지도부가 주장하는 온건하고 품위 있는 방법은 완전히 부적절하다고 생각하는 노동자가 점차 늘어났다. 오히려 노동자들은 짐 라킨의 ITGWU가 선전하는 사상에 점점 매력을 느끼게 됐는데, ITGWU는 노조 결성을 방해하는 사용자의 완강한 저항을 분쇄할 수 있는 방법은 오직 투쟁적이고 공격적인 행동뿐이라고 주장했다. 그런 방법이 꽤나 성공을 거두기 시작할 무렵 더블린에서 사용자들의 단호한 반격에 부딪혔다. 400명의 사용자가 5개월 동안 직장 폐쇄를 단행해서 2만 5000명 넘는 노동자가 직장에 나가지 못했다(그러나 그 덕분에 라킨이 주장한 계급 전쟁과 노동계급 연대라는 신디컬리즘 방법에 대한 지지가 높아졌다).[17] 영국의 사용자들은 대체로 노동조합운동에 대해 다른 나라 사용자들보다는 덜 단호하고 공격적이고 폭력적이었지만, 특정 산업들에서는 비슷하게 행동했다.[18]

이와 관련해서 국제적으로 신디컬리즘 운동의 성장을 촉진한 상황 요인이 있는데, 그것은 20세기 초의 몇 년 사이에 전 세계 자본주의 체제에서 경제적 불안정의 조짐이 나타났다는 사실이다. 의미심장하게도 (독일 사회민주당의 주요 지식인인) 에두아르트 베른슈타인이 이제 더는 자본주의의 필수적 일부가 아니라고 주장했던 전반적 경제 위기가 강력하게 되살아나서 많은 나라의 산업 투쟁 물결 고조에 일조했다. 예컨대, (외국 자본주의의 거센 도전에 직면해 성장률은 떨어지고 산업 생산성은 둔화하는 와중에) 영국 자본주의의 지위가 점차 위태로워지면서 노동계급의 생활수준이 급속히 낮아졌다. 1900~1910년에 실질임금이 약 10퍼센트 감소해서, 노동자들의 경제적 불만이 엄청나게 높아졌다.[19] 아일랜드에서도 1905년부터 1912년까지 식료품 가격은 25퍼센트 치솟고 실업률은 계속 20퍼센트를 웃돌았다.[20] 물론 이런 경제적 문제들 자체가 신디컬리즘의 직접행동 방식에 대한 지지를 자극한 것은 아니지만, 신디컬리즘의 바탕이 될 수 있는 물질적 박탈감을 널리 확산시킨 것은 사실이다. 그리고 이를 더욱 강화한 것은 개혁주의적인 정설파 노동조합운동과 의회 사회주의에 대한 불만이었다.[21]

노동자들이 느낀 박탈감의 정도와 정치적 급진화 사이에 반드시 직접적 연관이 있는 것은 아니라는 딕 기어리의 지적은 옳다.[22] 사실 프랑스에서는 임금을 가장 적게 받는 노동자들보다는 숙련 노동자들이 더 신디컬리즘 쪽으로 기울었던 듯하다. 그리고 영국에서도 제1차세계대전 동안 신디컬리즘의 영향을 받아 산업 투쟁을 주도한 것은 비교적 고임금을 받는 숙련 금속 노동자들이었다. 그러나 끔찍한 빈곤에 직면한 미숙련 노동자 집단이 신디컬리스트들의 선동에 특별히 매력을 느낄 수 있었다는 것은 분명하다. 그래서 아일랜드에서는 ITGWU가 더블린의 저임금 미숙련 운수 노동자들 사이에서 가장 강력한 기반을 구축했는데, 더블린에서는 시민의 3분의 1이 빈민가 공동주택의 단칸방에서 살았고 유아사망률과 결핵으로 인한 사망률도 매우 높았다.[23] 미국에서도 당시 어떤 언론인이 다음과 같이 지적했다. "IWW의 최고 강점은 최하층 노동자들에게 손을 내밀어 동료로 받아들였다는 사실, 가장 힘든 일을 하면서도 임금은 쥐꼬리만큼 받는 사람들을 특별히 대변한다고 자처했다는 사실이다."[24] 신디컬리스트 지도자들은 가난과 곤경에 처한 노동자들의 고통과 분노(높아진 기대가 충족되지 않아서 더욱 커진)에 호소해서 그들을 혁명적 노동조합운동 쪽으로 이끌 수 있었던 것이다.

정치적 맥락

국제적 신디컬리즘 운동의 기원과 성장은 정치적 맥락 속에서도, 즉 의회정치와 개혁주의적 사회주의 정당에 대한 불만의 반영이라는 맥락 속에서도 봐야 한다. 레닌이 말했듯이, "많은 서유럽 나라에서 혁명적 신디컬리즘은 기회주의, 개혁주의, 의회 크레틴병의* 직접적·필연적 결과였다."[25] 그러나 이런 불만은 각국의 정치 발전 수준에 따라 차이가 있었다.

한쪽 끝에는 이탈리아·스페인·아일랜드가 있었다. 그곳에서는 대체로 의회정치가 노동자들의 불만을 흡수할 진지한 통로로 여겨지지 않았다. 이탈리아에서(심지어 산업이 발전한 북부에서도) 신디컬리즘(과 아나키즘) 사상이 인기가 있었던 이유 하나는 선거권이 제한적이

---

* parliamentary cretinism. 크레틴병(선천 갑상샘 기능 저하증)은 태어나면서부터 갑상샘 호르몬이 부족해 지능 저하나 성장 장애 따위를 일으키는 질환인데, 마르크스는 《루이 보나파르트의 브뤼메르 18일》에서 사회주의 사회를 의회 다수파의 표결로 평화적·점진적으로 실현할 수 있다는 주장을 바보 같은 견해라는 의미에서 의회 크레틴병이라고 비웃었다.

었기 때문이다. 때때로 선거법이 개정되기는 했지만, 이탈리아 노동자와 농업 노동자(특히 남부에서)의 압도 다수는 선거권이 전혀 없었다. 졸리티의 1913년 개혁으로 유권자가 갑절 이상 늘어나 국민의 거의 4분의 1이 선거권을 갖게 됐지만, 여전히 "변호사·교수·언론인이 의원단을 지배했고, 계급의식적 노동자들은 [이들을 — 지은이] 끊임없이 의심했다."[26] 그리고 주민의 압도 다수가 무토지 노동자인 남부에서는 극심한 정치적 부패 때문에 선거법 개혁이 거의 무의미했다. 의회 다수파는 교묘한 정치적 후원과 책략을 통해 구성되기 일쑤였다.

유럽의 다른 나라들과 달리 스페인에서는 19세기 말부터 남성 보통선거 제도가 도입됐다. 그렇지만 매우 허약한 의회 제도의 실패는 명백했다. 절대왕정 치하의 근본적으로 후진적인 농업 사회에서 의회는 제구실을 하지 못했다. 할 수만 있으면 하층계급들을 정치과정에서 의도적으로 배제했고, 지방의 부패한 정치 거물들은 정부가 선호하는 인물이 당선되게 해 주고 그 대가로 이득을 챙겼다.[27] 프랑스와 심지어 이탈리아에서도 1914년 무렵에는 의회 사회주의 정당들이 실제로 중요한 정치 세력이 됐지만, 스페인에서는 그때까지도 사회주의 운동이 전국 수준에서 거의 자리를 잡지 못했다. 스페인 사회당은 19세기 말에 마르크스의 사위인 폴 라파르그의 영향을 받아 창설됐지만, 그 뒤 온건한 입헌 정당으로 변질되더니 국가·지주·사용자의 극단적 폭력 앞에서 무기력해졌다. 비록 스페인의 아나코신디컬리스트들이 그저 부르주아 정치를 혐오하기만 한 것은 아니었지만, 선거 문제에서 많은 무토지 노동자와 산업 노동자는 '반反정치적' CNT에 매력을 느꼈다.[28] 더욱이 1920년대 말에는 프리모 데 리베라 장군의 군사독재 치하에서 의회가 몇 년 동안 폐지되기도 했다. 그런 상황에서 사회당도 매우 허약했으므로 유일한 대안은 사회 개혁이 아니라 공격적 직접행동뿐인 것처럼 보였다. 1931년 제2공화국이 수립되고 사회당과 공산당이 새롭게 떠올랐지만, 두 당이 모두 개혁주의적·관료주의적 태도를 드러냈기 때문에 아래로부터 혁명적 주도력이 나와야 한다는 [신디컬리즘의] 매력은 결코 약해지지 않았다.

아일랜드에서 ITGWU가 등장한 것도 영국의 식민지 지배라는 배경에 비춰 봐야 한다. 1911년 무렵 아일랜드 자치가 유력한 전망처럼 보였지만, 이른바 아일랜드 의회는 권한이 심각하게 제한될 것이 분명했고, (북아일랜드와 영국의 통합을 지지하는 자들의 반발 때문에) 아일랜드는 북부와 남부로 쪼개질 현실적 위험이 있었다. [1912년 코널리, 라킨, 오브라이언 등이 아일랜드 노총의 정치조직으로 창설한] 아일랜드 노동당은 아일랜드 민족주의의 영향 아래서 성장했는데(나중에 1918년 총선에서는 신페인당과 대결하지 않으려고 독자 후보 출마를 포기함으로써 아일랜드 민족주의에 굴복하게 된다), 아일랜드 자치론자들과 아일랜드 의용군이 남북 분할을 인정하는 배신행위를 했다며 격렬하게 비난했다. 그러나 민족주의적인 노동당 조직은 무능해 보였고, IGTWU는 정치 영역보다는 산업 영역에서 활동하는 데 노력을 집중했다.

미국은 경제적으로 더 선진국이었지만 그렇다고 해서 정치 상황이 훨씬 더 유리한 것도 아니었다. 흑인 노동자들이 많은 지역에서는 까다로운 선거 절차와 노골적 위협 때문에 대다수 흑인은 투표할 수 없었다. 한편 선거인 등록 관련 법률이 더 엄격해져 많은 신규 이민자와 임시 시민권자가 선거인 명부에서 삭제됐다. 예컨대, 선원, 떠돌이 노동자, 벌목꾼 같은 노동자들의 다수가 지정 투표소에서 선거인 등록을 할 수 없었다. 따라서 투표함에, 즉 정치에 기대를 거는 것은 별로 매력적인 일처럼 보이지 않았다. 그것은 노동계급의 경제적 잠재력이 가장 강력해 보이는 생산 현장에 집중하지 않고 오히려 노동계급의 힘이 가장 약한 곳을 싸움터로 선택하는 것처럼 보였다.

영국과 프랑스에서는 의회정치가 (남성) 노동자들에게 훨씬 더 적절한 듯했다. 영국에서는 남성의 약 62퍼센트가 투표권이 있었고 프랑스에서는 거의 91퍼센트가 그랬다(물론 여성은 어느 나라에서도 투표권이 없었다). 그러나 이런 사실에도 불구하고 영국과 프랑스에서도 비슷한 신뢰의 문제는 있었다. 다른 나라와 마찬가지로 영국과 프랑스에서도 제2인터내셔널 소속 의회주의 노동자 정당과 사회주의 정당은 국가 장악을 목표로 선거에서 당선하기 위한 정치 활동 방식으로 계급 전쟁을 추진한다는 데 동의했다. 그들은 보통선거 덕분에 사회주의자들이 의회 다수파가 돼서 정부 기구를 이용해 점진적으로든 단번에든 자본주의를 폐지하고 생산수단의 국가 소유를 실행할 수 있는 때가 오기를 기대했다. 정당을 만들고 노동계급을 투표소로 불러 모으는 일을 중요한 활동으로 여긴 이유는 그 결과로 근본적 변화가 일어날 터였기 때문이다. 그리고 노동조합은 노동자들의 임금을 인상하고 노동조건을 개선하는 일상적 임무를 위임받았다. 이 두 조직 형태, 즉 정당과 노동조합이 모두 필수적이라고 생각됐지만, (의회 사회주의 경향과 제2인터내셔널 내의 주류 '마르크스주의' 경향을 모두 포함해서) '정치적 사회주의자들'이 궁극적 사회변혁을 위해 기대를 건 것은 정당이었다.

그러나 제1차세계대전이 벌어지기 10년 전쯤 그동안 노동자를 대표하는 정당들의 노력을 목격한 많은 노동자는 그 정당들이 턱없이 부족하다는 사실을 깨달았다(물론 몇몇 나라에서는 그런 정당에 강력한 좌파가 포함돼 있었지만). 예컨대, 영국에서는 적어도 상당한 소수의 노동조합 활동가들이 의회정치에 불만을 품고 있었는데, 그것은 노동당이 하원에서 하는 구실을 보며 생겨난 불만이었다. 비록 노동당 국회의원이 1906년 26명에서 1910년 42명으로 늘어났지만, 노동당 자체는 여전히 노조 간부들과 소규모 사회주의 단체들의 느슨한 연합체였을 뿐이고 실질적인 중앙당 조직이나 지구당 조직은 전혀 없었다. 전쟁 전의 어느 선거에서도 8퍼센트 이상을 득표할 수 없었던 노동당은 1906년 이후 자유당 정부의 부속물 노릇을 하면서, '복지 자본주의'의 대안을 내놓지 못했고* 공격적 산업 투쟁을 못마땅해했다. 1912년 영국 노총TUC 대의원대회에서 한 신디컬리스트 대의원은 다음과 같이 말했다. "분명히 해 둘 것은 신디컬리즘이 사실은 … 노동당의 무능에 대한 항의라는 것입니다."[29] 그리고 ISEL 지도자인 톰 만이 설명했듯이, 의회정치는 노동당 국회의원을 부패하게 만드는 경향이 있었다.

> 지난 몇 년 동안 [노동]운동과 긴밀하게 접촉해 온 사람들은 우리 국회의원들이 그동안 이룩한 성과에 대해 다양한 불만이 표출돼 왔다는 사실을 알고 있다. 확실히, 지금까지 선출된 소수의 사회주의자들과 노동당 국회의원들에게 건설적 활동이라고 할 만한 두드러진 뭔가를 기대하는 것은 결코 타당하지 않을 것이다. … [모든 나라에서 - 지은이] 선거에서 당선되기 전에는 분명히 혁명적이었던 동지들이 의회에 들어가고 나서 몇 년 지난 지금은 결코 혁명적이지 않다. 그들은 기존 사회를 대하는 태도도 혁명적이지 않고 현행 제도들에 대해서도 혁명적이지 않다. 사실 많은 국회의원이 스스로 기존 사회의 옹호자가 돼서 부르주아적 조건을 꽤나 세심하게 존중하고 부르주아적 방식을 용인하므로 이제 혁명적 성격의 활동을 실제로 할 가망은 전혀 없는 듯하다는 말은 결코 과장이 아니다.[30]

프랑스에서는 [1905년] 통합사회당-노동자인터내셔널프랑스지부PSU-SFIO 형태로 비교적 대규모의 사회주의 운동이 등장했고, 선거 승리와

---

* 영국에서 '복지국가'의 토대를 놓기 시작한 것은 흔히 1906~1922년의 자유당 정부 시절이라고들 한다.

의회 진출을 모색하는 활동이 훨씬 더 발전해 있었다. 프랑스 제3공화국은 비교적 민주적인 정치체제여서, 사회당이 정부 선출에 영향을 미치기도 했다. 사회당의 득표는 (1905년에 87만 8000표였지만) 1910년에는 100만 표를 넘어서 꾸준히 증가했고 제1차세계대전 직전인 1914년 6월에는 140만 표에 이르러 프랑스 하원에서 사회당 의원이 100명이나 되는 원내 제2당으로 성장했다. 그렇지만 정부에 들어간 사회당 인사들은 부르주아 전임자와 다르지 않은 정책을 채택하는 듯했고, 따라서 다른 나라와 비슷하게 노동자들이 정치과정에서 소외되게 만들었다. 1899년 개혁주의적인 사회당 지도자 알렉상드르 밀랑이 발데크 루소 정부의 상무 장관으로 임명됐을 때, 그 정부의 전쟁 장관은 파리코뮌을 진압하는 데 직접 가담한 장군 갈리페였다. 1910년에는 한때 총파업의 주창자였던 내무 장관 아리스티드 브리앙이 전국 철도 파업에 비상사태 선포로 대응하고 파업 지도자들을 체포해서 노동자들의 작업 복귀를 강요했다.

> 결론은 명백해 보였다. 의회는 근본적으로 부르주아 제도이므로 의회의 궤도로 끌려들어 간 사람들[노동자 정당과 사회주의 정당 지도자들 — 지은이]은 필연적으로 의회제의 마력에 굴복해서 스스로 부르주아가 돼 버렸다. 의회 제도 일반, 특히 사회주의 정당에 대한 환멸 때문에 많은 노동자가 의회와 사회주의 정당을 모두 거부했다. … 혁명적 계급투쟁은 의회에서는 필연적으로 무력해지므로 오로지 노동조합에서만 가능했다. 노동조합에서는 자본가에 맞선 노동자 투쟁의 선명성이 유지되고 부르주아적 사회주의자들은 노동조합에서 엄격히 배제되기 때문이다. 사회주의는 한낱 의회주의로 변질됐으므로 이제 그 원래 목표는 노동운동의 직접행동으로만 이룰 수 있었다.[31]

따라서 다른 나라와 마찬가지로 프랑스에서도 신디컬리즘은 (점진적 개혁을 신봉하는) 점진주의 정치에 대한 반응이자 그것을 거부하고 산업 투쟁을 통한 공격적 행동을 지지하는 운동이었다. 모든 나라에서 신디컬리스트들이 지지를 받은 이유는 사회주의 정당 정치, 특히 의원단이 실천하는 사회주의 정치가 노동자들의 이해관계를 선거 승리와 계급 협력주의 정책에 종속시켜서 계급투쟁의 원칙을 위반했기 때문이다.

역설이게도 이탈리아에서는 선거권 제한에도 불구하고 신디컬리즘이 (적어도 처음에는) 노동조합 안에서가 아니라 사회당 안에서 발전했다. 이탈리아 신디컬리즘은 사회당 지도부가 총리 졸리티의 자유주의 내각과 협력하는 쪽으로 당을 이끌려고 하자 이에 반대하는 당내 투사들과 사회주의 지식인들의 자발적 반란으로 시작됐다. 1902년 사회당 당대회에서 아르투로 라브리올라와 엔리코 레오네는 의회의 조처들이 노동계급에게 이로울 수 있다는 생각을 비판하며 개혁주의를 공격하기 시작했다.[32] 그 뒤 노동자 투쟁의 물결에 올라탄 이탈리아 신디컬리스트들은 사회당 안에서 크게 득세했는데, 예컨대 밀라노의 사회당 지부를 통제했고, 당내 개혁주의 분파를 비판하는 신디컬리즘 선전 매체로 〈아방과르디아 소치알리스타〉(사회주의자 전위)를 발행하기도 했다. 신디컬리스트들이 공식적으로 (사회주의 정당을 포함한) 모든 정당에 참여하기를 철저히 거부한 프랑스와 스페인, 그 밖의 나라들과 달리 이탈리아 신디컬리스트들은 부분적으로는 초기에 노조 안에서 비교적 취약했기 때문에, 또 사회당 안에 강력한 '최대강령파'도 존재했기 때문에, 1908년 당에서 쫓겨날 때까지는 계속 사회당에 남아 있었다. 그렇지만 그들은 사회당 지도부의 의회주의 정치와 개혁주의적 실천에 격렬하게 반대하며 원칙을 고수했고 혁명적 노동조합운동을 통한 직접행동을 지지했으므로 결국 정치적 결별뿐 아니라 독자적 조직 건설도 추진할 수밖에 없었고, 그 결과가 1910년 USI 창립이었다.

미국에서도 사회당에 대한 반감이 있는 것은 마찬가지였다. 선거인 등록과 관련한 문제들에도 불구하고 1910~1912년에 사회당이 선거에서 상당한 성과를 거둘 것이라는 전망이 유력해 보였다. 사회당 대선 후보인 유진 데브스(IWW 창립자 중 한 명)는 1912년에 90만 표 이상(약 6퍼센트)을 득표하는 눈부신 성과를 거뒀고, 사회당은 24개 주에서 79명의 시장 후보를 비롯해 340개 지방자치단체 선거에 1200명의 후보를 내보냈다.[33] 그와 동시에 당원 수는 가장 많을 때 약 12만 명이었고, 영어와 외국어로 발행한 신문 300여 종의 독자도 수십만 명이나 됐다. 그러나 사회당은 IWW의 산별노조 운동을 거부하면서도(1912~1914년에 IWW를 지지하는 당원들을 제명했다) 미국 노동운동의 주요 보루인 AFL을 장악하지 못했고, 1913년 이후 선거에서 사회당을 지지하는 흐름은 퇴조하기 시작했다. 그래서 사회당 지도부가 선거 득표를 늘리려고 숙련 노동자 중심의 보수적인 AFL의 견해에 맞게 당 강령을 수정하려 하자 이에 반대한 당내 투사들은 IWW를 지지했다.

한편, 많은 나라에서 일부 노동자들이 흔히 정당에 대한 노동조합의 자율성을 강조하는 신디컬리즘으로 이끌린 데는 다양한 사회주의·마르크스주의 조직들 사이의 소모적 논쟁에서 벗어나려는 염원도 있었다. 예컨대, 프랑스에서는 19세기 말에 적어도 다섯 개의 정파가 자기들끼리 서로 싸우며 노동조합의 지지를 받으려고 경쟁하고 있었다. 개인적·정치적 갈등 때문에 사회주의자들의 분열은 계속됐고, 20세기로 넘어와서도 장 조레스가 이끄는 온건파와 쥘 게드가 이끄는 정설 마르크스주의파로 분열해 있었다. 이런 경쟁 때문에 정치적 사회주의는 많은 노동자들 사이에서 평판이 나빴고 급진적 노동조합원들은 흔히 정치 활동을 거부하고 직접행동을 지지하는 경향이 있었다. 1905년이 돼서야 프랑스 사회주의자들은 단결해서 사회당SFIO을 결성했지만, 이미 그때쯤에는 CGT 안의 대다수가 CGT는 모든 정당과 거리를 둬야 한다는 데 동의하고 있었다. 따라서 CGT가 선언한 노동운동의 자율성은 정치인, 정치적 신념, 정당, 그리고 협소하게 이해된 '정치 활동' 일반에 대한 노동자들의 반감을 표현한 것이었다.

신디컬리즘의 대안이 될 수 있는 혁명적 마르크스주의 정당, 즉 (러시아의 볼셰비키처럼) 노동조합의 일상적 경제·산업 투쟁을 일반적 사회주의 정치(의회적 방식과 반反의회적 방식을 모두 아우르는)와 연결하려고 노력하는 마르크스주의 정당이 없었거나 비교적 취약했다는 것도 노동자들이 신디컬리즘에 매력을 느낀 중요한 요인이었다. 앞서 봤듯이 신디컬리즘 운동은 사회주의 사상의 침체기에 출현했다. 즉, 혁명적 마르크스주의 사상이 개척되던 시기와 1917년 러시아 혁명에서 절정에 달한 레닌주의 혁명 정당 개념의 승리 사이에 출현한 것이다. 따라서 프랑스·이탈리아·스페인에서 신디컬리즘은 제2인터내셔널의 대다수 정당이 실천한 결정론적 마르크스주의에 대한 반발이었다(제2인터내셔널은 사회주의를 경제적 필연으로 보는 이론과 개혁주의적·관료주의적 실천을 결합했다).

영국에서는 최대 마르크스주의 조직인 사회민주연맹이 스스로 회원이 1만 명이라고 주장했지만, 무익하고 추상적인 사회주의 선전을 내세우며 실천적 노동조합 활동과 공격적 산업 투쟁을 무시하는 바람에 많은 잠재적 노동계급 지지자와 멀어졌다. 다른 한편, 사회주의 노동당의 산별노조 운동론은 청년 투사들에게 강력한 이데올로기적 영향을 미쳤고 ISEL의 일반적 신디컬리즘 철학으로 흡수·통합됐지만, 다른 모든 노동운동 조직에 대한 종파주의 때문에 사회주의노동당은 1914년 이전의 산업 투쟁에 제대로 참여하지 않았다(그나마 나중에 태도를 바꾼 덕분에 전시 직장위원회 운동의 일부 지도자들에게 영향을 미칠 수 있었다). 따라서 전쟁 전에 영국의 계급의식적 노동자층은 정치조직으로 이끌린 것이 아니라, 오히려 작업장의 산업 투쟁에 혁명적 중요성을 부여한 ISEL의 전략에 매력을 느꼈다.[34]

이런 요인들 외에도 신디컬리즘이 많은 노동자를 사로잡은 데는 자본주의 국가에 대한 노동자들의 반감도 작용했다. 신디컬리스트들은 국가는 강압적 구실을 하는 계급 지배 기관이므로 결코 '중립적'이지 않고 오히려 사용자들의 이익을 위해 행동한다고 주장했는데, 이는 국가가 노사분규에 개입하는 것을 강력히 거부하는 노동계급의 고유한 전통과 잘 맞아떨어졌다.

단적인 예로 스페인과 이탈리아의 권위주의적·억압적 정권은 걸핏하면 파업과 시위에 군대를 투입했는데, 이것은 오히려 신디컬리즘의 매력을 더 키워 주는 구실을 했다. 스페인에서 경찰은 잔인하기로 악명 높았고, CNT의 등장 자체가 1909년 7월 바르셀로나 총파업 당시 급속하게 발전하던 전면적 무장봉기가 정부의 폭력 탄압으로 분쇄된 직접적 결과였다. 이른바 '비극의 1주일' 뒤에 많은 활동가가 자본과 국가 둘 다에 맞서 노동자들의 이익을 옹호할 비타협적인 혁명적 신디컬리즘 조직이 필요하다고 확신하게 됐던 것이다. 1911~1914년과 1923~1930년에 CNT가 불법 단체가 돼 지하로 숨어야 했을 때 그런 정서는 더욱 확산됐다. 이탈리아에서도 1914년 6월 정부가 군인 10만 명을 투입해 총파업을 유혈 진압하는 과정에서 16명이 죽고 400명이 부상당하자 그 여파로 신디컬리즘의 메시지, 즉 노동자들은 정치를 경멸하고 국가를 파괴하려고 애써야 한다는 주장이 더 힘을 얻었다.

프랑스에서는 1789년 혁명 이후 한 세기 동안 노동자들이 국가를 상대로 장기간의 쓰라린 투쟁을 벌여 왔다. 1848년 6월 봉기의 유혈 낭자한 진압과 (최대 2만 5000명의 노동자가 전투 중에 살해당하거나 나중에 처형당한) 1871년의 파리코뮌은 그중에 가장 극적인 사례였을 뿐이다. 그러나 프랑스 국가는 노동자들의 단결권을 제한하는 법률을 제정해서 노동조합운동의 발전을 노골적으로 적대시했으므로 노동자들은 당연히 국가와 대립할 수밖에 없었다. 1884년에야 노동자들의 단결권이 법적으로 보장됐지만, 그것도 엄격한 감시·감독을 받아야만 했다. 그 후에도 제3공화국의 국가기구는 거듭거듭 군대를 동원해 노사분규(특히, 탄광·건설·철도·우체국·항만 산업의)에 개입하면서, 계엄령을 선포하거나 파업 노동자를 대량 해고 또는 강제징집하거나 CGT 지도자들을 [범죄] 음모 혐의로 체포하는 등 강경한 전술을 사용했는데, 그 결과로 몇 차례 유혈 충돌이 벌어져 많은 노동자가 총에 맞아 죽거나 부상당했다. 그런 상황에서, 노동운동은 국가의 외부에서 발전해야 하고 국가를 대체할 독자적 기구를 만들어야 한다는 신디컬리즘의 주장은 당연히 매력적이었다.[35]

이런 모습은 미국에서도 되풀이됐는데, 비록 형식적으로는 더 민주적인 정치체제였지만 미국의 주·연방 정부의 사법부·경찰·군대의 모든 힘은 항상 사용자들을 지원하고 노동자들의 조직화 시도를 방해하는 데 사용됐다. 미국의 국가 탄압 수준은 정말 놀라울 정도였다. 예컨대, 1907년 네바다 주 골드필드 광원 파업 때 대통령 루스벨트는 광산업자들이 지원을 호소하자 그 지역에 연방군을 대거 투입했고, 그 덕분에 사용자들은 노동조합운동을 분쇄하고 지역 전체의 임금을 삭감할 수 있었다. 1909년 펜실베이니아 주 매키즈록스에 있는 프레스스틸 자동차 회사에서 파업이 벌어졌을 때는 그 지역 전체가 주 경찰의 병영이 되다시피 했고, 경찰은 파업 노동자들의 가족을 사택에서 쫓아냈으며, 파업 노동자들과 경찰의 정면 충돌로 13명이 살해당하고 500명이 부상했다. 1913년 패터슨 섬유 노동자 파업 때는 파업 노동자 4800명이 체포되고 1300명이 투옥됐다. 그리고 1909~1914년에 분명히 IWW의 집회를 금지하려고 여러 주에서 제정된 법령에 반대해 IWW가 '자유 연설' 운동을 전개했을 때는 IWW 지지자 수천 명이 투옥되고 수백 명이 무자비하게 폭행당하고 일부는 살해당하기도 했다. 또 미국 국가는 헤이우드와 조지프 에토르 같은 IWW 지도자들에게 살인 누명을 뒤집어씌우는 데 관여하기도 했고, 1915년에는 유명한 IWW 작사가 조 힐을 기소해서 유죄를 선고하고 처형하는 데 성공했다. 당연히 그런 산업 전쟁에 상처받고 분노한 많은 노동자는 기존 사회질서에 격렬하게 반대했다. 그들의 일상적 경험이 국가는 "자본가들의 몽둥이"일 뿐이라는 IWW 조직자 엘리자베스 걸리 플린의 말이 옳았음을 보여 줬기 때문이다. 그 과정에서 일부는 자신들의 곤경에 대한 설명과 해결책을 모두 신디컬리즘에서 발견했다.

영국에서는 비교적 더 자유로운 의회정치 제도에도 불구하고, 국가에 반대하는 신디컬리스트들의 선전이 노동계급 운동 안에서 공감을 얻었다. 한편으로 상무부가 장기 파업에서 노사 간 중재자 노릇을 하면서 투쟁적인 노동자 집단에 거듭거듭 화해를 강요했기 때문이고, 다른 한편으로 자유당 정부의 '사회복지' 입법이 국가가 노동계급의 독립성과 주도력을 침해하는 것으로 보였기 때문이다.[36] 게다가 정부가 걸핏하면 경찰과 군대를 투입해 파업 노동자들의 피켓라인을 분쇄했기 때문에 신디컬리스트들의 반국가 태도는 흔히 많은 현장 노동자의 실제 경험과 딱 맞아떨어지기도 했다. 그래서 1911년 리버풀 항만·철도 노동자들의 대규모 파업 투쟁이 시 전체의 운수 노동자 총파업으로 확대됐을 때 이 투쟁의 선봉에 선 것은 톰 만이 이끄는 강력한 비공식 파업위원회였다. 정부는 머지 강 어귀에 군함들을 띄우고* 리버풀 거리에 군대를 대거 투입해서 8만 명의 시위대를 해산시키고서야 겨우 반란을 진압할 수 있었는데, 결국 파업 노동자 두 명이 군대가 쏜 총에 맞아 죽었다.[37] 1912년에는 전국적 파업을 분쇄하기 위해 광산 지역에 대규모 군대가 투입되자 신디컬리스트들은 병사들에게 "쏘지 마시오"라는 리플릿을 배포해서 노동계급 동료들에게 총을 쏘지 말라고 선동하기도 했다. ISEL의 신문 〈신디컬리스트〉가 기소된 뒤에 톰 만과 가이 보먼은 '반란 선동죄'로 징역 6개월을 선고받았다. 이런 경험들 때문에, 다른 나라에서 그랬듯이, 국가는 자본가들의 도구이고 의회정치는 속임수라는 신디컬리스트들의 주장을 지지하는 사람들이 늘어났다.

마지막으로 모든 나라에서 세계대전이 다가오고 있다는 전망과 맞물려 각국 정부가 다른 나라에 호전적 태도를 취하자 자본주의와 군국주의를 연결하려고 노력한 신디컬리스트들의 선동이 적절했음이 분명히 드러났다.

노동조합 체계

세계 여러 나라에서 신디컬리즘 운동이 출현하고 발전한 것은 기존의 개혁주의 노조에 대한 냉소적 무시를 반영하는 것이기도 했다. 기존 노조들은 노동자들의 이해관계를 효과적으로 대변하지 못한다는 비판을 받았다. 당시 가장 크고 강력한 노동조합운동은 영국에서 찾아볼 수 있었는데, 1910년 영국에는 조직 노동자가 약 250만 명 있었고, 이들은 전체 노동인구의 약 14.6퍼센트를 차지했다.[38] 영국은

---

* 리버풀은 머지 강 동쪽 어귀에 있는 항구 도시다.

산업화가 아주 오래전에 시작된 나라였으므로 약간 단순하고 대체로 분권화한 노동조합운동(주로 직업별 노조)이 섬유·광산·금속 같은 모든 주요 산업에 뿌리를 내리고 있었다.[39] (프랑스·이탈리아·스페인·아일랜드 같은) 다른 유럽 나라의 상황은 약간 달라서, 실질적 노동조합운동은 현대적 산업, 특히 대규모 산업의 주변부에서만 찾아볼 수 있었다. 즉, 노동조합운동은 조그만 작업장이나 일터 또는 중소규모 산업에나 존재했지 현대적 산업의 대형 공장에는 대체로 존재하지 않았다. 그나마 노조 조직이라고 있는 것도 이론적으로는 전국적 조직이었지만 실제로는 극히 지역적이고 분권화한 조직인 경우가 흔했다. 예컨대, 프랑스나 이탈리아 같은 나라에서는 주로 지역 노동자회관을 중심으로 결집한 소규모 지역 노조들의 연합체였다. 전체 조합원 수도 비非농업 노동인구 가운데 극소수에 불과했고(1911년까지도 프랑스에서는 노조 가입 자격이 있는 노동자 가운데 4.9퍼센트만이 조합원이었다), 나머지 노동자들은 흔히 노동시장에서 자신의 이익을 보호할 효과적 수단이 전혀 없는 상태였다.

심지어 더 선진국인 미국에서도 노동조합운동은 근본적으로 소규모 산업에서 그리고 건축업의 직업별 노조 사이에서 살아남았고, 새로운 대량생산 산업에서는 노동조합운동이 대체로 존재하지 않았다. 이런 양상의 유일한 예외는 광원들이었는데, 작업장과 지역사회의 유대를 통해, 또 위험하고 고된 노동을 통해 서로 결속된 광원들은 집단적으로 조직하고 투쟁하는 경향이 두드러졌다. 그렇지만 미국 전체의 노동조합 조직률은 10퍼센트도 채 안 됐고, 1905년 IWW 창립 당시 AFL로 조직된 노동자는 겨우 5퍼센트에 불과했다.

신디컬리스트들은 기존 노조의 문제점을 다음과 같이 비판했다. 더 광범한 노동계급의 이해관계를 직업별 노조나 부문별 노조의 이해관계에 종속시킨다. 사회변혁 문제보다는 '먹고사는 문제'에 너무 집착한다. 단체교섭 절차를 통해서는 사용자와, 중재와 복지 계획을 통해서는 국가와 유착돼 있다. 노동조합을 지배하는 상근 간부들은 매우 관료주의적인 데다 행정 편의 위주로 생각하고 지나치게 몸을 사린다. 노조 안에서는 현장조합원들의 반대 의견과 주도력에 대해, 노조 밖에서는 미조직 노동자들의 요구에 대해 너무 둔감하다.[40] 신디컬리즘은 기존 노조를 이렇게 비판한 덕분에 국제적 운동으로 성장할 수 있었다. 물론 (다른 면도 그렇듯이) 여기서도 나라마다 차이는 있었다.

제1차세계대전 직전에 영국을 휩쓴 노동자 투쟁의 가장 두드러진 특징 하나는 압도적으로 비공식적 성격의 투쟁이었고 기존 노조 지도부에 대한 반감을 드러냈다는 점이다. 확실히 영국의 신디컬리즘은 노조 간부들이 공식적 단체교섭과 조정 기구에 점차 포섭되는 것에 대한 노동계급의 불만에서 상당한 힘을 얻었다(그런 교섭·조정 기구는 사용자들이 어느 정도는 산업 투쟁을 완화하는 주요 수단으로 도입한 것이었다). 기존 노동조합이 급진적 현장조합원들의 불만보다는 노조 관료들의 권한 강화를 더 중시하면서 갈수록 소심하고 보수적인 정책을 추구하는 상황에서, 공식 지도부의 계급 협력 노선과 전통적 협상 기구를 우회하는 '직접행동'을 강조한 신디컬리즘의 메시지가 (노동조합과 노동당의 격렬한 반대에도 불구하고) 비옥한 토양에 떨어진 것이다. 전쟁 전의 이 신디컬리즘 전통은 전시 직장위원회·노동자위원회 운동 안에서도 그리고 전후의 1919~1921년 노동자 투쟁 때도 여전히 강력한 영향을 미쳤다. ITGWU 지도자인 짐 라킨의 조언, 즉 "결코 지도자들을 믿지 말고 … 여러분 자신을 믿으십시오"라는 말은 현장조합원들의 불만 때문에 비공인 파업과 투쟁이 늘어나던 당시의 투쟁 정신을 전형적으로 보여 준다.[41]

또 톰 만의 방식, 즉 직업이나 업종이 아니라 계급을 바탕으로 모든 노동자의 산업 조직을 건설해서 '한 산업에 한 노조' 원칙을 달성할 때까지 기존 노조 안에서 활동하며 노조들을 혁명적으로 통합하는 운동을 전개한다는 방식에 대한 지지도 널리 퍼져 있었다. 그래서 다양한 비공식적 노조 통합 운동이 ISEL의 설립과 무관하게 그리고 그보다 먼저 발전했는데(특히, 금속·운수·철도·건설 산업에서), 이 운동에 참여한 신디컬리스트들은 특정 산업들에서 노조의 구조를 바꾸기 위한 운동을 성공적으로 전개했다. 그리고 이것은 1910년 전국운수노동자연맹NTWF과 1913년 전국철도노조NUR의 설립(기존의 육체 노동자 노조를 거의 모두 단일 산별노조로 통합했다)에 기여했을 뿐 아니라, 1913~1914년에 광원·철도·운수 노조의 '3자동맹'을 위한 협상 과정에도 기여했다. 그런 발전 과정에서 다양한 세력이 나름대로 구실을 했지만, 단연 두드러진 것은 신디컬리즘 사상과 활동이었다.

기존 노조 '안에서 파고드는' 전략이 영국에서 실현 가능해 보였던 이유 하나는 산업화 역사가 다른 나라보다 훨씬 더 오래돼서 비교적 규모와 영향력이 훨씬 큰 노조들이 신디컬리즘의 출현 전부터 이미 미조직 노동자들을 조직하기 시작했기 때문이다. 이와 달리, 1870년 이후에야 산업화가 본격적으로 시작된 미국에서는 "산업의 집중, 대량생산 산업의 성장, 기술 변화, 기업의 지배가 모두 대체로 미개척지에서 발전했고, 그래서 기존의 노동조합 전통이 무엇이든 그 전통을 대체하거나 파괴했으므로" 기존 노조에 대항해서 혁명적 노조를 따로 세우는 것 말고는, 즉 '이중 노조' 전략을 채택하는 것 말고는 달리 대안이 없는 듯했다.[42] 1890년대 무렵 AFL은 강력한 노동조합 연맹이 됐지만, 소수 숙련 노동자들의 지위를 보호하는 데만 관심을 쏟을 뿐 미숙련 노동자들을 조직하려는 진지한 노력은 하지 않았고 오히려 독립 노조들의 파업을 분쇄하는 일이 잦았다. 이에 대응하여,

IWW 창립에 기여한 핵심 인물 가운데 한 명인 윌리엄 트라우트만은 AFL이 "그 유용성을 상실한 지 오래고, 분명히 반동적 기구, 자본가계급의 보조 기구에 불과한 것이 돼 버렸다" 하고 주장했다.[43] 유진 데브스도 같은 의견이었다. "지도자들이 자본가계급의 부관 노릇을 하면서 … 자본가계급이 노동계급의 주머니를 뒤지는 동안 노동계급을 마취 상태에 빠뜨리는 구실만 하는 … 그런 식의 노동운동은 확실히 뭔가 잘못됐다."[44] 데브스는 다음과 같이 결론지었다. "부정 비리가 판치는 이 썩어 빠진 [AFL의 — 지은이] 노조들, 보스가 완전히 지배하고 있는 이 노조들을 개혁하겠다는 것은 마치 시궁창에 장미 향유를 뿌리는 것과 마찬가지로 쓸데없는 시간 낭비일 뿐이다."[45]

이런 상황에서 계급을 바탕으로 혁명적 산별노조를 건설하려는 IWW의 노력은 AFL에 퇴짜 맞은 미숙련 노동자층에게 매력적으로 보였다. 그래서 하워드 키멀도프는 다음과 같이 썼다.

IWW는 의식적으로 자신을 AFL의 대립물로 규정했다. AFL은 노동계급을 다수의 소규모 직업별 노조로 쪼개 놓았지만, IWW는 소수의 산별노조로 이뤄진 '단일 거대 노조'를 지향했다. AFL의 조합원은 주로 미국 토박이 백인 숙련 노동자였지만 IWW는 나머지 거의 모든 노동자, 특히 미숙련 노동자, 신규 이민자, 여성·흑인 노동자를 집중적으로 조직했다. AFL은 클로즈드숍, 엄청나게 높은 가입비, 고액의 조합비 등을 통해 노조 가입을 제한해서 기존 조합원들의 취업 기회를 독점했지만, IWW는 대량 가입, 낮은 가입비, 일자리 나누기를 바탕으로 진정한 '기회의 공산주의'를 제공했다. AFL은 계약의 신성함을 토대로 노사 평화를 옹호했지만, IWW는 노동계급이 자본주의에서 최종 해방될 때까지 단체협약을 비롯한 일체의 '휴전'에 서명하지 않는 것을 원칙으로 내세우며 끊임없이 계급 전쟁을 벌이겠다고 약속했다.[46]

아일랜드의 노동조합운동은 1870~1880년대에 더블린·벨파스트·코크에서 시작됐지만, 흔히 잉글랜드에 본부가 있는 소규모 직업별 노조가 대부분이었다. ITGWU는 이런 노동조합운동을 산별노조 개념을 통해 현대화하고, 잉글랜드 노조와 연계되지 않은 아일랜드 노조를 건설해서 탈식민지화하겠다는 분명한 목표를 갖고 설립됐다.[47] 짐 라킨은 [1905년] 리버풀에 본부가 있는 전국항만노동자연합NUDL의 상근 조직자로 채용돼 스코틀랜드와 아일랜드의 여러 항구에서 노동자들을 조직했다. 1907년 라킨은 벨파스트에서 항만 노동자, 짐마차꾼, 탄광 노동자 등 2500명이 참가한 파업 투쟁을 이끌면서 가톨릭 노동자와 프로테스탄트 노동자를 효과적으로 단결시켰다. 1908년 말쯤 아일랜드의 모든 항구에 노조 지부를 설립하는 데 성공했지만, 공격적 방법 때문에 라킨은 온건한 노조 지도부와 충돌하게 됐다. 그는 아일랜드의 미숙련 노동자와 임시직 노동자를 모두 조직하는 운동을 대대적으로 벌이자고 주장하면서, 이 과제를 달성하기 위해서라면 산별노조를 따로 만들 수도 있다고 위협했다. 그가 NUDL에서 직무 정지를 당한 뒤 ITGWU를 결성하자 아일랜드의 NUDL 조합원 대다수는 ITGWU로 옮겨 왔다.

프랑스에서는 기존 노조와 관련된 두 가지 사태 전개가 CGT의 설립을 촉진했다. 한편으로 CGT는 프랑스 최초의 노동조합 중앙 기구인 전국노동조합연맹FNS에 반대하는 투쟁적 세력들의 연합으로 시작됐다. 1886년에 창설된 FNS는 머지않아 '마르크스주의자'인 쥘 게드와 그가 이끄는 프랑스 노동자당POF(나중에 프랑스 사회당을 건설하는 데 합류한 다섯 정파 중 하나) 지지자들의 통제를 받게 됐다. 노동자당의 영향을 받는 노동조합 활동은 선거 득표와 정당의 정치적 통제에 종속된 것처럼 보였다. 이렇게 의회 선거를 강조하는 사회주의자들의 노선을 교정하고자 FNS 내의 아나키스트들과 사회주의자들을 비롯한 많은 투사들은 임금 체제를 폐지하는 가장 직접적 방법으로 생디카, 즉 노동조합을 통한 직접적 경제투쟁(그 절정은 총파업이다)을 지지하는 운동을 전개했다. 이 반대 세력들은 마침내 게드파를 쫓아내는 데 성공했고, FNS는 직업별 노조를 산별노조로 바꾸자고 주장하면서 새로운 전국적 노동조합 연맹으로 전환해서 모든 노조의 중앙 기구 구실을 하고자 했다.

다른 한편으로, 프랑스의 독특한 노동자 단체인 노동거래소도 신디컬리즘으로 전환하는 과정을 촉진했다. 노동거래소는 일종의 지역 노조 연합체였는데, 특정 지역에서 온갖 다양한 노조의 행동을 조정하고 노동계급 지역사회에서 사회·문화 생활의 중심 구실을 했다. [1887년에] 원래 직업소개소 비슷한 것으로 만들어진 노동거래소는 노동자들의 구직 지원 활동만 한 것이 아니라 상호부조 단체 설립, 파업기금 조성, 교육과정 개설, 도서관 운영 등 다양한 서비스도 제공했다. 머지않아 아나키스트들을 비롯한 여러 혁명가들의 영향 아래 [1892년] 전국노동거래소연맹이 건설됐고, 1902년 마침내 FNS와 합병해 통합 CGT가 설립됐다.

이탈리아에서도 프랑스와 비슷한 자극이 있었다. USI는 부분적으로 노동조합총연맹CGL에서 분열해 나왔는데, CGL은 1906년 창설된 이탈리아 최초의 전국적 노동조합 연맹체였다. 사회당이 지배하던 CGL은 북부 노동자들에게 유리한 점진적 성과를 얻는 데 집중하면서 남부 농업지대를 계획적으로 방치했고, 노동자들의 이해관계를 사회당의 선거 득표에 엄격하게 종속시키는 바탕 위에서 조직됐다. 이탈리아 신디컬리스트들은 그런 개혁주의 노선에 비타협적으로 반대하고, 노조가 없는 산업·업종의 미숙련 노동자뿐 아니라 농업 노동자들도 열심히 지원한 덕분에 성공할 수 있었다.

게다가 이탈리아 신디컬리즘 운동을 지배하게 된 '지역의 자율성'

개념은 이탈리아 노동운동의 가장 뚜렷한 특징 가운데 하나인 노동
회의소* 전통에서 발전해 나왔다(노동회의소는 프랑스 노동거래소의
영향을 받았다). 많은 도시에서 노동회의소는 지역에 존재하는 다양
한 노동자 단체의 활동을 조율했고, 많은 노사분규가 지역적으로 벌
어졌기 때문에 흔히 공식 노조 기구보다 더 효과적으로 연대하고 지
도할 수 있었다. 비록 많은 노동회의소를 신디컬리스트들이 통제했지
만, 노동조합운동을 사회당원들이 지배했으므로 둘 사이의 충돌은
갈수록 격해졌다. 여러 해 동안 대다수 신디컬리스트들은 개혁주의
자들에 맞선 투쟁을 CGL 안에서 가장 잘 전개할 수 있으리라고 생
각했지만, 관료주의와 개혁주의의 치명적 영향 때문에 성과가 거의
없었다. 결국 6년 동안 주저하며 동요하다가 1912년에 사회당과 CGL
에서 쫓겨난 신디컬리스트들은 이제 분명히 갈라서서 경쟁적 노조
연맹체인 USI를 설립할 수밖에 없었다. 그 후 몇 년 사이에 USI는 급
속하게 성장했다.[48]

스페인의 CNT도 사회당이 지배하는 노동조합총연합UGT의 이데
올로기와 투쟁 방식이 적절하지 않다는 생각에서 (1910년에) 설립됐
다. UGT는 대개 사회당과 마찬가지로 온건했고, 사용자들이 단체교
섭 같은 평화적 방식을 허용할 때는 그 방식을 따르려고 최선을 다했
다. 그러나 UGT 지지자들은 매우 소수였고, 그 영향력은 특정 지역
에만 국한됐다. UGT의 대안 조직으로 새로 만들어진 CNT는 이데올
로기적으로 세 가지가 두드러졌다. 첫째는 직접행동인데, 이것은 사
회적·경제적 상황과 관계있었다. 둘째는 노동자들의 단결을 유지하
는 데 필수적이라고 생각된 '정치적 중립성'이다. 셋째는 스페인 노동
자 운동의 가장 오래된 전통과 관계있는 연방주의다.[49] 다른 나라들

---

* Camere del Lavoro. 노동회관이라고도 한다.

과 마찬가지로 스페인의 CNT도 노동조합이야말로 혁명 기관이고 노동계급 해방의 수단이라고 주장해서 폭넓은 지지를 받았다.

아나키즘과 그 밖의 이데올로기적 요인들

마르크스주의는 독일 철학, 영국 정치경제학, 프랑스 사회주의가 결합된 것이었다면,[50] 신디컬리즘은 아나키즘의 부산물일 뿐이라는 전통적 견해는 지나친 단순화다. 물론 신디컬리즘과 아나키즘 사이에 직접적 연관이 있다는 것은 확실하다(특히, 스페인과 이탈리아 같은 상대적 후진국에서). 역사적으로 아나키즘의 이론과 실천은 1789년 프랑스 대혁명 후에 무엇이 잘못됐는가 하는 물음에 대한 급진적 대답으로 생겨났다. 아나키스트들은 노동 대중이 오랜 착취와 폭정을 끝장낼 기회를 붙잡았지만, 새로운 정치인 계급에게 배신당했다고 주장했다. 즉, 정치인들이 중앙집중적 국가권력을 재확립했고, 자신들의 권력을 유지하기 위해 폭력과 테러를 사용했다는 것이다. 아나키스트들의 주장인즉, 국가라는 제도가 만악의 근원이라는 것이었다. 프랑스의 아나키즘 선전가인 피에르 조제프 프루동은 [1840년에] 처음으로 '아나키스트'를 자처해서 '아나키즘의 아버지'로 널리 알려진 인물이다. 나중에 그는 1848년 혁명에 참여했고, 국회의원이 됐지만 일찌감치 의회에 환멸을 느꼈다. 대체로 프루동의 영향 아래서 유럽 사회주의자들의 유명하지만 불운한 연합 조직인 국제노동자협회(나중에 제1인터내셔널로 알려진)가 창설된 것은 그가 죽기 1년 전인 1864년이었다. 그 뒤 제1인터내셔널 안에서는 마르크스와 러시아 아나키스트 미하일 바쿠닌의 격렬한 충돌과 주도권 다툼이 계속되다가 결국 이론적·조직적 차이 때문에 8년 만에 제1인터내셔널은 붕괴했

고, 바쿠닌은 나중에 유럽 아나키즘 운동의 창시자가 됐다.[51]

마르크스와 바쿠닌의 이견에서 핵심 쟁점 두 가지는 국가를 통제하기 위한 정치투쟁에 참여해야 하는가 말아야 하는가, 인터내셔널은 중앙집중적 조직이어야 하는가 연방적 조직이어야 하는가 하는 것이었다. 그러나 이런 전술적 차이의 이면에는 훨씬 더 심각한 목표·개념의 차이가 있었다. 마르크스는 중앙집중적으로 조직된 독립적 노동자 정당을 통해 자본주의에 맞선 정치적 전투를 벌이는 것이 가장 필요하다고 확신했다. 그런 노동자 정당의 최종 목표는 국가권력을 장악하고 활용해서 사회주의로 이행하는 것이었다. 마르크스는 노동자 혁명과 완전한 공산주의의 실현 사이에는 '프롤레타리아 독재'라는 이행기가 필요하다고 주장했다. 그 기간에 노동계급은 반혁명의 위협에 맞서 스스로 무장하고 조직하는 노동자 국가를 수립해야 한다는 것이었다. 이 노동자 국가는 계급 적대 관계가 존속하는 동안에만 존재하다가 결국은 '시들어 없어질' 것이라고 마르크스는 생각했다.[52]

이와 달리 아나키스트들은 프롤레타리아가 '혁명적' 계급이라는 마르크스의 주장을 비판했다. 그들은 계급 착취는 억압의 한 형태일 뿐이라고 생각했으므로 농민과 도시 빈민을 비롯한 다양한 사회집단의 혁명적 잠재력을 강조했다. 아나키스트들은 피억압·피착취 대중에게 모든 형태의 정치투쟁을 삼가고, 오직 자신의 노력에만 의지하라고 촉구했다. 아나키스트들은 자발적 반란과 봉기 과정에서 국가는 폐지될 것이라고 믿었다. 결정적으로 그들은 자본주의의 힘과 국가의 힘은 대체로 동의어이며 따라서 대중은 국가권력을 사용해서는 스스로 해방될 수 없을 것이라고 주장했다. 대의제 의회든 독재 체제든 모든 정부는 자체의 엘리트 집단의 이익을 위해 봉사할 뿐이며 주민 다수의 자유를 거부했다. 이 점은 부르주아 국가든 노동자 국가든 마찬가지일 것이다. 진정한 혁명이라면 모든 형태의 국가권력과 자본주의 체제를 동시에 파괴해야 한다. 그와 더불어 연방주의적 행정제도, 자율적 코뮌들의 직접민주주의, 정부 없는 사회가 실현돼야 하고, 그런 사회에서는 생산자들의 조직이 공동체를 위해 모든 산업 생산을 통제할 것이다.[53]

이런 아나키즘 사상은 19세기에 프랑스의 급진적 프티부르주아지 일부에게 확실히 매력이 있었다. 그들은 신흥 자본가계급의 이익을 지켜주는 중앙집중적 국가와 대규모 자본주의의 발전에서 자신들이 소외돼 있다고 느꼈다. 그러나 여전히 산업 프롤레타리아보다는 독립 수공업자와 비슷한 견해를 가진 일부 노동자들도 아나키즘 사상에 매력을 느꼈다. 조직 규모가 작고 수공업자에 기반을 둔 분권적 노동 운동에서는 아나키즘의 영향을 받은 사회상, 즉 지역에 기반을 두고 지역별로 통제되는 생산자 사회가 희망 사항이 되기 십상이었다. 프랑스에서 새로운 노동계급 조직들이 발전하는 데는 프루동의 가르침이 한몫했다. 앞서 봤듯이, 이것은 두 가지 형태를 띠었다. 한편으로 개별 공장에서 노동자들은 생디카를 결성했고, 다른 한편으로 각 도시의 지역 노조들은 함께 모여 노동거래소를 설립했다. 이 운동은 급속히 확산됐고, 1892년에는 이미 프랑스의 많은 지역에서 활동하고 있던 노동거래소들이 힘을 합쳐 전국적 연맹을 건설했다. 1895년에 프루동과 매우 비슷한 아나키즘 학설을 옹호하던 페르낭 펠루티에가 전국노동거래소연맹의 사무총장에 임명됐는데, 노동거래소 운동을 강력한 세력으로 만들고 그 운동에 특정한 종류의 아나키즘 이상주의를 불어넣은 사람이 바로 펠루티에였다. 그의 목표는 노동거래소연맹을 노동자들의 산업 통제에 기초한 미래 사회의 맹아로 만들고, 그 과정에서 정부 형태를 갈아 치우는 것이었다. 그런 사상이 나중에 출현할 CGT의 주춧돌을 놓았다.[54]

이런 발전은 아나키스트들이 점차 노동조합을 잠재적 지지 기반으로 여기기 시작하면서 더욱 촉진됐다. 파리코뮌의 패배 이후 프랑스의 일부 아나키스트들은 민중 봉기를 부추기려고 '행동을 통한 선전' 전술(정치 지도자 암살과 부르주아지에 대한 테러 행위)을 채택했다. 그러나 1894년 프랑스 대통령 암살 미수 사건 뒤에 국가가 아나키즘 운동을 격렬하게 탄압하자 수많은 아나키스트 조직이 분쇄되고 신문이 폐간되고 지도자가 투옥됐다. 당시 파리에서 발행되던 가장 유명한 아나키즘 신문의 편집자 에밀 푸제는 런던으로 망명했는데, 그 망명 기간은 푸제의 사상에 중요한 영향을 미쳤다. 영국의 사회주의자들이 노동조합 활동과 1889~1890년의 '신노조' 운동에서 주도력을 발휘하며 성과를 내는 것에 깊은 감명을 받은 푸제는 프랑스 아나키스트들에게 노조로 들어가서 노조를 혁명화하라고 촉구했다.

많은 프랑스 아나키스트가 노조에 가입했고, 자신들의 사상을 확산시킬 새로운 가능성을 재빨리 발견했다. 푸제는 나중에 CGT의 사무부총장, CGT의 기관지 〈라 부아 뒤 푀플〉의 책임 편집자, 신디컬리즘 운동의 이론적 지도자가 됐다. 다른 아나키스트들도 CGT의 요직을 차지했는데, 조르주 이브토는 1901~1918년에 노동거래소 부문 사무총장을 지냈고, 폴 델레살은 1898~1908년에 노동거래소 부문 사무부총장을 지냈다. 이런 아나키스트들은 CGT 안에서 사회당과 정치 활동을 앞장서서 비판했고, CGT가 정당·선거·의회를 거부하고 노조의 직접행동을 지지하게 만들었다. 그들의 영향력이 절정에 달한 때는 1902~1908년이지만(그래도 조직 전체로 보면 그들은 항상 소수파였다), 1925년까지도 그들은 온건한 노조 지도부를 비판하는 중요한 소수파로 여전히 남아 있었다.

다른 나라에서도 노동운동 속으로 들어가는 아나키스트의 수가 점점 늘어났는데, 그들은 프랑스 아나키스트들보다 훨씬 더 큰 성공을 거뒀다. 이탈리아에서는 1860년대 말에 러시아 아나키스트인 바쿠닌이 이탈리아에 도착한 뒤 아나코신디컬리즘이 강력한 세력이 됐고 제1인터내셔널의 이탈리아 지부 300개 중 2개를 제외한 모든 지부의 지지를 받았다.[55] 바쿠닌 추종자들이 그렇게 많았던 이유는 그가 빈농의 지지를 받으려고 단호하게 노력했고(이제 막 떠오르는 사회주의 운동은 그런 노력을 하지 않았다) 농민도 거의 자발적으로 들고일어났기 때문이다. 그러나 아나키즘의 지지 기반은 주로 남부의 도시와 농촌이었고, 당시 급속하게 산업화하(면서 사회주의자들의 영향력이 커지고 있)던 북부의 도시들에서는 바쿠닌 추종자가 거의 드물었다.[56] 이탈리아 아나키즘의 공인된 지도자는 에리코 말라테스타였는데, 그는 노동조합의 혁명적 행동으로 '권위 없는 사회'를 건설하자고 주장해서 거의 전설적 인물이 됐다.[57] 아나키즘 사상 지지자들이 순식간에 크게 늘었고, 1912년에 사회당계 노동조합 연맹인 CGL에서 신디컬리스트들이 분열해 나와 USI를 설립하자 아나키스트들은 이 새 조직에 가입해 혁명의 토대를 구축할 기회를 붙잡기로 의견을 모았다. 1916년에 USI 안에서 반전 분파가 승리한 뒤 아나키스트 아르만도 보르기가 USI 지도부를 장악했고 아나키스트들은 기층에서 조직자로서 지도적 구실을 했다. USI는 노동계급의 단결에 대한 혁명적 헌신성 덕분에 후진적인 남부 농업지대의 무토지 노동자들 사이에서뿐 아니라 북부 도시의 일부 산업 노동자들 사이에서도 노동계급의 투쟁 의지를 포착할 수 있었다(사회주의 운동은 그러지 못했다).[58]

그러나 아나키즘과 신디컬리즘의 결합이 가장 철저하고 가장 성공적이었던 곳은 분명히 스페인이었다. 스페인은 오랫동안 세계에서 아나키스트가 가장 많고 가장 강력한 나라였다.[59] 1868년에 바쿠닌의 이탈리아인 제자 주세페 파넬리가 바르셀로나와 마드리드를 방문해서, 바쿠닌파 제1인터내셔널 지부들을 건설했다. 1877년 무렵에는 회원이 6만 명이었는데 주로 노동자 단체에서 활동하고 있었다. 아나키즘 운동은 비록 1874년에는 지하로 숨어야 했지만, 카탈루냐 지방의 공장 노동자들과 남부 지방의 무토지 노동자들 사이에서 계속 번성했는데, 그들은 자발적이고 폭력적인 무장봉기식 총파업과 농촌 반란에 참여했다. 아나키즘 사상과 투쟁 방법은 노동조합운동이 형성되는 결정적 시기에 스페인 노동자들의 다양한 전통(특히 지방자치와 독립을 요구하는 연방적 조직)과 잘 맞아떨어졌다. 당시 사회주의 운동은 상대적으로 매우 취약했고 스페인 고유의 마르크스주의 이론은 아직 발전하지 못한 상태였다. 프랑스와 마찬가지로 스페인에서도 아나키스트들은 지지자들에게 노조에 가입해서 노조 활동과 지도부에서 강력한 구실을 하도록 권장했다. "바로 이렇게 해서 노동조합과 '특정한 아나키스트 집단'(노조를 지도하는 세력) 사이의 긴밀한 연관이 생겨났다."[60]

1911년 CNT의 설립은* 혁명적 노동조합운동이라는 신디컬리즘의 원칙과 스페인의 더 전통적인 아나키즘 원칙, 즉 연방주의, 반성직주의, 반군국주의, 모든 정당·정부에 대한 강한 적대감을 결합했다. 그 결과가 아나코신디컬리즘이었고, 1927년 FAI가 결성되자 아나키스트들은 CNT에서 주도권을 잡기 시작했다(FAI는 스페인 내전 기간에 3만 명의 회원이 산하 동아리들로** 조직돼 있다고 주장했다). 데이비드 밀러는 다음과 같이 말했다. "우리는 스페인에서 소수의 의식적 아나키스트들이 혁명적 노선을 따라 대중적 노동조합운동을 이끄는

---

* CNT는 1910년 말 카탈루냐 지역 노조 연합체인 노동자연대 그룹의 2차 대회에서 창립이 결정됐고 이듬해에 CNT 창립 대회가 열렸다.

** 이 책의 431쪽 참조.

독특한 광경을 볼 수 있다. 독창적인 아나코신디컬리즘 전략이 결실을 맺은 것이다."[61] CNT는 제1차세계대전과 러시아 혁명 후에도 살아남은 유일한 대중적 신디컬리즘 조직이 됐고, 1931년 스페인 왕정이 무너지고 제2공화국이 수립되자 FAI 출신의 더 급진적인 아나키스트 투사들은 자신들도 지지했던 [민중전선] 정권에 반대하는 자유지상주의적·공산주의적 반란이 잇따르는 가운데 영향력이 급속히 커졌다. 1933년 무렵 아나코신디컬리스트들은 CNT를 사실상 통제하고 있었고, 그 뒤 스페인 내전 기간에는 결정적 시험을 치르게 된다. 1936년 그들은 카탈루냐와 아라곤의 농촌 지역뿐 아니라 바르셀로나와 발렌시아에서도 프랑코의 군사적 공격을 물리치는 데서 결정적 구실을 했다. 또 내전 초기 몇 달 동안 그들은 스페인 동부 지방을 사실상 통제했는데, 그곳에서 그들은 내전의 위기를 사회혁명을 실행할 기회로 여겼다. 카탈루냐에서는 공장과 철도를 노동자위원회들이 접수했고, 카탈루냐·레반테·안달루시아의 많은 농촌 마을에서는 농민이 토지를 점거하고 자치 공동체를 수립했다.

스페인과 이탈리아(와 정도는 덜하지만 프랑스)가 사회적·경제적으로 후진국이었기 때문에 독특한 아나코신디컬리즘 운동이 성공을 거둘 수 있었다는 흔한 설명은 각국 내부의 상당한 지역적 편차를 감안하면 매우 개략적으로만 맞는 말이다. 예컨대, 스페인에서 CNT의 대중적 기반은 산업이 더 발전한 카탈루냐의 소규모 섬유 공장에 집중된 노동자들뿐 아니라 안달루시아 농촌 지방의 대토지에서 일하는 무토지 일용 노동자 집단에서도 존재했다. 그러나 딕 기어리가 주장했듯이, 농촌 아나키즘은 단지 대토지에서 일하는 미숙련 노동자들의 전유물만은 아니었고, 카디스* 지방의 일부 소규모 생산자

---

* Cadiz. 스페인 남부 안달루시아 지방의 주.

들과 숙련 노동자들의 지지를 받기도 했다. 그에 반해서, 카탈루냐와 성격이 비슷했는데도 바스크 지방 기푸스코아 주의 소규모 산업 생산자들 사이에서 CNT는 지지받지 못했다.[62]

따라서 스페인 사회 내부의 또 다른 다양한 요인들(흔히 무시되는)을 살펴볼 필요가 있는데, 폴 헤이우드는 다음과 같은 요인들을 거론한 바 있다. 연방주의적인 스페인 국가의 구실, 무자비한 사용자들과 혹독한 노동환경, 수공업적이고 가족적인 업체들의 존속, 민주적 개혁의 실패에 대한 좌절감, 아나키즘 운동과 사회주의 운동 각각의 강점, 스페인 사회주의 운동의 전반적 발전 방향을 제시하지 못한 토착 마르크스주의 이론의 빈곤.[63] 이와 비슷한 구체적 고려 사항들은 이탈리아나 프랑스 같은 다른 상대적 후진국의 신디컬리즘 운동에 미친 아나키즘의 강력한 영향을 탐구할 때도 꼭 살펴봐야 한다.

이와 달리, 또 다른 후진국인 아일랜드에서 아나키즘은 사실상 영향력이 없었고, 경제적으로 훨씬 더 선진국이었고 정치적으로 보수적인 노동운동 조직들이 확립돼 있던 영국에서 아나키즘은 미미한 구실을 했다.[64] 미국 아나키스트들은 19세기 말 시카고 이민자들 사이에서 중요한 기반을 구축하는 데 성공했고, 하루 8시간 노동을 요구하는 운동에서 시카고의 대다수 조직 노동자들의 지지를 받은 중앙노조를 건설하는 데 기여했다. 그러나 [1886년 5월 4일 파업 노동자들에게 발포한 경찰의 만행에] 항의하는 집회에서 폭탄이 터져 경찰관 7명이 사망한 이후 강력한 탄압 때문에 아나키스트들의 영향력은 주변화했다. 러시아 이민자인 엠마 골드만과 알렉산더 버크만처럼 활발한 개성의 몇몇 사람 덕분에 아나키즘 학설이 계속 세간의 주목을 받긴 했으나 1905년 이후 노동자 조직에 관심이 있는 아나키스트들은 흔히 IWW에 가입했다. 예컨대, 이탈리아 이민자인 카를로 트레스카가 그랬다.

그러나 혁명적 신디컬리즘의 발전이 아나키즘 사상·조직과 직접적 연관이 있었다 하더라도, 혁명적 신디컬리즘은 결코 아나키즘의 발명품이 아니었다. 따라서 둘을 뒤섞지 않는 것이 중요하다. 프랑스와 관련해서 이브토는 다음과 같이 주장했다.

나는 신디컬리즘과 아나키즘을 혼동한다고 비난받는다. 아나키즘과 신디컬리즘이 똑같은 목표를 염두에 두고 있다면 그것은 내 잘못이 아니다. 아나키즘은 개인의 완전한 해방을 추구하고 신디컬리즘은 노동자의 완전한 해방을 추구한다. 나는 신디컬리즘의 모든 것을 아나키즘에서 발견한다. 우리가 신디컬리즘의 이론은 놔두고 그 방법을 연구해 보면, 그것이 아나키즘의 방법과 똑같다는 것을 발견하게 된다.[65]

그러나 아나키스트들은 대체로 신디컬리즘의 방법에 열광하는 정도가 서로 달랐다. 그래서 1907년 암스테르담에서 열린 국제 아나키즘 대회에서는 신디컬리즘이 광범하고 적극적인 주목을 받았고 프랑스 CGT의 청년 투사인 피에르 모나트가 앞장서서 신디컬리즘의 원칙들을 옹호했지만, 이탈리아의 아나키스트이자 무장봉기 지도자인 에리코 말라테스타는 신디컬리즘의 원칙들이 충분히 '혁명적'이지 않다고 비판했다.[66] 더욱이 아나키스트들이 여러 나라에서 [신디컬리즘에] 영향을 미쳤다는 사실에도 불구하고 신디컬리즘 철학의 핵심이 명확하게 아나키즘적 성격을 띤 것도 아니었다. 앞서 봤듯이, 신디컬리즘이 아나키즘 사상과 특정한 유사성이 있는 것은 사실이다. 특히 정치 조직과 정치 활동에 대한 적대감, 연방주의와 분권화라는 원칙이 그렇다. 그러나 신디컬리즘과 아나키즘 사이의 연관을 과장해서는 안 된다. 프루동은 계급 전쟁을 옹호하지도 않았고 실제로 노동계급을 헌신적으로 지지한 적도 없었다. 그는 심지어 노동조합에 반대하기까지 했다. 고전적 아나키스트들은 농민, 룸펜프롤레타리아, 프티부르주아 집단에서 혁명운동의 사회적 기반을 찾았지만, 신디컬리스트들은 작업장과 생산 현장 **노동계급** 대중의 집단행동에 의지해 사회를 변화시키려 했다. 신디컬리스트들은 노동조합을 변화시켜서 부르주아지에 대항하는 프롤레타리아의 혁명적 투쟁 도구로 만들고 그 과정에서 코뮌이 아니라 노동조합을 미래 사회질서의 기본단위로 만들어야 한다고 생각했다.

이탈리아 아나키스트들은 노동조합을 지향하는 정도가 신디컬리스트들보다 훨씬 덜했다. 아나키스트들은 노동운동 엘리트의 형성을 막고, (경제 파업이 아니라) 정치 파업을 고무하고, 혁명적 무장봉기를 옹호해야 한다고 강조했다. 그와 달리, 신디컬리스트들은 사회혁명을 실행할 더 분명한 노동조합 조직을 원했고, 실현 가능한 새로운 사회질서는 오랫동안 산업이 발전하고 프롤레타리아가 성숙하게 되는 점진적 과정을 거쳐 자발적 총파업으로 이탈리아 체제가 전복된 뒤에야 건설될 수 있을 것이라고 생각했다.[67]

또 아나키스트들의 영향은 제한적이었고 결코 획일적이지도 않았다. 예컨대, 프랑스 CGT의 신디컬리스트 지도자들이 모두 아나키스트였던 것은 아니다. 전쟁 전에 일부 신디컬리스트 지도자들은 당장 성과를 얻기 위한 단체교섭에 집중하는 방식의 노동조합운동을 여전히 지지했지만, (1901~1909년에 CGT 사무총장을 지낸) 빅토르 그리퓌엘 같은 사람들은 사회 이론과 무관하게 직접행동 자체를 신봉했다. 그리고 전후에 온건파 지도부가 CGT를 이끌었을 때 CGT의 혁명적 분파 안에서는 '순수한' 신디컬리스트들과 아나코신디컬리스트들 사이에 심각한 긴장이 나타났다.

스페인에서도 확실한 혁명적 신디컬리스트 집단과 아나코신디컬리스트 집단 사이에 상시적 긴장이 있었다. 1907년 CNT의 전신인 〈솔리다리다드 오브레라〉 그룹 창립 당시 이른바 독립적인 혁명적 신디컬리즘 입장이 채택됐는데, 그 입장은 1917년까지 유지됐다. 그러나 경제·정치 위기, 유럽의 혁명적 투쟁 물결, 러시아 혁명의 영향, 스페인 국내의 대규모 산업 투쟁 속에서 아나코신디컬리스트들이 CNT의 통제권을 장악하는 데 성공했다. 1924년 CNT가 불법 단체로 규정된 뒤 더 온건한 신디컬리스트들이 노조 지도부를 차지했다. 그러나 1927년 FAI가 결성된 후 1931년 제2공화국이 수립되고 뒤이어 계급 투쟁이 부활하자 아나키스트들은 다시 전면에 떠오를 수 있었다. 그 뒤 신디컬리스트들과 더 급진적인 아나코신디컬리스트들 사이에 분열이 일어났다(일부 신디컬리스트들은 CNT에서 축출되거나 CNT를 떠나서 1932~1933년에 '반대파 노조와 자유 신디컬리스트 연맹'을 결성했고, 아나코신디컬리스트들은 FAI에 소속된 채 CNT의 공식 기구를 통제했다). 마지막으로 1936년 5월 스페인 내전이 시작되자 모든 신디컬리스트 그룹은 주로 아나키스트들의 영향력 아래 다시 하나로 뭉쳤다.

아나키스트들과 신디컬리스트들 사이의 이런 분열은 이탈리아에서도 나타났다. 그래서 "1916년 이후 아나키스트들이 USI를 지배하게 됐을 때조차도 USI는 결코 아나키즘 조직이 되지 못했다."[68] 미국에서는 IWW의 일부 지도자들이 아나키즘 사상의 영향을 받았지만, '정치적 사회주의자'가 너무 많아서 IWW는 진정한 '자유지상주의' 조직이 될 수 없었고 '단일 거대 노조'라는 IWW의 핵심 사상은 아나키스트들이 열렬히 지지한 지역주의·분권화 사상과 근본적으로 달랐다.

사실 신디컬리즘은 항상 적어도 세 가지 핵심 이데올로기가 결합된 것이었다. 첫째는 아나키즘이다. 신디컬리즘은 연방주의·분권화·직접행동·사보타주 개념뿐 아니라 반국가·반정치 활동과 반군국주의 사상도 아나키즘에서 가져왔다. 둘째, **마르크스주의**도 신디컬리즘에 큰 영향을 미쳤다. 예컨대, 미국 IWW의 많은 지도자는 마르크스주의 이론을 잘 알거나 지지했고 마르크스주의 사상을 옹호하는 사회주의 정당의 당원이기도 했다. 예컨대, 대니얼 디 리언(사회주의노동당), 유진 데브스와 빌 헤이우드(사회당) 등이 그랬다. 심지어 '직접행동주의자'인 빈센트 세인트 존, 윌리엄 트라우트만, 토머스 해거티 신부도 마르크스주의 경제 이론을 지지했다.[69] 이 점은 아일랜드도 마찬가지여서, 짐 라킨과 제임스 코널리는 모두 이런저런 노동자 정당이나 사회주의 정당에 관여했다. 신디컬리즘의 영향을 받은 영국의 전시 직장위원회 운동 지도자들 중에도 그런 사람이 많았다. 마찬가지로 프랑스 CGT와 이탈리아 USI도 급진적 노조 활동가들과 함께 혁명적 사회주의자들이 적극 참여해서 건설한 조직이었다.[70]

이와 같이 모든 나라에서 신디컬리즘 운동의 많은 지도자는 마르크스주의 전통의 일부 핵심 요소들을 (산만한 형태로나마) 물려받았다. 예컨대, 국가를 자본가계급의 지배 도구로 보는 견해뿐 아니라, (주로 파업으로 표현되는) 계급투쟁은 자본주의에 대항하는 노동자들의 자신감·조직·계급의식을 발전시킬 집단적 저항 수단으로서 필요하고 바람직하다는 생각, 사회 전체를 해방할 수 있는 혁명의 주체는 오직 노동계급뿐이라는 관점, 사회주의는 노동자들이 스스로 권력을 장악할 필요성에서 비롯하는 것이지 노동자들을 대신해 자본주의를 개혁할 의회 지도자나 노조 지도자의 계몽된 행동에 의지해서는 안 된다는 견해 등도 물려받았다. 또 신디컬리즘 운동의 많은 지도자는 마르크스주의 관점에서 자본주의 사회를 경제적·유물론적으로 분석한 것도 받아들였는데, 잉여가치 추출에 바탕을 둔 노동 착취 이론이나 되풀이되는 경제 위기에 관한 이론 등이 그런 사례였다.

셋째, 신디컬리즘은 혁명적 노동조합운동 사상의 영향도 받았는데, 이것은 노동조합이 단지 자본주의 사회의 틀 안에서 노동자들의 임금과 노동조건을 개선하려고만 할 것이 아니라 자본주의를 전복하고 새 사회를 건설하기 위한 수단이 되려고도 해야 한다는 생각이었다. 예컨대, 노동기사단이 남긴 유산이 있었다. 노동기사단은 미국의 산업화 이후 등장한 최초의 전국적 노동단체로 1886년에 회원이 70만여 명까지 늘어났다. 단체교섭을 거의 강조하지 않고 모종의 혁명적 노동조합운동에 헌신한 노동기사단은 산업별 조직을 건설하려고 애쓴 최초의 노동조합이었다.[71] 그리고 IWW가 받아들인 산별노조 운동론(자본주의 국가를 전복하고 그 대신 산별노조를 기반으로 산업을 관리해야 한다는 주장)을 사실상 정식화한 사람은 바로 사회주의 노동당 지도자 대니얼 디 리언이었다.

영국에서는 1830년대에 노동계급 전체를 대변하는 대규모 단일 노조를 건설하려 했던 전국노동조합대연합이 남긴 유산이 있었다. 공상적 사회주의자 로버트 오언은 전국노동조합대연합을 전국 동시 대휴일(총파업)을 조직할 수단으로 홍보했다. 총파업으로 자본가들을 압박해서 생산수단의 소유자·감독이라는 지위를 스스로 포기하게 만들고 새로운 사회주의 사회를 건설하겠다는 것이었다. 또 차티스트운동의 유산도 있었다. 남성 보통선거권을 요구한 차티스트운동의 의회 밖 선동은 1842년의 성공하지 못한 총파업 시도에서 잠시나마 투쟁적 노동조합운동과 결합됐다.[72] 마찬가지로, 다른 나라들에서도 독립적 노동조합운동을 확립하려는 오랜 투쟁 전통이 있었다. 이런 독립적 노동조합운동은 각국에서 총파업이 널리 사용된 것과 자연스럽게 맞물려 혁명적 노동조합에 대한 염원을 고취하는 데 일조했다.

다시 말해, 신디컬리즘은 서로 다른 이 세 이데올로기의 종합이었다(종합의 양상은 나라마다 달랐지만). 더욱이 각국의 신디컬리즘 운동에 영향을 미친 일국적 이데올로기 요인들이 더 있었다는 것도 명

심해야 한다. 예컨대, 혁명적 전통이 풍부한 프랑스 노동운동에서는 신디컬리즘 말고도 프루동주의·바쿠닌주의·블랑키주의·마르크스주의·알망주의* 같은 다양한 혁명적 이데올로기 경향이 나타났다. 이런 이데올로기 경향들은 나중에 CGT를 결성한 집단들 사이에 이렇게 저렇게 반영됐다.[73] 아일랜드의 '라킨주의'(사용자들은 짐 라킨의 ITGWU를 그렇게 불렀다)에서도 매우 다양한 요소들, 즉 신디컬리즘, 산별노조 운동, 노동당 노선, 사회주의, 아일랜드 민족주의, 가톨릭주의와 "가장 중요한 노동계급의 연대 원칙"이 맞물려 있었다.[74] 이탈리아 신디컬리즘은 더 광범한 자유지상주의 느낌이 나는 '제2문화' 속에서 번창했는데, 이것은 "지역주의, 반국가주의, 반성직주의, 공화주의, 노동자주의와 결합된 다양한 문화적 실천과 조직적 활동"이었다.[75] 사실 가톨릭 국가인 이탈리아와 스페인처럼 종교 전통이 강력한 나라들에서 아나키즘이 번창할 수 있었던 이유 하나는 이미 존재하는 반성직주의 정서를 분명히 표현하는 데 아나키즘이 도움이 됐기 때문이다. 농촌의 급진주의는 지주와 지주의 보호자들, 즉 왕정과 특히 가톨릭교회를 표적으로 삼는 경향이 있었던 것이다.[76]

따라서 아나키즘, 마르크스주의, 노동조합주의의 핵심 요소들 말고도 일국적 조건에서 비롯한 다양한 이데올로기 요인들이 각국의 신디컬리즘 운동에 영향을 미쳤다. 의미심장하게도 이런 이데올로기 요인들은 대부분 공통의 기원이 있다. 다시 말해, 모두 한가족이라는 것이다. 아나키즘이나 마르크스주의와 관련해서 데이비드 굿웨이

---

* 장 알망Jean Allemane은 프루동을 지지하는 투사로 파리코뮌에 참여했다가 7년간 유배 생활을 한 후 프랑스 노동자당과 사회주의노동자연맹FTSF 창립을 주도했고 1901년 국회의원으로 선출되고 나서 사회당 공동 창립자가 됐다. 제1차세계대전 때는 자국의 전쟁 노력을 지지했고, 전후에는 러시아 혁명을 지지하며 사회당의 코민테른 가입에 찬성했으나 공산당에 합류하지는 않았다.

가 지적했듯이, 그런 혁명적 사상들은 순전히 인간의 머릿속에서 나온 것만은 아니었다. 오히려 그것들은 노동계급 운동이 계급투쟁을 통해 얻은 경험을 반영했다. 즉, "똑같은 프롤레타리아의 샘물을 마셨고" 신생 노동계급의 압력을 받아 스스로 동일한 최종 목표를 설정했는데, 사회를 혁명적으로 전복하고 사회의 부를 노동자들 자신의 손에 맡기는 것이 그 최종 목표였다.[77] 사실 신디컬리즘이 널리 받아들여진 원인은 신디컬리즘과 더 광범한 물질적 요인들 그리고 노동계급 투쟁과 의식에 반영된 그런 물질적 요인들 사이의 관계에 있었다. 다시 말해, 이데올로기적 요인들은 신디컬리즘 운동 전체를 자극한 유일한 추진력이 아니었던 것이다. 분명히 이데올로기는 신디컬리즘 운동에 일관성을 부여하는 데 기여했고, 파업이나 사보타주, 국가의 본질, 노조의 혁명적 구실, 노동자 통제 등에 관한 다양한 사상들은 신디컬리즘 운동의 언어를 제공하는 데 일조했다. 그러나 이런 혁명적 사상에 비옥한 토양과 대중적 기반을 제공해서 대규모 청중을 확보할 수 있게 해 준 것은 바로 노동자들의 물질적 조건이 공격받는 상황에서 노동자들이 벌인 실제 투쟁이었던 것이다.

노동자 투쟁의 수준과 정치적 급진화

고려해야 할 또 다른 요인은 20세기 초에 일반적으로 노동자 투쟁이 분출하고 정치적 급진화가 확산됐다는 사실이다. 1910~1920년에는 국제적으로 파업 투쟁이 엄청나게 분출했는데, 이런 흐름은 제1차세계대전으로 중단됐지만 잠시 늦춰졌을 뿐 오히려 더 강력하게 되살아났고 러시아 혁명은 이런 흐름을 더욱 촉진했다. 장기적 파업 양상을 연구한 에르네스토 스크레판티는 당시를 엄청난 격변기로 보는 데, 그때와 견줄 만한 국제적 파업 물결의 고양기는 1869~1875년과 1968~1974년의 시기뿐이라고 한다.[78] 그런 파업 투쟁은 흔히 임금 인상, 노동시간 단축, 노조 인정 요구 때문에 일어났지만, 점차 더 정치적 투쟁으로 변모해서 제1차세계대전 직후에는 노동자 통제와 사회질서 변화가 흔한 요구로 등장했다. 새로운 운동가들은 기성 사회주의 정당(의회 개혁주의를 지향하는)이나 노조 지도자들(사용자와의 협상 타결에 집착하는)과는 다른 노선을 따라 조직하기 시작했다. 이렇게 널리 퍼진 급진주의가 과연 어느 정도나 신디컬리스트들 자신의 사상과 실천 활동에서 직접 영향을 받았는지는 다음 절에서 살펴보겠다. 그러나 분명한 사실은 산업·정치 투쟁의 물결이 국제 신디컬리즘 운동의 성장뿐 아니라 출현에도 직접 영향을 미쳤다는 것이다.

이런 국제적 파업 물결의 시기와 양상은 분명히 나라마다 차이가 있었지만[79] 그 특징은 각 나라를 잠깐만 살펴봐도 분명히 알 수 있다. 영국에서는 1910~1914년에 노동자 투쟁이 크게 고양됐는데(이른바 '노동자 대투쟁*'), 1911년에는 항만 노동자, 선원, 철도 노동자가, 1912년에는 광원들이 온 나라를 뒤흔든 파업을 벌였고 다른 많은 산업으로 파업 물결이 번지면서 흔히 노조로 조직되지 않은 미숙련 노동자들도 투쟁에 나섰다. 결국 이 전례 없는 산업 투쟁 시기는 곧바로 노동조합원 수의 급증으로 이어졌다. 1910년에 약 250만 명이었던 전체 조합원 수는 1914년에 400만 명 이상으로 늘어났다. 파업이 벌어지면 흔히 경찰과 군대가 개입했기 때문에 폭력 사태가 빈번하게 일어나서 몇 명이 죽고 많은 사람이 부상당했다. 자본가들의 권위를 위협한 가장 심각한 도전은 1911년 톰 만이 이끈 리버풀 운수 파업이었다. 당시 대규모 피케팅 대열이 조직됐고 파업위원회가 도시의

---

* Labour Unrest. 노동 불안(기)라고도 한다.

교통 체계를 통제해서 우유와 빵 같은 필수품의 운송 허가증을 발급하는 등 대안적 계급 권력기관 구실을 하기 시작했다. 비록 생활비 상승이나 물가를 따라잡지 못하는 임금 등이 파업의 주된 원인이었지만, 노조 인정이 핵심 요구나 중요한 요구로 제기된 파업도 많았고 상당수 파업은 중앙의 노조 간부들이 사용자와 맺은 협약을 거부하는 현장조합원들의 반란이었다. 비록 제1차세계대전이 터지면서 파업 투쟁은 소강상태로 접어들었지만, 금속 부문에서 강력한 직장위원회·노동자위원회 운동이 등장했고, 전쟁이 끝난 직후에는 노동자들의 산업·정치 투쟁이 다시 분출해서 국유화와 노동자 통제 요구 등이 널리 퍼졌다.

아일랜드에서는 영국의 노동자 대투쟁과 맞물려 산업 투쟁 수준이 고양되더니 1913년에 5개월간의 더블린 파업과 직장 폐쇄에서 절정에 달했다. 놀랍게도 ITGWU는 (1916년 아일랜드 공화주의자들의 부활절 봉기가 실패하고 제임스 코널리가 영국군에 총살당하는 등) 투쟁이 패배한 뒤 쇠퇴했다가 1917~1923년에 다시 급성장했다. 임금 인상을 요구하는 거대한 파업 운동 속에서 동조 투쟁이 확산된 덕분이었다. 최대의 항의 운동은 1919년 1월에 일어났는데, 벨파스트의 금속·조선 노동자 3만 명이 노동시간 단축을 요구하며 비공인 파업을 벌였고 투쟁은 곧 다른 산업들로 확산됐다. 전력 공급을 통제한 덕분에 합동 파업위원회는 어느 정도 권위를 누리게 됐고 (피케팅하는 노동자들의 강요로 [식량 판매] 허가제가 확립된 후) 기자들은 '벨파스트 소비에트'를 다룬 기사를 썼다. 또 당시 투쟁의 특징은 지역 수준의 총파업이었다. 예컨대, 1919년에 던가반에서 총파업이 벌어져 지역의 상업이 마비되고 ITGWU가 무역을 통제했다. 주요 전투는 1920년에 벌어졌다. 영국 정부가 베이컨과 버터의 가격 제한을 철폐하려 하자 리머릭의 유제품 제조 공장 13군데를 비롯해 많은 작업장에서 점거 투쟁이 벌어진 것이다.[80] 1916년에 10만 명이 채 안 됐던 노동조합원 수도 1920년에는 22만 5000명으로 급증했다.[81]

1909~1922년에 미국 노동운동 역사상 가장 유명하고 격렬한 노동자 투쟁이 광산·철강·섬유·철도 산업과 임업·농업 같은 부문에서 벌어졌다.[82] 그런 투쟁성은 대다수 다른 나라들과 달리 제1차세계대전 기간에도 유지됐고 1916~1922년에는 해마다 100만 명이 넘는 노동자가 파업 투쟁에 참가했다. 1917년 9월부터 1918년 4월 사이에는 5개 도시에서 시 전체 수준의 파업이 벌어졌고, 1919년에는 400만 명이 넘는 노동자가 파업을 벌였는데, 이것은 한 해 파업 참가자 수로는 최대 규모였고 전체 노동자의 20퍼센트라는 믿기 힘든 수치였다. 1915~1920년에는 노동조합원 수도 갑절로 늘어나서 약 500만 명이나 됐는데, 그중에는 흔히 AFL 지도자들이 조직할 수 없다고 여겨 포기해 버린 미숙련·이민 노동자도 많았다.[83] 그러나 노동운동가들의 상상력을 사로잡은 것은 운동의 규모만이 아니었다. 운동의 경제적·사회적 폭도 그들을 자극했다. 노동자 투쟁의 주된 원인은 높은 생활비, 형편없는 노동조건, 노동조합의 부재 등이었지만, 전후의 많은 노동자는 새로운 급진적 사상 조류들에 고무돼서 노동조합을 자본주의 체제 내의 협상 기구라기보다는 근본적 사회 변화의 주요 도구로 여기게 됐다.

프랑스에서는 많은 노동자가 1899년 6월 사회주의자 밀랑의 상무장관 입각을 환영하며 엄청난 지지를 보냈다. 밀랑의 입각은 작업장의 '공화국화'를 위한 정부 조처들이 시작되는 신호탄이라고 봤기 때문이다. 1898~1900년에 노동자들은 사상 최대의 파업 물결을 일으키기 시작했다.[84] 1906~1910년에는 '밀랑식 정치'에 대한 환멸이 급속하게 퍼지면서 또 다른 전국적 파업 물결이 일었다. 1906년 메이데이에는 8시간 노동제를 요구하는 24시간 파업에 15만 명이 넘는 노동자가 참가했고, 정부가 파업 지역에 군대를 투입하고 CGT 지도자들을 체포하자 노동자들과 국가가 공공연하게 충돌했다.[85] 그 뒤 몇 달 동안 됭케르크·마자메·부아롱·르아브르에서 시 전체 수준의 파업이 벌어졌고, 마르세유에서는 두 번이나 총파업이 벌어졌으며, 1909년에는 우편·전신 산업에서 그리고 1910년에는 철도에서 중대한 파업들이 벌어졌다.[86] 비록 많은 파업이 임금 문제에서 비롯했지만, 공장 노동을 더 엄격하게 통제하는 조처들이 도입되고 작업 속도가 더 빨라지면서 노동시간도 새롭게 중요한 쟁점으로 떠올랐다.[87]

전후의 투쟁 물결은 전례 없이 높아서 1919~1920년의 파업 수준은 1906~1910년의 최고점을 뛰어넘었다. 가장 중요한 파업으로는 1917년 5~6월 파리 금속 노동자 파업과 1920년 2월과 5월 철도 노동자들의 두 차례 전국적 파업(둘 다 CGT가 이끌었다) 등을 꼽을 수 있다.[88] 전체 노동조합원 수도 1900년 50만 명에서 1920년 중반 거의 200만 명으로 급증했다.[89] 다른 나라와 마찬가지로 프랑스에서도 중요한 것은 단지 파업 투쟁의 수준이 아니라 투쟁의 일반적 분위기였다. 확실히 1919~1920년의 파업들은 일자리와 구매력을 지키는 데서 그치지 않고 노동자들이 산업을 통제하고자 하는 혁명적 수준까지 나아갔는데, 볼셰비키 혁명의 충격이 이런 정서를 상당히 고무했다.

마지막으로 이탈리아와 스페인에서는 다른 나라들과 견줄 만한 높은 수준의 산업 투쟁뿐 아니라 무장봉기에 가까운 운동들도 있었다. 1914년 이탈리아 안코나에서는 노동자와 경찰이 충돌한 유혈 폭력 사태('붉은 주간')가 있었다. 그러자 총파업이 벌어져 노동자 100만 명이 적어도 이틀 동안 전국의 주요 도시를 거의 모두 마비시킨 민중 봉기에 참가하고 여기서 USI가 중요한 구실을 했다. 1915년 5월 이탈리아가 제1차세계대전에 참전하자 이에 항의하는 이틀 총파업이 벌어져서 노동자와 경찰의 유혈 충돌이 잇따랐고, 1917년 8월에는 빵 공급 실패, 전쟁에 대한 불만, 러시아 2월 혁명의 자극이 겹쳐 토리노에서 총파업과 자발적 무장봉기가 일어났다. 나흘간의 봉기 때 아나키스트들과 신디컬리스트들이 노동계급 거주 지구에 바리케이드를 구축해서 방어를 조직하자 정부는 기관총과 탱크를 동원한 뒤에야 겨우 봉기를 진압할 수 있었다. 그렇지만 전쟁 때문에 경제적 긴장이 지속되고 러시아 10월 혁명이 성공하자 강력한 노동자 투쟁과 운동은 1919~1920년에 더 격렬해졌다. 이른바 비엔뇨 로소('붉은 2년') 시기에 이탈리아 전역에서 일어난 엄청난 파업과 토지 점거 물결은 1920년의 혁명적 공장점거 운동에서 절정에 달했다. 산업 중심지인 밀라노와 토리노에서 시작돼 전국으로 확산된 이 반란에는 노동자 100만 명이 참가했는데, 그중에 다수는 볼셰비키 러시아의 소비에트와 비슷한 노동자 평의회로 조직됐다. 여기서도 USI는 중요한 구실을 했다.[90]

스페인에서도 무장봉기에 가까운 저항들이 있었다. 1902년에 안달루시아 지방의 무토지 노동자 4000명이 헤레스 시를 장악했고, 1909년에는 바르셀로나에서 공업·농업 노동자들이 총파업을 벌이며 봉기해서 일주일 동안 가톨릭교회를 공격하는 폭력 사태가 잇따랐다. 1916년과 1917년에는 CNT가 사회당 계열 노조인 UGT와 힘을 합쳐 두 차례 총파업을 벌였는데, 처음에는 물가 인상에 항의하는 파업이었고 두 번째는 카탈루냐 지방의 근본적 체제 변화를 추구한 파업이었다. 두 차례 총파업은 모두 다른 많은 지방으로 확산됐다. 대토지에 고용된 일용 노동자들이 많았던 스페인 남부에서는 1918~1920년의 기간을 트리에니오 볼체비스타('볼셰비키 3년')라고 부를 정도였다. 러시아에서 볼셰비키가 빈농에게 토지를 나눠 주고 있다는 소식에 고무된 파업과 투쟁 물결이 고조돼 '볼셰비키식 공화국'이 몇몇 도시에서 선포됐다. 발렌시아에서는 일주일 동안 파업이 벌어졌을 때 노동자들이 거리 이름을 '레닌 거리', '소비에트 거리', '10월 혁명 거리' 등으로 바꿔 불렀고, 마드리드에서는 식량 폭동이 확산되면서 상점 200군데가 약탈당했다. 1919년에는 노동자들이 바르셀로나의 전기를 대부분 공급하는 카나디엔세 공장을 점거해서 대중교통을 마비시키고 도시를 어둠 속에 빠뜨렸다. 바르셀로나 시의 섬유 공장 약 70퍼센트가 파업에 들어갔고, 가스와 물을 공급하는 노동자들도 파업을 벌였으며, 인쇄공 노조는 '붉은 검열'을 실시했다.

1920년대 초 스페인 사용자들의 반격과 1923년의 군사 쿠데타 때문에 투쟁은 급격히 사그라졌다. 그러나 1931년 제2공화국이 출범하면서 체제에 대항하는 계급투쟁과 자유지상주의적·공산주의적 반란이 다시 분출했다. 1934년에는 북부 아스투리아스 지방에서 광원들이 파업을 벌이자 다른 노동자들이 이를 지지했고, '무장한' 노동자 1만 5000명이 들고일어나 결국 노동자들이 그 지역을 접수했다. 1936년 2월 민중전선 정부가 선출되자 대규모 파업 물결이 일면서 토지 점거가 확산됐고 남부의 농촌 지방은 거의 혁명적 상황으로 치달았다. 그리고 1936년 7월 프랑코의 군사 쿠데타 후 공화파 지역에서 권력은 사실상 노동자들의 수중에 있었는데, 수많은 도시와 마을에서 노동자들이 다양한 혁명적 위원회를 수립할 때 흔히 CNT가 결정적 구실을 했다.[91]

물론 이런 산업·정치 투쟁이 국제적으로 분출하게 된 다양한 물질적·사회적 요인이 부분적으로는 신디컬리즘과 관계있다고 하더라도 그것이 반드시 대중이 신디컬리즘 이데올로기를 지지했다는 증거는 아니다. 그렇지만 마르셀 판데르린던과 웨인 소프가 주장했듯이 "신디컬리즘 태도와 조직의 확산이 이런 노동자 투쟁의 분출과 똑같은 것은 결코 아니지만(노동자 투쟁이 표출되는 형태는 다양했다) … 신디컬리즘의 확산은 노동자 투쟁의 분출과 따로 떼어 놓고 설명할 수 없다. 확실히 그것은 노동자 투쟁의 가장 독특한 표현 형태 중 하나였다."[92] 파업 투쟁의 분출은 적어도 두 측면에서 중요했던 듯하다.

첫째, 그것은 (다른 경제적·사회적·정치적 요인들과 함께) 신디컬리즘 운동의 출현을 촉진하는 급진적 상황을 제공했다. 미국의 사태 전개는 국제적으로 신디컬리즘 운동이 출현하고 확산하는 과정의 축소판이라 할 수 있다. 그래서 1913년 노동경제학자이자 역사가인 루이스 러빈은 신디컬리즘을 "미국의 생활 조건에서 생겨난" 것으로 설명했다.[93] 즉, 20세기 초의 격렬한 산업 투쟁이 사용자·사회·국가에 대한 일부 미국 노동자들의 태도에 심대한 영향을 미쳤다는 것이다. 비록 초기 IWW 조합원들이 혁명적 문헌을 읽은 것은 사실이지만, 그들을 정치적으로 급진화시키고 연대, 산별노조 운동, 신디컬리즘에 대한 신념을 고무한 것은 주로 유혈 낭자한 산업 전쟁 경험(흔히 사용자들을 대신해서 개입하는 정부·경찰·군대와 싸워야 했던)이었다. 이런 폭력적 충돌을 보면서 (특히 서부 지방의) 상당히 많은 노동자들은 기존 사회질서를 격렬하게 반대하게 됐고 자신들의 곤경에 대한 설명과 해결책을 모두 신디컬리즘 이론·조직·활동에서 발견했다.[94] 다른 나라들도 이와 비슷한 과정을 겪었다.

둘째, 산업·정치 투쟁의 물결은 그 뒤 각국에서 신디컬리즘의 매력을 강화해서, 운동을 지탱하고 확대할 수 있는 큰 힘이 됐다. 예컨대, 조지프 화이트가 말했듯이 영국에서 1910~1914년에 '노동자 대투쟁'이 벌어진 것은 신디컬리즘 이론의 확산보다는 물질적 조건 때문이었다고 하더라도 "투쟁의 범위와 규모가 워낙 대단하다 보니 신디컬리즘이 명성과 악명을 얻게 됐을 뿐 아니라(그 정도로 대단하지 않았다면 신디컬리즘이 유명해질 수 없었을 것이다) 신디컬리즘 사상이 확산되고 신디컬리스트들이 주요 파업의 지도부가 될 수도 있었다."[95] 그 과정에서 본보기의 힘은 중요했다. 파업이 성공하자 전에는 분명히 순종적이었던 노동자들 사이에서 집단적·투쟁적 행동에 대한 자신감이 증대했다. 당시 [노동자 투쟁에] 적대적이었던 한 관찰자는 다음과 같이 썼다. "영국의 노동자 대중은 사회주의자도 아니고 신디컬리스트도 아니다. 그러나 사회주의와 신디컬리즘의 방법대로 하면 커다란 양보를 쟁취할 수 있다는 것이 입증되면서 그들은 사회주의와 신디컬리즘으로 전향하고 있다."[96]

더욱이 유럽에서 잇따라 일어난 총파업, 즉 벨기에(1893, 1902), 스웨덴(1902, 1909), 네덜란드(1903), 러시아(1905), 프랑스(1906), 이탈리아(1904, 1914, 1915, 1920), 스페인(1909, 1911, 1916), 아일랜드(1918, 1920), 그리고 도시 전체 수준에서 일어난 수많은 총파업, 즉 리버풀(1911), 더블린(1913~1914), 토리노(1917), 바르셀로나(1917, 1919)는 노동운동 안에서 대중파업에 관한 논쟁을 활성화하는 데 일조했고, 의회정치보다 총파업을 선호한 신디컬리스트들의 주장을 뒷받침해 줬다. 신디컬리즘은 당시 노동계급 급진화의 유일한 수혜자도 아니었고, 확실히 1919년 이후 볼셰비즘의 성장은 결국 신디컬리즘의 매력을 약화시킨 중요한 요인이었다. 그렇지만 그런 급진화, 특히 제1차세계대전 이전 시기의 급진화는 국제 신디컬리즘 운동의 토대를 놓는 데 기여했다.

신디컬리스트들의 의식적·조직적 개입

국제 신디컬리즘 운동의 성장에 기여한 또 다른 요인은 신디컬리스트들 자신의 이데올로기적·조직적 개입이었다. E P 톰슨은 다음과 같이 말했다. "역사에서 자발적으로 일어나는 일은 아무것도 없고, 가치 있는 일 중에 지성과 정신을 사용하지 않고 할 수 있는 일은 아무엇도 없다."[97] 그러나 여기서 불가피하게 제기되는, 그러나 지금까지 놀랄 만큼 많이 무시당한 중요한 물음이 하나 있다. 당시 세계를 휩쓴 노동자 투쟁과 정치적 급진화에 신디컬리스트들의 사상과 행동이 얼마나 기여했는가 하는 것이다.

신디컬리스트들은 흔히 파업 등 각종 노동쟁의를 선동하는 장본인 이라는 비난을 받았다. 예컨대, 영국의 로버트 세실 경은 1912년 3월 의회 발언에서 '노동자 대투쟁'을 오로지 신디컬리스트 '선동가들'의 활동 탓으로만 돌리며 비난했고[98] 정부가 임명한 노사분규 조정관이 었던 애스퀴스 경도 특히 신디컬리스트들의 선전·선동이 계급 간 충 돌의 가장 중요한 원인인 듯하다고 말했다.[99] 〈타임스〉 신문은 "영국 신디컬리즘의 기원과 역사"라는 장문의 기사에서 상당히 자신 있게 다음과 같이 썼다. "이 나라에 강력한 신디컬리즘 운동이 존재한다는 사실을 더는 부인할 수 없다. 비록 아주 최근까지도 그 사실을 부인 하려는 노력들이 있었지만 말이다." 그러면서 1911년 여름의 성공한 운수 노동자 파업은 "신디컬리스트들의 영향을 받아서" 조직됐다고 주장했다.[100] 엘리 알레비 같은 역사가들조차 영국에서 전쟁 전에 고 조된 파업 물결은 주로 "신디컬리스트들의 반란"이었다고 주장했다.[101] 미국에서는 IWW에 대한 두려움이 너무 커서, 신문과 잡지의 독자들 은 작업 현장에서 파업을 조장하는 'IWW의 위협' 운운하는 기사들 을 끝도 없이 봐야 했다. 전쟁 전의 프랑스에서도 사용자들은 파업 증가를 CGT의 투쟁적 지도자들 탓으로 돌렸다. CGT 지도자들이 국 가 수준의 전략에 따라 투쟁을 조직하고 노동자들에게 반란을 선동 한다고 비난한 것이다.[102]

사실, 앞서 봤듯이 신디컬리즘 조직의 출현과 성장 자체는 당시의 노동자 투쟁 고양과 정치적 급진화에 대한 반응이었지 그 원인이 아 니었다. 언제나 노동자들은 경제적 불만, 노동강도 강화, 작업 통제권

침해, 노조 불인정, 기존 노조 조직의 제약 등과 직결된 요인들 때문에 투쟁을 벌였을 뿐 아니라, 특정한 우발적 상황에서 얻은 자신감 덕분에 요구가 실현될 수 있다고 믿고 집단행동에 나서기도 했다. 물질적 불만이 있고 이를 해결할 기회가 감지됐을 때는 신디컬리스트들이 존재하든 안 하든(또는 다른 좌파의 정치적 영향이 있든 없든) 파업 투쟁이 분출할 가능성은 얼마든지 있었던 듯하다. 예컨대, 미국 대통령 윌슨이 임명한 노동위원회는 IWW와 파업 투쟁의 관계에서 다음과 같은 사실을 발견해서 보고했다.

> IWW의 영향력이 가장 강한 산업부문과 지역사회는 사용자들이 노동조합운동을 가장 심하게 반대한 곳, 또 부당한 대우에 대한 모종의 항의가 불가피한 곳이었다. … [IWW의] 해로운 영향력과 극단적 주장들은 이런 상황을 이용했을 수는 있지만, 그런 상황을 만들어 낸 것은 확실히 아니다.[103]

다시 말해, 신디컬리스트들의 선동이 먹힐 만한 실제 불만과 정당한 요구가 없었다면 그들의 선동을 귀담아듣는 청중도 없었을 것이다. 당시의 산업·정치 투쟁을 순전히 선동가들(신디컬리스트든 아니든) 탓으로 돌리는 것은 그들의 영향을 과장하는 것이다.

그렇지만 로버트 매그로가 프랑스 신디컬리즘과 노동운동의 관계를 예로 들며 주장했듯이 "노동자들의 저항을 모두 노동 경험과 기술 변화에 대한 실용적 반응으로 설명하는 환원론은 설득력이 없다. … 정치와 이데올로기도 한몫을 하기 때문이다."[104] 사실 다른 나라들과 마찬가지로 프랑스에서도 파업 투쟁에 기꺼이 참여하려는 노동자들의 자세는 흔히 주관적 요소에 결정적으로 달려 있었다. 즉, 노동자 대열 내 소수 조직된 활동가들이 파업 참여를 고무한 것이 중요했다. 바로 이런 구실을 신디컬리스트 활동가들과 지도자들이 (다른 노조 투사들이나 급진 좌파 조류들과 함께) 했던 것이다. 그 과정에서 불만을 깨닫도록 자극하고, 파업 투쟁이 바람직하고 실현 가능하다는 신념을 확산시키고, 개인들을 설득해서 자본주의를 전복하는 데 헌신하는 혁명적 노동조합운동을 건설하는 일에 자원을 쏟아붓도록 했다.[105] 따라서 당시 흔히 제기됐던 '선동가 책임론'은 파업에서 신디컬리스트 활동가들이 한 구실을 극도로 과장하는 함정에 빠진 반면, 나중에 일부 역사가들은 사실상 정반대 함정, 즉 신디컬리스트 활동가들의 중요성을 무시하거나 적어도 축소하는 함정에 빠졌다.

의미심장하게도 모든 나라에서 신디컬리즘 신문들(IWW의 〈인더스트리얼 워커〉, USI의 〈인테르나치오날레〉, CGT의 〈솔리다리다드 오브레라〉, ISEL의 〈인더스트리얼 신디컬리스트〉 등)은 중요한 파업 선전 매체 겸 조직자 구실을 했다. 그래서 어떤 역사가는 ITGWU의 〈아이리시 워커〉에 대해 다음과 같이 말했다.

여러 주 동안 계속해서 피해·고통·부패·불평등에 관한 추악한 이야기들이 결코 끝나지 않는 괴롭고 애처로운 노래처럼 쏟아져 나왔다. 여러 주 동안 계속해서 … 라킨은 엄청난 인내심을 갖고, [노동자들을] 쥐어짜며 착취하는 사용자들과 부패하고 이기적인 정치인들을 비난했다. 더블린의 수치스런 사회 상황은 그들 탓이라고 라킨은 생각했다. 라킨은 그들을 사정없이 공격했다. 불행히도 그가 글에서 거론한 사람은 지위 고하를 막론하고 어느 누구도 비난 대상에서 제외되지 않았다.[106]

신디컬리즘 소책자들(CGT가 발행한 《사보타주》, IWW가 발행한 《총파업》 등[107])도 비슷한 선전 매체 구실을 하면서, 자본주의를 적으로 지목하고 사용자들을 비난하고 국가의 정책과 공식 노조 지도자들의 한계를 분석하고 가장 적절한 대응책은 비타협적 파업 투쟁과 혁명적 노동조합운동이라고 주장했다. 또 신디컬리스트들은 리플릿을 배포하고 모임을 조직하고 기회가 있을 때마다 노동자들의 파업에 적극 개입했다. 그런 선전·선동·조직 활동의 핵심 목표는 파업과 혁명적 노동자 투쟁을 장려하는 것이었다. 짐 라킨은 다음과 같이 말했다. "나에게는 신성한 사명이 있다. 평범한 남녀가 불만을 품게 만드는 것이다."[108] 그래서 심각한 경제적 불만이 들끓을 때 신디컬리스트 활동가들은 흔히 노동자들이 자신의 불만을 자본주의 체제에 맞서는 더 광범한 계급투쟁의 일부로 여기도록 고무했다.

반란에 가까운 투쟁과 파업이 각국을 휩쓸었을 때 그 모든 투쟁, 심지어 대다수 투쟁에 항상 신디컬리스트들이 참여한 것은 아니었다. 그러나 분명한 사실은 지역 수준에서든 전국 수준에서든 가장 큰 충돌과 총파업을 포함해 상당수 파업에서 신디컬리스트들이 실제로 두드러졌고 그 과정에서 적어도 때로는 상당한 영향을 미쳤다는 것이다. 영국의 신디컬리즘은 특별히 깊이 뿌리내린 대중운동이 아니었지만, 그런 영국에서도 신디컬리스트들의 영향력은 중요했다. 예컨대, 전쟁 전의 사우스웨일스 광산업에서는 노아 애블릿, 노아 리스, W H 메인웨어링, W F 헤이 같은 신디컬리스트 활동가들이 1910~1911년 캄브리아 컴바인의* 지역 임금 지급을 둘러싼 비공인 파업을 전국적 최저임금 운동으로 발전시키는 데서 중요한 지도적 구실을 했다(그 운동은 1912년 최초의 전국적 파업에서 절정에 달했다). 이 투쟁에 참여한 신디컬리스트들의 주도로 비공식혁신위원회가 수립됐는데, 이 기구는 광원노조의 정책과 구조, 이데올로기적 지향을 혁신하는

---

* Cambrian Combine. 1906년 사우스웨일스 지역의 광산 회사들이 가격과 임금을 통제하려고 결성한 연합체.

운동을 성공적으로 전개했고 국가 개입과 무관한 노동자 통제라는 대의명분을 발전시켰다. 그 결과, 영향력 있는 소책자 《광원들의 다음 과제》가 발행돼서 수만 부나 팔렸다.[109] 1911년 철도 파업과 1914년 런던 건설 노동자 파업 때도 조직된 신디컬리스트들의 참여와 영향 이 상당히 두드러졌고, 기층 활동가들은 노조 지도부에 맞서서 강력 한 비공인 투쟁을 고무했다.[110]

한편 '노동자 대투쟁' 시기 내내 ISEL의 지도자 톰 만은 많은 노동 쟁의에서 핵심적이거나 그에 버금가는 구실을 했다. 그중에서 가장 중요한 투쟁은 그가 파업위원회를 이끈 1911년 리버풀 운수 파업이었 다. G D H 콜은 당시 톰 만이 많은 파업에 관여하고 영국 전역에서 신디컬리즘을 옹호하는 웅변과 선전 활동을 끈덕지게 펼친 것을 되 돌아보며 다음과 같이 인정했다.

톰 만은 파업이나 투쟁의 원인이 결코 아니었다. 그가 투쟁에 방향을 제 시하거나 '불만'을 건설적 경로로 확실하게 이끄는 데 크게 기여한 것은 사실이지만, 파업이나 투쟁의 원인이었다고는 말할 수 없는 것이다. 그는 현재뿐 아니라 더 광범한 미래도 고려해서 기존 상황을 활용했다. … 분 명히 톰 만의 성공은 대체로 그의 웅변 재능, 강인한 성격, 뜨거운 열정 같은 개인적 자질 덕분이었다. 그러나 훨씬 더 중요한 성공 요인은 자신 이 재등장할 순간을 제대로 골랐다는 사실이다. 때가 무르익었고, 그가 기차를 불태운 불꽃이 될 수 있었다는 것은 행운이자 특권이었다.[111]

제1차세계대전이 터지자 ISEL은 조직적 분란으로 와해됐다. 그러나 신디컬리즘의 영향을 받은 많은 혁명가들, 예컨대 J T 머피 등은 계 속 금속 산업의 전시 직장위원회 운동 지도부에서 두드러진 구실을 하며 많은 대규모 파업, 특히 1917년 5월 영국 전역에서 노동자 20만

명이 참가한 파업을 조직했다.[112]

다른 나라의 신디컬리스트들은 훨씬 광범한 구실을 하면서 더 많은 영향을 미쳤다. 아일랜드의 짐 라킨은 1913년 더블린 파업 때 누구나 인정하는 지도자였고, ITGWU도 1919~1920년 임금 인상 파업 물결이 전국을 휩쓸었을 때 많은 작업장 점거와 '소비에트'에서 지도적 구실을 했다.[113] 이탈리아에서도 신디컬리스트들은 1907~1908년의 파르마 무토지 농업 노동자 파업, 1914년 무장봉기에 가까운 '붉은 주간' 총파업, 1920년 4월의 피에몬테 총파업, 1920년 9월의 전국적 공장점거에서 중요한 구실을 했다.[114] 스페인에서도 CNT가 1917년과 1919년의 바르셀로나 총파업뿐 아니라 1931~1936년과 이후 내전 시기의 파업과 혁명적 봉기에서 핵심적 구실을 했다.[115] 미국에서도 IWW 활동가들이 적어도 150건의 파업에서 두드러진 활약을 했다는 것은 공인된 사실이다. 예컨대, 1906~1907년 네바다 주 골드필드에서 일어난 광원 파업, 1909년 펜실베이니아 주 매키즈록스에서 일어난 철강 노동자 파업, 1912년 매사추세츠 주 로런스에서 일어난 섬유 노동자 파업, 1912~1913년 루이지애나와 아칸소 주의 목재 노동자 파업, 1916년 메사비 산맥의 제철 노동자 파업, 1917~1918년 북서부 지방 벌목 노동자 파업과 몬태나·애리조나 주의 구리 광산 노동자 파업 등에서 그랬다. IWW는 거듭거듭 파업 노동자들에게 조언을 하고 방향을 제시하고 지도력을 발휘했다.

그중에서 가장 주목할 만한 사례는 1912년 로런스 파업이다. 사용자들이 임금을 깎았다는 사실을 알게 된 이민노동자 수천 명이 작업을 중단하고 파업에 들어갔다. IWW는 열렬한 조합원이 기껏해야 300명 정도였으므로 사태에 압도당했다. 그러나 그들은 즉시 중앙 조직과 연락해서 지원을 요청했고, IWW 중앙은 상근 조직자를 다수 파견했다. 그중에는 조지프 에토르와 아르투로 조반니티도 있었는데,

이들이 특별히 선발된 이유는 연설 능력이 뛰어났을 뿐 아니라 이탈리아어를 유창하게 구사할 수 있었기 때문이다. 파업 노동자의 상당한 소수가 이탈리아 이민자들이었으므로 이 점은 매우 중요했다. 상근 조직자들을 뒤따라서 빌 헤이우드, 엘리자베스 걸리 플린, 윌리엄 E 트라우트만 등도 지원을 나왔다. 그들은 파업 노동자 2만 3000명에게 인종과 종교의 차이를 뛰어넘어 함께 투쟁하는 법이나 자발적 파업을 임금 인상과 노동조건 개선을 요구하는 조직적 운동으로 발전시키는 법을 가르치는 데 일조했다.

첫째, IWW는 14개의 서로 다른 대규모 언어 집단을 대표하는 56명으로 이뤄진 파업위원회와 구호·재정·홍보·조사·조직 업무를 담당하는 소위원회들을 구성하는 일을 지원했다. 날마다 열린 대중 집회에서는 영어를 할 줄 모르는 많은 노동자를 위해 동시 통역을 제공했다. 또 최대한 노동자들이 스스로 지도력을 발휘할 수 있도록 하기 위해 현장 노동자들 사이에서 지도자를 육성하려고 애썼다. 둘째, IWW는 파업 노동자들이 대규모 피케팅을 조직하도록 지원했다. 그래서 피케팅하는 노동자들의 긴 줄이 섬유 공장을 에워싸고 끝없는 사슬처럼 움직이며 대체 인력의 출입을 막았다. 날마다 시위가 벌어져 적게는 3000명이, 많게는 1만 명이 거리를 행진했다. 셋째, IWW는 자신들이 발행하는 많은 출판물을 이용해서 그리고 로런스 외부의 개혁주의자나 급진주의자와 연락해서 9주 동안 파업을 계속하는 데 절실히 필요한 기금도 모금했다. 넷째, IWW는 파업 노동자들에게 유리한 홍보는 늘리고 구호 부담은 줄이는 계획을 짰다. 그래서 파업 노동자들의 자녀를 로런스 외부의 가정에서 돌보게 하는 방안을 마련했다(이것은 전에 프랑스나 이탈리아에서도 가끔 사용된 방법이었다). 다섯째, IWW가 연대와 혁명적 노동조합운동의 가치뿐 아니라 자본주의 체제의 전복 필요성을 선전한 것도 중요했다.[116]

IWW가 관여한 대다수 노동쟁의와 달리 로런스 파업은 승리했다. 그래서 뉴잉글랜드' 지역 섬유 노동자들 사이에서 투쟁 물결을 불러일으켰다.[117]

프랑스에서도 이미 자발적으로 파업 투쟁을 시작한 노동자들이 CGT의 지원을 요청하는 일이 빈번했다. 예컨대, 1903년 노르 지방의 아르망티에르와 우플린에서 섬유 노동자 4만여 명이 천차만별인 임금 수준을 균등하게 해 달라고 요구하며 파업을 벌였다. CGT 사무총장 그리퓌엘은 CGT 총파업위원회 대표로서 이 투쟁을 지원해 달라는 요청을 받았다. 마찬가지로 1904년 12월 프랑스 남부의 농업 노동자들이 임금 인상과 노조 인정을 요구하며 대규모 파업을 벌였을 때도 그리퓌엘과 루이 니엘은** 노동자들의 요청을 받고 현지에 가서 마을마다 돌아다니며 "일종의 이동 파업위원회 구실을 하면서, 사기를 북돋고 신규 노조에 '세례를 주고' 포도 재배 농장주들과의 협상을 지원했다."[118]

CGT 지도자들이 더 노골적으로 파업을 부추길 때도 있었다(물론 노동자들의 억눌린 불만이 공공연한 반란으로 분출할 때는 여전히 자발성이 중요한 구실을 했다). 예컨대, 1904년 CGT 대회에서 폴 델레살은 주6일 8시간 노동제를 쟁취하기 위한 전국적 직접행동 캠페인을 조직하자고 제안하며 이를 "핑계로 행동하고 선동해서" 작업 중단을 일반화하면 "프롤레타리아가 자본주의 사회와 전쟁을 벌이

---

* 미국 동북부 대서양 연안의 메인·뉴햄프셔·버몬트·매사추세츠·로드아일랜드·코네티컷의 6개 주를 통틀어 이르는 말. 1620년 메이플라워호가 도착한 곳으로 영국계 이민자가 많이 살았고 미국 발전의 원동력이 된 지역이다.

** 당시 CGT에서 남부 농업 노동자들을 조직하는 일을 맡고 있었고, 나중에 CGT 사무총장이 된다.

는 상황"을 조성할 수 있을 것이라고 생각했다.[119] 그 뒤 18개월 동안 CGT는 노동자들의 분노가 "활활 타오르도록" 부채질하기 위해 안내 책자를 배포하고 집회를 열고 파업을 조직했고, 이에 호응해 1906년 메이데이에는 노동자 15만 명이 파리 등지에서 24시간 파업을 벌였다. 비록 일부 평론가들은 1906년 파업이 물리적·재정적으로 실패했다고 여기지만, 이 투쟁이 CGT의 조합원 수 증가에 상당히 기여한 것은 사실이다.[120]

미국에서도 IWW가 파업 활동을 촉진하는 데 크게 기여한 사례들이 있다. 예컨대, 전쟁 전에 IWW가 적극 관여한 여느 파업과 다르게 1917년 봄과 여름 몬태나·애리조나 주의 구리 광산과 북서부 지방 목재 산업의 노동자 파업 때는 IWW의 조합원 가입 운동이 크게 성공했는데, 노동자들이 사용자에게 요구 사항을 분명히 제시하기 위해 IWW에 가입한 뒤 노조를 통해 효과적으로 투쟁해서 불만 사항을 개선한 덕분이었다.[121] IWW에서 가장 많은 작품을 지은 작사가·시인 중 한 명인 랠프 채플린도 자신을 비롯한 조합원들이 헤이우드의 지도를 받아서 시카고의 여러 철강 공장 주변에서 어떻게 파업을 선동했는지를 생생하게 묘사했다.

완성하는 데 몇 년이 걸렸지만 사실 그 방법은 간단했다. 먼저, 작업 과정을 살펴보면서 직접적 불만 사항이 무엇인지를 판단한다. 그런 다음 모든 사소한 불만을 중대한 불만으로 교묘하게 부풀린다. 그것을 두고 "불만의 씨앗 뿌리기"라고 부른다. 일단 씨앗이 뿌리를 내리기만 하면 그 다음은 쉬웠다. 먼저, 선전물이나 파업 리플릿, 포스터를 배포한다. 그런 다음, 공장 문 앞에서 몇 차례 집회를 연다. 그 뒤 최대한 빠르게 대규모 집회를 열어서 요구 사항을 작성하고 조직·홍보 위원회를 임명하고, 공장 앞에서 피켓을 들고 신규 조합원을 가입시킬 준비를 한다.[122]

그와 동시에 IWW는 포스터와 광고 전단부터 그림·판화·만화까지 각종 시각 매체를 이용해 메시지를 전달했다. 혁명적 상징이나 구호를 그린 스티커(이른바 '조용한 선동가')를 1917년 한 해에만 300만 장 인쇄해서 미국 전역의 담벼락에 붙였다. 십중팔구 가장 효과적인 선전 매체 하나는 랠프 채플린, 티본 슬림, 커빙턴 홀, 찰스 애슐리, 조 힐 같은 IWW 작사가들이 대중가요나 복음성가를 개사한 노래였을 것이다. 이런 노래 모음집인 《작은 붉은 노래책》에는 "반란의 불길을 부채질하는 노래들"이라는 도발적인 부제가 붙어 있었다. 신문이나 작은 카드에 다시 인쇄돼 노동자들에게 배포된 그 노래들은 신랄한 풍자, 조롱, 익살스런 패러디를 이용해 노동자 착취, 성직자의 위선, 사용자·경찰·자경단의 악랄한 짓을 폭로했다.[123]

이 의식적인 이데올로기적·조직적 주도력과 지도는 모두 신디컬리즘 운동이 어떻게 건설됐는지, 그리고 어떻게 신디컬리즘 운동이 20세기 초에 일어난 놀라운 노동자 투쟁 물결의 "원인임과 동시에 그 징후이고 수혜자"인지를 이해하는 데 엄청나게 중요하다.[124]

신디컬리즘 운동의 국제적 교류

마지막으로 운동의 국제적 교류가 있었는데, 이를 통해 각국의 신디컬리즘 조직들은 서로 배우고 영향을 주고받으면서 국제적 운동의 발전에 기여했다. 웨인 소프는 다음과 같이 말했다. "신디컬리스트들은 노동계급이 국제적이듯이 자신들의 운동도 국제적이라고 생각했고, 따라서 자신들의 투쟁을 국제적으로 조정해서 국제적인 자본주의 체제에 대항하고 싶어 했다."[125]

국제적 연락망은 어느 정도 공식적 바탕 위에서 확립됐다. 예컨대,

1907년 암스테르담 국제 아나키즘 대회 기간에 열린 모임들에서 국제적 연락망이 확립된 뒤 유럽 전역의 신디컬리스트들이 자금을 지원하는 〈국제 신디컬리즘 운동 회보〉가 발행되기 시작했다. 공식 연락망은 1913년 9월 런던에서 소집된 국제 신디컬리즘 대회에서도 확립됐는데, 이 대회에는 많은 유럽 나라의 대표들이 참석했다(그러나 CGT나 IWW의 대표는 참석하지 않았다). 의미심장하게도, 신디컬리즘 조직 가운데 자국에서 가장 큰 노동조합이라고 주장할 수 있었던 유일한 조직인 CGT는 개혁주의적 노동조합 인터내셔널인 국제중앙노동조합사무국ISNTUC의 회원 자격을 얻었다(ISNTUC는 국제노동조합연맹IFTU의 전신이다). CGT는 ISNTUC를 내부에서 혁명화하려는 관점에서, ISNTUC와 경쟁하는 상설 신디컬리즘 인터내셔널을 설립한다는 생각을 분열적인 것으로 여겨 반대했다. 그랬다가는 ISNTUC 내에서 CGT의 활동이 위태로워질 뿐 아니라, 아직 신디컬리즘 노조가 없는 나라들에서 신디컬리즘 조직과 개혁주의 노조 사이의 분열을 더 부추길 수 있다는 것이었다.[126]

그렇지만 런던 대회에서는 신디컬리즘 원칙을 담은 국제 선언문이 처음으로 작성되기도 했다. 또 연락 센터 구실을 하고, 국제 연대를 강화하고, 완전한 인터내셔널 창립의 첫 잠정 조처로서 국제 대회를 조직할 국제 신디컬리즘 정보국(암스테르담에 본부를 둔)도 설립됐다. 그러나 이런 노력들은 여전히 제한적이었고, 비공식적 연락 이상으로 확대되지 않았다. 국제 신디컬리즘 정보국이 제대로 일을 해 나가기 전에 제1차세계대전이 터졌고, 1918년 무렵에는 국제 조직을 건설하려는 신디컬리스트들의 노력은 러시아 혁명 때문에 잠시 방향이 바뀌었다.[127]

국제 신디컬리즘 운동의 성장과 발전에서 결정적으로 중요했던 것은 이런 공식적 연락망이 아니라 대부분 비공식적 관계망이었다. 마르셀 판데르린던은 신디컬리즘 운동의 국제적 전파를 설명하며 세 가지 요인이 중요하다고 주장했는데,[128] 국제적 이민(예컨대, 아르헨티나와 브라질의 아나코신디컬리즘은 남유럽에서 온 급진적 이민자들한테 영향을 받았다), 국제적 노동과정(예컨대, IWW 모델이 호주·뉴질랜드·칠레 등 여러 나라의 항구도시로 확산된 데서 선원들이 중요한 구실을 했다), 국경을 넘나든 활동(한 나라에서 벌어진 운동은 굳이 의도하지 않더라도 자주 다른 나라 노동운동에 부분적으로 영향을 미쳐서, 예컨대 IWW는 이웃 나라인 멕시코의 노동운동에 영향을 미쳤다)이 그것이다. 그러나 판데르린던은 이런 국제적 전파가 유럽에서는 어떻게 진행됐는지 구체적으로 설명하지 않았다.

사실 이 세 요인은 모두 이 책에서 살펴보는 나라들에서 상당히 (그러나 제한적으로) 중요했다. 첫째, 국제 이민은 미국에서 확실히 중요했다. 미국에서 IWW에 매력을 느낀 현장 투사들은 이미 고국에서 아나키즘 조직을 어느 정도 경험한 이탈리아·스페인 출신 이민자들이었다. 실제로 IWW의 많은 지도자와 주요 저술가는 유럽 출신이었고, 1913년 패터슨 파업의 조직자 중 한 명인 에드몬도 로소니는 미국 IWW와 이탈리아 USI의 활동을 병행했다. 마찬가지로, 1890년대에 프랑스·이탈리아·스페인의 수많은 아나키스트는 강요된 망명 생활을 해야 했는데, 이것이 그 뒤 유럽 나라들 안에서 아나코신디컬리즘 조직의 이상·이데올로기·모델의 상호 교환을 촉진하기도 했다.[129] 둘째, 국제 노동과정의 구실은 신디컬리즘 사상이 미국에서 다시 영국[의 해외] 영토로 전파되는 데서 일부 영국 선원들이 중요한 구실을 했던 것을 보면 분명히 알 수 있다. 예컨대, 미국에서 IWW 지지자가 된 조지 하디는 신디컬리즘 사상을 멀리 떨어진 호주와 캐나다까지 가져갔다.[130] 셋째, 국경을 넘나든 활동도 중요했다. CGT가 프랑스에서 차지하는 비중과 초기에 신디컬리즘 철학을 정교하게 발전시킨 점을 감안하면, 프랑스 신디컬리스트들이 다른 나라 신디컬리스트들에게 중요한 영감을 준 것은 당연했다. 그래서 1907년 스페인에서 〈솔리다리다드 오브레라〉 그룹이 출범할 때 그들은 유명한 1906년 아미앵 헌장을 모범으로 삼았다.[131] 마찬가지로, 제1차세계대전 이전 USI의 주요 대변인이었던 알체스테 데암브리스도 프랑스 신디컬리스트들과 긴밀한 연락을 계속 주고받았고,[132] 윌리엄 트라우트만과 토머스 해거티 신부 같은 IWW 지도자들의 철학 체계도 그들이 유럽, 특히 프랑스와 접촉하면서 이해하게 된 신디컬리즘 사상의 영향을 받은 것이었다.[133]

그러나 다른 중요한 사회적 전염 과정들도 신디컬리즘 사상의 국제적 확산에 기여했는데, 특히 책과 소책자, 신문이 중요한 구실을 했다. 그래서 1911~1913년에 IWW의 〈인더스트리얼 워커〉와 〈솔리대리티〉는 프랑스 신디컬리스트들을 다룬, 특히 사보타주 전술을 다룬 수많은 기사를 실었다(스티커·포스터·삽화·만화 등도 그런 선전 매체로 이용됐다). IWW는 에밀 푸제가 쓰고 CGT가 1909년 발행한 선구적 소책자 《사보타주》도 번역해서 1913년에 IWW 조직자인 아르투로 조반니티의 머리말을 달아 출판하고 조합원들에게 널리 배포했다. 또 엘리자베스 걸리 플린의 소책자 《사보타주》(1915)도 프랑스의 경험에 많이 의지했다.[134] CNT 창립자들 중에도 프랑스 신디컬리스트들의 저작을 열심히 탐독한 사람이 많았고, 이브토·파토·그리퓌엘·푸제의 저작이 스페인어로 번역되기도 했다.[135] 마찬가지로, ISEL의 월간지인 〈신디컬리스트〉에는 국제 기사가 빈번하게 실렸는데, 그중에는 파토와 푸제의 책 《어떻게 혁명을 일으킬 것인가》의 영어 번역판에 대한 서평이나 미국·이탈리아·프랑스 등 각국의 신디컬리즘 운동을 다룬 긴 글들, 1913년 국제 신디컬리즘 대회 참관기 등이 있었다.[136] 프랑스에서는 피에르 모나트의 〈라 비 우브리에르〉가 영국 노동운동을 다룬 톰 만의 기고를 빈번하게 실으면서, 국제 신디컬리즘 운동 소식을 보도하는 것을 자랑스러워했다.[137]

각국 신디컬리즘 조직의 핵심 지도자들 사이에 인적 연락망이 구축된 것도 국제 운동을 발전시키는 데 한몫했다. 이 점은 영국·프랑스·미국·아일랜드의 상호 관계를 살펴보면 분명히 알 수 있다. 예컨대, 톰 만과 가이 보먼 같은 영국 신디컬리스트들은 1910년 영국에서 ISEL을 출범시키기 전에 파리에 있는 프랑스 CGT의 신디컬리스트 지도자들을 방문해서 그들의 경험을 배우기로 결정했다.[138] ISEL의 사무부총장인 E J B 앨런은 〈바타유 생디칼리스트〉(노동조합 투쟁)의 기사들을 번역해서 〈신디컬리스트〉에 실었고, ISEL의 집행위원이자 전시 직장위원회 운동의 신문 〈솔리대리티〉의 편집자였던 잭 태너는 〈라 비 우브리에르〉 주위의 프랑스 신디컬리스트들과 빈번하게 연락을 주고받았다. 반대로, 1909년 이후 CGT 사무총장을 지낸 레옹 주오는 ISEL의 창립 대회에 참석했다.

한편, 1913년 미국을 방문한 톰 만은 22주 동안 70개 도시에서 IWW가 후원하는 순회 연설을 하기도 했다.[139] 반대로, IWW 지도자 빌 헤이우드는 전쟁 전에 몇 차례 유럽을 방문해서, 신디컬리즘의 영향을 받은 프랑스·영국·아일랜드의 혁명가들, 예컨대 피에르 모나트, 알프레드 로스메르, 톰 만, 짐 라킨, 제임스 코널리와 접촉할 기회를 얻었다. 또, 1910~1911년에는 윌리엄 Z 포스터도 유럽을 방문했고 프랑스에 6개월 동안 머무르며 프랑스어를 배우고 CGT 지도자들과 장시간 토론도 하고 펠루티에·그리퓌엘·푸제·소렐의 저작들을 탐독했다. 미국으로 돌아온 포스터는 IWW에서 탈퇴해 북아메리카신디컬리스트동맹을 설립하고 미국 운동의 발전 상황을 다룬 칼럼들을 〈라 비 우브리에르〉에 자주 기고했다. 제임스 코널리는 한동안 미국에서 IWW 조직자로 활동하다가 아일랜드로 돌아와 ITGWU의 지도자가 됐고, 그의 사상에 영향을 받은 ITGWU는 나중에 '단일 거대 노조'라는 조직 계획으로 이끌렸다(코널리는 IWW의 영향을 받아 지은 소책자《진보의 노선》에서 그런 조직 계획을 밝힌 바 있다). 또 ITGWU 지도자 짐 라킨은 더블린 직장 폐쇄 후 미국에서 8년 반 동안 지내며 IWW와 자주 접촉했고, 처형당한 IWW 작사가 조 힐의 장례식에서 헤이우드와 함께 연설한 뒤 아일랜드로 돌아왔다.[140] 이런 접촉은 신디컬리스트들의 일반적 철학과 목표를 강화하는 데서 그리고 그들이 세계 자본주의 체제 전복을 목표로 하는 국제 운동의 일부로 자신들을 바라보도록 고무하는 데서 분명히 중요했다.

그렇다고 해서 어느 한 나라의 신디컬리즘이 모종의 '외국 수입품'에 불과한 것은 분명히 아니었다. 독립노동당 지도자 램지 맥도널드는 프랑스의 영향을 받은 영국 신디컬리즘을 깎아내리려고 "그것은 아직 주소지도 없고 우리말도 모르는 이방인과 다름없다"고 주장했지만 말이다.[141] 마찬가지로, IWW는 일부 사상과 많은 혁명적 어휘를 유럽 신디컬리즘 저술가들한테서 빌려 왔지만, IWW 자체는 미국의 경험에 뿌리내리고 있었고 미국에서 일어난 사건들에 의해 형성됐다. 그렇지만 미국 상황에서 만들어진 일련의 사상과 실천은 유럽 신디컬리스트들이 옹호한 것과 근본적으로 다르지 않았다.[142] 이런 의미에서, 영국과 미국을 비롯한 각국의 신디컬리즘 경험을 국제적 현상으로 이해하는 게 더 적절한 이유는 비슷한 경제·정치 상황이 격렬한 산업 투쟁 경험과 맞물려서 새로운 방식의 혁명적 노동조합운동을 조직하려는 공통의 욕구를 낳았기 때문이다. 이런 공통의 신디컬리즘 경험은 뚜렷한 일국적 상황에 뿌리박고 있었지만, 그것을 상당히 심화시킨 것은 분명히 신디컬리즘 조직들 사이의 국제적 교류였다. 그런 국제적 교류는 한 나라의 운동이 다른 나라 운동을 무조건 모방했다는 의미의 직선적 과정이 결코 아니었고 그 열기도 분명히 서로 달랐지만, 국제 운동으로서 신디컬리즘 현상은 그런 외부의 영향을 고려할 때만 제대로 이해할 수 있다.

약간의 공통 요소

혁명적 신디컬리즘의 출현은 제1차세계대전이 발발하기 전까지 전 세계에서 광범하게 분출한 노동자 투쟁의 일부였을 뿐이라는 사실은 다시 강조할 필요가 있다. 앞에서 따로따로 살펴본 다양한 요인들이 이렇게 저렇게 결합돼서 노동자들의 급진주의를 일반적으로 고조시키는 데 기여했다는 것은 분명하다. 그러나 그런 결합은 노동자 급진주의의 일부가 왜 특별히 신디컬리즘 쪽으로 향했는지를 설명하는 데도 도움이 된다. 여기서 다양한 요인들의 상대적 중요도를 따지거나 변수들의 서열을 매기는 것은 불가능하다. 왜냐하면 각 변수의 상대적 영향력은 때와 장소에 따라 달랐고, 어쨌든 서로 다른 신디컬리즘 운동의 기원과 발전은 필연적으로 운동들 간의 복잡한 상호작용에 의해 영향을 받았기 때문이다.

분명히 신디컬리즘 운동은 대체로 특정한 **일국적** 경제·사회·정치·역사 상황의 표현이었다(지역과 직업도 매개변수였다). 이런 일국적 특수성 가운데 하나는 각 나라마다 신디컬리즘 운동이 출현한 시기가 달랐다는 것이다. 그래서 프랑스 CGT와 미국 IWW는 각각 1895년과 1905년에 처음 출현했고(CGT는 1902년에 전국노동거래소연맹을 흡수·통합[해서 '제2의 탄생'을 맞이]했다), 이탈리아에서는 신디컬리즘 경향이 대략 1900년부터 활동했지만 1912년에야 USI가 설립됐다. 스페인에서 신디컬리스트들은 1907년부터 조직을 결성하기 시작했지만, CNT가 출범한 것은 1910년이었다(고 1911년에 불법 단체가 된

CNT는 1916년까지 공개 활동을 할 수 없었)다. 또 ITGWU와 ISEL은 각각 1908년과 1910년에 아일랜드와 영국에서 창립됐다. 이 신디컬리즘 단체들은 창립 대회 때부터 완전한 형태로 도약하지 않았다. 노동계급 운동 안에서 투쟁 경험과 조직적 공존을 거친 후에야 각 운동의 영향력은 성장했다. 때때로 프랑스의 모범 사례에서 영감을 얻었지만, 독특한 일국적(그리고 지역적) 상황에 의해 형성되고 보강됐으며, 신디컬리즘 운동 자체는 국제적으로 확산됐다.

그러나 앞으로 분명해지겠지만, 여러 나라에 공통된 중요한 특징들도 있었다. 즉, 당시의 특별한 상황이 묘하게 맞물리면서 **국제** 수준에서 신디컬리즘 행동과 조직 경향이 나타났던 것이다. 1890년대부터 1930년대까지는 서구 자본주의의 발전에서 중요한 시기였다. 당시 급속한 산업 집중과 (노동계급의 규모와 조직력이 성장하는 것에 직면해서) 작업장에서 경영진의 권위를 확립하려는 노력은 기본적 경제 단체의 조직화를 촉진했고 자본과 노동 사이의 노골적 적대 관계를 해소할 수단으로 투쟁적 노동조합운동 방식을 고무했다. 결정적으로, 당시 더 점진적 수단으로 사회 개혁을 성취하도록 고무할 수 있었던 기성 제도와 조직에 약점이 있었다. 그런 정치적 메커니즘들은 존재했지만 흔히 맹아적 단계를 벗어나지 못했고, 심대한 사회적 변화와 경제적 불안정의 충격 때문에 새로 급진화한 많은 노동자들의 커지는 염원을 충족하기에는 불충분했다. 다시 말해, 이 모든 나라에서 [신디컬리즘 운동의] 성장의 전제 조건은 일반적 사회·정치 투쟁 방식으로는 노동계급의 생활수준을 지킬 수 없다는 각성이었다. 이런 의미에서 신디컬리즘은 개혁주의·사회주의 정치의 "위기가 낳은"(그리고 당시 우세하던 결정론적 마르크스주의의 무능에서 비롯한) 결과였다.[143]

이런 근본적 요인들은 조직 형태는 서로 달라도 **공통**의 목표를 추구했던 국제 신디컬리즘 운동의 출현을 설명하는 데 도움이 된다. 그 목표는 바로 공식 제도나 조직과 무관하게 기존의 자본주의 사회 틀과 직접 충돌하는 방향으로 나아갈 길을 모색하는 것이었다.

3장 구성과 구조

신디컬리즘 운동이 비판한 많은 노동자 정당이나 사회주의 정당과 비교하면, 국제 신디컬리즘 운동의 지도부와 기층은 모두 압도적으로 노동계급으로 구성돼 있었다. 개혁주의 운동과 마찬가지로 신디컬리즘 운동에서도 주로 남성과 백인이 우세했다는 것은 사실이지만, 여성·흑인·이민 노동자를 신디컬리즘 운동 대열로 끌어들이려고 특별한 노력을 기울이기도 했다. 또 몇 나라에서는 신디컬리스트들이 가톨릭주의 문제를 새로운 방식으로 다루려고 노력하기도 했다. 중앙 집중적 지도·지휘와 지역별 분권화·통제 사이에서 균형을 잡으려는 조직적 딜레마는 주류 노동운동 단체들의 공통점이었지만, 이 문제에서도 신디컬리스트들의 강조점은 독특했다. 신디컬리즘 운동 지도부의 인적 구성이 그 성격과 방식 면에서 독특했듯이 말이다. 3장에서는 신디컬리즘 운동의 이 다양한 특징을 각국의 사례를 통해 간략하게 살펴보겠다.

직업 구성

사람들은 흔히 신디컬리즘이 산업 노동계급 사이에서 강력했던 것이 아니라 수공업자, 농업 노동자, 임시직 노동자, 그 밖에 경제적으로 주변화한 집단들, 주로 미숙련·미조직 노동자들 사이에서 강력했다고 생각한다.[1] 예컨대, 프랑스 CGT는 20세기 초에 새롭게 발전한 대규모 중공업 부문의 '진정한' 공장 노동자들 사이에서는 미미한 지지를 받았을 뿐이라는 것이다. 버나드 모스가 주장한 '숙련 노동자들의 사회주의' 개념은 이런 통념을 새롭게 부활시켰다.[2] 다음과 같은 생각도 널리 퍼져 있다. 미국 IWW는 거의 서부 이주 노동자들만 가입시켰을 뿐 동부의 공장 노동자들한테서는 일시적 지지밖에 얻지 못했고, 이탈리아에서는 주로 무토지 노동자들이 USI에 매력을 느꼈을 뿐 밀라노와 토리노 같은 산업도시의 대규모 공장에 집중된 금속 노동자들은 그러지 않았으며, 스페인의 CNT도 주로 농촌 노동자들 사이에서 인기가 있었고 산업 노동자들 사이에서는, 예컨대 바르셀로나처럼 소규모 생산이 이뤄지고 아나키즘의 영향력이 강한 한두 도시에서 미미한 지지를 받았을 뿐이라는 것이다.

이와 달리, 급속하게 성장하는 산업 프롤레타리아 사이에서 진정으로 뿌리를 내릴 수 있었던 것은 대중적 개혁주의 노동자 정당이나 사회주의 정당, 그리고 그런 정당과 연계된 노동조합이었다고 생각하는 사람들이 많다. 다시 말해, 기존 노동운동의 언저리에서 미미한 지지밖에 얻지 못한 신디컬리즘 단체들이 가입시키려고 애쓴 노동자들은 흔히 기성 노동조합에 무시당한 데다 대량생산 산업이 발전하면서 급속하게 사라진 노동자들이었다는 것이다. 이런 주장에 따르면 신디컬리즘은 "20세기의 성숙한 기업 체제와는 무관했던" 것처럼 보인다.[3]

사실, 상황은 이런 단순한 생각과 달리 명백하지 않았다. 신디컬리즘이 급속한 자본주의 산업화에 따른 노동인구 구성의 구조적 변화 때문에 소멸할 수밖에 없었는가 하는 문제는 5장에서 살펴보겠다. 여기서는 역사가들이 다양한 형태의 노동 정치를 노동계급 내의 다양한 직업군이나 숙련 집단과 연결하려 했지만, 신디컬리즘은 상황에 따라 비교적 다양한 노동자 집단(숙련·반숙련·미숙련 노동자) 사이에서 다양한 정도로 지지를 받았다는 사실을 지적해 둬야겠다.

마르셀 판데르린던과 웨인 소프는 신디컬리즘이 두 노동자 집단에 큰 영향을 미쳤다고 주장한다.[4] 첫째는 농업 일용 노동자, 항만 노동자, 건설 노동자 같은 계절 노동자, 임시직 노동자, 사업별 노동자 등인데, 그들은 직업이나 사용자, 작업 현장이 자주 바뀌었고 노동조합과의 공식 접촉도 거의 없었다. 그런 노동자들은 작업장이 자주 바뀌어서 해고에 대한 두려움이 반*상시 고용 노동자들보다 더 적었으므로 파업으로 감수해야 할 부담도 적었다. 더욱이 불만이 생기면 즉시 행동에 나설 수밖에 없었다(추수나 건설 사업, 배정받은 작업이 완료되기 전에 조처를 취하지 않으면 안 됐으니까). 그런 구조적 노동조건 때문에 당연히 사용자에 맞서 당장 직접행동을 감행하는 전술이 확산됐고, 따라서 신디컬리즘에 매력을 느꼈다. 둘째로 공장 노동자, 광원, 철도원 같은 대규모 작업장의 더 안정된 정규직 노동자들에게도 신디컬리즘은 매력이 있었다. 특히 그런 노동자들이 숙련도 희석, 노동과정 개편, 노동강도 강화에 직면했을 때 그랬다. 기술 변화와 노동편제 변경이 맞물리며 직업별 노조의 영향력은 감소했고 때로는 수공업 노동자와 산업 노동자의 동맹이 촉진됐으며, 그 결과 특정 산업의 노동자들을 모두 단결시키고 동원하려는 노동조합운동이 강력한 자극을 받았다.

이런 노동자들과 그 밖의 노동자들이 어떻게 신디컬리즘으로 이끌릴 수 있었는지를 탐구할 때는 우리가 선택한 나라들의 사례를 살펴보는 것이 유용하다. 1905년 IWW 창립 대회에서 빌 헤이우드는 [기존 노동조합이] 무시한 미숙련 노동자들, 투표권도 없고 노동조합도 없는 노동자들을 조직하는 일에 헌신하겠다는 뜻을 밝혔다. "지금 저는 숙련 노동자들이 산별노조 운동에 함께하든 안 하든 전혀 신경쓰지 않습니다." 그러면서 다음과 같이 외쳤다. "우리는 밑바닥으로 내려가서 노동자 대중을 만나 그들의 삶을 괜찮은 수준까지 끌어올릴 것입니다."[5] 그리고 분명히 IWW는 AFL 산하 노조들이 접촉할 생각도 없고 실제로 접촉하지도 않았던 노동자들 사이에서 성공적으로 뿌리내릴 수 있었다. 그런 노동자들은 주로 이주 노동자와 계절노동자였는데, 그들이 바로 미국 서부에서 IWW 조합원의 다수를 차지했고 조직의 핵심이자 중추가 됐다.

미국 서부에서 IWW의 기원은 동부 산업 지대의 더 오래된 경제 부문들을 길들인 법인 자본주의가 서부 지역으로 거침없이 침투한 데서 비롯했다. 법인 자본주의가 서부로 침투하자 반숙련 또는 미숙련 청년 이주 노동자라는 가난한 노동인구가 생겨났는데, 이들은 특정 지역이나 특별한 산업 분야에 속하지 않은 수백만 명의 떠돌이 부대였다. 서부 특유의 경제·사회 상황의 산물인 이 벌목꾼, 건설 노동자, 광원, 농업 노동자 등은 화물열차의 빈 칸을 타고 전국을 돌아다니며 여러 직업을 전전했다. 그들은 일자리를 찾아 이동할 때 침구 꾸러미를 어깨에 매고 다녔기 때문에 흔히 '침구 꾸러미 녀석들'이라고* 불렀고 '정글'이라고 불리는 이주 노동자 합숙소에 모여 살았는데 그곳의 음식과 잠자리는 끔찍하게 형편없었다. 그들은 가족도 없었고

---

* bindle-stiffs. 이제는 계절노동자, 떠돌이 노동자, 방랑자, 걸인이라는 뜻으로 쓰이는 속어가 됐다.

어느 한 도시에 오래 머무르지 않았으므로 유권자로 등록해서 투표할 수도 없었다. 여기저기 계속 돌아다니면서 극히 낮은 임금을 받고 끔찍한 환경에서 일해야 하는, 투표권도 없고 경제적으로 취약한 이 노동자들의 다수는 자신들을 억압하는 체제에 맞서 싸울 무기는 오로지 산업별 조직을 통한 직접행동뿐이라고 생각했다. 당시 목재 산업의 상황을 조사한 연방위원회 보고서를 보면, 한 목재 사업자조차 IWW는 "피억압자들의 절규이자 … 고통의 표현"이라고 인정했다.[6]

가장 중요한 점은 IWW의 투쟁적 철학이 사회에서 다수의 경멸과 천대에 시달리면서도 다른 어떤 노동자 조직의 환영도 받지 못하던 노동자 집단에게 분출구와 삶의 의미와 자존감을 제공했다는 것이다. 1914년 11월 〈솔리대리티〉에 실린 글은 다음과 같이 주장했다.

미국 서부의 떠돌이 노동자는 IWW의 정신을 온몸으로 보여 준다. 그들은 쾌활한 풍자, 부르주아 사회의 대다수 관습(도덕의 외피를 쓴 엄격한 관습을 포함해서)을 노골적으로 경멸하는 태도 덕분에 혁명적 노동조합운동이라는 우상파괴적 학설의 존경스런 본보기가 된다. …
노동자 군대의 정찰대와 선발대 노릇을 하는 데 그토록 딱 맞는 노동자들은 어디서도 찾아볼 수 없다. 더 정확히 말하면, 그들은 혁명의 게릴라, 즉 계급투쟁의 비정규군이 될 수 있다.[7]

그러나 IWW의 핵심은 이주 노동자들이었지만, 중요한 사실은 IWW가 미국 노동계급 운동의 다른 부문에서도 기반을 구축했다는 것이다. IWW 조직을 창립하고 구성하는 데 기여한 핵심 집단 가운데 하나는 서부광원연맹WFM이었다. 서부광원연맹은 구리·납·금·은 광산의 노동자들을 조직했다. 심지어 서부광원연맹이 떨어져 나간 뒤에도 IWW는 네바다 주 골드필드와 미네소타 주 북부 메사비 산맥의 철광석·구리 광산 노동자들의 지지를 받았다. 또 IWW는 항만 노동자(필라델피아·볼티모어·노퍼크), 원양어선 노동자뿐 아니라 (비록 더 불안정하고 상시적이지 않은 기반이었지만) 섬유 공장 노동자(매사추세츠 주 로런스와 패터슨), 자동차 노동자(디트로이트), 고무 공장 노동자(오하이오 주 애크런), 전기 산업 노동자(뉴욕의 스키넥터디)의 지지도 받았다. 의미심장하게도, IWW의 이주 노동자 조합원들은 미국 토박이였지만, 특히 로런스와 패터슨의 섬유 공장에서 IWW가 가입시킨 많은 노동자는 (이탈리아·폴란드·러시아·헝가리·슬로바키아·크로아티아·그리스·스페인 등) 남유럽과 동유럽에서 갓 이민 온 노동자들이었다. 그들은 민족·종교·언어·관습의 차이 때문에 주류 미국 생활과 분리되는 경향이 있었다.

데이비드 몽고메리는 IWW가 결국 실패한 이유 하나는 그 지도자들이 AFL 산하 노조들의 숙련 노동자들을 그저 무시했기 때문이라고 주장했다.[8] IWW는 노동운동의 실질적 영향권 밖에 오랫동안 방치된 노동자들을 조직하는 데 에너지를 집중하려고 숙련 노동자들을 반동적 '노동귀족'이라고 비난했는데, 그 때문에 작업장에서 엄청난 힘을 갖고 있는 바로 그 노동자들의 급진적 잠재력을 사실상 무시하게 된 것이다. 그러나 IWW 간부들이 숙련 노동자들의 전통을 잘 몰라서 그들을 무시한 것은 아니었다. 사실 IWW의 간부 대다수가 숙련 노동자 출신이었고 직업별 노조 조합원 경험이 있는 사람도 많았다.[9] 그래서 멜빈 듀보프스키는 다음과 같이 주장했다.

IWW 지도자들이 덜 숙련된 노동자를 조직 대상으로 고른 이유는 숙련 노동자들과의 개인적 경험을 통해 얻은 확신 때문이었다. 즉, IWW 지도자들은 숙련 노동자들이 대체로 IWW의 혁명적 매력보다는 '먹고 사는 문제' 해결에 주력하는 AFL의 '실리주의 노동조합'을 더 선호한다고 확신했던 것이다. 옳든 그르든 IWW는 계급투쟁에서 잃을 게 가장 적은 노동자들이야말로 혁명적 노동운동의 가장 좋은 신병들이라고 생각했다.[10]

프랑스에서 신디컬리즘은 파리 등지의 소규모 자본주의 생산 현장에서 임금노동자로 일하는 숙련된 수공업자들에게 특히 매력적이었다. 버나드 모스가 설명했듯이, 이 숙련 노동자들은 전통적으로 '수공업자'의 특징을 띠고 있었는데, 이 '수공업자'라는 용어는 모호하고 오해의 소지가 있다. 왜냐하면 독립적 수공업자, 장인, 숙련 임금노동자를 대등하게 취급해서, 자본 소유에 따른 계급 차이를 흐리기 때문이다. 전통적 수공업자도 아니고 산업 노동자도 아닌 숙련 임금노동자는 산업화에도 불구하고 여전히 중요했다. 왜냐하면 성장하는 시장에 소비재와 사치재를 공급하고, 성장하는 도시에 주택과 공공시설을 제공하고, 새로운 산업기계를 구비·유지할 필요성 때문이었다. 그러나 산업화는 숙련된 수공업자들의 직업 자체는 파괴하지 않은 채 그들의 전통적 소득·안정성·지위를 약화시키고 실업과 임금 정체, 노동강도 강화의 위협을 가했다. 따라서 숙련 노동자들이 겪은 산업화는 과도적인 프롤레타리아화 과정이었고, 이 때문에 그들은 노동계급의 새로운 집단, 즉 공장 노동자들과 단결하는 경향이 있었다. 많은 숙련 노동자들이 내린 결론은 자신들이 느슨한 동업조합을 통해 자본을 집단적으로 소유해서 자기 작업장을 소유·경영하기 전까지는 결코 자기 노동의 '성과를 온전히' 누리지 못하리라는 것이었다.[11]

그렇지만 1900년 이후 숙련 노동자들은 점차 CGT에서 다양한 대규모 산업의 새로운 숙련·반숙련·미숙련 노동자 집단과 함께하게 됐다.[12] 그중에는 광원(파드칼레와 루아르 계곡), 철도 노동자, 특히 증기기관차의 기관사와 화부火夫(전국), 건설 노동자, 특히 목수와 소목장이(파리 등지), 항만 노동자와 조선소 노동자(낭트와 생나제르), 중소 규모 공장의 기계·금속 노동자(파리·생테티엔·생나제르), 식품 산업 노동자, 예컨대 요리사, 주방장, 제빵사, 웨이터, 식료품 체인점 판매원, 설탕·케이크 공장 노동자(파리 등지), 교사(전국) 등이 있었다. 또 CGT는 프랑스의 수많은 농업 노동자, 특히 남부 지방의 포도밭 노동자 사이에서도 지지를 받았다. 전쟁 동안과 직후의 산업 발전 양상이 대조적이었던 리모주와 생테티엔 시를 연구한 캐스린 암두르는 수공업자 전통의 쇠퇴가 곧 신디컬리즘 운동의 소멸을 뜻하지는 않았다는 것을 설득력 있게 보여 준다. 신디컬리즘 운동은 이미 "오래전에 그 매력이 확산돼서, 제1차세계대전 전의 '영웅적 시기'에 흔히 신디컬리즘 운동의 '능동적 소수'라고 칭송받던 소수의 숙련된 수공업자 범위를 훨씬 넘어섰다"는 것이다.[13] 확실히 1909년 무렵 CGT 지지자는 거의 50만 명이나 더 늘어났는데, 대다수 그 전까지 CGT를 지배했던 직업별 노조의 조합원이 아닌 사람들이었다.[14]

이탈리아 USI에서 가장 큰 집단은 농업 노동자들(자기 토지가 없어서 농장에서 임금노동을 해야 했던)이었는데, 그들이 USI 조합원의 3분의 1 이상을 차지했다. 둘째로 큰 집단은 건설 노동자들(석공·목수·벽돌공 등)이었다. 대다수 유럽 나라에서 노동조합운동은 거의 순전히 도시의 산업 현상이었다. 그러나 이탈리아 노동운동은 도시와 농촌에 모두 강력한 기반이 있었는데, 이것은 농업 현대화로 그동안 살던 곳에서 쫓겨난 많은 사람들이 새로운 산업에 흡수되지 못한 채 여전히 농촌에 남아 있던 현실과 관계있었다.[15] 그런 농촌의 노동조합운동은 극히 적대적인 환경에서 고립된 채 전개됐으므로 노동쟁의가 성공하려면 (USI가 주장한) 공격적 전술을 사용해야 했고 그래서 폭력적 투쟁으로 비화하는 경향이 있었다. 의미심장하게도 1914년 말까지 신디컬리스트 조합원은 거의 오로지 이탈리아 북부 출신이었고 토스카나 남부의 어떤 지역에서도 USI 조직은 거의 없었다. USI의 영향력은 포 강 유역, 에밀리아로마냐와 롬바르디아 지역에 집중돼 있었다.[16] 파르마가* 신디컬리스트 활동의 중심지로 유명해진 것은 소작농과 일용 노동자 사이의 매우 뚜렷한 차이를 반영한다.[17]

그러나 오랫동안 널리 퍼져 있는 오해는 이탈리아 신디컬리스트 대다수가 (흔히 산업화 이전의 급진적 포퓰리즘 전통이 여전히 강력했다고들 생각하는) 남부 지방 출신이라는 것이다. 예컨대, 혁명적 마르크스주의자인 안토니오 그람시도 이탈리아 신디컬리즘을 남부 지방, 특히 남부 농민들의 특별한 관심사나 혁명적 염원과 관련된 운동으로 이해했다.

1900~1910년에 사회주의 운동과 노동자 운동의 가장 근본적 위기가 발생했다. 대중은 개혁주의 지도자들의 정책에 반대해 자발적으로 대응했는데, 이때 신디컬리즘이 생겨났다. 신디컬리즘은 부르주아지와 연합하는 데 반대하고 농민과, 특히 남부 농민과 연합하는 것을 지지하는 노동계급의 대응이 본능적·초보적·원시적으로, 그러나 건강하게 표현된 것이다. 확실히 그렇다. 사실 어떤 의미에서 신디컬리즘은 남부 농민들(가장 선진적 지식인들이 대변하는)이 프롤레타리아를 지도하려는 미약한 시도다.[18]

사실 데이비드 로버츠가 주장했듯이 USI는 남부 농민들에게 혁명적 능력이나 사회주의적 능력이 있다고 결코 생각하지 않았다. USI가 볼 때 이탈리아를 구원할 수 있는 세력은 북부의 산업 계급(매우 자

---

* 이탈리아 북부 에밀리아로마냐 주州 포 강 유역에 있는 도시로, 밀라노와 볼로냐를 연결하는 중요한 교통로의 요지이며 부근 농업지대에서 생산되는 농산물의 집산지다.

본주의화한 농업지대인 포 강 유역의 무토지 일용 노동자들과 밀라노·토리노의 공장 프롤레타리아 등)이지 남부의 쇠퇴해 가는 산업화 이전 계급들이 아니었다. 1911년까지 USI 안에서 지도적 지식인이었던 안젤로 올리비에로 올리베티는 다음과 같이 분명하게 주장했다.

> 신디컬리즘 사고방식은 공장에서 또는 산업화한 집약적 농업에서만 충분히 발전할 수 있다. 따라서 신디컬리즘 사고방식은 대규모 공업과 마구 요동치는 자본주의 생활을 전제하고, 당연히 소규모 공업과 소규모 농업의 회색 지대는 모두 무시한다. 수공업자들과 소농들은* … 모두 분명히 프롤레타리아적이다. 그러나 그들의 구조와 경제적 지위 때문에, 그들의 핏줄 속에서 고동치고 그들의 의지를 자극하는 신디컬리즘이라는 독특한 혁명적 충동을 느낄 수 없다.[19]

USI가 산업 노동계급(농업 노동자를 제외해서 더 협소하게 정의된) 사이에서 얼마나 매력이 있었는지를 과소평가해서는 안 된다(비록 그들이 전체 조합원 가운데 소수였지만). 먼저, 리구리아·토스카나·아풀리아 주州의 '기업도시들'에서 노동자 수만 명이 USI에 가입했다. 그런 곳에서는 노동조합을 반대하는 대규모 트러스트 하나가 경제·정치 생활을 지배하거나 (군수 창고나 무기 공장처럼) 파업이 법으로 금지된 국유 기업체가 존재했고, 격리된 노동자 지구에는 생활 편의 시설이 거의 없었다.[20] 그래서 공장점거 물결이 이탈리아를 휩쓴 1920년에 사회주의자들이 주도하는 금속노조FIOM가 주요 산업 도시들을 통제했지만 USI도 베로나·사보나·스페치아를 통제했고 세스트리포넨테·코르닐리아노·캄피의 금속 노동자와 조선소 노동자들

---

* 원문은 petty bureaucracy인데, petty peasantry의 오타인 듯하다.

사이에서도 광범한 지지를 받았다.[21] USI는 자체 금속노조 조합원만 3만 명이라고 주장했는데, 이것은 전체 파업 노동자의 거의 10퍼센트에 해당한다.[22]

이탈리아 신디컬리즘이 밀라노·토리노·로마 같은 대규모 산업 중심지에서 결코 대중적 지지를 얻지 못했다는 것은 사실이다. 그 이유는 첫째, 사회주의자들이 주도하는 기존의 노동조합 총연맹 CGL이 이미 산업 중심지의 노동자들 사이에서 집중적으로 활동하고 있었기 때문이다. 둘째, (신디컬리스트들의 지역별·직업별 노동조합 구조와 달리) CGL의 산업별 노동조합 구조가 비교적 성공을 거둬서, USI가 주장한 미래의 분권적 사회는 현대식 대공장보다는 소규모 생산 단위를 생계 기반으로 삼는 노동자들에게 더 적합한 것처럼 보였기 때문이다. 셋째, 토리노의 금속 노동자들과 밀라노의 자동차 노동자들이 각각 1912년과 1913년에 벌인 파업이 패배한 뒤 환멸이 널리 퍼졌기 때문이다. 당시 USI는 CGL의 더 온건한 태도를 비판하면서 무제한 총파업을 요구했지만 성공하지 못했다. 이 파업들이 패배한 뒤 USI는 이런 대규모 산업 중심지들에서 어느 정도 영향력을 회복하고자 몇 년 동안 애를 썼다.[23]

그러나 1920년 공장점거 운동 직전과 동안에 대체로 조합원 수가 크게 증가하면서 신디컬리스트들은 실제로 토리노와 밀라노의 일부 금속 노동자들 사이에서 중요한 발판을 마련할 수 있었다. 그래서 USI의 기관지 〈게라 디 클라세〉(계급 전쟁)는 1920년 3월 초 피렌체에서 밀라노로 옮겨 왔고,[24] 공장평의회와 점거 전술을 지지하는 아나키스트들과 USI의 활동이 엄청나게 많았다. 당시 한 관찰자는 "아나키즘이 광장을 지배하고 말라테스타와 보르기가 [노동자 운동을 — 지은이] 쥐락펴락하고 있다"고 말했다.[25] 토리노에서는 (그람시의 〈오르디네 누오보〉(새 질서) 그룹이 시 전체의 노동자 평의회 네트워크를 지지하며 어느 정도 영향력을 확보하고 있었으므로) USI는 1920년 7월에야 산하 금속노조 지부를 설립할 수 있었다(물론 결국은 믿을 만한 기반을 구축하는 데 성공했다).

스페인에서는 CNT가 남부(안달루시아), 동부(발렌시아를 중심으로 한 레반테 지역), 북동부의 아라곤 지방(중심지는 사라고사) 농업 노동자들에게 영향을 미쳤다. 많은 농촌 지역의 특징은 부재지주의 대토지, 즉 라티푼디움 사용이 널리 퍼져 있었다는 것이다. 라티푼디움은 최하층 계급인 무토지 노동자들에 대한 체계적 착취에 의존했는데, 쥐꼬리만 한 임금을 받으며 흔히 날품팔이로 고용된 노동자들은 해고당하기도 쉬웠고 천대와 멸시, 식량 부족에 시달리며 오랫동안 실업자 신세로 지내기 일쑤였다. 특히 안달루시아 지방의 농민은 날마다 끔찍하게 힘든 삶을 살아야 했기 때문에, 언뜻 간단해 보이는 CNT의 약속, 즉 토지를 점거해서 대토지 소유자들의 족쇄를 끊어 버리고 더 나아가서 국가권력도 파괴하겠다는 약속을 선뜻 받아들였다.[26]

그러나 안토니오 바르가 제시한 증거를 보면, 흔한 통념과 달리 CNT는 처음부터 산업적 성격의 노동운동이었다(그리고 1930년대에는 훨씬 더 그랬다). 그래서 CNT는 바로셀로나·발렌시아·세비야·사라고사 같은 도시와 거의 산업화한 지역에 집중돼 있었다. CNT가 상당한 영향력이 있었던 부문은 건설·어업·가죽·신발·섬유·인쇄 같은 부문과 그 밖의 다양한 업종이었다. CNT 조합원의 전형적인 모습은 중소 규모 작업장의 육체 노동자였다. 이와 대조적으로, CNT는 스페인의 주요 농촌 지역에서는 항상 두드러지게 취약했다(적어도 형식적 조직의 측면에서는 그랬다). 비록 안달루시아나 아라곤, 카스티야 지방에서는 아나키스트들과 '자유지상주의적 공산주의자들'의 봉기가 상당히 중요했지만, 그런 지역에서 CNT 자체는 결코 중요하고 안정된 유기적 구조를 확립하지 못했다.[27] 1930년대 초에 CNT는 스페인 남부 지방의 여러 도시에서, 특히 카디스·말라가·코르도바·세비야에서 상당한 지지 기반을 구축했고 안달루시아의 많은 농촌 마을에서도 그랬다. 그러나 도시와 농촌의 연계는 극히 취약했고 CNT의 노력은 대부분 더 큰 도시의 산업화한 노동자들에게 집중하는 경향이 있었다.[28]

제1차세계대전 기간뿐 아니라 1930년대에도 CNT의 특히 중요한 지지 기반은 바르셀로나를 비롯한 카탈루냐 지방 도시들의 산업·공장 노동자였다. 일반적으로는 아나키스트들이, 특별하게는 CNT가 이 북동부 지방에서 그런 적극적 청중을 발견한 이유를 두고 역사가들 사이에서 상당한 논쟁이 있다.[29] 일부 역사가들은 농업 부문의 정체와 빈곤 때문에 제1차세계대전 기간에 바르셀로나의 노동인구 구성이 상당히 변했고, (아나키즘을 지지하고 폭력적인 사회적 충돌이 계속된 오랜 역사가 있는) 남부 지방에서 정처 없는 이주 농민들이 바르셀로나로 대거 몰려들었는데, 이들이 다른 집단들보다 더 민감하게 아나키즘의 매력에 반응했다고 주장한다.[30] 실제로 다른 지방에서 온 이주민이 바르셀로나 주민의 35퍼센트를 차지하던 1930년까지는 카탈루냐 출신이 아닌 노동자들이 CNT에서 훨씬 더 두드러졌다.[31]

다른 역사가들은 산업이 소규모 공장에 집중된 것과 수공업자의 업체들이 살아남은 것이 아나키즘의 침투에 유리하게 작용했을 수 있다고 강조한다.[32] 그러나 여기서 지적해야 할 것은 매우 숙련된 수공업 노동자들의 전형적 도시였던 마드리드가 사회당의 아성이었고, 산업의 기본 단위가 소규모였던 바스크 지방에서도 CNT는 뿌리를 내리지 못했다는 점이다. 게다가 바르셀로나에서 CNT는 아주 다양한 산업 노동자들을 가입시켰는데, 그중에는 금속 노동자, 건설 노동자(벽돌공과 그 조수), 목재 가공 노동자(목수)뿐 아니라 섬유 노동자, 항만 노동자, 짐마차꾼도 있었다. 다른 잠재적 요인으로는 카탈루냐의 불리한 경제 환경에서 주요 사용자 단체들이 노조를 강력하게 억압하는 태도를 취했기 때문에 노동자들이 안정된 단체교섭 관계를 확립할 수 없었고, 그래서 투쟁과 연대를 강조하는 CNT 쪽으로 이끌리는 경향이 있었다는 사실이다. 마지막으로 사회·정치 관계의 전반적 맥락에 더 주목하는 역사가들도 있다. 특히 민주적 개혁이 실패하자 좌절감이 널리 퍼졌고, 민족·역사·언어의 차이가 카탈루냐인들과 카스티야인들을 분열시켰고 그래서 카탈루냐인들은 스페인의 중앙집권적 국가기구는 어떤 형태든지 죄다 불신하는 경향이 있었다는 사실을 강조한다.[33]

아일랜드의 ITGWU 조합원은 대부분 더블린에서 가입했다(물론 다른 지역, 특히 벨파스트와 슬라이고에서도 중요한 집단들이 가입했다). 라킨은 더블린 항구의 열쇠는 항만 노동자들에게 있다고 생각했는데, 그들은 나중에 ITGWU의 핵심이자 중추가 됐다. 그리고 더블린은 주로 산업이 아니라 무역에 의존하는 도시였기 때문에, 부수적 고용도 항만 노동자들이 좌우하다시피 했다. 그래서 ITGWU는 상업의 기반 시설 주변부에서 일하는 운수·항만, 필수 서비스 분야의 많은 미조직 노동자를 노조로 끌어들이려고 노력해서 성공을 거뒀다. 1913년쯤 ITGWU는 더블린의 거의 모든 미숙련 노동자들을 통제했다(비록 기네스[맥주 회사]나 '더블린 연합 전차 회사'에 고용된 노동자들처럼 몇몇 중요한 예외도 있었지만). 또 ITGWU는 농업 노동자들, 특히 더블린 주변의 대농장에 상시 고용된 노동자들을 조직하는 데서도 중요한 돌파구를 마련했다. 전후 아일랜드 남부의 농장 노동자들 사이에서 ITGWU 조합원 수가 급증했고, 1919년의 '토지 운동'은 ITGWU가 단일 거대 노조로서 우뚝 서는 데 도움이 됐다.[34]

마지막으로 영국의 신디컬리즘은 대규모 금속·기계 공장의 오래된 숙련 조직 노동자들(특히, 글래스고와 셰필드의)에게 매력적이었다. 그들은 숙련 노동자를 대체하는 기술 변화에 위협을 느끼고 있었다. 그러나 신디컬리즘은 그 밖의 다양한 산업 노동자들, 예컨대 광원(특히 사우스웨일스), 건설 노동자(특히 런던), 운수·철도 노동자(영국 전역) 사이에서도 영향력이 있었다. 의미심장하게도, 상무부의 노동 담당 부서 책임자였던 애스퀴스 경은 1910년 영국에서 확산된 파업은 대부분 노조 지도자들의 반대를 거슬러서 벌어졌고 "주로 청년들의 행동 때문에" 일어났다고 썼다.[35] 많은 점에서 산업의 조직 방식이 크게 바뀌고 사용자들이 기존 노동 관행을 공격한 것이 일부 청년 노동자 세대로 하여금 더 공격적인 조직 방식을 사용하도록 부추겼고, 그 과정에서 기존의 노동조합운동 형태와 관련된 방어적 사고방식을 뛰어넘게 했다. 비어트리스 웨브는 1913년에 경멸조로 다음과 같이 썼다.

신디컬리즘이 구식 마르크스주의를 대체했다. 요즘 안색이 나쁘고 이마를 찌푸리고 깡마르고 분노한 청년은 틀림없이 신디컬리스트다. 요즘 청산유수로 말하는 청년 노동자는 독일 사회민주주의가 아니라 프랑스 신디컬리즘의 문구를 떠들어 댄다.[36]

신디컬리즘이 기반을 확립한 다른 많은 나라에서 그랬듯이, 영국에서도 기존의 노동조합 구조와 다른 형태의 노동조합 조직을 모색하려는 노력에서 중요한 구실을 한 것은, 오래전부터 몸에 밴 전통이나 충성심에서 대체로 자유로운 청년 노동자들이었다.

요컨대, 신디컬리즘 운동이 대규모 산업의 공장 노동자들 사이에서 개혁주의적 노동조합만큼 깊고 넓게 뿌리내리지 못한 것은 사실이지만 그래도 다양한 정도로 다양한 맥락에서 다양한 노동자 집단 (숙련·반숙련·미숙련 노동자들)의 지지를 받았다. 그리고 여러 노동자 정당이나 사회주의 노동자 정당과 비교하면 신디컬리즘 운동의 사회적 구성은 거의 전적으로 노동계급이었다.

여성 문제

여성 문제에서 신디컬리즘의 기여는 꽤나 복잡하다. 이 점은, 예를 들어 프랑스·영국·미국의 운동을 살펴보면 잘 알 수 있다. 많은 평론가들이 신디컬리스트들은 작업장 쟁점과 투쟁에 집착했다고, 그래서 핵심 지지층을 조직 노동자나 곧 조직될 노동자, 보통은 남성 노동자로 협소하게 생각했다고 옳게 비판했다. 문제는 그렇게 주로 작업장 투쟁에 집중하다 보니 가정과 직장에 두루 영향을 미치는 여성 억압을 무시하게 됐고, 흔히 더 광범한 정치 쟁점들, 특히 여성 선거권 문제를 노골적으로 거부하게 됐다는 것이다. "기존 정치제도 안에서 활동하고자 하는 사람들을 그 정치적 견해 차이는 따져 보지 않고 죄다 무시하는 태도와 그 제도에 대한 건강한 냉소를 혼동했다."[37]

제러미 제닝스는 프랑스 신디컬리즘 운동이 여성 투표권 문제에 특히 무관심했다고 강조했다.[38] 손에루아르 주 출신의 학교 교사였던 마리 기요가 주목할 만한 예외였을 뿐 CGT 안에서 여성 참정권을 지지한 사람은 거의 없었다. 기요는 여성에게 투표권이 교육적 가치가 있다고 주장했다. "사회·정치 문제에 관여할 권리를 여성에게 주지 않는다면 어떻게 여성을 교육할 것인가?"[39] 그러나 그런 주장은 투표에 반대하는 신디컬리즘 이론의 관점에서 대부분 묵살됐다. 〈라

비 우브리에르)의 기자 알프레드 로스메르는 영국 여성들의 투표권 획득 가능성에 대해 '최소한의 열의'도 없이 고찰하면서, 그런 조처에서 얻을 수 있는 이득은 단 하나뿐이라고 봤다. "여성들이 의회적 행동의 효과가 거의 없다는 것을 알게 되면, 다른 수단을 찾아서 더 멀리 나아갈 것이다."[40] 투표는 곧 신디컬리스트들이 파괴하고자 하는 제도에 참여하는 것이었다. 이런 비판적 관점에서 보면

> 페미니즘은 중간계급 여성들이 주도하는 부르주아 운동이었다. 그들은 같은 계급 남성과 여성이 이해관계를 바탕으로 연대하는 것을 파괴하고 그것을 그릇된 연대, 즉 경제 질서에서 차지하는 지위와 상관없이 성별이 같은 사람들끼리 연대하는 것으로 대체하려 했다.[41]

IWW도 노동계급 여성에게 투표권은 큰 의미가 없고 별로 중요하지 않다고 생각했다. 조 힐의 유명한 노래 〈반역자 아가씨〉의 주인공이자 IWW의 걸출한 여성 조직자였던 엘리자베스 걸리 플린조차 "투표는 여성을 자유롭게 해 주지 못할 것"이라고 주장했다. 그녀는 여성들에게 "자신이 일하는 생산 현장에서 자신의 힘을 발견하라"고 조언했다. 또 여성 참정권 운동은 '부유한 변덕쟁이들'이 지배한다고 생각했고, '응접실의 여왕'은 '부엌의 하녀'와 공통의 관심사가 전혀 없으며 백화점 소유주의 부인은 주급 5달러의 점원 신세를 면할 수 있는 길은 오로지 성매매뿐이라는 사실을 깨달은 17세 소녀에게 결코 자매애를 보여 주지 않는다고 강조했다.[42] 1916년 〈인더스트리얼 워커〉는 미국의 여성 참정권 운동가들이 투표권을 얻으려고 투쟁할 때 직접행동 전술을 사용한 것을 되돌아보면서 "여성들이 직접행동을 할 수 있는데도, 뭔가 가치 있는 것을 스스로 얻기 위해 직접행동을 하지 않는" 이유를 모르겠다고 투덜거렸다.[43]

영국의 ISEL은 [여성 참정권 운동에] 약간 더 공감하는 태도를 취했지만, 〈신디컬리스트〉에서는 여성사회정치연합에* 대해 똑같이 무시하는 감정이 드러났다.

여성 참정권 운동은 우리의 딸과 부인에게 좋은 교육적 영향을 미치고 있다. 그 운동은 혁명으로 가는 길을 닦고 있다. 여성 참정권 운동가들은 그들의 공격적 전술로 분명히 목표를 쟁취할 것이다. 그러나 우리가 볼 때 약간 아이러니인 것은 그들이 지금 **직접행동**으로 만들어 내는 상황 때문에 오늘날 '투표하는 소 떼' 같은 남성처럼 그들 자신도 앞으로 무기력해질 것이라는 점이다! 여성이 투표권을 얻는 바로 그날부터 여성 운동은 변질되기 시작할 것이다.[44]

그렇게 무시하는 태도는 영국의 신디컬리스트들뿐 아니라 다른 모든 노동자·사회주의 조직도 마찬가지였다. 그들 중의 어느 누구도 여성의 참정권이나 여성의 권리 일반을 운동의 우선순위로 삼지 않았다. 결국, 여성 참정권 운동의 일부 지도자들은 노동자들의 산업 투쟁에 혐오감을 드러냈고 이것은 두 운동의 사이를 틀어지게 하는 한 요인이 됐다. "두 운동의 비극은 서로 쳐다보지도 않은 채 나란히 제 갈 길을 갔다는 것이다."[45]

한편, 신디컬리스트들이 어디서나 직면해야 했던 중대한 쟁점 하나는 노동시장에서 점차 늘어나는 여성에 대해 어떤 태도를 취할 것인가 하는 문제였다. 프랑스 신디컬리스트들은 이 문제를 두고 자기들끼리 의견이 엇갈렸다.

---

* Women's Social and Political Union. 1903~1917년에 영국에서 여성 참정권 운동을 이끈 단체.

특히 여성의 지위나 결혼, 가족에 대한 일반적 견해가 신디컬리스트들 사이에서도 다양하다는 사실이 발견됐기 때문이다. 성性 정치의 기본 원칙에 관한 한, 신디컬리즘 운동 전체는 일관되거나 조리 있는 분명한 태도를 취할 수 없었다.[46]

물론 다른 나라와 마찬가지로 프랑스에서도 일부 신디컬리스트 개인들은 당시의 전통적 편견, 즉 여성의 구실은 주로 집안일을 하는 것이라는 편견을 공유했다. 그런 태도는 당시 여성의 임금노동이 드물었고 대다수 여성은 가족 안에서 남성에게 봉사하는 무보수 노동을 고되게 했다는 사실에 비춰 봐야 한다. [여성의] 이런 하찮은 지위는 이탈리아와 스페인 같은 나라들에서 훨씬 더 두드러졌다. 스페인의 CNT는 1918년에야 처음으로 여성에게 조합원 자격을 허용했다. 그러나 대체로 신디컬리스트들은 당대의 대다수 진보주의자들과 견해가 같았다. 그래서 여성 착취는 오직 계급에 바탕을 둔 행동을 통해서만 끝장낼 수 있다고 생각했다. 따라서 노동계급 여성은 임금노동 시장에 진출하고 노동조합을 경험하고 정치적 행동에 나서야 했다. 그러나 이런 이른바 해방의 수단들 자체가 내부 관행상 성적으로 불평등할 수 있다는 것은 거의 토론되지 않았거나 인정되지도 않았던 듯하다. 또 신디컬리즘 운동과 여성 노동의 관계도 [나라마다] 차이가 있었다.

프랑스에서는 1911년 무렵 비非농업 노동인구의 35퍼센트 이상이 여성이었지만(다른 나라들과 비교하면 높은 비율이었다) 1914년까지도 조직 노동자 중에서 여성의 비율은 8퍼센트를 약간 넘었을 뿐이다(그중에 4분의 1은 여성 조합원만 있는 노조 소속이었다).[47] 그러나 그런 여성 노동자들의 구체적 불만과 염원에 거의 주의를 기울이지 않은 것은 사회당과 주류 노동조합만이 아니었다. '여성 문제'를 대하는 신디컬리스트들의 태도는 처음부터 숙련 노동자들의 남성 우월주의를 반영하는 경향이 있었는데, 숙련 노동자들은 여성 노동자를 '자본주의의 트로이 목마'쯤으로 여겼다. 즉, 남성 숙련 노동자들의 임금 수준을 떨어뜨리고 숙련도를 희석시키기 위해 여성 노동자가 작업장에 투입된다고 본 것이다. 산업 현장에 여성이 늘어나는 것에 대항하는 조처의 일환으로 일부 CGT 조합원들은 동일노동 동일임금을 요구하기도 했는데, "여성을 고용하는 것이 더는 남는 장사가 아니라는 점을 사용자들에게 일깨우려는 냉소적 방법"이었다.[48] 1901년 낭시에서 인쇄공 파업을 분쇄하려고 여성 대체 인력이 투입되자 "여성은 값싸고 말 잘 듣는 노동자라는 고정관념이 더욱 굳어졌다."[49]

CGT는 여성 노동자를 조직하려는 노력을 거의 하지 않았으며, 신디컬리스트들의 선전은 오로지 남성 노동자들만을 겨냥하는 경우가 너무 흔했다. 어쩌다 가끔 예외적으로 여성 노동자들을 겨냥해 선전하는 경우에는 흔히 여성이 가정에서 지켜야 할 의무와 정절에 관한 전통적 여성상을 반영했다. 그러나 영국 여성 참정권 운동가들의 직접행동뿐 아니라 점차 프랑스 여성 노동자들의 항의 행동도 증가하자 CGT 일각에서는 여성 노동자들에 대한 태도를 재평가하기 시작했다. 1900년 CGT 대회에 참석한 대의원들은 이제 그만 페미니즘에 반대하는 태도를 버리고 여성 노동자들을 가입시키라는 강력한 권고를 받았다. 그리고 1907년에는 '노동조합 페미니스트 행동위원회'가 설립돼서, 지역 그룹들이 노동거래소에서 모임을 열었다. 여성 조합원이 토론하기에는 남성이 지배하는 카페보다 노동거래소가 더 적절한 공간이라고 생각했기 때문이다. 로버트 매그로는 "당시 CGT 선전물의 논조와 내용을 보면, 여전히 전통적 편견의 흔적이 많이 남아 있었다는 사실을 알 수 있다"고 주장했다. 예컨대, '토요 반일 근무' 운동에 대한 여성들의 지지를 얻기 위해 만들어진 포스터에는 "아빠와

아들이 토요일 오후에 낚시를 하는 동안 엄마는 토요일 오후의 '자유' 시간에 행복하게 집안일을 하고 있다!"[50]

그러나 1913년 이른바 '쿠리오 사건'과 함께 중요한 전환점이 찾아왔다. 리옹에서 인쇄공 일자리를 얻은 여성[에마 쿠리오]이 지역 인쇄 노조에 가입을 요청했지만, 노조는 이를 거부했을 뿐 아니라 남편[루이 쿠리오]이 아내에게 일자리를 포기하도록 설득하지 않았다는 이유로 남편도 노조에서 제명해 버렸고 노조의 (개혁주의) 신디컬리스트 지도자인 오귀스트 쾨페는 이 조처를 사실상 지지했다. 〈바타유 생디칼리스트〉의 지면에서 알프레드 로스메르는 이 사건의 직접 당사자 일부의 견해를 공개했는데, J 보티넬리는 인쇄공들을 대표해서 다음과 같이 말했다. "맞습니다. 우리는 인쇄 작업에서 여성들을 쫓아내려고 합니다. … 사람들은 우리더러 이기주의자라고 말하지만, 알게 뭡니까? 우리는 우리 전문직의 이익을 방어하고 있을 뿐입니다."[51] 그러나 피에르 모나트 같은 CGT 지도자들은 인쇄공들의 '케케묵은' 남성 우월주의와 거리를 두려 했고, 로스메르는 여성의 노동권을 지지하는 운동을 벌였다. 점차 여성의 임금노동은 상시적 현실로 받아들여졌고, 여성을 노동시장에서 배제하기보다는 노동조합원으로 조직하려는 노력이 어느 정도 진행됐다. 1914년에 CGT는 여성 노동자들에게 새로운 관심을 갖고 여성 노동자의 구체적 쟁점들을 조사하고 CGT의 남성 조합원들을 '교육하고' 여성 간부를 육성하려고 노력하기 시작했다.

미국의 IWW도 내부적으로 비슷한 모호함이 있었지만, 여성 노동자들을 조직하려는 노력은 훨씬 더 많았다. 대체로 IWW는 여성 노동자를 조직할 수 없다는 주장을 일축하면서, 여성 노동자들이 노동조합운동을 불신하는 것은 순전히 AFL에서 나쁜 경험을 했기 때문이라고 강조했다. IWW는 남성 노동자들에게 다음과 같이 촉구했다.

여성 노동자들과 싸우지 마십시오. 여성들은 일을 해야 한다고 생각합니다. 그들이 일을 하는 이유는 일부 기업을 '돈방석에 앉혀 놓는 것'이 즐거워서가 아닙니다. 먹고살려면 어쩔 수 없기 때문입니다.

그러면서 다음과 같이 충고했다. "여성을 비난하지 말고 체제를 비난하십시오. 조건을 개선하고 체제를 바꾸기 위해 교육하고 선동하고 조직하시오."[52] 그러나 필립 포너가 지적했듯이, IWW도 여성 노동자 문제에서 태도가 모순됐다. 그래서 결혼하지 않은 젊은 여성이 노동시장에 진출하고 조직되는 것은 정당할 뿐 아니라 심지어 바람직하지만 기혼 여성의 경우는 완전히 다르다고 생각했다. IWW는 "오늘 공장에서 일하는 아가씨는 내일 남성 조합원의 좋은 내조자가 될 것"이라고 생각한 반면, 결혼한 여성의 노동은 "일하느라 가정과 자녀를 돌보지 않고 방치하는" 끔찍한 일로 여겨 기혼 여성을 노동인구에서 배제하는 것이 중요하다고 믿었다.[53]

처음부터 IWW의 목표는 여성들을 노조에 가입시키고 그들의 투쟁을 고무하는 것이었다. 창립 대회 직후에 IWW는 여성들을 노조 조직자로 채용했다(가장 유명한 사람은 엘리자베스 걸리 플린과 마틸다 라비노비츠였다). 그렇지만 일부 역사가들은 다음과 같이 주장했다. "IWW가 여성의 권리를 지지한 것의 특징은 페미니즘이라기보다는 '노동자주의'라 할 수 있다. 그들은 성별 차이가 아니라 계급 차이에 따른 여성 착취 문제에 집중했기 때문이다."[54] IWW는 여성도 노조에서 완전한 조합원 자격과 동등한 권리를 누려야 한다는 원칙은 단호했지만, 임금노동자인 여성만이 가입할 수 있었으므로 임금노동을 하지 않는 여성은 배제될 수밖에 없었다.

IWW는 주로 남성 노동자들 사이에서 활동했고, 그래서 주로 남성 조직이었다. 앞서 봤듯이, IWW의 주요 지지 기반은 미국 중서부와 극서부의 벌목꾼, 추수 노동자, 금속 광산 노동자 등 온갖 종류의 이주 노동자였다. "IWW의 행동주의는 떠돌이 노동자 합숙소, 벌목꾼 수용소, 서부 변경 지대 광산촌에서 생겨나고 성장했는데, 그런 곳의 사회적 구성과 성격은 압도적으로 남성적이었다. IWW의 계급 전쟁 언어와 세계관은 그렇게 거칠고 약간은 잔인한 노동 환경에서 비롯한 듯했다."[55] 프랜시스 쇼어는 심지어 IWW 문화의 특징은 작업장과 피켓라인에서 투쟁을 역설할 때 남성의 미덕을 찬양하는 저항적 남성주의, '남성적 신디컬리즘'이라고까지 주장했다.[56] 예컨대, 서부에서 IWW가 발행한 문헌은 이주 노동자, 보통은 결혼하지 않은 청년 남성 이주 노동자야말로 "미국 남성의 가장 훌륭한 표본이고 … 혁명적 노동운동의 효모"라며 그들을 중심으로 혁명적 산별노조 운동의 투쟁적 중핵이 구축될 것이라고 선언했다.[57]

아마 서부의 이주 노동자들 사이에서 그런 문화가 형성된 것은 그리 놀라운 일이 아닐 것이다. 그들은 다른 남성들과만 함께 지내는 일터에서 엄청나게 많은 시간을 보냈을 뿐 아니라 흔히 거의 남성들만 있는 환경에서 생활하고 사회화 과정을 거쳤다는 점을 감안하면 말이다. 그렇기는 하지만, 1907년 태평양 연안 북서부의 포틀랜드에서 일어난 목재 노동자 파업의 중요한 측면은 IWW 조합원인 니나 우드가 여성 단체를 조직했다는 점인데, 서부에서 목재 노동자나 광원들이 파업을 벌일 때마다 비슷한 여성 단체들이 만들어졌다. 이 여성들은 피케팅에 적극 참가해서, 흔히 대체 인력이나 경찰과 물리적으로 충돌하기도 했다.[58]

더욱이 서부의 IWW 조합원은 주로 남성이었지만(IWW가 조직한 대다수 산업에는 여성 노동자가 거의 없었다는 사실을 반영한다) 동부에서는 IWW가 여성 노동자들을 끌어들이는 데 훨씬 더 성공했다. 동부에서 IWW의 주요 조직 대상 산업은 섬유 제조업이었다. 섬유 노동자의 절반가량이 여성이었고, 그중에 다수는 20세 이하였으며 14세 미만도 많았다. 섬유 산업에서는 여성이 중추적 구실을 했으므로 여성이 충분히 참여하지 않는 산별노조는 상상할 수도 없었다. 유명한 1912년 로런스 파업에서도 IWW의 여성 노동자들은 가장 중요한 구실을 했다. 엘리자베스 걸리 플린과 빌 헤이우드는 특별히 여성 집회들을 조직해서, 여성의 참여를 못마땅하게 여기는 남편이나 동료 남성 노동자들에게 맞서라고 용기를 북돋았다. 그리고 여성들은 모든 위원회에 참여해서 지도부의 요직을 맡았고, 공개적으로 발언도 하고 피케팅도 했다. 플린은 다음과 같이 회상했다.

> 여성이 집회에 참가하거나 피켓라인에서 행진하는 것에 반대하는 남성이 상당히 많았다. 우리는 그런 생각에 맞서 단호하게 투쟁하기 시작했다. 여성들은 피케팅을 하고 싶어 했다. 그들은 아내였을 뿐 아니라 파업 노동자이기도 했고 용감한 투사이기도 했다. 그들을 가정에 남겨 두고 파업 활동에서 분리시키면 그들이 근심·걱정에 시달리고 상인·집주인·신부·목사의 불평에 휘둘리도록 놔두면 파업이 위험해질 수 있다는 사실을 우리는 알고 있었다. …
> 우리는 파업 노동자들에게 단일 거대 노조, 즉 기술이 있든 없든 외국 태생이든 토박이든 피부색·종교·성별이 어떻든 모든 노동자를 조직하는 노조에 대해 이야기했다. 우리는 기업주가 이 모든 차이를 이용해서 어떻게 노동자들을 분열시키고 서로 싸우게 만드는지를 보여 줬다. …
> 우리는 단호하게 다음과 같이 말했다. "여러분은 기업주를 위해 함께 일합니다. [그러나] 여러분 자신을 위해 단결해서 투쟁할 수도 있습니다!" 이것은 단지 노동조합이 아니었다. 그것은 단결한 민중의 십자군, '빵과 장미'의 십자군이었다.[59]

그런 노력에도 불구하고 플린은 IWW 내에 널리 퍼진 남성 우월주의 때문에 많은 여성이 조직 활동에 적극적으로 참여할 수 없었다고 주장했다. 그래서 플린은 IWW가 계속 여성 노동자들을 성공적으로 조직하려면 "여성의 특별한 필요에 맞게 선전을 조정해야" 하고 여성의 생활 조건에 맞는 특별한 종류의 조직을 발전시킬 필요가 있다고 자주 강조했다. "우리 남성 조합원 가운데 일부는 이 중대한 필요를 과소평가해서, IWW의 원칙들은 모두에게 똑같다고 주장하는 경향이 있지만 우리는 이 원칙들을 일정한 조건부로 승인한다."[60]

1913년 이후 IWW는 여성을 조직하려는 노력을 포기하지는 않았지만 점차 남성이 지배적인 산업들에서 적극적으로 활동했다. IWW는 집안일을 노동 범주에 포함시켜 논의한 미국 최초의 노동조합이었고, 호텔의 객실 청소부와 성매매 여성을 처음으로 조직하기도 했다. 또 IWW는 주요 여성 쟁점 하나, 즉 재생산 권리 문제에 대해 진보적 입장을 취하기도 했다. 산아제한 운동의 선구자였던 마거릿 생어는 자신의 잡지 《여성의 반란》 창간호에 유명한 IWW 규약 전문을 다시 실었고, IWW는 생어의 소책자 《가족계획》 초판을 비밀리에 10만 부 인쇄해 노조 판매망과 지지자들을 통해 전국에 배포했다. 조지아 코치, 캐롤라인 넬슨, 마리 에퀴 같은 IWW 여성 조합원들도 산아제한 운동의 주요 선전가였다.[61]

그러나 IWW가 공식적으로는 여성도 "집행부의 직책을 맡을 기회·의무·특권에서 동등한" 자격이 있다고 선언했지만, IWW 내에서 양성 간의 절대적 평등은 거의 이뤄지지 않았고 IWW의 전국 지도부 자리에 오른 여성도 거의 없었다. 많은 남성 조합원들은 여성 문제에서 여전히 전통적 견해를 갖고 있었고, 이 점은 IWW의 서부 지역 신문인 〈인더스트리얼 워커〉에 실린 많은 글에서 이주 노동자들의 성매매 이용을 옹호했을 때 항의가 없었다는 사실에서도 드러난다.[62] 또

IWW가 꿈꾼 노동자들의 유토피아에서는 남성 노동자가 충분히 많은 임금을 받아서 저녁에는 아내와 자녀가 있는 가족 품으로 돌아가고 여성은 가정을 잘 돌보는 모습이 계속 등장한다.[63] 그러나 많은 점에서 여성 노동자에 대한 IWW의 태도와 대우가 AFL이나 사회당과 비교하면 엄청난 진보였다는 것은 분명히 사실이다. AFL과 사회당은 모두 여성 참정권이나 여성의 권리 일반을 운동의 우선순위로 삼지 않았기 때문이다.

이탈리아와 스페인 신디컬리즘 운동의 성 정치가 더 진보적인 것은 아니었다. 특히 두 나라에서는 대의제 의회나 페미니즘 선동이 훨씬 덜 발전한 상황이었다. 그리고 두 나라의 신디컬리즘 운동을 주도한 단체들에서도 남성이 우세하기는 마찬가지였다. 비록 일부 여성 개인들이 요직에 오르기는 했지만 말이다(예컨대, CNT 소속 아나키스트인 페데리카 몬체니는 1936년 스페인 민중전선 정부에서 보건부 장관을 지냈다). 그러나 CNT가 1930년대에 여성 쟁점들을 내걸고 분명하게 운동을 벌이지 않았다고 해서 단지 작업장 문제에만 관심을 쏟은 것은 결코 아니었고 흔히 지역사회에 직접 개입해서 (임금 노동자든 아니든) 여성들의 항의 행동에서 중추적 구실도 했다. 예컨대, 1931년 바르셀로나 집세 파업 때 CNT 조합원들은 파업 노동자들의 공동주택에 전기를 다시 연결해 줬고 퇴거 저지 활동에도 동참했다. 다른 경우에도 CNT가 주도한 파업에 지역사회 전체가 동참해서 파업 노동자의 가족을 돌봐 주는 연대 행동을 하기도 했다.[64] 이와 대조적으로 아일랜드에서는 ITGWU가 처음부터 여성의 권리를 옹호하고 여성 선거권 운동을 열렬히 지지했지만, 오직 남성만 조합원으로 받아들였기 때문에 1911년 9월 짐 라킨의 여동생 델리아는 아일랜드여성노조IWWU를 창립해서 사무총장이 됐(고 라킨은 의장이 됐)다.[65] 그러나 다른 곳에서와 마찬가지로, 노조가 사용자·국가와 충돌하자 파업 노동자의 가족을 포함한 더 광범한 지역사회의 지지가 필요했고 그 결과 일부 여성들을 노조로 끌어들였다.

소수민족과 이민노동자

신디컬리스트들은 이민노동자 문제뿐 아니라 노동계급 운동 내의 잠재적 민족 분열에도 직면해야 했다. 물론 이런 문제의 중요성은 나라마다 달랐다. 프랑스에서는 1911년 무렵 이민자가 116만 명쯤 있었는데, 이들은 산업 노동인구의 약 10퍼센트를 차지했다.[66] 벨기에 출신 이민노동자들은 프랑스 섬유 노동자의 3분의 1가량 됐고, 이들 때문에 루베* 노동운동은 노동조합 조직의 측면에서 약간 복잡한 특징을 갖게 됐다. 플라망어를 사용하고 가톨릭 신자가 많은 벨기에 노동자들은 문화적으로는 여전히 프랑스 노동자들과 사뭇 달랐고 빈민가 지역에 모여 살았다. 한편, 직업소개소는 독일인들을 모집해서 파리의 수공업계에 들여보냈고, 로렌의 철강업 부문에는 수많은 이탈리아인들이, 급성장하는 파드칼레의 탄전 지대에도 다양한 민족 집단들이 있었다. 로버트 매그로는 이민자들이 스스로 급진주의 전통을 갖고 들어온 곳에서도(예컨대, 로마냐 출신 이탈리아인들이나 카탈루냐 출신 스페인인들처럼) 이민자들은 시민권이 없어서 노동조합 활동에 관여하면 추방 위협에 시달렸다고 지적한다. 1873~1896년의 대불황기에 그런 이민자들의 존재는 노동계급 사이에서 외국인 혐오 물결을 부추기는 데 일조했고, 프랑스와 이탈리아의 무역 분쟁은 반反 이탈리아 정서를 부채질했고, 마찬가지로 프랑스 동부에서 [1870~1871년

---

* Roubaix. 프랑스 북부의 도시. 벨기에 국경에 인접해 있고, 모직물 공업의 중심지다.

[프로이센·프랑스 전쟁으로] 잃어버린 영토를 회복하고자 하는 염원은 반(反)독일 감정을 조장했다. 더욱이 파업 때 외국인 노동자들이 가끔 '대체인력'으로 투입되자 일부 프랑스 노동자들의 반(反)이민자 감정은 더욱 심해졌다.[67]

비록 1914년 이전에 CGT는 외국 태생 노동자들을 조직하는 일에 헌신한다고 공식적으로 주장했지만, "이민노동자들이 프랑스 노동시장에 침투할 때는 흔히 진정한 적대감을 드러냈다." 제1차세계대전 후 (이제는) 개혁주의 지도부가 이끌게 된 CGT는 이민을 지지했지만, 민감한 노동시장에 진출하는 이민노동자 수는 규제하라고 요구했고, 대도시들에서는 CGT가 공공 취업 알선 기관(이민자 직업소개소)에서 몇 자리씩 차지하기도 했다.[68]

이와 대조적으로 IWW는 훨씬 더 포용적인 태도를 취했다. 미국의 노동계급은 민족적·종교적 이질성으로 유명했다.

미국 토박이들은 아일랜드에서 온 가톨릭 이민자들을 그저 경멸하기만 했다. 그러자 아일랜드 노동자들은 자신들보다 뒤늦게 이민 온 폴란드인, 슬라브인, 이탈리아인을 무시했다. 백인 [노동자]들은 [흑인 노동자들을 — 지은이] 두려워했다. … 사용자들은 한 노동자 집단을 다른 노동자 집단과 경쟁시켜서 쉽사리 이득을 챙겼고, 약삭빠르게 노동자들을 서로 뒤섞어서 집단적 연대를 약화시켰다.[69]

그렇지만 IWW는 다른 미국 노조들이 하지 않은 일을 했다. 인종·신앙·성별의 차이를 떠나 모든 노동자에게 문호를 개방한 것이다. 조지 스피드라는 서부 해안 조직자는 다음과 같이 말했다. "나에게는 모든 사람이 다 똑같다. 그가 사람답게 행동하고 노동자의 경제적 이해관계에 충실하게 행동한다면 피부색이 검든 푸르든 녹색이든 황색이든 상관없다."[70] IWW의 리플릿은 "흑인 노동자와 백인 [노동자]가 완전히 평등하다고 인정하는" 노동자 조직은 단 하나, 즉 "세계산업노동자동맹"뿐이라고 선언했다.[71] 이런 주장은 미국 흑인지위향상협회NAACP의 창립자 중 한 명인 메리 화이트 오빙턴의 말로도 입증된다. "이 나라에서 [흑인의 완전한 권리에 ― 지은이] 실제로 관심을 쏟는다는 것이 입증된 조직은 둘뿐이다. 첫째는 NAACP다. … 흑인 격리 정책을 비판하는 둘째 조직은 IWW다. … IWW는 흑인들 편이다."[72]

필립 포너에 따르면, IWW는 조합원들에게 노동자는 피부색과 상관없이 모두 평등하다는 사실을 교육하려고 노력했다.[73] IWW는 이런 교육에 모든 간행물을 적극 활용했다. 예컨대, 뉴올리언스에서 발행된 IWW의 남부 기관지인 〈보이스 오브 더 피플〉은 흑인 노동자를 조직하는 것이 곧 "먹고사는 경제적 문제"라고 조합원들에게 끊임없이 상기시켰다. "흑인을 여러분의 노조 밖에 내버려 두면, 지금은 아니더라도 언젠가는 파업 파괴자가 될 수 있고 이것은 흑인 노동자 자신에게 이롭지 않은 것은 물론 조직된 노동자들에게도 위험합니다." 인종적 편견은 작업장에서 오직 한 가지 결과, 즉 "노동자들끼리 서로 싸우는 동안 기업주가 어부지리를 얻는" 결과만 낳을 수 있었다. 백인 노동자가 다른 노동자들보다 '우월하다'는 생각은 자본가들이 만들어 낸 것이었다.[74] 또, IWW는 모든 인종의 통합을 노조 규약으로 정해서 자신들의 주장을 실천하기도 했는데, 이것이 특별히 용감한 행동이었던 이유는 당시만 해도 이른바 짐 크로 법* 같은 인종차별 정책이 남부 전역에서 여전히 위세를 떨치고 있었고 대통령 취임

---

* Jim Crow Law. 미국 남북전쟁 이후의 재건 시기가 공식적으로 끝난 1877년부터 강력한 공민권운동이 전개된 1960년대까지 남부에서 효력을 발휘한 인종차별법의 통칭. 짐 크로는 백인이 흑인으로 분장하고 춤과 음악, 촌극 등을 섞어서 공연한 쇼의 주인공 이름으로 나중에 흑인을 경멸하고 비하하는 표현이 됐다.

식 퍼레이드 때 KKK단이 행진을 하던 때였기 때문이다.

1912년 5월 빌 헤이우드는 루이지애나로 가서 목재노동자단체^{BTW} 2차 지역 대회에서 연설했다. BTW는 루이지애나·아칸소·텍사스 주의 삼림·제재소 노동자들이 만든 독립 노조였는데, 남부에서 처음으로 흑인 노동자를 받아들인 노조 가운데 하나였다(조합원의 절반가량이 흑인이었다). 목재 회사들에 맞서 싸우는 대규모 파업이 한창이었으므로 헤이우드는 BTW가 IWW에 가입하면 돈과 조직자들을 지원하겠다고 약속하고, 사용자들에 맞서 싸우기 위한 흑인과 백인 노동자들의 공동전선을 강력하게 주장했다.[75] 그러나 놀랍게도 대회장에는 흑인 노동자가 한 사람도 없다는 사실을 깨닫고(루이지애나에서는 흑인과 백인이 함께 모이는 것이 불법이었다), 헤이우드는 곧바로 다음과 같이 호소했다.

> 여러분은 똑같은 제재소에서 함께 일합니다. 때로는 흑인 노동자와 백인 노동자가 똑같은 나무를 함께 베어 냅니다. 여러분은 지금 여러분의 노동조건을 의논하려고 이 자리에 모였습니다. 여기서 결의안을 통과시키고 그것을 다른 방으로 보내서 흑인 노동자들이 그 결의안에 따라 행동하게 하는 것은 현명한 일 처리 방법이 아닙니다. 흑인 노동자들을 이 대회장으로 부르는 것이 합리적이지 않습니까? 만약 그것이 법을 어기는 행동이라면, 지금이야말로 그 법을 깨뜨려야 할 때입니다.[76]

그 뒤에 흑인 노동자들이 대회장에 초청됐고, 토론과 투표를 거쳐 3 대 1로 BTW의 IWW 가입이 결정됐으며, BTW의 원칙이 공식적으로 채택되고 위원회나 모임 등이 통합됐다. 단체 이름을 '전국 삼림·목재 노동자 산별노조 남부 지구'로 바꿔서 제재소가 있는 도시들을 하나씩 조직하기 시작했고, 파업이 잇따라 벌어진 1912~1913년에는 조합원을 늘리는 데 성공했다. 그러나 사용자들도 재빨리 제재소 46개를 폐쇄하는 등 직장 폐쇄로 반격에 나섰고, 나중에 블랙리스트 유포, 체포와 투옥, 집단 폭행이 잇따르자 1914년 봄에 노조는 사실상 파괴되고 말았다. 그렇지만 그때까지 남부의 산업에서는 결코 찾아볼 수 없었던 흑인 노동자들과 백인 노동자들의 단결을 이뤄내면서, 공격적 투쟁과 노동자 연대라는 인상적 전통을 남겼다.[77]

IWW는 미국 북동부 해안의 흑인 노동자들 사이에서 또 다른 중요한 기반을 구축했다. IWW의 항운노조[MTW] 8지부는 1913년 처음 조직됐을 때 IWW에서 가장 크고 가장 효과적인 지부 가운데 하나였는데, 전부 다는 아니지만 주로 흑인 노동자로 이뤄져 있었다. 그 지부는 민족이나 인종 간 경쟁을 뛰어넘어 노동계급의 단결을 굳건하게 옹호한 유명한 흑인 벤 플레처가 이끌었고, 필라델피아 항만 안팎에 조합원이 약 4000명 있었다. 플레처는 IWW의 중앙집행위원으로 선출됐고, 제1차세계대전을 '방해'한 혐의로 1918년 투옥된 IWW 지도자들 중 한 명이었다. IWW의 조직자나 웅변가로 전국적 명성을 얻은 다른 흑인 노동자 중에는 로스코 T 심스와 알론소 리처즈 등이 있다.[78]

비록 전국 수준에서 IWW의 흑인 조합원 규모를 알 수 있는 통계 자료는 없지만, 최대 10만 명이라고 주장하는 평론가들도 있다. 물론 당시 IWW가 그와 비슷한 주장을 한 적은 없었다는 것을 보면, 실제로는 훨씬 더 적었을 가능성이 크다.[79] 그러나 IWW가 흑인 노동자들을 위해서 투쟁하고 그들을 가입시키려고 노력한 것은 사실이지만, 한편으로는 [흑인] 차별과 격리, 시민적·정치적 권리 박탈, 인종차별적 폭력 문제 전체를 계급투쟁과 작업장 투쟁 문제로 환원하는 경향이 있었다는 사실도 지적해야겠다. 그 결과 IWW는 사회 속의 더 광범한 인종적·정치적 투쟁에 관여하거나 그런 투쟁과 결합하는 데 사실상 실패했고, 그래서 흑인 노동자들이 IWW에 매력을 느낄 수 있는 여지도 줄어들었다.

미국 서부 해안에서는 아시아 노동자에 대한 편견이 흑인에 대한 편견만큼 또는 그보다 더 심했다. 많은 노동자는 이른바 '황화黃禍론', 즉 황인종 때문에 백인이 일자리를 빼앗기거나 생활수준이 떨어질 것이라는 주장을 받아들였고, AFL 산하 노조들은 아시아인의 이민을 완전히 금지하거나 엄격히 규제하라고 끊임없이 요구했다. 이런 견해와 사뭇 다르게 IWW는 중국인·일본인·필리핀인 등 아시아 노동자들을 환영하며 조합원으로 받아들였다.

> AFL은 중국·일본·남유럽 인종들을 '달갑지 않은' 이민자 계급이라고 부르며 그들에 맞서 싸운다. 그리고 그들이 미국에 들어오지 못하도록 법으로 금지해야 한다고 선동한다. IWW는 종교·국적·직업과 상관없이 모든 임금노동자에게 우애의 손을 내민다.[80]

일본과 중국 노동자들은 보통 IWW에 직접 가입하지 않고 독자적 노동조직을 결성해서 IWW와 협력했다.

한편, 미국 남서부의 IWW 산하 광원노조와 추수 노동자 노조에는 멕시코 이민자들의 참여 수준이 매우 높았고, 동부의 항운노조에도 상당수의 히스패닉계 조합원이 있었다.[81] IWW는 (프랑스어·이탈리아어·스페인어·헝가리어·러시아어 등) 외국어로 된 소책자·리플릿·신문을 발행했고, IWW의 일부 지역 노조에는 외국인 지부도 설립됐다. 예컨대, 금속·기계 산별노조에는 헝가리인 지부가 있었고, 샌디에이고와 로스앤젤레스에서 멕시코인들은 독자적으로 IWW 지부를 결성했다.[82] 외국어를 할 줄 아는 IWW 조직자들은 이민노동자 중심지에서 활동하려고 끊임없이 노력했고, 이탈리아사회주의연맹ISF의 신문 〈일 프롤레타리오〉는 IWW의 공식 기관지가 되기도 했다.

이와 대조적으로, 상대적 후진국인 이탈리아와 스페인에서는 외국인 이민자가 비교적 많지 않았다. 그래서 신디컬리스트들이 노동계급 운동 안에서 맞닥뜨려야 했던 내부 분열은 주로 출신 지방에 따른 국내 노동자들의 분열, 특히 (주로 공업지대인) 북부와 (주로 농업지대인) 남부 출신 노동자들의 분열이었다. USI와 CNT는 모두 남부 이주 노동자들이 [북부 노동자들을] 위협한다는 착각과 편견에 도전하려고 끊임없이 노력했는데, 그런 착각과 편견은 흔히 부르주아 정치 세력들이 부추긴 것이었다. 예컨대, 바르셀로나에서는 1930년까지 다른 지방에서 온 이주자들이 시 주민의 3분의 1 이상을 차지했고 CNT에서도 두드러진 구실을 했다는 사실은 그런 편견을 강화시킴과 동시에 편견에 도전하는 데 일조하기도 했다. 그러나 그렇게 '달갑지 않은 집단들'의 귀환을 조직하려는 당국의 노력이 실패한 것은 CNT의 영향력과 그 연대 철학을 보여 주는 증거라고 할 수 있는데, 친親아나키즘 단체들이 여기에 중요한 기여를 했다.[83]

가톨릭교

몇몇 나라에서 신디컬리스트들이 맞닥뜨려야 했던 또 다른 쟁점은 종교, 특히 가톨릭교 문제였다. 아나키즘의 영향을 받은 신디컬리즘 운동이 스페인과 이탈리아에서 두드러졌던 것은 결코 우연이 아니었다. 두 나라는 모두 가톨릭 사회였고, 허약하고 무능한 자유주의 운동의 후원 아래 농업 사회에서 산업 사회로의 엄청난 경제적 변혁이 시작됐(다가 곧 수렁에 빠져 버렸)기 때문이다. 그 결과 농업 급진주의는 아나키즘 색채를 띠는 경향이 있었는데, 이 운동은 지주뿐 아니라 지주의 보호자, 특히 왕정과 가톨릭교회에도 대항했다. 이 점에서, 이탈리아 USI와 스페인 CNT 내 아나키스트들의 '광적인' 반反성직주의 정서는 확고한 기반이 있었다.[84]

이탈리아의 노동계급 정치는 '종교 문제'로 크게 시달렸다. G D H 콜에 따르면 USI와 이탈리아 좌파 전체가 "교황권에 반대하는 편에 섰으며" 정치 문제에서 '세속주의' 원칙을 지지했다. 이와 대조적으로

> 더 보수적인 가톨릭 집단들은 신도들을 결집해서 신디컬리스트들에 대항했고, 교황청은 더 반동적인 가톨릭 그룹들을 단호하게 편들었으며, 사회적 억압에 맞서 투쟁하는 농업 노동자들을 지지하는 사람들을 탄압하고자 전력을 다했다.[85]

스페인에서 CNT의 유명한 게릴라 지도자인 부에나벤투라 두루티가 사라고사의 대주교를 총으로 쏴 죽인 것은 1921년 경찰 총잡이들이 CNT 지도자 살바도르 세기를 살해한 것에 대한 보복이었다. 그리고 스페인 내전 기간에는 아나키스트 조직들이(그중 일부는 CNT와 연결돼 있었다) 많은 교회에 불을 질렀는데, 이 교회 방화는 1936년 여름에 정말 급속하게 유행했으며 그 과정에서 종교예술의 많은 걸작품이 파괴됐다. 또 내전 초기에 많은 파시스트 용의자를 즉결 처형한 것도 아나키스트 조직들이었다. 그들에게 빈번히 공격당한 피해자 중에는 신부와 수사도 있었다.[86] 제럴드 브레넌은 그런 행위를 다음과 같이 설명했다.

> 스페인 내전 기간에 아나키스트들이 [가톨릭 — 지은이]교회를 광적으로 증오하고 엄청난 폭력을 사용해서 공격한 것은 … 이단자들이 출신 교회에 대해 품게 된 증오심으로만 설명할 수 있다는 것이 내 생각이다. 스

페인의 자유지상주의자들은 가톨릭교회가 그리스도교 세계에서 적敵그리스도의* 지위를 차지하고 있다고 생각했다. 그들이 볼 때 가톨릭교회는 단지 혁명의 장애물만은 아니었다. 가톨릭교회는 원죄라는 엉터리 교리로 청년들을 타락시키는 만악의 근원이었다. … 신부와 수사들은 결정적인 역사적 순간에 자유지상주의자들을 버리고 부자들의 편으로 넘어가 버렸다는 것이다.[87]

프랑스에서 가톨릭교는 많은 여성과 플랑드르 지방의 노동자들에게, 그리고 남부의 일부 도시에서 여전히 영향력이 있었지만, 다른 곳에서는 가톨릭 성직자들이 사회적 불평등은 신의 섭리이고 빈곤의 해결책은 오직 소수 특권층의 자선뿐이라고 설교한다는 이유로 널리 미움받았다. 프랑스 노동운동은 계몽주의적 합리주의의 유산을 많이 공유했고, 그래서 과학·교육·실증주의를 공화국 민주주의와 분리할 수 없는 것으로, 사회주의의 필수적 구성 요소로 생각했다. 또 성직자의 영향에 대한 비판과 교육의 세속화를 문화·사상·사회 진보의 전제 조건으로 여겼다. 이브토는 교회가 민중의 적이지만 "유일한 적은 아니"라는 데 동의했다. 성직자들을 제거하더라도 그리스도교가 공화국이라는 종교로 대체된다면 아무 차이도 없을 터였다. "우리는 한 종교에서 해방돼 다른 종교의 호구로 전락하는 것을 결코 바라지 않는다."[88] 민중의 진정한 적들은 민중을 억압하고 노예로 만드는 자들이며, 따라서 교회뿐 아니라 무엇보다 공화국의 외피를 쓴 부르주아 국가도 제거해야 한다. 이브토는 다음과 같이 선언했다. "교회를 타도하자. 그리고 교회 안에 살고 있는 더러운 정신적 해충도 모

---

* Anti-Christ. 그리스도교 신약 성경에서 세계 종말 직전에 나타난다고 하는 예수의 적대자.

두 제거하자! 국가를 타도하자. 그리고 국가를 지지하고 존속시키는 자들도 모두 타도하자!"[89] 그러나 CGT는 성직주의 문제와 교회의 행위를 비교적 덜 중요하게 여겼다.

아일랜드에서 짐 라킨과 ITGWU 조합원의 압도 다수는 독실한 가톨릭교도였고, 더블린 노동계급의 대다수는 남자든 여자든 교회와 가톨릭 신앙에 공감하고 있었다. 그런 태도는 이탈리아·스페인·프랑스의 노동계급과 뚜렷한 차이가 있었다. 그러나 존 뉴싱어가 설명했듯이, 유럽 대륙에서는 가톨릭교회가 가톨릭 대지주나 가톨릭 정부의 동맹이었지만 아일랜드에서는 대지주와 정부가 프로테스탄트였다. 대륙에서는 신흥 중간계급이 가톨릭교회와 결탁한 봉건적 왕당파 반동 세력에 맞서 권력과 영향력을 쟁취하기 위해 싸워야 했으므로 반성직주의 강령을 중심으로 대중의 지지를 받으려고 하는 경향이 있었던 반면, 아일랜드에서는 가톨릭교회가 프로테스탄트 지배층과 영국에 대항하는 중간계급을 지지했다.[90] 그래서 라킨 자신이 미국에서 무신론자 청중을 상대로 연설할 때 다음과 같이 유명한 주장을 하기도 했다.

십자가와 사회주의는 결코 적대적 관계가 아닙니다. 우리는 목수였던 예수님께 기도할 수 있고, 그러면 더 나은 사회주의자가 될 수 있습니다. 제대로만 이해하면 마르크스의 염원과 그리스도의 염원은 서로 충돌하지 않습니다. 저는 십자가도 지지하고 카를 마르크스도 지지합니다. 저에게 《자본론》과 그리스도교 《성경》은 모두 '거룩한 책'[성서]입니다.[91]

그러나 라킨의 가톨릭 신앙에도 불구하고 가톨릭 신부들은 언론을 이용해서 ITGWU가 무신론을 퍼뜨리고 이혼과 산아제한을 지지하고 '적그리스도'의 활동을 하고 있다고 비난했다. ITGWU를 대하는 가톨릭 성직자들의 적대감은 1913년 더블린 직장 폐쇄 때 절정에 달했는데, 직장 폐쇄의 피해자인 노동자들이 자녀를 방학 동안 잉글랜드의 파업 지지자들 집에서 지내게 하려는 계획 때문이었다.* 에밋 라킨에 따르면, ITGWU의 성장에 대해 가톨릭교회는 처음부터 "터무니없는 욕설"을 퍼붓고 "반反사회주의 히스테리" 반응을 보였다.[92]

한편, 영국 제국주의의 역사적 유산 때문에 북아일랜드의 벨파스트 시에서는 프로테스탄트 [노동자와 자본가 사이의] 계급 연합이 이뤄졌고 따라서 노동운동은 가톨릭 종파주의만이 아니라 오렌지당에** 의해서도 엉망이 돼 버렸다. 부분적으로는 이런 이유 때문에, 그리고 부분적으로는 (ITGWU의 근거지였던 더블린보다 산업이 훨씬 더 발전한) 북아일랜드 경제의 다양한 구조 때문에 아일랜드 신디컬리즘은 거의 완전히 남부의 현상이었다. 1907년 라킨은 항만 노동자, 짐마차꾼, 탄광 노동자 2500명이 참가한 벨파스트 파업을 이끌었는데, 그 파업은 가톨릭 노동자와 프로테스탄트 노동자를 단결시켰고 정치적·종교적 편견을 약화시키는 데 기여했다. 10만 명 이상의 노동자가 프로테스탄트 지역인 샨킬 로드를 따라 시위 행진을 했는데, 여기에는 오렌지당과 [아일랜드] 민족주의자들의 플루트 밴드가 모두 참가했다. 그러나 영국 군대가 가톨릭 지역인 폴스 로드로 쳐들어가서 노동자 두 명을 총으로 쏴 죽였고, 사용자들은 프로테스탄트 노동자만으로 이뤄진 '황색'노조를 후원하는 등 종파주의를 강화하려 재빨리 움직였다. 그

---

* 가톨릭교회는 아일랜드의 가톨릭교도 자녀들이 잉글랜드에 가면 프로테스탄트나 무신론의 영향을 받을 것이라며 이 계획을 저지했다.

** Orange Order(또는 Society). 1795년 아일랜드 프로테스탄트가 조직한 비밀결사. 명예혁명으로 영국 왕이 된 오렌지공 윌리엄(프로테스탄트)이 1690년 아일랜드에서 제임스 2세(가톨릭)의 군대를 물리친 사건에서 이름을 따왔다.

결과, 장기적으로 ITGWU는 벨파스트에서 이렇다 할 성과를 거의 남기지 못했다.[93]

1914년 아일랜드 노총 대회에서 의장을 맡은 라킨은 남부와 북부를 분열시키고 있는 편견과 불관용을 비난하면서 다음과 같이 말했다. "종교 문제는 개인의 양심에 맡길 문제이고, 거의 대부분은 특정 지역에서 태어났거나 거주하게 된 결과입니다. … 스스로 양심의 자유, 예배의 자유를 요구하는 우리는 다른 모든 사람도 똑같은 권리를 누릴 수 있게 보장해야 합니다. … 불관용은 우리나라에 내려진 저주입니다. 우리는 모든 여성과 남성에게 관용과 동지애를 설파해야 합니다. … 누구나 살아갈 자유, 생각할 자유, 예배의 자유를 누릴 수 있어야 합니다. 어떤 책도, 어떤 거리도 봉쇄돼서는 안 됩니다."[94] 그렇지만 라킨은 여전히 독실한 가톨릭 신자였고, 한번은 영국 사회당이 잉글랜드 그림스비에서 주최한 연대 집회에 참석했다가 이혼녀와 함께 연단에 서지는 않겠다고 거부한 적도 있었다.[95] 가톨릭교회가 상당한 대중적 지지를 받으며 중대한 영향을 미친 아일랜드에서는 ITGWU의 유력한 지도자였던 제임스 코널리 같은 혁명적 사회주의자조차 가톨릭 신자인 척하지 않으면 안 된다고 느꼈다.[96] 코널리도 이혼을 자본주의의 산물이라고 비난했다. 비록 그렇게 주장하면서도 가톨릭교회의 여성관을 강력하게 비판하기는 했지만 말이다.[97]

미국에서 IWW는 조합원 중에 온갖 종교를 신봉하는 노동자들이 다 있다고 강조하면서도 조합원의 종교 사상은 IWW의 태도에 영향을 미치지 않는다고 주장했다. IWW는 가톨릭교회를 착취계급의 도구로 여겼고, 비록 노동자의 대의를 지지하는 성직자에게 경의를 표할 때도 가끔 있었지만 대체로는 많은 성직자가 노동자들에게 현재 상태를 맹목적으로 받아들이게 해서 자본가들에 맞선 노동자 투쟁을 배신한다고 생각했다. 그런 정서를 생생하게 표현한 것이 찬송가를 조롱하듯 패러디한 조 힐의 노래들, 특히 〈목사와 노예〉(때로는 〈하늘나라의 파이〉나 〈장발의 목사들〉이라고도 한다)였다. 이 노래는 IWW의 노래책 제3판에 실려 있는데, 〈기쁨으로 머지않아〉라는 찬송가의 가사를 바꾼 것이다.

장발의 목사들이 매일 밤 나와서
무엇이 옳고 그른지 알려 주려 하네.
그러나 먹을 것에 관해 물어 보면
대답은 그저 달콤한 소리.
(후렴)
머지않아 먹게 될 것이오,
저 영광스런 하늘나라에서.
일하고 기도하고, 풀만 먹고 살다가
죽어서 하늘나라에 가면 파이를 먹게 될 것이오.[98]

1912년 로런스 파업 뒤에는 IWW 지도자 조지프 에토르와 그 동료인 이탈리아 태생 선동가 아르투로 조반니티의 재판 시작에 맞춰 지역 총파업이 벌어졌다. 대규모 행진에 직면한 시의회는 미국 국기를 흔드는 것은 허용하면서도 붉은 기와 밴드는 금지하고 질서 정연한 행진을 요구했다. 그러나 이탈리아인 수천 명이 인근 지역에서 로런스 시로 몰려들었고, 밴드와 90개의 붉은 기, 그리고 "신도 없고 주인도 없다"고 적은 대형 간판도 있었다. 길을 막고 있던 경찰이 IWW 행진 대열을 이끄는 아나키스트 카를로 트레스카를 체포하려 하자 폭동이 일어났고 경찰 두 명이 칼에 찔렸다. 언론은 그 사건을 이용해 미국 전역에서 IWW를 대대적으로 공격했다. 제임스 T 오라일리 신부가 이끄는 가톨릭 성직자들은 전면적 여론 몰이를 시작해서, 그 행진이야말로 IWW가 모든 종교에 반대한다는 것을 보여 주는 증거라고 외국 태생 노동자들에게 확신시키려 했다. 이것은 나중에 노동조합에 반대하는 세력들이 가톨릭 이민노동자들(자신이 믿는 신과 자신이 선택한 나라에 충실한)과 IWW 지도자들(신을 믿지도 않고 애국자도 아닌)을 이간질하는 데 이용되기도 했다.[99]

조직 구조

신디컬리스트들은 관료적 조직 형태를 진정으로 혐오했고 노동계급의 직접행동을 통한 자기해방을 주장했으므로, 그들의 조직 구조는 개혁주의적 노동조합과 사회주의 정당의 위계적·권위주의적 형태와 사뭇 달랐다. 각 나라마다 신디컬리스트 조직 구조에는 많은 차이가 있었다. 특히 IWW·ITGWU·ISEL은 비교적 산별노조를 강조한 반면, CGT·CNT·USI는 직업별 노조를 강조했다(물론 후자의 조직들도 근본적으로 산업별 조직 형태를 점차 채택했다). 이와 관련해서, IWW는 비교적 중앙집중적 조직 구조를 채택한 반면, 유럽 신디컬리스트들은 더 연방적이고 분권화한 조직 구조를 채택했다(비록 실천에서는 모든 신디컬리즘 운동이 중앙 통제 경향과 지역의 자율성 경향 사이에서 균형을 잡으려 했지만).

IWW는 미국 독점기업들의 중앙집중적 권력에 맞서 싸울 수 있는 전국 수준의 중앙집중적 조직을 만들고 싶어 했다. 1905년 IWW 창립 대회에 참석한 대의원들은 자신들의 새 조직을 위해 정교한 조직 구조를 채택했다. 해거티 신부는 이 구조를 자세히 묘사한 둥근 바퀴 모양의 그림을 그렸는데(AFL의 새뮤얼 곰퍼스는 비꼬듯이 "해거티 신부가 만든 운명의 수레바퀴"라고 불렀다), 바퀴의 중심축에는

IWW의 행정을 총괄하는 기구(중앙집행위원회)가 있고, 중심에서 뻗어 나온 바퀴살 사이에는 13개(나중에 6개로 줄었다)의 산업부문(예컨대, 농업·광업·운수업·건설업 등)이 있고, 그 산업부문들은 다시 전국적 산별노조들(예컨대, 목재노조·철도노조·금속광산노조 등)로 더 작게 나뉘고, 그 산별노조들은 다시 지역 산별노조들로 더 작게 나뉘는데, 지역 산별노조의 목표는 직업이나 기술, 작업 도구와 상관없이 개별 작업장의 노동자를 모두 포괄하는 것이었다. 또 같은 지역에서 살지만 산별노조가 없는 산업부문에서 일하는 노동자들로 이뤄진 '혼합 IWW 지부'도 만들 수 있었다.

그러나 이 '수레바퀴'의 구조를 제대로 이해하거나 실행 방법을 아는 IWW 조합원은 거의 없었고, 대다수는 그 거창한 도식을 그냥 무시한 채 오히려 더 단순한 산별노조 계획을 채택했다. 1907년 중앙집행위원회는 조합원 3000명이 같은 산업에 종사하고 7군데 이상 지역에서 조직돼 있으면 전국적 산별노조를 구성할 수 있도록 결정했다. 그리고 노동자들을, 예컨대 전국섬유산별노조, 해운노조, 농업노동자조직AWO 등 10여 개의 대산별노조로 조직하는 데 강조점을 뒀다. 그러나 광업이나 목재업 같은 몇몇 산업을 제외하면, 지역 산별노조를 건설할 수 있을 만큼 충분히 많은 노동자를 가입시키기는 불가능하다는 사실이 드러났다. 그 결과 '혼합 지부'가 전국의 많은 지역에서 점점 더 IWW의 표준 조직 형태가 되는 경향이 있었고, 이들은 모두 중앙의 IWW 본부와 직접 연결됐다. 네바다 주 골드필드에서 IWW 220지부는 "광원, 기계공, 점원, 속기사, 트럭 운전사, 식당 설거지 노동자, 웨이터 등 온갖 종류의 '인부들'"을 조직했다. 사실상 그 지역의 모든 노동자를 포괄한 것이다.[100] 그런 혼합 지부는 서부에서 특히 적절했는데, 서부의 IWW 조합원은 흔히 특정 산업에서 단기간만 일하는 이주 노동자가 대부분이었고, 1년 동안 직업이 벌목·건설·농업·광업 등으로 여러 번 바뀔 수도 있었기 때문이다. 상황이 그렇다 보니, IWW의 조합원 자격은 모든 지부에서 부여하고 이전할 수 있었다.[101]

아일랜드의 ITGWU도 산업 전체의 노동자를 모두 조직하는 노동조합으로 창립됐다. 그러나 ITGWU에 붙은 운수(T)라는 꼬리표를 보면, 짐 라킨이 노조의 조직화 노력을 집중시킨 분야가 주로 어디였는지를 알 수 있다(물론 노조의 기반을 항만의 미숙련 노동자에서 숙련 철도 노동자로 넓힌다는 목표는 갖고 있었다). 엄밀한 의미의 포괄적 산별노조 체계를 위한 실질적 준비는 전혀 없었다. 산별노조 운동의 발전을 위해 분명하게 호소한 사람은 제임스 코널리였다. 그는 운수노조와 단결해서 "하나의 조합원증, 하나의 조합원 배지, 하나의 집행부"가 있는 '단일 거대 노조'로 노동조합들을 통합해서, "공통의 적, 즉 자본가에 맞서는 하나의 전선"에서 싸우자고 주장했다.[102] 코널리가 가르친 신디컬리즘 교훈은 전후에도 ITGWU 안에 여전히 남아서 모든 이론적 기초를 제공했다. 그래서 윌리엄 오브라이언을 비롯한 새 지도자들은 전에 코널리가 윤곽을 잡아 놓은 노선을 따라 산별노조의 일반적 가입 정책을 공식적으로 정립하려고 노력했다.[103]

영국에서 ISEL은 대안적인 혁명적 노조를 건설할 의도로 만들어진 것은 아니었다. 오히려 그런 혁명적 운동은 기존 노조 구조를 개편하려는 노력을 통해서만 효과적으로 건설될 수 있다는 믿음에서 스스로 선전 활동에 국한했다. 특히, 그러려면 혁명적 신디컬리즘 사상을 받아들이고 산업별로 기존 노조들을 통합하고 재건해야만 한다고 생각했다. ISEL은 노동조합에서 활동하는 수많은 투사 개인들뿐 아니라 노동조합 지부들, 지역 노조 연합체, 그리고 비공식적 통합위원회 운동들(금속·광산·운수 산업 등에서 벌어진)의 지지도 받았다. ISEL은 근본적으로 지역화한 운동이었다. 그래서 공식적 조합원 자격이나 지부 구조가 없었고 다만 느슨한 전국적 조직만 있었다.

프랑스 신디컬리즘의 조직 구조는 언뜻 보면 미국·아일랜드·영국과 사뭇 달랐던 것처럼 보인다. 그래서 많은 평론가들은 CGT가 대체로 노동조합운동을 직업별 조직과 동의어로 여겼고, 새로운 사회의 노동조합은 산업 기반 단위가 아니라 직업 기반 단위가 될 것이고 그 특징은 매우 분권화한 생산·통제 체계일 것이라고 생각했다고 주장한다.[104] 그러나 그런 해석은 과장된 것이다. 왜냐하면 CGT의 초기 구조는 확실히 엄밀한 의미의 산별 조직은 아니었지만, 지역의 직업별 노조는 저마다 더 광범한 노조 연맹으로 통합됐고 이 연맹들은 점차 더 분명한 산별 형태로 나아갔기 때문이다. CGT는 세 가지 형태의 조직으로 구성돼 있었다.

첫째, 생디카(즉, 노조의 지역 지부)는 조직의 기본 단위로서, 특정 도시에서 똑같은 업종이나 산업에 고용된 노동자들을 단결시켰다. 생디카는 소규모였고(조합원이 보통 200명이었다) 지역에 기반을 뒀다는 점에서, 훨씬 더 크고 전국적 기반을 가진 영국 노조들과 많이 달랐다. 생디카는 자율적 단체였다. 즉, 자체의 행정 기구를 설립하고 감독하고 통제했고, 광범한 범위 내에서 독자적 정책을 수립할 수도 있었고 특정 순간에 추진할 행동 노선을 채택할 수도 있었다. 생디카에는 모든 조합원이 참여하는 총회가 있었고, 정책 집행을 책임지는 행정위원회, 실무를 책임지는 사무국이 있었다. 1912년 무렵에는 2837개 생디카에 조합원이 60만 명 있었다.

둘째, 직업의 연대를 바탕으로 각 산업 내의 지역 생디카들을 단결시키는 전국적 노동조합 연맹들이 있었다(예외적으로 철도노조처럼 한 노조 자체가 전국적 조직인 경우도 드물게 있었다). 그런 연맹들은 생디카와 비슷한 체계로 조직됐는데, 각 연맹마다 자체의 대회, 행정위원회, 사무국이 있었다. 대체로 각 생디카는 규모와 상관없이 대의원을 한 명씩 대회에 파견했다. 연방주의 원칙 덕분에 각 생디카는 자율적 단위로서 노조 연맹에 소속돼 있었으므로, 대회에서 다른 모든 단위들과 동등하게 한 표씩 행사할 수 있었다. 1908년에는 약 66개의 전국적 노조 연맹이 있었는데, 그들의 목표는 그런 전국적 조직을 통해 프랑스의 각 산업 내에서 동일한 임금과 노동조건을 확보하는 것이었다.

셋째, 같은 도시나 지역에 있는 다양한 산업의 생디카가 모여서 결성한 노동거래소가 있었는데, 노동거래소도 앞서 말한 것과 비슷한 체계로 조직됐다. 페르낭 펠루티에는 노동거래소를 처음 만든 사람이라고도 할 수 있는데, 그는 노동거래소의 주요 기능이 네 가지라고 생각했다. 첫째는 상호부조(취업 알선, 실업 급여와 질병 수당), 둘째는 교육(일반적 교양, 경제 연구, 정보 제공), 셋째는 선전(새로운 생디카를 결성하도록 고무하기), 넷째는 저항(파업 조직, 파업기금 조성, 노동자에게 불리한 법률에 반대하는 선동)이었다. 대체로 이 계획대로 노동거래소는 운영됐다. 노동거래소의 진정한 중요성은 지역에서 연대 의식을 확립했다는 데 있다. 노동거래소가 없었다면 여전히 각종 생디카로 분열돼 있었을 다양한 업종과 산업의 노동자들이 공동행동 속에서 서로 단결할 수 있었다. 1906년에 전국 노동거래소 연맹에는 1609개의 생디카가 가입돼 있었다.

이 세 조직, 즉 개별적 생디카, 전국적 노동조합 연맹, 노동거래소 연맹이 CGT라는 전국적 우산 조직 아래 모여 있었다. 그러나 생디카가 곧바로 CGT에 가입할 수는 없고(몇몇 전국적 생디카를 제외하면) 반드시 전국적 노동조합 연맹과 지역 노동거래소에 모두 소속돼야 한다는 것이 원칙이었다(비록 이 이중 멤버십은 결코 완전히 달성되지는 않았지만). 그러나 1904년 이후 (CGT의 전반적 정책을 결정하는) 2년에 한 번씩 열린 CGT 대회에 모든 생디카는 규모와 상관없이 직접 대의원을 보낼 수 있었고 전국적 노동조합 연맹이나 노동거래소와 똑같은 표결권을 갖게 됐다. 이것은 흔히 갈등의 원천이 됐는데, 소규모 개별 노조들이 투표에서 다수파가 되기 쉬웠기 때문이다. 그래서 조합원 수에 따른 비례대표제를 요구하는 주장이 빈번히 제기됐다. CGT가 채택한 규약에는 CGT의 연방적 성격이 반영돼 있었다. 그래서 행정위원회는 CGT의 양대 부문, 즉 노조 연맹과 노동거래소에서 선출된 대의원들로 이뤄져 있었다. 물론 더 혁명적인 노동거래소가 수적 우위 덕분에 노조 연맹보다 더 큰 목소리를 낼 수 있었고, 흔히 CGT 전체가 채택한 것과 반대되는 정책들을 추진하기도 했다.[105]

의미심장하게도, 스티브 제프리스가 문서로 입증했듯이, 1900년대 초가 되면 이런 조직 구조는 CGT 지도자들이 보기에도 직업별 이해관계에 너무 휘둘린다는 것이 점차 분명해졌다.[106] CGT 사무총장 빅토르 그리퓌엘은 CGT가 그토록 강조하는 총파업을 중심으로 노동자들을 동원하고자 한다면 직업에 바탕을 둔 지역 생디카들을 전국적 산별 연맹(몇몇 업종을 모아서 광의의 산업으로 묶은)으로 통합해야 한다고 주장했다. 1906년부터 CGT는 오직 산별 연맹만을 인정했고, 그리퓌엘과 1909년 이후 그리퓌엘의 후임자인 레옹 주오는 모든 숙련직을 단일 산별노조로 통합하는 운동을 전개했다. 그 결과 1907년에는 건설노조들의 단일 연맹(건설연맹)이 조직됐고, 1909년에는 단일 금속노조(금속연맹)가 조직됐다. 다른 산별노조로는 농업 노동자들의 노조(남부농업노동자연맹)와 식품 노동자들의 노조(식품노동자연맹) 등이 있었다. 1909년 주오는 금속노조연맹의 통합 대회에서 "자본가들의 집중이 더 진척되기 전에 [우리는 — 지은이] 노동자 세력을 집중하는 일을 끝마쳐야 합니다" 하고 선언했다.[107] 그래서 CGT는 직업별 노동조합운동을 분명하게 거부했고, 산별노조 결성을 장려하려고 애썼다. 1914년쯤 남아 있던 직업별 노조들이 거의 모두 산별 통합을 끝마치자, 광원·섬유·철도 연맹의 조합원 수가 직업별 연맹의 조합원 수를 압도하게 됐다. 같은 해에는 노동거래소를 동종 산업 노조 지부의 지역위원회로 바꿔야 한다는 데 합의가 이뤄지기도 했다.[108]

스페인에서 CNT는 조직 구조를 몇 차례 바꾼 역사가 있었지만, 지역주의와 연방주의라는 원칙은 기본 특징으로 계속 남아 있었다.[109] 처음에 CNT의 기본 세포는 지역의 직업별 노조였다. 그것은 한 공장이나 가능하다면 한 도시에서 모든 직종의 노동자를 가입시켰다. 따라서 기본적인 사회적 단위로서 노동조합과 지역이 일치하는 경향이 있었는데, 이것은 코뮌을 강조하는 아나키즘 전통에 어울리는 것이었다. 지역을 바탕으로 조직됐으므로 전국적 직업별 노조는 존재하지 않았다. 오히려 CNT는 매우 분권적이었고, 관료주의도 드물었다. 카탈루냐 지방에서는 카탈루냐지역총연맹CRC이 중간 단계의 조직 구실을 했지만, 그 밖의 지방에서는 각각의 개별 노조들이 CNT에 가입돼 있었다. 그리고 이런 개별 노조가 350개쯤 있었기 때문에, 전국위원회가 스페인 전역에 흩어져 있는 조직들을 계속 조정하고 연락하기는 힘들었다.

그러나 조합원 수가(특히 미숙련 노동자들이) 급격히 증가하자 1918년 카탈루냐에서 열린 CNT 대회는 조직 구조와 관련해서 중대한 변화를 결정했다. 그래서 기존의 직업별 노조가 지역 산별노조, 즉 단일 노조로 바뀌었는데, 그 목표는 (숙련 노동자든 미숙련 노동자든) 특정 산업의 노동자를 모두 동일한 노조 안에서 단결시킨다는 것이었다.[110] 따라서, 예컨대 바르셀로나의 금속 산업 노동자들은 단일한 노조로 조직됐고 그 산하에 용접공, 놋갓장이,* 기계공 등 다양한 부문이 있었다. 각 노조에서는 산하 부문 전체의 대표들로 이뤄진 '총회'가 지도부 구실을 했다. 그리고 어느 한 부문이 제안한 파업이 총회에서 승인되면, 모든 부문은 파업에 동참하거나 아니면 재정 지원을 포함해서 원조할 의무가 있었다. 한편, 다양한 지역의 노조들이 모여서 지역 연맹을 구성했고, 이 연맹들이 모여서 CNT의 느슨한 지역 노동위원회들을 구성했다. 1931년 공화국 선포 뒤 CNT는 다시 한 번 조직 구조를 개편해서, 같은 산업의 지역 노조들을 조정하기 위한 전국적 산별 연맹들을 건설했다.(물론 가장 급진적인 아나키스트들은 이런 조처에 반발했는데, 그 때문에 자신들의 조직 통제력이 위태로워질 것이라고 생각했기 때문이다. 중요한 점은 CNT가 결코 충분히 많은 전국적 산별노조들을 실제로 발전시키지는 못했다는 것이다.)[111]

이탈리아의 USI도 지역의 자율성을 바탕으로 노동회의소와 지역의 직업별 노조로 조직됐다(물론 산별 구조를 갖춘 전국적 노조를 지향하기는 했다). 앞서 봤듯이, 지역의 자율성은 부분적으로는 노동회의소 전통에서 발전해 나온 것이었고, 많은 이탈리아 도시에서 다양한 노조·연맹·협회의 활동에 초점을 제공하고 다양한 직종 노동자들의 협력 정신을 고취한 것도 노동회의소였다. 또 대규모 중앙집중적 조직은 관료주의와 개혁주의로 귀결될 수밖에 없다는 이탈리아 신디컬리스트들의 믿음도 지역의 자율성을 부추겼다. 반면에, 지역의 자율성은 지도자들의 행동이나 이데올로기를 통제하고 운동이 정체하지 않게 하는 데 도움이 될 것이라고 신디컬리스트들은 생각했다. 그래서 USI는 파르마에 본부가 있는 중앙위원회의 권한은 일반적 선

---

* 놋그릇을 만드는 일을 직업으로 하는 사람.

동과 기술적·통계적 임무로 한정하고 파업의 준비와 실행 책임은 지역의 신디컬리스트 그룹들이 맡기로 결정했다.

USI의 목표는 전국적 노동조합 조직을 건설하는 것이었지만, 초기에는 조합원이나 노동회의소가 충분히 많지 않아서 그럴 수 없었다. 오히려 그들의 조직은 근본적으로 특정 지역사회의 다양한 부문 노조 사이의 그리고 전국의 다양한 노동회의소의 동맹을 통한 수평적 연계에 바탕을 두고 있었다. 핵심 산업 도시 밀라노의 밀라노노동조합연합USM은 이탈리아 북부 전역에서 신디컬리즘 운동의 보루 구실을 하면서, USI와 연계를 맺고 1914년 이후에는 밀라노 시에서 〈인테르나치오날레〉 특별판을 발행했다. USI는 다양한 공업·농업 전문가들로 이뤄진 기구들을 설립해서 전국 수준에서 선전과 통계 연구를 책임지게 한다는 데 동의했다. 그러나 이런 기구들이 비록 전국적 조정 기구로 여겨지기는 했지만, 이 때문에 지역의 자율성이 위협받을지도 모른다는 신디컬리스트들의 불신 때문에 USI 내에서 그 잠재력은 결코 실현될 수 없었다. 그래서 USI는 전국 금속 노동자들의 연맹이라는 중요한 조직을 만들었지만, 강력한 산별노조들을 건설하는 데는 실패했다.[112]

따라서 각국의 신디컬리즘 운동은 저마다 다양한 직업과 산업의 노동자들을 모두 포괄하는 조직 형태를 만들어 내려고 하면서도 그 안에서는 강조점의 차이가 분명히 있었다. 그들의 조직이 나라마다 달랐던 이유는 다양하고 복잡하지만, 그것은 이 책의 연구 범위를 벗어나므로 여기서는 어느 정도 일반적인 설명만을 하는 데서 그치겠다. 즉, 한편으로 미국·아일랜드·영국과 다른 한편으로 프랑스·스페인·이탈리아의 차이는 분명히 각국의 노동[운동] 전통뿐 아니라 산업화의 속도, 특히 산업의 소유 집중과 생산 규모가 서로 달랐던 데서 비롯한 것으로 볼 수 있다.

지도부의 인적 구성

마지막으로, 신디컬리즘 운동의 또 다른 측면, 즉 그 지도자들의 계급 구성과 흔히 카리스마적이었던 개인적 스타일도 간단히 살펴보자. 프레더릭 리들리에 따르면, 대다수 CGT 지도자는 육체 노동자가 아니라 많은 경우 그리 부유하지 않은 부르주아 지식인과 비슷한 화이트칼라 생활을 했다(중요한 예외 중 한 명은 진정한 노동계급 출신인 그리퓌엘인데, 그는 14살 때 학교를 그만두고 구두 수선공 수습생이 됐다). "혁명적 운동의 지도자들은 그들이 공격하는 바로 그 계급 출신이고 자기 계급과 절연한 사람들이라는 것은 오래전부터 알려진 사실이다."[113] 그러나 이런 광범한 평가는, 예컨대 펠루티에(언론인), 푸제(중간계급 가정에서 태어나 점원이 됐다), 델레살(출판인), 로스메르(언론인) 등 CGT의 많은 핵심 인물을 정확히 묘사한 것일 수는 있지만, 마찬가지로 중요한 다른 지도자들, 예컨대 이브토(인쇄공), 주오(수많은 직업의 수습생을 전전하다가 결국 성냥 공장 노동자가 됐다), 모나트(인쇄 노동자), 파토(전기 기사), 가스통 몽무소(철도 노동자) 같은 사람들을 충분히 설명해 주지는 못한다.

오히려 이탈리아 사회당[PSI] 안에서 시작된 이탈리아 신디컬리즘 운동의 지도자들이 프랑스 신디컬리즘 운동 지도자들보다 더 부르주아적이었다. USI의 주요 조직자 중에는 지방의 노동회의소 간사로서 수습 기간을 보낸 언론인·대학교수·변호사가 많았는데, 예컨대 아르투로 라브리올라, 아르만도 보르기, 알체스테 데암브리스가 그랬다.[114] 그러나 프랑스와 마찬가지로 노동계급 출신 인사들이 (비록 이름은 알려지지 않은 경우가 많았지만) 특히 지방에서 중요한 지도적 구실을 했다는 사실을 과소평가해서는 안 된다. 이 점은 스페인에서도 마찬가지였다. 그래서 호아킨 마우린이나 안드레우 닌 같은 사람들(둘

다 교사 출신)의 영향력도 컸지만, CNT 지도자 중에는 부에나벤투라 두루티(철도 노동자)나 앙헬 페스타냐(시계 제조공) 같은 사람도 있었다.

미국에서는 〈솔리대리티〉 편집자인 벤 윌리엄스나 화가이자 시인, 소책자 저술가인 랠프 채플린 같은 일부 지식인들을 제외하면 거의 모든 IWW 지도자는 혼자 공부한 숙련 노동자로서 다양한 직업이나 파업, 노동조합 조직 활동 경험이 풍부한 사람들이었다. 예컨대, 빌 헤이우드는 암반 제거 경험이 많은 광산 노동자였고, 세인트 존은 인쇄공·광원 출신이었다. 영국에서는 ISEL의 모든 지도자가 확실한 노동계급(보통은 숙련 노동자) 출신이었다. 예컨대, 톰 만과 잭 태너는 기계공이었고, E J B 앨런은 가스 노동자였고, 프레드 바우어는 석공이었고, 찰스 왓킨스는 철도 노동자였다. 이 점은 신디컬리즘의 영향을 받은 전시 금속 부문의 직장위원회 운동 지도자들도 마찬가지였다. 아일랜드에서 ITGWU를 설립한 짐 라킨은 11살에 학교를 그만두고 항만 노동자, 현장감독이 됐고 제임스 코널리는 해군, 건설 노동자, 조선 노동자 출신이었다.

이 모든 나라의 신디컬리즘 운동 지도자들은 흔히 대중의 마음을 사로잡는 웅변술과 열변이 특징이었다고들 한다. 많은 지도자가 가장 투쟁적인 노동자들의 분노와 투지를 대변했고 그들을 대중적 세력으로 단결시켰고 노동자들 자신의 힘을 깨닫게 해 줬다. 예컨대, 카를로 트레스카는 IWW의 전설적 지도자인 빌 헤이우드가 1913년 패터슨 섬유 노동자들의 파업 때 어떤 활약을 했는지를 다음과 같이 회상했다.

헤이우드는 곧잘 크고 강력한 손을 군중 위로 치켜들었다. 양손의 손가락을 최대한 쫙 편 다음 한 손으로 다른 손의 손가락을 하나씩 움켜쥐며 청중에게 말했다. "이거 보이십니까? 이거 보이세요? 손가락 하나하나는 힘이 없습니다. 그런데 보세요." 그러면서 손가락을 다 모아서 크고 강력한 주먹을 만든 다음 그 주먹을 군중 앞에서 흔들며 말했다. "보이십니까? 이게 바로 IWW입니다." 그러면 대중은 열광했다. 그의 성공에서 매우 중요한 요인은 체력, 몸짓 하나하나에서 느껴지는 엄청난 활력이었다.[115]

마찬가지로, 톰 만은 "아주 재미있는 흉내를 개발"했다. 그가 청중 앞에 무릎을 꿇고 앉아서 노동자들을 구원해 달라고 의회에 비는 기도문을 읊으면 사람들은 배꼽을 잡고 웃다가 눈물을 흘릴 정도였다.[116] 많은 사람들은 톰 만을 영국 노동운동 역사상 가장 위대한 연설가 중 한 명으로 여겼다. 한때 신디컬리스트 활동가였던 보너 톰슨은 다음과 같이 회상했다.

나는 톰 만처럼 말하는 사람을 결코 본 적이 없다. 전국 방방곡곡에서 그가 연설하는 것을 수백 번도 넘게 봤는데, 그는 나에게 웅변가라면 마땅히 저래야지 하는 것을 보여 주는 이상적 인물이었다. 당시 그는 마치 인간 발전기 같았다. 엄청난 폭포수처럼 청중에게 쏟아붓는 그의 웅변은 모든 것을 쓸어가 버리는 듯했다. … 그는 마치 회오리바람처럼 청중을 휩쓸었다.[117]

그리고 아일랜드에서 라킨의 연설이 매우 강력했던 이유는 그가 직설적이고 대담하게 말했기 때문이다. 1916년 부활절 봉기에 적극 참여한 마르키에비치 백작부인은 다음과 같이 썼다.

나는 앉아서 라킨의 말을 들으며 내가 전에는 한 번도 접한 적이 없는 어떤 것, 인간이라기보다는 뭔가 거대한 원시적 힘을 마주하고 있다는 사실을 깨달았다. 거대한 회오리바람, 폭풍우 몰아치는 바다의 파도, 봄에 피어나는 생명, 가을에 불어오는 찬바람, 이 모든 것이 그의 연설에서 힘차게 뿜어져 나오는 듯했다. 마치 주위의 수많은 청중을 뒤흔들어 놓은 모든 감정을 그의 개성이 포착하고 흡수하고 다시 청중에게 분출해서, 그들이 지금까지 느껴 왔던 모든 고통과 기쁨이 선명해지고 정화되게 하는 듯했다. 모든 청중의 내면에 있는 거대한 원초적 힘이 영원히 그의 본성이 된 것처럼 보였다.[118]

많은 점에서, 신디컬리즘 운동의 핵심 지도자들이 보여 준 이런 카리스마를 단지 개성의 반영으로만 이해해서는 안 되고(그들의 단순하고 강력한 사상은 당대 최상의 청년 투사들을 고무하고 자극했다), 그런 카리스마가 나타나고 만개하게 된 상황과 맥락 속에서 이해해야 한다. 물론 그것은 운동 자체의 산물, 특히 엄청난 어려움과 반발에 직면해서 혁명적 노동조합운동을 확립하고자 분투하는 운동의 활력과 투쟁성의 산물이었다.

모든 나라에서 신디컬리즘 운동은 혁명적 청년 투사들을 선발해서 신디컬리즘 깃발 아래로 끌어당겼고, 그들은 신디컬리즘 운동에 에너지·활력·용기를 불어넣는 무궁한 원천이 됐다. 비록 그들의 이름은 흔히 신디컬리즘 출판물에도 나오지 않고 신디컬리즘 집회의 연사 명단에서도 거의 찾아볼 수 없지만 말이다. 근본적 계급투쟁이 그런 투사들을 수십만 명씩 탄생시키고, 신디컬리즘 운동의 영혼, 신경 체계, 혈관이 된 투쟁 재료를 만들어 냈다. 그들은 "한 세대의 꽃"이었다.[119]

4장 내부 분열

앞에서 이미 분명해졌겠지만, 각국의 다양한 신디컬리즘 운동 안에는 항상 다양한 이데올로기적·전략적·전술적·조직적 차이가 있었다. 그런 차이와 흔히 격렬한 내부 갈등은 서로 다른 지도자들 사이에서, 지도자와 [기층] 조합원 사이에서, 각국의 서로 다른 지역 조합원들 사이에서 나타났다(경계선은 단순하지 않았다). 당연히 각국의 운동 안에서는 처음부터 이데올로기적으로 이질적인 많은 집단이 활동하고 있었다. 예컨대, IWW 창립 대회에는 사회주의자, 마르크스주의자, 아나키스트, 신디컬리스트, 급진적 노동조합 활동가가 모두 참가했다. 마찬가지로, CGT와 CNT 안에도 철저한 아나키스트부터 반쯤 개혁주의적인 온건파까지 수많은 이데올로기 조류가 있었다. 정말이지, 신디컬리즘 운동의 역사는 다양한 집단들이 끊임없이 주도권 다툼을 벌인 정치적 분쟁의 기록이다. 운동이 발전하면서 나타난 다른 균열들이 가끔 이데올로기의 차이보다 더 중요해졌지만, 분열을 초래하기는 마찬가지였다.

그런 분열을 낳은 주요 차이들을 문서로 기록하는 것은 유용한 일이다. 그럴 때 염두에 둬야 할 사실은 분열의 많은 쟁점이 각국에서 공통적으로 나타났지만(정도 차이는 있었다), 어떤 쟁점은 일부 개별 운동에만 나타난 독특한 현상이었다는 것이다. 이 책에서 탐구하는 분야들은 다음과 같다. 혁명이라는 최종 목표 대 당면한 일상적 개혁, '안에서 파고들기' 대 '이중 노조' 전략, 사회주의 정당에 대한 태도와 정치 활동, 제1차세계대전에 대한 태도, 중앙집중주의 대 지역의 자율성.

혁명이라는 최종 목표 대 당면한 일상적 개혁

확실히, 가장 흔한 분열 가운데 하나는 당면 개혁 획득과 혁명이라는 최종 목표에 대한 강조점의 상대적 차이에서 비롯했다. 이런 분열의 가장 유명한 사례는 프랑스 CGT다. CGT 안에서는 흔히 개혁주의자들과 혁명가들이 격렬한 투쟁을 벌였다. 개혁주의자들의 강력한 지도자는 오귀스트 쾨페(인쇄노조), 피에르 쿠파(기계노조), 외젠 게라르(철도노조) 등이 있었고, 그들은 CGT 안에서 상당히 많은 사람의 견해를 대변했다. 그들은 노동자들의 물질적 조건 개선을 쟁취하기 위한 실천적 행동과 파업에 헌신했지만, 사보타주 같은 직접행동 방식은 폭력적이라고 생각해서 피했다. 그리고 (신디컬리스트들이 혁명적 총파업으로 이어질 것이라고 기대했던) 끊임없는 파업 전략은 현명하지 않을뿐더러 바람직하지도 않다고 생각했다. 쾨페는 다음과 같이 썼다. "나는 이 이상적인 사회가 파업과 함께 시작되고 준비된 혁명적 혼란, 총체적 무질서 속에서 갑자기 완전한 모습으로 나타날 것이라고 생각하지 않는다."[1] 그와 달리, 빅토르 그리퓌엘과 혁명적 신디컬리스트들은 "사용자, 즉 자본가는 … 노동자를 계속 부려 먹어야만 자신의 특권을 유지할 수 있기 때문에" 투쟁은 그 궁극적 원인인 노동자 착취가 사라질 때까지 계속돼야 한다고 생각했다. 오직 자본주의의 혁명적 전복만이 그 과제를 완수할 수 있을 터였다.[2]

CGT가 집중적으로 관여한 일련의 파업들이 결정적으로 패배한 뒤 '노동조합의 위기'가 닥쳤다. 혁명적 다수파에 반대하는 내부 반발 때문에 1910년에는 CGT 사무총장이 그리퓌엘에서 레옹 주오로 교체됐다. 그 과정에서 직접행동 전술은 퇴조하고 더 실용적이고 온건한 노선이 채택됐다. 이 점을 단적으로 보여 준 극적인 전환은 CGT가 기존의 국제주의적 반전 노선을 포기하고 프랑스 정부의 전쟁 노력에 협력한 것이었다. 전쟁에 반대하는 혁명적 신디컬리스트 소수파는 개혁주의 지도부에 계속 도전하면서 점차 성장했고, 이 때문에 전쟁이 끝난 뒤 결국 격렬한 내분이 폭발했다.

마찬가지로, 스페인의 CNT 지도부도 상시 분열 상태였다. 여기서는 한편에 온건파 신디컬리스트들이 있고 다른 한편에는 더 혁명적인 아나코신디컬리스트들(과 아나키스트들)이 있었다. 처음에 CNT가 채택한 '순수한' 형태의 혁명적 신디컬리즘은 (1907년) CNT의 전신인 〈솔리다리다드 오브레라〉 그룹 창립 때부터 1919년까지 지속됐다. 그러나 이 '순수한' 신디컬리스들은(대표적 인물이 살바도르 세기였다) 점차 당면한 물질적·조직적 성과를 얻는 데 집중했고, 혁명적 전복을 시도하려면 그 전에 훨씬 더 많은 준비를 해야 한다고 주장했다. 세기는 CNT 안에서 더 온건한 노동조합 정책을 확산시키려고 애썼는데, 1919년에는 큰 논란을 불러일으키면서까지 1919년 바르셀로나 총파업을 중단시켰고 사회당계 노총인 UGT와 협력하는 노선을 추진했다. 이와 달리, 아나코신디컬리스트들은 부르주아 질서에 맞서 싸울 기회보다 '먹고사는' 문제를 더 우선시하는 데 분개했고 혁명적 무장봉기 노선을 옹호했다.

1919년 CNT 대회에서는 혁명적 신디컬리즘과 아나키즘의 전략·전술 원칙을 종합하려는 노력 끝에 CNT의 주요 목표로 '자유지상주의적 공산주의'가 채택됐다. 그 뒤 4년 넘게 경제·정치 위기, 유럽 전역의 혁명적 투쟁 물결, 러시아 혁명의 영향, 국내의 대규모 산업 불안이 지속되는 가운데 아나코신디컬리스트들이 CNT의 주도권을 잡는 데 성공했다. 그들은 농촌 지역에서 바르셀로나로 이주해 온 새로운 급진파 다수의 지지를 받았다.

그러나 1924년 CNT가 불법 단체가 된 뒤에는 다시 온건파 신디컬리스트들이 지도부를 장악했다. 1927년 FAI가 결성된 뒤에야 (부에나벤투라 두루티와 후안 가르시아 올리베르 같은 무장봉기파 지도자들을 포함한) 아나키스트들은 1931년 제2공화국의 출범과 이후 높은 수준의 계급투쟁 부활과 더불어 다시 [CNT의] 전면에 복귀할 수 있었다.[3]

이와 비슷한 분열, 즉 '순수한' 혁명적 신디컬리스트와 아나키스트의 분열은 이탈리아에서도 분명히 드러났다. 1914년까지 USI의 지도자 가운데 한 명이었던 알체스테 데암브리스는 자발적 봉기로 이탈리아 체제를 전복해야 한다고 생각했다는 점에서는 아나키스트들과 마찬가지였다. 그러나 실행 가능한 새 질서를 창출할 수 있는 방법은 바리케이드와 폭력적 무장봉기가 아니라, 산업이 발전하고 프롤레타리아가 성숙하는 장기간의 점진적 과정뿐이라고 믿었다. 아나키스트들의 전술은 순전히 무의미한 반란만 초래할 뿐이고, 오직 농민과 쇠퇴하는 부르주아 집단만이 그런 방식에 매력을 느낄 것이라고 데암브리스는 주장했다. '순수한' 신디컬리스트들은 가까운 미래에 총파업이 일어나 자본주의 체제가 전복될 것이라고 기대하지 않았고

(1914년의 '붉은 주간' 총파업을 포함해서) 전쟁 전의 어떤 파업도 분명한 혁명적 사건이라고 생각하지 않았다.[4] 이와 달리, 아르만도 보르기 같은 아나키스트들은 '순수한' 신디컬리스트들보다 훨씬 덜 노조 지향적이었고, 경제 파업보다는 정치 파업을 촉진했으며, 고용 조건 개선을 위한 협상보다는 혁명적 의식을 계발하는 데 관심이 더 많았다.[5] 보르기가 1916년 이후 점차 아나키즘의 영향을 받은 USI의 지도자가 된 뒤에도 '순수한' 신디컬리스트들과 공공연히 아나키스트를 자처한 사람들 사이의 관계는 원칙과 전술 논쟁으로 걸핏하면 나빠졌다.

아일랜드에서도 한편으로 제1차세계대전이 일어나기 전까지 라킨과 코널리가 실천한 공격적 계급투쟁 개념과 다른 한편으로 (코널리가 죽고 라킨의 미국 체류가 예상보다 길어지자 지도부를 장악해서) 점차 관료주의적으로 변해 간 윌리엄 오브라이언 등이 전형적으로 보여 준 온건한 신디컬리즘 노선 사이에 심각한 긴장이 있었다.

미국의 IWW 안에서도 IWW가 임금 인상이나 노동조건 개선을 위한 투쟁과 혁명적 사회주의 강령을 결합하는 노동조합의 기능을 할 것인지 아니면 오로지 노동계급을 혁명으로 이끄는 데만 집중하는 혁명적 간부 조직이 될 것인지를 두고 끊임없는 충돌이 있었다. 중앙의 본부는 전자를 강조한 반면, 아나키즘의 영향을 더 많이 받은 많은 조합원들은 후자를 강조하면서 혁명의 목표와 노동조합운동의 목표 사이에는 모순이 있고 노동자들이 맹목적으로 노조 활동에 집중하면 최종 목적을 놓치게 될 것이라고 주장했다. 실제로, 그런 관점에서 IWW는 경제조식 시늉을 그만두고 에너지를 오로지 선전과 선동에 쏟아부어야 한다는 견해도 있었다.[6]

'안에서 파고들기' 대 '이중 노조' 전략

일부 신디컬리즘 운동을 분열시킨 둘째 쟁점은 개혁주의적 노조 안에서 활동해야 하는지 아니면 그런 노조에 반대해서 혁명적 조직을 대안으로 건설해야 하는지였다. 이 논쟁은 다양한 신디컬리즘 운동이 '안에서 파고들기' 전략이나 '이중 노조' 전략을 채택한 것에서 분명히 드러났다(전자가 더 우세했다).

프랑스에서 이것은 오랫동안 실질적 쟁점이 아니었다. 신디컬리스트들의 '안에서 파고들기' 전략이 성공해서 기존의 주요 노총이 조직을 전환했기 때문이다. 심지어 CGT 지도부가 1910년 이후 조직을 더 온건한 방향으로 이끈 뒤에도 혁명적 소수파는 계속 CGT 안에서 투쟁했다. 그들의 목표는 언젠가는 CGT의 다수파가 되는 것이었다. 1921년 CGT의 개혁주의 지도자들이 반대파의 해체 거부를 빌미로 혁명적 소수파를 대거 제명한 뒤에야 마침내 CGT에서 분리해 나와 통일노동조합총연맹CGTU이 결성됐다(5장 참조).

이와 달리 미국에서는 IWW의 '이중 노조' 전략이 내부 비판에 직면했다. 조지프 콘린은 IWW가 과연 진정으로 '이중' 노조였는지 의문을 제기했다. IWW는 AFL의 지부들을 중앙과 분리시켜 끌어당기는 데는 관심이 없었고 오로지 AFL이 무시한 미숙련 노동자들을 조직하려고만 했다는 이유에서였다.[7] 그렇지만 IWW는 AFL과 별개의 조직이었다는 점만으로도 AFL의 라이벌인 전국적 노조였고, 실제로 많은 온건파 사회주의자들과 노동조합원들이 IWW를 AFL의 직접적 경쟁자, 대등한 노조로 여겼다는 것은 분명히 사실이다. 확실히, AFL 위원장인 새뮤얼 곰퍼스가 IWW를 맹렬하게 공격할 때 강조한 것은 바로 IWW의 (노골적 급진주의뿐 아니라) '이중 노조' 전략이었다.

그러나 1911년 무렵 IWW 내부의 몇몇 사람들은 조직 건설 과정에서 맞닥뜨린 명백한 문제 때문에 다른 전략을 제안하게 된다. 이런 내부 비판자 중에서 가장 두드러진 사람은 IWW의 청년 조직자였던 윌리엄 Z 포스터였다. 그는 유럽 여행을 마치고 돌아오면서, 이중 노조 전략이 효과적이라는 IWW의 믿음은 틀렸다고 확신했다. 포스터는 프랑스에서 신디컬리스트들이 CGT를 장악한 사례와 영국 신디컬리스트들이 노총 '안에서 파고들기'를 시도해 어느 정도 성공한 사례에서 IWW가 배워야 한다고 주장했다.[8] 따라서 IWW는 자체 해산하고 조합원들은 AFL에 가입해서 다양한 주류 노동조합 내 투사들의 네트워크로 활동하면서 주류 노조를 혁명적 조직으로 바꾸려고 투쟁해야 한다는 것이었다. 비록 1911년 IWW 대회에서 이 대안적 전략은 거부당했지만, 포스터는 독자적으로 북아메리카신디컬리스트동맹SLNA을 설립했고 '안에서 파고들기' 노선의 근거를 소책자 《신디컬리즘》에서 다음과 같이 설명했다.

창립 이후 IWW는 옛 노조들이 더는 발전할 수 없으므로 '미리 준비된' 혁명적 운동으로 대체돼야 한다는 주장을 강력하게 선전해 왔다. IWW 는 옛 노조 안에서 이룰 수 있는 일은 아무것도 없고 그 노조들이 빨리 사라질수록 노동운동에는 더 좋을 것이라는 생각에 집착했다. 자연스런 결과로, 거의 예외 없이 IWW 조합원들은 옛 노조를 탈퇴해서 철저한 적대자가 되거나 아니면 옛 노조에서 죽은 듯이 지내며 노조를 혁신하려는 노력은 전혀 하지 않았다. 그 결과는 노동운동에 재앙이었다. 말 그대로 노동운동의 영혼이 제거됐다. 노동운동에 혁명적 활기를 불어넣었을 수도 있는 투사들이 이 터무니없는 이론 때문에 노동운동에서 제거된 것이다. 그들은 옛 노조를 떠나서 무기력한 고립에 빠져들었다(안 그랬다면 옛 노조에 엄청난 영향을 미칠 수도 있었을 텐데 말이다). 그들은 온갖 종류의 보수파와 사기꾼들이 노동운동을 확실히 통제하며 자기네 마음대로 이용할 수 있게 만들어 줬다. …

SLNA는 모든 조직·미조직 노동자 집단들 사이에서 신디컬리즘의 전술과 원칙 등을 효과적으로 선전할 목적으로 만들어진 신디컬리스트들의 조직이다. SLNA는 노동조합이 아니고, 그 지부가 노조에 가입하는 것도 허용하지 않는다. SLNA는 단지 노동운동에 신디컬리즘을 교육하는 과제를 수행하는 교육 단체일 뿐이다. SLNA의 조직 계획은 영국 산업신디컬리스트동맹의 조직 계획과 상당히 비슷하다.[9]

그러나 별개의 혁명적 노조를 옹호하는 IWW 지지자들은 AFL에 침투하는 대안적 정책이 비현실적이라고 반박했다. 헤이우드는 미숙련 노동자가 AFL에 가입하는 것은 "악랄한 도제 제도와 지나치게 높은 회비" 때문에 사실상 불가능하다고 단언했다.[10] 그는 AFL에 가입하느니 차라리 오른팔을 자르겠다며 "AFL의 노조 지부 2만 8000개는 자본가 계급의 대리점 2만 8000개나 마찬가지"라고 결론지었다.[11] 조지프 에토르도 포스터가 AFL을 구해 주려 한다고 비난하면서 다음과 같이 논박했다. "우리는 국가를 구하고 싶지 않은 것 만큼이나 AFL도 구해 주고 싶지 않다. 우리의 목표는 AFL을 파괴하는 것이다."[12] 헤이우드와 에토르는 포스터가 말한 유럽 사례들이 타당하지 않다고 비판했다. 이유인즉, 프랑스와 영국의 노동운동에서는 전국적 노동조합 총연맹과 사회주의 정당 안에 이미 존재하는 상당수의 [신디컬리즘] 지지자와 동조자가 '침투자'와 협력할 태세가 돼 있었지만 미국에서는 사회당과 AFL이 모두 신디컬리즘의 영향을 유별나게 용납하려 하지 않는다는 것이었다. 게다가 유럽의 신디컬리스트들이 지지한 노동조합운동 방식은 자국 노동운동에서 우세한 구조와 충돌하지 않았지만, 미국에서는 IWW가 제안한 산별노조 운동(정치와 이데올로기도 포함)을 AFL 내부의 지배적 다수파가 결코 받아들이려 하지 않았다.

포스터의 SLNA는 느슨하게 연결된 선전 조직을 넘어서 발전하지 못했고, 짧은 생존 기간에 주로 서부와 중서부의 도시들에서 극소수의 회원을 끌어모으는 데 그쳤다. 핵심 문제는 SLNA가 [1912년] 출범하자마자 IWW가 급성장하기 시작했고 IWW의 전국 지도자 어느 누구도 포스터의 대안적 조직을 지지하지 않았다는 것이다. 그래서 SLNA는 1914년을 지나면서 그냥 사라지고 말았다. 그 뒤 몇 년 동안 비슷한 이름의 외피를 두른 다양한 조직들로 탈바꿈하며 아주 조금 영향력이 커지기는 했지만 말이다.[13]

이탈리아 신디컬리스트들도 USI 창립 전인 1900~1912년에 사회당계 노총을 안에서 장악하려고 노력할 것인지 아니면 떨어져 나와서 경쟁 조직으로 독자적인 혁명적 노총을 건설하려고 노력할 것인지를 두고 자기들끼리 충돌했다(물론 기존의 지역 노조 지부와 연맹, 협회, 노동회의소 안에서 계속 활동했지만). 앞서 봤듯이, 프랑스와 달리 이탈리아 신디컬리즘 운동의 많은 지도자들은 처음에 사회당 안에서 활동했다. 그러나 당내에서 개혁주의자들과 혁명적 신디컬리스트들 사이의 긴장이 고조되자 개혁주의자들은 1906년 주요 노조들의 전국 대회를 소집해서 반격에 나섰고, 몇 년 전 설립된 프랑스 CGT를 본떠서 이탈리아 노동조합총연맹CGL을 창설하기로 합의했다.

CGL은 처음부터 온건과 사회주의자들이 통제했고, 중앙집중적 구조와 정치 활동 인정, 특히 사회당과 협력한다는 원칙을 바탕으로 조직됐다. 신디컬리스트들은 이에 반대하고 노동회의소의 지역적 자율성과 비정치적 태도를 지지했지만 그들의 노력은 좌절됐다. 이제 그들은 결정적 딜레마에 빠졌다. 개혁주의적인 CGL과 결별할 것인가 아니면 내부에서 CGL을 장악하려고 노력할 것인가? 1906년 사회당 당대회에서 대의원의 다수는 부르주아 정당과 협력하는 노선을 승인했다. 그때 알체스테 데암브리스, 미켈레 비안키, 에드몬도 로소니를 비롯한 많은 신디컬리스트 지도자들은 사회당뿐 아니라 CGL과도 당장 결별해야 한다고 주장했다. 아르투로 라브리올라와 엔리코 레오네를 비롯한 다른 사람들은 그렇게 분열하면 노동계급 운동은 약해지고 적들은 강해질 것이라고 주장했다. 그 뒤 6년 동안 신디컬리스트들은 오락가락했고, 1912년까지 이탈리아에서 명확한 신디컬리스트 조직은 하나도 결성되지 않았다. 대다수 신디컬리스트들은 개혁주의자들에 대항하는 투쟁을 기존의 사회당계 노총 안에서 가장 잘 전개할 수 있다고 생각했다. 그러나 프랑스와 달리 이탈리아의 혁명적 신디컬리스트들은 CGL 안에서 사실상 아무 성과도 거두지 못했고, 반의회주의 정서가 확산되자 더 급진적인 신디컬리스트들은 더 적절한 직접행동 수단을 모색하기 시작했다.

1907년 말 신디컬리스트 반대파, 즉 데암브리스와 그 밖의 대의원들(약 20만 명의 노동자를 대표한다고 주장한)은 총파업 등 직접행동 원칙을 선전하고 지역 노조의 자율성을 옹호하겠다며, CGL에서 독립적인 전국저항위원회를 설립하기로 결정했다. 데암브리스가 이탈리아 신디컬리즘 운동의 중심지인 파르마 노동회의소의 사무총장이 된 직후였다. 전국저항위원회 설립은 CGL을 안에서 장악하려던 정책을 폐기한다는 뜻이었다. 물론 모든 신디컬리스트가 새 노선을 받아들일 태세가 돼 있었던 것은 아니다. 전국저항위원회의 목표는 많은 노동회의소와 지역 노조를 중심으로 새로운 운동을 건설하려는 것이었다. CGL 지도부에 불만이 많은 철도 노동자들이 전국저항위원회 운동으로 결집해서 새 조직에 힘을 실어 줬다. 데암브리스는 아르만도 보르기가 이끄는 아나키스트들에게 새 조직에 가입하라고 요청했다. 그 과정에서 데암브리스와 보르기는 아나키스트들과 혁명적 신디컬리스트들의 유대 관계를 확립했다.

그러나 파르마에서 전국저항위원회가 시작한 총파업이 패배하고,

뒤이어 1908년에 신디컬리스트들이 사회당에서 모두 제명되자, CGL을 내부에서 바꾸는 전략을 선호하던 사람들의 영향력이 커졌다. 그 뒤 거의 2년 동안 신디컬리스트들은 CGL과 불편한 동맹을 유지했다. 결국 1910년에 볼로냐 노동회의소 내의 반대파인 미켈레 비안키의 영향 아래 신디컬리스트들은 비밀 조직인 직접행동위원회를 만들었다. 직접행동위원회는 신디컬리스트 조직들의 활동을 조정하고, CGL 안에서 자신들의 혁명적 원칙을 선전하다가 세력이 충분히 커지면 CGL에 공개적으로 도전하려고 했다. 1912년 봄에 신디컬리스트들과 개혁주의자들 사이의 마찰이 점점 더 심해지자 마침내 CGL 집행부는 직접행동위원회를 지지하는 것과 CGL 조합원 자격은 양립할 수 없다고 선언했다. 그제야 이탈리아 신디컬리스트들은 사실상 사회당과 주요 CGL 조직에서 모두 쫓겨나, CGL과 공공연히 경쟁하는 전국적 노총을 새로 건설하게 됐다(물론 기존 지역 노조와 노동회의소 안에서는 전과 다름없이 계속 활동했다). 철도노조와 그 밖의 일부 반개혁주의 조직들이(아나키스트들과 공화주의자들의 조직도 포함해서) 이 새 조직에 가입했다.[14]

영국에서도 신디컬리즘의 영향을 받은 다양한 혁명가 집단들 사이에 분열이 있었다. 1910년 ISEL이 창립되기 전에도 그랬다. 한편으로, 디 리언이 이끈 미국 사회주의노동당의 영향을 받은 영국 사회주의노동당 당원들이 있었다. 그들은 선거로 집권할 수 있는 정당과 산업을 접수할 산별노조가 모두 필요하다고 확신했고, 새로운 혁명적 산별노조가 기존의 개혁주의 노조를 대체해야 한다고 주장했다. 영국 사회주의노동당은 규모가 아주 작았지만 1906년에 영국산별노조 지지자들BAIU이라는 조직을 결성했다. BAIU는 미국 IWW를 본떠 완전히 새로운 혁명적 노조를 건설하는 길을 개척할 의도로 만들어진 선전 조직이었다. 1909년 BAIU는 영국산업노동자동맹으로 개편됐고 스코틀랜드에 지부를 세웠다. 영국산업노동자동맹은 클라이드의 싱어 재봉틀 공장에서 1911년 파업 기간에 상당한 지지를 받았지만, [파업이 패배하자] 곧 쇠퇴했다.[15]

미국에서 완전히 새로운 혁명적 노조를 건설하려는 정책은 노조 조직률이 비교적 낮고 주로 직업별 노조인 AFL이 미숙련 노동자들을 무시하는 상황에서는 적절한 것처럼 보였다. 영국에서는 노조 조직률이 더 높았고, 많은 미숙련 노동자가 노조에 가입해서 활동해 본 경험이 어느 정도 있었다. 이런 상황에서 '이중 노조' 전략은 많은 사람들이 보기에 투사들과 기존 노조원들을 매우 종파주의적으로 분리시키는 행동이었을 뿐이다.[16] 제1차세계대전이 벌어진 뒤에야 (J T 머피, 톰 벨, 아서 맥매너스를 비롯한) 많은 영국 사회주의노동당SLP 지도자들은 직장위원회 운동의 발전에 영향을 받아서 당의 전망을 수정하고 금속 산업의 기존 노조 안에서 대중투쟁을 이끌었다.

다른 한편으로, SLP-BAIU의 런던 지구 간사였던 E J B 앨런 같은 개인들도 있었다. 그들은 점차 '이중 노조' 전략을 불만스럽게 여기고, 그 대안으로 기존 노조를 혁명적으로 재건하는 전략을 채택해야 한다고 생각하기 시작했다. 앨런과 그 지지자들은 [조직에서] 탈퇴하거나 제명된 뒤에 새로운 전략을 선전하고자 1908년 산업동맹을 결성했다. 1910년에는 ISEL 창립자인 톰 만을 비롯한 영국의 주요 신디컬리스트 그룹들도 '안에서 파고들기' 전략을 채택하고 통합위원회 운동에 참여했다(통합위원회 운동의 목표가 기존의 다양한 노조들을 통합해서 혁명적 산별노조를 건설하는 것이었다). 사우스웨일스광원연맹의 비공식혁신위원회도 광원노조를 내부에서 대대적으로 재건하는 운동을 전개했다.

그러나 1913년 ISEL 안에서 분열이 일어났고 앨런과 가이 보면은 근본적으로 IWW의 노선인 '이중 노조' 전략을 지지하는 쪽으로 돌아섰다. '옛' ISEL의 노선을 고수하기로 결정한 반대파는 이와 경쟁하는 신디컬리스트 조직인 산업민주동맹ᴵᴰᴸ을 결성했지만, 이미 신디컬리즘 운동은 타격을 입은 뒤였다.[17] 영국 신디컬리즘의 주력은 분명한 조직적 실체로서 영향력을 상실했다. 물론 이데올로기적·정치적으로는 전쟁 전의 여러 노동조합운동 부문에서 여전히 상당한 영향력이 있었다. 특히, 독립적 좌파 신문인 〈데일리 헤럴드〉*(와 [그 독자와 지지자들이] 1912~1913년에 설립한 네트워크인 데일리헤럴드동맹) 안에서, 그리고 런던을 중심으로 한 중앙노동대학과 지방의 연구 집단 네트워크인 평민동맹 같은 독립적 노동계급 교육 운동 안에서 큰 영향력이 있었다.

사회주의 정당에 대한 태도와 정치 활동

내부 논쟁의 셋째 쟁점은 의회정치 활동과 사회주의 정당에 어떤 태도를 취할 것인가 하는 문제였다. 예컨대, IWW가 정치 활동을 공식적으로 거부하게 된 것은 1905년부터 1912년까지 진행된 점진적 과정이었다는 사실은 매우 중요하다. 앞서 봤듯이, IWW의 일부 초기 활동가들은 사회당이나 사회주의노동당과 강력한 연계를 유지했다 (비록 아나코신디컬리스트들은 정치 활동이나 사회주의 정당과의 제휴에 반대했지만). 그래서 IWW 창립 후 첫 3년 동안 규약 전문의 '정치 조항'을 두고 내부에서 논쟁이 벌어졌고, 이질적 집단들의 다양한

---

* 1910~1911년 인쇄공 노조의 파업 소식지로 발행되기 시작해, 노동운동을 다루는 일간지로 발전한 신문이었다. 1922~1929년에는 영국 노총의 기관지이기도 했고 그 뒤 몇 차례 경영진이 바뀌면서도 제호는 유지했는데, 1964년 루퍼트 머독이 인수해서 보수 신문의 대표 격인 〈선〉으로 완전히 바꿔 버렸다.

견해와 상충하는 이데올로기들이 뚜렷하게 드러났다.

사회주의노동당 지도자인 마르크스주의 지식인 대니얼 디 리언은 노동조합운동이 사회주의노동당의 영향을 받는 정치 운동의 날개가 돼야 한다고 생각했다. 그는 [1905년 IWW 창립 대회에서] 규약 전문 [초안]을 다음과 같이 약간 모호하게 수정해서, IWW가 정치 활동은 지지하면서도 정당 가입은 못하게 만드는 데 성공했다.

이 두 계급의 투쟁은 고된 노동을 하는 사람들이 어떤 정당에도 가입하지 않고 노동계급의 경제조직을 통해 산업 분야뿐 아니라 정치 분야에서도 단결해서 자기 노동 생산물을 스스로 차지할 수 있을 때까지 계속돼야 한다.[18]

정치 활동에 관한 이 구체적이지만 혼란스럽고 모순된 언급은 디리언이 경쟁 조직, 즉 개혁주의자들이 주도하는 사회당에 IWW가 가입하지 못하게 막는 동시에 IWW 안에서 자신의 영향력을 강화하는 수단으로 이용하고자 일부러 모호하게 표현한 구절이었다. 얄궂게도, 이 조항은 새 조직[IWW] 내부의 다양한 집단에게 받아들여졌지만(그 이유는 다양했다) 많은 대의원이 보기에는 정치 활동을 수용하는 방향으로 너무 멀리 나아간 것이었다. 사실 그것은 해거티와 트라우트만 같은 아나코신디컬리스트들의 사상과 사회주의자들, 특히 디 리언의 견해를 혼란스럽게 절충한 결과였다. 전자는 IWW가 무엇보다 계급투쟁에 바탕을 둔 경제조직이 돼야 한다고 강조했고, 후자는 노동계급이 경제적 행동뿐 아니라 의회 선거 참여를 포함한 정치 활동도 해야 한다고 주장했다. 많은 IWW 지도자와 조합원은 이 두 견해의 중간쯤에 있었다. IWW는 실제로는 정치 활동에 헌신했지만, 정당에는 결코 가입하지 않았다. 규약 전문 조항의 언어는 매우 혼란스러웠지만, 그것은 작성자가 노린 바였다. 즉, 비정치적 신디컬리스트들뿐 아니라 다양한 신념을 가진 사회주의자들도 받아들일 수 있게 하는 것, 그래서 모든 사람이 자기 입맛대로 그 조항을 해석할 수 있게 하는 것이 바로 작성자의 의도였다.

1906년 IWW 대회에서 정치 활동 문제는 다시 뜨거운 쟁점이 됐다. 더 혁명적인 집단들은 "고된 노동을 하는 사람들이 … 산업 분야뿐 아니라 정치 분야에서도 단결해서"라는 구절에서 "뿐 아니라 정치 분야"라는 문구를 삭제해 정치적 오염을 지우려고 다시 투쟁하기 시작했다. 그러나 이런 수정 동의안은 사회주의노동당 분파를 대변하는 사람들의 강력한 반대에 부딪혔다. 어느 쪽도 완전히 승리하지 못하자 타협책으로 결국 합의된 내용은 "정치 분야"라는 문구를 그대로 두되 전문 말미에 다음과 같은 조항을 덧붙인다는 것이었다. "그러므로 정당을 승인하지도 정당의 승인을 바라지도 않고 우리는 다음의 규약 아래 단결한다." 그래서 정치 활동은 여전히 인정됐고 전과 다름없이 강력한 지지를 받았지만, 이제 IWW와 정당의 관계처럼 모든 정치 활동도 매우 분명한 규약의 제한을 받게 됐다.

1908년 IWW 대회에서 디 리언과 그를 지지하는 사회주의노동당 당원들이 제명되고 규약 전문의 정치 활동 조항이 삭제된 이유는 디 리언이 IWW를 사회주의노동당의 날개로 만들려고 한다는 두려움 때문이었다(비록 디 리언의 제명을 지지한 사람들이 모두 결코 어떤 상황에서도 정치 활동을 해서는 안 된다고 생각한 것은 아니었지만). 이제 새 전문의 둘째 단락은 다음과 같이 바뀌었다.

이 두 계급의 투쟁은 전 세계 노동자들이 계급으로 조직되고 토지와 생산 기계를 소유하고 임금제도를 폐지할 때까지 계속돼야 한다.[19]

따라서 3년 동안 정치에 추파를 던진 뒤에 IWW는 근본적으로 정치에 반대하는 태도를 공식 채택하고 산업 전선의 직접행동을 배타적으로 강조하게 됐다. 이제 세인트 존과 트라우트만을 필두로 한 아나코신디컬리스트 지도자들이 조직을 확고하게 통제했다(헤이우드도 결국은 책임을 맡았지만). 시카고 대회장에서 쫓겨난 디 리언은 디트로이트에 본부를 둔 조직을 독자적으로 창립해서 IWW와 경쟁했지만, 그 영향력은 무시해도 될 정도였고 1925년에 결국 해체됐다.[20]

프랑스에서 CGT 내부의 개혁주의 분파는 신생 통합 사회당과 노동조합 사이에 모종의 협력 관계가 불가피하다고 믿었고, 노조와 정치 활동을 결합해야 한다고 생각했다. 그들은 하루 8시간 노동제, 공무원의 노조 가입권, 최저임금제의 입법화를 지지해서 노동자들의 조건을 개선하려 했다. 그러나 1906년 CGT 대회에서는 그리퓌엘과 푸제가 함께 작성한 아미앵 헌장이 거의 만장일치로 통과됐다. 아미앵 헌장은 노동조합의 자율성, 즉 노동조합이 정당의 지배를 받지 않고 자력으로 임금제도 전복을 위한 혁명적 투쟁을 벌인다는 선언이었다. 그것은 사회당이 옹호하는 부르주아 의회 입법을 통한 사회 개혁 프로그램과 '밀랑식 정치'에 맞선 투쟁의 절정이었다는 점에서 중요했다(사회당은 CGT를 정치적으로 통제하고 싶어 했다). 그러나 아미앵 헌장은 개혁주의자들과 벌이는 끊임없는 권력투쟁에서 짧은 휴식이었을 뿐임이 드러났고, 1909년에 그리퓌엘의 혁명적 다수파는 혼란에 빠져서 결국 그리퓌엘은 [CGT 사무총장직을] 사퇴할 수밖에 없었다. 파업이 잇따라 패배하고 전쟁 위험이 고조되자 더 온건한 신디컬리스트 지도자들은 사회당 정치인이나 정부 각료와 협력할 필요가 있다고 인정하게 됐다.

제1차세계대전이 끝난 직후 CGT 내부의 양극화가 심해지면서 또 한 차례 우여곡절이 있었다. 이제 다수파가 된 개혁주의 지도부, 즉 사무총장 레옹 주오, 사무부총장 조르주 뒤뮐랭, (1916년 이전에는 혁명적 부류와 가깝게 지내다가 점차 멀어진) 금속노조 사무총장 알퐁스 메렝 등은 사회당과 긴밀하게 협력해서 의회를 압박해 개혁 입법을 얻어 내는 것이 자본주의와 공화국의 틀 안에서 노동자의 처지를 개선하는 방법이라고 생각했다. 이와 달리, 급속하게 성장한 혁명적 소수파는 총파업을 통한 자본주의 폐지와 생산자 연합 건설을 신봉했다. 그런 내분은 (볼셰비키에 어떤 태도를 취해야 하는가 하는 논쟁과 맞물려) [1921년 말에] CGT가 결국 분열하는 데 한몫했다.

제1차세계대전에 대한 태도

1914년에 시작된 제1차세계대전은 그때까지 신디컬리스트들이 공언해 온 노동자 국제주의를 판가름할 중요한 시금석이 될 수밖에 없었다. 당시 제2인터내셔널 소속 정당의 압도 다수와 공식 노동조합운동의 지도부는 그동안 자신들이 맹세했던 국제주의를 내팽개치고 재빨리 자국 정부의 전쟁 노력을 지지했다. 사실, 대다수 나라에서 신디컬리스트들은 조직 노동조합운동 안의 다른 어떤 이데올로기 조류보다 더 진정한 반전 운동 세력이었다.[21] 그러나 이런 일반적 그림의 예외도 약간 있었는데, 특히 프랑스와 이탈리아의 신디컬리즘 운동에서 이 문제를 두고 격렬한 내분이 일어났다.

1908년 CGT는 [정부가] 전쟁을 선포하기만 하면 곧장 혁명적 총파업으로 맞서겠다고 대놓고 위협했다(의미심장한 사실은 이 결의안에서 CGT는 선전에만 전념할 것이며 파업은 국제적이어야 한다고 명시하는 신중한 태도를 취했다는 점이다). 그러나 CGT의 반애국주의·반군국주의 원칙은 1914년에 전쟁이 시작되자 순식간에 사라지고 말았다.[22] 프랑스 정부가 전쟁을 선포하고 병사 징집 계획을 발표하자 애국주의 물결, 즉 외국의 공격에 맞서 공화국을 방어하고자 기꺼이 싸우겠다는 고질병이 프랑스 노동운동을 휩쓸었고, CGT(와 사회당)는 거의 전체가 애국주의 열기에 굴복했다. 주오는 독일의 군국주의에 맞서 프랑스의 민주주의·공화주의 전통을 지켜야 한다고 주장했다. 이 전쟁은 문명을 위한 전쟁이고, 야만에 맞서 진보와 자유를 지키려는 전쟁, 반동이 아니라 혁명의 전쟁, 진정으로 1792년의 '혁명적 전통'을 물려받은 전쟁이라는 것이었다.[23]

8월 4일 공화국 대통령이 모든 시민에게 프랑스를 지키기 위한 '신성한 단결'에 헌신적으로 동참하라고 촉구하자 CGT(와 사회당)는 전쟁 기간 내내 그 단결을 유지한다는 데 기꺼이 동의했다. 여기에는 무파업 약속과 강제중재 제도를 지지하겠다는 것도 포함돼 있었다. CGT는 다양한 [노사정] 공동위원회에 참여했고, 주오는 '국가위원'이 됐다. 그 과정에서 징병 연령대 노조원 대다수는 저항 없이 군대에 징집됐다. 1913년에 35만 명이었던 CGT 조합원은 군사동원으로 급감했고 1915년에는 조합비 납부자가 겨우 4만 9000명에 불과해 CGT는 '뼈만 남은' 조직이 됐다.[24]

CGT 안에서 전쟁에 반대하는 국제주의 소수파가 등장했다. 〈라비 우브리에르〉 신문을 중심으로 성장한 새 세대 혁명적 신디컬리스트들의 지도자 피에르 모나트가 1914년 12월 CGT 지도부에서 공개사퇴했다. 전쟁 2년째에 알퐁스 메렝이 이끄는 강력한 금속노조 안에서 CGT에 반발하는 움직임이 확산됐고, 메렝은 공개 연설에서 "저들의 전쟁은 우리의 전쟁이 아닙니다" 하고 주장했다.[25] 신디컬리스트방어위원회CDS라는 소수파 그룹이 결성돼, CGT 다수파가 정부와 협력하는 것을 비난했다. 1915년 9월 메렝은 통제조공 노조의 지도자인 알베르 부르드롱과 함께 스위스 치머발트에서 열린 반전 사회주의자들의 국제 대회에 참석했다. 결국 이 그룹은 다른 혁명적 분파들과 함께 CGT 안에서 전쟁에 반대하는 국제주의 소수파 운동의 중핵을 형성했다(비록 전쟁 초기에 그들은 하찮은 존재처럼 보였지만).[26]

1914년부터 1918년까지 계속된 끔찍한 학살이 러시아 혁명의 충격과 맞물리면서 전쟁 말기 18개월 동안에는 상황이 [국제주의 소수파에게] 더 유리해졌다. 무엇보다 1917~1918년의 파업 물결은 '신성한 단결'이라는 합의가 약해졌음을 보여 줬다. 노동조건 악화, 물가 인상, [전쟁 모리배들의] 폭리행위, 전쟁 피로감, 이 모든 것이 맞물려서 사람들의 사기를 떨어뜨리고 점점 더 많은 노동자로 하여금 '평화주의자들과 볼셰비키파'의 주장에 귀를 기울이도록 만들었다. 1918년 5~6월에는 금속 노동자 20만 명이 파업을 벌였는데, 먹고사는 문제들과 반전 시위를 결합하는 데서 신디컬리스트방어위원회 투사들이 중요한 구실을 했다(비록 그들의 영향력은 파업 지도자들이 체포되고 노동자 수백 명이 동원령을 받아 전선의 참호로 보내지면서 약해졌지만).[27] 종전 직후에는 CGT 안에서 개혁주의 다수파와 혁명적 소수파 사이의 양극화가 더욱 심해졌고, 혁명적 소수파는 러시아 혁명에서 그리고 전쟁으로 사회적 긴장이 위태로울 만큼 고조된 상황에서 강력한 힘을 얻었다.

이탈리아에서도 전쟁이 시작되자 조합원 10만 명을 거느린 USI 안에서 혼란이 일어났다(비록 프랑스보다는 훨씬 덜했지만). 이탈리아 정부는 전쟁 초기에 중립을 선언했지만 1915년 5월 마침내 영국·프랑스·러시아 동맹 편에 서서 전쟁에 참여했다. 참전은 매우 인기 없는 결정이었고, 의회, 가톨릭교회, 사회당, 사회당계 노총인 CGL이 모두 반대했다. 사회당은 교전국 안에서 국가의 전쟁 노력을 지지하지 않는 최대의 정치 운동이 됐다. 이와 마찬가지로, USI도 전쟁이 벌어지자마자 전쟁 반대를 공언했는데, 1914년 8월 8일 USI 중앙위원회는 만약 정부가 중립을 포기하면 모든 노동자가 무장봉기에 가까운 총파업으로 대응하자고 촉구했다.[28] 그러나 전쟁이 다가올수록 이탈리아 노동운동 안에서는 공화파의 국가주의 전통도 강해졌다. 그래서 적극적 소수는 이탈리아 국가가 영국·프랑스·러시아 동맹 편에 서서 참전하는 것을 지지하기 시작했다.

이미 1911년에 주요 신디컬리스트 지식인 세 명, 즉 아르투로 라브리올라, 안젤로 올리비에로 올리베티, 파울로 오라노는 이탈리아가 리비아를 차지하려고 터키와 벌인 제국주의 전쟁을 노동계급과 사회주의자들이 지지해야 한다고 주장해서 대다수 동료들을 격분하게 만들었다.[29] 그런데 1914년 8월에는 비록 대다수 USI 조합원은 여전히 군국주의에 반대하고 국제주의 태도를 군건히 고수했지만, 알체스테 데암브리스, 툴리오 마소이토, 미켈레 비안키를 포함한 많은 신디컬리스트 지도자들이 절대왕정 국가인 독일과 오스트리아에 맞서 공화국인 프랑스를 지지하기로 결정하고 이탈리아가 연합국 편에 서서 참전할 것을 요구했다. 이들은 프랑스 CGT가 '신성한 단결'을 지지하는 것을 지켜보면서, 자신들의 신디컬리즘 모⁕조직이 '훈족'의* 침략에 맞서 '민주주의'를 수호하는 것을 지지했다면 이탈리아 신디컬리스트들도 당연히 그들의 뒤를 따르는 것 말고는 달리 대안이 없다는 결론을 내렸다.[30] 전설적 신디컬리스트 지도자 데암브리스는 다음과 같이 도발적 발언을 했다. "친구 여러분, 제가 질문 하나 하겠습니다. 숨 막히는 독일 제국주의가 서구 문명을 위협하고 있고 오직 우리의 참전만이 서구 문명을 구할 수 있다면 우리는 무엇을 해야 할까요? 대답은 여러분께 맡기겠습니다."[31] 그는 혁명적 대의를 위협하는 가장

---

* 원래는 중앙아시아의 스텝 지대에서 살다가 4세기 중엽 서쪽으로 이동해서 유럽에 침입, 게르만족의 대이동을 촉발한 유목 민족이지만, 제1·2차 세계대전 당시 독일인을 경멸적으로 부르는 말로 썼다.

큰 적은 전쟁이 아니라 독일의 승리라고 말했다. 독일이 승리하면 프롤레타리아 운동은 파괴되고 노동자들은 독일 착취자들의 손아귀에 떨어지고 말 것이라는 얘기였다.[32] 그래서 '참전파'는 신디컬리스트들이 군국주의에 반대하는 것은 맞지만 그들은 평화주의자가 아니며 전쟁으로 말미암아 혁명이 일어나서 자유주의 정치체제와 왕정을 파괴할 수도 있다고 주장했다.[33]

이와 달리, 이탈리아 신디컬리즘 운동의 아나키스트 분파(보르기가 지도자였다)는 USI가 국제주의를 고수해야 한다고 주장했다. 보르기에게 평화주의는 결코 타협할 수 없는 것이었고, 따라서 이탈리아 국가의 전쟁이든 다른 어떤 국가의 전쟁이든 전쟁은 무조건 철저하게 반대해야 했다. 1914년 9월 USI 집행부는 표결 끝에 데암브리스와 그 지지자들을 제명했다. 그러나 의미심장하게도 USI의 최대 부문인 파르마 노동회의소는 투표를 통해 데암브리스파의 참전 노선을 지지하기로 결정했고, 로마와 제노바의 노동회의소(신디컬리스트들이 중요한 구실을 한 곳이었다)와 해운노조(독립 노조였다)도 재빨리 그 대열에 합류했다. 그리고 (USI에서 넷째로 큰 부문인) 밀라노 노동조합연합도 밀라노 노동회의소와 결별하고 투표를 통해 참전파를 지지하기로 결정했다. 이런 지지를 등에 업고 데암브리스와 그 지지자들은 USI의 공식 기록, 재무제표, 조합원 명단을 장악했고, 이탈리아 신디컬리즘 운동의 주요 신문인 〈인테르나치오날레〉를 참전파의 기관지로 재빨리 바꿔 버렸다.[34] 대체로, 그들은 USI 조합원의 거의 3분의 1, 즉 10만 명 가운데 약 3만 명을 데려가는 데 성공했다. 그 규모는 전국 수준에서 효과를 내기에는 너무 작았지만, USI의 효과적 활동을 제약하기에는 충분히 컸다(비록 대다수 이탈리아 신디컬리스트들은 여전히 군국주의에 반대하는 국제주의 태도를 고수하고 있었지만).

USI 집행부는 참전파에 대항해서 노조의 본부를 볼로냐로 옮겼고 보르기를 사무총장에 임명했다. 보르기는 1915년 봄에 창간한 새 기관지, 즉 국제주의적인 〈게라 디 클라세〉를 통해 반전 선전 공세를 강화해서 USI를 재건하려고 노력했다. 그렇지만 1908년 파르마 총파업에 참여한 적 있는 베테랑 신디컬리스트 에드몬도 로소니가 미국에서 보낸 글에서 데암브리스를 지지한다고 밝혔고,[35] 사회당 일간지인 〈아반티〉(전진)의 편집자 베니토 무솔리니도 참전을 지지하는 글을 쓰기 시작했다. 데암브리스는 강경파를 모아서 '파시 리볼루치오나리 다치오네'(혁명행동단)를 만들었다. 이 조직은 점차 반전 시위대를 폭력적으로 공격하기 시작했다. 그런 참전파들의 공격과 정부의 탄압으로 말미암아 USI의 참전 반대 운동은 약해졌고, 사회당과 공동 활동을 하지 않으려는 USI의 태도 때문에 상황은 더 나빠졌다.

그러나 전쟁이 계속되면서 임금 인상을 요구하는 파업들이 벌어졌고 대규모 반전 시위도 잇따랐으며, 1917년 8월에는 러시아 2월 혁명 소식에 고무된 토리노 노동자들이 자발적으로 무장봉기에 가까운 총파업을 벌였다. 이탈리아에서 전쟁으로 인한 경제적 긴장은 1918년에 절정에 달했다. 생활비가 오르고 구매력이 급감하자 점점 더 많은 노동자들이 자기방어에 나서기 시작했다. 많은 노동자에게 '즉시 강화'라는 볼셰비키 혁명의 메시지는 가장 설득력 있는 해결책처럼 보였으며, 10월 혁명 뒤에는 노동자 약 2만 명이 USI에 가입했는데, 여기에는 이탈리아인들도 "러시아인들처럼 해야 한다"고 주장한 보르기의 메시지가 한몫했다. 그 결과로, 전쟁 막바지와 종전 직후에 USI는 급성장했다. 1919년 말 USI 조합원은 30만 5000명이었는데, 이 수치는 1914년의 세 곱절이나 되는 것이었다(물론 사회당계 노총인 CGL의 성장 속도는 더 빨랐다).[36] 그렇지만 USI에서 떨어져 나간 참전파도 나름대로 상황을 잘 이용해서, 1914년 데암브리스와 비안키가 USI

에서 제명된 뒤 설립한 이탈리아노동자연합ᵁᴵᴸ이라는 조직을 '국가주의적 신디컬리즘'이라는 애국주의 사상을 중심으로 부활시켰다.³⁷ 그들은 나중에 1920년의 공장점거 투쟁이 패배한 뒤 무솔리니의 파시즘 운동이 성장하는 데 일조했다.

중앙집중주의 대 지역의 자율성

모든 신디컬리즘 운동은 지역의 자율성과 중앙집중적 통제 사이에서 실행 가능한 타협을 이루려고 노력했지만, 이 문제에서도 긴장을 피할 수 없었다. 예컨대, 이론적으로 CGT 중앙위원회(지도자는 사무총장이었다)는 지역 노조 연합체와 [대의원]대회에 종속된 기구에 불과했다. 델레살은 CGT가 "감독 위원회도 아니고 노동자들의 상원上院도 아니며 단지 여러 조직들을 서로 연결해 주는 연락 사무소일 뿐"이라고 주장했다. 다른 곳에서 그는 CGT를 "등기소"로 묘사했다. 이 표현 자체는 CGT 중앙위원회를 "일종의 [전화] 교환대"로 봐야 한다던 푸제의 말을 되풀이한 것이다.³⁸ 그들은 CGT가 집행 권한이 결코 없을 것이고, 중앙집중주의가 아니라 "가장 완벽한 연방주의"를 따라야 한다고 봤다. CGT는 독립적 노조들이 모인 것일 뿐이므로, 각각의 노조 수준에서는 어떤 권위도 존재하지 않는다고 생각한 것이다.

그러나 실제로는 CGT [상근] 간부들이 정책 결정 과정을 지배했다 (따지고 보면 CGT는 "연맹들의 연맹"이었는데도 그랬다).³⁹ 그래서 온건파 신디컬리스트인 오귀스트 쾨페는 상근 간부와 관료를 불신하는 느낌이 드는 앙상한 분권적 구조가 아니라 재정이 탄탄하고 효율적이고 결정권이 있는 행정 체계를 만들려고 했다. 생디카에는 필수적 재정 자원, 더 많은 조합비, 잘 훈련된 사무직원들이 필요하다고 생각했기 때문이다. 쾨페가 볼 때 모범적인 생디카는 계급의식적 소수가 아니라 특정 업종의 노동자 대중으로 구성돼야 했다. 그래야만 생디카가 오래 지속될 수 있을 것이라고 생각했다.[40] CGT 내부의 혁명가들은 그런 견해를 강력하게 거부했다. 비록 1910년 이후 CGT의 태도가 더 온건하게 바뀌고 전쟁 기간에는 수많은 [정부] 위원회에 참여했지만, 효율적인 조직에 필요한 중앙집중주의가 어느 정도인지에 대한 이견 때문에 끊임없는 긴장이 분명히 존재했다.

　비슷한 쟁점에서 비롯한 격렬한 분열은 아일랜드에서도 나타났다. 전쟁 전의 라킨 지도부 시절 ITGWU의 행정은 사실상 1인 통치나 다름없었다. 집행부도 없었고, 전국 대의원대회 소집 제안에도 불구하고 대회는 한 번도 열리지 않았다. '장군' 두 명, 즉 위원장과 사무총장을 반년마다 조합원들이 선출하게 돼 있었지만, 실제로는 1917년까지 으뜸 지부인 더블린 지부가 1년에 한 번씩 선출했다.[41] ITGWU가 더블린 직장 폐쇄 같은 주요 투쟁에 참여하는 동안에는 그런 조직 민주주의의 한계가 중대한 문제로 여겨지지 않았다. 그러나 전쟁이 끝나고 윌리엄 오브라이언의 새 지도부가 들어서자 그것은 아주 다른 문제가 됐다. 비록 처음에는 파업을 벌일 만큼 노동자들의 자신감이 회복된 덕분에 ITGWU가 되살아나고 조합원이 놀랄 만큼 증가했지만, 1920년 이후 경제 불황이 닥치고 대규모 실업 사태가 벌어지자 조합원은 다시 감소했다. 오브라이언은 '단일 거대 노조' 건설의 일환으로 지역 수준에서 간부의 수를 늘리고 중앙 통제를 강화하려고 끊임없이 노력했지만, 사람들은 점차 관료화하는 노조 기구 안에서 자신의 권력을 강화하는 오브라이언에게 일제히 반발했다. 1923년 4월 [미국에서] 아일랜드로 돌아온 라킨은 지도부를 맹렬하게 공격하면서 노조 통제권을 다시 장악하려 했지만 결국 실패했다.[42]

　영국에서는 1913년 초에 ISEL 안에서 분열이 일어났다. 톰 만과 그 측근 몇 명 말고는 효과적 지도부라고 할 만한 구조가 전혀 없었다는 사실이 분열에 한몫했다. 어떤 지도자가 지적했듯이, ISEL은 회원 자격과 지부 구조를 공식적으로 갖추지 않은 채 "소수의 느슨하게 조직된 그룹들과 전국에 흩어져 있는 다수의 개인들로 이뤄져 있었다."[43] 정기 연설회와 교육 강좌를 개최해서 신디컬리즘 문헌과 소책자를 판매하는 것 말고는 기존 조합원을 제대로 조직하지 못한다는 격렬한 비판이 제기되자 (ISEL 창립 후 2년 이상 지난) 1913년 초에 열린 첫 연차 총회에서 조직이 개편됐다.[44] 〈신디컬리스트〉는 다음과 같이 설명했다.

지금까지 ISEL이 거의 무정형의 조직이었던 이유는 그 창립 방식 때문이었다. ISEL 창립자들 중에서 분명한 규약과 규칙이 필요하다고 생각한 동지는 거의 없었다. 우리는 모두 개인적 친구였고, 다섯 명의 위원을 선발하고 사무총장과 위원장을 임명했지만 그들이 해야 할 임무는 명확히 정하지 않았으며, 신디컬리즘을 널리 선전하는 활동을 그들에게 맡기고 그냥 방치했다. 이제 지방 조직들도 설립되고 모든 방면에서 조합원이 늘어났으므로 조합원 전체가 무슨 일을 어떻게 해야 하는지에 대해 발언권을 갖는 것이 바람직하다.[45]

그러나 규약과 지부 구조를 제대로 갖춘 완전한 공식 조직으로 전환하기로 결정한 것 자체가 그해 가을 ISEL의 급속한 분열과 해체에 한몫했다.

마지막으로, 미국에서 IWW는 초기에 암묵적으로든 명시적으로든 중앙집중적 조직을 모델로 해서 건설됐다. IWW가 '단일 거대 노조' 운동을 펼친 것은 우연이 아니었다. 심지어 '세계산업노동자동맹'이라는 이름 자체가 전 세계의 노동자를 단일한 조직으로 재편하겠다는 의도를 분명히 보여 준다(비록 현실은 그 원대한 포부에 전혀 미치지 못했지만). 그러나 IWW 안에서 중앙집중적 통제를 어느 정도까지 허용할 것인지는 격렬한 논쟁의 근원이었다. 1905년 [창립] 대회에서는 조직의 [일상] 업무를 처리할 7인, 즉 위원장과 재정 책임자와 나머지 5인으로 이뤄진 중앙집행위원회GEB를 선출했다. 중앙집행위원회는 대회가 열리지 않는 기간에 조직의 업무 처리를 모두 책임졌다. 즉, 모든 산하 기구(여러 산업부문과 지역 노조를 포함해서)가 실행해야 할 정책을 결정하고, 기관지 〈인더스트리얼 워커〉의 발행을 관리·감독하고 그 편집자를 선발하고, 노조에 파업 명령을 내리는 일 등의 권한이 모두 중앙집행위원회에 있었다(비록 노조와 사용자의 합의 사항은 모두 조합원의 승인을 받아야 했지만).[46]

1910년 이후로 IWW 안에서는 두 분파가 뚜렷이 나타나기 시작했다. 하나는 미국 남부와 서부의 벌목장, 광산, 밀 경작지 등에서 일하는 '자유분방한' 이주 노동자들이었고, 다른 하나는 동부 연안의 대규모 제조업 단지에서 일하는 이민자들이었다. 각 분파는 서로 다른 정책을 지지했다. 동부파는 대체로 IWW 조직의 중앙집중주의와 노조 활동 통제를 강화해서, 자신들이 보기에 무익하다고 생각되는 자유 연설 운동과 선전 투쟁에 IWW가 에너지를 낭비하지 않게 하고 급증하는 회원 탈퇴를 막아야 한다고 주장했다. 그들은 헤이우드, 에토르, 플린 같은 사람들과 중앙집행위원회 다수파의 지지를 받았다. 이와 달리, 서부파는 흔히 중앙의 통제는 줄이고 지역 지부의 자율성을 확대해야 한다고 생각했다. 그들은 중앙집행위원회와 일반 조직자 직책을 폐지하고 그들을 속기사로 대체해서 지역 조직 간 연락 업무 정도만 맡게 해야 한다고 생각했다. 서부파는 원칙적으로 모든 종류의 정치적 통제에 저항한 카를로 트레스카나 제임스 로언 같은 아나키스트들의 지지를 받았다.

서부의 IWW 조합원들은 자율성 확대와 중앙 통제의 축소를 강력히 요구한 반면, 중앙집행위원회는 IWW가 성장하려면 순전히 선전만 하는 게릴라 조직에서 평범한 노동조합으로 변모해야 한다고, 그래서 상시적 조합원 대중이 부과하는 책임과 타협을 모두 감당해야 한다고 믿었다. 1911년 IWW 6차 대회에서 분권파는 조합원들에 대한 중앙집행위원회의 권위에 만만찮게 도전했다. 중앙집행위원회의 권한을 최소화하려는 수정안이 몇 가지 나왔지만, 많은 논쟁 끝에 모두 패배했다.[47] 1914년 IWW 9차 대회에서는 중앙집중파가 다시 한 번 승리했고, 1916년 대회는 헤이우드가 이끄는 중앙 지도부의 권위가 확고하게 재확인됐다는 점에서 중요했다. IWW의 행정·인쇄·출판 활동은 모두 시카고[본부 소재지]로 집중됐다. 내부 혁신 조처로 채택된 것들은 모두 IWW의 활동을 중앙으로 집중시키고 현장의 활동을 선출직 간부와 본부 상근자들의 통제에 종속시키는 것이 그 목적이었다.[48] 그렇지만 지도부를 제약하는 문제에 대한 논쟁은 끝없이 계속됐다. 〈인더스트리얼 워커〉에는 중앙 행정의 분권화와 태평양 연안 지부들의 자율성 확대를 요구하는 기사나 결의안이 거의 매호 실렸고, 1919년에는 지도부 반대파가 선출직 간부의 임기를 최대 1년으로 제한하는 조항을 통과시키는 데 성공했다.[49]

결론

지금까지 살펴본 다양한 문제와 관련해서 신디컬리즘 운동 안에 긴장이 있었을 뿐 아니라, 러시아 혁명, 볼셰비즘, 코민테른에 대한 태도 문제를 두고도 신디컬리스트들의 견해는 갈렸다(이 문제는 2부에서 다시 살펴보겠다). 그런 이데올로기적·전략적·전술적·조직적 내분은 신디컬리즘 운동에만 독특한 것이 아니고, 대다수 주요 사회주의 정당들도 비슷한 문제에 시달렸다(비록 소수파인 좌파가 온건파인 지도부와 대결했고, 제1차세계대전과 러시아 혁명의 영향이 이 과정을 상당히 촉진했지만). 그런 갈등이 있었다고 해서 신념이 서로 다른 신디컬리스트들이 많은 전선에서 공동 활동을 하지 못한 것도 아니었다. 적어도 계급투쟁의 고양기에는 그랬다. 그러나 분명히 프랑스에서는 개혁주의자들과 혁명가들의 차이가 제1차세계대전 직전에 CGT의 실체적 성격에 극적인 영향을 미쳤다. 그리고 다른 나라들에서도 1920년대 초에 혁명적 노동자 투쟁의 물결이 서서히 가라앉자 신디컬리즘 운동의 고유한 내분이 더 심각한 형태로 나타나서 운동을 약화시켰다. 그런 사태 전개의 동역학을 5장에서 살펴보겠다.

5장 영향과 소멸

    국제적으로 신디컬리즘 운동이 소멸하자 곧바로 많은 역사가들은 신디컬리즘을 비판하는 수정주의적 주장을 발전시켰다. 그들은 혁명적 노동조합 활동으로 자본주의를 전복하는 것이 노동자들에게 이롭다는 신디컬리즘의 핵심 전제가 근본적으로 틀렸다고 넌지시 말했다. 그들의 주장인즉, 신디컬리즘이 인기를 끌던 당시의 객관적 상황이 유지될 수 없었을뿐더러 신디컬리스트들이 옹호한 혁명적 정책도 비현실적이었기 때문에 일시적 시기를 제외하면 신디컬리즘 운동은 필연적으로 노동계급의 비주류로 밀려날 수밖에 없었다는 것이다.

    미국 노동운동사 연구로 가장 유명한 로버트 혹시와 셀리그 펄먼은 IWW가 붕괴한 이유는 현장 노동자들이 근본적으로 보수적이었기 때문이라고 봤다. 혹시와 펄먼은 노동운동의 숭고한 염원들을 죄다 무시하면서, 노동자들이 일자리를 지키고 임금을 올리는 데 물질적 이해관계가 있다는 측면으로만 노동조합운동을 설명하려 했다.

카리스마 있는 IWW 지도자나 억압적 국가 정책에 대한 분노가 존재하는 예외적 상황에서는 투사들이 잠시 일정한 영향을 미칠 수도 있었지만, 장기적으로 노동조합은 기업과 마찬가지로 일자리와 임금 등 노동자들의 협소한 관심사에 집중했다는 것이다. 그래서 혹시는 신디컬리즘의 특징을 미국 노동자들의 "낙관주의"와 근본적으로 어울리지 않는 "절망의 신념"으로 파악하고 "미국에는 신디컬리즘이 성장할 수 있는 조건이 존재하지 않는다"고 결론지었다.[1] 더 최근에 IWW를 연구한 역사가 패트릭 렌쇼는 이런 견해에 동의하며 다음과 같이 말했다. "분명한 사실은 대체로 미국 노동계급은 사회주의 이론이나 사회주의 천년왕국설 따위에 아무 관심이 없었다는 것이다."[2]

피터 스턴스도 프랑스 신디컬리즘과 관련해서 비슷한 주장을 했다. 즉, 프랑스 노동자들은 "보수적·실용주의적 노동인구"였고, 제한적이고 흔히 전통적 목표들을 추구했으며, (그들의 기대가 매우 제한적 성격의 것이었음을 감안하면) 대부분 자기 운명에 만족하지 않았을 뿐이라는 것이다.[3] [스턴스는 다음과 같이 주장했다] 신디컬리즘은 진정한 대중적 영향력이 거의 없었고, 노동계급을 교육하거나 자극하는 데 모두 실패했다. 신디컬리즘은 "저항 세력 없는 저항운동"이었다. 즉, "이론의 영역 밖에서는 마비된" 운동, 급진적 미사여구에 어울리는 혁명적 헌신성을 프랑스 노동자들 사이에서 만들어 내지 못한 운동이었다.[4]

신디컬리스트들은 수가 매우 적었다. 많은 급진적 노동자는 신디컬리스트가 아니었다. 그리고 급진적 소수파는 어떤 부류든 간에 놀라울 만큼 빠르게 사실상 급진주의를 내팽개쳤다. 왜냐하면 많은 불만이 충족됐기 때문이거나 전술적 현실이 인정됐기 때문이거나 다수의 정서가 그냥 그것을 질식사시켜 버렸기 때문이다.[5]

당시 아일랜드 노동조합운동의 성장을 연구한 더멋 키오도 중요한 것은 오직 단결권이라는 원칙뿐이었고 노동자들은 그저 노동조합 의식만을 드러냈다고 주장했다. 노동자들이 짐 라킨 같은 사람들의 지도에 의지하게 된 것은 단지 사용자들의 비타협적 태도 때문이었다는 것이다.[6] G D H 콜은 제1차세계대전 전의 영국 노동자 대투쟁을 평가하면서 다음과 같이 말했다.

그 근저에 있는 운동은, 전통적 노동조합운동이나 온건 의회주의가 노동계급의 생활수준을 조금도 향상시키지 못한 것에 대한 순수한 반작용으로 일어난 대중운동이었다. 이론가들은 노동계급 출신이든 중간계급 출신이든 이 운동에 형태와 방향을 부여하고 그 막연한 투쟁들을 새로운 사회적 복음으로 해석하려 했지만 노동계급 대중을 완전히 사로잡지는 못했다. 그들은 이런저런 특정 투쟁에서는 대중을 지도했을 수 있다. 그들의 자극이 없었다면 일어나지 않았을지도 모를 분쟁을 일으키는 데 이바지했을 수 있다. 그러나 대중은 언제나 그렇듯이 유토피아는 생각하지 않았고 심지어 계급 간의 전쟁도 생각하지 않았으며, 주로 각각의 개별 분쟁과 관련된 당면 문제들만 생각했다. 비록 새로운 분위기가 널리 퍼지고 온건한 지도자들의 노동운동 통제력이 만만찮게 위협받았을지라도 그렇다고 해서 영국 노동계급이 혁명적 이론으로 완전히 개종한 것은 아니었다.[7]

미국의 노동운동과 신디컬리즘 주역들의 잠재적 급진주의를 무시하는 주장들이 여러 세대의 역사가들에게 논박당했고 프랑스와 영국 신디컬리즘과 관련해서는 몇 가지 재반론도 있었지만,[8] 이 나라들을 비롯해서 국제적으로 신디컬리즘의 전반적인 정치적 중요성은 분명히 무시되거나 경시되는 경우가 흔했다. 그렇다면 혁명적 노동조합 활동을 옹호한 신디컬리즘 운동은 필연적으로 실패할 운명이었다고 넌지시 말하는 이런 주장들은 얼마나 타당할까? 신디컬리즘 운동은 근본적으로 임금과 노동조건을 당장 개선하려는 노력이었다는 측면에서만 중요할까? 아니면 더 광범하고 더 급진적인 반향을 불러일으킬 잠재력이 있었을까?

노동조합원 규모와 계급투쟁

신디컬리즘 조직들이 계급투쟁 고양기에 급성장할 때도 있었지만, 사실 다수의 노동자들이 기존 질서나 사상과 충돌하게 됐을 때도 신디컬리즘 조직들은 거의 모든 곳에서 그들의 적대 세력인 대규모 개혁주의 노조에 비하면 여전히 소수의 운동이었다(때로는 영국처럼 아주 작은 운동이었고 때로는 이탈리아처럼 상당한 소수의 운동이었다). 조합원의 실제 규모를 상당히 정확하게 계산하는 일은 언제나 어렵지만, 구할 수 있는 문서 자료를 바탕으로 각국의 조합원 수 증감에 관한 전반적 추세를 간단히 얘기할 수는 있을 것이다.

영국에서 ISEL의 호소는 근본적으로 기존 노조 내부의 활동가들을 겨냥했다. ISEL은 선전 활동을 하는 데 그쳤고 대중적 기반을 구축하지는 못했다. 1912년에 두 차례 열린 ISEL 대회에 참석한 각종 노조, 지역 노조 연합체, 통합위원회 대의원들이 10만 명의 노동자를 대표한다고 주장했지만, ISEL 회원은 수천 명을 넘지 않은 듯하고 〈신디컬리스트〉의 판매 부수도 가장 많았을 때가 약 2만 부에 불과했다.[9] 제1차세계대전 기간에 신디컬리즘의 영향을 받은 직장위원회·노동자위원회 운동의 주요 이론적 문헌인 J T 머피의 소책자《노동자위원회》는 총 판매 부수가 약 15만 부였다.[10]

그에 비해, [신디컬리스트들의] 경쟁 상대인 개혁주의 노조가 전혀 없었던 프랑스에서는 CGT가 전국적 노조 중앙을 건설할 수 있었고, 훨씬 더 광범한 노동자층의 지지를 받았다. 물론 그중에는 상당수의 (비록 처음에는 아주 소수였지만) 개혁주의 노동자들도 있었다. 그러나 1902년 12만 2000명이었던 CGT 조합원은 파업들이 비교적 성공을 거둔 시기인 1908년에 30만 명까지 급증했지만, 나중에 사용자와 국가의 반격으로 중요한 파업들이 잇따라 패배하면서 증가 추세는 꺾이고 말았다. 내부 분열과 전쟁의 충격으로 CGT는 급속히 쇠퇴했다. 그래서 1915년 무렵 CGT의 조합비 납부자는 4만 9000명까지 급감했다. 그런 흐름은 산업 투쟁이 부활한 뒤에야 역전됐다. 전쟁 말기에 60만 명이었던 CGT 조합원은 1919년 120만 명까지 증가했고 1920년 240만 명으로 절정에 달했다가 1921년 내분 뒤에는 다시 급감해서 100만 명으로 줄었다.[11] 그러나 전쟁 직후의 절정기에조차 CGT는 프랑스 조직 노동자들의 절반 이상을 공식적으로 대표한 적이 결코 없었으며, 기껏해야 전체 산업 임금노동자의 10분의 1을 대표했을 뿐이다.[12] 어떤 역사가는 심지어 CGT의 이론지 구독자를 기준 삼아 핵심적인 혁명적 신디컬리스트 간부들은 2000명을 넘지 못했을 것이라고 추산하기도 했다.[13]

아일랜드·미국·이탈리아·스페인의 신디컬리스트들은 그 전까지 전통적 노조가 흔히 무시하던 미조직 노동자들의 다수를 조합원으로 끌어들이는 과정에서 기존의 전국적 개혁주의 노조 중앙과는 다른 혁명적 대안을 건설할 수 있었다. 그러나 아일랜드·미국·이탈리아에서조차 개혁주의 성향의 노조나 노동자 전체와 비교하면 신디컬리스트 노조나 노동자의 수는 적었고 노조 가입 기간도 흔히 짧았다. 아일랜드의 ITGWU 조합원은 1911년 초에 겨우 5000명이었지만 전국을 휩쓴 산업 투쟁의 분출 덕분에 연말에는 약 1만 8000명으로 늘어났다. 더블린 파업과 직장 폐쇄가 일어난 1913년에 ITGWU는 조합원이 3만 명이라고 주장했지만, 대다수 역사가들이 인정하는 수치는 그보다 훨씬 더 적은 약 1만 2000명에서 1만 3000명이다.[14] 투쟁의 절정기에 라킨은 ITGWU의 주간지인 〈아이리시 워커 앤 피플스 애드버킷〉(아일랜드 노동자·민중의 옹호자)의 판매 부수가 거의 10만 부라고 주장했지만, 그 신문의 존속 기간 내내 주간 평균 판매 부수는 십중팔구 2만 부였다.[15] 더블린 쟁의의 충격적 패배와 전쟁의 여파가 맞물려서 1916년에는 ITGWU 조합원 수가 약 5000명으로 급감했다. 1918년 이후 산업 투쟁이 부활하고 아일랜드 독립을 요구하는 대중운동이 성장하자 조합원은 놀랄 만큼 늘어나서 1920~1923년에는 10만 명까지 증가했다가 그 뒤 다시 급격히 줄어들었다.[16]

미국에서도 IWW가 짧은 기간에 수많은 노동자를 가입시켰다. 그렇지만 1905년 IWW 창립 대회 후 1년 만에 조합원은 2만 3000명에서 1만 4500명으로 감소했고, 내부 분파 투쟁과 경제 불황의 충격이 맞물리면서 1908년에는 조합원이 3700명으로 확 줄었다. 1909년 이후에야 IWW는 급속하게 성장하기 시작했는데, 자유 연설 운동을 전개하고 파업에 관여하는 활동을 강화한 덕분이었다. 그래도 1916년 전까지 조합비를 납부하는 IWW 조합원이 4만 명을 넘은 적은 한 번도 없었다. 1916~1917년에 조합비 납부자는 7만 5000명으로 급증했고, 그 수가 가장 많았던 1917년 늦여름에는 12만 5000명에서 15만 명 사이였던 것으로 추산된다. 그러나 전후 파업 투쟁이 다시 분출했지만, 대대적인 국가 탄압 때문에 IWW는 사실상 폐업 상태나 마찬가지였고 신디컬리즘 조직으로서 제 기능을 할 수 없었다.[17]

이탈리아에서 USI는 1912년 말에 설립됐을 때 조합원이 8만 명이었는데 1913년을 지나면서 10만 1000명으로 증가했고, USI의 주간지

〈인테르나치오날레〉의 발행 부수도 크게 증가했다. 그러나 1914년에 전쟁을 지지하는 '참전파'가 등장하면서 이탈리아 신디컬리즘 대열 안에서 분열이 일어났고 USI의 전체 조합원 수는 1917년 4만 8000명까지 감소했다. 전쟁 막바지와 종전 직후에야 노동자 투쟁의 고양과 러시아 혁명의 자극 덕분에 조합원 수준은 회복됐고, 그래서 1919년 말에 USI 조합원은 약 30만 5000명을 기록했다. 그러나 1920년에 공장점거 투쟁이 패배하고 1922년에 무솔리니가 권력을 잡은 뒤에는 조합원이 다시 10만 명으로 급감했다.[18]

마지막으로, 스페인에서 CNT는 (창립 후 1년이 지난) 1911년에 조합원이 약 2만 6000명이었다. 1916년에는 5만 명으로 늘어났고(압도적으로 카탈루냐에 집중돼 있었다), 전쟁 직후에 또 엄청나게 늘어나서 1920년 12월에는 79만 1000명까지 증가했는데, 여기서도 노동자 투쟁의 급격한 고양과 러시아 혁명의 영향이 중요한 구실을 했다. 그러나 파업 투쟁이 급감하고 대대적인 국가 탄압이 시작된 1923년에 CNT는 불법 단체가 돼 지하로 숨을 수밖에 없었고, 그래서 조합원 수는 25만 명으로 감소했다. 1931년 제2공화국이 출범하고 그 뒤 계급투쟁과 혁명적 봉기가 분출한 뒤에야 CNT는 과거의 대중적 영향력을 회복할 수 있었고, 1931년에 약 50만 명이던 조합원은 1936년 내전 발발 즈음 170만 명으로 급증했다.[19]

요컨대, 분명한 사실은 신디컬리즘 운동의 조합원 규모 변동과 계급투쟁의 일반적 수준 사이에는 직접적 관계가 있어서 각 나라마다 시기에 따라 조합원 수 증감이 상당히 심했다는 것이다. 대체로 각국에서 신디컬리즘 운동의 영향력이 가장 컸던 시기는 조합원 수가 가장 많았던 시기와 일치하는 듯하다(물론 항상 그랬던 것은 아니다). 예컨대, 프랑스에서는 1906~1910년과 1920년, 영국에서는 1910~1914년(과 1917년), 아일랜드에서는 1913년과 1918~1920년,

미국에서는 1916~1917년, 이탈리아에서는 1920년, 스페인에서는 1917~1919년과 1936~1937년에 그랬다.[20] 분명히 신디컬리즘의 영향력 수준에는 상당한 차이가 있다. 예컨대, 영국의 신디컬리즘은 느슨하게 조직된 지지자 수천 명이 몇몇 중요한 노동쟁의에 개입하는 수준이었지만, 스페인에서는 CNT 조합원 수십만 명이 내전과 사회혁명에서 핵심 구실을 했다.

일부 노동자들은 신디컬리즘 운동의 혁명적 목표까지는 아니더라도 방법, 특히 '직접행동'은 기꺼이 지지했던 듯하다. 신디컬리스트들이 주장한 당면 요구는 표면상으로는 혁명적 사회 재편의 전주곡이었지만, 개인 투사들이 볼 때는 노동운동 내 개혁주의자들의 활동보다 더 합리적인 개혁 쟁취 전략이었을 수 있다.[21] 그러나 그런 노동자 투사들이 신디컬리즘 사상과 전술에 감명을 받고 당면 요구를 위한 투쟁에서 신디컬리즘 사상과 전술을 사용하려 했을 수는 있지만, 그중에 오직 소수만이 기꺼이 신디컬리즘 조직에 가입하거나 분명한 혁명적 신디컬리스트가 됐다. 프랑스에서 CGT 산하 대규모 노조의 다수는 적극적 개혁주의 성향이었고, 그들이 채택한 정책은 근본적으로 혁명적 '다수파'의 정책과 반대되는 것이었다. 마지막으로, 여느 조직과 마찬가지로 신디컬리즘 조직에서도 혁명적 정치에 동의하고 참여하고 헌신하는 수준이 지도부·활동가들과 기층 회원들 사이에 어느 정도 격차가 있었다는 것은 분명하다.

그러나 신디컬리즘 조직에 가입한 노동자가 전체 노동자 가운데 소수에 불과했더라도 이 점은 신디컬리즘 조직과 적대 관계였던 개혁주의 조직도 마찬가지였다. 실제로 스페인과 아일랜드에서는 신디컬리즘 노조가 전통적 개혁주의 노조와 거의 비슷한 규모였고, 프랑스에서는 비록 많은 신디컬리즘 노조가 CGT 안에 흡수돼 있었지만 (그래서 그 대가를 치렀다) 신디컬리즘 노조의 규모가 오히려 개혁주의 노조보다 더 컸다. 사실 20세기 초에는 사용자에 대항하는 새로운 집단행동 기구로 노동자의 다수를 동원하기가 힘들었는데 이 점은 (신디컬리즘 노조든 아니든) 모든 노조가 마찬가지였다.[22] 노동자들의 압도 다수는 신디컬리즘 노조든 전통적 개혁주의 노조든 노조 자체에 가입하지 않았다. 따라서 그 사실이 [신디컬리즘에 대한] 노동자들의 생각이 어땠는지에 관해 입증해 주는 것은 전혀 없다. 투쟁적 활동가가 소수였다는 이유만으로 당시 노동자들이 '온건했다'거나 '자족적이었다'고 폄하하는 것은 분명히 무모한 일일 것이다. 노동자들이 노조 자체에 가입하지 않았다는 사실이 실제로 뜻하는 바는 노조 조직을 설립하기가 대체로 어려웠다는 것이다. 왜냐하면 어떤 종류가 됐든 노동조합운동이 상당한 세력을 얻기만 하면 사용자와 국가의 폭압적 탄압을 받았기 때문이다. 파업 투쟁과 궁극적 혁명에 대한 신디컬리스트들의 헌신은 "실패할 운명이었다"는 주장을 받아들인다면, 개혁주의 노조(와 사회주의 정당)의 더 온건한 태도가 노동자 대중을 끌어당기는 데서 딱히 더 나을 것이 없었을뿐더러 흔히 개혁주의 조직 자체도 공격받았다는 사실을 어떻게 설명할 수 있겠는가?[23] 더 적절한 물음, 즉 신디컬리즘이 동시대의 다른 조류들에 비해 얼마나 잘 해냈는가 하는 물음에 대한 답은 매우 잘 해냈다는 것이다.

사실 공식적 조합원 수치가 신디컬리즘의 **영향력**을 측정하는 가장 좋은 잣대는 아니다. 먼저, 모든 나라에서 신디컬리스트들은 조합원이 받는 혜택이나 [노조의] 상시적 구조에 매우 낮은 우선순위를 매기는 경향이 있었다. 프랑스 신디컬리스트들은 조합원이 혜택을 누리는 것에 반대하는 문화가 있었다. 따라서 노동자들이 CGT 산하 노조에 가입하거나 전반적 투쟁의 고양기가 아닐 때 노동조합원으로 남아 있어도 개인적 이득이 전혀 없는 경우가 흔했다. 그러나 특정 시기에 CGT 조합원 수가 실제로 감소했다고 해서 그것이 반드시 CGT에 대한 지지 감소를 반영한 것은 아니었다. 왜냐하면 수많은 노동자가 CGT 신문을 읽고, 노동거래소나 노조 본부에 자주 드나들고, 집회와 시위에 참가하고, 노동조합 쟁점들을 널리 알리고, 재정적 방법 이외의 모든 방법으로 CGT를 지지했기 때문이다.[24] 그 과정에서 CGT는 당시의 가장 투쟁적 노동자 다수를 운동으로 끌어당기는 데 성공했다.

게다가 단편적 조합원 수치는 신디컬리즘 조직을 거쳐 간 노동자의 수를 과소평가하는 경향이 있다. 예컨대, 연평균 IWW 조합원 탈퇴율이 133퍼센트였음을 감안하면, 십중팔구 IWW는 특정 시기의 전체 조합원 수보다 네다섯 배 많은 노동자를 가입시킨 것으로 추산된다. 따라서 십중팔구 200만~300만 명이나 되는 노동자가 몇 년 사이에 IWW를 거쳐 갔고 그보다 더 많은 노동자가 IWW의 영향을 받았다고 말할 수 있다.[25] 마찬가지로 중요한 사실은, 모든 나라에서 신디컬리스트들은 항상 노조의 공식적 조합원 수치보다 훨씬 더 큰 영향력을 발휘했고 특히 많은 파업의 분위기와 규모에 강력한 영향을 미쳤다는 것이다. 예컨대, 프랑스 CGT와 관련해서 버나드 모스는 다음과 같이 말했다.

사회적 평화의 시기(자기만족, 체념이나 절망의 시기)에 그들은 추종자 없는 '능동적 소수'였다면, 사회적 긴장과 충돌의 순간에 그들은 대중의 지도자가 됐다. 대중 동원 기간(파업, 노조 대의원 선거, 정치적 위기 등의 시기)에 그들은 대개 '침묵하는 다수'(보통 때는 온건하고 무관심하고 체념하고 어쩌면 보수적이기까지 한 노동자들을 포함해서)의 대변인이 됐다. 이데올로기적 지도자로서 그들은 노동자의 다수가 기껏해야 일시적으로 획득한 계급의식에 명확성과 일관성을 부여했다.[26]

저항 세력 없는 저항 운동?

당시의 파업 투쟁을 임금 인상과 노동조건 개선을 실용적으로 추구하는 직접행동으로만 해석하는 것은 그 투쟁에 내재한 반자본주의 정서를 무시하는 것이라고 할 수 있다. 물론 많은 노동자가 실제로 개혁주의적이고 보수적이고 무관심했다는 것은 분명한 사실이다. 기존의 개혁주의 노조와 사회주의 정당에 여전히 충성하는 노동자가 많았고, 앞서 봤듯이 각국의 신디컬리즘 조직에 가입한 노동자는 소수에 불과했다(비록 나라마다 규모의 차이는 있었지만). 그러나 '현실의' 노동자는 모두 당연히 '실용주의자'였으므로 급진적 사상에 근본적으로 무관심했고 파업은 순전히 '경제주의적'이었다는 생각은 전혀 설득력이 없다.

확실히, 존 켈리가 주장했듯이, 노동자들이 노동조합을 통해서는 임금과 고용 조건에 관한 기본적인 물질적 이익을 충족시키는 투쟁 '만' 한다는 것이 곧 혁명적 노동계급은 존재하지 않는다는 증거라는 주장은 어불성설이다.[27] 첫째, 노동자들의 다수가 자신들의 기본적인 물질적 이익이 아닌 어떤 것을 위한 투쟁에 나서리라고 기대하는 것은 완전히 비현실적이다. 둘째, 이 사실과 노동자들이 계급의식을 발전시킬 가능성은 결코 모순되지 않는다. 왜냐하면 노동자들의 물질적 이익은 자본주의의 주요 특징과 양립할 수 없기 때문이다. 셋째, 그런 물질적 이익의 추구 때문에 생겨난 경제적·정치적 위기 상황은 사회주의 사회로의 이행 가능성을 더 크게 만든다.

사실 임금 인상 요구에는 흔히 다른 근본적 불만들, 예컨대 노동시간 단축, 노동조건 개선, 노조 인정, 작업 통제권 확보 등이 숨어 있었다. 이런 당면 목표들을 달성하려 할 때 노동자들은 흔히 비타협적 사용자, 적대적인 정부 관리나 경찰, 심지어 군대와 부딪쳤을 뿐 아니라 노동자들의 요구를 기성 체제의 틀 안에 가둬 두려고 안달하며 투쟁을 주저하는 노동운동 지도자들과도 부딪쳤다. 그 과정에서 기존의 '게임 규칙'(의회 활동과 단체교섭 제도라는 수단을 통해 노동자들의 처지를 조금씩 개선해 나간다는)은 널리 의심받게 됐고 흔히 노동계급의 이익을 증진하는 수단으로서 턱없이 부족하다는 비판을 받았다.[28] 개혁주의 이데올로기는 결코 파괴되지는 않았지만 그래도 많은 점에서 상당한 압력을 받게 됐다. 바로 이런 이유로, 점진주의 정치에 대한 반응이자 거부였고 혁명적 산업 투쟁을 지지한 신디컬리즘 운동이 각국에서 상당한 소수의 노동자들 사이에서 지지를 끌어낼 수 있었던 것이다.

한편, 당시의 많은 파업은 (사용자에 맞선 공격적 저항, 법원 명령 거부, 경찰·군대와 충돌 등을 통해) 노동계급 내부의 급진화 과정을 부추겼고, 이 급진화 과정이 꼭 혁명적이었던 것은 아니지만 당시의 공식적 합의를 벗어난 정치 문화의 출현을 보여 줬다. 바로 이런 예외적 상황에서, 기존 질서를 뒤집으려는 노력을 바탕으로 반란에 가까운 노동조합운동을 전개한 신디컬리즘이 전에는 사용자의 요구에 순응하며 겨우 먹고사는 데 만족해야 했던 노동자들에게 희망과 자신감을 줄 수 있었던 것이다. 신디컬리즘 운동은 사회의 계급 세력 균형을 노동계급에게 유리하게 바꿔 놓겠다는 결의에 조직적 형태를 부여하고 그런 결의를 고무적인 말로 표현했을 뿐 아니라, 노동이 지배하는 새로운 세계의 전망을 제시하기도 했다.[29] 이런 바탕 위에서만, 예컨대 IWW 시인이자 작사가인 조 힐이 계급 적대감을 담아 지은 〈영원한 연대〉나 〈전 세계 노동자여, 깨어나라!〉 같은 반자본주의 풍자 노래가 미국 노동계급 운동 안에서 매우 인기가 많았던 것을 이해할 수 있는데, 패트릭 렌쇼는 조 힐의 노래가 "한 세대 노동자 전체를 흥분시켰다"고 말한다.[30] 그런 저항 정치는 노동계급의 연대와 직접행동을 예찬하고 가장 투쟁적인 노동자들을 향해 더 가까이 다가가면서, 기존 정치제도의 근본적 변화와 노동자 통제를 요구했다.[31]

제1차세계대전과 1917년 10월 러시아 혁명의 충격이 그런 급진화를 상당히 더 촉진했다는 것은 분명하다. 전쟁의 동역학, 즉 수많은 사람이 희생되고 사회집단의 관계가 변했기 때문에, 이제 다시 평화가 찾아온다면 그냥 전쟁 전의 상태로 되돌아가는 것인지 아니면 사회질서의 변화로 이어질 것인지 하는 물음이 제기됐다.[32] 또, 전후의 많은 파업에서 볼셰비키 혁명의 영향을 찾아볼 수 있다. 노동자들은 노동조합 인정, 임금 인상, 노동시간 단축, 노동조건 개선을 위한 자신들의 투쟁이 바로 세계적 혁명운동의 일부라고 생각했다. 1919년 영국 총리 로이드조지는 베르사유 회의에 보낸 외교 각서에서 다음과 같이 썼다.

유럽은 혁명적 사상으로 가득 차 있다. 우울한 감정이 아니라, 열정과 반란의 정서가 노동계급의 마음속에 가득하다. 그들은 전쟁 전의 정상적 생활 조건에 반대한다. 모든 유럽인이 기존 체제, 정치·사회·경제 체제 전체를 불신하고 있다. 독일과 러시아 같은 몇몇 나라에서는 이 불만이 공공연한 반란으로 나타나고 있고, 프랑스·영국·이탈리아 같은 나라에서는 노동 기피와 파업으로 분출하고 있다. 모든 조짐은 노동자 투쟁이 임금 인상만큼이나 사회적·정치적 변화도 추구한다는 것을 보여 준다.[33]

그렇다고 해서 당시 노동자 대중이 혁명을 일으킬 만큼 충분히 성숙했다는 것은 아니다. 확실히 이탈리아와 스페인 같은 나라에서는 구질서와 혁명 세력이 폭력적으로 충돌한 반면, 영국은 비교적 차분했다. 그러나 우리가 당시 격렬한 계급투쟁이 벌어졌음을 부인한다면, 또는 그런 투쟁이 특정 상황에서 광범한 노동자들에게 계급의식과 혁명적 헌신성을 불러일으킬 수 있었음을 부인한다면, 격렬하고 유혈 낭자한 산업 투쟁으로 상처를 입은 사회들이 불만을 억누르고 안정을 되찾고자 얼마나 안간힘을 썼는지도 결코 이해하지 못할 것이다.[34]

신디컬리스트(와 그 밖의 좌파) 활동가들이 그런 노동계급 급진주의에 기여한 바를 축소해서는 안 된다. 래리 피터슨이 주장했듯이, 제1차세계대전이 끝난 후 세 세력이 수렴됐다. 즉, 노동조합 투사 개인들, 공식적 좌파 조직들(특히 신디컬리스트 단체뿐 아니라 사회당과 나중에는 공산당도), 불만을 품은 산업 노동자 대중이 모두 일반적 반자본주의 운동으로 수렴된 것이다. 좌파 조직들은 운동에 혁명적 이데올로기를 제공했고, 노조 투사들(좌파 조직의 회원이든 아니든)의 참여는 혁명가들과 노동조합 사이에 꼭 필요한 연결 고리를 확립했으며, 노동자 대중의 불만은 운동을 지탱하고 확대하는 데 필요한 물질적 힘을 제공했다.[35] 신디컬리스트들은 운동에 조직과 지도(부)와 응집력을 제공하려는 노력에서뿐 아니라, 노동자들의 당면 쟁점을 출발점 삼아 자본주의 체제를 철저하게 비난하고 혁명적 전복 필요성을 설명하는 데서도 중요한 구실을 했다. 높은 수준의 계급투쟁과 정치적 급진화는 신디컬리즘이라는 씨앗이 자랄 수 있는 비옥한 토양이 됐다. 예컨대, 영국 정부의 노사분규 조정관 애스퀴스 경은 1913년 더블린 노동자들의 공격적 투쟁을 거론하며 다음과 같이 인정했다.

더블린의 심각한 소요 사태는 비록 빈곤과 저임금, 열악한 조건 때문에 일어났지만, 그 속에는 '단일 거대 노조'를 … 확립하고 신디컬리즘의 원칙들을 실천하려는 결의도 들어 있었다. 자본주의를 전복하려는 움직임과 기존 권위에 반대하는 혁명의 … 영향력을 어디서나 찾아볼 수 있다.[36]

1910~1911년의 사우스웨일스 탄광 노동쟁의 당시 신디컬리즘의 영향을 받은 파업위원회가 노동자들에게 보내는 호소문은 임금 인상을 위해 "파업에 들어가자"는 말로 시작해서 "자본가의 폭정을 끝장내고 산업의 자유라는 대의를 위해 싸우자"는 말로 끝났다.[37] 그리고 제임스 캐넌은 미국 IWW의 명백한 혁명적 노동조합운동이 폭넓은 지지를 받았다는 사실을 다음과 같이 증언했다.

IWW가 청년들의 가슴에 불을 지른 것은 이 나라의 다른 어떤 운동도 하지 못한 전무후무한 일이었다. '사방에서 바람이 불어' 청년 이상주의자들이 IWW로 몰려왔고 자신이 가진 것을 모두 내놓았다. IWW 운동에는 재능 있는 파업 지도자, 조직자, 웅변가, 시인, 순교자가 많았다. 끊임없는 선전 노력이 차곡차곡 쌓인 덕분에 그리고 세상을 떠들썩하게 만든 수많은 영웅적 행동의 영향 덕분에 IWW는 마침내 각양각색의 미국 급진주의자 한 세대 전체로 침투할 수 있었다. 그와 함께 노동자 권력을 조직하는 최상의 형태는 산별노조 운동이라는 생각과 계급투쟁의 혁명적 해결을 추구하는 신디컬리즘 강령도 침투했다.[38]

얄궂게도, 파업 투쟁 안에서 신디컬리즘의 영향력이 어느 정도였는지를 가늠하는 잣대 하나는 사용자와 정치인이 신디컬리즘 운동을 얼마나 두려워했고 비난했는지를 살펴보는 것이다(비록 그런 두려움과 비난은 때로는 과장된 것이었지만). 예컨대, 미국의 사용자, 국회의원, 정부 각료와 대통령은 IWW를 아주 성가시게 여겼다. "제1차 세계대전 무렵 일부 미국인들은 독일 제국주의자나 러시아 볼셰비키만큼이나 IWW 조합원들도 [미국의] 국가 안보를 심각하게 위협한다고 생각했다. IWW 조합원들만큼 두려운 급진적 노동자 집단은 전무후무했다."[39]

영국에서는 시드니 웨브와 비어트리스 웨브 부부뿐 아니라, 램지 맥도널드와 필립 스노든 같은 공식 노동운동의 유명한 지도자들조차 [신디컬리즘] 운동을 신랄하게 비난했다.[40] 얄궂게도, 이 의회 사회주의자들은 영국 노동운동의 전통이나 성격에는 신디컬리즘의 발판이 될 만한 것이 전혀 없다고 호언장담하면서도 신디컬리즘이 노동자들에게 '이상한' 사회적·정치적 행동을 부추길 수 있는 위험 요인이라고 여기며 불안해했다. 맥도널드는 "영국에서 신디컬리즘은 사상 학파로서도, 행동 조직으로서도 무시할 만하다"며 독자들을 안심시키려고 노력했다. 그러나 그가 신디컬리즘은 무시할 만하다는 것을 입증하는 데 쏟은 노력을 보면 오히려 그 반대가 진실인 듯하다.[41]

로버트 프라이스가 주장했듯이, 전쟁 전의 영국 신디컬리즘이 위협으로 보였던 이유는 모든 정치가 유동적이고 정치적 권위의 성격이나 책임성 같은 문제들이 공공연한 논쟁의 대상이 된 시대에 의회주의가 아닌 대안적 정책 처방이자 노동운동 전략으로 신디컬리즘이 떠올랐기 때문이다.[42] 확실히, 자본주의를 전복하고 노동자가 생산을 통제하는 체제를 수립하기 위한 혁명적 투쟁의 무기로 파업을 옹호하고 직접행동의 자발성을 예찬한 신디컬리즘은 주류 노동운동의 권위뿐 아니라 기존의 산업·정치 질서에도 도전했다. 신디컬리즘의 영감을 받은 주장들이 당시 노동 정치의 흐름에 의문을 제기한 유일한 주장은 아니었다. 그러나 신디컬리스트들은 흔히 영국 사회민주주의와 정통 노동조합운동을 가장 심각하게 위협하는 집단으로 취급됐다.

따라서 일부 역사가들이 넌지시 주장하듯이, 국제 혁명적 신디컬리즘 운동의 경험을 사소한 '부차적 사건'으로만 치부할 수 없다. 신디컬리즘 운동의 명백한 혁명적 염원은 상당한 노동자층에게 꽤나 매력적이었다는 것이 입증됐다. 왜냐하면 어느 모로 보나 산업·정치 투쟁이 예외적으로 고양된 시기에 노동자들의 조직·자신감·계급의식 수준 고양을 신디컬리즘이 표현했기 때문이다. 전후에 국제 공산주의 운동의 등장은 그런 근저의 흐름을 보여 주는 또 다른 증거였다.

'원초적 신디컬리즘' 반란?

이제는 당시 노동계급 운동 안에 반란을 추구하는 '신디컬리즘 정서'나 '신디컬리즘 충동'이 널리 퍼져 있었다는 일부 역사가들의 주장을 살펴보자. 예컨대, 영국과 관련해서 존 러벌은 다음과 같이 주장했다. "신디컬리즘의 원칙이 아니라 정서가 발전했다."[43] 밥 홀턴은 영국 노동운동에 골수 신디컬리스트를 자처하는 활동가는 소수였지만 반反의회주의 선동과 대중파업이 두드러졌던 1910~1926년에 '원초적 신디컬리즘 정신'은 훨씬 더 널리 퍼져 있었다고 주장했다.[44] 홀턴이 말하는 '원초적 신디컬리즘'은 많은 파업의 성격이 비공식적이고 반란에 가깝고 포괄적이었다는 것이다. 홀턴은 [노동자들의] 불만을 해결하는 수단으로 의회의 압력보다는 직접행동이 일차적으로 중요했다는 사실을 지적한다. 또, 사용자들에 맞서 싸우고, 현장조합원들이 노조 지도자들을 통제해야 한다고 주장하고, 노동자 통제를 확립하고자 투쟁하는 산별노조 운동을 대중이 지지했다는 사실을 지적한다. 대중이 신디컬리즘을 지지했다고 해서 그것이 꼭 분명한 혁명적 헌신성으로 나타난 것은 아니었지만, 그 바탕에는 투쟁하는 집단적 조직을 염원하는 기대가 있었고, 그래서 많은 노동자는 정치적 행동이 아니라 산업 투쟁을 통해 사회를 바꿀 수 있다는 정서를 바탕으로 '원초적 신디컬리즘' 방식으로 행동하고 있었다는 것이다.[45]

데이비드 몽고메리도 자율적인 자주적 활동과 생산 현장의 직접행동과 노동자 통제를 강조한 것이 모두 IWW 창립 이후 거의 20년 동안 미국 노동자들의 투쟁을 규정한 다양한 '신디컬리즘 충동'의 일부였다고 주장했다.[46] 1909~1922년에 이 '새로운 노동조합운동'은 파업을 기록적인 수준까지 끌어올렸다. 특히, 전쟁 직후에 그랬다. 비록 IWW가 이 산업적·정치적 불만이라는 '불에 기름을 끼얹기' 시작했지만, 그것은 IWW가 직접 포괄할 수 있는 것보다 훨씬 더 광범하고 다양했다. 경영진의 권위에 도전하는 직접행동은 얄궂게도 AFL의 조직력이 강한 산업들에서 흔히 찾아볼 수 있었는데, 그것은 현장조합원들이 공식적인 AFL의 보수적 관행들을 경멸하며 거부한 것과 관련이 있었다. AFL 위원장인 새뮤얼 곰퍼스는 '전국' 노동 지도자 위원회를 조직해서 "볼셰비즘, IWW주의, 적기赤旗 노선 전체"에 반대하는 집회들을 개최할 수밖에 없었다. 산업 현장의 반란이 IWW의 조직적 경계를 훨씬 넘어서까지 확대됐다는 사실 때문에 몽고메리는 "IWW의 전통적 이미지, 즉 IWW는 미국 노동운동의 '주류'와 동떨어진 행동이나 염원을 표상한다는 이미지"를 의심하게 됐다.[47]

하워드 키멀도프는 최근에 훨씬 더 나아가서, 신디컬리즘을 혁명의 이론이라기보다는 저항의 실천으로 본다면 IWW의 '산업 신디컬리즘'은 AFL의 '실리주의 신디컬리즘'과 똑같은 신디컬리즘 영역에 확고한 기반을 둔 미국 노동운동 주류의 일부로 볼 수 있다고 주장했다. 둘 다 작업장에 이로운 입법 활동이라는 정치 영역을 피한 채 자본의 지배에 맞서 일상적 투쟁을 벌였고, 둘 다 자신들의 작업 통제권을 확대하려는 공통의 목표를 위해 생산 현장에서 신속하게 직접행동을 벌이는 것을 선호했다는 것이다. 키멀도프 주장의 요지는 역사적으로 실리주의 신디컬리즘이 산업 신디컬리즘으로 대체됐다는 것인데, 그것은 IWW가 승리해서가 아니라, 당시의 고유한 '상황적'

요인들 때문에 IWW의 실천이 주류 노동조합운동으로 흡수됐기 때문이라는 것이다.[48]

이 독특한 주장의 문제점은 신디컬리즘의 특별한 이데올로기적 매력을 무시한다는 것, 그리고 '신디컬리즘'의 가장 중요한 혁명적 요소를 물타기 해서 뭔가 완전히 다른 것으로 만들어 버린다는 것이라고 할 수 있다. '원초적 신디컬리즘'이나 '신디컬리즘 충동' 같은 용어를 쓰는 것조차 어느 정도는 문제가 있다. 당시 다양한 물질적·이데올로기적·정치적 요인들이 합쳐져서 만들어진 것을 설명하는 더 적절한 말은 노동자들의 경제적·정치적 투쟁성이라는 차이트가이스트('시대정신')일 것이라는 점을 감안하면 말이다. 확실히, 대체로 노동자들의 경제적·정치적 불만에서 비롯한 일반적 운동과, 그 노동자들에게 영향을 미치고 노동자들을 지도하려 한 혁명적 신디컬리스트 조직이나 헌신적 활동가들, 이 둘 사이에 논리적·역사적 차이가 있다는 사실을 잊어서는 안 된다. 둘 다를 '신디컬리즘'이라는 용어를 써서 표현하면 그 차이가 흐려지고 혼동되기 쉽다. 비록 신디컬리스트 활동가들은 더 광범한 노동자 반란에 조직과 지도(부)와 일관된 이데올로기를 제공하려고 노력했지만, 당연히 그 반란은 결코 어떤 단계에서도 신디컬리즘 원칙(이나 조직) 안에 완전히 포섭되지 않았고 따라서 자칫 혼란을 자아낼 수 있는 상당히 자의적(이고 편파적)인 용어들로 그 반란을 설명할 수도 없다.[49]

그러나 신디컬리즘의 매력이 조직 구조와 공식 조합원 수치가 시사하는 것보다 훨씬 더 광범했고 미국과 영국 노동운동의 일부 중요한 소수의 독특한 급진주의에서 비롯했음을 인식하려는 이 역사가들은 신디컬리즘을 노동계급 경험의 일탈로 여기고 무시하려는 사람들에 맞서 신디컬리즘을 옹호하는 데 매우 귀중한 기여를 한다. 당시 다른 나라들과 마찬가지로 미국과 영국에서도 흔히 파업 투쟁과 정치적 급진화가 대체로 '자발적으로', 심지어 신디컬리스트들이 존재하지도 않는 상황에서 일어났다는 것은 사실이다. 그러나 사용자·치안판사·군대·경찰에 맞서는 파업 투쟁의 경험이 신디컬리즘 사상에 대한 관심과 공감을 더 광범하게 불러일으키는 데 한몫했다는 것은 분명한 듯하다. 적어도, 가장 계급의식적인 노동자들의 다수는 비록 신디컬리즘 이론에 완전히 정통하지는 못했을지라도 신디컬리즘의 실천이 효과적이라는 사실은 알고 있었다. 그리고 노동계급 투쟁의 폭 자체가 신디컬리즘 전략·전술·원칙(을 강화했을 뿐 아니라 확인시켜 주는 듯했으므로)에 영향을 미쳤다. 비록 신디컬리스트 활동가들은 어떤 의미에서도 그런 투쟁성을 낳은 근본적인 물질적 상황의 원인이 아니었지만, 그들은 때때로 더 광범한 계급투쟁의 일환으로 노동자들의 불만을 제기하며 선동하는 데서 그리고 노동자들이 공격적 파업과 혁명적 노조 조직을 통해 문제를 해결하도록 독려하는 데서 중요한 구실을 할 수 있었다. 그리고 비록 신디컬리스트들은 분명히 소수에 불과했지만, 그들의 이데올로기적·정치적·조직적 영향력을 무시해서는 안 된다. 그들이 각국 노동계급 운동 안에서 일어난 훨씬 더 광범한 급진화의 산물이었기 때문에 특히 더 그렇다.

신디컬리즘 운동의 소멸

신디컬리즘 운동이 국제 노동조합운동 안에서 강력하고 영향력 있는 경향으로 생존한 시기는 20세기 초의 약 20년이라는 짧은 기간이다. 비록 스페인 CNT의 아나코신디컬리즘이 1930년대 내전에서 두드러진 구실을 할 수 있었지만, 국제적으로 신디컬리즘 운동의 대다수는 1920년대 초쯤 사실상 해체되고 분열하거나 아니면 과거의 희미한 그림자로 전락했다. 다양한 역사가가 각국의 운동이 쇠퇴한 나름의 이유를 설명했는데, 그 밖에도 마르셀 판데르린던과 웨인 소프는 각국의 운동을 비교 분석해서 개괄한 짧은 글에서 국제적으로 두 가지 핵심 원인이 있었다고 주장했다. 하나는 국가 탄압이라는 직접적 문제이고, 다른 하나는 당시 자본주의 사회에서 일반적으로 일어나고 있던 더 광범한 근본적 변화들(복지국가, 이른바 포디즘 축적 체제의 출현 등)이다.[50] 더 최근에 판데르린던은 특정 운동의 소멸을 구체적으로 분석하려면 반드시 우발적 요인들에도 추가로 주의를 기울여야 한다고 주장했다.[51]

이하에서는 이 잠정적 비교 분석을 바탕으로 그 분석을 상당히 확대하려고 노력하는 동시에, 그때 반드시 고려해야 할 잠재적인 객관적·주관적 요인들도 살펴볼 텐데, 그런 요인으로는 다음과 같은 것들이 있다. 노동인구의 구조 변화, 사용자와 국가의 반격과 노동자 투쟁의 퇴조, 공산주의라는 외부의 충격과 내부의 분열, 사회 개혁의 전망.

이런 요인들이 영향을 미친 방식은 나라마다 상당히 다를 수밖에 없었지만, 일반적 개괄은 국제 신디컬리즘 운동의 소멸을 당시의 상황과 맥락 속에서 이해하는 데 도움이 될 것이다.

노동인구의 구조 변화

일부 역사가들은 급속한 산업화로 말미암아 노동인구 구성에서 일어난 구조 변화 때문에 신디컬리즘은 필연적으로 소멸할 수밖에 없었다고 주장한다. 피터 스턴스는 프랑스를 예로 들며 제1차세계대전으로 말미암아 반숙련 노동자를 대거 고용하는 대규모 중공업과 기계화한 공장들이 (철강·금속·화학·전기 산업 등에서) 급성장한 반면, 반쯤 수공업적인 소규모 소비 산업들은 쇠퇴했다는 사실을 강조한다. 이런 변화 때문에 낡은 신디컬리즘 노동 전통의 핵심에 있는 수공업 노동자 집단과 임시직 노동자들의 힘이 약해졌고, 산업화 이전의 혁명 전통을 접해 본 적이 없는, 더 집중되고 동질적인 산업 프롤레타리아가 형성되는 길이 열렸다는 것이 스턴스의 주장이다. 이런 관점에서 보면, [프랑스] 신디컬리즘은 더 선진적인 독일 노동조합운동과 비교할 때 일시적이고 미숙하고 후진적인 운동이라고 여길 수 있다. 반면에 독일 노동조합운동은 일찍부터 노동자들의 불만을 개혁주의 방향으로 이끈 대중적 사회민주주의 정당과 보조를 맞췄다.[52]

마찬가지로, 밥 홀턴뿐 아니라 에드워드 쇼터와 찰스 틸리도 프랑스와 영국 같은 나라들에서 대다수 노동자들, 특히 광원, 수공업 노동자, 항만 노동자, 농업 노동자 등이 통상적 자본주의 공장 규율로 충분히 훈련되지 않았기 때문에 노동자들의 저항이 신디컬리즘으로 이끌렸다고 주장한다.[53] 다시 말해, 신디컬리즘은 과도적 형태의 노동운동, 즉 초기의 자본주의적 수공업 방식에서 공장의 대량생산이라는 다음 국면으로 넘어가는 과도기의 노동운동이었다는 것이 그들의 견해다. 신디컬리즘의 발전은 자본주의 발전의 특정 단계에 대한 반응으로 볼 수 있고, 따라서 신디컬리즘은 단명할 수밖에 없었다는 것이다.

신디컬리즘을 산업화 이전의 현상으로, 그래서 전前근대적인 것으로 일축하려는 시도는 설득력이 없다고 할 수 있다. 앞서 봤듯이, 다양한 방식의 노동 정치를 노동계급 내의 다양한 직업 집단이나 숙련 집단과 연결하려는 시도가 있지만, 중요한 것은 상황에 따라 실제로 다양한 노동자 집단(숙련·반숙련·미숙련 노동자들)이 신디컬리즘에 매력을 느꼈다는 사실이다. 프랑스에서는 신디컬리즘이 이른바 '수공업자'들에게 특히 매력이 있었다는 것은 사실이지만, 금속·식품 산업의 중소 규모 공장에서 일하는 숙련 노동자뿐 아니라 철도 노동자와 건설 노동자 등의 지지도 받았다. 캐스린 암두르는 비록 제1차세계대전 당시와 전쟁 직후에 이런저런 경제적·정치적 변화가 있었지만 전후에 신디컬리즘이 생존하고 발전할 수 있었던 것은 신디컬리즘을 시대에 완전히 뒤떨어진 것으로 만들 만큼 엄청난 경제적·정치적 변화는 없었기 때문이라는 점을 보여 줬다. 전쟁은 프랑스 산업의 성장과 집중, 새로운 노동 자원의 모집, 정부의 적극적 경제 개입을 가속화했다. 그러나 이런 변화들 가운데 일부는 전쟁 전에 이미 일어난 것이었고, 다른 변화들은 전후 '정상으로 돌아가기'와 1921년의 경기 후퇴 충격으로 말미암아 중단·철회되거나 적어도 그 속도가 늦춰졌다. 산업의 집중이든 새로운 미숙련 노동자 집단의 모집이든 전쟁 전에 신디컬리즘 운동의 (유일한 기반은 아니었을지라도) 확고한 기반이었던 숙련 노동자들의 우위를 심각하게 위협하지는 못했다.[54]

에릭 홉스봄이 스페인 내전 당시의 아나키즘을 두고 "원시적 반란"이라고 부른 것도 비슷한 문제가 있다.[55] 홉스봄은 당시 스페인이 압도적으로 농업국이었고, 사회구조는 '봉건적'이었으며, 프롤레타리아는 '저발전' 상태였고, 농민들은 '천년왕국'을 염원하는 열병에 걸려 있었다고 본다. 유럽의 다른 선진 공업국들과 비교할 때 스페인의 발전에서 나타난 이런 '원시적' 특징들이 CNT가 1930년대에 두드러진 성공을 거둔 원인이었다는 것이다. 홉스봄이 보기에 [스페인의] 아나키즘은 경제 발전과 자체 내부 모순이라는 쌍둥이 압력 때문에 붕괴할 운명이었고, 그래서 마르크스주의자들이 주도하는 더 현대적이고 도시에 기반을 둔 사회운동으로 대체될 수밖에 없었다. 그러나 우리가 흔히 생각하는 것과 달리 1936년의 스페인은 겉보기와 달리 압도적인 농업국, '봉건'사회가 아니었다. 확실히 20세기 초부터 1931년 제2공화국이 출범할 때까지 스페인은 경제가 엄청나게 성장하면서 농업 부문과 비농업 부문의 상대적 비중이 크게 바뀌었다. 1910년부터 1930년까지 농민이 노동인구에서 차지하는 비율은 66퍼센트에서 45.5퍼센트로 낮아진 반면, 산업 노동자의 비율은 15.8퍼센트에서 26.5퍼센트로 치솟았고 서비스 부문에 고용된 노동자의 비율도 18.1퍼센트에서 27.9퍼센트로 높아졌다. 그래서 이제 농민은 과거와 달리 인구의 다수가 아니라 소수가 됐고, 이 '농민' 가운데 상당수는 토지를 소유하고 있었다.[56]

더욱이, 크리스 얼햄이 주장했듯이 스페인 사례는 홉스봄의 '역사 [발전] 단계'론의 한계, 즉 "경제 발전의 어느 단계에서 과거의 사회적 투쟁 방식이 분명하게 단절됐는지를 확정적으로 말할 수 없다"는 사실을 보여 준다.[57] 아나키즘과 CNT는 "오로지 산업화 이전의 운동, 즉 처음부터 자본주의 현대화에 의해 대체되기를 기다리는 운동이었던 것은 아니다"라는 사실은 CNT가 남부 지방의 이른바 '천년왕국적' 농업 일용 노동자들이 아니라 카탈루냐 지방의 산업 노동계급 사이에서 가장 강력한 기반을 구축할 수 있었다는 데서도 드러난다. "따라서 스페인의 아나키즘은 대체로 중재되지 않은 노사 관계에서 비롯한 폭발적 상황에서 도시의 투쟁에 스스로 적응했다."[58]

그렇다고 해서 스페인과 프랑스, 그 밖의 나라들에서 산업화와 노동인구의 변화가 하찮은 일이었다는 말은 아니다. 단지 그런 변화가 필연적으로 신디컬리즘 운동 자체를 약화시킬 수밖에 없었다는 주장은, 적어도 다른 경제적·사회적·정치적 요인들과 관련시키지 않는다면 의심스럽다는 것이다. 예컨대, 여러모로 미국의 IWW가 제1차 세계대전 후 기술 발전의 피해자가 됐다는 점은 분명한 듯하다. 점점 더 많은 이주 노동자가 새로운 자동차 [공장]으로 몰려들고 추수 일꾼들의 연례 이주 대열에 합류하는 가족이 늘어나자 농업 노동자들에게 IWW의 매력은 그만큼 감소했다.[59] 밀밭에서 콤바인의* 사용이 확산된 것도 미숙련 노동자에 대한 수요를 감소시키는 효과를 냈고, 따라서 IWW가 전통적으로 조합원을 모집해 왔던 이주 노동자 군대의 규모도 감소했다.[60] 그렇지만 앞서 봤듯이, IWW의 핵심 세력은 (목재 산업, 농업, 건설업 등의) 노동자들이었지만, IWW는 광원, 항만 노동자, 선원뿐 아니라 섬유·자동차·고무·발전 산업의 공장 노동자들 사이에서도 기반을 구축했다(비록 더 불안정하고 일시적인 기반이었지만). 그러나 노동인구의 구조 변화보다는 노동계급의 인종적·민족적·언어적·종교적 이질성이 이 미국 자본주의의 형성기에 신디컬리즘 운동의 연속성을 저해하는 데서 더 중요한 구실을 했을 가능성이 큰 듯하다.

1870년부터 1920년까지 50년 동안 미국 이민 물결이 일었다. 2500만 명 이상의 남성·여성·아이가 미국 땅으로 몰려들었을 뿐 아니라 남북전쟁 후 1000만 명이나 되는 흑인이 남부의 여러 주에서 북부와 서부의 도시로 대거 이주했다. 미국 경제가 성장하면서 노동력 수요가 급증했기 때문이다. 그러나 그런 발전은 적어도 단기적으로는 미국 노동자들의 계급의식 형성을 가로막는 엄청난 장애물이었다(비슷한 단계의 다른 자본주의 사회들에서는 독립적 노동계급 정당의 기반이 됐지만).[61] 그 이유는 미국으로 이민 온 사람들의 다수, 어쩌면 대다수는 미국에 잠시 머무르다 고국으로 돌아갈 생각이었기 때문이다. 1900~1914년에 [미국 이민자의] 30퍼센트는 고국으로 돌아갔고, 남아 있는 사람들의 지배적 정서도 아마 고국으로 돌아가고 싶다

---

* 농작물을 베는 일과 탈곡하는 일을 한꺼번에 하는 농업 기계.

는 꿈과 희망이었을 것이다.[62] 사실, 대량생산 산업에서 대규모 노조를 건설할 수 있게 된 것은 이민 규제로 미숙련 노동자 유입이 감소하고 그래서 이미 미국에 들어온 노동자들이 대거 동화될 만한 시간이 흐른 뒤였는데, 이런 일은 1930년대에야 일어났다. 또, 1930년대에 산업별조직회의^{CIO}가 성공을 거둔 것은 엄청난 금융 자원, 수백만 명의 조합원, 연방 정부의 지원에 기댈 수 있었던 덕분인데, IWW는 그중에 어떤 것도 이용할 수 없었다.[63]

IWW와 그 밖의 신디컬리즘 운동이 국제적으로 쇠퇴한 것을 제대로 설명하려면 다른 많은 경제적·사회적·정치적 요인들을 고려해야 한다(나라마다 차이가 있지만 말이다). 그런 요인들을 고려하면 급속한 산업화에 따른 노동인구 구성의 구조 변화를 주로 강조하는 많은 평론가들이 흔히 생각하는 것보다는 훨씬 더 자유롭고 덜 결정론적인 분석을 할 수 있다.

사용자와 국가의 반격 그리고 노동자 투쟁의 퇴조

신디컬리즘 운동의 국제적 소멸을 설명하는 데 도움이 되는 결정적 요인 하나는 분명히 사용자와 국가의 반격이 가한 충격이었다. 사용자와 국가의 반격은 흔히 1920년대 초에 시작된 경제 불황, 노동자 투쟁의 퇴조와 맞물렸다. 이 과정의 정확한 시기나 방식은 당연히 나라마다 달랐다. 미국에서는 전례 없는 협박과 노골적 폭력 탄압이 IWW를 소멸시킨 한 원인으로서 특히 중요했다. 아마 다른 어느 나라보다 더 그랬을 것이다. 심지어 제1차세계대전이 발발하기 전에도 사용자들은 걸핏하면 IWW 지부에 첩자를 침투시켰고, 자기 사업장의 노동자들 중에서 '투쟁적 소수'를 골라내 해고했으며, '파업을 배신한 노동자'를 고용했고, 노동자들의 민족적·종교적 차이를 이용해 이간질하려고 끈질기게 획책했다. 기업인·변호사·상인 등의 전문직 이익단체로 이뤄진 지역 '시민연합'들이 흔히 IWW를 파괴하는 데 이용됐다(특히 광산 지역에서 그랬다). 그리고 시·주·연방 정부도 사용자의 이익을 지켜 주려고 끊임없이 애를 썼다. 1908~1911년의 '자유 연설' 운동 기간에 지방정부들은 IWW를 금지하는 법률을 통과시켰다. 그래서 IWW 조합원 수백 명이 구속·수감됐고 그들은 흔히 지역 기업인들이 조직한 자경단의 공격을 받았다. 1915년에 IWW의 작사가 조 힐이 날조된 살인죄로 처형당했을 때, 엄청난 구명 운동이 있었지만 아이다호 주지사와 미국 대통령은 조 힐의 사면이나 감형을 끝끝내 거부했다.

IWW가 주도한 파업들도 극단적 형태의 폭력 탄압에 시달렸다. 1912년 패터슨 파업 때 노동자 4800명이 체포됐고 1300명이 투옥됐다. 1917년 애리조나 주 비즈비에서 구리 광산 노동자들이 임금 삭감에 항의하며 파업을 벌였을 때는 자경단원 2000명이 IWW 조직자, 파업 노동자, 동조자 1286명을 총으로 위협해 체포한 뒤 '캥거루 재판'을* 거쳐 무장 경비원이 감시하는 가축 운반 열차에 무더기로 태워서 뉴멕시코의 사막으로 추방했다. 항의하는 사람들은 두들겨 맞고 나서 물이나 음식도 없이 36시간 동안 방치된 후 연방 군교도소로 보내져 3개월 동안 재판도 못 받고 갇혀 있다가 풀려났다.

전쟁 전에 그런 공격들은 노동계급 운동에 뿌리를 내리려는 IWW의 노력을 지연시키기는 했지만 아예 막지는 못했다. 그러나 1917년 미국이 제1차세계대전에 참전하고 뒤이어 볼셰비키 혁명이 일어나자 IWW는 질적으로 더 단호하고 체계적인 국가 탄압에 직면했다. 비

---

* kangaroo court. 공인된 법률 절차나 원칙을 대놓고 무시하는 엉터리 재판.

록 IWW의 영향을 받은 전시 파업들이 노동운동의 전통적 목표들을 추구했고 전쟁 반대라는 분명한 문제를 회피했는데도, 국가는 그런 파업을 전쟁 노력과 연방 정부의 권위에 대한 정면 도전으로 해석했다. IWW는 '독일 첩자'라는 낙인이 찍혀서, 지역 자경단의 '애국주의' 폭력의 표적이 됐다. 1917년 8월 몬태나 주의 뷰트에서 금속 광산 노동자들이 아나콘다 컴퍼니에 맞서 파업을 벌이고 있었는데, 그들을 지원하던 프랭크 리틀이 복면을 쓴 괴한 6명에게 침대에서 끌려 나와 목매달려 죽었다. 1919년 11월에는 워싱턴 주 센트레일리아에서 IWW 조합원인 벌목꾼 웨슬리 에버리스트가 거세당한 뒤 철교에 목매달려 죽었다.

미국의 각 주州는 전쟁을 핑계 삼아, 경제적·정치적 개혁을 달성하는 수단으로 국가 전복이나 재산 몰수를 옹호하는 행위를 불법화하는 '신디컬리즘 처벌법'을 제정했다. 1917년 9월 연방 정부는 마침내 중앙·주·지역의 IWW 사무실을 습격해서 엄청나게 많은 편지, 신문, 선전 소책자 등의 문서를 압수하고 IWW 지도자 100여 명을 체포해서(그중에는 헤이우드도 있었다) 전시 치안법·간첩법 위반 혐의로 여론 몰이용 공개재판에 회부했다. 그 습격의 목적은 필라델피아 담당 연방 검사가 시인했듯이, "IWW를 완전히 문 닫게 만드는 것"이었다.[64] 1918년 시카고에서 열린 재판은 무려 5개월 동안 계속됐고(그때까지 미국 법률 역사상 최장기 형사재판이었다), 헤이우드를 비롯한 피고인들은 장기 징역형을 선고받았다.[65]

전쟁 직후에 미국 전역에서 노동조합 투쟁이 급격하게 고양됐지만, '적색 공포'를 부추긴 자들은 그런 노동자 투쟁이 근본적으로 좌파 이데올로기 탓이라고 주장했다. 그 이데올로기의 씨를 뿌린 것은 볼셰비키 혁명이고 그 이데올로기를 미국 노동운동으로 가져온 것은 '외부 선동꾼들'이며 그들은 외국 태생의 노동자들에게 가장 큰 영향을 미치고 있다는 것이었다. 그 뒤 이른바 '파머 습격'은* 말 그대로 수천 명을(IWW 조합원만이 아니라 아나키스트·사회주의자·공산주의자도) 추가로 체포했고, (많은 IWW 조합원을 포함해서) 외국 태생의 투사들을 대거 추방했다. 비록 연방 교도소에 수감된 IWW 정치수들은 대중적 석방 운동 덕분에 1923년 말까지는 모두 풀려났고 전후 IWW의 조직화 노력 덕분에 조합원 수는 꾸준히 증가했지만, IWW 조직 자체는 전시와 전후의 정부 탄압으로 심각한 타격을 입었다. 헤이우드가 1919년에 인정했듯이, IWW는 "마치 불독이 입에 물고 마구 흔들어 대는 빈 자루처럼" 흔들렸다.[66]

제임스 크로닌은 연방 정부의 체계적 탄압 때문에 노조 지도부가 파괴되고 투옥되고 뿔뿔이 흩어졌다고 지적했다(나중에 보석으로 풀려난 헤이우드가 항소심이 진행되는 도중에 갑자기 모스크바로 망명한 사건은 IWW에 특히 충격적이었다). IWW 지도자들뿐 아니라 많은 현장조합원도 투옥되자, 겁을 먹고 조직에서 멀어지는 사람들이 많아졌다. 투옥된 사람들이 어떤 구체적 행위 때문에 재판을 받은 것이 아니라, 단지 IWW 조합원이라는 이유만으로 처벌받았기 때문이다. 또, 그 때문에 어느 정도는 노조의 존재 이유도 바뀌어서 조직 자체가 완전히 변모했다. 산업 파업을 선동하고 조직하고 지도하던 조직에서 일종의 법률적 '방어 위원회'로 바뀐 것이다. 이제 IWW는 조합원의 구속·수감을 막고 법률적 수단을 써서 구속자들을 석방시키려고 노력하는 데 온 힘을 쏟을 수밖에 없었다. 국가 탄압은 IWW가 신디컬리즘 조직으로서 제 기능을 하지 못하고 사실상 문 닫게 만드는 직접적 원인이 됐다.[67]

---

* Palmer Raids. 1919년 11월부터 1920년 1월까지 미국 법무 장관 알렉산더 파머가 좌파 급진주의자들에 대한 전국적 공격을 감행해서, '비非미국적 시민' 수천 명을 체포하고 외국으로 추방한 사건.

프랑스에서도 사용자들과 국가의 공격은 신디컬리즘 운동에 대한 지지를 약화시킨 중요한 요인이었다. 20세기 초에 파업 투쟁이 증가하고 CGT가 위협적 세력으로 떠오르자 재산을 지키려는 적대적 사용자들의 반격도 거세졌다. 사용자 단체들은 점차 '황색'노조에 자금을 지원하고, 직장 폐쇄를 강행하고, 파업 때 투입할 대체 인력을 수입하고, 총잡이들을 고용해서 피케팅하는 노동자들을 위협했다.[68] 그런 사용자 단체의 뒤에는 법원·경찰·군대를 거느린 프랑스 공화국의 국가기구가 버티고 있었다. 1906년 각료 회의 의장이 된 조르주 클레망소는 쿠리에르 탄광 참사* 뒤 파업이 벌어지자 9만 5000명의 군대를 투입해 광산촌을 점령했고 메이데이에 CGT가 총파업을 벌이자 그 지도자들을 구속하고 파리에 3만 4000명의 군대를 투입하며 탄압했다. 클레망소(와 그의 후임 총리가 된 옛 사회당원 아리스티드 브리앙)가 이끄는 프랑스 정부는 혁명적 선동을 억압하면서, 1906년부터 1910년까지 빈번하게 군대를 동원해 파업을 진압했고, 파업에 참가한 노동자들을 강제 징집해서 군대로 보냈으며, CGT 지도자들을 음모 혐의로 구속했다.[69]

예컨대, 1907년 낭트의 외항인 생나제르에서 신디컬리스트들이 주도한 항만 노동자 파업이 벌어지자 기병대가 출동해서 파업을 분쇄했는데, 그 과정에서 노동자 한 명이 죽고 21명이 부상했으며 이브토를 비롯한 파업 지도자 18명이 구속됐다. 1908년에는 파리를 둘러싼 센에우아즈 도道의 빌뇌브생조르주에서 파리 노동자 4000명이 시위를 벌이자 경찰이 시위대를 공격해서 노동자 4명이 죽고 69명이 부상했다. 그 뒤 그리퓌엘·푸제·델레살·메렝·모나트를 비롯한 CGT 지

---

* 1906년 3월 10일 프랑스 북부의 쿠리에르 탄광에서 유럽 역사상 최악의 광산 참사가 일어나 광원 1099명이 사망했다.

도부가 구속됐다. 1909년에는 우체국 노동자들의 전국적 파업이 벌어졌는데, 군대가 출동해서 파업을 진압했고 노동자 300명이 해고됐다. 1910년에는 철도 노동자들의 전국적 파업에 정부가 군대를 투입했고, 파리 북쪽의 철도 창고에서 벌어진 비공인 투쟁을 혁명 음모의 증거로 몰아붙였다. 철도 노동자들은 징집돼서 예비군으로 편제됐고, 파업 지도자 200명이 구속되고 활동가 3300명이 해고됐다.

그렇게 악랄한 국가 탄압 덕분에 클레망소가 우익들한테서 '프랑스 최고 경찰관'이라는 칭송과 함께 박수 갈채를 받았다면, CGT가 1910년 무렵부터 혁명적 태도에서 온건한 태도로 후퇴한 것은 분명히 잇따른 파업 패배와 정치적 탄압의 충격에 대한 반응이었다.[70] CGT 안의 강력한 개혁주의자들은 혁명가들이 부르주아지를 겁먹게 만들고 국가 폭력을 유발하고 제대로 준비되지 않은 파업들을 부추겼다고 주장했다.[71] 그런 비판을 바탕으로 온건파가 점차 지도부의 요직을 차지하기 시작하더니 제1차세계대전이 발발하자 CGT는 혁명적 국제주의를 포기했다. 전후에 산업 투쟁 물결이 되살아나고 CGT 조합원이 늘어나자, CGT에서 가장 큰 노조인 철도노조의 혁명적 소수파는 1920년 5월 전국적 파업을 감행하는 데 성공했고 CGT에 지지 총파업을 조직해 달라고 호소했다. CGT의 개혁주의 지도부는 마지못해 다른 노조들에게도 파업을 권유했지만, (분명히 혁명적 소수파를 억제하기 위해) 원래의 제안과 달리 일제히 벌이는 파업이 아니라 겨우 세 차례 '순차' 파업을 권유했을 뿐이다. 지도부가 그렇게 무기력하게 파업을 조직하자, 투쟁을 회피하는 분위기가 널리 퍼졌고 파업은 결국 분쇄됐다. CGT는 아무 양보도 얻어 내지 못한 채 작업 복귀를 명령했고, 그 뒤 (주요 투사들도 많이 포함해서) 조합원 약 2만 명이 해고됐다.[72]

철도 파업의 이 총체적 패배는 사실상 CGT 노동조합운동의 온건파와 혁명파 전체의 패배였고, 전후 프랑스 노동자 투쟁 고양기의 종말을 알리는 것이었다. 사용자와 국가의 반격을 용이하게 만든 것은 경기후퇴의 시작이었다. 경기후퇴 때문에 CGT의 협상력이 크게 약해졌고, 그래서 많은 신참 조합원과 덜 헌신적인 조합원이 실망하고 사기가 떨어졌던 것이다. 그 결과, 1900년에는 흔히 1000건을 넘었던 연평균 파업 건수가 1920년대 초에는 약 500건으로 뚝 떨어졌다.[73] 그와 동시에, 노동조합원 수도 급감했다. 가장 많았던 1920년 봄에는 거의 200만 명이었지만 1921년 초에는 겨우 100만 명이었다(철도노조는 조합원 35만 명 가운데 80퍼센트를 잃어버렸다). 그렇게 우울한 추세를 배경으로 조직 내부의 반목도 심해졌다.

이탈리아에서도 USI가 사용자와 국가의 강력한 반격에 직면했다. 1920년 9월의 총파업과 공장점거가 혁명적 권력투쟁으로 발전하기 못했기 때문에, 무솔리니의 파시스트들이 권력을 장악해서 군사적 독재 체제를 수립하고 몇 년 뒤에 신디컬리즘 운동을 파괴할 수 있었다. 1920년의 좌절 직후에 이탈리아 노동자들은 급격히 사기가 떨어졌다. '붉은 2년' 동안 산업·정치 투쟁으로 얻은 성과들이 실업 증가로 날아가 버렸기 때문이다. (좌파에 대항할 견제 세력을 원하고 있던) '자유주의자' 총리 조반니 졸리티뿐 아니라 (산업에서 자신들의 권위를 되찾기로 굳게 결심한) 일부 사용자들도 무솔리니와 그가 새롭게 건설한 파시즘 운동에 돈을 대 주며 그 대가로 파시스트들의 도움을 받았다. 1922년 11월 파시스트들이 밀라노와 이탈리아 북부 전역에서 USI 사무실을 체계적으로 공격하고 USI 지도자들을 체포하기 시작하자 보르기를 비롯한 다른 지도자들은 외국으로 망명할 수밖에 없었다.[74] 파시스트의 공세로 좌파는 반쯤 마비되거나 심지어 반半합법 상태가 됐고, 1920년 9월 이후 정치적 환멸 때문에 이미 무장해제된 노동계급은 경제 불황과 실업 증가로 말미암아 더 궁지에 빠졌다.[75] 무솔리니가 정권을 잡은 지 겨우 두 달이 지난 1923년 초에 USI는 사실상 분쇄됐고 1925년에는 마침내 불법 단체가 됐다.

일부 평론가들이 암시하는 것과 달리, 신디컬리스트들이 곧장 파시스트로 전락한 것은 아니었다.[76] 제1차세계대전 때 USI의 참전파 조합원들이 분열해 나가서 만든 이탈리아노동자연합은 십중팔구 파시스트라기보다는 포퓰리스트로 봐야 할 것이다. 다른 한편, 파시스트들은 실제로 일부 신디컬리스트를 자기네 대열로 끌어들일 수 있었다. 그래서 신디컬리스트 지도자 중 한 명인 에드몬도 로소니는 전국 신디컬리즘조합연맹의 창립에서 중요한 구실을 했다. 이 단체는 나중에 이탈리아 사용자들에게 고분고분한 노동계급을 공급하는 데 이용됐고, 공공연한 계급투쟁을 효과적으로 제거하고 외관상의 사회적 평화를 오랫동안 주도했다.

스페인에서는 전후 CNT의 조합원 수 증가와 영향력이 1919년에 최고조에 이르렀다. 비록 스페인은 세계 최초로 8시간 노동제를 입법화한 나라가 됐지만(그만큼 노동자 운동의 압력이 거셌다), 카탈루냐 지방의 사용자들은 그 보복으로 1919년 12월부터 1920년 1월까지 노동자 20만 명의 작업장 출입을 금지하는 직장 폐쇄를 강행하며 CNT에 전쟁을 선포했다. 살바도르 세기를 중심으로 한 온건파 지도부는 불법으로 공장에 진입해서 점거하는 전술을 거부했기 때문에, 직장 폐쇄는 CNT를 심각하게 약화시켰다. 사용자들은 공세의 일환으로 이른바 신디카토스 리브레스(자유 노조)라는 반反CNT 노조를 만들었다. 그래서 1921~1923년에 바르셀로나에서는 CNT와 사용자 단체들 사이에 격렬한 전투가 벌어졌다. 경찰과 군대의 잇따른 국가 테러 그리고 사용자들이 고용한 피스톨레로스(총잡이들)에 의해 바르셀로나 CNT 지도자 21명이 살해당했다. 그러자 아나키스트들도 테러로 반격했지만, 탄압만 더 심해졌을 뿐 CNT 투사들은 더한층 합법적·불법적 처벌에 시달리게 됐다. 투쟁의 주도권이 소수의 흔히 고립된 무장 집단에 넘어가면서 대중적 노동조합 조직은 옆으로 밀려났다. 그리고 (세기를 포함해) CNT의 주요 온건파 지도자들이 살해되고 그 밖의 많은 지도자가 구속되면서 노조 지도부는 사실상 와해됐고, 지역 노조들에서 노동자가 꾸준히 탈퇴하면서 현장조합원도 급감했다.[77]

CNT가 비록 믿기 힘들 만큼 완강하게 버텼지만, 1923년까지 스페인 국가는 CNT에 큰 타격을 줬다. 파업 손실 일수는 1920년 730만 일로 정점을 찍은 뒤 300만 일 남짓으로 떨어진 반면, 무장 공격 건수는 10배나 증가했다. 1923년 9월 프리모 데 리베라의 쿠데타로 CNT는 완전히 혼란에 빠졌다. 조합원 수가 겨우 25만 명으로 감소한 (1919년의 3분의 1도 채 안 됐다) CNT는 이듬해 다시 불법 단체가 돼서 (1931년까지) 지하로 숨어야 했다. 아나키즘 단체들과 CNT의 사무실은 폐쇄됐고, 수많은 투사가 구속됐다.[78] 그러다가 1931년 제2공화국이 출범하고 1936년 내전과 노동자 혁명이 시작되면서 CNT의 처지는 완전히 바뀌었지만, CNT 지도부가 민중전선 정부에 잠시 참여하자 정부는 재빠르게 1937년 5월 바르셀로나 전화교환국을 점령하고 CNT 투사 수백 명을 체포하는 반혁명 공세에 나섰다. 1939년 공화국 정부가 군사적으로 패배하자 아나코신디컬리스트들의 혁명적 염원은 마침내 종말을 고했다.

영국에서는 사용자와 국가의 탄압이 다른 나라들보다 훨씬 약했다. 그렇지만 1921년 봄 무렵 전후의 짧은 호황이 끝나고 경제 불황이 닥치면서 군수품 생산이 감소하고 대량 실업이 시작되자 직장위원회 운동의 기반이 완전히 무너졌다. 이 틈을 타서 경영진은 권위를 다시 확립하고 노조 투사들을 부당하게 괴롭혔다. 그와 동시에 국가 권력이 노골적으로 사용자를 편들면서 노동자들이 잇따라 패배하자 (1921년 광원, 1922년 금속 노동자, 1923년 항만 노동자 등), 그 전까지 10여 년 동안 신디컬리즘 전략의 토대가 됐던 산업 현장의 투쟁성도 종말을 고했다.

아일랜드에서도 경제 불황과 대량 실업이 시작되자 사용자들은 임금을 전쟁 전 수준으로 낮추려고 [노동자들을] 압박했다. (1921년 12월 아일랜드 독립이 승인된 뒤 수립된) 신생 공화국의 임시정부와 군대는 사용자들을 지지했고, 볼셰비즘을 보고 겁에 질려 노동조합을 격렬하게 반대한 가톨릭교회도 사용자들을 부추겼다. 1923년 항만 노동자 파업에 이어서 다른 산업들에서도 비슷한 패배가 잇따르자 많은 소도시와 내륙에서 ITGWU는 붕괴했다.

여기서 필연적으로 제기되는 물음은 다음과 같다. 도대체 왜 많은 나라에서 정부 당국은 온갖 무기를 총동원해서 탄압해야 할 대상으로 특별히 신디컬리즘 운동을 주목했을까? 사용자와 국가가 볼 때 신디컬리스트들의 경제적 직접행동에서 드러나는 분명한 혁명적 의도(와 많은 대규모 파업에 내재한 혁명적 함의)가 개혁주의 노동조합 운동의 온건한 태도보다 더 위협적이었다는 것은 분명하다. 다시 말해, 많은 점에서 신디컬리즘 운동은 자본주의에 정면으로 도전하고 생산 현장의 투쟁을 끊임없이 부추기고 그들의 전술이 매우 급속하게 노동자들 사이에 확산되는 것처럼 보였기 때문에 [사용자와 국가가] 그렇게 폭력적으로 반응한 것이다.[79]

공산주의라는 외부의 충격과 내부의 분열

신디컬리즘 운동의 국제적 소멸을 설명하는 데 도움이 되는 다른 결정적 요인은 공산주의라는 외부의 충격과 내부의 자체 분열이다. 앞서 봤듯이, 각국의 운동 안에서도 신디컬리스트들 사이에는 항상 다양한 이데올로기적·전략적·전술적·조직적 차이들이 있었다. 그러나 1917년 10월 혁명의 정치적 영향이 그런 분쟁을 더 두드러지게 하고 상당히 심화시켰다는 것은 분명하다. 볼셰비키의 지도를 따라서 러시아 노동자들이 국가권력을 장악하고 그 뒤 모스크바에서 코민테른이 창립되고 세계 전역에서 혁명적 공산당이 잇따라 건설되자 국제 노동자 운동 안에서 '레닌주의' 관점이 널리 지지를 받았다. 러시아 혁명은 성공한 반면 다른 나라의 혁명운동은 실패하자 당연히 러시아 모델의 매력은 커지고 볼셰비키의 위신도 높아졌다. 그 과정에서 국제 노동운동 내부의 개혁주의자들과 혁명가들의 차이가 드러났고, 사회민주주의 진영과 공산주의 진영이 근본적으로 분열해서 서로 경쟁하기 시작했다. 사회민주주의 정당과 주류 노동조합에서 급진화한 당원과 조합원의 다수가 신생 공산당으로 이끌려 왔다.

그 과정에서 볼셰비즘은 신디컬리즘 전통 자체에 근본적으로 도전했고 이 전통의 정치적 한계도 뚜렷이 보여 줬다. 그 한계는 혁명적 간부 조직과 대중적 노동조합을 모두 건설하려는 모순된 압력, 산업 투쟁을 가장 강조하고 정치적 행동을 경시한 것, 사실상 중앙집중적 조직과 지도(부)를 제공하면서도 지역주의와 자율성을 계속 고수한 것 등이었다. 그 대안으로 볼셰비즘이 주장한 정치·조직 노선은 지도적 신디컬리스트들의 상당 부분(비록 소수였지만)을 끌어당길 수 있었다(자세한 내용은 2부에서 살펴보겠다). 그러나 볼셰비즘은 또, 서로 경쟁하는 신디컬리스트 분파들의 내분을 심화하고 확대시켰을 뿐 아니라, 국제적으로 신디컬리즘 운동이 결국 소멸하게 만든 한 원인이 되기도 했다.

비록 전후 IWW의 조직화 노력 덕분에 조합원은 꾸준히 증가했지만, 예전의 적대감과 분파주의 때문에 조직은 심각한 손상을 입었(고 국가와 사용자의 탄압은 이 손상을 더 악화시켰)다. 1920년부터 1924년까지 IWW를 날카롭게 분열시킨 쟁점은 세 가지였다. 첫째, IWW 정치수들의 자격 문제가 있었다. 개인적으로 관대한 처분을 받아들인 IWW 정치수에 대해 어떤 태도를 취할 것인지를 두고 논쟁이 벌어진 것이다. 둘째, 국내에서는 공산당과, 해외에서는 코민테른이나 적색노조인터내셔널과 어떤 관계를 맺을 것인지 하는 문제가 있었다. 급속하게 발전하고 있는 공산주의 운동에 참여할지 말지를 두고 견해가 갈린 것이다. 셋째, IWW 내부의 권력 분배라는 문제가 있었다. 한 경향은 IWW 문제의 해결책이 중앙집중화와 책임성을 강화하는 것이라고 생각했고 다른 경향은 분권화를 확대하자고 주장했다.

이런 전후 분쟁의 파괴적 성격은 1917년 국가 탄압에 시달리던 IWW가 표결을 통해 옛 지도자는 모두 노조 직책을 맡을 자격이 없다고 결정했을 때 일찌감치 드러났다. 이 조처는 조직과 과거를 사실상 단절시켜서, 정부가 할 수 있었던 것보다 훨씬 더 무자비하게 IWW 지도부를 와해시켜 버렸다. 개인들은 더는 조합비를 납부하지 않았고, 활동적인 지부들은 IWW에서 탈퇴했다. 이런 내분은 재앙적인 1924년 IWW 대회에서 절정에 달했는데, 그나마 남아 있던 조직조차 둘로 쪼개진 것이다.[80] 얄궂게도, 멜빈 듀보프스키는 이 분파 투쟁이 어찌 보면 중요한 실제 정책에 관한 내부 이견 때문이었다기보다는 조직적 실패와 좌절의 결과였다고 지적한다. "그들의 적대감을 승화시킬 수 있는 중요한 산업 투쟁이나 활동적인 지부가 없다 보니, 좌절감을 느낀 [IWW 조합원들은 ― 지은이] 자기들끼리 서로 치고받으며 싸웠다. 그 과정에서 조직은 만신창이가 되고 말았다."[81]

한편, 1917년 이후에는 급진화한 사회당이 분열하면서 생겨난 공산당이 IWW를 밀어내고 정치적 스펙트럼의 가장 왼쪽을 차지했다. 사회당 좌파 당원들(주로 외국어 사용자들, 특히 동유럽계 출신)은 볼셰비키 혁명과 모스크바에서 코민테른이 창립되는 것을 보고 고무돼서 당 기구를 장악하려고 애를 썼다. 그러자 통제력 상실을 우려한 온건파 지도부는 1919년 여름에 좌파 당원들을 축출했다(그래서 당원의 3분의 2를 잃어버렸다). 처음에는 두 공산당이 생겨나서 서로 경쟁했지만, 둘 사이에는 이데올로기적 차이도 거의 없었고 둘 다 코민테른 가입을 결정했다. 둘 다 '이중 노조 운동'을 강조했지만, 한쪽은 AFL과 경쟁할 '단일 거대 노조' 건설을 주장했고 다른 한쪽은 혁명적 계급투쟁을 바탕으로 IWW와 그 밖의 독립 노조들(AFL 산하의 투쟁적 노조들도 포함해서)과 미조직 노동자들을 모두 아우르는 일반적 산별노조 건설을 선동하는 것이 주요 과제라고 여겼다.

그러나 두 공산당이 창립했을 때 '적색 공포'가 한창 기승을 부리고 있었으므로 많은 공산당원이 자경단의 공격 표적이 됐고 두 공산당의 지도자 다수가 정부 전복 음모 혐의로 구속됐다. 이 탄압 기간에 두 공산당에서 떨어져 나간 당원이 5만 명 이상으로 추산된다. 그래서 처음에 약 7만 명이었던 당원이 1920년 무렵에는 1만 6000명까지 줄어들었고, 두 조직 모두 지하로 숨어야 했다. 마침내 1920년 5월 통합 당대회가 열려서 통합공산당UCP이 건설됐지만, 공산당원이 AFL 안에서 활동하는 것에는 계속 반대하다가 코민테른의 설득 끝에 태도를 바꿨다.[82] 신생 공산당은 우여곡절 끝에 AFL의 주도권을 차지하는 데 집중하기로 결정한 반면 IWW는 볼셰비키의 제안을 거부했기 때문에 이 두 혁명적 조직은 극심한 경쟁과 반목에 휩싸이게 됐다.

미국 좌파의 지도부가 되기 위한 투쟁에서 IWW는 공산당에 급속하게 밀려났다. 공산당이 IWW 지도자와 활동가의 상당수를 끌어들였기 때문이다. 헤이우드는 보석 상태에서 재판을 받다가 모스크바로 망명해서 볼셰비키의 열렬한 지지자가 됐다. 시카고 재판의 또 다른 피고인이었던 해리슨 조지는 볼셰비키를 무비판적으로 지지하는

《붉은 새벽》이라는 소책자를 썼고 공산당에도 가입했다. 불가리아 태생의 IWW 조합원으로 1921년 헤이우드와 함께 러시아로 달아난 조지 안드레이친도 확고한 볼셰비키 당원이 됐다. 찰스 애슐리는 교도소에서 공산당에 가입했고, 선원노조 조직자인 조지 하디, [스코틀랜드로 추방됐다가] 캐나다에서 가입한 샘 스칼렛, 벌목 노동자 로이 브라운 같은 지도자들도 공산당원이 됐다. 윌리엄 Z 포스터와 [북아메리카신디컬리스트동맹SLNA에서] 이름을 바꾼 국제노동조합교육동맹TUEL의 집행위원 4명(잭 카니, 잭 존스톤, 제이 폭스, 조지프 맨리)도 공산당에 가입했고, 포스터는 당 의장이 됐다. 제임스 캐넌도 공산당에 가입했다(나중에 탈당해서 트로츠키주의 조직인 미국 사회주의노동자당SWP의 지도자가 됐지만). 엘리자베스 걸리 플린도 1920년대 중반부터 국제노동자방어ILD 활동을 통해 공산당과 협력했고, 다른 많은 사람들과 마찬가지로 1930년대 말에 공산당원이 됐다. 포스터의 SLNA와 관계가 좋았던 캔자스시티 지부의 활동가 얼 브라우더는 1930년대에 공산당 사무총장이 됐다. 비록 정확한 수치를 제시할 수는 없지만, 당시 IWW 전체 조합원의 약 10~20퍼센트에 해당하는 2000명이 공산당에 가입한 것으로 추산된다.[83]

IWW 조합원의 다수는 코민테른 가입 제안을 거부하고 점차 볼셰비키 정권을 비판했다. [IWW의] 볼셰비즘 전환을 방해한 주된 요인 하나는 러시아 혁명 직후 시작된 [미국 정부의] 극심한 탄압이었다. 말 그대로 수백 명의 IWW 활동가가 투옥됐고 "그들은 위대한 격변을 접할 수 있는 기회가 차단됐을 뿐 아니라 생각을 자유롭게 교환하지도 못하는 처지였으므로 신생 공산당을 향해 역동적으로 발전하고 있던 좌파 사회주의 운동에 동의하고 함께할 수 없었다." 많은 IWW 활동가들은 구속된 조합원을 법률적으로 방어하는 운동에 모든 노력을 쏟아야 했기 때문에, 볼셰비즘의 정치적 함의를 완전히 이해할 만한

시간이 거의 없었고 정치 활동과 정당에 대한 적대감을 계속 간직하고 있었다.[84]

그 결과, IWW 활동가들을 끌어들이려는 러시아 볼셰비키의 노력에도 불구하고 미국 공산주의 운동은 덜 유망해 보이는 다른 원천, 즉 사회당에서 시작하게 됐다.[85] 그러나 공산주의 운동이 비록 초기에는 어려웠어도 미국 노동운동 안에서 영향력이 점점 더 커지자 IWW는 더한층 힘이 약해졌고, (1924년 IWW의 재앙적 분열과 함께) 중요한 독립적 좌파 세력으로서 신디컬리즘의 운명도 끝나고 말았다.

인재에 관한 한, IWW가 완전히 유리했다. IWW 투사들은 많은 투쟁에서 이미 검증된 사람들이었고, 그중에 많은 이가 교도소에 갇혀 있었다. 흔히 IWW 투사들은 혁명적 용어로 매우 자신감 있게 주장하는 이 신생 운동[공산당]을 거의 경멸하듯이 지켜봤다. IWW 조합원들은 자신들의 행동과 희생이 이 신생 혁명운동의 원칙적 주장보다 훨씬 더 중요하므로 둘이 경쟁하더라도 두려울 것은 전혀 없다고 생각했다. 그들의 판단은 완전히 틀렸음이 드러났다.

몇 년이 채 안 돼 (1922년쯤) 공산당이 IWW를 대체해서 주요 전위 조직이 됐다는 것이 꽤나 분명해졌다. IWW는 노동자 투사들로 이뤄진 훌륭한 구성이나 과거의 모든 영웅적 투쟁에도 불구하고 공산당을 따라잡을 수 없었다. IWW는 자신들의 이데올로기를 전쟁과 러시아 혁명의 교훈에 맞게 조정하지 못했다. 그들은 원칙과 이론을 충분히 존중하지 않았다. 그 때문에 그들의 조직은 퇴보한 반면, 자원도 빈약하고 경험 없는 청년들로 이뤄진 이 신생 조직은 볼셰비즘의 살아 있는 사상을 움켜잡았으므로 겨우 몇 년 만에 IWW를 완전히 제치고 훨씬 앞서갈 수 있었다.[86]

내부 반목은 전후 프랑스 노동운동에서도 불거졌고 1921년 CGT 의 분열에서 절정에 달했다. 1920년 12월 투르에서 열린 프랑스 사회 당 당대회가 결정적 전환점이었다. 당내 소수 좌파의 '평화주의'에도 불구하고 사회당은 전쟁에서 무사히 살아남았지만, 전쟁 직후에 엄청난 급진화를 경험하게 됐다. 개혁주의 정책들은 교착 상태에 빠진 데다 러시아 혁명에 열광하는 당원들이 늘어나자 사회당은 무너지기 시작했다. 당대회에서는 코민테른에 가입할지 말지를 결정하기 위해 격론이 벌어졌다. 압도 다수의 대의원들, 특히 청년과 노동계급 대의원들은 코민테른 가입과 공산당으로의 당명 개정을 지지한 반면, 공산주의에 반대하는 소수파는 기존 당명을 고수했다. 결국 사회당원 17만 9800명 가운데 11만 명은 곧바로 신생 프랑스 공산당PCF에 가입했고, 반대파는 겨우 3만 명을 모을 수 있었다.[87]

이듬해에는 CGT도 분열해서, 상당한 소수의 조합원이 CGT를 떠나 대안적 노조 연맹을 결성했다. 비록 CGT 지도부는 전쟁이 끝났을 때 뚜렷하게 개혁주의적인 태도를 취하고 있었지만, CGT 안에는 러시아 혁명과 볼셰비키를 지지하고 공감하는 혁명적 신디컬리즘 경향도 여전히 강력했다. 1920년 5월 총파업 실패, 사용자의 위협과 실업 증대, 볼셰비즘의 정치적 도전과 공산당 창립이 맞물리자 그동안 CGT 안에 잠재하던 내부 갈등이 터져 나오기 시작했다.

CGT의 내부 다툼에는 세 경쟁 분파가 얽혀 있었다. 첫째, 레옹 주오가 이끄는 개혁주의자들은 부문 연맹들 사이에서, 섬유·광산·인쇄·공공서비스 노조에서 여전히 다수의 지지를 받고 있었다. 둘째, 〈라 비 우브리에르〉의 편집자인 피에르 모나트가 이끄는 '신디컬리스트-공산주의' 분파는 신디컬리스트들이 진정한 혁명적 정당과 협력해서 자본주의 국가권력에 맞설 수 있는 효과적 대안을 제시할 때가 왔다고 주장했다. 모나트는 프랑스 공산당이야말로 혁명적 신디컬리즘 전통의 논리적 후계자라고 주장한 트로츠키의 영향을 받았다. 그래서 '제3인터내셔널 위원회'가 결성됐고, 그 집행부에는 모나트와 알프레드 로스메르 등 매우 다양한 신디컬리스트가 포진해 있었다.[88] 셋째, '아나코신디컬리스트' 그룹은 모나트가 공산당과 타협하는 것에 반대했고 CGT 내부의 분열로 족하다고, 즉 주오파와 깨끗이 결별하고 '능동적 소수'의 투쟁에 의지하기만 하면 된다고 주장했다. 이 셋째 경향이 볼셰비즘을 지지한다고 했을 때는 레닌주의를 투쟁적 전위 노선으로, 소비에트를 신디컬리즘에서 주장하는 노동자 통제 기관 비슷한 것으로 해석했기 때문이었다.[89]

1920년 CGT 대회에서는 사회주의/개혁주의 세력인 '다수파'가 대의원의 거의 75퍼센트를 차지했다. 그러나 이후에도 점차 성장한 공산주의/혁명적 신디컬리즘 세력인 '소수파'는 혁명적신디컬리스트위원회CSR라는 내부 반대파 기구를 통해 투쟁을 계속했고, 이 분파 투쟁은 마침내 1921년 CGT의 분열에서 절정에 달했다. 그 결과 새로운 노조 연맹체인 통일노동조합총연맹CGTU이 건설됐다. 창립 당시 조합원이 약 50만 명으로 추산된 이 새 연맹체는 처음에 공산주의자, 아나키스트, 혁명적 신디칼리스트로 이뤄져 있었다. 그러나 격렬한 내부 투쟁과 모스크바의 선전·실천 지원을 받아서 머지않아 〈라 비 우브리에르〉 그룹이 지도부를 장악했고 1923년쯤에는 공산주의자들이 조직을 통제했다. 피에르 모나트, 알프레드 로스메르, 가스통 몽무소, 피에르 세마르, 로베르 루종, 조르주 베르디에 등 많은 주요 신디컬리스트가 공산당에 가입했다. 로버트 올에 따르면, 적색노조인 터내셔널 2차 대회에 참석한 몽무소, 세마르 등의 CGTU 대표들은 "1922년 11월 모스크바에 갈 때는 프랑스 신디컬리즘의 전통적 사상을 옹호하는 사람들이었지만 돌아올 때는 레닌주의자가 돼 있었다."[90] 공산당은 더 나아가 CGTU 안에 공산주의 그룹들의 네트워크

를 건설하기도 했다.[91]

그러나 많은 프랑스 아나코신디컬리스트와 '순수한' 혁명적 신디컬리스트들은 노조보다 당이 우선이라는 레닌주의에 함축된 주장을 받아들일 수 없었다. 그들이 보기에 공산당은 사회당의 혁명적 대안이 아니라, 조직과 중앙집중적 지도부를 강조하는 사회당 정치의 극단적 버전이었을 뿐이다. 그래서 그들은 연방주의 구조 안에 지역의 자발성과 자율성이 필요하다고 주장했다.[92] CGT와 CGTU라는 비슷한 악마들 사이에 중간 지대가 존재할 수 있다고 생각한 그들은 다시 분열을 감행해서 혁명적신디컬리스트노조총연맹CGT-SR이라는 조직을 따로 만들었다. 그래서 프랑스 노동조합운동은 이제 확고한 개혁주의 조직인 CGT, 공산주의를 지지하지만 조합원 수는 더 적은 CGTU, 그보다 더 소규모이지만 무시할 수는 없는 혁명적 신디컬리스트 조직 CGT-SR로 쪼개졌다. 그런 분열 때문에 당연히 세 조직 모두 내부적으로 수많은 조합원이 노조 활동에서 멀어졌고, 프랑스 노동운동 전체의 힘은 더욱 약해졌다.

이탈리아에서 USI는 러시아 혁명의 사례에 고무돼서 처음부터 코민테른을 지지했고 1921년 니콜로 베키와 룰리오 마리가 모스크바에서 적색노조인터내셔널 대표들을 만났다. 베키와 마리는 이탈리아로 돌아와서 USI에 볼셰비키의 제안을 받아들일 것을 권고했다. 그러나 USI는 그들을 질책하며 정치적 독립성을 고집했다. 1922년 3월 USI 4차 대회에서 집행위원인 알리브란도 조바네티는 베키가 볼셰비키 러시아를 지지한 것을 비판하며 USI는 모든 정당에서 완전히 자율적이어야 한다고 주장했다. 그러나 USI의 다른 주요 지도자 두 명, 즉 주세페 디 비토리오와 카를로 넨치니는 베키의 주장에 동의하며 볼셰비키 노선을 선전했다. 1922년 6월 무렵 베키 지지자들은 USI 전체 조합원의 절반쯤 되는 3만 명을 헤아렸다.[93]

한편, 반전 운동, 전후의 노동자 투쟁, 러시아 혁명의 영향으로 급진화한 이탈리아 사회당은 1920년 초에 (필리포 투라티가 이끄는) 개혁주의파, (자친토 세라티가 이끄는) 중간주의 좌파, (아마데오 보르디가가 이끄는) 좌파, 이렇게 세 분파로 갈라졌다. 1920년 9월의 공장점거를 제대로 활용하지 못한 것을 두고 사회당 내에서 벌어진 상호 비난과 모스크바의 혁명적 호소가 맞물려서 사회당 스스로 코민테른 가입을 신청하며, 볼셰비키가 개혁주의자들을 배제할 목적으로 요구한 엄격한 '21개 조건'을 공식적으로 받아들였다. 그러나 1921년 1월 리보르노 당대회에서 세라티는 개혁주의자들을 쫓아내기를 거부했고, 보르디가가 이끄는 '순수한 공산주의' 경향은 사회당을 탈당해서 공산당을 창설했다. 프랑스와 달리 이탈리아에서 공산당은 사회당원의 약 3분의 1인 4만~5만 명을 데리고 나오는 데 그쳤다. 그렇지만 공산당은 1922년 무솔리니가 집권하기 전까지 USI의 일부 투사들을 끌어당기는 데 성공했다(비록 대다수는 여전히 냉담했지만).[94]

스페인의 CNT도 전쟁 직후 다른 나라들과 비슷한 이유로 내부 분파 투쟁에 시달렸다. 주요 지도자들이 살해되거나 투옥되자 CNT는 더 급진적 활동가들이 장악했고, 1919년 CNT 대회는 코민테른 가입을 결정했다. 이런 상황에서 촉발된 내부 대립은 그 후 CNT의 발전에 매우 중대한 영향을 미쳤다. 주요 이데올로기 집단들('순수한' 신디컬리스트, 아나코신디컬리스트, 아나키스트, 공산주의적 신디컬리스트) 사이의 차이가 점차 해소할 수 없을 만큼 커졌기 때문이다.[95] 비록 공산주의적 신디컬리스트 경향의 규모와 영향력은 '순수한' 신디컬리스트나 아나코신디컬리스트 경향과 비교할 수 없을 만큼 작았지만 카탈루냐 지방의 노동운동에서는 실제 규모보다 훨씬 큰 영향력을 발휘할 수 있었다. 국가 탄압이라는 독특한 상황과 안드레우 닌(1919년 12월에야 사회당에서 탈당한), 호아킨 마우린, 일라리오 아를란디스 같은 주요 지도자들의 뛰어난 능력 덕분이었다. 그들은 러시아 볼셰비키를 열렬히 존경했다는 점에서는 아나코신디컬리스트들과 똑같았지만, 세네티스타스(CNT 현장조합원들을 일컫는 말)의 다수와 달리 레닌주의를 높이 평가하고 중앙집중적 지도부와 조직 규율의 필요성을 엄청나게 강조했다.

닌과 마우린은 모두 1919년 CNT 대회에서는 중요하지 않은 인물이었지만, [카탈루냐의 CNT 지도부가 대거 구속된 뒤인] 1921년 봄부터 1922년 여름까지 CNT의 가장 중요한 위원회 두 개를 지배했다. 닌은 비밀 기구인 전국위원회의 위원으로 선임됐고 사무총장 대행으로서 CNT를 대체로 지배했다. 마우린은 카탈루냐지역연맹CRT 위원회에 선임된 뒤 곧 걸출한 지도자가 됐다. (마우린이 편집한) 예이다*지역연맹의 기관지 〈루차 소시알〉(사회적 투쟁)이 공산주의적 신디컬리스트들의 목소리를 대변했는데, 이 저널은 〈솔리다리다드 오브레라〉의 발행 중단으로 말미암아 카탈루냐에서도 CNT의 주요 기관지가 됐다. 닌과 마우린은 [1921년 4월] 예이다에서 열린 비밀 회의에서 자신들을 러시아로 파견하도록 사람들을 설득했고, [모스크바에 가서는] 아무 권한도 없이 CNT를 적색노조인터내셔널에 가입시켰다.[96] 그러나 공산주의적 신디컬리스트들은 단 하나의 노조도 완전히 장악하지 못했고, 비록 그 지지자들의 일부는 노조 고위직을 차지했지만 수많은 세네티스타스 중에서 공산주의적 신디컬리스트는 비교적 소수에 불과했다.

더욱이, 1920년 무렵 러시아 혁명에 대한 아나코신디컬리스트들의 열정이 사그라지기 시작했다. CNT 내의 강경파 아나키스트들은 러시아에서 아나키스트들이 박해받고, 소비에트가 억압당하고, 새로운 관료주의 국가가 떠오르고 있다는 소문을 듣고 나서 이른바 '볼셰비

---

* 카탈루냐 지방 서쪽에 있는 도시로, 스페인어로는 레리다로 읽는다.

키 독재'를 전면 반대하고 나섰다. 모든 정부와 모든 권위에 대한 증오가 그들을 지배하는 열정이었다. 이와 달리, 아나코신디컬리스트들은 반혁명을 '예방하는 조처'로서 프롤레타리아 독재를 받아들였지만, 프롤레타리아 독재가 볼셰비키의 수중에 있어서는 안 되고 신디컬리스트들의 통제를 받아야 한다고 주장했다.[97] 1916년에 〈솔리다리다드 오브레라〉의 첫 편집자였고 CNT 지도자이기도 했던 앙헬 페스타냐는 러시아를 방문하고 스페인으로 돌아와서 러시아 상황을 설명하며 비판했다. CNT가 (스페인 공산당[PCE]이든 코민테른이든) 공산주의자들에게 종속되는 것은 CNT 조합원 대중에게 받아들여질 수 없는 일이었으므로 닌과 마우린의 조처는 철회됐고, 결국 1922년 6월 열린 CNT 대회에서는 모스크바와 관계를 단절하기로 결정했다.[98] 1923년 스페인에서 군사 독재 정권이 수립되고 CNT가 불법 단체가 되자 볼셰비키 지지자들의 영향력은 더욱 약해졌다. 그렇다고 해서 내부 분파 투쟁이 끝난 것은 아니었다.

닌에게 모스크바 방문은 결정적이었고, 그는 스페인으로 돌아오려고 시도했다가 실패한 뒤 모스크바로 돌아가서 러시아 공산당에 가입했다. 코민테른 사무국에서 일하게 된 닌은 사실상 적색노조인터내셔널의 사무부총장 구실을 했다.[99] 1921~1922년 내내 혁명적 신디컬리즘과 레닌주의 사이에서 독특한 절충적 태도를 취하던 마우린은 결국 1923년 스페인 공산당에 가입했다.[100] 공산당에 가입한 다른 CNT 지도자들로는 아스투리아스 출신의 전국위원 헤수스 이바네스, 레반테 출신의 일라리오 아를란디스 등이 있었다. 프랑스·이탈리아와 마찬가지로 스페인에서도 공산당은 급진화한 사회당의 분열 과정에서 출현했다. 그러나 마우린과 카탈루냐 지방의 공산주의적 신디컬리스트들은 이른바 '정치적 공산주의자들', 즉 마드리드와 북부 지방에 집중돼 있던 스페인 공산당원들과 긴밀한 관계를 맺지 않고 거의 완전히 독립적인 당을 유지했다.[101] 사실, 스페인에서는 두 공산주의 운동이 지속됐다. 하나는 마드리드와 북부 지방에 집중된 정치적 공산주의 운동이었고, 다른 하나는 카탈루냐와 발렌시아 지방에 집중된 신디컬리스트 공산주의 운동이었다. 1922년 12월이 돼서야 코민테른의 지시에 따라 두 운동은 진정한 조직적 연관을 맺고 그루포스 신디칼레스 로호스(적색 노동조합 그룹)를 설립했다.[102] 공산주의적 신디컬리스트 잔류파는 카탈루냐 공산당 연맹을 결성해서 반쯤 자율적인 생활을 하다가 1930년에 떨어져 나가서 결국 마우린이 이끄는 노동자·농민 블록을 건설했(고 이들은 1935년에 닌의 '공산주의 좌파'와 결합해서 마르크스주의통일노동자당POUM을 창립했)다.

의미심장한 사실은 볼셰비키 혁명이 불러일으킨 강렬한 흥분에도 불구하고 스페인 공산당은 유럽 대륙의 다른 나라 공산당들과 비교하면 노동운동 안에서 진정한 대중적 기반을 구축하는 데 실패했고, 1920년대 초에 프랑스 신디컬리스트들이 신생 공산당으로 대거 옮겨 간 것과 같은 일이 스페인에서는 일어나지 않았다는 것이다. 그 결과, 스페인 공산당은 적어도 내전 때까지는 CNT를 능가하지 못했고, CNT는 (안팎의 압력에도 불구하고) 세력을 유지한 채 그럭저럭 살아남을 수 있었고 1930년대 초에는 다시 급성장할 수 있었다. 제럴드 미커는 그런 독특한 사태 전개를 다양하게 설명했다.[103] 한편으로, 스페인 공산당은 창립이 늦었고(1921년 4~11월*), 그래서 전후의 혁명적 열기와 열렬한 볼셰비키 지지 정서가 한풀 꺾인 뒤에 역사의 무대에 등장했다. 이렇게 뒤늦게 생겨났기 때문에, 아직 형성기의 신생 정

---

* 최초의 스페인 공산당은 1920년 4월 사회당 청년 조직 일부가 탈당해서 만들었는데, 이듬해 4월 다른 사회당원들과 UGT의 일부 조합원들이 공산주의노동자당PCOE을 만들었고, 이 두 조직이 1921년 11월 통합해서 스페인 공산당을 건설했다.

당이 정부의 강력한 탄압에 그대로 노출됐고, 당 활동가들이 거듭거듭 투옥되면서 조직 활동이나 당원 확대에 엄청난 차질이 빚어졌다. 코민테른이 스페인 공산당의 운명에 비교적 냉담했다는 것도 이 신생 정당에는 불행이었다. 모스크바는 ('초좌파적' 공산주의자들을 비판하면서) 정반대로 선거와 의회 전술을 고집했기 때문에, 의회주의에 반대하는 혁명적 성향의 노동자·농민 대중 사이에서 공산당은 별로 인기가 없었다.

다른 한편으로, 근본적인 구조적 원인들도 있었다고 미커는 주장한다. 그중에서 가장 중요한 것은 스페인의 산업 발달 속도가 비교적 느렸기 때문에 노동운동의 발전도 다른 서유럽 나라들보다 물질적으로든 이데올로기적으로든 지체됐다는 것이다. 사회당의 발전이 더디다 보니 투쟁적 좌파가 대규모로 출현하기가 힘들었다. 만약 이런 좌파가 있어서 일찌감치 볼셰비즘으로 전환했다면 공산당은 확실히 성공했을지 모른다. 발전이 지체된 것은 CNT도 마찬가지였다. CNT는 이미 1911년에 조직됐지만 실질적 출범은 1914년에야 가능했고, 전쟁에도 불구하고 CNT의 경제적 기반은 바뀌지 않았다. 또, 아나키즘과 신디컬리즘의 강력한 결합은 특히 카탈루냐와 남부 지방에서 많은 노동자의 기질이나 사고방식과 아주 잘 맞았다. 이 때문에 CNT 지지자들의 압도 다수는 아나키즘과 신디컬리즘이 혼합된 사상을 계속 지지했다. CNT의 이데올로기에서 점차 아나코신디컬리즘 색채가 확고해진 이유 하나는 카탈루냐 지방의 산업에서 두드러진 변화가 전혀 없었다는 것이다. 즉, 소규모 공장, 비타협적 사용자, 동화되지 않은 농민, 적대적 국가가 변함없이 그대로 유지됐다. 만약 노골적 개혁주의가 CNT에서 득세했다면, 그에 상응해 공산당원도 분명히 늘어났을 것이다. 만약 스페인이 제1차세계대전에 참전했어도, CNT는 분명히 분열했을 것이다. 그러나 CNT에 타격을 입히고 도덕적 신

뢰를 떨어뜨리는 데 필요한 결정타는 내전 때까지 터지지 않았다.[104]

아일랜드에서는 1923년 이후 ITGWU가 이데올로기적·조직적 내부 갈등에 몹시 시달렸다. 1916년에 ITGWU 지도자가 된 윌리엄 오브라이언이 자신의 권한을 확대하고 자신을 비롯한 상근 간부들의 지위를 강화하자 노조 내부에서 일제히 반대하는 목소리가 커지기 시작했다. 1923년 4월 미국에서 돌아온 짐 라킨은 노조를 다시 장악해서 과거의 투쟁적 전통을 되살리고 싶어 했다. 그래서 공금횡령이나 부실 행정 등의 의혹을 제기하며 지도부를 혹독하게 비난했다. 그러나 노조 집행부는 함께 뭉쳐서 라킨에 반대하며, 오히려 라킨의 사무총장 직무를 정지시키고* 라킨이 노조 본부에서 집행부의 업무에 간섭하지 못하게 하는 법원 명령을 받아내는 데 성공했다. ITGWU의 분열이 심각해지면서 양측은 서로 격렬한 인신 공격을 퍼부었고, 노동조합이 사회 변화를 추구하는 혁명적 수단이어야 하는지 아니면 개혁주의적 수단이어야 하는지에 관한 견해 차이가 드러났다. 그러나 아일랜드 노동운동이 사용자들의 총반격을 받게 되자, 라킨의 염원과 달리 혁명적 노동조합 조직을 건설하려는 시도를 더는 옹호할 수 없었다. 라킨의 형제(피터)는 ITGWU에서 제명된 뒤 1924년 6월 [짐라킨이 모스크바에 있을 때] 아일랜드노동자연합WUI이라는 노조를 새로 만들었다. 새 노조는 재빨리 ITGWU 더블린 지부 조합원의 3분의 2와 지방 지부 300개 중 23개를 끌어왔다. 그러나 더블린과 각 주州 지부의 상근 간부 대다수는 여전히 ITGWU에 남아 있었다. 그리고 새 노조는 모스크바의 지지도 받지 못했다. 모스크바는 비슷한 혁명적 노조를 하나 더 만드는 것에 반대했기 때문이다. 서로 경쟁하는 두 노조

---

* 라킨이 미국에 가 있던 1914~1923년에도 ITGWU의 공식 사무총장은 여전히 라킨이었다.

는 일련의 격렬한 관할권 분쟁을 벌였지만, 라킨 형제는 새 노조의 영향력이 쇠퇴하는 것을 막을 수 없었고 새 노조 자체도 점차 개혁주의적 태도를 취했다.[105]

한편, 라킨은 볼셰비즘을 지지했다. 미국에 있을 때 사회당에 가입한 그는 뉴욕에서 당내 좌파의 형성을 도왔는데 그 목표는 사회당 좌파를 공산당으로 전환시키는 것이었다. 그 뒤 라킨은 공산주의 노동당CLP에 가입했다. 이 당은 사회당에서 좌파가 제명된 후 만들어진 두 공산당 가운데 더 작은 당이었다. 그러나 당시의 강력한 국가 탄압 때문에 라킨은 곧 구속돼서 3년 동안 징역살이를 했다. 그는 아일랜드로 돌아오자마자 정치조직을 건설하려고 노력했고, 1923년 말 (영국의 데일리헤럴드동맹과 비슷한) 아이리시워커동맹을 만들었다. 아이리시워커동맹은 공산주의자들이 핵심 구실을 하는, 잠재적으로 광범한 노동자 정당으로 여겨졌지만, 대중의 지지는 거의 받지 못했다. 라킨은 1924년 7월에 모스크바에서 열린 코민테른 5차 대회에 참석했고, 거기서 코민테른 집행위원으로 선출됐다. 그러나 공산주의를 지지하고 소비에트에 공감했지만 라킨은 아일랜드 공산주의자들의 작은 조직과 공식적 관계를 맺으려 하지 않았고 적색노조인터내셔널이 아일랜드노동자연합에 자금을 지원하지 않는다고 비난했다.[106]

영국에서는 1920~1921년에 금속 산업 직장위원회 운동의 많은 지도자들이 전시 경험을 바탕으로 그리고 볼셰비키 혁명에 고무돼서 과거의 신디컬리즘식 전략을 포기하고 영국 공산당CPGB에서 매우 영향력 있는 구실을 했다. 실제로, 1917년 8월 직장위원회·노동자위원회 운동의 전국행정위원 8명이 선출됐는데, 1921년 1월에는 그중에 6명이 공산당원이었다.[107] J T 머피와 톰 만은 모두 코민테른 세계 대회에 참석했고 나중에 적색노조인터내셔널에서 핵심적 구실을 했다.

분명히 그런 전환을 더 쉽게 만든 것은, 직장위원회 운동의 많은 지도자들이 두 마르크스주의 정당(사회당과 사회주의노동당) 중 하나의 당원이었다는 사실이다(두 당은 다른 혁명적 세력들과 힘을 합쳐 공산당을 창설했다). 그러나 모든 정당과 거리를 두고 있던 톰 만조차 공산주의와 신디컬리즘을 조화시키는 데 아무 어려움이 없었다. 그는 볼셰비키에 대해 다음과 같이 간단히 말했다. "그들은 의회가 낡았다고, 그리고 경제적 힘이 커진 노동자들이 새로운 정치 세력을 형성해야 한다고 주장한다." 자신에 대해서는 다음과 같이 말했다. "과거의 정책들이 완벽한 연대에 더는 도움이 되지 않는데도 일관성을 위해 그 정책들을 고수해서는 안 된다."[108]

처음에는 당과 직장위원회 운동의 관계가 확실하지 않았다. 잭 터너가 이끄는 한 그룹은 운동이 당을 지지해야 하지만 개인들로서 그래야 하고 운동 자체는 독립적이어야 한다고 주장했다. 머피와 글래스고 직장위원들(윌리 갤러처와 톰 벨 등)이 이끄는 다른 그룹은 당과 운동의 관계가 더 긴밀해야 한다고 주장했다. 그러나 나중에 공산당 지도부와 만나서 차이를 해소했고 두 조직 사이에 긴밀한 협력이 필요하다는 데 동의했다.[109] 1921년 4월에 열린 전국 직장위원 협의회는 이 동맹을 승인하면서, 사실상 공산당의 정치적 통제에 따른다는 규약을 채택했다.[110] 사우스웨일스 탄전에서도 전쟁 전의 주요 신디컬리스트 투사들이 1920년 이후 공산당에 가입했다.[111] 러시아의 자금 지원을 받아 머피가 설립하고 만이 의장을 맡은 적색노조인터내셔널 영국 지부는 이제 공산당의 산업부문 주요 기구 구실을 했다. 그것은 사실상 직장위원회 운동을 대체했고, 이들은 공산당이 주도하는 전국소수파운동으로 합쳐졌다. 비록 영국 공산당은 1922년 말에 당원이 약 5000명에 불과한 작은 조직이었지만(프랑스나 이탈리아 공산당PCI과 비교하면 그랬다) 전국소수파운동은 1924~1925년에 영국 노

동계급 운동 안에서 중대한 영향을 미쳤다.[112]

요컨대, 일반적으로 러시아 혁명의 영향, 특히 볼셰비키의 개입은 국제적으로 신디컬리즘 운동을 괴롭힌 내부 논쟁과 분열의 한 원인이 됐다. 비록 신생 혁명적 공산당은 신디컬리스트 가운데 일부밖에 끌어당기지 못했지만, 그 때문에 신디컬리즘 운동은 주변으로 더 밀려나게 됐다.

사회 개혁의 전망

전후에 신디컬리스트 활동가들은 공식적 노동조합과 의회 활동을 통해 사회 개혁을 실현한다는 전망에 혹해서 운동에서 멀어지기도 했다. 전후 영국·미국·아일랜드·프랑스 같은 나라에서는 의회 개혁주의가 굳어졌고 사회당의 선거 승리 가능성이 높아졌으며 복지 정책에서 국가가 하는 구실이 늘어났고 단체교섭과 노사 관계 절차가 확대됐고 노동조건이 개선됐다(물론 스페인과 이탈리아에서는 그런 발전이 단기적으로는 다른 요인들보다 덜 중요했다).

영국은 그런 광범한 사회 개혁의 발전을 특히 생생하게 보여 주는 사례다. 1910년 260만 명이던 노동조합원이 전쟁 직후 엄청나게 늘어나서 1920년 830만 명이 됐고(1923년에 다시 500만 명으로 줄어들었지만), 잇따른 노조 통합으로 거대한 일반노조들이 등장했다. 전쟁 전에 유력했던 지구별 협상 패턴 대신 중앙의 단체교섭이 진척되자, 노조 상근 간부층이 성장했다. 실업과 파업 패배로 현장에서 노조의 힘이 약해지자 노조 내에서 힘과 영향력의 초점이 현장조합원한테서 상근 간부층으로 옮겨 갔고, 이 상근 간부들은 점차 자신의 권위를 확립하고 노동계급의 불만을 공식적 협상 절차로 돌릴 수 있었다.

현장 활동가들은 실행 가능한 대안이 없었으므로 현장의 직접행동보다는 조정을 통한 개혁에서 새로운 희망을 찾았다.

그와 동시에, 20세기 초에는 많은 나라에서 의회 민주주의가 불신을 받았지만, 전쟁 직후에는 광범한 노동자층에게 투표권이 확대되는 등 상당한 정치 개혁이 있었고 따라서 개혁주의적 노동자·사회주의 정당의 규모와 정치적 영향력이 커졌다. 이 모든 것은 신디컬리즘의 매력을 약화시키는 데 한몫했다. 예컨대, 영국 노동당은 1906~1914년에는 선거 득표수가 거의 늘어나지 않았지만 전후의 상황은 노동당의 운명을 바꿔 놓았다. 1918년 총선 때 200만 명 이상의 남성과 600만 명의 여성이 유권자로 추가 등록됐는데, 이 선거에서 노동당은 20퍼센트를 득표했고 이것은 1910년 득표율 6퍼센트보다 엄청나게 높은 수치였다(비록 당선한 국회의원 수는 1910년의 42명보다 약간 늘어난 57명에 불과했지만). 그러나 진정한 도약은 1922년에 일어났다. 220만 표였던 노동당의 득표수는 거의 갑절로 늘어나 420만 표를 기록했고, 국회의원 수도 57명에서 142명으로 늘어나 노동당은 원내 제2당이 됐다. 1923년에 노동당의 득표수는 다시 약간 늘어나서 440만 표를 기록했고 국회의원은 191명이 됐으며, 1924년에는 소수파 노동당 정부가 수립돼서 정치권력에 영향을 미칠 수 있게 됐다. 이 모든 것은 신디컬리스트들의 직접행동이 아니라 의회 활동에 대한 노동자들의 믿음을 상당히 강화했다.[113]

그 과정에서 노동당은 1917년 25만 명이던 당원이 1919년 350만 명, 1920년 440만 명으로 늘어나며 대중정당으로 변모했다. 1918년에 노동당은 당헌을 개정해서 전국에 지구당을 설치했다. 또, 분명하게 사회주의적인 강령을 채택해서 당헌 4조에 산업의 공적 소유를 명시했는데, 이 조항은 시드니 웨브가 작성한 것이었다. 데이비드 로이드조지(1916~1922년에 영국 총리를 지낸)는 심지어 전쟁 전에도 노동당이 기존 사회질서를 사실상 지켜 주는 방어막 노릇을 한다고 인정했다. 그는 "사회주의"(노동당을 의미한다)가 "신디컬리즘"을 파괴할 것이라고, 즉 "신디컬리스트를 단속하는 가장 뛰어난 경찰은 사회주의자"라고 말했다.

> 이것이 사회를 지키는 방법이다. 즉, 한 미생물이 다른 미생물을 죽일 수 있다. 다시 말해, 매우 유용한 미생물인 사회주의가 어쨌든 아주아주 위험한 다른 미생물[신디컬리즘]에 맞서 [사회를] 지켜 줄 것이다. 그래서 나는 사실, 신디컬리스트를 두려워하지 않는다.[114]

프랑스 사회당은 1920년 투르 당대회에서 당원의 약 4분의 3을 공산당에 잃었지만 1920년대 동안 당원이 꾸준히 회복됐다.[115] 영국과 마찬가지로 프랑스에서도 국가가 효과적인 제도적 장치를 마련해서 계급 관계를 안정시켰고, 그래서 신디컬리즘의 영향력은 약해졌다. 한편, 미국에서는 1920년대에 고삐 풀린 자본주의의 성장이 가하는 고통이 천천히 완화됐을 뿐 아니라, 경제적 번영은 계속됐고 대규모 이민과 외국인 노동의 흡수도 끝났다. 이 모든 것이 IWW의 기반을 약화시켰다. 일부 사용자들은 독립 노조 건설 노력을 철저히 분쇄하려고 권위주의적 방법을 계속 사용했지만, 연방 정부는 엄청난 권력을 이용해 복지 자본주의의 성장을 촉진하고 사용자들이 노동조건을 개선하도록 권장했다. 그 결과, 헨리 포드 같은 미국 기업인들은 정교하고 온정주의적인 사내 복지 제도를 발전시켰는데, 그중에는 소액의 보험과 연금 계획, 이윤 공유 제도, 기업이 후원하는 사회 활동 등이 있었다. 이 모든 것은 노동자들이 자애로운 사용자에게 충성하고 의존하게 만들려는 것이었다. 1920년대 경제 호황 덕분에 이런 당근과 채찍 전략은 매우 효과적이어서, 1920년에 500만 명이던 노동조합원이 1923년에는 350만 명으로 줄었다.[116] "[전쟁 — 지은이] 기간에 IWW 지도자들은 연방 정부의 탄압을 받았지만, 그 지지자들은 하루 8시간 노동, 고충 처리 위원회, 친사 노조 등의 혜택을 누렸다. 간단히 … 말해서, 노동자들이 느끼는 IWW의 매력을 약화시키는 방법은 탄압보다 개혁이 더 낫다는 사실이 마침내 입증된 것이다."[117]

결론

따라서 신디컬리즘 운동이 국제적으로 소멸하게 된 데는 나라마다 다양한 요인들이 맞물려 있었다. 역설이게도, 파업 패배와 경기 침체 상황에서 개혁주의 노조도 조합원이 줄어들었지만 대다수 개혁주의 노조는 장기적으로 살아남았고 오히려 성장했다. 이와 대조적으로

> [신디컬리즘 운동은 — 지은이] 대중행동과 대중의 참여에 의존했고, 물질적 개선을 염원하는 제한적 요구들을 계급투쟁적 방식으로 제기했고, 관료주의가 운동의 활력을 죽일까 봐 두려워서 조직을 강화하기를 한사코 거부했는데, 이 모든 것은 신디컬리즘 운동의 혁명적 지향과 관련이 있었다. 그리고 이런 요인들은 노동자들이 혁명적이지도 않고 투쟁적이지도 않은 시기에 [신디컬리즘 — 지은이]식 노조의 생존을 방해했다.[118]

판데르린던과 소프는 국가 탄압에도 불구하고 아직 파괴되지 않은 신디컬리즘 운동은 어쩔 수 없이 다음의 세 가지 대안 중 하나를 선택해야 했는데 어떤 선택을 하더라도 신디컬리즘은 소멸했을 것이라고 주장한다. 첫째, 주변화: 원칙을 고수하는 것인데, 그랬다면 필연적으로 완전히 주변화하고 말았을 것이다. 둘째, 온건화: 노선을 근

본적으로 바꿔서 새로운 상황에 적응하는 것인데, 그랬다면 신디컬리즘 운동의 원칙들을 포기해야 했을 것이다. 셋째, 해산: 신디컬리즘 노조를 해체하거나 비非신디컬리즘 노조 조직과 통합하는 것이다. (오늘날까지 살아남은) IWW는 첫째 대안을 선택했다. 이미 혁명적 궤적을 포기했던 CGT는 둘째 대안을 선택했다. ISEL은 셋째 대안을 선택했다.[119] 물론 CNT는 중요한 예외였다.

결론적으로, 각국에서 신디컬리즘 운동은 축소됐지만 국제적 현상으로서 여전히 현장에 남아 있었다(비록 과거의 어렴풋한 그림자로 남아 있었지만). 국제 조직을 건설하려는 신디컬리스트들의 노력은 처음에는 전쟁 때문에, 나중에는 볼셰비키 혁명과 코민테른 때문에 잠시 방향이 빗나갔지만 1922년 12월부터 다시 시작됐다. 15개국 대표들이 베를린에 모여서, 개혁주의적인 국제노동조합연맹과 공산주의 계열의 적색노조인터내셔널 둘 다의 대안으로 신디컬리스트 조직인 국제노동자협회IWMA를 창설한 것이다. 그러나 이 새로운 국제 조직은 전후 혁명적 열기의 물결이 이미 가라앉은 뒤에 생겨났고, 가장 중요한 두 지부인 스페인과 이탈리아 조직이 곧 군사독재 정권의 탄압을 받게 됐다. 또, 양차 대전 사이의 경제 위기도 IWMA를 대체로 무기력하게 만들어 버렸다. 1939년 스페인 내전에서 프랑코가 승리하고 곧이어 제2차세계대전이 발발하자 IWMA의 고립된 운명도 끝나고 말았다.[120]

2부
신디컬리즘과 공산주의

프롤로그

1부에서는 국제 신디컬리즘 운동의 동역학을 비교적 '객관적'으로 살펴봤다면, 2부에서는 신디컬리즘의 한계를 혁명적 마르크스주의 관점에서 좀 더 '주관적'으로 검토해 볼 것이다. 물론 1부에서 제시한 분석과 해석 자체도 여러모로 그런 마르크스주의 관점을 바탕에 깔고 있었지만, 그것이 꼭 본문에 명시적으로 반영될 필요는 없었다. 반면 2부에서는 신디컬리즘에 대한 마르크스주의적 분석을 출발점 삼아 훨씬 더 비판적·논쟁적 태도를 취하려 한다.

마르크스주의 관점에서 볼 때 신디컬리즘의 이론과 실천에는 분명여러 가지 심각한 한계가 있었다. 과거 마르크스와 엥겔스는 프루동과 바쿠닌의 아나키즘을 비판한 바 있었고[1] 레닌 또한 《무엇을 할 것인가》에서 '경제주의'를 논박했다.[2] 코민테른에서 벌어진 논쟁과 토론은 이런 비판을 크게 발전시켰고, 그런 점에서는 혁명적 전략과 전술에 관한 레닌의 저술,[3] 트로츠키가 프랑스 신디컬리스트들을 마르크스주의로 설득하려고 벌인 토론,[4] 이탈리아 혁명운동에 대한 그람시의 평가도[5] 마찬가지였다.

2부에서는 마르크스주의 관점에서 이런 신디컬리즘 비판을 더욱 확대·발전시켜 볼 것이다. 이 과정에서 다음 사항들을 검토해 보려 한다. 첫째, 신디컬리스트들을 공산주의 진영으로 끌어들이기 위해 모스크바가 (코민테른과 적색노조인터내셔널을 통해) 기울인 노력 그리고 레닌·트로츠키 등(과 이들보다 앞서 마르크스·엥겔스)이 펼친 주장. 둘째, 러시아 혁명, 볼셰비즘, 공산주의 노조와 정당을 건설하려는 노력에 대해 각국 신디컬리즘 지도자들이 보인 긍정적 (또는 부정적) 반응. 셋째, 신디컬리즘과 공산주의 전통의 차이, 그리고 신생 공산당 안에서 두 전통이 융합한 수준. 넷째, 신디컬리즘에서 공산주의로의 이데올로기적·정치적 전환을 촉진한 신디컬리즘 전략·전술의 한계. 다섯째, 볼셰비즘과 공산주의 전통의 전반적 강점 (과 주목할 만한 약점).

6장에서는 신디컬리즘에 대한 모스크바의 우호적 접근을 살펴볼 것이다. 7~11장에서는 공산주의 관점에서 본 신디컬리즘 전통의 다섯 가지 이론적·실천적 약점을 각각 (서로 연결돼 있지만) 살펴볼 것이다. 그 약점들은 바로 노동조합, 노조 관료주의, 경제와 정치, 국가와 혁명, 지도와 정당의 문제를 대하는 신디컬리즘의 태도와 관련된다.

나는 신디컬리즘 내부의 이데올로기적·정치적 갈등을 역사적 맥락 속에서 분석할 텐데, 그런 갈등이 불거지고 고조된 데는 공산주의자들만이 아니라 새롭게 공산주의로 전향한 신디컬리스트들도 한 몫했다. 그러나 2부는 또한 당대의 논쟁에서 더 나아가 공산주의와 신디컬리즘 둘 다에서 해결되지 않은 쟁점과 문제를, 역사적·정치적 결과를 이미 알고 있는 후대의 이점을 때때로 활용해서 좀 더 명시적으로 드러내 보일 것이다. 이를 통해 노동조합과 혁명의 관계 일반에 대한 논의에도 보탬이 되고자 한다. 12장에서는 신디컬리즘과 공산주의가 융합하고 신디컬리즘이 신생 공산당에 영향을 미친 결과 어떤 문제들이 나타났는지 논할 것이다.

6장 모스크바의 신디컬리즘 보듬기

　세계 각지의 혁명적 신디컬리스트들은 1917년 10월 혁명 소식을 환호하며 반겼고 신문 지면에서 앞다퉈 러시아 혁명에 대한 연대를 밝혔다. 이들은 10월 혁명을 다른 나라에 도미노처럼 확산될 혁명 과정의 첫 단계로 여겼다. 빌 헤이우드는 IWW의 동료 지도자 랠프 채플린에게 다음과 같이 말했다. "러시아 혁명은 우리 생애 최고의 사건이라네. 우리가 평생 꿈꿨고 쟁취하려 한 모든 것이자 자유와 산업 민주주의의 여명이라네. 우리가 레닌마저 믿을 수 없다면 세상 아무도 믿지 못할 걸세."[1] 이탈리아의 아르만도 보르기는 다음과 같이 회고했다. "우리는 [러시아 혁명을 — 지은이] 길잡이로 삼았다. 혁명의 승리에 함께 기뻐했고 그 앞에 놓인 위험에 함께 떨었다. … 혁명의 이름과 그 희생자, 산 자, 그리고 영웅들은 우리에게 성스러운 상징이요 제단이 됐다."[2] 이탈리아 혁명가들 사이에서는 '러시아처럼 하자'가 좌우명이 됐다. 이와 비슷한 '러시아 열병'이 스페인의 여러 도시에도 급격히 번져, 1918년 가을부터 1919년까지 수많은 '볼셰비키 지지' 집회와 시위가 열렸고, 많은 경우 아나코신디컬리스트들이 만든 '볼셰비키' 간행물(바르셀로나의 〈막시말리스타〉(최대강령주의자) 같은)들이 봇물처럼 쏟아져 나왔다. CNT 전국위원이었던 마누엘 부에나카사는 "우리의 압도 다수는 자신을 진짜 볼셰비키라 여겼"고 볼셰비즘에서 "우리가 꿈꾼 혁명"을 봤다고 인정했다.[3]

신디컬리스트들은 적어도 초기에는 러시아 혁명이 나아가는 듯했던 방향과 자신들의 이상 사이에 많은 유사점을 발견했다. 일례로 IWW의 어느 간행물은 러시아 혁명 1개월 뒤 "큰 틀에서 보면, 이제 유명해진 볼셰비키는 IWW가 미국에서 추구하는 것과 비슷한 것을 러시아에서 추구하고 있다"고 결론지었다.[4] 정치투쟁과 국가기구 장악 필요성에 대한 볼셰비키의 강조는 오직 경제투쟁만이 중요하다는 IWW 노선과는 배치됐다. 그러나 비록 소비에트와 볼셰비키 정부 수립은 "노동자들이 산업을 관리하는 원칙을 바탕으로 한 사회체제 수립과는 엄연히 다른, 정치적인 것"이었지만, 이는 군사적 침략과 봉쇄라는 여건을 감안하면 "현재로서는" 필요한 조처라고 여겨졌다.[5] 중요한 것은 노동계급의 자치기관들이 공장을 운영하고 있었고 자본가의 재산이 몰수됐으며 오랜 세월 고통받은 러시아 농민에게 토지가 분배됐다는 사실이었다.

프랑스에서 비록 CGT 지도부는 전쟁을 거치며 눈에 띄게 개혁주의로 기울었지만 CGT 안에서 갈수록 세력을 키우던(그러나 동질적이지는 않은) 소수 반대파 운동은 볼셰비키 혁명과 코민테른에 대한 CGT 차원의 지지를 이끌어 내는 데 힘을 쏟았다. CGT 사무총장을 지낸 빅토르 그리퓌엘도 러시아 혁명을 강력히 지지하고 나섰다. 그가 보기에 러시아에 새로 등장한 체제는 소비에트를 중심으로 형성됐고, 이는 다름 아닌 생산자들의 연합이라는 프랑스 신디컬리즘의 청사진에서 유래한 것이었다. "[프랑스의] 개별 노조에 해당하는 소비에트는 [프랑스의] 노조 연맹들에 해당하는 전국 수준 소비에트들의 지도를 받아서 생산을 주관하며 전국 수준 소비에트의 대표들로 구성된, 바로 CGT에 해당하는 대大소비에트에서 영감과 활력을 얻는다."[6] 마찬가지로, CGT 내 혁명적 소수파인 '순수한' 신디컬리스트들(다수가 아나키즘의 영향을 받았다)은 10월 혁명이 전쟁 전의 혁명적 신디컬리즘 이론과 실천이 옳았음을 사후적으로 입증한 사건인 동시에 프랑스에서도 분명히 일어날 수 있는 혁명의 전조이자 길잡이라고 여겼다.[7] 특히 피에르 모나트와 알프레드 로스메르 같은 공산주의적 신디컬리스트들이 가장 확고한 지지를 보냈다. 〈라 비 우브리에르〉는 "러시아 혁명이 신디컬리즘적 혁명이 아니면 무엇이란 말인가?" 하고 논평했고,[8] 노동조합(생디카)과 소비에트의 유사점, 권력이 오직 생산자들에게만 이양된 점, 권력이 국가에서 공장으로 이전된 점 등을 수많은 기사에서 다뤘다.[9]

영국에서 J T 머피를 비롯한 직장위원회 지도자들이 그토록 열정적으로 소비에트 권력 개념을 수용하고 발전시킨 것은, 전시에 그들 자신이 노동자위원회 운동 속에서 구축했던 독립적 현장조합원 조직과 러시아 소비에트의 모습이 매우 비슷해 보였기 때문이기도 하다. 아일랜드에서 ITGWU가 볼셰비즘에 열광한 것은 러시아 혁명에 대한 지지를 표현하려고 소집된 각종 모임이나 볼셰비키 지도자들의 글을 번역한 것을 포함한 다수의 친소비에트 기사에서 잘 드러난다. 1919년에는 아일랜드 노동운동 일부가 리머릭 등 여러 도시에서 러시아를 모방해 '소비에트'(대부분 단명한)를 만들기도 했다.[10] 〈보이스 오브 레이버〉(노동자의 목소리)는 ITGWU 지도부 전체의 의견을 반영한 어느 기사에서 다음과 같이 선언했다.

오늘날 소비에트라는 발상은 유럽을 휩쓸며 서쪽으로 번지고 있다. … 유럽에서 소비에트는 해방으로 가는 유일한 수단임이 입증됐다. … 아일랜드에서 가장 효과적인 최선의 해결책은 즉시 소비에트를 건설하는 것이다. 그러면 이 소비에트가 아일랜드 프롤레타리아 독재를 수립할 것이다.[11]

이처럼 신디컬리스트들은 대부분 러시아 혁명을 처음에는 반겼지만, 좀 더 많은 소식이 전해져 오면서 볼셰비키의 구실에 대한 경계심이 차츰 커졌다. 신디컬리즘 운동 내부의 서로 경쟁하는 경향들 사이에서 공산주의가 중요한 쟁점으로 떠오른 것도 긴장을 증폭시켰다. 그렇지만 세계 각국의 여러 신디컬리스트 지도자들은 유럽이 혁명적 격변으로 들썩이는 가운데 러시아 상황을 눈으로 직접 보고 판단하기 위해 모스크바로 향했다.[12] 거기서 이들은 코민테른과 적색노조인터내셔널 대회에서 벌어진 중요한 전략·전술 논쟁에 참여하게 된다.

코민테른과 적색노조인터내셔널

제1차세계대전이 시작되고 제2인터내셔널이 민족주의와 개혁주의로 파산한 직후 레닌은 치머발트(1915년)와 키엔탈(1916년)에서 열린 반전 사회주의자들의 국제회의에서 각국의 노동자·사회주의 정당 내 좌파들을 규합할 수 있는 새롭고 진정 혁명적인 인터내셔널을 건설하자고 역설했지만 큰 성과를 거두지 못했다.[13] 주지하듯이, 1917년 10월 이전에 유럽과 미국 좌파 진영에서 러시아 볼셰비키의 영향력은 미미했다. 그러나 이제 볼셰비키는 세계 유일의 성공한 사회주의 혁명의 주역으로서 지위가 급상승했고 그에 따라 새로운 인터내셔널에 대한 레닌의 비전도 실현 가능해졌다. 성공한 혁명가들인 볼셰비키가 다른 나라 혁명 세력(신디컬리스트들을 포함한)에게 건네는 전략적 훈수는 거스르기 힘든 권위를 띠게 됐다(비록 여전히 많은 이들이 볼셰비키의 주요 논지에 의문을 제기했지만). 그러나 레닌은 러시아처럼 고립되고 경제적으로 뒤처진 나라에서 혁명의 성과를 지키는 일은 혁명이 다른 나라(특히 독일)로 빨리 확산되지 않으면 불가능하다고 주장했다.

러시아 혁명의 확산에 대한 기대는 결코 비현실적이지 않았다. 실제로 1918~1920년에는 러시아 혁명의 학습 효과와 전쟁이 낳은 정치·경제 위기의 여파로 전 세계가 혁명적 투쟁 물결에 휩쓸렸다. 1918년 11월에는 독일에서 혁명이 일어나 제정이 무너지고 사회민주당이 집권했다. 이듬해 1월에는 베를린에서 스파르타쿠스단 봉기가 일어났다(결국 실패했다). 1919년 봄에는 헝가리와 바이에른에서 잠시 동안 [소비에트] 공화국이 수립됐고 여름에는 이탈리아의 '붉은 2년'이 시작돼 공장점거와 공장평의회 운동이 전개됐다. 이 시기는 1848년 이래 처음 찾아온 국제적 혁명기였고 세계 자본주의가 세계 노동계급에게 전례 없이 강력한 도전을 받은 시기였다. 1919년 3월 코민테른의 창립은 이와 같은 격동기의 산물이자 그에 대한 대응이었다.[14] 코민테른 2차 대회는 1920년 여름 모스크바에서 "세상 무엇에도 꺾이지 않을 듯한 신념과 희망"의 분위기 속에 개최됐다. J T 머피는 다음과 같이 회상했다.

당시는 나처럼 노동자 혁명이라는 문제에 푹 빠져 있던 사람들을 무엇에 홀린 듯 들뜨게 만든 시대였다. 마치 사태 흐름이 노동자 혁명이라는 목적지를 향해 질풍노도처럼 달려가는 듯했다. 어디를 둘러봐도 자본주의는 전진하는 노동자들의 기세에 밀려 후퇴하는 것 같았다. 이제 러시아 혁명은 단지 러시아만의 특수한 사례가 아니라 세계혁명의 신호탄임이 분명해졌다. 이미 그 불길은 독일로 옮아가지 않았는가? 도처에서 왕좌가 무너지고 왕관이 땅바닥에 떨어지지 않았는가? 영국의 이 거대한 대중운동이 폭풍처럼 위력을 키울 혁명의 전조가 아니면 무엇이란 말인가?[15]

코민테른은 모든 나라에서 볼셰비키 같은 혁명적 공산당이 건설되도록 지원하고 독려해서 국제 노동계급 가운데 사회민주주의에 실망한 부문을 포섭하는 것을 자신의 과업으로 삼았다. 제2인터내셔널이 각국 지부에 사실상 완전한 자율성을 부여하고 다양하고 광범한 정치 세력들을 포괄하는 느슨한 연방적 조직이었던 것과 대조적으로, 코민테른은 중앙집중적 단일 국제 정당을 지향했으며 공산주의, 즉 혁명적 마르크스주의를 유일한 이념으로 삼았다. 이런 조직 형태는 전 세계가 계급 전쟁이 벌어지는 단일한 전쟁터이고, 그 안에서 단일한 최고사령부를 갖춘 단일한 군대가 전쟁을 수행한다는 관점을 반영했다. 즉, 코민테른의 목적은 임박한 세계혁명의 합동참모부를 구성하는 데 있었다.[16] 헝가리 출신의 혁명적 마르크스주의 지식인인 루카치의 표현처럼, 코민테른은 "레닌의 정당 모델인 볼셰비키당을 세계 수준에서 구현"하고자 했다.[17]

코민테른을 대중적 세력으로 전환하는 것은 간단한 일이 아니었다. 문제는 좌경화하면서도 여전히 자기 조직에 충성하고 있는 기존 사회주의 정당의 평당원들을 최대한 끌어오지 않고는 코민테른이 큰 영향력을 발휘할 가망이 없었다는 점이다. 그러나 코민테른은 기존 사회주의 정당의 말만 급진적인 '중간주의' 지도자들이 코민테른에 들어와 물을 흐리지 못하도록 이들을 배제해야 했고(극도로 엄격한 21개 가입 조건을 적용해서 그럴 수 있었다) 또 이들의 정치적 위신을 허물어서 그 지지자들에 대한 영향력을 차단해야 했다. 그와 동시에 코민테른은 현존하는 혁명적 공산주의 경향들을 모두 끌어모아 볼셰비키를 본뜬 정당들로 결집시키려 했다. 그러려면 젊은 혈기와 미숙함 때문에 초좌파적 '오류'(부르주아 의회나 반동적 노조에 참가하기를 거부하는 태도 등)를 저지르는 단체들과 훨씬 더 우호적으로 토론할 필요가 있었다.

그러나 볼셰비키는 공산당과 사회주의 정당과 주류 노동조합의 영역 바깥에 있는 노동운동 부문의 혁명적 잠재력도 흡수하고자 했다. 아나키스트 같은 의회 반대 세력들과 더불어 혁명적 신디컬리스트들이 바로 이 부류에 속했다. 그래서 트로츠키는 코민테른 창립 대회 초대장에 다음과 같이 썼다.

> 혁명적 노동자 운동의 일부 세력, 즉 지금 사회주의 정당에 소속돼 있지는 않지만 대체로 소비에트 권력 형태의 프롤레타리아 독재를 지지하는 세력들과 블록을 형성[해야 합니다]. 그중 가장 중요한 것은 노동운동 안의 신디컬리즘 세력입니다.[18]

코민테른은 개혁주의 정당들의 기회주의에 신물이 난 나머지 혁명적 정당의 필요성도 배격하며 혁명적 노동조합운동으로 눈을 돌린 이들을 포섭해야 했다. 그러므로 모든 혁명적 노동자 운동과 단체가 코민테른에 대표를 파견하라는 모스크바의 호소는 정치 단체들만이 아니라 신디컬리즘 단체들을 포함한 노동자 단체나 노조를 겨냥한 것이기도 했다. 이에 대해 IWW 중앙집행위원회는 처음에는 지지를 표하며 "IWW가 제3인터내셔널 회원 자격으로 대표를 파견토록 한다"는 데 만장일치로 합의했다(비록 아무도 창립 대회에 실제로 참가하지는 않았지만).[19] USI 중앙위원회도 투표로 코민테른 가입을 결정했고 1919년 2월 파르마 대회에서 그 결정을 추인받았다. 마찬가지로 CNT도 안드레우 닌과 호아킨 마우린이 이끄는 대표단을 모스크바로 보내 지지를 약속했고 1919년 12월 마드리드 대회에서 코민테

른 가입을 잠정 승인했다.[20]

그러나 볼셰비키가 신디컬리스트들을 포섭하기 위해 사용한 핵심 수단은 코민테른 산하 기구인 적색노조인터내셔널이었다. 이 기구는 정당 위주로 구성된 코민테른과 나란히 운영될 혁명적 **노동조합**의 인 터내셔널로서 출범했다. 의미심장하게도, 라이너 토스토르프에 따르 면 이 중차대한 사업은 "치밀한 계획보다는 우연의 산물"이었다.[21] 코 민테른이 노동조합 투사들(특히 이런저런 형태의 신디컬리즘에 영향 받은 투사들)에게 다가가기 위한 조직 형태를 발전시킬 필요는 분명 히 있었다. 그러나 그것이 적색노조인터내셔널의 형태로 자리 잡은 것은 그 밖의 다른 대안이 호응을 얻지 못하거나 실효성 없음이 드 러난 다음이었다. 1920년 7~8월 코민테른 2차 대회에는 다양한 노동 단체 대표들이 참석했는데, 볼셰비키는 그 가운데 영국과 이탈리아 에서 온, 개혁주의자들이 주도하고 암스테르담에 본부를 둔 국제노 동조합연맹IFTU의 좌파 지지자들과 대화를 시작했다. 그 결과 혁명적 노조들의 국제 대회를 소집하는 임무를 띨 새로운 국제 노조 평의회 를 창설하자는 데 합의가 이뤄졌다. 신디컬리스트 대표들 상당수가 이 합의를 지지하고 나서면서 이 구상은 큰 탄력을 얻었다.[22] 그러나 당사자들의 속셈은 서로 달랐다. IFTU 소속의 좌파 개혁주의자들은 새로운 국제 노조 평의회를 IFTU 안에서 자신들의 위상을 높일 지렛 대로 생각한 반면 신디컬리스트들은 이 기회에 IFTU에 대항할 혁명 적 대안을 구축한다는 오랜 숙원을 이루고자 했다.

암스테르담 인터내셔널의* 확고한 적이었던 볼셰비키는 신디컬리스 트들과 긴밀한 관계를 맺는 데 힘을 쏟기로 결정했다. 볼셰비키는 제 1차세계대전 중 이미 신디컬리스트들과 공동의 싸움에 임하고 있음

---

* IFTU의 별명이다.

을 선언한 바 있는데, 이제는 전 세계 신디컬리스트 조직들을 공공연하게 코민테른의 궤도에 편입시키려 했다. 코민테른 의장이었던 그리고리 지노비예프는 노조와 정당이 모두 가입할 수 있었던 "제1인터내셔널의 전통을 복원"하자고 제안했다.[23] 그러나 코민테른이 21개의 엄격한 가입 조건을 부과하는 마당에 이런 제안은 전혀 설득력이 없었다. 비록 USI와 CNT가 가입을 결정하긴 했어도, 그 뒤로 많은 노조가 합류할 가능성은 적어 보였다. 지노비예프는 나아가 '21개 조건'이 노조에는 적용되지 않을 수도 있다고 말했는데, 그리되면 제3인터내셔널 안에 사실상 두 부류의 가맹 단체, 즉 21개 조건을 수용한 부류와 수용하지 않은 부류가 공존하는 상황이 벌어질 터였다. 이를 피하려면 혁명적 노조들의 기구는 어떤 형태든 간에 코민테른과는 별개의 구조로 건설돼야 했다. 이런 관점에서 볼셰비키는 공산주의 노조와 개혁주의 노조 내 공산주의 소수파뿐 아니라, 독자적으로 조직된 급진 노조와 신디컬리스트 조직도 결집시킬 수 있는 본격적 노동조합 인터내셔널을 수립하기로 결정했다.

이 새로운 '적색'노조인터내셔널은 동시에 '황색'노조 연맹인 IFTU의 대항마 구실을 할 것으로 기대됐다. IFTU의 성장세에도 불구하고 그 개혁주의 지도부는 전쟁 중에 국제주의를 저버린 탓에 권위가 크게 실추됐다. 게다가 앞으로 몇 년 동안 사회 격변과 노동자 혁명이 재개될 것으로 예상됐으니, 볼셰비키는 이참에 '적색'노조인터내셔널을 통해 각국 노조를 통째로 또는 상당 부분이라도 IFTU와 결별하게 하고 모스크바 편으로 획득할 수 있으리라고 믿었다. 이런 구상에 따라 새로운 노조 인터내셔널의 조직 구성과 출범을 논의할 회의에 코민테른 강령을 지지하는 혁명적 노조가 모두 초대됐고, '국제 업종별·산업별 노조 임시 평의회'가 선출됐다. 알렉산드르 로좁스키(러시아)가 의장으로, 신디컬리스트인 톰 만(영국)과 알프레드 로스메르(프랑스)가 부의장으로 선출돼 이듬해인 1921년 5월로 예정된 창립 대회 조직 책임을 맡았다. J T 머피가 작성한 적색노조인터내셔널의 첫 선언문은 노조 활동가들에게 모스크바와 암스테르담 가운데 선택을 촉구했다.

> 오늘날 세계는 크게 분열해 있고, 우리는 어느 편에 설지를 선택해야 한다. 한편에는 자본가계급과 그들의 … '황색' 암스테르담 인터내셔널이 있고 … 다른 한편에는 코민테른과, 노동계급에게 충성하고 충실한 세력이 모두 포진해 있다.[24]

이런 메시지는 진정한 혁명적 노동자 인터내셔널의 수립을 오랫동안 촉구해 온 신디컬리스트들에게 매력이 있었다. 그랬기에 이들은 정치적 간섭을 받고 독자성을 잃을 수 있다는 우려에도 불구하고 볼셰비키의 제안을 외면하기 어려웠다. 적색노조인터내셔널 첫 대회는 1921년 7월(코민테른 3차 대회와 함께)에 열렸고, 다양한 신디컬리즘 경향과 공산당의 노동조합 프랙션(노조 내 소수파 그룹)을* 포괄하는 41개국 출신 대표자 380명이 참석했다.[25]

이 대회를 포함해 1920~1922년에 열린 적색노조인터내셔널과 코민테른 후속 대회에서는 볼셰비키의 혁명관으로 신디컬리스트들을 설득하려는 의식적이고 끈질긴 노력이 이뤄졌다. 이를 위해 볼셰비키는 한편으로 신디컬리즘과 공산주의 전통의 공통점을 밝히면서 참을성 있게 우호적 설득을 시도했다. 그러나 볼셰비키 지도자들은 신디컬리즘과 일련의 날카로운 논쟁도 마다하지 않았다. 혁명가들이 의회 활동에 참여해야 하느냐는 문제 외에도 세 가지 큼직한 쟁점이 있

---

* fraction. 정당이 대중 단체의 내부에 조직하는 당원 조직.

었다. 첫째, 혁명가들이 기존의 개혁주의 노조에 남아 그 안에서 다수파가 되고자 해야 하는가 아니면 기존 노조를 대체할 혁명적 노조를 따로 건설해야 하는가. 둘째, 적색노조인터내셔널과 코민테른의 조직적·정치적 관계. 셋째, 혁명적 정당의 필요성 여부.

비록 공식 대회에서는 이런 문제들에 관한 볼셰비키의 결의안이 (소수파의 거센 반발에도 불구하고) 채택됐지만, 신디컬리즘과 공산주의 사이의 근원적 긴장은 뒤이은 논쟁에서 계속 불거져 나왔다. 그 결과, 처음에는 러시아 혁명에 매료됐던 신디컬리스트 지도자들 상당수가 금세 실망해서 볼셰비키의 친선 제의를 뿌리치기에 이르렀다. 이들은 혁명 과정에서 전위 정당의 구실이 중요하고 중앙집중적 국가권력을 수립해야 한다는 볼셰비키의 강조를 끝내 받아들일 수 없었던 것이다. 실제로 대다수 신디컬리스트 단체들은 여전히 정치 운동과 일체의 관계 맺기를 강하게 거부했고, 적색노조인터내셔널이 코민테른의 부속물로 전락할 것이고 이와 비슷하게 노조들도 공산당 산하 조직처럼 될 것이라고 우려하고 있었다.[26] 한 예로, USI 대표로 적색노조인터내셔널 창립 대회에 참석했던 니콜로 베키와 룰리오 마리가 귀국해서 이탈리아 신디컬리스트들에게 적색노조인터내셔널 가입을 권유하자 USI 지도부의 과반수가 그들을 질책하며 인터내셔널이 수립되면 지지는 하겠지만 정치적 중립은 지켜야 한다고 역설했다. 알리브란도 조바네티는 "프롤레타리아 독재가 몇몇 당 지도자들의 독재로 전락했다"고 불평하며 모든 정당에 대한 완전한 자율성을 요구했다.[27]

프랑스에서 1921년 12월 CGT의 혁명적 소수파가 결국 쫓겨나면서 출범한 CGTU에서 처음에 주도권을 쥐었던 '순수한' 아나코신디컬리스트 그룹은 노조가 어떤 정치조직에 대해서도 완전히 독립적이어야 한다며 코민테른이나 적색노조인터내셔널에 가입하려는 시도를 전면 방해하고 나섰다. 그러자 적색노조인터내셔널은 1922년 11월 열린

2차 대회에서 코민테른과의 '유기적' 연계(서로 지도적 기구에 대표를 교차 파견하는 등)를 폐기하기로 결정했다. 이제 적색노조인터내셔널은 구조적으로는 독자적 조직이겠지만, 코민테른과는 근본적인 정치적 동의를 매개로 연계를 유지할 터였다.[28] 이런 절충은 신디컬리스트들에게 상처뿐인 승리였음이 드러났다. 어차피 공산주의자들의 영향력이 적색노조인터내셔널에 결정적으로 중요했을 뿐 아니라, 이 결정이 알려지자 프랑스를 비롯한 세계 곳곳의 많은 신디컬리스트들에게서 항의가 빗발쳤기 때문이다. 여하튼 이제 적색노조인터내셔널이 자주적 기구임을 내세우자 이미 공산주의자들의 영향력이 커지고 있던 CGTU는 곧이어 가입 의사를 밝혔다.[29]

스페인의 CNT도 총회를 열어 모스크바에서 채택된 것과 판이하게 다른 결의문을 채택함으로써 코민테른 대회 파견자들을 강도 높게 질책했다.[30] 마우린이나 닌과 달리 처음부터 노조가 정당에, 적색노조인터내셔널이 볼셰비키에 종속되는 것을 본능적으로 경계했던 앙헬 페스타냐는 적색노조인터내셔널 대회에서 돌아온 뒤 러시아 아나키스트들이 탄압받는다느니, '정당 독재'가 출현하고 있다느니 하는 소식과 함께 크론시타트 수병들의 반란이 진압됐다는 소식을 전했다. 그의 보고를 들은 스페인 아나키스트들과 신디컬리스트들은 대체로 역겹다는 반응을 보였고, 결국 CNT는 1922년 사라고사 대회에서 '자유지상주의적 공산주의'에 대한 신념을 재천명하고 코민테른 가입을 철회하기로 결정했다.

이와 유사하게 IWW도 1921년이 저물기 전에 적색노조인터내셔널과 절연을 선언했다. 그 전에 IWW는 공산주의를 강력하게 반대하는 조합원들의 격렬한 항의에도 불구하고 조지 윌리엄스를 적색노조인터내셔널 대회에 파견했다(비록 신디컬리즘과 볼셰비즘 사이에 의견이 갈리는 어떤 쟁점에서도 양보하지 말라는 지시를 덧붙이기는 했지만).[31] 미국에 돌아온 윌리엄스는 매우 적대적 보고를 했다. "혁명적 산별노조들의 진정한 경제적 인터내셔널은 그 본부가 모스크바에 있는 이상 코민테른의 지배를 받지 않고는 존속할 수 없다고 나는 확신한다. 그것은 물리적 불가능의 영역이다."[32] IWW 중앙집행위원회는 윌리엄스의 권고안을 만장일치로 승인했고 적색노조인터내셔널 가입이 "바람직하지 않을뿐더러 절대 불가능하다"며 거부했다.[33] IWW는 공식 성명에서 이런 결정의 근거를 다음과 같이 밝혔다. 첫째, IWW 노선에 대한 (적색노조인터내셔널의) 비난. 둘째, 기존 노조 안에서의 활동 종용. 셋째, 공산주의자들이 지배하는 적색노조인터내셔널의 정치적 성격, 즉 적색노조인터내셔널이 멋대로 정한 규율을 따르지 않는다는 이유로 IWW를 해산시키려는 작태. 넷째, IWW와 미국 공산당의 협력 불가능성.[34]

이상과 같은 반발도 있었지만, 제1차세계대전 이전과 전쟁 중에 이름을 떨친 신디컬리스트 가운데는 1917년 10월 혁명에 큰 감명을 받아 신디컬리즘 철학을 내던지고 볼셰비즘의 핵심 논지를 흔쾌히 수용한 이들도 적잖이 있었다.[35] 이들은 대부분 자기 나라에 새로 건설된 혁명적 공산당(머지않아 각국의 신디컬리스트 단체들을 대체하게 될)에 가입했다. 이 지도적 인물들의 정치적·이데올로기적 전향은 실로 극적이었다. 예컨대, CNT의 호아킨 마우린은 레닌의 《국가와 혁명》(1917)이 "볼셰비즘을 신디컬리즘이나 아나키즘과 이어 주는 이론적 다리"라고 평가했다.[36] 마찬가지로 J T 머피도 레닌의 《좌파 공산주의 ― 유치증》(1920)에 큰 감명을 받았다. 그는 이 책을 "전략·전술 문제에 관한 혁명적 이론을 다룬 가장 심오한 저술의 하나"로 꼽았고 "혁명적 사회주의와 공산주의의 무기고에 있는 다른 어떤 책보다" 그 자신의 정치적 발전에 지대한 영향을 미쳤다고 평가했다.[37]

러시아 혁명가들의 연륜과 위신, 설득의 힘이 복합적으로 작용한 결과 머피뿐 아니라 윌리 갤러처와 데이비드 램지 같은 영국 직장위원회 운동 지도자들도 "정치와 삶 전반에 관한" 기존의 생각들이 "뿌리째 흔들렸다." 모스크바에 오기 전에 이미 소비에트가 사회주의 혁명의 핵심 주체임을 이해했고 노동계급이 국가권력을 장악할 필요성에 공감했던 그들은 이제 규율 있고 중앙집중적인 정당이 노조 안에서 조직적으로 활동하고 공식 노동운동 지도자들에 대항하는 정치적 지도를 제공해야 한다는 생각을 적극 수용했다. 머피는 다음과 같이 회고했다.

> 러시아에서 … 내 경험은 … 정치권력을 향한 투쟁의 참된 의미를 일깨워 줬다. 나는 사회주의 정당이 단지 사회주의 사상을 전파하는 선전 단체라고 보지 않게 됐다. 진정한 사회주의 정당은 정치권력을 향한 투쟁에서 노동계급을 이끌 수단이자 혁명적 사회주의자들의 조직임을 나는 깨달았다. 그것은 바로 레닌이 설명한 것과 같은 당이어야 했다.[38]

마찬가지로 미국에서도 상당수 IWW 인사들이 볼셰비즘 속에서 다름 아닌 자신들의 혁명관의 완성된 형태를 봤고, 그래서 공산당에 가입했다. 빌 헤이우드는 《리버레이터》(해방자) 1921년 4월호에 실린 맥스 이스트먼과의 인터뷰에서 이들의 사고 궤적을 다음과 같이 잘 대변했다.

> 마치 여기가 항상 내 자리였던 것 같은 느낌입니다. … 우리에겐 진짜 IWW 조합원 5만 명과 그들을 밀어줄 회원 100만 명 정도만 있으면 된다고 제가 말하던 것을 기억하지 않습니까? [볼셰비즘도] 사실 비슷한 발상 아니겠습니까? 적어도 저는 **깨인 사람들**의 조직이 꼭 필요하다고 늘 생각했습니다.[39]

볼셰비키가 이끈 러시아 혁명의 영향과 이후 코민테른의 개입 덕택에 신디컬리즘 운동 내 주요 인물들이 공산당에 합류했다고 해서 신디컬리스트들 자신의 이론과 실천이 그런 전향에 기여한 바를 평가절하해서는 안 된다. 이 점을 특히 강조할 필요가 있는 것은 일부 역사가들이 그런 전향을 근본적으로 외부에서 강요된 것인 양 묘사하기 때문이다. 예컨대, 월터 켄들은 영국 공산당이 "[노동 — 지은이]운동 좌파의 진로를 통째로 낚아채 한 방향에서 다른 방향으로 돌려 놓은, 거의 완전히 인위적 창조물"이었다고 주장했다.[40] 그러나 정작 머피와 그의 직장위원 동지들이 러시아의 조직 모델과 사상의 올바름을 확신하게 된 것은 단지 볼셰비키 혁명이 그것을 입증했기 때문만이 아니라, 그들 자신이 직장위원회 운동을 통해 얻은 좋고 나쁜 경험들에도 러시아 모델이 여러모로 들어맞는 듯했기 때문이다. 머피 등이 기존의 신디컬리즘 사상을 버리고 영국에 돌아와 모스크바에서 합의된 유형의 볼셰비키식 공산당 건설에 착수한 것은 바로 이 때문이었다.[41]

코민테른을 다룬 기존 문헌

신디컬리즘에서 공산주의로의 전환 과정에서 결정적으로 중요했던 쟁점들을 살펴보기에 앞서 코민테른(과 적색노조인터내셔널)의 역사를 다룬 문헌 전반을 간단히 평가해 보는 것도 유용하겠다. 이런 문헌들은 대부분 냉전 시대의 정치적 왜곡에서 자유롭지 못하다고 할 수 있다. 예컨대, 반공주의 역사가들 다수는 러시아 지도자들이 자신의 의지를 상명하달식으로 관철시키려 하면서 처음부터 코민테른을 권위주의적으로 조종했다고 본다.[42] 이들은 하나같이 레닌이 이끌던 시기와 스탈린이 지배한 시기를 구분하지 못한다. 비교적 활기차고 열린 토론이 이뤄진 초창기 코민테른 대회와 1924년 이후의 억압적 분위기는 확연히 다른데도 말이다. 이들은 신디컬리스트들을 포섭하려는 진지한 노력이 있었던 초창기 코민테른에서도 볼셰비키의 권위주의가 두드러졌던 것처럼 서술하는데, 이런 주장은 틀렸다기보다는 일면적이라고 할 수 있다.

정치적으로 볼셰비즘보다 신디컬리즘에 명백히 더 우호적인 웨인 소프는 신디컬리즘 운동의 다수가 볼셰비키 전통을 거부하게 된 과정을 규명하는 데 중요한 기여를 했다.[43] 그러나 소프 역시 러시아 지도자들이 신디컬리스트들을 "교조적으로 비난했다"며 볼셰비키의 이른바 권위주의적 측면을 부각하는 경향이 있다.[44] 그러나 이언 버철이 지적했듯이 이런 주장의 문제점은 초창기 코민테른 인사들이 신디컬리스트들을 대할 때 지도하는 방식에 엄청난 차이가 있었는데도 러시아 혁명가들을 하나의 동질적 집단처럼 취급한다는 점이다. 특히 우호적 논쟁을 통해 신디컬리스트들을 설득하려 한 레닌과 트로츠키의 동지적 방식과 신디컬리스트들을 호통치고 닦달한 지노비예프와 라데크의 관료적·종파주의적 방식은 확연히 달랐다.[45]

혁명적 공산당의 구실이나 공산당과 노조의 관계 문제에 대한 볼셰비키의 확고한 태도 때문에 십중팔구 신디컬리스트 대표들과의 날카로운 대립은 피할 수 없었다. 그런데 프랑스 신디컬리스트였던 알프레드 로스메르의 회고를 보면 볼셰비키 지도자인 니콜라이 부하린은 코민테른 2차 대회 전에 스페인 대표 한 명이 "아나키스트들에 맞선 무자비한 투쟁"을 주장한 것을 비판하며 "아나키스트들과 '싸울' 것이 아니라, 허심탄회하고 친밀하게 토론해서 협력을 모색한 다음 도저히 극복할 수 없는 장애물이 있는 경우에만 설득을 포기해야 한다"고 말했다.[46] 1914년 이전에 〈라 비 우브리에르〉 신문을 통해 여러 나라 신디컬리스트들 사이에 긴밀한 개인적·조직적 관계를 구축한 경험이 있는 로스메르는 이런 설득 작업에서 특히 중요한 구실을 했다. 그는 세계 각지의 신디컬리스트들을 끌어모으기 위해 모스크바의 볼셰비키와 협력했다. 그러나 일부 코민테른 지도자들의 권위주의적 행태가 이 작업에 적잖은 지장을 초래한 점은 부인할 수 없다.

예를 들어 지노비예프는 코민테른 2차 대회 전날, 이번 회의를 통해 공산당의 구실 문제 등에 관한 "일체의 신디컬리즘적 편견에 종지부를 찍어야" 하고 "신디컬리스트 쭉정이들 사이에서 공산주의자 알곡을 가려내야" 한다고 대놓고 말했다.[47] 그는 이어서 공산당의 구실과 구조에 관한 토론에서 발제를 맡아 신디컬리스트들을 "부르주아 사상의 기수들"로 규정하는 등 기고만장한 태도와 최후통첩식 어조로 연설했다.[48] 이처럼 상대방을 업신여기는 태도는 당초 설득하려던 상대의 분노만 자극했다. 로스메르는 훗날 지노비예프가 인터내셔널에 끼친 손실을 다음과 같이 요약했다.

지노비예프는 어떤 건설적 노력도, 어떤 조직 업무도 해낼 줄 모르는 최고의 데마고그다. 코민테른의 역사가 기록된다면 바로 그가 코민테른의 개탄스러운 운영 방식에 주된 책임이 있었음이 드러날 것이다. … 신디컬리스트들과 진지한 투사들이 코민테른을 불신하게 만들고 그런 불신을 그토록 오래 지속시킨 장본인이 바로 지노비예프였다. 유럽 노동운동에 대해 전혀 알지도 못한 채 내용도 없고 지엽말단적 형식에만 치중해서 그저 소리나 지르는 그의 연설도 여기에 한몫했다.[49]

한편 노동조합 문제를 담당한 위원회의 책임자는 라데크(코민테른 집행위원회 간사로서 특히 독일 문제에도 관여한)였는데, 그는 신디컬리즘을 "혁명적 노동운동의 이행기적 질병"으로 여겼다.[50] CNT 지도자인 앙헬 페스타냐가 훗날 라데크를 "광적인 신디컬리즘 반대론자"라고 묘사한 데는 그럴 만한 이유가 있었다.[51] 볼셰비키의 노선을 받아들인 로스메르조차 라데크의 표현이 "너무 거칠고 무례해서 설득은커녕 도발의 효과만 있을 것"이라고 생각했다.[52]

레닌과 트로츠키의 방식은 이와 극명히 대조됐다. 《좌파 공산주의》에서 레닌은 의회 선거에 참여하기를 거부하고 기존의 개혁주의 노조에서 활동하기를 거부한 혁명가들(IWW를 포함한)의 "초좌파적" 태도를 날카롭게 비판했다. 그러나 그는 또한 극히 바쁜 와중에도 그런 혁명가들을 차분히 설득하는 데 정성을 쏟았다. 그래서 모스크바에 온 지 이틀 만에 레닌의 제의로 크렘린에서 레닌을 만난 J T 머피는 그가 상대방을 권위로 찍어 누르는 "강경하고 무자비한 광신자"가 아니고 오히려 이성의 힘으로 자신을 설득하려 했다고 회고했다.[53] 한 시간 동안 이어진 이 만남에서 레닌은 영국 노동조합, 직장위원회 운동, 노동당, 사회주의 진영 내 여러 경향 등에 관한 다양한 질문을 던졌다.

> 나는 직장위원회 운동에 대해 설명했는데, 레닌은 정당의 구실에 관한 우리의 견해를 듣고는 당혹해했다. 그는 이어서 권력 장악을 위한 투쟁에서 노동자들을 이끄는 데 어떤 정당이 필요한지에 관해 자신의 의견을 피력했고 이후 다른 직장위원들을 만날 때도 이 문제에 많은 관심을 보였다.[54]

이런 논쟁들은 레닌(과 트로츠키)이 주도적 구실을 한 개별 회의나 위원회에서 토론을 통해, 그리고 해외 참가자들 사이에 밤늦도록 이어진 비공식 토론을 통해 더욱 풍부해졌다. 레닌은 신디컬리스트들을 모욕하고 비난하기보다는 그들이 투쟁 속의 지도력을 중시한다는 점에서 볼셰비키 전통과 공통점이 있음을 강조하며 설득하려 애썼고, 아울러 정당에 적대적인 신디컬리스트들이 많은 이유는 부패한 의회주의 조직들을 그들이 직접 경험했기 때문임을 이해했다. 예컨대, IWW를 대하는 레닌의 태도는 지극히 호의적이었다.

> 현 국면에서, 특히 미국의 IWW는 … 지극히 프롤레타리아적인 대중운동이고, 코민테른의 기본 원칙들과 근본적으로 같은 원칙을 추구하고 있다. 부르주아 의회에 참여하는 문제에 대해 이런 단체들이 잘못된 관점을 지닌 것은 … 대중과 함께하는 매우 혁명적인 노동계급 투사들의 정치적 경험이 부족한 탓으로 설명할 수 있다.[55]

트로츠키 또한 대립보다 친선을 추구했고, 그래서 신디컬리즘을 국제 노동계급 운동 내의 **혁명적** 경향이라고 명시적으로 규정하며, 코민테른을 오른쪽으로 끌어당기려 하던 노골적 개혁주의자들과 대조했다. 그는 설령 샤이데만(독일 사회민주당 지도자) 같은 자들이 형식적으로는 '정당'의 원칙을 수용하더라도 자신은 "부르주아지에 맞서 싸우려 할 뿐 아니라 [개혁주의자들과 - 지은이] 달리 정말로 부르주아지의 숨통을 끊고 싶어 하는 미국·스페인·프랑스 신디컬리스트들"과 공통점이 더 많다고 밝혔다. 그는 또 제1차세계대전 기간 중 자신의 파리 체류 경험을 떠올리며 다음과 같이 말했다.

> 내가 직접 목격한 바로는 … 독일군이 파리 문턱까지 진격해 온 바로 그 순간에 용감하게 전쟁에 반대하는 목소리를 처음 낸 것은 프랑스의 어느 작은 신디컬리스트 단체였다. 그것은 모나트, 로스메르 등 내 친구들의 목소리였다. … 나는 [이들 - 지은이]과 그 밖의 아나키스트 출신 인물들과 함께 있을 때 가장 큰 동질감을 느꼈다.[56]

물론 코민테른 초창기부터 일부 지도자들의 권위주의적 행태는 있었고, 반공주의 역사가들은 이 점을 크게 부각했다. 그러나 그런 행태가 일반화하기 시작한 것은 1923년과 코민테른 4차 대회 이후라고 할 수 있다. 이때는 국제 혁명의 물결이 완전히 가라앉고, 러시아 혁명이 고립되고, 레닌이 사망하고, 스탈린을 중심으로 국가 관료 집단이 성장하던 시점이었다. 이때까지만 해도 코민테른 대회는 혁명 전략과 전술을 논의하고 발전시키는 비교적 진솔한 토론의 장이었다. 1923년 이후에야 비로소 신디컬리즘에 대한 비난이 긍정적 평가를 압도하게 되는데, 이때의 신디컬리즘 비판은 좌익반대파나 '트로츠키주의'에 대한 비판과 워낙 강하게 결부된 탓에 이미 당초의 의미를 상실했다.[57]

신디컬리즘과 모스크바 사이의 "단절"에 관한 웨인 소프의 분석이 지닌 또 다른 문제점은, 신디컬리스트들이 갈수록 볼셰비키 국가권력의 이른바 독재적 성격을 비판한 것에 초점을 맞추다 보니 서로 경쟁하는 이 두 혁명적 전통의 한계와 가능성을 깊이 있게 논하기 위해 마땅히 고려해야 할 그 밖의 중요한 쟁점들을 단지 스치듯이 언급하거나 심지어 깡그리 무시한다는 점이다. 특히 그는 신디컬리즘과 구별되는 볼셰비키 노선의 바탕에 깔린 핵심 주장들을 충분히 검토하지도 않으며, 따라서 상당수 신디컬리스트들이 공산주의에 매력을 느낀 이유도 설명하지 못한다.

코민테른을 다루거나 신디컬리즘과 공산주의의 관계를 다룬, 정치적 색채가 분명한 그 밖의 문헌들에도 중대한 허점들이 있다. 모스크바와 세계 각국 공산당들의 공식 공산주의, 즉 스탈린주의 역사 서술은 예로부터 러시아 관료들의 변덕스러운 결정들을 일일이 정당화해 주는 것을 사명으로 삼았다.[58] 그런데 최근 영국의 일부 역사학자들은 거꾸로 각국 공산당이 코민테른에 대해 상당한 정치적 자율성을 누렸다고 주장하는데, 이 또한 설득력 없기는 마찬가지다.[59] 심지어 코민테른 초창기와 스탈린주의에 의해 변질된 시기의 차이를 올바르게 강조한 트로츠키주의 진영의 해석에도 대체로 심각한 문제가 있다. 레닌과 트로츠키가 주도한 코민테른 "1~4차 대회"가 마치 '올바른' 전략과 전술의 "모범적 학교"였다는 듯이 낭만적으로 묘사하면서 당시의 온갖 결점과 모순은 간과한다는 점에서 그렇다.[60]

혁명적 마르크스주의에 기초한 이보다 더 섬세한 분석이 등장하기 시작한 것은 더 최근 일인데, 그 저자들은 러시아 혁명과 코민테른 초창기를 이후의 스탈린 시대와 날카롭게 구분하면서 전자의 시기에 호의적이지만 무비판적이지는 않다.[61] 이들은 초기 공산주의가 신디컬리즘보다 혁명 이론과 실천에서 질적으로 발전했음을 인정하는 동시에 코민테른 초창기(초좌파주의와 개혁주의의 압력 때문에 코민테른이 거듭 탈선할 뻔했던)의 허술한 임시변통식 일처리와 볼셰비키의 실수도 인정한다.

두 전통의 종합?

신디컬리즘에서 공산주의로의 전환은 복잡하고 모순적인 과정이었다. 신디컬리스트들이 신생 공산당에 입당할 때 자신들의 옛 사상을 헌신짝처럼 버린 것은 분명 아니다. 옛 신디컬리즘 운동의 특정 측면들(특히 정당에 대한 적대)은 단칼에 폐기된 반면 다른 측면들(작업장에서 조직하기, 산별노조 운동, 직접행동 등)은 흔히 신생 공산당으로 옮겨 왔다(12장 참조).[62] 래리 피터슨이 주장했듯이, 실제로 제1차세계대전 말기의 경험으로 인해 유럽과 북아메리카의 산업 현장 투사들과 혁명적 마르크스주의자들은 모두 자신의 기존 전술, 목표, 사상, 조직 방식을 나름대로 재고하게 됐고 그 결과로 코민테른 안에서 "정치와 경제의 새로운 종합"(혁명적 사회주의와 산업 투쟁의 종합)이 일어났다.[63] 피터슨은 이런 종합이 1917~1920년 산업 현장 운동들(신디컬리즘이 중추적 구실을 했던)의 성공과 실패에서 비롯했다고 시사한다. 즉, 한편으로 산업 현장 투사들은 순수한 경제적 투쟁 전술을 비판적으로 돌아보게 됐고 자본주의 국가권력의 실체에 눈뜰 수밖에 없었다. 이제 작업장 조직과 공격적 파업 전술, 경제적 힘만으로는 결코 충분치 않다는 것을 그들은 깨달았다. 다른 한편으로 혁명적 마르크스주의자들은 산업 투쟁과 노동조합 투쟁이 혁명운동에서 차지하는 중요성과 잠재력을 전에 없이 긍정적으로 보게 됐고, 정치적 형태의 투쟁을 노동자들의 경제적 투쟁과 결합할 필요성에 눈뜨게 됐다. 달리 말하면, 노동자 운동의 이 두 진영은 출발점은 서로 많이 달랐으나 당시의 투쟁을 겪으면서 같은 지점으로 수렴했던 것이다.

피터슨에 따르면 코민테른이 혁명적 좌파 진영에서 헤게모니를 장악할 수 있었던 중요한 요인 하나는 산업 투쟁과 노동조합 투쟁에 대한 마르크스주의적 관점을 획기적으로 재해석하고 이를 실천으로 구현하기 위한 강령과 조직을 개발함으로써 1920년 이전 산업 현장 운동의 가장 역동적 부류를 공산주의 운동으로 끌어당기고 통합한 코민테른의 능력이었다. 이런 관점에서 보면, 코민테른이 신디컬리스트들에게 매력적이었던 이유는 단지 볼셰비키 혁명이 대안을 제시해서라거나 신디컬리스트들도 자본주의 국가를 타도할 필요를 인식했기 때문만이 아니라 코민테른 역시 산업 현장 투사들의 강령을 많은 부분 수용해서 공산주의 혁명관에 반영했기 때문이다. 산업 현장 투사들은 코민테른과 적색노조인터내셔널에 참여하면서 신디컬리즘의 핵심 요소들이 공산주의 강령의 필수불가결한 요소로 채택되게 만들었다.

가장 중요한 점은, 마르크스주의자들이 사상 처음으로 자신들의 혁명 전략에 산업 현장이라는 요소를 받아들였다는 것이다. 여기에는 다음과 같은 구체적 전술과 주장이 포함됐다. 첫째, 산별노조 운동에 대한 확고한 지지. 둘째, 공장을 당과 노동조합 모두의 조직 단위로 삼기. 셋째, 기층의 행동 강조. 넷째, 노동조합 말고도 공장평의회, 현장 노동자 위원회, 직장위원 조직 등의 결성을 고무하기. 다섯째, 장·단기의 정치적 목적 달성에 산업 투쟁을 적극 활용하기. 특히, 공산주의자들은 산업 현장 운동에서 다양한 공격적 전술을 옹호했다. 예컨대, 비공인 파업을 중요한 전술적 무기로 채택했고, 국지적 파업을 다른 지역과 산업으로 확산시켜 단결을 도모하는 연대 파업을 주장했고, 공장 총회와 대규모 피케팅 등을 활용해 노동자들의 대중적 참여를 독려했다. 공산주의자들은 또, 협소하게 '먹고사는' 문제에 집중하는 노동조합운동의 경제적 요구를 뛰어넘는 폭넓은 요구도 제기했는데, 여기에는 임금과 노동시간을 둘러싼 요구는 물론이고 작업장 규율과 생산 통제권, 나아가 명백한 정치적 문제에 관한 요구들도 포함됐다. 더욱이 공산주의자들은 **노동**자들이 이끄는 **노동자** 정당의 성장을 고무해서, 부르주아 출신 지식인들이 사회민주주의 정당을 주도하는 것에 그저 반대만 하는 많은 산업 현장 투사들의 한계도 극복했다.

마지막으로, 코민테른은 당과 노동조합의 관계를 획기적으로 재설정했다. 당과 노조의 상대적 비중과 관계의 틀이 바뀌었다. 한편으로 공산주의자들은 당이 노조를 지도해야 한다고 강조하며 노조의 조직적 자율성을 기각했다. 즉, 당의 구실이 결정적이고 우세하다는 것이었다. 그러나 다른 한편으로는 산업 현장 운동의 기층 지도자들을 당 구조에 통합시키려 애썼는데, 그 결과 작업장 투사들이 당 규율을 적용받게 되기도 했지만 당의 정책 결정에 발언권도 얻게 됐고, 동시에 당이 산업 투쟁에 직접 뛰어들게 됐다. 이 과정에서 공산주의 자들은 공장 세포, 노조 프랙션, 산업 현장의 다양한 운동과 조직을 만들어 당 구조를 산업 투쟁 개입 용도에 맞게 뜯어고쳤다.[64]

피터슨은 신생 공산당이 수립되기까지 좌파들이 헤쳐 모이며 재편된 양상이 나라마다 달랐음을 인정한다. 예컨대, 프랑스에서는 CGT 내 좌파 가운데 혁명적 소수가 CGTU라는 신생 노조 연맹으로 분열해 나오면서 모스크바의 영향을 받게 됐고, 이는 프랑스 공산주의 운동의 구조에 장기적으로 심대한 영향을 미쳤다. 영국에서도 공산주의와 투쟁적 산업 현장 운동이 쉽게 수렴됐는데, 이것은 마르크스주의 정당 중에서는 유일하게 1917년 이전부터 산별노조를 일관되게 옹호했고 전쟁 시기와 그 이후에 직장위원회 운동에 가장 활발하게 참여했던 사회주의노동당 출신들이 공산주의 지도자들 가운데 유달리 많았기 때문이었다. 반면 미국에서는 산업 현장 운동에 관한 코민테른의 강령·전술·조직이 비록 IWW 출신 산업 조직자 윌리엄 Z 포스터가 실천한 '안에서 파고들기' 전략과 일치하기는 했으나 미국 공산당이 IWW의 활동을 직접 이어받지는 않았고, 다른 한편으로 IWW는 정당에 대한 적대감을 버리지 못한 채 공산당과 협력을 거부했다.

피터슨의 기여를 평가하자면, 혁명적 마르크스주의와 (신디컬리즘을 포함한) 투쟁적 산업 현장 운동이라는 두 전통 사이에 모종의 종합이 있었다는 그의 핵심 논지는 명백히 타당하며 정확하다. 이는 반대로 공산주의가 신디컬리즘 전통을 송두리째 폐기한 듯이 서술하는 웨인 소프 등의 주장에 대한 매우 중요한 해독제로서, 공산주의 전통이 단순히 러시아에서 생겨난 어떤 것을 다른 나라에 이식한 것이 아니라 (신디컬리즘이 중요한 일부분을 차지했던) 기존의 산업 현장 운동에서 발전해 나온 것임을 환기시켜 준다. 그러나 내가 보기에 피터슨의 분석에는 여러 맹점과 한계도 있다. 먼저 그는 각국에서 신디컬리스트의 대다수가 공산주의로 전향하지 못한 원인, 즉 공산주의와 신디컬리즘의 중요한 견해 차이와 갈등과 모순을 전혀 심도 있게 다루지 않는다. 정당에 대한 노조의 자율성 개념을 비판한 공산주의자들의 주장과 혁명적 전위 정당에 대한 신디컬리즘의 적대감이 대표적이다. 이처럼 상충하는 태도에 바탕을 둔 두 진영 간의 논쟁을 고려하지 않은 탓에 피터슨의 서술은 자칫 둘 사이의 수렴 과정이 비교적 순탄했다는 듯한 인상을 줄 수 있다. 당연히 실제로는 만만치 않은 이견(양립할 수 없는 정도는 아니지만)이 있었는데도 말이다.

두 전통의 종합으로 탄생한 최종 결과물에는 분명 양쪽의 요소가 모두 섞여 있었지만 상대적으로는 마르크스주의의 기여가 훨씬 컸던 것이 사실이다. 여기에는 산업 투쟁을 명시적 정치 전략과 연결하기, 노동계급 운동을 중앙집중적으로 지도하기, 당원들의 노동조합 활동을 통솔하는 개입주의적 혁명 정당으로 계급의식이 가장 선진적인 노동자들을 결집하기, 무장봉기를 통한 국가권력 장악이 자본주의 전복의 전제 조건이라는 관점, (노조가 아닌) 소비에트가 미래 노동자 국가의 정치적·경제적 중심축이라는 명제 등이 포함됐다. 이런 마르크스주의 사상과 실천의 비중이 워낙 높았던 까닭에 신디컬리즘에서 공산주의로의 이행은 여러모로 과거의 신디컬리즘적 사상과 실천의 연장이라기보다는 단절에 훨씬 더 가까웠다. 바로 이 때문에 오직 신디컬리스트 개인들만이, 그것도 소수만이 공산주의로 전향했고 신디컬리스트 단체들이 무더기로 전향하지는 않았던 것이다(유일한 예외는 CGT에서 떨어져 나와 1923년 마침내 공산주의에 설득된 프랑스 CGTU였다).

피터슨의 분석은 또한 제정 러시아라는 특수한 여건에서 형성된 레닌과 볼셰비키의 경험이 이후 코민테른과 적색노조인터내셔널의 노동조합·산업투쟁 정책에 끼친 심대한 영향과 그것의 긍정적·부정적 효과를 충분히 고려하지 않는다. 얄궂게도, 초창기의 코민테른은 여러 분야에 걸친 볼셰비키의 풍부한 경험을 밑천 삼아 혁명적 전략·전술의 발전소 구실을 했지만, 노동조합운동은 그런 분야에 해당하지 않았다.[65] 노동조합과 관련된 레닌과 코민테른의 정책은 그때까지만 해도 마르크스주의 전통에서 추상적 분석에 머물렀던 것을 구체화하려는 시도였다. 그 밑바탕에는 계급투쟁(일차적으로 파업의 형태를 띠는)과 노동조합이 당장 임금과 노동조건을 개선하는 동시에 노동자들의 전반적 자신감, 조직화 수준, 계급의식을 고양시킬 수 있는, 자본주의에 맞선 집단적 저항의 수단으로서 바람직하고 또 필요하다는 마르크스주의적 관점이 깔려 있었다. 그러나 실천에서 공산주의자와 비공산주의 노조원 간의 관계 문제는 마르크스나 레닌 또는 그 밖의 어떤 혁명적 사회주의자도 일찍이 씨름해 본 적 없는 문제였다.

그 결과 코민테른과 적색노조인터내셔널 대회는 비록 혁명가들이 개혁주의자들이 이끄는 기존 노조 안에서 활동하며 노조를 혁명적 방향으로 견인할 필요를 확인했지만 이에 관한 자세한 실천적 지침은 (뒤에서 살펴보겠지만) 거의 없었다. 노동조합 관료주의 문제를 어떻게 극복할지에 관해서도 거의 언급이 없었을 뿐 아니라 적색노조인터내셔널 창설로 적잖은 혼란이 일어나기도 했다. 그러나 노조 활동에 관한 볼셰비키 이론의 약점은 그것이 제정 러시아라는 척박한 토양에서 자라났음을 감안하면 여러모로 이해할 만한 것이다. 그런 억압적 환경에서는 노조든 정당이든 개혁주의 조직이 크게 발전할 수 없었다. 페르난도 클라우딘의 표현을 빌리면 볼셰비키에게 "결정적으로 중요한 투쟁 형태"는 "의회 바깥[의 투쟁]"이었고, 노조의 구실은 … 극히 제한적"이었는데, 그런 정당치고 볼셰비키는 서유럽과 북아메리카의 대중적·개혁주의적·관료적 노조 안에서 공산주의자들의 활동 방식에 관해 최대한 정교한 관점을 발전시켰다고 볼 수 있다.[66]

이상과 같은 한계에도 불구하고, 초창기 코민테른이 혁명가들과 노동조합의 관계에 관한 마르크스주의적 분석에서 매우 중요한 진전을 이룩한 부분도 분명 있었다. 특히 코민테른 초기 대회들에서 도출된 전략과 전술은 여러모로 기존의 마르크스주의 사상과 실천을 질적으로 뛰어넘는 것들이었다. 그리고 볼셰비키가 세계에서 유일하게 성공한 노동자 혁명을 이끈 정당으로서 어느 정도 불가피하게 누린 권위 때문에 볼셰비키의 노동조합 관련 지침은 신디컬리즘 운동 내 저명 인사들 상당수의 정치적 궤적에 결정적 영향을 미쳤다. 피터슨이 공산주의와 신디컬리즘의 종합에서 후자의 중요한 기여를 강조한 것은 옳지만, 그렇다고 해서 대체로 볼셰비키의 실천에 바탕을 둔 코민테른 강령과 정책이 신디컬리즘 전통을 대체하고 변모시킨 정도(비록 그 과정에서 일부 혼란과 제약이 따르긴 했지만)를 과소평가해서는 안 될 것이다.

이처럼 몇 가지 약점이 있지만, 좌파 진영 안에서 종합과 재편이 일어났다는 피터슨의 전반적 주장은 유효하다. 실제로 그런 종합을 통해 사회주의와 산업 투쟁의 관계에 대해 질적으로 새로운 인식이 도출됐다. 그러나 신디컬리즘에서 공산주의로의 이행 과정과 두 전통 각각에 내재한 갈등과 골칫거리, 모순을 좀 더 깊이 살펴볼 필요가 있다.

7장 노동조합

러시아에서 노동조합은 1905년과 1917년 혁명 때야 생겨날 수 있었다. 그 전에 노동자 단체와 노조는 설립 자체를 위해 투쟁해야 했다. 불법 상황에서는 경제적 계급투쟁조차 매우 정치화했고, 노조는 산업별로 조직돼서 대체로 관료주의의 위험에 빠지지 않는 경향이 있었다. 러시아 노조들은 처음에는 멘셰비키의 영향 아래 있었지만, 어쨌든 노동자 대중을 단결시키고 혁명적 투쟁에 동참할 수 있음을 스스로 입증했다.[1] 이와 대조적으로, 유럽과 미국에서 노동조합의 성장은 자본주의가 오랫동안 '정상적으로' 성장하는 과정의 일부였다. 비록 직업별 노조도 때로는 경제적 안정을 누리고자 격렬하게 투쟁했지만, 스스로 협소한 당면 쟁점들로 제한하는 경향이 있었고 자신들의 투쟁을 정치적으로 일반화하거나 자본주의 체제를 전복하려고 노력할 필요를 느끼지 못했다. 직업별 노조에서는 노동자들의 투쟁을 보수적으로 가로막는 관료적 간부층도 생겨났다. 바로 그런 한계 때문에 많은 나라에서 혁명적 신디컬리즘 운동이 발전했다. 레닌은 서

유럽과 러시아 노동조합의 성격 차이를 놓치지 않았다.

서유럽의 멘셰비키는 노동조합에서 훨씬 더 확고한 기반을 마련했다. 서유럽에서는 직업별 조합의 편협하고, 이기적이고, 뻔뻔하고, 탐욕스럽고, 프티부르주아적이고, 제국주의 성향을 드러내고, 제국주의에 매수되고 부패한 '노동귀족'이 우리나라보다 훨씬 더 강력하게 발전했다.[2]

그렇지만 레닌과 코민테른 지도자들은 전쟁과 러시아 혁명의 여파로, 또 대규모 산업 투쟁과 조합원의 급격한 증가와 정치적 급진화 때문에 많은 서유럽 노조 안에서 질적 변화가 일어났다고 생각했다. 제한적·일시적 개선이라도 노동조합에 양보할 수 있는 자본주의 체제의 능력이 점차 약해지고 있었기 때문에, 많은 조합원은 노조 지도자들의 억제 노력에도 불구하고 더 급진적 대응을 요구하고 실행하기 시작했다. 따라서 기존 노조도 원칙상으로는 혁명적 계급투쟁에서 핵심적 구실을 할 수 있었다.

자본주의의 모순이 발전해서 특정 단계에 이르면 노동조합은 개별 사용자에게 저항하는 기구에서 자본주의 체제 전체를 공격하는 기구로 바뀐다. … 노동과 자본 사이의 투쟁이 더 첨예해질수록 노동운동 내 혁명적 분파의 목표도 더 분명해진다. 노동조합은 자본주의 체제 내의 자기방어 기구에서 자본주의 질서를 전복하고 프롤레타리아 독재를 수립하는 기구로 스스로 변해야 한다.[3]

노조를 급진화해서 혁명 기관으로 만들고자 하는 신디컬리스트들의 노력은 이런 전반적 과정을 어느 정도 반영하는 것이므로 환영할 만한 일이었다. 그러나 코민테른 지도자들은 노동조합이 혁명적 구실을 할 수 있음을 인정하고 때로는 열렬히 예찬했지만, 또한 노조의 한계를 강조하고 노조 자체는 자본주의를 폐지하는 수단이 될 수 없다고 주장하기도 했다. 그래서 정치적 투쟁 방식과 정당이 중요하다고 강조했다. 8장 이하에서 설명하겠지만, 코민테른 지도자들은 노동조합의 가장 강력한 경제적 무기인 파업(이나 총파업)으로 임금과 노동조건은 개선할 수 있어도 사회체제는 전복할 수 없다고 주장했다. 사회체제를 전복하려면 무장봉기를 해서 정치적으로 국가권력을 장악해야 하고, 그러려면 (노동조합이 아니라) 노동자 권력의 핵심 기관인 소비에트를 건설해야 했다. 그 과정에서 노동조합을 보완할 뿐 아니라 뛰어넘기도 할 혁명적 전위 정당도 필요했다. 이와 대조적으로, 신디컬리스트들은 비록 기존의 노동조합 조직 형태가 불완전하다는 사실을 알고 있었지만, 재건된 혁명적 노조는 사회변혁의 주요 기구뿐 아니라 새 사회의 통치 기구도 될 수 있다고 믿었다.

혁명가들과 노동조합의 관계에 대한 신디컬리스트와 공산주의자의 견해 차이, 또 혁명적 노동조합이라는 개념 자체에 내재한 긴장은 두 분야에서 살펴볼 수 있다. 하나는 기존의 개혁주의 노조 안에서 투쟁할지 아니면 떨어져 나와서 혁명적 노조를 따로 만들지를 두고 코민테른과 적색노조인터내셔널 안에서 벌어진 특정한 논쟁이고, 다른 하나는 개혁주의의 압력이 혁명적 노조 자체에도 내재한다는 더 일반적인 문제다. 이와 연관된 노조 관료주의 문제는 8장에서 살펴보겠다.

기존 노조를 장악하기

볼셰비키 지도자들은 전 세계 혁명가들이 '노동조합을 장악'하는 것이 절실히 필요하다고 코민테른에서 주장했다. 기존의 개혁주의 노조 안에서 좌경화하는 노동자 대중을 설득해서 자본주의 전복을 위한 투쟁으로 끌어당기는 활동이 시급하다는 것이었다.[4] 그러려면 혁명가들이 모든 나라에서 그런 개혁주의 노조에 가입해서 스스로 노동자들의 일상적 경제투쟁에 헌신하고, 노동조합 문제에서 자신들이 최상의 투사임을 입증하고, 이를 이용해 노동조합 투쟁을 정치화해서 노동자 다수에게 노동자 혁명의 필요성을 설득해야 했다. 그러나 이것은 혁명적 노조를 따로 건설하는 데 반대한다는 것도 의미했다. 코민테른 2차 대회에서 채택된 "노동조합운동에 관한 테제"는 다음과 같이 선언했다.

> [기존 노조에서 — 지은이] 자발적으로 탈퇴하거나 특별한 노조를 만들려는 인위적 노력은 모두 … 공산주의 운동에 커다란 위험이다. 그것은 가장 선진적이고 가장 의식적인 노동자들을 부르주아지의 수중에서 놀아나는 기회주의적 지도자들에게 넘겨줄 가능성이 농후하다. … 공산주의자들은 공산주의 사상을 선전하는 법뿐 아니라 노동조합의 경제투쟁을 가장 단호하게 지도하는 법도 배워야 한다. 그래야만 노동조합에서 기회주의적 지도자들을 제거할 수 있을 것이고, 그래야만 공산주의자들이 노동조합운동을 주도하고 노동조합을 공산주의의 혁명적 투쟁 기관으로 만들 수 있을 것이다.[5]

마찬가지로, 레닌은 《좌파 공산주의 — 유치증》에서 한 장 전체를 할애해서 주로는 공산주의 운동 안의 '초좌파'를, 그러나 신디컬리즘 전통의 투사들도 비판했다. 그는 혁명가들이 "가장 반동적인 … 노동조합 안에서 합법적으로 활동하는 법을 배워야" 한다고 주장했다.[6] "노동조합 상층 지도부의 반동적·반혁명적 성격 때문에" 공식 노조를 탈퇴해서 작지만 혁명적인 노조를 따로 만드는 것은 "공산주의자들이 부르주아지에게 최상의 서비스를 제공하는 것이다." 공산주의자들은 모든 노조 안에서 공산주의자 그룹을 조직하고, 공장위원회 건설을 지원하고, 급진적 요구와 염원에 대한 지지를 끌어내고, '기회주의적' 지도자들을 몰아내고, 그래서 대중적 노동조합 기구들을 지도할 수 있어야 한다는 것이었다.[7]

코민테른 대회에 참석한 영국의 직장위원회 대표들은 기존의 개혁주의 노조에 침투하는 이 정책에 강력하게 반대했다. 윌리 갤러처는 "완고한 관료들이 버티고 있는 기존 노조를 장악한다는 것은 그야말로 터무니없고 말도 안 되는 소리입니다" 하고 주장했다. 갤러처는 영국에서 건설된 강력한 독립적 직장위원회 운동의 중요성을 강조하며 다음과 같이 말했다.

> 이런 노조의 내부뿐 아니라 외부에서도 좌파 노조 조직화의 깃발을 들고 선동해서 대중을 움직일 수 있습니다. 우리는 25년 동안 영국의 노동조합에서 활동했지만 내부에서 노조를 혁신하는 데 성공한 적은 한번도 없습니다.[8]

마찬가지로, (존 리드를 비롯한) 미국 공산당 대표들도 IWW 대표들의 주장을 되풀이하며, 이중 노조 전략이 필요한 이유는 기존의 AFL 조직 안에서 전진하는 것이 불가능하기 때문이라고 강조했다. '반동적' AFL 안에서 활동하다가는 혁명적 노동자들의 투쟁 정신만 변질될 것이라는 주장이었다. 미국 공산당 대표들은 사실상 AFL 노조가 전혀 존재하지 않는 (목재업이나 농업 같은) 산업에서만 IWW 노조가 조직 활동을 할 수 있도록 '허용하는' 코민테른의 정책은 AFL의 대안으로서 가장 중요한 혁명적 노조인 IWW의 존재 자체를 위협하는 치명타가 될 수 있다고 항의했다. 그러나 1921년 7월 코민테른 3차 대회에서는 공산주의가 급성장하리라는 과거의 낙관적 기대가 유럽 자본주의 경제의 부분적 안정화, 노동계급 투쟁의 퇴조, 개혁주의의 지속적 영향 때문에 틀렸음이 입증됐으므로 '이중 노조' 전략에 반대하는 투쟁이 지속되고 심화했다. 독일 공산당KPD의 때 이른 공세, 이른바 '3월 행동'이 실패한 것과 프랑스·이탈리아·영국 공산당이 대중의 지지를 받지 못한 것은 노동계급의 후퇴를 상징적으로 보여 준 사건이었다. 따라서 혁명가들의 과제는 국가권력을 장악하려고 당장 준비하는 것이 아니라, 노동계급 운동 안에서 혁명가들의 영향력을 확대하려고 노력하는 것, 무엇보다 기존 노조 안에서 그러려고 애쓰는 것이라고 코민테른은 주장했다.

그래서 코민테른은 빌 헤이우드의 항의에도 불구하고 IWW의 전략을 훨씬 더 강경하게 반대하고 나섰다.[9] [코민테른 3차 대회와] 동시에 열린 적색노조인터내셔널 창립 대회에서는 조지 윌리엄스가 반대했는데도 다음과 같은 "전술 문제에 관한 결의안"이 승인됐다.[10]

미국에서 독립적 [노조] 조직인 IWW는 너무 취약해서 기존 노조를 대체할 수 없다. … 따라서 AFL 안에서 혁명적 세포와 그룹을 만드는 문제가 결정적으로 중요하다. [기존] 노조 안에서 조직적 투쟁을 지도하는 것 말고 미국의 노동 대중을 획득할 수 있는 다른 길은 없다.[11]

코민테른 지도자들은 갤러처·헤이우드·윌리엄스 등의 주장을 대체로 '초좌파적' 주장, 즉 혁명가들이 기존의 개혁주의 노조 안에서 일관되게 활동하는 것의 가능성과 중요성을 과소평가하는 주장으로 여기고, 선진국에서 개혁주의 노조 관료들에 맞서 투쟁하기가 쉽지 않다는 이 비판자들의 날카로운 문제 제기를 간단히 무시한 것처럼 보인다.[12] 그러나 의미심장하게도, 코민테른이 스페인 CNT의 해체를 고집하지 않았고 이탈리아 USI에 대해 약간 모호한 태도를 취했기 때문에 스페인과 이탈리아에서 온 신디컬리스트(와 공산당) 대표들은 코민테른의 정책에 공식적 반대를 거의 하지 않았다. 분명히 코민테른 지도자들은 두 가지 특징을 고려했을 것이다. 첫째, 스페인과 이탈리아에서도 독립적인 혁명적 노조 연맹체가 노동자들의 지지를 얻고 조직화하기 위해 개혁주의자들이 지배하는 기존 노조와 경쟁하고 있었지만, 두 신디컬리스트 조직과 개혁주의 노조의 규모가 거의 비슷했다는 점이다(당연히 이 점은 미국 IWW와 영국 직장위원회 운동이 각각 AFL이나 영국 노총에 비하면 난쟁이 수준이었다는 사실과 뚜렷한 차이가 있다). 둘째, 스페인과 이탈리아 신디컬리스트들은 원래 지역 수준에서는 기존 노조와 노동회의소 안에서 실제로 활동하고 있었다는 점이다. 한편, 프랑스에서는 혁명적 신디컬리스트 소수파가 (적어도 당분간은) 의식적 분리를 옹호하지 않고 개혁주의 지도부가 이끄는 CGT 안에서 여전히 주도권 다툼에 몰두하고 있었다. 아일랜드에서는 비록 ITGWU가 원래 영국의 [개혁주의자들이] 지배하는 노조에서 분리해 나온 조직이었지만, [아일랜드에는 ITGWU의] 실질적 경쟁자가 전혀 없었다.

그렇지만 1922년 말쯤 적색노조인터내셔널은 스페인에서 CNT와 사회당계 노총(과 독립 노조들)의 소수파인 공산주의자들이 모든 노동자를 단결시키고 적색노조인터내셔널의 원칙과 방법을 선전할 하나의 노동조합 중앙을 만들기 위해 통합 행동위원회 안에서 활동을 조정하도록 작업하고 있었다. 마찬가지로, 이탈리아에서도 적색노조인터내셔널은 모든 노동조합 조직들의 통일을 위해 끈질기게 투쟁할 필요가 있다고 주장했다. 그래서 적색노조인터내셔널 지지자들은 과도적 통일 형태로서 지역 지부들을 갖춘 노동자동맹을 건설했다.[13] 얄궂게도, 프랑스에서는 CGT 내부의 혁명적 신디컬리스트 소수파가 대거 제명되고 그들이 새로운 노조 연맹체인 CGTU로 재결집한 것이 기존 노조를 장악하려는 코민테른의 정책에 내재한 긴장을 날카롭게 보여 줬다.

적색노조인터내셔널의 모호함

모스크바가 신디컬리스트들을 보듬으려고 노력하면서도 적색노조인터내셔널을 창립한 것은 확실히 문제가 많았다. 새 노동조합 인터내셔널과 코민테른의 관계를 두고 논쟁이 벌어졌을뿐더러 적색노조인터내셔널 창립 근거에도 모호한 점이 있었다. J T 머피는 적색노조인터내셔널 창립이 노동조합을 '분열'시킬 것이라는 암시가 조금이라도 있었다면 영국 노동조합운동 안에서 지지를 받지 못했을 것이라고 주장했다.[14] 그러나 잭 태너가 옳게 지적했듯이, 공산주의자들과 신디컬리스트들에게 모두 국내 수준에서는 기존의 개혁주의적 암스테르담 인터내셔널 산하 노조에 계속 남아 있으라고 하면서도 국제 수준에서는 기존 노조들이 암스테르담과 결별하고 모스크바에 본부를 둔 혁명적 노조 기구를 지지하도록 만들어야 한다고 촉구하는 것은 일관성이 전혀 없었다.[15] 실제로, 암스테르담 인터내셔널 산하 노조에서 적극적으로 활동하는 혁명가들은 반대파한테서 이중 멤버십이라고 비난을 받았다. 서로 적대적인 두 기구에 동시에 가입해 있다고 비난받은 것이다. 코민테른의 전략은 공산주의자들과 신디컬리스트들 모두에게 혼란스러운 것이었다.

그러나 적색노조인터내셔널 프로젝트 자체에는 훨씬 더 근본적인 약점이 있었는데, 이것도 신디컬리즘 운동의 지지를 얻으려는 모스크바의 노력을 어려움에 빠뜨렸다. 앞서 봤듯이, 공산주의에 헌신하는 공식적 노동조합 인터내셔널을 건설하는 전략은 단기적으로 기존 노조들을 대규모로 장악하거나 아니면 기존 노조의 상당한 일부가 분열할 수 있으리라는 기대에 바탕을 둔 것이었다. 그것은 심각한 경제·정치 위기 상황에서는 노조가 혁명적 투쟁의 도구로 바뀔 수 있다는, 즉 노조 지도자들이 기층의 압력을 받아 어쩔 수 없이 변하거나 아니면 공산주의자들로 교체될 수 있다는 가정 아래 추진된 전략이었다. 다시 말해, 적색노조인터내셔널은 근본적으로 당시가 엄청난 급진화와 혁명적 가능성의 시대라는 평가에 바탕을 둔 조직이었다. 1924년 코민테른 5차 대회가 돼서야 지노비예프는 적색노조인터내셔널이 창립하자마자 혁명적 노동자 투쟁이 쇠퇴하기 시작했다고 뒤늦게 인정하면서, 운동의 발전 속도는 "우리가 예상한 것보다 훨씬 더 느렸다"고 말했다.[16] 노동자 투쟁이 후퇴했으므로 1921년 말에 이미 코민테른은 새로운 '공동전선' 전술을 채택할 필요를 느꼈는데, 그러려면 적색노조인터내셔널이 암스테르담 인터내셔널과 실제로 협력해야 했다. 바로 이 암스테르담 인터내셔널을 파괴하려는 것이 적색노조인터내셔널의 설립 취지였는데 말이다.

모스크바는 적색노조인터내셔널 조합원이 엄청나게 많다고 주장했지만, 사실은 노조 내의 공산당 프랙션을 주로 가입시켰을 뿐이고 기존의 많은 전국적 노조 중앙은 여전히 암스테르담 인터내셔널을 충실히 지지했다.[17] 이탈리아의 사회당계 노조 연맹체가 적색노조인터내셔널에 잠시 관심을 보였지만 실제로 가입하지는 않았다. CGTU라는 예외를 빼면 적색노조인터내셔널이 실제로 성공을 거둔 나라들은 서유럽 바깥의, 산업화 수준이 낮고 억압적 정권이 있는 곳뿐이었다. 그런 나라에서는 흔히 노동자들의 경제조직이 서구에서보다 더 긴밀하게 공산당과 동맹할 수밖에 없었기 때문이다.[18] 그래서 라이너 토스토르프는 다음과 같이 지적했다.

공산주의자들과 신디컬리스트들의 동맹이라는 적색노조인터내셔널의 원래 생각은 적색노조인터내셔널이 창립되고 나서 곧 사라져 버렸다. 신디컬리스트들이 공산주의 사상에 근본적으로 반대하며 적색노조인터내셔널에서 탈퇴하거나 그러지 않으면 공산당에 가입했기 때문이다. 1922년 2차 대회 이후 적색노조인터내셔널 안에는 별도의 신디컬리즘 경향이 존재하지 않았다. 이제 적색노조인터내셔널은 정치적으로 동질적인 단일 조직이 돼 버렸고 … 자연히 코민테른과 소련 공산당의 결정 사항에 의지했고, 점차 코민테른과 소련 공산당의 지배를 받았다.[19]

코민테른과 적색노조인터내셔널의 정책에 내재한 그런 긴장에도 불구하고 IWW가 이중 노조 전략을 포기하지 않은 것은 어떻게 평가할 수 있을까? 분명히 IWW의 결정적 약점 하나는 서부광원연맹을 제외하면 처음부터 이렇다 할 대규모 노조를 끌어들이지 못했다는 것이다(서부광원연맹조차 곧 IWW에서 떨어져 나가고 말았다). IWW가 특정 산업과 노동 분야에서 믿을 만한 혁명적 노조 조직을 건설하는 데 성공한 것은 사실이지만, 그런 성과는 대체로 제한적이었고 흔히 일시적이었다. 더욱이, 좀 더 '평화적'인 발전 시기였던 과거에는 IWW가 AFL 안에서 활동하려는 시도조차 할 수 없었다면, 이제는 전쟁과 전후 경제 위기의 영향 때문에 상황이 크게 바뀌었다. 200만 명 넘는 노동자가 새롭게 AFL 대열로 유입되고 다양한 주요 산업 분야에서 파업에 참여하려는 조합원들의 의지가 강해진 것은 그런 상황 변화의 전형적 사례였다. 얄궂게도, AFL의 반동적 지도부가 엄청난 장애물 구실을 했는데도 AFL 노조의 조합원 중에는 미국의 계급의식적 노동자들이 다수 포함돼 있었다. 실제로, 사회당 당원들은 AFL을 무시하지 않는다는 결정을 내린 덕분에 연합광원노조UMW 같은 AFL 산하 노조에서 어느 정도 정치적 성과를 거둘 수 있었다. 다시 말해, 적어도 특정한 AFL 노조에서는 IWW 조합원들이 내부에서 어느 정도 영향력을 구축할 수도 있었을 것이다. 그들이 단호하게 그런 노력을 기울였다면 말이다. 그러나 코민테른의 전략을 따랐다가는 필연적으로 IWW 자체가 해산될 것이라는 두려움 때문에 IWW는 기존의 개혁주의 노조 안에서 하는 혁명적 활동과 기존 노조 바깥의 적절한 혁명적 기구에서 하는 활동을 결합할 수 있다는 것을 인정하려 하지 않았다. 그렇지만 영국의 직장위원회 지도자들과 미국 공산주의자들뿐 아니라 상당수의 IWW 현장조합원들도 결국은 견해를 바꿔서 코민테른의 전략을 받아들이고 자국에서 그 전략을 실행하려고 실제로 노력했다.

그런 결과는 미국의 비주류 신디컬리스트인 윌리엄 Z 포스터의 '안에서 파고드는' 전략이 옳았음을 입증해 줬다. 포스터의 핵심 주장이 바로 '투쟁적 소수' 신디컬리스트들이 AFL 노조 안으로 파고들어 가 노조를 혁명적 길로 몰아가야 한다(이미 노동자 투쟁이 그렇게 만들고 있었다)는 것이었기 때문이다. 포스터는 건설·금속·철도·의류 산업의 직업별 노조들을 노조 통합의 분명한 후보로 거론했고, 직업별 노조들로 이뤄진 '원초적 산별' 연맹들이 조직 노동자의 힘을 강화시켜 자본주의를 전복할 수 있게 할 것이라고 생각했다. 바로 이 목적을 위해 그는 북아메리카신디컬리스트동맹(1912~1914년), 국제노동조합교육동맹(1915~1917년), 노동조합교육동맹(1920년 이후)을 설립했다.

의미심장하게도, 그렇게 '안에서 파고드는' 전략을 채택한 덕분에 포스터 지지자들은 (주로 시카고의) 지역 노동운동에 영향을 미치고 광범한 진보적 노동조합원과 동맹을 맺는 데 비교적 성공할 수 있었다(비록 포스터의 조직 회원은 십중팔구 약 2000명뿐이었지만).[20] 포스터는 육류 포장 산업(1918년)과 철강 산업(1919년)에서 미숙련 노동자들의 파업 운동을 지도하며 자신이 탁월한 조직가이자 파업 전략가임을 입증했다. 이 투쟁들이 완전히 패배했는데도 많은 노동자가 사용자의 격렬한 반대를 무릅쓰고 노조에 가입했다. 그런 운동들은 기간산업에서 미숙련 노동자를 노조로 조직하려는 최초의 전국적 시도였다. 그때까지 AFL은 이 과제를 주도면밀하게 회피하고 있었고, IWW도 활발한 노력에도 불구하고 이렇다 할 성과는 거두지 못하고 있었다. 그 과제에 걸맞은 중앙집중적 구조를 창출하는 과정에서 포스터와 그 동료들은 직업별 노조를 넘어서 산별노조로 나아가는 중대한 일보를 내딛기도 했다.[21]

1921년 코민테른이 기존 노조 안에서 소수파 운동을 위한 국제 캠페인을 시작하자 포스터와 그 지지자의 다수는 재빨리 공산주의 쪽으로 이동했다. 노동조합교육동맹은 1922년 이후 적색노조인터내셔널의 미국 지부가 됐고 포스터는 미국 공산당의 노동조합 활동 책임자가 됐다. 사실, (나중에 초기 미국 공산당이 받아들인 사상과 전략을 예고한) 포스터식 신디컬리즘 덕분에 십중팔구 IWW 소속이 아닌 신디컬리스트와 IWW 조합원이 모두 공산주의를 받아들이기가 더 쉬워졌다. 따라서 코민테른이 신디컬리스트와 공산주의자에게 똑같이 스스로 조직 노동자 대중과 고립되지 말고 기존의 개혁주의 노조에 가입해서 그 노조를 강화하고 노조에 공격적 투쟁 정신을 불어넣으라고 조언한 것은 충분히 그럴 만했던 듯하다. 그러나 '안에서 파고드는' 전략에는 더 살펴봐야 할 내재적 문제들도 있었다.

모순된 구실

모스크바의 관점에서 보면, 분명히 신디컬리즘의 혁명적 노동조합 개념 자체에 일반적·근본적 긴장이 있었다(비록 당시 코민테른 지도자들이 그 긴장을 명확하게 규정하지는 않았지만). 이것은 한편으로는 노조를 혁명적 변화의 주요 수단으로 여기는 신디컬리즘의 노조관觀과 다른 한편으로는 노조를 상시적 협상 기구이자 갈등 중재자로서 자본주의 체제 내로 포섭하려는 구조적 경향이나 개혁주의의 압력 사이에 내재한 모순과 관계있다. 다시 말해, 신디컬리스트들이 부딪힌 문제, 그리고 그들이 결코 만족스럽게 해결하지 못한 문제는 그들이 공언한 목표, 즉 자본주의 사회에 맞서 상시적 전쟁을 벌인다는 목표와 제한적으로나마 당장 노동자들의 처지를 개선하려는 노력을 실천에서 어떻게 결합할 것인지였다.

이 문제가 가장 분명히 드러난 곳은 프랑스였다. CGT는 상황에 적응하라는, 즉 '직접행동'을 반드시 혁명적 총파업으로만 해석하지 말고 그냥 경제적 힘을 이용해서 자본주의 체제의 양보를 얻어 내는 것 정도로 이해하라는 압력을 끊임없이 받았다. 그래서 비록 CGT가 (하루 8시간 노동제 선동 같은) 노동조합(생디카)의 가장 긴급한 요구들을 [노동계급의] 해방을 향한 진보이자 자본가계급에 대한 부분적 수탈로 널리 홍보했지만, 실제로는 점차 그런 요구들을 연속혁명의 일시적 수단이 아니라 목적 자체로 추구했다. CGT 지도부는 그들이 자주 표명한 혁명적 이상을 희생시키고 싶지 않았으므로 개혁주의 활동이 자신들의 철학에 부합한다고 해석할 수밖에 없었다. 그래서 역사가 루이스 러빈은 1912년에 다음과 같이 말했다. "그들은 자신들이 바라던 최후의 투쟁을 기다리면서, 당장의 이익을 위한 투쟁은 그들이 당연히 해야 할 일인데도 마치 대단한 일인 양 엄청 생색을 냈다."[22] 그 결과, 전쟁 전 CGT의 혁명적 신디컬리즘은 1910년 이후 단체교섭과 입법화를 통한 사회 개혁을 옹호하는 운동으로 바뀌었다.

그런 변화를 부추긴 것은 1906년 이후 CGT가 주도한 대규모 파업의 잇따른 패배(이 때문에 노동자들의 투쟁력이 약해지고 CGT의 조합원 수 증가가 지지부진해졌다)만은 아니었다.[23] CGT가 변하기 시작한 것은 사용자들의 회유 공작이 늘어난 결과이기도 했다. 즉, 단체교섭과 협약이 대다수 주요 산업으로 널리 확산되자 전에는 그것이 계급 전쟁에 반하는 것이라며 반대했던 많은 CGT 지도자들이 이제는 강력히 지지하게 된 것이다.[24] 실제로, 단체교섭이 성과를 낼 수 있다는 전망은 노조의 투쟁성을 약화시키는 데 일조했고 점차 파업이 아예 벌어지지 못하게 막아 버렸다. 그 과정에서 CGT 산하 노조들은 공식 파업기금을 비롯한 조직 자원을 강화했고, 더 전문적인 노조 지도부를 발전시키려 했다. 1914년에 CGT 지도부가 '신성한 단결'에 기꺼이 참여한 것은 계급적·혁명적 관점을 포기하고 국민적 관점과 계급 협력 태도를 지지하도록 더욱 부추겼다.

그러나 CGT 안에서 혁명적 신디컬리즘의 깃발을 높이 올린 사람들이, 그리고 나중에 CGT에서 떨어져 나가 CGTU를 창설한 사람들이, 자본주의 체제 내의 혁명적 노동조합에도 영향을 미치는 듯한 모순된 압력을 심각하게 고민했다는 실질적 증거는 거의 없다. 흔히 프랑스 신디컬리즘 운동의 궤적은 다른 나라와 비교하면 예외적이었다고 생각한다. 즉, '진정한' 혁명가들이 주도한 CGT(와 신생 CGTU 프로젝트)의 초기 몇 년간은 혁명적 노동조합의 효과를 분명히 보여 준다고들 생각한다. 중요한 것은 노조 지도부의 문제였지, 자본주의 체제 내 노동조합의 성격 자체가 아니라는 것이다. 코민테른 지도자들도 그런 분석을 바탕으로 공산주의자들이 노조를 '장악'해서 진정한 혁명적 기구로 바꿔야 한다고 주장했다. 다시 말해, 신디컬리즘 전통과 공산주의 전통이 모두 노동조합 일반의 강력한 개혁주의 성향을 과소평가했다고 할 수 있다.

개혁주의가 IWW에 가한 압력은 훨씬 덜 뚜렷했지만 그렇다고 해서 비슷한 근본적 긴장이 존재하지 않았다는 말은 아니다. 그래서 제임스 캐넌은 나중에 다음과 같이 주장했다.

IWW의 핵심에 있는 가장 중요한 모순 하나는 혁명적 조직과 노동조합의 구실을 모두 하려고 했다는 것이다.[25]

서로 다른 두 가지 과제와 기능은 발전의 특정 단계에서 뚜렷이 구별되는 별개의 조직을 요구하는 법인데, IWW는 이 두 가지 과제와 기능을 혼자서 떠맡았다. 그리고 이런 이중성 때문에 IWW는 두 분야 모두에서 효율적으로 활동할 수 없었다.[26]

한편으로, IWW 지도부는 많은 파업에서 노동자들의 당면 조건과 구체적 불만 사항을 개선하는 데 정말로 헌신한다는 것을 입증했다. 그리고 혁명적 노동조합을 건설하려고 노력할 때 IWW 선동가들은 자본주의 체제를 철저하게 비난하고 혁명적 전복의 필요성을 보여 주는 출발점으로서 당면 현안들을 활용했다. 다른 한편으로, IWW는 제대로 된 산별노조를 건설하려면 노동자 대중을 가입시켜야 하지만 노동자의 다수는 (적어도 한동안은) IWW의 혁명적 강령을 이해하거나 동의하지 않을 수 있다는 문제에 부딪혔다. 그런 비혁명적 노동자들이 IWW에 가입하는 근본적 이유는 AFL 산하 노조에 가입하는 이유와 똑같았다. 즉, 임금 인상, 노동조건 개선, 노동시간 단축 등이었다(비록 그 바탕에는 훨씬 더 투쟁적 태도가 깔려 있기는 했지만). 물론 실천에서 IWW 조합원들은 노조 조직을 원하는 노동자가 있으면 그의 견해와 무관하게 모두 IWW에 가입시키려고 정말로 노력했다. 그리고 가끔은 다양한 지역에서 벌어진 다양한 파업과 운동에서 대중 전체가 IWW에 가입하기도 했다.

그러나 근본적 딜레마는 IWW의 활동이 흔히 산발적이었다는 점에서 드러난다. 즉, 파업이나 자유 연설 운동이 벌어진 곳에서는 어디서나 갑자기 확 타올랐다가 또 그만큼 빠르게 사그라져서 다른 곳으로 옮겨 가는 바람에 상시적 조직의 흔적이 거의 남지 않았다는 것이다. 당시 IWW 조합원들을 지켜본 사람은 다음과 같이 지적했다. "그들은 모두 '조직'을 말하기보다는 그냥 실천했다."[27] 사실, 파업 때가 아니면 IWW 지도자들은 작업 현장의 먹고사는 문제에 직접 관여하지도 않았고 일상적으로 경영진을 만나 노동조건 개선을 위한 협상을 벌이지도 않았다. 그래서 파업이 끝나고 나면 항상 IWW 조합원은 흔히 원칙을 바탕으로 단결한 골수 혁명가들 수준으로 다시 줄어들었고, 옛 지지자들의 경제적 이익을 지켜 줄 안정된 노조 조직은 유지되지 않았다. 문제는 선동의 동기와 조직적 동기가 똑같은 전략적 기구 안에 결합돼 있는 데서 비롯했다. 전자를 따르면 혁명적 감정을 불어넣는 선전 수단으로 파업을 활용해야 했고, 후자를 따르면 제대로 된 노조 기구를 건설하고 유지하는 수단으로 파업을 활용해야 했다.[28] 두 기능은 혼동됐고, 노조라는 전선에서 필수적이고 타당한 활동들은 혁명적 목표와 충돌한다는 이유로 거부당했다.

예컨대, IWW는 노조가 사용자와 단체교섭을 하고 합의문에 서명하는 전통적 절차에 참여하기를 거부했다. 그 결과는 노조의 안정이 불가능해졌다는 것이다. "IWW가 사용자와 교섭을 할 수 없다면, 도대체 어떻게 임금을 인상하거나 노동조건을 개선할 수 있겠는가? IWW가 조합원에게 제공할 수 있는 것이 오로지 끊임없는 산업 전쟁뿐이라면, 조합원을 늘리는 것은 고사하고 유지할 수나 있겠는가?"[29] 얄궂게도, IWW가 서명 거부를 정당화한 근거 하나는 서명 거부가 사용자를 굴복시키는 수단이라는 것이었지만, 경험으로 입증된 사실은 그것이 오히려 정반대 효과를 냈다는 것이다. 사용자들은 노조의 서명 거부를 역이용해서 자신들이 어떤 형태의 단체교섭에도 저항하는 것을 합리화할 수 있었다. IWW는 노동자들을 끊임없이 동원해서 계급투쟁을 벌여야 한다고 주장했지만, 많은 노동자는 자기 사용자와 끊임없이 싸울 태세가 돼 있지 않았다. 그들은 단체교섭과 협약으로 얻을 수 있는 것을 원했다. IWW의 다른 관행들, 예컨대 (조합원을 꾸준히 유지해서 [노조의] 안정된 수입과 작업 통제권을 확보할 수도 있는) 조합비 원천 징수에 합의하기를 거부한 것이나 낮은 가입비와 회비 등도 노조를 불안정하게 만들었는데, 이 모든 것은 노조의 재정을 매우 빈약하게 했고 노조의 장기적 조직화 작업 능력을 약화시켰다.

다시 말해, IWW가 때로는 공격적 파업을 성공적으로 이끌 수도 있었지만, 혁명적 조직과 노동조합의 구실을 모두 하는 것은 어려운 일이었다. 비록 잠시 동안은 특정 작업장이나 지역에서 조합원을 대규모로 가입시키는 데 성공했지만, 그것은 항상 일시적이었고 노동자들의 투쟁 수준에 따라 오르락내리락했다. 거대한 투쟁이 끝난 뒤에도 IWW가 조직을 계속 유지한 적은 한 번도 없었는데, 특히 동부 지방의 대량생산 산업에서 그랬다. 예컨대, 1912년 로런스 섬유 노동자 파업이 끝날 무렵 IWW는 1만 6000명의 신규 조합원을 노조 '지부'로 가입시켰지만, 몇 달이 채 안 돼 조합원은 약 700명으로 급감했다.[30]

문제를 어느 정도 인식한 IWW는 1916년 대회에서 조직 역사상 결정적 변화를 추진했다. 그동안의 노동쟁의 경험은 IWW가 성장하려면 순전히 혁명적인 선전·게릴라 조직에서 보통의 노조로 스스로 변해야 한다는 것을 보여 줬다. 즉, 대규모 조합원을 상시적으로 유지하는 데 따르는 책임과 타협을 모두 받아들이는 노조가 돼야 했다. 그 결과, 기존의 대담한 선동가, 파업 지도자, 선전가 등은 이제 덜 유명하지만 더 효과적인 노동운동 조직가로 교체됐다. IWW는 어떻게 하면 임금 인상, 노동시간 단축, 노동조건 개선, 고용 안정을 확보할 수 있을까 하는 문제에 점차 몰두했고, '머지않아' 다가올 혁명에 대해서는 점점 덜 얘기했다.

예컨대, 1915년 농업노동자조직이 건설되면서 IWW는 그동안 이주 노동자들 사이에서 조직하던 방식, 즉 자유 연설 운동과 자발적 파업을 옹호하며 선전을 확산하는 데 집중하던 기존 방식에서 상당히 벗어나기 시작했다. 그런 방식만으로는 노동조건을 개선하거나 상시적 노조 기반을 구축할 수 없었던 IWW는 이제 노조 가입비를 인상했고, 많은 농장 지역에서 작업 통제권을 확보해 사용자가 단체협약에 따라 노조의 임금률과 노동시간을 준수하게 하려고 노력했다. 농업노동자조직 지도자들은 목재 노동자들을 가입시키는 방법은 "노조의 필요성과 능력을 그들에게 보여 주는 것"뿐이라는 사실을 깨달았다. "희미한 먼 미래의 이상적 국가 모습을 그들에게 과시하는 것이 아니라 지금 여기서 '작품'을 만들어 내는 것"임을 깨달은 것이다.[31] 이런 조직 방식은 나중에 IWW의 다른 부문으로도 널리 퍼져서, 조합원이 급격하게 늘어나는 데 도움이 됐다.

그런 전환에는 잠재적 문제가 있었다. 조합원의 생활수준을 향상시키는 수단으로 노조 인정과 단체교섭을 인정하게 되면 혁명적 목표를 포기하고 AFL의 관행과 방식에 집착할 위험이 있었던 것이다. 사실, 프랑스 CGT 지도자들과 달리 헤이우드를 비롯한 IWW 지도자들은 미국 자본주의와 타협하고 싶은 생각이 전혀 없었다. 그러나 그들이 여전히 혁명 개념을 고수하는 동안 점차 깨닫게 된 사실은, 튼튼하고 오래가는 노조를 건설하려면 원칙적으로 자신들의 적인 사용자, 정부 관리, 사회와 협력하는 쪽으로 조직을 이끌어야 하는 모순에 처하게 된다는 것이었다.[32]

미국이 제1차세계대전에 참전하고 국가 탄압의 물결이 IWW를 덮치자 이런 변화 과정은 더 진척되지 않았다. 그래서 상근 간부층과 노조 관료주의가 확립될 수 있었던 과정도 중단됐다. 비록 그런 [관료화] 추세가 프랑스 CGT만큼이나 멀리 나아가지는 않았겠지만, 1930년대의 산업별조직회의와 비슷한 식으로 나타났을 가능성은 있다.[33]

멜빈 듀보프스키가 보기에, 핵심적 딜레마는 IWW가 주로 혁명적 조직 기능을 했다면 극소수의 노동자만 가입하고 산업 현장에서 실질적 힘도 거의 없었을 것이고 반대로 IWW가 주로 노동조합 기능을 하면서 광범한 노동자층을 가입시키려고 온건한 태도를 취했다면 혁명적 열정을 위태롭게 했을 것이라는 점이다.[34] 후자가 전자보다 더 그럴듯해 보인다는 것은 거의 틀림없다. 그러나 장기적으로 IWW가 어느 한 기능을 성공적으로 해낼수록 다른 기능을 실행하려는 노력은 약해졌고, 둘을 결합하려고 할수록 두 분야 모두에서 IWW의 효율성이 떨어졌다는 것은 분명히 아이러니다.

개혁주의의 압력이 미국 신디컬리스트들의 실천에 영향을 미친 생생한 사례는 윌리엄 Z 포스터가 '안에서 파고드는' 전략의 일환으로 AFL 안에서 활동한 경험에서 찾아볼 수 있다. 1916년에 포스터가 쓴 《노동조합운동: 자유로 가는 길》이라는 소책자는 당시 그의 새 조직인 국제노동조합교육동맹이 공식적으로 발행한 유일한 정책 문서였다. 그 소책자에서 포스터는 미국 노동조합의 기능을 예찬했다. 노동조합은 직업별 노조든 산별노조든, 조합원들 사이에 계급의식이 어느 정도 있든 없든 "혁명적 목표를 향해 나아갈 수밖에 없는 본성"이 있다는 것이었다.[35] 에드워드 조해닝스마이어가 설명했듯이, 포스터의 견해에 함축된 논리는 노조가 저절로 혁명을 향해 나아간다면 단지 노조의 목적을 위해서만 활동하면서도 급진적 목표를 타협하지 않을 수 있다는 것이었다. 그래서 포스터의 신디컬리즘은 점차 혁명적 미사여구가 덜 중요한 구조주의로[*] 변모했다.[36] 예컨대, 포스터가 중요한 투쟁 지도부 구실을 한 1919년 전국 철강 파업 때 그는 신디컬리즘 철학과 조직을 공개적으로 부정했고 온건한 AFL 간부들의 행동을 비판하기를 거부했다. 얄궂게도, 그는 미국에서 정치적 급진주의자로 가장 부각된 바로 그 순간에 거의 사라질 뻔했다. 포스터는 "나에게 사상이나 원칙 따위는 없다. 나는 AFL의 원칙들을 내가 아는 최선의 방식대로 적용하고 있다"고 주장했다.[37]

한편, CNT가 사용자와 정부를 상대로 끊임없는 전쟁을 벌이고 싶어 한 스페인 같은 나라에서도 체제에 순응하라는 개혁주의의 압력이(비록 덜 뚜렷했지만) 상당히 강했다. 신디컬리스트와 아나코신디컬리스트 활동가들은 노동자들의 열정이 불타오르게 하고 광범한 지지를 끌어낼 수 있었지만, 그들의 '전부 아니면 전무'식 전술은 때때로 참패를 낳거나 국가 탄압을 부르기도 했다. 그런 패배는 더 온건한 신디컬리스트들의 영향력을 강화했다. 그들은 때 이른 혁명적 모험에 휩쓸리기보다는 노동조건을 개선하는 데 집중해야 하고 자본주의 전복은 미래의 언젠가로 미뤄야 한다는 주장을 바탕으로 영향력을 확대했다. 또, CNT가 조합원을 대규모로 가입시키거나 유지하려면 기존의 원칙을 버리고 사용자와의 단체협약을 받아들여야 한다고 주장해 지지를 얻었다. 이렇게 협상을 추구하는 경향으로 말미암아 1916년 이후 CNT 내부에서 노조 관료주의가 등장하기 시작했고 아나코신디컬리스트 집단은 온건한 신디컬리스트들이 기꺼이 정부의

---

[*] 조해닝스마이어는 1910년대 초에 포스터가 프랑스 급진주의자들의 반反형식주의적 신디컬리즘을 받아들였을 때는 특정한 노동자 조직의 구조가 아니라 노동자들의 (혁명적) 투쟁 수준을 가상 중요하게 여겼지만, 1916년 무렵 AFL 산하의 시카고노동동맹 안에서 활동하면서부터는 노조라는 조직 형태 자체가 (잠재적으로) 혁명적이라며 자신의 활동을 합리화했다고 주장한다.

회유책에 호응하고 [노동계급의] 적인 부르주아지와 대화하려 한다고 분개했다. 그렇지만 이런 개혁주의의 압력은 흔히 CNT가 양보하려 해도 사용자나 정부 당국이 잘 받아들이지 않아서 결국 충돌할 수밖에 없었기 때문에 별로 효과가 없었는데, 특히 전쟁 직후와 내전 시기에 그랬다. 상황이 그렇다 보니 CNT 조직가들은 개혁주의적인 사회당계 노조 조직가들보다 훨씬 더 투쟁적이었고, 급진화한 미조직 노동자들이 물밀듯이 몰려들면서 정신없이 빠르게 성장하는 CNT를 통제하기란 거의 불가능했다. 투쟁적 상황이 개혁주의와 노조 관료주의의 압력을 약화시키는 비슷한 과정은 이탈리아에서도 나타났다. 그렇지만 다른 나라에서 그랬듯이 두 나라에서도 그런 긴장이 존재했다는 것은 노동조합이 혁명 기관으로는 충분하지 않다는 한계를 분명히 보여 준다.

장점과 한계

결론적으로, 코민테른이 신디컬리즘의 혁명적 노동조합 개념을 명시적으로나 암묵적으로 비판한 것은 주요 신디컬리스트들이 전반적인 이데올로기적·정치적 성찰을 통해 공산주의로 전향하는 데 분명히 기여했다. 확실히 코민테른이 신디컬리스트들, 특히 IWW가 기존 노조 안에서 활동할 필요가 있다고 지적한 것은 옳았던 듯하다. 기존 노조들은 노동계급 운동의 상당한 부분을 포함하고 있었을 뿐 아니라, 경제적·정치적 격변기에는 그 조합원들이 급진화해서 혁명가들이 영향력을 확대할 수 있는 만만찮은 기회도 생겨났다. 그러나 코민테른(특히 지노비예프와 라데크 등 코민테른 내부의 주요 인사들)은 그 문제를 다루는 데서 둔감했다. 그래서 다양한 나라의 다양한 상황을 충분히 감안한 구체적 지침을 제시하지 못했다. 그리고 적색 노조인터내셔널 프로젝트는 투쟁적 노동조합원들을 혁명적 정치로 끌어당기는 데 유용하고 꼭 필요한 수단으로 여겨졌지만, 개혁주의의 영향을 받은 노동자들을 정치적으로 설득하기 위해 신디컬리스트들더러 그런 노동자들과 함께 활동하도록 격려하는 문제에서든 노동운동의 보수적 지도자들에 맞서 신디컬리스트와 공산주의자의 공동행동을 강화하는 문제에서든 적색노조인터내셔널 프로젝트는 엄청난 혼란을 자아냈다.

그런 딜레마의 근저에는 혁명적 노동조합 자체의 한계라는 근본적 문제가 있었다. 얄궂게도, 코민테른은 노동조합이 혁명 기관으로서 충분하지 않다고 강조했지만, 노동조합도 올바른 (공산주의) 지도부 아래서는 혁명적 기구로 바뀔 수 있는지 아닌지에 대해 스스로 모호했다. 일반적 이론의 관점에서는 자본주의에서 노동조합의 성격이 상황에 따라 변한다는 점을 이해하고 있었지만 노동조합의 모순된 성격, 즉 투쟁 기구임과 동시에 협상 기구이기도 하다는 사실은 이해하지 못한 듯하다. 그 결과, 결정적으로 중요한 문제, 즉 노동조합 관료의 보수적·반혁명적 구실에 어떻게 도전하고 어떻게 극복할 것인가 하는 문제 또한 만족스럽게 해결되지 않았는데, 이 점은 8장에서 살펴보겠다.

8장 노조 관료주의

　　노조 관료주의의 딜레마는 20세기 초 국제 노동운동 안팎의 다양한 평론가들이 알고 있었다. 영국에서 노조 상근 간부층의 성장에 주목한 최초의 사람들 축에 드는 웨브 부부는 다음과 같이 말했다. "이따금 나타나는 열정가와 무책임한 선동가에서 현장조합원 가운데 특별히 선발된 업무 능력이 뛰어난 유급 상근 간부들로 노동조합계의 지도부가 바뀌고 있다."[1] 웨브 부부가 노조 "관료",[2] "노동조합계의 공무원"이라고[3] 일컫은 집단의 성장은 노동조합원이 증가하고 노조 통합 움직임이 일어나면서 중앙의 단체교섭과 조정 기구가 확산된 직접적 결과로 보였다. 그러나 웨브 부부는 대체로 그런 노조 관료 집단을 지지한 반면, 다른 평론가들은 훨씬 더 비판적이었다.

　　로자 룩셈부르크는 자신의 독일 노동운동 경험을 바탕으로 노조 상근 간부들의 관료주의·보수성에 관한 이론을 발전시켰다.

　　노조 지도자들의 업무가 전문화하고 따라서 그들의 시야가 협소해지는 것은 평화적 시기의 단편적 경제투쟁과 깊은 관련이 있는데, 그런 전문화와 협소한 시야 때문에 노조 상근 간부들은 너무 쉽게 관료주의와 편협한 세계관에 물들게 된다. … 그들은 먼저 조직을 지나치게 중시하게 된다. 그래서 조직은 점차 수단에서 목적 자체로 바뀐다. 즉, 조직이라는 최고의 가치에 투쟁의 이익이 종속된다. 또, 그들은 노조의 존속을 위험에 빠뜨릴 수 있는 중대한 모험을 회피하고자 평화의 필요성을 공공연히 인정하게 된다. 더 나아가, 노조의 투쟁 방식 자체, 노조의 전망, 노조의 성공을 지나치게 중시하게 된다.[4]

마찬가지로, 안토니오 그람시도 당시의 많은 이탈리아 산업 투사들이 그랬듯이 노조의 전문적 상근 간부층을 경멸했다. 그는 사용자와 타협을 거듭하는 과정에서 발전한 '산업[투쟁]의 합법성'을 고수하는 단체교섭 기능에 초점을 맞춰서 노조 상근 간부층의 뿌리 깊은 보수성을 설명했다. "이 사람들은 더는 계급투쟁을 위해 살지 않는다. 그들은 더는 대중과 똑같은 열정·욕구·희망을 느끼지 않는다. 그들과 대중 사이에는 결코 뛰어넘을 수 없는 간극이 있다."[5]

노동자들의 투쟁이 노조 관료주의의 한계를 어느 정도까지 극복할 수 있는지에 대한 평가는 다양했다. 한편으로, 독일 사회민주당원 출신인 로베르트 미헬스는 '과두제의 철칙'이라는 비관적 이론을 주장했다. 노동조합(과 모든 자발적 민주주의 조직들)은 효율적인 내부 행정 체계를 발전시켜야 하기 때문에 소수가 다수에게 권력과 영향력을 행사하는 과두제 통치 방식으로 나아가는 경향이 있다는 이 주장의 실천적 함의는 노조의 기층 조합원들이 이런 상황을 바꾸기 위해 할 수 있는 일은 (비록 그들이 원한다 해도) 거의 없다는 것, 그리고 신디컬리즘 조직 자체도 그런 과두제 경향에서 자유롭지 않다는 것이었다.[6] 이와 대조적으로, 로자 룩셈부르크는 (1905년 러시아 혁명에서 봤듯이) 노동계급의 폭발적이고 자발적인 투쟁 가능성을 강조하면서, 관료적·보수적 노조 간부들이 투쟁을 억제하려 해도 대중이 분출하면 결국은 그들을 제쳐 버릴 것이라고 낙관적으로 예상했다.[7]

독립적 노동자 조직을 국가가 강력하게 탄압한 제정 러시아에서 레닌과 볼셰비키는 개혁주의적·관료주의적 노조 지도부를 많이 경험하지 못했다. 그렇지만 코민테른은 노동조합을 혁명적 기구로 탈바꿈시키는 데서 개혁주의적·관료주의적 지도부가 장애물 노릇을 한다는 사실을 매우 잘 알고 있었다.

> 옛 노동조합의 관료 집단은 … 노동운동의 강력한 흐름을 작고 미약한 흐름들로 해체하고, 운동의 일반적인 혁명적 목표를 개혁주의적인 부분적 요구로 바꿔치기하고, 프롤레타리아 투쟁이 자본주의를 폐지하는 혁명적 투쟁으로 발전하지 못하게 가로막고 있다.[8]

그런 장애물에도 불구하고 코민테른은 로자 룩셈부르크와 마찬가지로 1917년 10월 이후 혁명적 노동자 투쟁이 시작된 상황에서는 노조가 혁명적 투쟁 기관으로 바뀔 수 있다고 생각했다. 노조 지도자들이 아래로부터 압력을 받아 어쩔 수 없이 변하거나 아니면 공산주의자들에 의해 쫓겨나고 교체될 수 있다고 여긴 것이다.[9] 그러나 코민테른은 "노조 안에서 공산주의 세포를 조직하고 … 노조 관료들의 반혁명적 경향"에 맞서 싸울 수 있는 공장위원회를 지지하라고 호소한 것 말고는[10] 세부적 실천 지침을 제시하지 않았다. 의미심장하게도, 코민테른은 혁명이 일어나기 전에도 기존의 노동조합을 완전히 변화시켜서 공산주의 편으로 끌어들일 수 있다고, 심지어 그것이 시급히 필요하다고 주장하기까지 했다. 그래서 알렉산드르 로좁스키는 코민테른 2차 대회에서 다음과 같이 말했다.

10월 혁명 전에 우리는 말로 하는 선전이 아니라 행동으로 공장위원회를 변화시켰다. 이제 우리는 사회혁명 전에 노동조합을 변화시킬 것이다. 노동조합은 사회혁명의 기관이 돼야 하기 때문이다.[11]

얄궂게도, 그런 분석은 노조 관료들이 대중투쟁에 해로운 영향을 미칠 수 있다는 점과 그들이 혁명적 상황을 가라앉히는 데서 핵심 구실을 한다는 점을 상당히 과소평가한 듯하다. 예컨대, 1918~1919년 독일 혁명 때 아래로부터 대중운동이 분출했지만 그 운동에 반대한 사회민주당계 노조 지도자들은 제쳐지지 않았다. 오히려 그들은 혁명의 물결을 억제하려는 분명한 의도를 갖고 운동의 선두에 나섰고 실제로 그렇게 하는 데 성공했다. 심지어 노조가 생긴 지 얼마 안 됐고 관료주의도 비교적 약했던 러시아에서조차 노조 내에서 우파인 멘셰비키의 영향력을 분쇄하기 위해서는 10월 혁명의 승리가 필요했다.[12]

한편, 모든 나라의 혁명적 신디컬리스트들도 노조 관료주의를 비판했고 노조 상근 간부들의 관료주의적·보수적 영향에 도전하려 했다. 그러나 [노조 관료주의 문제와 관련해] 국제 노동운동의 신디컬리즘 운동이나 정치 전통 가운데 가장 선구적이고 통찰력 있는 이론적·실천적 기여를 한 것은 영국 신디컬리즘 운동이라고 할 수 있다. 영국에서는 노조 관료주의가 역사적으로 뿌리가 깊고 오래전에 확립된 데다 전국을 휩쓴 노동자 투쟁이 주로 비공인 파업의 성격을 띠었고 기존 노조 지도부와 단체교섭 기구에 노골적으로 적대감을 드러냈는데, 바로 이런 특별한 상황 때문에 영국 신디컬리즘의 그런 기여가 가능했던 것이다. 그래서 J T 머피는 다음과 같이 말했다. "당시 [영국] 정부에 반대하는 것이 아일랜드인의 본성의 일부였던 것과 꼭 마찬가지로 노조 간부들에 반대하는 것은 신디컬리즘 성향 노동자들의 본성의 일부였다."[13] 또한 결정적으로 중요했던 것은, 영국의 주류 신디컬리즘 경향이 기존의 개혁주의 노동조합운동 안에서 활동함으로써 노조 관료주의와 정면 대결하는 실천적 과제를 해결하기로 전술적 결정을 내린 것이었다. 그런 실천적 경험의 결과로 영국 신디컬리스트들은 다른 나라 신디컬리스트들보다 더 정교하게 문제를 분석하고 과제에 도전할 수 있었다.

이와 달리 미국에서는 노조 관료주의 문제가 그다지 직접적 관심사가 아니었는데, 혁명적 노조를 완전히 따로 건설하려 한 IWW의 '이중 노조' 전략 때문이었다. IWW는 분명히 노조 내부의 관료주의 문제를 인식하고 있었고 직업별 노조인 AFL의 지도자들을 맹비난했다. 그러나 IWW는 기존 노조 간부들의 권력이 [노조의] 재건을 가로막는 장애물이고 도저히 극복할 수 없는 것이라고 믿었기 때문에, 이 문제를 해결하는 방법은 절대로 부패하지 않을 혁명적 산별노조를 독자적으로 건설하는 것이라고 생각했다. 이탈리아와 스페인에서는 '안에서 파고드는' 대안적 전략이 기본적으로 지역 수준에서 적용됐다. 기존의 전국적 노조 연맹체 내부에서가 아니라 지역에 기반을 둔 직업별 노조와 노동회의소 안에서 적용된 것이다. 이탈리아와 스페인 신디컬리스트들이 혁명적 연맹체를 독자적으로 만들어서 기존 연맹체와 경쟁했다는 것이 뜻하는 바는 신디컬리스트 조직들과 개혁주의적 노조·연맹체 관료들 사이의 관계가 근본적으로 외부에서 형성됐다는 것이다. 따라서 미국에서 그랬듯이 이탈리아와 스페인에서도 노조 관료주의의 이론적·실천적 문제들은 자세히 검토되지 않았고 투쟁을 억제하는 노조 관료의 영향력을 어떻게 극복할 수 있는지도 마찬가지로 검토되지 않았다.

프랑스에서는 비록 혁명적 신디컬리스트들이 처음에는 CGT 산하 노조의 상당수를 통제하는 데 성공했지만 CGT 지도부 전체와 그 지지자들(일부 대형 노조와 연맹에서 공식 지위를 차지한)은 1910년 이후 직접행동을 포기하고 사용자나 국가에 적응하는 쪽으로 꽤 나아갔다. 여전히 CGT 지도부와 공공연히 충돌하는 혁명적 소수가 상당히 있었지만 그들은 나중에 CGT에서 떨어져 나와 대안적 노조인 CGTU를 건설했다. 그래서 노조 관료주의와 대결하는 경험은 중단되고 말았다. 마찬가지로, 아일랜드에서도 ITGWU 안에서 투쟁적 태도를 방해하는 관료주의 경향이 발전하자 이에 반발해서 떨어져 나온 사람들이 노동자연합을 만들었다. 그러나 이들은 노조 관료주의를 그저 회피함으로써 문제를 해결하려 했고, 결국 실패하고 말았다.

이 모든 나라에서 신디컬리스트들은 관료주의적·개혁주의적 상근 간부들이 노조를 지배하는 것을 격렬하게 비난했고 독립적이고 투쟁적인 노동자들의 활동을 고무하는 데 기여했다. 그러나 노조 관료주의 문제와 씨름하는 데서 영국의 신디컬리즘 운동, 특히 전시의 직장위원회·노동자위원회 운동의 지도부가 기여한 것이 특히 중요했고, 그들은 코민테른의 개념들을 넘어섰다. 이런 기여가 어떤 것이었는지, 그리고 모스크바의 태도에 어떤 모호함이 있었는지를 차례로 살펴보겠다.

노조 간부들에게 압력 넣기

제1차세계대전 전에 영국 신디컬리스트들은 노조 관료와 현장 노동자들의 이해관계가 근본적으로 충돌한다고 강조하면서, 노조 간부들이 노동자 투쟁의 브레이크 구실을 하고 파업 때 자기 조합원들을 '배신'하고 사용자와 자본주의 국가에 대한 결정적 도전을 가로막는다고 비판했다.[14] 그들도 그람시나 룩셈부르크와 마찬가지로, 노조 간부들이 혁명을 통해 사회를 변혁하려 하기보다는 자본주의 사회의 틀 안에서 노동자들의 물질적 조건을 개선하는 데 집중하도록 몰아가는 공식 단체교섭의 [계급] 협력주의 논리에 주목했다.[15] 그러면서 노동조합이 안착하는 과정에서 나타나는 구조적 특징들(예컨대, 사용자와 국가가 노조를 승인하고, 노조가 사회적 위신을 누리게 되고, 조직의 자산을 소유하게 되는 것 등)과 관료주의적·타협주의적 정책 사이의 연관을 지적했다.[16]

그러나 영국 신디컬리스트들은 또, 노조 간부들의 지배력을 극복하기 위한 실천적 조처들, 특히 대중적인 현장조합원 행동과 아래로부터 통제를 제안하기도 했다. 그들은 노동조합 조직의 구조와 절차를 (산별노조로) 급진적으로 바꾸면 관료주의적 노조 간부들의 실질적 권력을 빼앗고 노조가 혁명적 목표를 채택하도록 만들 수 있다고 확신했다. 노조 간부들은 노조 통합 노력을 지지할 수도 있고 안 할 수도 있지만, 노조 통합 노력은 일차적으로 현장조합원들의 행동에 달려 있고 현장조합원들의 행동은 노조 간부들과 정면으로 충돌할 가능성이 높다고 신디컬리스트들은 주장했다. 더 일반적으로는 현장조합원들이 노조의 공식 기구를 확실히 통제해서 자신들의 목적에 맞게 운영할 수 있는 주요 수단으로 현장조합원 민주주의, 노조 권력의 분산, 대중적 참여를 강조했다.[17] 사우스웨일스광원연맹 내의 비공식혁신위원회가 1912년에 펴낸 소책자 《광원들의 다음 과제》는 노조 관료주의를 매우 강력하게 비판하면서, 노조 집행부를 일반 조합원들로 구성하고 간부는 모두 배제하자는, 또 집행부의 구실은 순전히 행정 실무만 담당하는 것으로 축소하고 노조의 새로운 정책·방침·전술은 모두 현장조합들이 주도하게 하자는 운동을 전개했다.[18]

전쟁 전에 영국의 산업 현장 투사들이 노조 지도자 개인들을 소심하고 보수적이라는 이유로 싫어하는 정도가 상당히 다양했다면, 신디컬리스트들은 처음부터 노조 관료 전체가 사용자에 맞선 노동자 투쟁에서 문제를 일으킬 수밖에 없다고 봤다. 그런 비판 덕분에 신디컬리스트들은 현장 투사들의 지지를 받았는데, 현장 투사들은 나름 대로 경험을 통해 신디컬리스트들과 비슷한 견해를 갖게 됐기 때문이다. 미헬스의 비관주의적 가정과 달리, 현장조합원들이 상근 간부들을 민주적으로 통제할 수 있다는 점을 신디컬리스트들이 강조한 것은 극히 정당했던 듯하다. [자본주의 체제 내] 포섭과 관료주의가 강력한 경향일 수 있지만, 아래로부터 압력으로도 결코 상쇄할 수 없는 필연적 추세는 아니었던 것이다.

그렇지만 전쟁 전의 영국 신디컬리즘 전통은 몇 가지 어려운 딜레마에 부딪히기도 했다. 그중 하나는 노조 기구에 포섭될 위험이었는데, 그 위험은 공식 노조 지위를 차지하려는 노력에서 비롯했다. 의미심장하게도, 비공식혁신위원회는 현장조합원들을 선동해서 기존 노조 지도자들에게 압력을 가해 특정한 정책들을 채택하게 만드는 데 몰두했다.[19] 그래서 사우스웨일스의 비공식 혁신 운동 지지자들은 다음과 같이 썼다. "우리는 집행위원회에 활력을 불어넣고 그들이 우리의 강령을 실행하게 만들려고 끊임없이 노력하는 '생강 단체'가* 돼야 한다."[20] 그들은 현장조합원들의 압력과 통제를 강화하고 기존 노조의 구조와 절차를 바꾸면 노조 간부들의 타협주의를 사실상 상쇄할 수 있을 것이라고 생각했다.[21] 그들은 결국 관료적 기구를 자신들의 민주적 기구로 대체하기를 바랐다.

그러나 비공식혁신위원회가 광원노조에서 현장조합원들의 투쟁을

---

* ginger group. 어떤 조직 안팎에서 그 조직이 더 잘하도록 자극·격려·비판하는 것을 기본 임무로 삼는 단체. 생강 뿌리를 말에게 먹여 활력 있게 만들었다는 데서 유래했다.

이용해 노조 관료주의에 대항하는 데 성공한 것은 사실이지만, 노조 기구 혁신과 집행부 장악을 추구하다 보니 관료주의 문제를 완전히 극복하지는 못했다. 그래서 토니 클리프와 도니 글룩스타인은 다음과 같이 지적했다.

> 현장 선동 덕분에 활기찬 투쟁적 세력들이 새롭게 떠올랐지만, 그중에서 최상의 투사들은 노조의 상층부로 선발돼서 기층과 분리된 채 관료주의의 수렁에 빠져 버렸다. 노조 간부가 투쟁적 신디컬리즘 운동 출신이라고 해서 관료주의 예방접종을 맞은 것은 아니었다.[22]

여기서 진실의 일면은 비공식 혁신 운동의 일부 지도자들이 이제는 노조 집행부가 된 자신들의 '대변인들', 특히 과거에 운동의 주역이었던 노아 애블릿을 비판한 데서 찾아볼 수 있다. 《광원들의 다음 과제》 지은이 중 한 명인 C L 기번스는 다음과 같이 썼다.

> 그들은 반동적 정치를 지지하지 않겠다고 맹세했다. … 그들은 혁명적 정책과 투쟁적 정책을 전면에 내세울 수 있었다. 또, 탄광의 투사들이 결정한 노선에 따라 행동하도록 집행위원회를 강제할 수도 있었다. 그들은 그렇게 했는가? 우리는 '아니오'라고 서슴없이 대답하겠다. 그들은 더는 혁명적이지 않다. 그저 말로만 혁명을 떠든다. 행동의 문제에서 그들은 노골적으로 반혁명적인 집행위원회 다수파와 구별되지 않는다.[23]

윌리 갤러처는 자신이 영국 노동운동 안에서 오랫동안 경험한 바를 돌이켜 보면서, 모스크바가 전면에 내건 '노조를 장악하라'는 구호가 실천에서 부딪힌 어려움에 관해 코민테른 2차 대회에서 중요한 요점을 하나 지적했다.

우리 동지를 노조 간부로 세우는 데 성공할 때마다 노조의 전술이 바뀌기는커녕 오히려 노조가 우리 동지를 부패하게 만들었습니다. 우리는 여러 차례 우리 동지들을 대형 노조의 간부로 만들었지만, 그런 활동이 공산주의와 혁명에 아무 도움도 되지 않는다는 사실을 알게 됐을 뿐입니다.[24]

근본적 딜레마는 사실 자본주의 사회의 어떤 노조도 환경의 압력을 완전히 피할 수 없다는 것이었다. 노조는 모순된 방식으로 활동해야 했다. 즉, 조합원들의 요구에 따라 투쟁하면서도 여전히 자본주의 체제 안의 방어적 조직이라는 성격을 유지해야 했다. 문제는 (앞서 7장에서 봤듯이) 다양한 산업과 작업장에서 사용자와 협상하고 타협해야 하는 일상적 압력 때문에, **혁명적 노동조합운동을 포함한** 노동조합운동 자체가 필연적으로 관료주의와 개혁주의 방향으로 나아가게 된다는 것이었다.

노조 통합과 산별노조 운동

또 하나의 딜레마는 (영국의 신디컬리스트들이 중요한 구실을 한) 성공적 운동들, 즉 1913년 다양한 조직을 단일한 대규모 산별노조인 전국철도노조로 통합한 운동과 1914년 광원노조·철도노조·운수노조의 '3자동맹'을 구축한 운동의 핵심에 놓인 역설이었다.[25] 노조 통합과 산별노조 운동은 기존 노조를 고무해서 혁명적 목표를 매우 적극적으로 채택하도록 할 수 있었다면 확실히 유용했을 것이고, 사뭇 다른 이유로도 필요했다고 볼 수 있었다.

그러나 철도 노동자들의 다양한 조직을 '모범적' 산별 구조를 가진 단일 조직인 전국철도노조로 통합했지만 그렇다고 해서 투쟁적 노조가 된 것은 아니었다.[26] 노조 간부들이 통합에 동의한 이유 하나는 조합원을 두고 노조끼리 경쟁하다 보니 사용자 단체와 효과적으로 협상할 수 있는 노조의 능력이 약해졌다는 사실이 분명히 드러났기 때문이다. 다른 이유는 통합 노조가 산업 안에서 협상의 영향력을 강화하는 수단이 될 수 있었기 때문이고, 또 다른 이유는 (뒤늦게라도) 산별노조를 지지하는 것이 현장조합원들의 도전을 피할 수 있는 전술적으로 유용한 수단이라는 것이 입증됐기 때문이다. 그러나 전국철도노조는 형식적으로 높은 수준의 민주적 구조에도 불구하고 여전히 상근 간부들이 지배하고 있었고 통합 전의 부문주의적 노조들과 마찬가지로 기꺼이 타협하고 '책임 있게' 행동하려 한다는 것이 드러났다.[27]

마찬가지로, 언뜻 보면 광원노조·철도노조·운수노조의 '3자동맹'이 산별노조 운동을 향한 커다란 진보인 듯했지만 거기에 참여한 노조 간부들은 자본주의 전복을 목표로 노동계급의 투쟁을 강화하려는 신디컬리즘의 목표와는 아무 관련이 없었다. 사실, 계급 협력 기구 노릇을 하는 확고한 노조 관료의 존재는 부문주의 문제나 신디컬리스트들이 흔히 중시한 노조 구조보다 훨씬 더 근본적 문제였다. 코민테른 2차 대회에서 카를 라데크는 산별노조 운동을 강조하는 신디컬리스트들의 한계를 다음과 같이 지적했다.

지금 우리가 다루고 있는 것은 새로운 물신숭배입니다. 낡은 직업별 노조는 더는 혁명에 도움이 안 된다고, 따라서 산별노조야말로 가장 완벽한 최상의 대안이라고들 주장합니다. 이것은 완전히 형이상학적 주장입니다. 반동적 산별노조 운동도 가능하다는 것이 이미 실천에서 입증됐습니다. 노동자들이 자본가들과 합의에 이르고자 스스로 산별노조를 조직한다면, 거기에는 혁명적인 것이 전혀 없습니다. 그뿐 아니라 다른 한편으로 직업별 노조보다 훨씬 더 후진적인 노동조합 조직들도 혁명적 투쟁 속에서 단결하는 것이 얼마든지 가능합니다. 그들이 혁명적 정신으로 가득 차 있다면 말입니다. … 산별노조에 대한 우리의 태도는 진행형입니다. 우리는 산별노조를 지지하지만, 고정불변의 원칙으로 삼을 수는 없습니다.[28]

분명히 영국 신디컬리스트들은 '혁명적 정신'이 노동조합 구조보다 더 중요하다는 정서에 공감했지만, 그래도 둘 사이의 긴장은 현실적이었다. 문제는 신디컬리스트들이 노조 지도부가 아래로부터 압력만 받으면 저절로 투쟁적 태도를 취하거나 아니면 자리에서 쫓겨날 것이라고 생각해서 3자동맹의 혁명적 가능성을 강조하는 데 몰두했다는 것이다. 그러면서, 노조 관료들이 3자동맹을 이용해서 아래로부터 행동을 누그러뜨릴 위험이 있다는 것을 현장조합원들에게 경고하려는 노력은 거의 하지 않았다.

노조 관료와 독립적으로 행동하기

이 중대한 딜레마에서 빠져나올 수 있는 길을 발견한 것은 제1차 세계대전 당시 직장위원회 운동이 노조 관료와 독립적으로 투쟁할 수 있는 현장조합원 조직을 건설하면서부터였다.[29] 의미심장하게도, 직장위원회 운동의 지도부는 신디컬리즘의 영향을 받은 주요 투사들이 맡았는데(그중 일부는 전쟁 전에 노조 통합 운동에 참여한 적이 있었다), 그들은 노조 관료와 국가에 모두 저항할 태세가 돼 있었다. 이 소수의 활동가들(아서 맥매너스, 톰 벨, 윌리 갤러처, J T 머피 등)은 사회주의노동당이나 사회당 같은 혁명적 사회주의 정당의 당원이었지만, 다른 사람들(W F 왓슨, 잭 태너 등)은 정당에 소속되지 않은 노조 투사들이었다. 그러나 그들은 모두 이론적 관점과 실천적 활동에서 전쟁 전의 신디컬리즘 전통의 주요 특징들을 그대로 간직하고 있었다. 전시의 경험 덕분에 이 금속 산업의 직장위원회 지도자들은 이 신디컬리즘 전통을 바탕으로 중요한 진전을 이룰 수 있었다.

특히 그들은 단지 공식 구조의 통합을 통해 노조와 그 관료적 지도자들의 부문주의적 이해관계가 과연 극복될 수 있을지를 의심했고 노조의 목표가 바뀔 가능성도 별로 없다고 생각했다. 오히려 그들은 투사들이 작업장에서 아래로부터 산별노조 운동을 건설하는 데 주도적으로 나서야 한다고 주장했다. 머피는 과거의 노조 통합론자들은 "현장조합원을 단합시키는 수단으로 관료의 단합을 추구했다. 우리의 제안은 이 순서를 뒤집자는 것이다" 하고 설명했다.[30] 그들은 노조·직업·성별의 차이를 떠나 모든 노동자를 대표하는 직장위원들로 이뤄진 작업장위원회 설립 운동을 전개했다. 그들의 주장인즉, 노동자위원회에 의해 서로 연결된 그런 작업장 조직들이 금속 산업에서 다른 산업들로 확산되면 전국 수준에서 모든 노동자를 아우르는 계급 조직이 확립되리라는 것이었다. 나중에 머피는 "우리가 노동조합운동 안에서 혁명적 선동가로 발전하는 과정"에 두 국면이 있었다고 구분했다.

[전쟁 전의 — 지은이] 첫 국면은 산별노조 운동, 노조 통합, 다양한 조직 내 생강 단체를 선전하는 국면이었다. [전시의 — 지은이] 둘째 국면의 특징은 행동의 시기, 즉 당면 투쟁에 산별노조 운동의 원칙을 적용하고, 기업주와 국가에 맞서는 투쟁의 직접적 책임을 맡으려고 한 것이었다.[31]

훨씬 더 의미심장한 것은 직장위원회 지도자들이 노조 관료주의를 비판하면서 노동조합운동의 관료화에 대항할 효과적 방안으로 독립적 현장조합원 조직론을 주장했다는 것이다. 이 이론을 가장 정교하게 설명한 것은 J T 머피의 소책자 《노동자위원회》였다. 그 소책자는 노조 간부층이 현장조합원들과 동떨어진 존재라는 사실을 확인하며 시작한다. "최근의 노동조합 역사에서 가장 두드러진 특징 하나는 노조의 현장조합원들과 간부들이 서로 충돌한다는 것이다." 머피는 계속해서 다음과 같이 말한다. "흔히 혁명적 언사 덕분에 노조 간부가 된 사람이 시간이 흐르면 완전히 딴소리를 한다는 것을 누구나 알고 있다."[32] 머피는 노조 간부를 관료로 만들 수 있는 물질적 압력과 사회적 압력을 모두 지적했다.

이제 작업장에서 일하는 사람과 노조 간부로 일하는 사람의 관점을 비교해 보자. 작업장에서 일하는 사람은 모든 변화를 체감한다. 그래서 작업장의 공기가 곧 그의 공기, 가장 중요한 노동조건이다. … 그러나 똑같은 사람이 노조 간부가 되면, 작업장에서 멀어지고 다른 계급에 속한 새로운 사람들을 만나고 사뭇 다른 공기를 마신다. 전에는 가장 중요했던 것들이 이제는 부차적인 것이 된다. … 그가 이제는 냉담해서도 아니고, 부정직해서도 아니고, 노동자의 이익이 안중에 없어서도 아니다. 인간 본성이 그런 것이기 때문이다. 그는 새로운 요인들의 영향을 체감하게 되고, 그 결과로 관점이 바뀌는 것이다.[33]

머피는 이 노조 간부층의 성장과 강화가 뜻하는 바는 "시간이 갈수록 그들 자신의 안정, 상근직이나 의회 경력, '편한' 관리 업무가 더 매력적이게 된다"는 것이라고 설명했다.[34] 《광원들의 다음 과제》가 그랬듯이, 머피도 평범한 조합원들의 수동성이 그런 관료화 경향을 강화한다는 사실을 인정하면서, 노조 간부가 "마치 노동자들은 자기네 마음대로 주무를 수 있는 말 잘 듣는 착한 사람들인 것처럼" 취급하지 못하도록, 또 노조 간부가 현장조합원들의 대표로서 제구실을 하도록 만들려면 모든 현장조합원이 노조 일에 적극 참여할 필요가 있다고 주장했다.[35]

그와 동시에, 머피는 공식 노조 체계의 안과 밖에서 필요하다면 관료와 독립적으로 투쟁할 수 있는 현장조합원 조직을 발전시키는 데 집중해야 한다는 것도 알았다.[36] 클라이드와 셰필드를 비롯해 영국 전역에서 만들어진 노동자위원회는 그런 요구를 충족시킬 조직의 모범으로 여겨졌다. 노동자위원회는 노조 관료 체계와 독립적 현장조합원 조직 사이에 '이중[이원] 권력' 상황이 조성된 것을 나타냈다. 이런 현장조합원 노선은 전시 상황의 직접적 필요 때문에 생겨났지만, 그 안에는 전쟁 전의 신디컬리즘 운동을 혼란에 빠뜨린 노조 관료주의와 부문주의라는 이론적 문제의 해결책이 들어 있었다. 의미심장하게도, 직장위원회 전략은 '간부들에게 압력 넣기'에서 '간부들을 거슬러서 행동하기'로 전진한 것이었다.[37] 그 태도를 요약한 것이 클라이드노동자위원회의 유명한 말이다. "노조 간부들이 노동자들을 올바로 대변하는 한 우리는 그들을 지지하겠지만, 그러지 않으면 즉시 독립적으로 행동할 것이다."[38]

그런 태도는 전쟁 전의 비공식혁신위원회가 주장한 태도와 사뭇 달랐다. 비공식혁신위원회의 목표는 노조 공식 기구를 통해 노동조합운동을 혁신하겠다는 것이었기 때문이다. 그러나 머피는 전시 금속 산업 직장위원회 운동의 실천적 성과를 반영해서, 노조 지부가 아니라 작업장에 기반을 둔 독립적 현장조합원 조직이 가장 적절한 조직 형태이자 노조의 관료화를 막을 효과적 대안이라고 주장했다. 그래서 《광원들의 다음 과제》와 달리 《노동자위원회》는 기존 노조와 지도부의 권위를 대체할 완전한 전국적 구조를 제안했다. 광원노조 활동가들의 목표가 노조 관료주의를 혁신하는 것이었다면, 금속 산업의 직장위원들은 필요하다면 노조 관료주의를 우회하려 했다.[39]

당연히 직장위원회 지도자들이 볼 때 공식 노조 기구에 참여하는 것은 별로 중요하지 않았기 때문에, 노조의 지위를 차지하려는 조직적 노력은 전혀 없었다.

> 우리가 [작업장 조직들을 — 지은이] 장악하려 하지 않고 노동조합운동을 장악하는 데 노력을 집중한다면 오히려 우리가 공식 운동의 포로가 되고 말 것이다. … 사람은 환경의 지배를 받는 법이므로, 우리는 직장위원이 노조 간부가 되는 것에 분명히 반대해야 한다. 노조 간부가 되면 직장위원은 작업장이나 작업 도구와 멀어지고 말 것이다.[40]

직장위원들은 독립적 현장조합원 조직이라는 근거지에서 노조 간부들에게 압력을 가하는 데 만족했다. 그들은 노조 간부들이 이 압력에 반응하지 못하면 기존 노조는 결국 '제거'될 것이고 노조의 핵심 기능은 모두 직장위원회와 노동자위원회가 맡게 될 것이라고 확신했다.

따라서 투쟁적 직장위원들이 전쟁 전 영국 신디컬리즘의 '통합' 전통과 '이중 노조' 전통을 모두 거부한 것은 작업장 조직 건설이라는 현실의 실천 때문이었다.[41] 그들은 기존 노조를 혁신하거나 교체하려 하지 않고 공식 구조 안에서 현장조합원 조직(필요하다면 노조 관료와 독립적으로 투쟁할 수 있는)을 발전시키는 데 집중했다. 공식 기구와 비공식 기구라는 두 다리로 걷는 현장조합원 운동을 발전시키려 한 것이다.[42]

'노동의 참모부'

1919년에 영국의 일부 노동조합 지도자들은 전후의 노동자 대투쟁과 정치적 급진화 물결을 타고 상당히 좌경화해서 '직접행동'을 주장하기 시작했다. 의회가 노조의 요구에 반응하도록 강제하기 위한 정치적 총파업을 주장한 것이다. 그래서 몇몇 노조들은 광산 국유화, 징병제 폐지, 러시아와 아일랜드 주둔 영국군 철수를 강요하기 위해 직접행동을 벌이겠다고 위협했다. 그동안 활동이 중단됐던 3자동맹이 다시 강조됐고, 오래되고 효과도 없는 노총 의회위원회를* 중앙집행위원회로 교체해야 한다는 주장이 강해졌다. 직접행동의 미사여구로 말미암아 대체로 노동조합운동의 혁명적 잠재력에 대한 신디컬리스트들의 환상이 되살아날 수 있는 비옥한 토양이 조성됐다. 이제 광범한 노동조합 투사층은 3자동맹의 지도자들이 총파업을 주도해서 자본의 권력과 최종 대결을 벌일 것이라고 기대하기 시작했다. 그러나 3자동맹을 변함없이 지배하고 있는 것은 노조 관료 집단이었다. 그들은 투쟁을 지도하기보다는 억제하려 했고 억제할 수 없을 때는 투쟁을 확대해서 국가에 도전하기보다는 노동쟁의를 노동조합 부문주의의 한계 안에 가둬 두려고 했다.

그러나 머피와 그 밖의 직장위원들이 총파업의 혁명적 가능성을 인정하면서도 좌파 노조 간부들은 잠재적 혁명 상황의 지도자로서 불충분하다는 분석을 분명하게 발전시키며 '직접행동'의 미사여구에

---

* 1868년 창설된 영국 노총은 1871년 노조에 유리한 입법 로비 활동을 주 임무로 하는 상임위원회인 의회위원회를 설치했지만 대체로 자유당과 공조해서 노조의 이해관계를 반영하는 수준에 그쳤다. 그러다가 1900년 태프베일 철도 파업 후 노조에 거액의 손해배상 판결이 내려진 것을 계기로 노총이 노동자대표위원회LRC(노동당의 전신)를 출범시키면서 의회위원회는 사실상 유명무실해졌다.

신중하게 접근한 것을 보면 전쟁 전의 신디컬리즘 전통과 비교할 때 1919~1920년에 그들이 정치적으로 성장했음을 알 수 있다. 이제 머피는 노조 관료주의에 대해 훨씬 더 세련된 분석을 발전시켰다. 첫째, 그는 자본주의에서 중앙집중적 단체교섭은 필연적으로 "전문화한 간부 집단을 대규모로" 만들어 낸다고 설명했다. 그들은 사용자와 타협해야 할 필요 때문에 사용자를 대신해서 조합원들을 제재하는 구실을 어느 정도 떠맡게 됐고 '노조 조직'을 민주적 통제와는 거리가 먼 "과두정치나 밀실 회의 방식으로 운영하는" 경향이 있었다.[43] 둘째, 머피는 단체교섭으로 말미암아 자본주의와 타협하는 것밖에 모르는 지도부가 생겨났다고 주장했다.

> 노동조합은 구조적으로 활동 경로가 협소하게 제한돼 있고 관료주의는 이 제한된 활동의 산물이라는 점을 떠올려 보면, 공식 지도자들의 관점과 행동이 근본적으로 보수적이라는 것은 얼마든지 예상할 수 있는 일이다. 오늘날 그들은 19세기 심리로 20세기 문제에 대처한다. 우리는 혁명의 시대에 들어섰고, 따라서 혁명적 지도부가 필요하지만, 기존 질서의 균형을 깨뜨릴 일은 아무것도 하지 말라는 애처로운 호소를 듣고 있다. 쟁점들은 협소한 [활동] 경로를 벗어나지 못한다. 공식 지도자들에게 부문주의는 미덕이고 계급투쟁은 끔찍한 악몽이다.[44]

머피는 노조 간부들의 기능 자체가 협상이기 때문에 그들은 단체교섭 절차를 자본주의와의 일시적 휴전이 아니라 상시적 평화로 보게 된다고 설명했다. "노조 기구 자체가 구조적으로 자본주의 체제에 … 적응하는 경로를 지향한다."[45]

노동조합은 … 자본주의 사회 개념을 받아들여서 기존 체제를 수정하기 위해 조직된 기구다. 노동조합은 자본주의 체제의 일부를 강화하거나 수정할 뿐이다. …

내 말은 이 조직들이 자본주의를 파괴하는 데서 아무 구실도 하지 않을 것이라는 얘기가 아니라, 혁명가는 노조의 구실이 제한적일 것이라는 점을, 즉 … 노동자들의 전망을 끊임없이 제한하면서, 말하자면 보수적 기능을 하리라는 점을 알고 있다는 것이다.[46]

그는 새로 만들어진 노총 중앙집행위원회가 혁명을 지도할 수 있을 거라는 환상에 빠져서는 안 된다고 경고했다.

노동자 군대의 참모부[노총 중앙집행위원회 — 지은이]에 기대를 거는 사람들이 많지만, 그 참모부의 주된 생각 역시 보수적이고 반동적이다. 관료 집단의 참모부는 독립적 노동계급의 염원을 자본주의 전복으로 이끄는 기구가 아니라, 오히려 그런 염원의 분출을 가로막는 댐이 될 것이다.[47]

이런 주장에서 나온 결론은 노조 관료주의와 계급 협력주의 경향을 마침내 분쇄할 수 있는 길은 오직 자본주의 전복뿐이라는 것이었다. 머피는 혁명적 격변의 시기에 노동자들이 계급 협력주의 지도부를 혁명가들로 교체하고 노조의 구조를 산별 노선에 따라 개조할 수 있다는 것을 인정했다. 그러나 (노동자위원회가) 혁명을 성공적으로 수행하지 못하면 똑같은 관료주의, 계급 협력주의 경향이 새 지도부 사이에서 재빨리 확립될 터였다. 심지어 산별노조 운동이 성공하고 노조의 기반이 지부에서 작업장으로 바뀌더라도 간부들에 대한 민주적 통제가 보장되지는 않았다. 노동조합 자체의 재건이 아니라 독립적 현장조합원 조직이야말로 노동계급을 전진시키는 열쇠였다. 산별노조 구조의 완성은 혁명 후의 과제임이 드러났다. 사실, 많은 산별노조 투사들은 1919~1920년에 좌파 노조 관료들과 산별노조의 가능성을 계속 과장했지만, 머피와 그 밖의 직장위원회 운동 지도자들은 [노동조합] '재건'과 상관없이 노조와 그 관료주의적 지도부는 혁명이 완수될 때까지 계속해서 자본과 타협하는 기구 노릇을 할 것이라고 지적했다.

그런 분석은 전쟁 전의 신디컬리즘 전통에서 크게 발전한 것이었다. 1919~1920년에 노조 지도부가 국가와 충돌하기를 꺼린 직접적 결과로 정부가 [노동자와] 충돌하지 않고 전후 산업의 위기를 무사히 넘길 수 있었던 것, 그리고 1921년 4월 15일 '암담한 금요일'에 광원들이 홀로 투쟁하도록 남겨지면서 3자동맹이 붕괴한 것에서 그런 분석의 가치를 확인할 수 있다.

코민테른의 모호함

그렇다 해도, 노동조합이 매우 발전한 서유럽과 미국에서 사회주의 혁명이 승리하고 국가권력 장악이 실현되기 전에도 노조 지도자들이 아래로부터 압력을 받아서 어쩔 수 없이 변하거나 혁명가들로 교체되면 노조가 혁명의 도구로 바뀔 수 있다는 생각을 크게 부추긴 것은 코민테른이 추진한 '노조 장악' 정책이었다.[48] 얄궂게도, 미국의 공산주의자 루이스 프라이나가 AFL 노조에 대해서는 '초좌파적' 태도를 취했지만, 그래도 관료 집단이 혁명의 순간까지도 지위를 유지할 만큼 충분히 강력하고 따라서 독립적 현장조합원 운동을 조직해서 대항하지 않으면 그들이 혁명운동을 마비시킬 것이라고 지적한 것은 분명히 옳았다.

우리가 [노동조합에 관한 — 지은이] 라데크 동지의 테제에 반대하는 것은 … 무엇보다 노조의 성격에 대한 견해 차이와 관계있습니다. … [라데크의 테제에서] 내릴 수 있는 결론은 … 노조 관료의 지위를 차지하는 것이 우리가 해야 할 일이라는 것입니다. 그 테제에서는 투쟁 속에서 관료에 대항할 수단이나 대중을 행동으로 동원할 수단으로서 특별한 조직, 예컨대 노조위원회나 직장위원회 등을 건설해야 한다는 암시나 지시를 전혀 찾아볼 수 없습니다.[49]

사실, 코민테른(과 적색노조인터내셔널)은 공산주의자들이 공장위원회를 "노동조합의 중핵"으로 만들기 위해 노력해야 하고, 그래서 "노동조합이 관료의 반혁명적 경향을 극복하고 의식적으로 혁명의 기관이 될 때에만 공장위원회를 지지하려고" 노력해야 한다고 주장했다.[50] 그러나 이런 일이 어떻게 가능한지는 자세히 설명하거나 깊이 생각하지 않았다. 신디컬리즘의 영향을 받은 영국 직장위원회 운동 경험을 진지하게 흡수해서 노조 관료주의 문제를 극복하려는 노력을 하지 않은 것은 말할 나위도 없다. 더욱이, 사회관계가 완전히 변혁되는 노동자 혁명 전에도 노조 관료를 제거할 수 있다거나 공식 기구를 관료의 통제에서 빼앗아 올 수 있다는 생각은 오히려 더 강해졌다. 그래서 프라이나는 다음과 같이 말했다.

관료를 통제해야 한다는 것이 아니라, 대중이 관료의 통제에서 벗어나 독립적으로 싸워야 한다는 점을 강조하는 것이 우리의 견해입니다. … 제 말은 노조에서 활동하지 말아야 한다는 것이 아니라, 노조 관료를 통제하겠다는 생각에 반대한다는 것입니다. 우리는 노조 안에서 관료에 맞서 투쟁해야 합니다. 노조 관료를 통제하거나 제거하는 것은 오직 혁명 과정이나 혁명 후에야 가능할 것입니다.[51]

그 뒤 적색노조인터내셔널 창립은 공식 노조 기구를 장악한다는 생각을 더욱 강화했다. 마찬가지로, 1920년대 초 영국에서 대량 실업이 시작되고 계급 세력 균형이 사용자에게 유리하게 확 바뀌자 강조점은 작업장에서 공식 노조 지위를 차지하는 쪽으로 더 이동했다.[52] 모스크바의 후원과 영향 때문에 신생 영국 공산당(전쟁 전의 신디컬리스트 활동가와 전시 직장위원회 지도자의 다수가 합류한) 안에서는 노총 중앙집행위원회의 좌파를 신뢰하는 경향이 점차 확립됐다.[53]

돌이켜 보면, 그런 관점은 노조 관료의 독특한 구실과 그들이 노동운동 안에 깊이 뿌리내린 것을 완전히 과소평가한 것이었다. 확실히, 노조 지도부가 막 시작된 혁명을 목 졸라 죽이는 결정적 구실을 할 수 있다는 생각은 코민테른의 공식 선언문이나 토론에서 찾아볼 수 없다. 레닌과 트로츠키는 러시아와 비교할 때 영국 같은 나라들에서 깊이 뿌리내린 노조 관료주의의 영향이 얼마나 강력한지를 충분히 깨닫지 못했던 것 같다. 비록 머피가 노조 관료들의 배신 행위에 대항할 현장조합원 조직의 필요성을 선구적으로 분석하기는 했지만, 그런 머피조차 노조와 그 지도자들이 대대적으로 공산주의를 받아들일 수 있을 거라는 생각에 반대했다는 실질적 증거는 전혀 없다. 물론 영국 공산당과 적색노조인터내셔널 영국 지부의 상대적 취약성 때문에 실제로는 그런 거창한 목표도 순전히 탁상공론이 되고 말았지만 말이다.

9장 경제와 정치

　노동계급의 정치적 대표들이 결함이 있다고 생각해서 이를 바로잡기 위해 산업 투쟁과 투쟁적 노동조합운동을 최우선으로 강조한 신디컬리스트들의 노력은 코민테른의 격렬한 비판을 받았다.[1] 신디컬리즘 노선은 기껏해야 정치 쟁점을 산업 투쟁에 종속시키고 최악의 경우에는 정치를 거부한다고 코민테른은 주장했다. 물론 여러모로 20세기 초 '경제'와 '정치'의 분리는 자본주의 사회에서 많은 노동자가 겪는 실제 경험을 반영한 것이었다. 노동자들은 작업장에서 착취에 시달렸으므로 사용자에 맞서 싸우려면 노동조합 같은 집단적 경제조직이 필요하다는 것을 쉽게 알 수 있었다. 그러나 더 광범한 정치 쟁점은 노동자들의 당면 상황과 직접 관련이 없는 듯했으므로, 일반적 계급 정치와 조직의 필요성은 딱히 분명하지 않았다.[2] 그러나 경제와 정치의 분리는 자본주의 사회에서 노동자들이 처한 조건을 단순히 반영한 것만은 아니었다. 만약 그랬다면, 제1차세계대전 때문에 노동자들이 자신의 작업장 문제보다 훨씬 더 광범한 문제들을 고

민할 수밖에 없었을 때 또는 국가의 산업 투쟁 개입으로 정치와 경제의 긴밀한 연관이 드러났을 때, 경제와 정치의 분리는 쉽사리 그리고 자연스럽게 극복될 수 있었을 것이다.

문제를 복잡하게 만든 것은 부문주의적 노동조합과 의회주의적 노동자 정당이 성장하면서 자신들의 구조 자체를 경제와 정치의 분리 위에 구축했다는 사실이다.[3] 주로 산업 [쟁점]에 집중한 노조 지도자들은 파업 때 국가에 정치적으로 도전하면 공격을 당할까 봐 두려워했다. 그래서 그들은 노조가 임금과 노동조건 같은 경제투쟁에만 관심을 쏟게 하려고 애를 썼다. 반대로, 유권자 중심의 조직을 거느린 개혁주의 정치인들은 파업에 관여하면 표를 잃을까 봐 두려워했다. 그래서 그들은 정치는 오직 의회 선거에서 승리하는 데 관심을 쏟는 것이고 이것이 바로 정당의 임무라고 생각했다. 다시 말해, 개혁주의 조직들은 근본적으로 자신의 적을 모방했다. 즉, 자본주의 자체의 정치-경제 분리를 그대로 반영한 것이다. 예컨대, 영국에서 이런 분업은 노조는 경제 전선에서 투쟁하고 노동당은 의회의 정치 전선에서 투쟁하는 식으로 이뤄졌다. 노동운동의 두 '날개'는 서로 보완하면서, 각자 자신이 전담하는 문제들에 몰두했다.

개혁주의적 노조와 정당은 [자본주의] 사회 내의 '정상적'인 일상적 상황에서 자본가의 권력에 저항하고 물질적 개혁을 성취할 능력(아무리 제한적이더라도)을 제공했기 때문에 노동자들의 충실한 지지를 받을 수 있었다. 그러나 그와 동시에 개혁주의 조직들은 특히 1910~1921년의 사회적 위기 때 흔히 자기 지지자들의 사기를 꺾고 지지자들의 항의와 반발을 기존의 자본주의 사회 틀 안에 가두는 구실도 했다. 경제와 정치의 분리는 자본가와 노동자의 계급투쟁이 정치 문제가 아니라 경제·사회 문제라는 믿음과, 노동자들의 이익을 도모하는 가장 좋은 방법은 혁명적 사회변혁이 아니라 협상과 의회의 개혁 입법이라는 믿음을 부추기는 경향이 있었다.

코민테른의 관점에서 볼 때, 경제와 정치를 분리하는 것은 잘못됐을 뿐 아니라 매우 해롭기도 했다. 레닌은 (부르주아 민주주의가 발달한 선진 자본주의 나라들과 마찬가지로 제정 러시아에서도) 정치는 의회와 선거에 관한 것이 아니라, 계급 권력에 관한 것이라고 주장했다. 자본주의 국가는 노동자들을 착취하는 경제체제를 지키기 위해 존재했으므로 경제와 정치는 결코 분리되지 않았다(확실히 자본가계급은 둘을 분리하지 않았다). 따라서 경제 분야로 자신을 제한하는 노동조합 투쟁이 일시적 승리를 거두더라도 자본가계급은 여전히 경제와 국가를 통제했기 때문에 항상 반격을 가할 수 있었다.[4]

마찬가지로, 로자 룩셈부르크도 경제와 정치의 분리가 노동조합 투쟁을 '비非정치적인' 것으로 만들고 노조의 정치를 의회라는 안전판으로 향하게 하는 효과를 낸다고 경고했다. 룩셈부르크는 노동조합운동을 '시시포스의 노동'에 비유했는데, 그리스 신화에서 시시포스는 큰 바위를 언덕 꼭대기까지 밀어 올렸다가 바위가 밑으로 굴러떨어지면 처음부터 다시 밀어 올리는 일을 영원히 반복해야 한다.[5] 따라서 노동조합 조직은 아무리 투쟁적이더라도 자본주의를 쳐부수기에는 부족하다. 노동자 투쟁은 노동조합운동의 한계를 극복할 때만 자본가계급의 권력을 결정적으로 분쇄할 수 있다. 즉, 경제와 정치의 분리를 무시하고 자본주의 국가를 표적으로 삼아야만 노동계급은 영속적 승리를 기대할 수 있는 것이다.

이런 분석을 바탕으로, 코민테른은 신디컬리스트들이 산업 선동과 사회주의 정치를 분명히 연결해서 노동자 투쟁을 지도하는 데 실패했다며 신디컬리즘 이론과 실천을 강력히 비판했다. 적색노조인터내셔널 지도자 알렉산드르 로좁스키는 오로지 산업 투쟁을 강조하는 신디컬리즘의 근본적 결함은 '경제의 정치'를 파악하지 못하는 것이라고 주장했다. 얄궂게도, 산업 선동과 사회주의 정치를 연결하지 못하는 이런 태도는 신디컬리즘만의 특징은 아니었다. 전쟁 전에 많은 마르크스주의자도 정치를 자본주의 착취에 반대하는 일상적 투쟁과 동떨어져 존재하는 사상 체계로 생각했다. 그러나 코민테른이 가장 비판한 것은 신디컬리스트들이 오로지 산업 투쟁을 지향하면서 '정치'와 정치조직을 거부한다는 점이었다.

그런 비판은 레닌이 소책자 《무엇을 할 것인가》(1902)에서 자발성과 정치의식·조직의 관계를 살펴보며 주장한 내용에서 어느 정도 예고된 것이었다. 물론 어찌 보면 제정 러시아에서는 경제와 정치의 관계가 아주 긴밀했다. 노동자 조직과 노동조합은 모두 금지되고 파업은 형사범죄(때로는 정치범죄)로 처벌받을 정도였다.[6] 그러나 레닌은 러시아 사회민주노동당 안에서 '경제주의'로 알려진 이론적·정치적 경향을 가차없이 비판했다. 경제주의자들은 노동자들과 함께 '정치'를 논하는 것을 시간 낭비라고 생각해서, 제정에 반대하는 정치투쟁을 활동의 중심에 두지 않으려 했다. 이들을 비판하면서 레닌은 노동자들에게 오로지 노동조합 쟁점만을 말하는 사회주의자는 노동자들을 얕잡아 볼 뿐 아니라 노동계급 내의 부르주아 이데올로기에도 도전하지 않는 사람이라고 주장했다.

[사회주의자들의 임무는 — 지은이] 노동조합주의 정치를 사회민주주의 정치투쟁으로 바꾸는 것이고, 노동자들을 사회민주주의 정치의식 수준으로 끌어올리기 위해, 경제투쟁으로 말미암아 노동자들 사이에서 생겨나는 정치의식의 불꽃을 활용하는 것이다.[7]

이것이 뜻하는 바는 사회주의자들이 "노동조합의 서기"가 아니라 "모든 압제와 억압에 대응하는 민중의 호민관"이 되고자 노력해야 한다는 것이라고 레닌은 주장했다.[8] 사회주의자는 이른바 경제 쟁점이나 노동조합 쟁점으로 자신을 제한할 것이 아니라, 사회의 모든 피억압 집단이 벌이는 광범한 정치투쟁의 선두에 서야 한다는 것이다. 레닌은 계급의식을 발전시키려 하고 국가에 대항하는 정치적 계급투쟁을 지도하며 정치적 조직화를 고무하는 전국 수준의 사회민주주의(즉, 혁명적 마르크스주의) 정당으로 대중투쟁의 자발성을 보충해야 한다고 주장했는데, 비슷한 주장을 이제 코민테른 지도자들이 신디컬리스트들에게 적용하고 있었던 것이다.

정치를 산업 투쟁에 종속시키기

앞서 봤듯이, '정치 활동'을 일축한 많은 신디컬리스트들은 (협소한 정치 활동 개념을 채택해서) 노동자 정당과 사회주의 정당의 지도부가 주장하는 선거·의회 정치는 근본적으로 막다른 길이라며 거부하거나 축소했다. 그렇다고 해서 신디컬리스트들이 의회주의를 거부하는 사회주의자들이나 정당들과도 결코 협력하지 않은 것은 아니었다. 더욱이, 매우 정치적인 다양한 쟁점에 실제로 관여하기도 했다(비록 그것들이 '비정치적' 쟁점이라고 항변했지만). 또, 자본주의 경제·정치 체제를 전복하고 노동계급 민주주의에 바탕을 둔 집산주의 사회를 건설하는 활동에 헌신했다는 점에서 신디컬리스트들은 '정치적'일 수밖에 없었다. 그래서 제임스 캐넌은 미국 IWW를 두고 다음과 같이 말했다.

IWW가 주장한 '비정치적' 정책은 그들의 실제 행적과 잘 맞지 않는다. IWW가 주로 에너지를 쏟아부은 활동은 기존 사회질서를 비판하는 선전과 선동(비누 상자 위에서 연설하기, 신문과 소책자와 노래책 발행 등), 투옥된 노동자들을 방어하는 운동, 수많은 지역에서 벌어진 자유 연설 투쟁 등이었다. 이 모든 활동은 대부분, 말 그대로 정치적이었다.[9]

그러나 신디컬리스트들은 작업장에서는 사용자에 맞서 단결 투쟁 해야 한다는 경제적 필요에 정치적 차이가 종속되므로 모든 정치 문제의 해결책은 작업장에서 찾을 수 있다고 믿었다. 그들은 계급 전체의 투쟁적 노동조합운동이 새로운 정치적 명확성을 제공하고 종파주의적 분열을 극복할 수 있다고 봤다. 제임스 코널리는 (IWW와 ITGWU에 모두 참여했고, 신디컬리즘 사상의 영향을 많이 받았는데) 1909년 신디컬리즘 메시지에 걸맞은 제목의 소책자 《뿌리를 찍는 도끼》에서 다음과 같이 설명했다.

> 정당은 경제적 조건을 반영한다. 따라서 일단 산업에서 노동계급의 단결이 확립되면 정치적 단결도 이뤄질 것이다. 정치적 분열은 산업의 분열에서 비롯한다. 나는 우리가 이 점을 아주 강력하게 주장해야 한다고 생각한다.[10]

더욱이, 자본주의 사회에서 정치권력은 경제권력에 의존하고 경제권력보다 부차적이었다. 이것이 뜻하는 바는 산별노조가 가장 중요한 산업들을 접수할 만한 위치에 있기 전까지는 어떤 정치혁명도 불가능하다는 것이었다. "정치적 국가를 장악하기 위한 투쟁은 전투가 아니라 전투의 메아리일 뿐이다. 산업 통제권을 차지하기 위해 날마다 벌어지는 투쟁이야말로 진정한 전투다."[11] 코널리는 당면 목표와 혁명이라는 최종 목표를 모두 달성하기 위한 투쟁과 산업 조직이 일차적이고 정치 쟁점은 부차적이라고 봤다.

노동조합 조직의 무미건조한 세부적 활동을 혁명적 사회주의의 건설적 활동으로 바꾸고, 그래서 둔감한 노동조합원을 새로운 사회체제 건설의 강력한 요인으로 만들 수 있는 이런 사상의 힘은 엄청나게 중요하다. 그것은 지저분하고 잡다한 계급투쟁의 일상적 사건들에 새롭고 아름다운 의미를 부여하고, 그 투쟁이 빛과 어둠의 군대가 서로 충돌하는 것임을 밝히 보여 준다.[12]

공산주의자들이 볼 때, 여기서 핵심 딜레마는 노동자들이 채택하는 산업 조직의 형태가 노동자들의 의식을 좌우한다는 신디컬리즘의 가정이었다. 신디컬리스트들은 노동자들이 산별노조로 조직된다면 계급의식이 위로 스며들 것이고, 자발적인 공격적 산업 투쟁이 저절로 노동계급을 단결시킬 것이고 그 과정에서 노동자들의 생각도 혁명적으로 바뀔 것이라고 봤다. 그들은 **노동조합의 세계관과 사회주의 의식이 똑같다**고 생각했다. 그런 생각은 경제 영역과 협소한 노동조합 활동 이외의 정치 쟁점을 논하는 것은 별로 타당하지 않다는 신디컬리스트들의 견해를 강화했다.[13] 반대로, 공산주의자들은 레닌의 초기 분석을 따라서 다음과 같이 주장했다. 산별노조 운동과 집단적 작업장 투쟁이 (노동자들 자신의 경험을 통해) 특정 사용자에 맞서 단결할 필요를 깨닫게 하고 직업별·부문별·인종별·성별 분열을 깨뜨리기 시작할 수 있다는 것은 분명하다. 그렇다고 해서 노동조합운동과 작업장 투쟁을 통해, 노동자들이 이데올로기적·정치적 분열(예컨대, 개혁이냐 혁명이냐 하는 전략의 차이)을 **저절로** 극복하거나 자본주의 국가의 정치적 구실을 명확하게 이해하는 것은 아니다.

코민테른의 관점에서 보면, 문제는 자본주의가 비교적 안정된 '정상적' 상황에서 노동계급은 결코 동질적이지 않다는 것이었다.

노동조합 의식은 불가피하게 정치의식이나 계급의식보다 뒤처질 수밖에 없었다. 왜냐하면 노동조합은 본래 정치의식이나 사상과 무관하게 모든 노동자를 조합원으로 받아들였기 때문이다. 이것이 뜻하는 바는 노동조합이 필연적으로 노동계급 내의 불균등성을 반영했다는 것이다. 따라서 그렇게 다양한 경향을 모두 받아들이면서도 노동계급의 단결을 유지하려고 애쓰는 혁명적 노동조합운동은 흔히 정치 쟁점을 회피해서 우세한 분위기에 순응하라는 압력, 대중의 지지를 받는 데 필요한 최소한의 공통분모를 바탕으로 활동하라는 압력을 받았다. 노조가 더 많은 노동자를 조직할수록 노동자들 사이의 차이에서, 불균등한 의식에서 비롯하는 잠재적 약점도 더 커졌다. 그런 차이는 오히려 계급의 단결을 가로막는 장애물이 됐고, 후진적 사상은 도전받지 않았다. 노동계급 운동을 약화시키는 이데올로기적·정치적 분열에 적극 대처하고 도전해야만 진정한 단결을 이룰 수 있었다. 그러려면 허구적 계급 단결 개념이 아니라, 노동계급을 '차이가 있는 통일체'로 이해하는 변증법적 관점이 필요했다.[14]

역사적 결과를 이미 알고 있는 후대의 관점에서 보면, 이데올로기적·정치적 문제를 [산업 투쟁에] 종속시키는 태도의 한계를 보여 준 사례 하나는 1911년 영국 신디컬리스트들이 관여한 리버풀 운수 파업이다. 당시 신디컬리스트들은 리버풀의 정치와 종교 쟁점(특히, 가톨릭 노동자와 프로테스탄트 노동자의 종교적 분열)을 무시한 채 노동조합운동과 산업 투쟁에 집중할 수 있다고 생각했다. 그러나 정치 생활을 재구성할 수 있는 자발적 대중파업의 힘이 분명히 드러났는데도 (파업위원회 의장인 톰 만을 비롯해서) 어떤 혁명적 경향도 종교적·정치적 쟁점을 직시하고 노동자들의 기존 '상식'에 도전하려 하지 않았다. 그것은 독립노동당이 기존 편견에 굴복한 것과 똑같은 효과를 냈다. 즉, 리버풀의 정치를 '보수당 민주파',* 아일랜드 민족주의자들, 노동당 우파, 노조 지도자들에게 맡겨 버린 것이다.[15]

공산주의자들이 신디컬리즘 운동을 더 일반적으로 비판한 것은 신디컬리스트들이 정치적 수단으로 개혁주의 정치에 맞서 투쟁하기보다는 개혁주의 정치를 그저 무시하려고만 하는 데서 비롯했다. 신디컬리스트들은 개혁주의 정치를 원칙적으로 거부했지만 산업 투쟁을 가장 강조했기 때문에 실천에서는 노조와 사회주의 정당의 개혁주의 지도자들을 대체할 일관된 정치적 대안을 제시하는 데 사실상 실패했다고 공산주의자들은 주장했다. 분명히 개혁주의 정당과 노조의 지도자들은 자신들의 조직을 보호하고 나아가 노동조합 투쟁과 노동자 혁명에서 자본을 보호하는 주요 수단으로 정치-경제 분리를 유지하는 데 이해관계가 있었다. 그러나 개혁주의는 보수적 노동운동 지도자들이 외부에서 노동자들에게 강요한 것만은 아니었고, 노동자 대중의 모순된 생각이 정치적으로 표현된 것이기도 했다. 대중은 노동조합 투쟁으로 기존 체제에 도전할 수도 있지만 기존 체제가 주입한 사상의 많은 부분을 당연하게 여길 수도 있었던 것이다. 따라서, 특히 '사회적 평화'의 시기나 투쟁이 패배한 직후에 공격적 투쟁의 장점은 분명해 보이지 않을 수 있었고, (빵집 전체를 통제하기 위해 투쟁하는 것보다는 케이크 몇 조각을 얻기 위해 협상하는 것을 선호하는) 개혁주의 정치가 많은 노동자들의 경험과 잘 맞을 수 있었다.

---

* 보수당 민주주의Tory Democracy는 사회를 유기체로 보고 온정주의와 실용주의를 중시하는 보수당 노선으로, '한 국민 보수주의One-nation conservatism'라고도 한다. 19세기말 영국 총리를 지낸 보수당 지도자 디즈레일리가 빈부 격차 증대에 따른 사회적 갈등 심화의 해법으로 제시한 데서 유래했는데, 그는 영국이 부유층과 빈민층의 두 국민으로 분열될 위험을 경고하고 모든 국민이 함께 살아갈 것을 주장하면서 선거에서 노동계급 남성의 표를 얻고자 했다.

이것이 고정불변의 상황은 아니었다. 즉, 당면한 경제 쟁점을 두고 벌어지는 노동조합 투쟁과 혁명이라는 최종 목표를 연결하려는 (신디컬리스트들을 포함한) 소수는 항상 있었고 노동자 투쟁이 일반화하는 시기에는 그들이 대중에게 영향을 미치기 시작할 수 있었다. 사실, 룩셈부르크가 《대중파업》이라는 소책자에서 지적했듯이 총파업과 혁명적 격변의 시기에는 생활·노동 조건을 두고 벌어지는 투쟁이 생산·사회 통제라는 근본적 문제를 건드리게 되면 '경제' 문제와 '정치' 문제의 차이가 사라지고 둘은 완전히 새로운 역동적 방식으로 결합될 수 있다. 그래서 1905년 러시아 혁명을 되돌아보면서 룩셈부르크는 경제 파업이 순식간에 정치적 요구들을 제기했을 뿐 아니라, 정치적 요구를 제기한 파업도 경제 파업을 불러일으켰고 경제 파업과 정치 파업이 모두 새로운 노동자층을 처음으로 집단적 투쟁에 끌어들이며 차르 체제 전복을 위한 혁명적 운동으로 결합됐다고 강조했다.[16]

그렇지만 이렇게 예외적으로 유리한 상황에서조차 여전히 개혁주의 지도부에 정치적으로 도전해야 했고 노동자의 다수를 새로운 종류의 독립적인 혁명적 사상과 행동으로 설득해야 했다. 그러지 않으면 운동은 기존 자본주의 체제의 틀 안에 갇히고 말 터였다. 요컨대, 개혁주의 지도부로 인한 파괴적 결과를 피할 수 있는지 없는지는 개혁주의에 도전하는 대안적 정치 전망을 분명히 제시하는 지도부가 등장하는지 못 하는지에 달려 있었다.[17]

이런 주장을 긍정적으로 확인시켜 준 것은 1917년 10월 혁명의 경험이었다. 10월 혁명은 노동계급이 혁명적 정치의식으로 이끌리는 과정이 자동적이지 않다는 것을 보여 줬다. 비록 노동자들이 자주적 활동을 통해 새로운 사상으로 나아가는 길을 닦기는 했지만, 저절로 멘셰비키나 사회혁명당의 개혁주의와 결별한 것은 아니었다. 볼셰비키 조직이 혁명적 마르크스주의라는 대안적 사상을 제시해 줘야 했다. 볼셰비키는 운동을 부르주아 임시정부와 제국주의 전쟁 노력의 한계 안에 가둬 두려는 시도에 도전해서 성공했다. 반면에, 위의 주장을 부정적으로 확인시켜 준 사례는 1918년 독일 혁명의 결과다. 당시 아래로부터의 대중운동에 반대한 독일 사회민주당과 독립사회민주당 지도자들은 운동을 계속 통제하면서 제국 군대의 총참모부와 협력해서 혁명적 좌파를 분쇄할 수 있었다.[18] 요컨대, 대중의 혁명적 파업 물결이 휩쓰는 시기에도 노동자 운동 안에서 개혁주의에 대항하는 정치투쟁은 반드시 필요했던 것이다. 또, 그러려면 혁명적 변화라는 사상으로 설득된 노동자의 수가 늘어나고 그들의 정치조직이 있어야 했다(이 문제는 11장 참조).

제1차세계대전에 반대하기

코민테른 지도자들은 정치가 산업 투쟁에 종속돼야 한다고 강조한 신디컬리즘의 중요한 역설은 신디컬리스트들이 고무한 아래로부터 혁명적 노동조합운동이 필연적으로 국가의 반대에 부딪힌다는 것이라고 주장했는데, 신디컬리스트들이 보기에도 국가는 노골적인 '부르주아지의 집행위원회'였다. 그래서 프레더릭 리들리가 지적했듯이, 프랑스에서는

총파업은 말할 것도 없고 광범한 파업 운동이 벌어지기만 해도 신디컬리스트들은 자본의 옹호자 구실을 하는 국가의 무력과 충돌할 수밖에 없었다. 신디컬리스트들이 주장한 직접행동의 혁명적 성격은 이런 충돌을 더한층 불가피하게 만들었다. 그래서 노동자들은 원하든 원하지 않든, 투쟁의 기원과 목적이 아무리 경제적(즉, 노동자와 사용자의 관계에

관한 것)이더라도 그런 한계를 뛰어넘어 정치적(즉, 통치하는 정부와 통치받는 사람들의 관계에 관한 것)이 될 수밖에 없는 행동 방식으로 이끌렸다.[19]

1920년 1월 지노비예프는 "IWW에 보내는 호소"에서 비슷한 점을 지적했다.

많은 IWW 조합원에게 **정치**라는 말은 황소 눈앞의 빨간 천, 즉 자본가나 다름없습니다. …
이것은 정치라는 말을 너무 협소한 의미로 사용하는 것입니다. IWW의 설립 원칙 가운데 하나는 "모든 계급투쟁은 정치투쟁"이라는 카를 마르크스의 말에 잘 나타나 있습니다. 다시 말해, 자본가들에 맞선 노동자들의 투쟁은 모두 **정치권력**, 즉 국가를 두고 벌이는 투쟁인 것입니다.[20]

역설이게도, 신디컬리스트들이 더 '비정치적'으로 되려고 하고 의회 정치를 더 피하고자 하면 할수록 그들은 스스로 더 광범한 정치 활동 분야에서 개혁주의 정당들과 경쟁하고 국가와 충돌할 수밖에 없었다. 그만큼 신디컬리즘 이론은 내부 모순이 있었던 것이다.[21] 이런 모순, 또 정치를 산업에 종속시킨 신디컬리즘의 문제점을 가장 생생하게 보여 준 것은 제1차세계대전을 대하는 태도였다. 당시 신디컬리스트들은 전쟁에 반대한다고 공식적·공개적으로 선언했다. 그러나 많은 나라에서 그들은 정치를 끌고 들어오면 노동계급이 분열할까 봐 전쟁 반대 선동을 하지 않았다.[22] 이것이 코민테른 세계 대회에서 공식적으로 거론된 쟁점은 아니었지만, 전반적 문제를 분명히 보여 주는 것이므로 여기서 살펴볼 만한 충분한 가치가 있다.
예컨대, 앞서 봤듯이 미국에서 IWW는 처음부터 전쟁에 반대하는 원칙적 태도를 취했는데 그 근거는 전쟁이 자본가들의 경제적 지배력 쟁탈전일 뿐이므로 어떤 노동자도 전쟁을 지지해서는 안 된다는 것이었다. 유럽에서 전쟁이 시작됐을 때도, 나중에 미국이 참전했을 때도 IWW의 태도는 바뀌지 않았다. 심지어 국가의 강력한 탄압을 받으면서도 IWW는 태도를 바꾸지 않았다. 다른 나라들과 달리 미국에서는 전쟁이 처음에는 IWW가 성장할 수 있는 기회와 계기가 됐다. 노동시장이 여유가 없이 빠듯한 상황에서, 또 임금보다 물가가 더 빠르게 오르는 경제를 배경으로 노동자 투쟁이 늘어났다. 그 과정에서 IWW는 조직화 운동에 성공해서 조합원을 대폭 늘릴 수 있었다. 그래서 1917년 9월 무렵 IWW에 조합비를 납부하는 조합원은 12만 5000명에서 15만 명을 헤아렸다.[23]

그러나 전쟁 기간은 IWW의 정치관과 국가관의 한계가 드러난 때이기도 했다. IWW는 결정적으로 중요한 일부 군수산업에서 파업의 지도자 구실을 할 수 있었다. 그러나 '정치 활동'을 거부했기 때문에, 노동자들에게 해외에서 유혈 낭자한 전투가 계속되는 동안 국내에서 계급 전쟁을 벌이라고 조언하는 것 말고는 전쟁에 효과적으로 반대하는 실천적 행동을 거의 하지 못했다. 그래서 구체적으로 징병제에 반대하는 활동, 전쟁 물자의 제조·운송을 막기 위해 작업장에서 생산을 대놓고 방해하는 활동, 전국적 반전 운동을 건설하는 활동을 거의 하지 않았다. 그들의 모호한 태도는 산업 행동과 정치 사상·조직을 분명하게 연결하기를 거부하는 신디컬리즘을 반영한 것이었다. 미국 의회가 참전을 선언하면 IWW가 무엇을 할지 논의하기 시작했을 때 서부 연안의 한 조합원은 24시간 항의 총파업을 벌이자고 제안했다. 그는 자본주의 전쟁에 참여하는 것보다는 감옥에 가는 것이 차라리 낫다고 말했다. 그러나 〈솔리대리티〉 편집자는 그런 대응에 반대했다.

전쟁이 일어나면 우리는 단일 거대 노조가 … 전쟁 상황을 이용해서 더 강력해지고 산업 통제권도 강화할 수 있기를 바란다. 왜 우리가 몇 안 되는 시끄럽고 무기력한 반전 행진이나 시위를 위해 노동계급의 이익을 희생해야 하는가. 오히려 우리는 전쟁을 지지하든 반대하든 상관없이 산업을 접수하기 위해, 그리고 전쟁과 그 밖의 야만적 행동으로 이어질 미래의 자본주의 침략을 모두 저지하기 위해 노동계급을 조직하는 활동을 계속해야 한다.[24]

마찬가지로, 어떤 조합원이 헤이우드에게 편지를 보내 의회가 전쟁을 선포하면 IWW는 전국적 총파업을 선언하자고 제안하며 조언을 구했을 때 헤이우드는 이 제안을 지지하지도 조언을 해 주지도 않았다. 마침내, 전쟁이 선포되자 헤이우드가 이끄는 IWW 본부는 조합원들에게 반전 선전을 무시하고 "조직화라는 대업"에 집중하라고 요구했다. IWW의 가장 투쟁적인 지도자 프랭크 리틀은 조합원들에게 "국내에서 우리 자신의 적인 기업주에 맞서 싸우는 독자적 전투를 벌이시오" 하고 조언했다. 그러나 헤이우드는 다음과 같이 조언했다. "냉정을 유지하고 아무 말도 하지 마시오. 아주 많은 사람이 여러분과 똑같이 느끼고 있지만, 위대한 계급 전쟁과 비교하면 세계대전은 별로 중요하지 않습니다. … 저는 우리가 전쟁에 반대해서 취해야 할 분명한 조처가 어떤 것인지 잘 모르겠습니다."[25] 1917년 미국에서 징병법이 제정되고 IWW 조합원들이 징병위원회의 소집에 응할지 말지를 선택해야 했을 때 랠프 채플린은 〈솔리대리티〉 지면을 이용해 "IWW는 전쟁에 반대한다"며 [징집] 면제를 요구하라고 조합원들에게 조언했다. 그러나 헤이우드는 채플린의 조언을 일축하고, 그것은 개인의 양심과 선택의 문제라고 강조했다. 결국, 징집 대상 조합원의 95퍼센트 가량이 징병위원회에 등록했고 그중 대다수는 군에 입대했다.[26] 보수적인 AFL이 정부에 협력한 것과 달리 IWW는 전쟁이 시작됐을 때 아주 진지하게 계급투쟁을 계속했지만, 노동자들의 지지를 잃을까 봐 그리고 정부가 전시 비상사태를 이용해 IWW를 탄압할 빌미를 줄까 봐 전쟁이라는 정치 쟁점을 적극 제기하지 않았다.

그러나 IWW의 영향을 받은 파업들이 아무리 노동운동의 전통적 목표를 추구했더라도 미국 국가는 그 파업들을 전쟁 노력과 연방 정부의 정당성에 직접 도전하는 것으로 판단했다. IWW 조합원들이 혁명에 헌신하기를 포기하지 않고 작업장에서 자신들의 관행을 바꾸려 하지도 않았으므로 지배계급은 IWW가 산업 전선에서 거둔 성공을 보며 점차 두려워했고, 1917년 봄 전쟁에 뛰어들 준비를 하면서 IWW 조합원을 마녀사냥 하기 시작했다. IWW 조합원은 '독일 첩자'로 몰렸고 지역 자경단의 '애국주의' 폭력의 표적이 됐다. 그래도 파업은 계속됐고, 나중에는 광범한 반전 운동이 발전해서 노동자들의 경제적 불만을 전쟁에 대한 정치적 반대와 연결할 기회가 마련됐다. 그러나 IWW는 이 '정치적' 반전 운동을 무시하기로 작정했다. 반면에, 사회당은 반전 활동을 정말로 원하던 새로운 활동가층을 자신들의 혁명적 분파로 끌어당겨서 성장하기 시작했다. 얄궂게도, '정치'를 거부하는 IWW의 태도 때문에 정부는 훨씬 더 쉽게 IWW를 고립시킬 수 있었고, IWW는 제대로 대비하지 못한 탓에 강력한 국가 탄압에 타격을 입었다.

영국에서는 전쟁이 계속되자 군수공장의 노동자 투쟁이 정부의 골칫거리가 됐고, 금속 산업의 강력한 직장위원회·노동자위원회 운동이 사용자와 정부에 대한 저항을 선도했다. 직장위원회 지도자들은 제국주의 전쟁에 반대하는 태도를 취했고, 전쟁을 추진하는 국가를 전복하기 위해 노력했다. 그 과정에서 그들은 정부의 공격과 노조·노동당 지도부의 전쟁 지지 정책에도 불구하고 무기 공급을 방해할 수 있는 현장조합원들의 비공인·불법 파업을 이끌었다. 예컨대, 1916년에는 셰필드 노동자 1만 2000명의 성공적 파업을 이끌었다. 그 파업은 정부가 군수공장에 고용된 노동자는 징집에서 면제해 주겠다던 약속을 어기고 한 금속 노동자를 징집하자 이에 맞선 파업이었다. 또, 1917년 5월에는 (숙련 노동자를 미숙련 노동자로 대체하는) '노동 희석'을 확대하려는 정부의 시도에 반대해서 전국의 금속 노동자 20만 명이 참가한 파업도 이끌었다. 그 과정에서 노동자위원회, 즉 노동자들이 생산을 통제하고 자본주의를 폐지한다는 혁명적 목표에 헌신하는 작업장 조직 대표들의 네트워크가 전국에서 건설됐다.

그러나 직장위원회 지도자들은 노조와 노동당 지도부의 전쟁 지지 정책을 거부했지만 독자적 정책 대안을 제시하지는 않았다. 러시아 볼셰비키와 달리, 그들은 소수의 처지가 될 위험을 무릅쓰고 작업장에서 전쟁에 반대하는 정치 선동을 하지는 않았다. 오히려 전쟁 문제는 노동자위원회의 한계를 넘어서는 것이며 자신들은 임금과 노동조건 문제만을 다뤄야 한다고 주장했다. 그들은 당면한 산업 쟁점을 두고 벌어지는 투쟁에서 승리하기 위해 최대한 단결하는 것이 전쟁이라는 더 광범하고 더 뜨거운 정치 쟁점보다 더 중요하다고 생각했다. 전쟁 문제 때문에 노동자들의 단결이 깨질까 봐 두려웠던 것이다. 그들은 여전히 산업 현장의 불만을 대변하는 데 급급했다.[27]

이런 태도는 J T 머피의 소책자 《노동자위원회》 발행에서 가장 분명히 드러났는데, 이것은 직장위원회 운동의 전국행정위원회가 발표한 주요 이론적 문서라 할 수 있다.[28] 그 소책자는 1917년에 쓰였는데도 전쟁이나 전쟁에서 비롯한 정치 쟁점들에 대해 한마디도 하지 않았다. 오히려 노동자위원회의 성장 이면에 있는 엄청난 경제·정치 문제들을 단순한 산업 조직의 수준으로 축소했다. 얄궂게도, 혁명적 사회주의 정당 소속의 직장위원회 지도자들조차 전혀 다르게 행동하지 않았다. 사회주의노동당이나 사회당 당원인 머피나 갤러처 등은 분명히 당 집회에서는 전쟁을 비난했지만, 공장의 현장조합원들 사이에서는 자신의 견해를 공개적으로 선전하려는 노력을 전혀 하지 않았다. 지지를 잃을까 봐 두려웠기 때문이다. 그들은 단지 전쟁이 자기 조직에 가하는 위협에 맞서 노동자들을 방어하는 데 만족하고 있었다. 사실, 그들은 두 개의 모자를 쓰고 있었는데, 하나는 자기 당 활동을 할 때 쓰는 것이었고 다른 하나는 현장조합원의 대표로서 쓰고 있는 직장위원회 모자였다(현장조합원의 다수는 적어도 초기에는 전쟁을 지지했다).

다시 말해, 영국 직장위원회 지도자들은 자본주의를 전복하는 전투에서 산업 투쟁을 중시하는 신디컬리즘의 영향을 받아 협소한 노동조합 투쟁을 벗어나지 못했고 이렇게 하는 것이 노동자들이 생산을 통제하는 체제를 준비하는 것이라고 확신했다. 그들이 보기에 핵심 문제는 작업장 조직 건설이었다. 노동조합 투쟁에 정치 쟁점을 끌어들여서 이 과정을 늦추는 것은 불필요할 뿐 아니라 어리석은 것이기도 했다.

많은 점에서 노동자들이 직면한 모든 쟁점, 그리고 임금과 노동조건을 둘러싼 모든 노동쟁의는 본래 매우 정치적이었다. 왜냐하면 그것들은 모두 전쟁에서 완전한 승리를 거두겠다는 정부 결정의 직접적 결과였기 때문이다. 따라서 전쟁이라는 극단적 정치 상황 때문에, 또 사용자와 국가의 전면적 공격에 맞서 노동자들을 방어하지 못한 노조와 노동당 지도자들의 처참한 실패 때문에, 전쟁에 대한 정치적 도전과 당면한 경제 쟁점들을 결합하는 투쟁적 노동조합운동을 전全 계급적으로 선동할 수 있는 가능성이 열렸다.[29] 결국 머피와 그 밖의 사람들이 나중에 인정했듯이, 단지 산업 투쟁에만 의지한 것은 노동운동의 '애국주의적' 개혁주의 지도부에게 정치적 주도권을 넘겨주면서 [직장위원회·노동자위원회] 운동을 금속 산업으로 고립시키고 그 전반적 잠재력을 제한하는 효과를 냈다.

따라서 요약하면, 비록 신디컬리스트들이 상당한 영향력을 얻고 중요한 작업장 투쟁도 지도할 수 있었지만, 정치를 작업장과 무관한 것으로 취급하고 현장의 투쟁을 순전히 경제 쟁점으로 취급하는 전통은 미국과 영국에서 전쟁에 반대하는 국제주의 원칙을 사실상 약화시켰다. 이와 대조적으로, 비록 상황은 매우 달랐지만 러시아에서 레닌과 볼셰비키의 태도는 훨씬 더 성공적이었다고 할 수 있다.

레닌, 볼셰비키, 전쟁

대중이 애국주의 열기에 휩싸이고 노동운동 지도자 대다수가 전쟁에 반대하기를 포기하자 국제적으로 전쟁 반대 원칙을 고수한 사람들은 (신디컬리스트들을 제외하면) 사회주의 운동의 극소수 급진 좌파뿐이었다. 예컨대, 영국에서는 혁명적 마르크스주의자 존 매클린이 클라이드노동자위원회가 벌인 경제 파업과 반전 투쟁을 연결하려고 고군분투했고, 독일에서는 로자 룩셈부르크와 클라라 체트킨과 카를 리프크네히트가 정면으로 전쟁을 반대하고 나섰다. 그러나 러시아에서 레닌과 볼셰비키가 일관되게 전쟁에 저항한 것이 특히 중요했다.

레닌은 제1차세계대전이 제국주의 전쟁이라고 주장했다. 그리고 주요 사회주의 정당들의 배신은 "제2인터내셔널의 이데올로기적 붕괴"를 보여 주므로 사회주의자들은 제2인터내셔널과 결별해야 한다고 주장했다. 또, 볼셰비키의 핵심 과제는 노동계급이 차르 체제를 전복하는 혁명을 통해 전쟁을 끝장내고 "현재의 제국주의 전쟁을 내전으로 전환시켜야 한다"고 선동하는 것이라고 주장했다.[30] 결정적으로, 이것이 뜻하는 바는 군사적 결과가 어찌 되든 간에 모든 나라의 노동자들이 자국 정부에 맞서 투쟁하도록 고무하는 '혁명적 패배주의' 전략을 채택해야 한다는 것이었다.

> 혁명적 계급은 반동적 전쟁에서 자국 정부의 패배를 바랄 수밖에 없고, 자국 정부의 군사적 패배가 정부 전복을 촉진할 것임을 깨달을 수밖에 없다. ⋯ 모든 교전국의 사회주의자들은 '자국' 정부의 패배를 바란다고 분명히 주장해야 한다.[31]

많은 점에서 그런 '혁명적 패배주의'는 신디컬리스트들이 채택한 '계급 전쟁을 계속한다'는 태도보다 더 강경하고 분명한 정치 전략이었다(비록 신디컬리스트들도 암묵적으로는 비슷한 실천적 결과를 의도했지만). 분명히, 객관적 상황 때문에 대다수 유럽인들보다는 러시아인들이 자국 국가를 방어해야 할 의무와 단절하기가 훨씬 더 쉬웠을 수 있다. 어쨌든 러시아에는 부르주아 민주주의도 없었고 합법적으로 인정받은 정당이나 노조도 없었으며, 사회주의·노동운동과 국가 사이의 괴리가 다른 어느 나라보다 더 컸기 때문이다.[32] 그러나 혁명적 패배주의 전략은 레닌이 마르크스주의 정치를 독특하게 적용해서 제국주의·전쟁과 독점자본주의의 동역학을 곧장 연결한 결과이기도 했다. 이런 분석에서 나온 주장이 "정치는 집중된 경제"라는 것,[33] 즉 노동자 투쟁은 경제와 정치의 가짜 분리를 거부하고 자본주의 국가를 표적으로 삼을 때만 자본가계급의 권력을 결정적으로 제거할 수 있다는 것이었다.

전쟁에 반대하는 혁명적 패배주의 주장은 심각한 논쟁을 불러일으켰고, 심지어 많은 볼셰비키도 처음에는 레닌의 급진적 견해를 거부했다. 그러나 몇 달 동안 이데올로기적 혼란을 겪고 나서 점점 더 많은 볼셰비키가 혁명적 패배주의 태도를 취하기 시작했다. 그 과정에서 신디컬리스트들과 달리 볼셰비키는 노동자·농민 사이에서만이 아니라, 병사들의 반란을 고무하려는 분명한 목표를 갖고 군대 안에서도 광범한 선전·선동을 수행했다. 개전 초기에 노동운동에서 나타났던 정치적 마비가 1915년 중반부터 사라지고 파업 투쟁이 서서히 되살아나자 볼셰비키는 전쟁과 차르에 반대해서 고조되는 정치적·경제적 불만을 점차 표현할 수 있게 됐고 이런 불만은 결국 1917년 2월 혁명으로 폭발했다.[34] 레닌과 볼셰비키의 태도는 국제적으로 급진 좌파가 1915년과 1916년 스위스의 치머발트와 키엔탈에서 열린 사회주의자들의 반전 회의를 중심으로 재결집하는 데도 기여했다. 제2인터내셔널을 거부하고 (수많은 당원을 거느린) 기존 사회주의 정당에서 즉시 탈당해서 완전히 새로운 인터내셔널을 건설하자는 [레닌의] 호소는 서유럽에서 가장 비타협적인 혁명적 사회주의자들을 제외하면 모든 사람을 겁먹게 만드는 전망이었다. 그러나 경제적·정치적으로 더 발전한 다른 나라들에서도 전쟁에 대한 대중의 반감과 불만이 고조되자, 성장하는 사회주의 세력들 사이에서 볼셰비키가 국제적인 혁명적 반전 운동을 이끌 수 있음이 드러났다.

그 뒤 1917년 10월 혁명은 분명히 다양한 경제적·정치적·사회적 요인들 때문에 일어났지만, 산업 현장의 항의와 정치적 항의를 명시적으로 연결하는 레닌의 혁명적 패배주의 이론도 중요한 요인이었다는 것은 의심의 여지가 없다. 그 과정에서 볼셰비키 혁명은 독일 혁명과 세계 전역의 대중파업과 반전 운동을 자극했는데, 바로 이 투쟁과 운동에서 새로운 혁명적 마르크스주의 세력이 등장했다.

닮은꼴

결론적으로, 코민테른의 관점에서 보면 신디컬리즘은 분명히 (작업장의 노동자 권력을 강조했다는 점에서) 의회주의적 개혁주의보다는 상당히 진보한 것이었지만, 산업 투쟁을 배타적으로 강조했다는 점에서 사실은 개혁주의의 닮은꼴이었다. 개혁주의와 마찬가지로 경제와 정치를 분리했기 때문이다. (당시 신디컬리즘 전통을 뛰어넘은 혁명가들과 달리) 신디컬리스트들은 산업 선동과 사회주의 정치를 연결하는 것의 중요성을 온전히 이해하지 못했기 때문에, (종교적 파벌주의, 여성 참정권, 전쟁 같은) 더 광범한 문제들을 노동조합운동의 한계나 혁명적 정치 대안의 필요성과 연결하면서 그런 문제들과 관련된 이데올로기 투쟁이나 정치투쟁에 개입하려는 지속적 노력을 하지 않았다. 개혁주의 정당과 노조 지도부에 일관되게 도전하고 그 대안으로 혁명적 정치의 조직적 구심을 제공할 수 없었기 때문에 신디컬리즘은 사실상 (혁명적 정치에 반대하는) 개혁주의 정치가 득세하도록 문을 열어 주고 말았다. 만약 신디컬리스트들이 투쟁적인 현장조합원 활동에 헌신할 뿐 아니라 일반적인 정치적 관점도 채택했다면 아마 사정이 달라졌을 것이다. 즉, 파업과 그 밖의 노동자 투쟁뿐 아니라 공공연한 정치 선전이나 일국적·국제적 정치 쟁점에 개입하는 활동도 했다면 말이다.

러시아 혁명의 영향과 코민테른의 개입은 각국의 국내 경험과 결합돼 한 무리의 신디컬리스트들을 고무해서, 산업 [투쟁] 일변도의 태도에서 벗어나 점차 국가권력과 정치 문제에 더 관심을 쏟는 쪽으로 나아가게 했다. 혁명적 과정의 동역학, 특히 국가권력 문제를 두고 신디컬리즘과 공산주의 사이에서 벌어진 논쟁이 10장의 주제다.

10장 국가와 혁명

　코민테른은 신디컬리스트들이 자본가계급의 폭력적 저항에 직면해 어떻게 자본주의 국가를 혁명적으로 전복하고 노동자들이 산업과 사회를 통제하는 체제를 수립할 수 있는지 자세히 고려하거나 구체적 계획을 제시하지 못했다고 비판하기도 했다. 프랑스 신디컬리즘의 지도자들인 에밀 파토와 에밀 푸제는 유토피아 소설 《어떻게 혁명을 일으킬 것인가》에서 총파업이 대규모 민중 봉기로 발전해서 정부와 국가의 무력을 마비시키고 자본주의 체제를 전복해 노동자 국가로 교체하는 데 성공하는 극적인 사건을 묘사했다. 그러나 그들은 이런 일을 어떻게 실현할 것인지 분명한 전략을 제시하지는 않았다.[1] 오히려 다른 나라들과 마찬가지로 프랑스에서도 신디컬리스트들은 대체로 총파업이 어떻게든 사회혁명으로 이어질 수밖에 없는 최종 형태의 직접행동이라고 생각해서, 총파업과 일상적 정치 활동 참여를 대립시키는 경향이 있었다.

　1905년 러시아 혁명에서 총파업이 중요했으므로 국제 노동운동

안에서는 사회주의 이행 과정에서 총파업이 하는 구실을 재평가하려는 노력이 있었다. 1905년 전에는 총파업 같은 직접행동은 '정치'에 포함되지 않는다고 생각했던 제2인터내셔널의 개혁주의자들이 이제는 총파업을 노동자들이 자본가에 맞서 조직할 권리를 방어하는 데 이용할 수 있는 제한적·일회적 작전으로 여겼다. 그러나 그들은 총파업이 최후의 무기라고 생각했지, 사회주의로 가는 의회적 길의 대안이 될 수 있다고는 결코 생각하지 않았다. 이와 대조적으로, 노동계급의 폭발적 투쟁 가능성을 강조한 로자 룩셈부르크는 대중을 투쟁으로 끌어들이고 노동계급을 혁명적 세력으로 변화시키는 가장 효과적인 수단 하나가 총파업이라고 봤다.[2] 레닌도 러시아 혁명의 성격을 분석할 때 노동자들의 자주적 행동과 혁명적 잠재력을 핵심에 놓았는데, 이 분석은 1905년 혁명을 경험하며 발전한 것이었다(나중에 많은 평론가들은 흔히 레닌이 노동자들의 자주적 행동과 혁명적 잠재력을 아주 무시했다고 생각했지만).[3] 마찬가지로, 1905년에 페테르부르크 소비에트 의장을 지낸 트로츠키도 혁명 과정에서 총파업이 핵심적 구실을 할 것이라고 생각했다.[4]

그러나 코민테른은 총파업을 주장하는 많은 신디컬리스트들의 근본적인 전략적 전제(노동자들의 경제적 힘이 강압적 국가기구들을 효과적으로 무력화할 것이라는 생각)는 틀렸다는 것이 잇따른 노동쟁의에서 정치권력의 무자비한 탄압을 통해 실천적으로 입증됐다고 봤다. 미국 국가의 폭력 탄압을 보고, 클리블랜드의 사회주의자로서 나중에 미국 공산당 사무총장이 되는 찰스 E 루덴버그는 다음과 같이 말했다.

IWW 이론의 문제점은 산별노조를 조직하고 파업을 감행하는 과정에서 자본가들의 조직된 권력(국가로 구현된)과 맞닥뜨리게 된다는 사실을 완전히 간과한다는 것이다. 자본가들이 산별노조의 발전을 억제하고 파업을 분쇄하는 데 자신들의 국가권력을 사용하지 못할 것이라는 생각은 완전히 착각이다.[5]

국가권력의 중요성과 군대가 개입해서 총파업을 끝장낼 가능성을 받아들이는 과정에서 일부 IWW 조합원들은 총파업이 십중팔구 사회혁명의 서곡일 뿐이라는 것, 따라서 폭력적 수단으로 방어해야 한다는 것을 기꺼이 인정하려 했다. 마찬가지로, 스페인에서도 항상 국가가 CNT를 극심하게 탄압했기 때문에 CNT 안에는 아나키스트 에리코 말라테스타의 주장, 즉 총파업이 "사회혁명을 시작하는 탁월한 수단"인 것은 맞지만 신디컬리스트들은 "총파업이 성공하면 무장봉기는 필요 없을 것이라는 재앙적 착각에 빠지지 않도록 경계해야 한다"는 주장을 받아들이는 사람들이 있었다.[6]

그러나 물리적으로 격렬하게 저항할 것이 뻔한 국가를 어떻게 분쇄할 것인지 분명한 고려도 없었고 권력 장악을 위한 구체적 전략도 없었다. 오히려 노동자 통제를 위한 투쟁은 대체로 산업 분야에, 생산 현장에 국한될 것이라는 생각이 여전히 남아 있었다. 그래서 리처드 하이먼은 다음과 같이 말했다. "자본주의의 경제적·정치적·문화적 지배 구조가 통합돼 있으므로 혁명적 도전도 마찬가지로 통합적이어야 한다는 생각은 그들의 분석에서 결코 찾아볼 수 없었다."[7]

10장에서는 총파업과 혁명의 동역학에 관한 신디컬리즘의 견해를 코민테른이 어떻게 비판했는지 살펴보겠다. 특히, 국가권력을 장악할 필요와 혁명 과정에서 소비에트가 하는 구실에 대한 코민테른의 주장, 자본주의 체제 전복 후 노동조합의 구실 문제를 살펴볼 것이다. 그리고 덧붙여서, 스페인 내전 당시 CNT의 활동을 간략하게 평가할 것이다.

국가권력 장악

마르크스와 엥겔스는 자본가계급이 활용할 수 있는 가장 집중된 형태의 정치권력이 자본주의 국가라고 주장했다. 자본주의 국가는 계급 적대의 산물이고 계급 지배의 도구였다. "정치권력은 엄밀히 말하면, 한 계급이 다른 계급을 억압하기 위해 조직한 권력일 뿐이다."[8] 따라서 노동계급은 자본주의 국가를 전복해야만 승리할 수 있다. 그러나 1871년 파리코뮌의 경험에서 교훈을 끌어내며 마르크스와 엥겔스는 노동계급이 자본주의 국가를 전복하고 정치권력을 장악한 뒤에야 노동자들의 생산 통제가 가능해질 것이라고도 주장했다.[9] 《공산당 선언》은 "노동계급이 혁명에서 취할 첫 조처는 프롤레타리아를 지배계급의 지위로 끌어올리는 것"이라고 선언했다.[10] 따라서 마르크스와 엥겔스는 정치적 국가를 장악하는 것이 "전투의 메아리"(제임스 코널리의 표현이다)가 아니라고 봤다. 그들은 이 문제를 노동계급이 해결해야 할 혁명의 첫 근본 과제로 제기하며, "총파업이라는 우회로로 그 목표를 달성하려는" 사람들을 비웃었다.[11]

마찬가지로, 레닌도 보통은 자본가들이 혁명적 노동계급의 도전을 저지하는 데 경제적·이데올로기적 권력으로도 충분하지만 그 뒤에는 항상 "특수한 무장 집단"(경찰·군대·보안기관 등)이 대기하고 있다고 설명했다. 그러므로 자본의 조직된 힘을 쳐부술 수 있는 방법은 오직 노동자들이 기존의 국가기구를 전복하기 위해 조직되는 것뿐이었다. 그러나 이것이 뜻하는 바는 노동자들이 생산 현장에서 갖고 있는 집단적 힘을 사용해서, 자본주의 국가로 집중된 정치권력을 장악해야 한다는 것이었다. 사회주의는 노동자들이 "기존의 국가기구를 분쇄하고 끝장낼" 준비가 돼 있을 때만, 그리고 기존의 국가기구를 부르주아지의 저항을 진압할 수 있는 노동자 정부로 대체할 준비가 돼 있을 때만 실현될 수 있었다.[12] 총파업과 사회혁명을 동일시한 신디컬리스트들과 달리 레닌은 총파업을 오늘날의 혁명에서 중요한 한 가지 요소로만 여겼고, 오늘날의 혁명에서도 여전히 국가권력의 혁명적 장악이 필요하다고 생각했다. 마찬가지로, 트로츠키도 1905년 러시아 혁명의 경험을 바탕으로 주장하기를, 총파업은 필연적으로 국가권력 문제를 제기하지만 자동으로 그 문제를 해결해 주지는 못한다고 했다.

> 투쟁에서는 적을 약화시키는 것이 극히 중요하다. 그것이 바로 [총 — 지은이]파업이 하는 구실이다. 그와 동시에 [총]파업은 혁명의 군대를 일으켜 세운다. 그러나 전자든 후자든 그 자체로는 국가[를 전복하는] 혁명을 만들어 내지 못한다. 권력은 여전히 옛 지배자들의 수중에 있으므로 그것을 빼앗아서 혁명 [세력]에게 넘겨줘야 한다. … 총파업은 필수적 전제 조건을 만들어 낼 뿐이고, 과제 자체를 해결하기에는 매우 불충분하다.[13]

코민테른 2차 대회는 총파업으로 자본가들의 양보를 쟁취할 수는 있지만 자본가들이 경제적·정치적 권력을 포기하게 만들 수는 없고 오직 노동계급이 국가권력을 장악해야만 자본가들의 권력을 제거할 수 있다는 견해를 재확인했다.

> 총파업이 전국으로 확산되면 부르주아 국가를 위협하게 되고 따라서 정치적 성격을 띠게 된다. 부르주아지를 전복하고 부르주아 국가를 파괴하려는 시도는 모두 정치투쟁의 실행을 의미한다. 행정을 담당하고 부르주아지의 저항을 억압할 프롤레타리아 국가기구를 창출하는 것은 그 국가기구의 형태가 어떻든 간에 정치권력 장악을 의미한다.[14]

트로츠키는 프랑스 신디컬리스트들에게 정면으로 도전해서, 그 문제에 관한 "그들의 이론과 실천을 아주 철저하게 재검토했다."

프랑스 신디컬리즘이 정치와 국가를 계속 '거부'하면 부르주아 정당과 자본주의 국가에 투항하게 될 것이라는 점은 매우 자명하다. 국가를 거부하는 것만으로는 충분하지 않다. 국가를 극복하려면 국가를 장악해야 한다. 국가기구 장악을 위한 투쟁이 바로 혁명적 정치다. 그것을 포기하는 것은 혁명적 계급의 근본적 임무를 포기하는 것이다.[15]

J T 머피가 인정했듯이, 노동자들이 생산을 확실히 통제하기 전에 국가권력을 장악하는 것이 중요하다는 점은 직장위원회·노동자위원회 운동이 뒤늦게야 깨달은 사실이었다.

직장위원들은 그 문제를 논의하지 않았다. 이 문제를 분명히 이해했다면, 노조 조직화와 '산업 통제' 문제에 대해 완전히 다른 태도를 발전시켰을 것이다. 노동계급이 정치권력을 장악하기 전에는 노조를 재조직해서 산업을 통제하는 일이 결코 가능하지 않다는 점을 깨달았을 것이다. 산별노조 운동을 향해 나아가는 한 걸음 한 걸음은 자본가들의 압력과 착취 증대에 맞서 노동자들의 경제적 조건을 방어하는 공동 행동으로 노동자들이 결집하는 과정을 촉진하는 것이므로 매우 중요하지만, [그것만으로는] '노동자들의 산업 통제'와 '노동자들의 산업 소유'가 불가능하다. 소유권의 변화는 정치적 문제, 정말이지 우리 시대의 중요한 정치적 문제로서, 계급 관계의 철저한 근본적 변화를 수반한다.[16]

국가는 탄압 수단과 무력을 이용할 수 있는, 중앙집중적으로 조직된 기구라는 사실 때문에 심지어 총파업 기간에도 국가는 주도권을 유지할 수 있고 총파업을 공격 수단이 아니라 방어 수단으로 만들어 버릴 수 있었다. 총파업이 벌어지면 필연적으로 [지배계급이] 반격할 것이고 그러면 노조가 마비될 것이므로, 총파업이 국가권력 장악을 위한 무장봉기 수준으로 발전할 때만 그런 사태를 막을 수 있을 터였다. 그 증거는 1920년 9월 이탈리아를 휩쓴 대중파업과 공장점거 물결에서 찾아볼 수 있다. 당시 노동자 100만 명이 공장 운영권을 접수했고 이탈리아 전역에서 공장평의회가 우후죽순 생겨났다.[17] 그러나 노동자들이 생산을 통제했어도 자본가계급은 여전히 군대와 경찰을 포함한 정치적 국가권력 기관을 확고하게 장악하고 있었다. 사실, 자본가계급은 권력의 실체만 빼앗겼지 구조는 빼앗기지 않았다. 그 결과, 서로 화해할 수 없는 두 세력은 죽느냐 사느냐 하는 싸움에 휘말렸다. 그러나 계급 세력 저울의 평형상태가 한없이 유지될 수는 없는 법이므로 충돌은 불가피했다.

그람시가 설명했듯이, 총파업과 공장점거는 노동자 권력의 가능성만 보여 줬을 뿐이다. 총파업과 공장점거는 노동자 권력 자체를 보여 주지도 않았고 저절로 노동자 권력으로 발전하지도 않았다. 그러므로 핵심 문제는 국가권력의 문제가 됐다.

> 권력은 여전히 자본가들의 수중에 있다. 군대는 여전히 부르주아 국가의 소유다. 공공 행정, 기본 생필품 분배, 신용거래 기관, 아직 손상되지 않은 상업 기구는 모두 부르주아지가 여전히 통제하고 있다.[18]

이것이 뜻하는 바는 투쟁의 초점을 그런 자본주의 권력의 중심으로 옮기고, 노동자들의 경제투쟁을 일반화해서 정부 전복과 국가권력 장악을 위한 정치적 전투로 나아가야 했다는 것이다. 그람시는 USI의 전략을 다음과 같이 비판했다.

중요한 것은 노동자들이 단 한 순간도 공산주의 혁명은 무방비 상태의 공장을 점거하는 것만큼이나 쉬운 일이라고 생각해서는 안 된다는 것이다. 반대로, 이 사건들은 … 아나코신디컬리스트들의 유토피아를 … 명약관화하게 보여 준다. … 이 공장과 저 공장을 서로 단결시키는 정치적·경제적 중심(노동자 국가)이 존재하지 않는다면 — 또는 그것을 열정적으로 조직하지 않는다면 — 아나키스트들이 말하는 의미의 공장점거가 무슨 쓸모가 있겠는가? 노동계급의 [공장] 관리를 지원하기 위해 은행을 확 바꾸는 노동자 국가, 물리적 제재를 통해서든 아니면 배급제를 통해서든 반혁명 세력들의 훼방을 분쇄하는 노동자 국가가 없다면 말이다. 또, 모든 상황과 모든 만일의 사태에 대비하는 충성스럽고 잘 배치된 군대를 훈련시키는 국가기구가 존재하지 않는다면 어떻게 노동자들이 공장과 거리에서 동시에 자신들의 성과를 방어할 수 있겠는가?[19]

국가권력을 장악하지 못하면 노동자 운동 자체가 파괴될 것이고 공장 통제권은 다시 자본가계급의 손으로 넘어갈 것이라고 그람시는 경고했다.[20] 9월 투쟁의 서곡이었던 1920년 4월 대중파업 때 그람시가 쓴 글은 이탈리아 신디컬리즘의 묘비명이라 할 만하다.

토리노는 군대가 주둔하는 요새가 됐다. 도심에는 군인 5만 명이 있고 언덕 위에는 대포가 설치됐고 증원부대가 도시 외곽에서 대기 중이고 장갑차가 시내에 배치됐다는 말이 나돌고 있다. … 우리 중에 누군가가 아직도 환상을 품고 있다면, 우리 노동자들 중에 누군가가 아직도 혁명적 행동과 무장봉기의 범위를 공장이나 도시로 제한하는 것이 올바르고 적절하다고 생각한다면, 누군가가 공장의 권력은 국가권력에 비하면 한 요소일 뿐이라는 점을 받아들이기 어렵다고 생각한다면, 그렇게 의

심하는 사람들, 그렇게 착각하는 사람들이 아직도 존재한다면, 그들은 토리노의 경험에서 배워야 할 것이다.[21]

사회당과 사회당계 노조 지도자들이 무장봉기와 국가권력 장악을 반대했다면, USI는 노동자들의 반란이 필연적으로 국가를 무너뜨릴 것이라고 순진하게 생각하면서도 정작 노동자들 사이에서 국가의 무력과 대결하기 위한 준비를 전혀 하지 않았다. 공장점거가 결국 흐지부지되고 격렬한 비난이 오가는 사이에, 사용자들은 재빨리 자신들의 권위를 재확립했다. 헝가리 마르크스주의자인 루카치는 이탈리아 신디컬리즘 전략의 약점을 다음과 같이 지적했다.

총파업만으로는, 수수방관 전술로는 노동계급이 부르주아지를 쳐부술 수 없을 것이다. 프롤레타리아는 무장봉기에 의지해야 한다. … 자본주의 국가의 권력은 여전히 손상되지 않은 채 남아 있었다. 처음부터 끝까지 운동은 그 권력을 뒤흔드는 방향으로 단 한 걸음도 나아가지 않았고 심지어 나아가려는 시도조차 하지 않았다.

그 이유는 주로 노동자들의 신디컬리즘 이데올로기 때문이었고 그 점은 지금도 마찬가지다. 신디컬리즘 사상의 치명적 결함은 노동과 착취 사이의 대립을 직접적 착취 영역, 즉 공장에 집중하고 국한시킨다는 것이다. 따라서 노동자들이 자본가들과만 대결하게 하고 자본주의 국가와는 대결하지 않게 한다. 그래서 … 노동자들이 처한 상황의 딜레마를 올바로 인식할 수 없다. 그 딜레마는 노동자들이 공장을 포기해야 하거나(이것은 어느 경우, 어떤 상황에서도 자본가들의 승리를 뜻한다) 그러지 않고 자신들이 점거한 공장을 계속 유지하려면 무력으로 자본주의 국가를 타도해야 한다는 것이다.[22]

톰 만은 나중에 "신디컬리즘에서 공산주의로"라는 글에서 영국 신디컬리스트들이 노동계급의 국가권력 장악 필요성에 부딪힐 수밖에 없었다는 것을 인정했다.

전시와 전후의 경험은 우리가 더는 산업 투쟁만을 생각할 수 없다는 것, 산업 조직만으로는 충분하지 않다는 것을 결정적으로 보여 줬다. 산업 조직이 무슨 일을 하든지 간에, 조직된 국가기구는 계속 작동할 것이고 분명히 정치권과 결탁한 온갖 부자들이 노동자들을 공격하는 데 사용될 것이다. [사회를] 지배하는 자본가계급, 정치권과 결탁한 부자들은 [자신들의] 계급적 목표를 달성하는 데 매우 효율적인 기구를 완전히 통제하고 있다. 사회 전체의 이익은 항상 지배계급의 권력 유지보다 부차적이고, 국가기구는 노동자들이 지배계급한테서 빼앗기 전까지는 계속 지배계급의 것으로 남아 있을 것이다.[23]

이행기의 노동자 국가

신디컬리스트들과 공산주의자들의 차이는 노동계급이 국가권력을 장악해야 하는지의 문제만은 아니었다. 혁명이 승리한 뒤 어떻게 계급 없는 사회로 이행할 것인가 하는 문제도 있었다. 마르크스는 노동자 혁명이 승리하고 나서 완전한 공산주의가 실현되기 전까지 '프롤레타리아 독재'라는 이행기가 필요하다고 주장했다. 그 이행기 동안 노동계급은 스스로 무장하고 조직해서 노동자 국가를 수립해 반혁명의 위협에 맞서야 한다는 것이었다.[24] 마찬가지로, 레닌도 러시아 혁명의 경험을 볼 때 부르주아지의 저항을 분쇄하려면 노동자 평의회에 바탕을 둔 과도적 형태의 새로운 노동자 국가로 자본주의 국가가 대체돼야 한다는 것을 알 수 있다고 주장했다.[25] 마르크스와 레닌은 모두 '부르주아 국가'를 전복한 노동자 국가는 계급 적대감이 존속하는 동안에만 유지되다가 결국은 '시들어 죽을' 것이라고 주장했다. 노동자 착취가 사회적 협력으로 대체되고, 사회 성원 다수의 새로운 민주적 통제가 완전히 발전하면, 특별한 강압 기구는 모두 폐지되고 가장 높은 단계의 완전한 공산주의에서는 국가와 계급도 사라질 터였다.

1920년 1월 지노비예프는 IWW에 보낸 장문의 편지에서 IWW가 '국가 일반'에 반대하는 것을 거론하며 다음과 같이 말했다. "우리 공산주의자들도 국가를 폐지하고 싶어 합니다." 그러나 "자본주의 국가를 파괴하고 자본가들의 저항을 분쇄하려면, 그리고 자본가들의 재산을 몰수해서 전체 노동계급의 공동 소유로 만들려면" 일시적으로 "프롤레타리아 독재라는 국가가 필요합니다." 일단 이런 일이 실현되고 계급 분열이 모두 사라지고 나면 "프롤레타리아 독재라는 국가 자체도 저절로 사라져서, IWW의 중앙집행위원회와 비슷한 산업 행정 기구에 자리를 내줄 것입니다."[26]

이와 달리, 앞서 봤듯이 신디컬리스트들은 국가를 단지 자본가계급의 도구로 보지 않고 독립적이고 억압적인 기구 자체로 여겼고, '부르주아' 국가와 '프롤레타리아' 국가를 전혀 구별하지 않았다. 신디컬리스트들이 볼 때 진정한 혁명은 자본주의뿐 아니라 모든 형태의 국가권력도 당장 전복해야 했다. 그래서 1919년 12월에 열린 CNT 대회에서 엘레우테리오 킨타냐는 러시아에서 특권계급의 권력을 파괴하려면 '프롤레타리아 독재'가 필요하다는 주장을 다음과 같이 반박했다. "혁명이 정부의 수중에 있으면 그 정부가 아무리 혁명적이어도 혁명가들 자신에게나 혁명 자체에나 항상 위험합니다."[27] 신디컬리스트와 볼셰비키 혁명관의 핵심 차이는 권력을 행사하는 주체가 노동조합인지 아니면 옛 국가기구의 정당들(아무리 혁명적 의도를 갖고 있더라도)인지라고 킨타냐는 지적했다. 마찬가지로, 모스크바에 다녀온 앙헬 페스타냐도 볼셰비키 정권의 이른바 독재적 성격을 신랄하게 비판했다.

> 우리는 프롤레타리아 독재가 어떻게 … 작동하는지를 목격했다. 우리는 사람들이 가장 끔찍한 폭정에 신음하고 가장 혹독한 박해를 받고 가장 역겨운 착취에 시달리는 것을 목격했다. 과연 누가 사람들을 괴롭히고 조롱하고 비방하고 있었는가? 부르주아지? 아니다. 혁명 덕분에 권좌에 오른 정당, 가장 끔찍하게 억압받는 계급의 이름으로 통치하고 있다고 스스로 주장하는 정당이었다. … 프롤레타리아 독재? 프롤레타리아를 온순한 노새쯤으로 여기고 그 위에 자신만만하게 올라탈 수 있다고 생각하는 사람들의 독재다.[28]

그렇지만 적색노조인터내셔널의 지도적 인물이 된 알프레드 로스메르의 다음과 같은 말은 10월 혁명의 경험을 철저히 되돌아볼 필요가 있다는 사실을 기꺼이 인정한 신디컬리스트들의 견해를 보여 준다.

> 아나코신디컬리스트들에게 … 프롤레타리아 독재는 지금까지 이론적 문제였지만 이제는 구체적 문제가 됐다(사실은 가장 긴급한 문제다). 그들은 이 과도기, 자본주의에서 사회주의로 나아가는 이행기를 깊이 연구한 적이 없다. 사실, 이 문제가 토론에 장애가 되면 그냥 회피해 버렸다. 그들은 이행을 자본주의 사회에서 이상 사회로의 도약으로 여겼고, 이상 사회는 여유롭게 건설되리라고 생각했다. …
> 부르주아지는 러시아 부르주아지처럼 허약한 경우에도 가만히 앉아서 쉽게 전복되지 않았다. 그들도 위협받으면 사보타주를 할 수 있었다. 그들은 외부의 지원을 받았다. 전 세계 부르주아지가 달려들어서 러시아

부르주아지를 도와줬다. 혁명가들은 결코 평화롭게 일을 시작할 수 없었다. 오히려 그들은 전쟁을, 끔찍한 전쟁을 준비해야 했다. 왜냐하면 사방에서 공격이 들어왔기 때문이다. … 이미 전쟁[제1차세계대전]으로 바닥나고 고갈된 한 나라의 도덕적·물질적 자원이 모두 3년 동안의 전쟁[내전]에 투입돼야 했다. 다른 나라에서는 사정이 다를 것이라고, 더 쉬울 것이라고 기대하는 것은 결코 용서할 수 없는 착각이다. 투쟁은 훨씬 더 격렬할 것이다. 왜냐하면 다른 모든 나라의 부르주아지는 더 강력하기 때문이다.[29]

소비에트

1917년 러시아 혁명 때 소비에트 권력이 수립되고 그 뒤 다른 나라들에서도 비슷한 소비에트가 등장하자 신디컬리즘 운동은 강력한 영향을 받을 수밖에 없었다. 그런 새로운 노동계급 권력기관들은 혁명 과정에서 핵심 구실을 하고 새로운 노동자 국가의 제도적 토대가 될 수 있었으므로 신디컬리스트들에게 영감을 줬을 뿐 아니라 그들이 기존에 갖고 있던 혁명적 노동조합운동 개념에도 상당히 도전하는 것이었다. 코민테른은 1917년 10월 혁명 때 그랬듯이 자본가계급의 권력을 빼앗고 그들의 국가를 분쇄하기 위해 필요한 것은 바로 이런 민주적 노동자 조직들이지 노동조합이 아니라고 주장했다.

소비에트는 1905년 러시아 혁명 때 처음 생겨났다. 당시 파업을 벌이고 있던 페테르부르크 인쇄 노동자들의 파업위원회로 처음 건설된 소비에트는 곧 도시 전체의 다양한 작업장에서 선출된 대표들의 기구로 성장했는데, 부문의 차이를 반영한 노동조합과 달리 부문을 가로질러 조직됐고 작업장 조직의 힘을 바탕으로 하고 있었다.[30] 소비에트가 다시 대규모로 나타난 것은 1917년 2월 혁명으로 제정이 무너졌을 때였다. 이번에 소비에트는 모든 주요 도시의 노동자들만 포괄한 것이 아니라, 러시아의 제1차세계대전 참전에 반대해서 반란을 일으킨 수많은 농민도 포괄했다. 이 때문에 소비에트는 국가권력의 궁극적 원천(무력의 독점)에 직접 도전했다. 또, 소비에트는 많은 병사의 지지를 받았을 뿐 아니라 소비에트 자체의 노동자 시민군, 즉 적위대를 창설하기도 했다. 제정을 대체한 임시정부는 사실상 대안적 노동자 정부와 대면하게 됐다. 이 노동자 정부는 식량 공급과 운송을 통제하고 하루 8시간 노동제를 시행하고 언론 검열을 저지하기 시작했다. 두 개의 정부가 나란히 존재하는 이런 상황을 설명하려고 레닌과 트로츠키는 '이중[이원] 권력'이라는 표현을 사용했다.

당연히, 이 두 권력 사이에 권위 분담에 관한 상시적 합의는 불가능했다. 두 권력은 그 본성상 서로 적대적이었다. 차르의 정부와 자본가계급이 노동자들의 소비에트를 분쇄하고 자신들의 무력 독점을 복원하든지 아니면 소비에트가 정부를 전복하고 스스로 권력을 장악해야 했다. 이중 권력 시기는 8개월 동안 지속됐지만, 1917년 10월 볼셰비키가 이끄는 소비에트가 임시정부의 권력을 빼앗으면서 결국 끝났다. 따라서 소비에트는 노동자들의 투쟁 기관으로 생겨나서 권력 장악을 위한 노동자들의 투쟁 조직으로 발전했고 결국은 권력을 잡은 노동자들의 조직으로 변모했다.[31]

소비에트(즉, 노동자 평의회)는 독일(1918~1920년), 헝가리(1919년), 이탈리아(1920년)에서 일어난 혁명적 운동의 핵심 특징이 됐다.[32] 그런 사건들 때문에 신디컬리스트들은 국제적으로 정도 차이는 있었지만, 노동조합이 혁명의 주요 수단이라고 주장한 자신들의 이론을 재고할 수밖에 없었다. 코민테른 2차 대회에서 알렉산드르 로좁스키는 서유럽의 선진국들에서 공장위원회나 '노동자 평의회'가 소비에트식 노동자 권력기관으로 발전할 수 있으므로 공산주의자들은 공장위원회나 노동자 평의회를 건설하려고 열정적으로 노력해야 하지만 (러시아 노동조합의 경험에도 불구하고) 혁명 과정에서 노동조합은 여전히 중요할 것이라고 밝혔다.[33] 그러나 카를 라데크는 혁명 후 수립될 프롤레타리아 독재 기관이 노조가 아니라 소비에트여야 하는 이유를 다음과 같이 설명했다.

저는 프롤레타리아가 정치권력을 장악한 뒤 노동조합이 어떤 기능을 할지에 관한 이[공산주의의 ― 지은이] 견해와 신디컬리즘의 견해가 어떻게 다른지에 대해 몇 마디만 지적하고자 합니다. 신디컬리스트들이 생각하는 사회주의의 발전은 이런 식입니다. 즉, 프롤레타리아는 총파업으로 부르주아지를 전복하고 나서 스스로 대규모 노조들을 모아 하나의 노조 연맹체를 조직할 것이고 이 연맹체는 프롤레타리아 국가 없이도 공산주의자들과 자유롭게 합의해서 경제생활을 이끌게 될 것이라고 말입니다. 우리는 이런 견해가 틀렸다고 생각합니다. 첫째, 프롤레타리아 국가를 수립하지 않으면 프롤레타리아는 권력을 잡을 수 없습니다. 프롤레타리아 국가라는 기관의 도움을 받아야만 프롤레타리아는 부르주아지의 저항을 분쇄할 수 있기 때문입니다. 둘째, 경제생활을 운영하는 것은 모든 노동조합이 혼자서 처리할 수 있는 문제도 아니고 노동조합들끼리 자유롭게 합의해서 조정할 수 있는 문제도 아닙니다. …
노동계급은 한 산업 부문의 관점에서 자기 임무를 고려하는 조직들이 아니라 프롤레타리아 국가라는 형태로 프롤레타리아 전체의 이익을 방어해야 합니다. 경제의 계획과 실행은 프롤레타리아 전체의 이익이라는 압력에 강제로 종속돼야 합니다. 이런 이유로 러시아에서 … 국가기구들의 조정은 대부분 소비에트 형태로 이뤄지고 있습니다. 다시 말해, 노동조합이 국가라는 종합적 기관을 통해 경제 운영에 참여하고 있습니다.[34]

이런 분석은 혁명 후의 새로운 사회에서는 노조가 산업을 통제할 것이라는 신디컬리즘 사상의 핵심에 있는 모순을 분명히 보여 줬다. 산업을 관리하는 기관이라는 노동조합의 구실과, 경영과 무관하게 노동자들의 이익을 대변하고 보호하기 위해 만들어진 조직이라는 노동조합의 성격이 양립하기 힘들다는 점이 명백한 딜레마였다. 그래서 시드니 웨브와 비어트리스 웨브는 다음과 같이 지적했다. "요컨대, 신디컬리즘은 노동조합을 고용 기관으로 만들어서 필연적으로 노동조합의 효용을 파괴해 버린다."[35] 노동조합이 두 기능을 모두 실행하는 것은 구조적으로 불가능할 것이다. 노동자 통제 요구가 소비에트 권력을 위한 투쟁이라는 이론에 포함될 때만 신디컬리스트들의 혼동은 해결될 수 있을 터였다.[36]

러시아의 소비에트 모델은 이탈리아의 투쟁적 산업 도시 토리노의 금속 노동자들 사이에서 특히 영향력이 있었다. 제1차세계대전 기간에 〔공장〕 '내부위원회'라는 비공식적 대의 구조가 생겨나서, 작업 조건과 관련된 노동자들의 불만 사항을 사용자한테 전달하고 개선책을 얻어 내는 구실을 했다. 1919~1920년에 그람시는 이 새로운 기구를 통한 공장의 일상적 투쟁과 (볼셰비키 러시아에 존재하는 것과 같은) 미래 노동자 국가의 맹아 건설 사이의 상호 관계를 파악했다. 〈오르디네 누오보〉 신문을 중심으로 모인 소규모 혁명적 사회주의자 그룹은 내부위원회가 '공장평의회'로 발전해서 경영진의 권력을 점점 더 많이 빼앗을 수 있도록 고무했다. 노동자들은 자기 공장의 생산과정을 관리하는 법을 배워서, 경제 전체를 통제하는 능력과 포부를 발전시킬 수 있을 터였다.

오늘날 내부위원회는 공장에서 자본가의 권력을 제한하고 중재와 규율 기능을 수행하고 있다. 미래에 더 발전하고 개선된 내부위원회는 프롤레

타리아의 권력기관이 돼야 하고, 경영과 행정 같은 자본가들의 유용한 기능을 모두 대체해야 한다.[37]

따라서 나중에 토리노의 여러 공장에서 발전한 공장평의회 운동은 그람시가 보기에 혁명을 준비하는 필수적 수단이었을 뿐 아니라, 미래 사회주의 사회에서 "프롤레타리아 국가의 모델"이기도 했다.[38]

신디컬리스트들과 논쟁하며 그람시는 노동조합이 노동자 혁명의 도구가 될 수 있다는 USI의 주장은 틀렸다고 반박했다. 그는 USI의 주장이 자본주의 안에서 노동[력]을 판매하는 조직(노동조합)과 사회화한 경제에서 생산을 운영하는 조직(노동자 평의회)을 혼동하는 것이라고 말했다. 노동조합의 기능은 사용자에게 노동을 판매하는 조건에 영향을 미치는 것이므로 노동조합은 자본주의 사회에 독특한 조직이고, 그래서 노조는 관료적·보수적 경향이 있다고 그람시는 주장했다. 이와 달리, 공장평의회는 처음부터 혁명적이었다. 왜냐하면 (임금노동자가 아니라) 생산 활동에 특유한 조직이므로 노동자들의 외부에 있는 관료에게 종속되지 않았고 '산업 [투쟁]의 합법성'을 부정했기 때문이다.[39] 그람시는 "사이비 혁명적 신디컬리스트들"을 경멸했다. 그들은 혁명을 '준비하기'를 거부했고, 그들의 가장 큰 잘못은 "현재 형태의 노동조합, 지금 같은 기능을 하는 노동조합을 영원한 사실로, 영구불변의 조직 형태로 여긴다"는 것이었다.[40] 자본주의 사회에 순응하는 형태, 따라서 자본주의를 대체할 수 없는 조직 형태를 말이다.

USI는 기존의 관료화한 개혁주의 노조(특히, 금속노조)의 한계를 지적한 그람시의 견해에 동의했지만, 그런 노조가 '혁명적 노동조합 운동'을 지지한다면 완전히 다른 조직 형태로 바뀔 것이라고 주장했다. 동시에, 그람시도 비록 두 기구[공장평의회와 노동조합]가 서로 독립적이어야 하지만 공장평의회의 중요성이 커지면 기존 노조의 관료를 해체하고, 산업에 기반을 둔 [조직] 형태들을 만들어 내고, 혁명적 정신을 북돋워서, 기존 노조의 성격 변화에도 도움이 될 것이라는 점을 인정했다.[41]

처음에 USI는 공장평의회가 떠오르는 것을 경계의 눈초리로 지켜봤다. 1919년 USI 전국 대회에서 아르만도 보르기는 공장평의회라는 발상이 장점이 있다고 인정하면서도 그 운동이 개혁주의의 중심지인 토리노에서 시작됐기 때문에 우려스럽다고 말했다. 그는 공장평의회에서 사회당이 하는 구실을(심지어 그람시파가 하는 구실도) 받아들일 수 없었다.[42] 알리브란도 조바네티와 니콜로 베키도 공장평의회가 혁명을 일으킬 수 있는지에 대해 의구심을 표명했고, 공장평의회가 순식간에 정부의 도구로 변질될 수 있다고 경고했다. 그들은 공장평의회에 지지를 표했지만, 여전히 USI가 혁명의 수단이고 공장평의회는 노동자들이 혁명 후 사회를 운영할 수 있도록 훈련하는 기구라고 주장했다.[43] 그러나 USI의 태도는 1920년 4월과 9월의 공장평의회 운동을 직접 경험하고 나서 상당히 바뀌었다. 이탈리아 신디컬리스트들의 전통, 즉 정치 수준보다는 경제 수준에서 직접행동을 지지하고, 개혁주의적 노동조합운동을 반대하고, 혁명을 염원하는 전통이 결합돼서 USI 지도자들은 공장평의회의 목표가 공장을 장악해서 직접 관리하는 것이라는 이유로 공장평의회를 지지하는 운동을 적극 전개하게 됐다.[44] 역설이게도, 어떤 면에서는 공장평의회가 독립적·민주적 조직으로서 직접행동과 노동자 통제를 지향했다는 점 때문에 아나코신디컬리스트들의 이상이 현실에서 구현된 것처럼 보이기도 했다. 그 과정에서 USI는 공장평의회 운동에서 중요한 구실을 했다(흔히 그 구실은 과소평가됐다).[45]

그러나 노동자 평의회나 소비에트가 자본가들과 국가한테서 진정한 권력을 빼앗아 노동자들에게 넘겨주는 데 꼭 필요한 기구라고 하더라도 이런 민중 권력 형태와 함께 혁명적 정당도 반드시 필요하다고 코민테른은 주장했다. 소비에트가 새로운 노동계급 정부의 민주적 구조로서 자신의 잠재력을 완전히 실현하려면 무장봉기를 주장하고 조직할 수 있는 혁명적 정당도 필수적이라는 것이었다(11장 참조).

스페인 내전

스페인 내전은 자본주의 국가에 대한 신디컬리즘 전략의 한계를 보여 준 강력한 증거였다. 이것 또한 분명히 1920년대에 코민테른이 논의한 쟁점의 범위를 벗어나는 것이지만, [신디컬리즘의] 문제를 분명히 보여 주는 사례라는 점에서 간략하게 살펴볼 만한 가치가 있다. 스페인 내전 당시 주로 공화파가 통제한 카탈루냐와 안달루시아 같은 지역에서 아나코신디컬리즘 경향의 CNT는 이 위기를 사회혁명의 기회로 여겼다. 공장과 철도는 노동자위원회들이 접수했고, 수많은 마을에서 농민은 토지를 점거하고 농업 공동체를 설립했다. 무수히 많은 기층 무장 파견대의 권위 아래 새로운 사회질서가 확립됐다. 이런 무장 파견대의 다수는 CNT의 영향을 받았지만, 공산당이나 트로츠키주의의 영향을 받은 POUM을 따르는 무장 파견대도 있었다. 카탈루냐의 바르셀로나와 그 밖의 지역에서는 CNT가 노동자들에게 자본가 권력의 진정한 원천인 공장을 계속 통제하라고 촉구했다. 그리고 지금까지 자본주의 기업인이나 국가가 수행해 온 기능들을 이제는 노동자들 자신의 혁명적 위원회가 수행해야 한다고 주장했다. 또, 농촌 아나키즘의 전통적 본거지였던 안달루시아 지방에서는 CNT가 농촌과 공장의 집산화를 고무했고, 경찰을 추적하거나 살해했으며, 농촌 조합들을 민중 의회로 바꿔서 모든 사람이 지역사회의 문제에 직접

참여할 수 있게 했다.[46]

공화파가 장악한 지역에서 군대가 와해되자 이제 스페인 부르주아지는 끝장난 것처럼 보였다. 특히, 바르셀로나에서는 내전 초기 몇 달 동안 '이중 권력' 상황이 존재했다. 루이스 콤파니스가 이끄는 카탈루냐 공식 정부는 혁명적 위원회들의 네트워크에 의존하고 있었고, 이 혁명적 위원회들에서는 CNT와 CNT 내 의식적 소수파인 FAI의 영향력이 매우 강력했다.[47] 이미 실질적 권력을 행사하고 있던 노동자 위원회들이 법률적 권력도 장악하는 것을 막을 수 있는 세력은 아무도 없었다. 그러나 CNT-FAI의 소식지는 "정부는 쓸모없다"는 제목의 글에서, '정치'는 속임수일 뿐이고 '경제'가 우선임을 강조하며 지금 진행되고 있는 경제적 몰수 자체 때문에 "부르주아 국가는 질식사해서 결국 청산될 것"이라고 주장했다.[48] CNT와 FAI는 단지 생산수단을 차지해서 혁명을 일으키는 데 만족하고 공화파 지역의 노동자·농민 사이에서 자신들이 확고한 권력을 구축했다고 확신했기 때문에, 부르주아 국가의 파편들이 되살아나도록 허용하더라도 결코 위험하지 않을 것이라고 생각했다. 자신들의 독립성을 유지하고 원칙을 고수하기로 결심한 CNT와 FAI는 정부에 참여하거나 정치에 관여하는 것을 거부했다.

그러나 프랑코에 맞서 싸우는 전쟁에서 승리하려면 전국의 수많은 전선에 자원을 배치할 권위를 가진 하나의 중앙집중적 지도부가 있어야 했다. 따라서, 당시 스탈린 치하 러시아에서 추방돼 망명 중이던 트로츠키가 볼 때, 이제는 CNT가 주도적으로 나서서 공화파 정부를 전복하고 국가권력을 장악하는 등 전면적 사회혁명을 이끄는 것이 시급한 과제였다. CNT는 자본주의 국가를 그대로 놔둬서 프랑코의 승리로 가는 길을 닦아 줄 위험을 무릅쓸 것인지 아니면 카탈루냐에서 대안적 노동자 국가 구조(노동계급이 직접 통제하고 노동자 평의회에 기반을 둔)를 건설할 것인지를 선택해야 했다. 후자를 선택하면 여기저기 흩어져 있는 시민군을 결집하고 통일된 혁명적 군대를 건설해서, 파시스트들의 쿠데타도 분쇄하고 자본주의 국가도 전복할 수 있을 터였다.

그러나 아나코신디컬리스트들은 모든 형태의 정부에 반대했기 때문에 노동계급이 국가권력을 장악하는 것도 포기했다. 그들은 노동자들에게 국가를 무시하고 권력의 진정한 원천인 공장을 통제하기 위해 노력하라고 계속 촉구했다. 권력의 궁극적 원천(소유관계)을 확보하면 국가권력은 붕괴할 것이고 [다른 권력으로] 대체되지도 않을 것이라고 믿었기 때문이다. 필릭스 모로는 나중에 다음과 같이 썼다.

> 따라서 스페인 아나키스트들은 국가권력이 붕괴하고 군대가 프랑코 편으로 넘어간 뒤에야 자신들이 공장을 점거할 수 있었다는 사실과, 만약 콤파니스와 그 동맹 세력들이 부르주아 국가를 재건할 기회를 잡을 수만 있다면 순식간에 노동자들한테서 공장을 빼앗아 갈 것이라는 사실을 이해하지 못했다. 아나키스트들은 자신들이 공장과 시민군을 통제하고 있다는 데 도취돼서, 카탈루냐에서는 자본주의가 이미 사라졌다고 생각했다.[49]

얄궂게도, 카탈루냐 정부가 프랑코에 대항하는 전투에서 스스로 무능함을 인정하고 자체 해산을 제안하면서 혁명적 세력에게 사실상 권력을 넘겨줬을 때, CNT는 이를 거부했다. 그러나 전쟁 노력을 중앙집중화할 필요가 극도로 절실해지자 1936년 9월 CNT의 태도는 180도 바뀌었다. 이제 그들은 모든 정부와 국가에 반대한다는 가장 기본적 원칙을 포기하고, 자본주의 지지 세력이 지배하는 카탈루냐 지방정부에 CNT 회원 3명이 입각하는 것에 찬성했다. 몇 주 뒤인

11월 초에 CNT와 FAI는 중앙의 마드리드에 기반을 둔 민중전선 정부에도 들어가서, 가장 존경받는 지도자 4명이 (그 전까지 경멸하던) 프란시스코 라르고 카바예로의 부르주아 자유주의 정부에서 장관직을 차지했다.[50]

그들은 이제 정부가 조정 기관이 됐고 국가가 더는 노동계급을 억압하는 기구가 아니라고 주장하면서 자신들의 태도 변화를 정당화했다. 그러나 이런 타협을 한 지 1년이 채 안 돼, 이 이른바 '비억압적' 정부가 바르셀로나에 군대를 보내서 노동자 봉기를 진압했다. CNT는 POUM 출신의 혁명가들이 박해받고 있을 때 자기 지지자들에게 무기를 내려놓고 가만히 있으라고 촉구했고, 시민군이 해체되는 것도 내버려 뒀다. 그 뒤 아나키즘 운동 안에서 '두루티의 친구들'이라는 소수파 자유지상주의 단체가 1937년 봄에 등장해서, CNT와 FAI의 원래 전략·전술 전망을 되살리려고 노력했다. 그들은 아나키스트 상층부의 [계급] '협력주의적' 민중전선 노선에 반발하며 국가의 군대를 철저하게 무장해제 할 것과, CNT와 사회당계 노총인 UGT와 선출된 노동자·농민·병사 의회들을 기반으로 하는 '혁명적 위원회'가 권력을 장악할 것을 요구했다. 요컨대, 아나키즘 운동의 일부가 마침내 국가, 곧 정치권력 장악을 위한 투쟁의 중요성을 깨달은 것이다. 그러나 '두루티의 친구들'은 너무 소규모여서 미미한 영향을 미쳤을 뿐이다.[51]

얄궂게도, CNT는 국가권력 장악을 거부했지만 국가는 처음에는 CNT를 포섭했고 나중에는 거부했다. 그 결과, 세계에서 가장 큰 아나코신디컬리즘 운동이 파괴되고 스페인 혁명 자체도 패배했다. 트로츠키는 다음과 같이 지적했다.

노동조합에서 '정치'를 회피하려고 애쓰는 아나코신디컬리스트들이 부르주아 민주주의라는 수레의 다섯 번째 바퀴였음이 드러나자, 전 세계는 물론 그들 자신도 매우 놀랐다. …

권력 장악을 포기하는 것은 권력을 행사하는 사람들, 즉 착취자들에게 권력을 자진해서 넘겨주는 것이다. … 전쟁을 하면서 승리를 거부하는 것은 불가능하다. 권력 장악을 준비하지 않은 채 대중을 무장봉기로 이 끄는 것은 불가능하다. …

권력 장악이라는 **목표**를 반대한 아나키스트들은 결국 혁명이라는 수단 도 반대할 수밖에 없었다.[52]

국가권력 장악이라는 문제와 관련해서 코민테른은 노동계급 운동 안에서 중앙집중적 지도를 제공해야 한다는 것도 주장했다. 이 주제 에 대한 신디컬리즘 전통과 공산주의 전통의 공통점과 차이점을 다 음 장에서 살펴보겠다.

11장 지도와 정당

　코민테른이 신디컬리즘의 철학과 실천에서 문제 삼은 마지막 쟁점
은 노동계급 운동 내의 지도라는 문제와 조직된 혁명적 정당이 자본
주의를 전복하는 투쟁에서 하는 구실과 관계있었다. 노동조합이든
개혁주의 정당이든 노동운동 공식 지도자들의 거듭된 '배신' 때문에
신디컬리스트들은 작업장에서 현장 노동자들의 독자적 조직과 자신
감을 발전시켜서 그런 배신에 대항하려 했다. 그들은 아주 협소한 지
역 운동부터 최후의 혁명적 총파업까지 노동계급의 창의적이고 자발
적인 아래로부터의 행동을 강조하면서 사실상 기존 노동운동 지도
자들을 우회하려 했다. 그 과정에서 영국 신디컬리스트들은 심지어
'지도'라는 개념 자체를 아예 공공연히 거부하기까지 했다. 이와 달리
다른 나라의 대다수 신디컬리스트들은 의식적 소수 전위의 구실을
강조했다. 의식적 소수 전위가 노동조합에서 더 수동적인 다수를 지
도하고 고무해서 노동자 투쟁의 "기폭제이자 원동력" 구실을 해야 한
다는 것이었다.[1] 그러나 모든 나라에서 신디컬리스트들은 정당에 대

한 중립성과 독립성을 주장했고, 러시아 혁명 후 등장한 새로운 혁명적 공산당에 대해 노골적 반감을 드러냈다. 11장에서는 혁명가들과 노동계급 운동의 관계에 대한 신디컬리스트들의 신념을 공산주의자들이 어떻게 비판했는지를 살펴보겠다.

'지도'를 거부하기

영국에서 톰 만은 기존의 개혁주의적 노동조합을 혁명적 산별노조로 바꾸려는 목표를 갖고 노조 안에서 체계적 선전 활동을 수행했다. 그러나 ISEL을 대규모 조합원을 거느린 신디컬리즘 조직으로 만들 생각은 전혀 없다고 분명히 밝혔다. 오히려 소수의 능동적 조합원에게 영향을 미치는 것이 성공의 열쇠라고 생각했다.

> 영국에는 노동조합원이 300만 명 있다. 그중에 3분의 1이 상당히 중요하다고 할 수 있을 것이다. 나머지 3분의 2는 비교적 수동적인 조합원이다. 바로 이 능동적인 3분의 1이 중요하다. 능동적 조합원 100만 명에게 제대로 영향을 미치는 것이 그보다 여섯 배나 많은 다른 사람들에게 영향을 미치는 것보다 혁명적 운동에 더 중요하다. … ISEL은 다수의 조합원을 획득하려고 애쓸 필요가 없다. 오히려 현장조합원들에게 영향을 미치려고 노력해야 한다.[2]

그러나 제1차세계대전 전에 영국 신디컬리스트들은 반자본주의 메시지를 선전하고 투쟁적 현장조합원 활동을 고무하는 데서 자신들이 결정적 구실을 한다고 생각했으면서도, 다른 나라 신디컬리스트들과 달리 노동계급 운동 안에서 일상적 실천을 지도해야 한다는 생각은 공공연히 거부하는 경향이 있었다.[3] 실제로 〈타임스〉에 실린 기사가 지적했듯이, '지도자'라는 개념 자체에 대한 노골적 반감이 있었던 것이다. "신디컬리즘은 지도자들이 필요 없다고 공언한다."[4] 의미심장하게도, 신디컬리스트들은 공식 노동운동 지도자들의 결함이 단지 형편없는 지휘 통솔과 잘못된 정책 탓만은 아니고 지도라는 제도 자체 때문이라고 생각했다. 그래서 《광원들의 다음 과제》 지은이들은 다음과 같이 썼다.

지도(력): 지도자가 갖고 있는 권력을 의미한다. 권력이 없는 지도자는 무능하다. 권력을 갖게 되면 반드시 부패한다. 모든 지도자는 아무리 좋은 의도를 가졌더라도 부패하기 마련이다. 진짜 지도가 의미하는 것과 같은 권력을 마음대로 휘두를 수 있는 사람치고 매우 좋거나 매우 용감하거나 매우 강한 사람은 지금까지 아무도 없었다.[5]

현장 노동자가 노조의 상근 간부로 선출되고 나면 부패하는 경향이 있다는 사실에서 그들이 끌어낸 결론은 "새로운 지도자는 해결책이 아니다"라는 것이었다. 모든 지도자는 공식적 지도자든 아니면 비공식적 지도자든 현장조합원들의 독립성과 주도력을 질식시킬 수밖에 없었다. 그래서 나중에 J T 머피는 전시 직장위원회 운동이 펴낸 소책자 《노동자위원회》에서 다음과 같이 설명했다.

지도자가 대중을 지배하고 대중은 거의 아무 생각도 하지 않는 한은 지도자가 공식적이든 비공식적이든 우리에게 거의 중요하지 않다. 한 사람이 군중을 지배해서 한쪽으로 이끌 수 있다면 다른 사람은 군중을 이끌고 반대쪽으로 움직일 수 있다. 우리는 남녀 대중이 스스로 생각하기를 바란다. 대중이 그러기 전까지는 어떤 진정한 진보도 이뤄지지 않을

것이고 민주주의는 웃음거리가 될 것이다.[6]

중앙집중적 조직이 현장 노동자들 위에 군림하는 권위를 만들어 낼 때마다 정치는 변질됐고 따라서 [지도자의] 배신은 지도와 조직된 권력의 본질에 고유한 것이라는 게 그들의 주장이었다. 그래서 ISEL은 (산업의 차이를 뛰어넘어 서로 협력하는 노조 투사들의 네트워크를 건설하는 데 성공했지만) 연방적·지역적·분산적 성격이 그 특징이었다. ISEL은 공식적 회원 자격이나 지부 구조가 없었고, 톰 만과 그의 측근 몇 명을 제외하면 이렇다 할 지도부 구조도 없었다.[7]

마찬가지로, 전시 직장위원회 운동도 느슨한 전국적 구조만을 갖춘 지역적 운동이었고, 자율적 투사 조직들의 연맹체 이상은 결코 아니었다. 직장위원회 운동의 핵심 기구인 전국행정위원회NAC는 집행 권한이 전혀 없었고 기껏해야 지역위원회들에 보고하는 연락 센터 정도의 기능을 하도록 만들어졌으므로, 어떤 정책 발의도 회원들의 동의가 없으면 이뤄지지 않았다. 직장위원회 운동에는 유급 상근 간부나 조직자도 없었고 사무소도 따로 없었다. 머피는 '지도'에 대한 직장위원들의 반감을 다음과 같이 표현했다.

직장위원회 운동과 노동자위원회의 으뜸 원칙 하나는 현장 노동자들의 명령에 복종하는 것이지 그 반대가 아니다. 이것은 언론과 저 훌륭한 지식인들의 비난, 즉 사악한 직장위원들이 사람들을 꼬드겨서 파업에 나서게 한다는 비난이 틀렸음을 보여 준다. 직장위원들은 사람들을 '꼬드겨서' 파업에 나서게 하지 않는다. 직장위원들의 임무는 '지도'가 아니다. 사실, 직장위원회·노동자위원회 운동 자체가 지도에 대한 거부다.[8]

지도한다는 것 자체가 "마치 노동자들은 [지도자들이 ─ 지은이] 마음대로 주무를 수 있는 말 잘 듣는 착한 사람들인 것처럼 취급하는" 것이라고 본 머피는 노동계급의 자주적 행동과 혁명적 잠재력을 강조했다.[9] 운동의 자발성은 강력한 중앙집중적 조직과 지도부가 필요 없게 만들었다. 오직 현장조합원들이 올바른 노선을 따라 나아가도록 자극할 지역적 자율성과 민주적 통제를 갖춘 느슨한 조직만 있으면 됐다.

물론 많은 점에서 영국 직장위원회 운동의 지도자들은 자신들의 사상과 행동 이면에 있는 모순의 피해자였다. 분명히 그들은, 말하자면 비공식적(유기적)으로 노동자들을 **지도**했다. 특히, 그들이 노동자들에게 흔히 노조 상근 간부들과 독립적으로 파업 투쟁을 벌이라고 주도적으로 제안했을 때 그랬다. 머피는 나중에 다음과 같이 인정했다.

> 직장위원들과 나를 거듭거듭 좌절시키고 방해한 것은 지나친 지도권이 아니라 '현장조합원들이 집행하는 정책'이었다는 것은 분명히 사실이다. 그러나 우리는 실제로 지도했고 … 정말로 대중을 움직여서 반전 행동에 나서게 했다. … 전시에 벌어진 파업은 모두 전쟁에 반대하는 사회주의자들과 신디컬리스트들이 불러일으키고 발전시킨 것이었다. 그들은 전쟁 때문에 생겨난 불만을 하나도 놓치지 않고 이용하고 있었다.[10]

다른 한편으로, 노동조합이나 개혁주의 정당 지도자들의 [배신] 경험과 이데올로기적 고려 때문에 영국 직장위원회 운동의 지도자들은 공식 (구조를 갖춘) 조직의 집중적 지도라는 개념을 반동적인 것으로 여겨 거부했다. 그러나 많은 점에서 그들이 관여한 파업의 교훈, 경제·정치 권력이 국가의 수중에 엄청나게 집중된 현실의 교훈은 모종의 중앙집중적 조직이 없다면 운동의 힘이 낭비되고 운동의 막대한 힘이 제한적 목적에 사용될 위험이 있다는 것이었다. 지도에 반대하는 신념 때문에 그들은 사실상 운동을 자발성으로 환원했고 효과적으로 조정된 행동의 토대를 약화시켰다.[11] 그래서 머피는 다음과 같이 인정할 수밖에 없었다.

모든 반동적 집행부가 교활하게 이용한 이론들 가운데 가장 효과적인 것이 바로 이것[지도에 반대하는 이론 — 지은이]이었다. 그 이론은 지도자들의 모든 책임을 완전히 회피하는 것이었다. 기존 지도자들에 대한 불신에서 비롯한 그 이론은 그러나 더한층의 불신을 조장했고, 그와 동시에 지도를 회피할 최고의 핑곗거리를 그 지도자들에게 제공했다. 그 이론은 … 혁명가들의 에너지를 분산시켰고, 혁명가들의 운동을 새로운 지도를 위해 투쟁하는 조직된 세력으로 만든 것이 아니라 오히려 혼란에 빠뜨렸다.[12]

'의식적 소수'

노조 지도부의 관료화 경향에 대항해야 한다는 생각 때문에 현장 조합원들의 자주적 행동과 분권적 조직 형태를 강력하게 강조한 것은 단지 영국에서만 나타난 현상이 아니었다. 얄궂게도, IWW는 초기에 확고한 지도부가 없어서 표류했다. 그러다가 1916년에 중앙집중적 본부를 건설한 빌 헤이우드나 [1915년에] 탄탄한 체계와 신중한 집행부를 갖춘 농업노동자조직을 건설한 월터 네프 같은 강력한 개인들이 IWW를 이끌게 됐다.[13] 그러나 비록 IWW가 다른 나라의 신디컬리즘 운동들과 비교하면 상대적으로 중앙집중적 조직이었던 것은 사실이지만, 앞서 봤듯이 그래도 여전히 모종의 중앙집중적 조정과 지도를 지지하는 동부파와 중앙의 통제 축소와 지역 지부의 자율성 확대를 요구하는 서부파로 심각하게 분열돼 있었다.

CGT 조직에는 프랑스 노동조합운동의 분권적 구조가 매우 많이 반영돼 있었다. 그래서 CGT의 전국위원회는 지휘 기관이 아니라 자문기관에 불과한 것으로 여겨졌고, CGT의 정책에 동의하지 않는 노조는 CGT의 견해를 따르지 않아도 회원 자격을 계속 유지할 수 있었다. 스페인에서 CNT는 지역 지부의 주도력과 의사 결정 권한을 최대한 허용하는 연방주의적 조직 체계를 채택했다. 이 느슨한 전국적 체계를 조정하기 위해 연례 CNT 대회에서 전국위원회가 선출됐다. 전국위원회의 주요 임무는 연락 교환, 통계 수집, 구속자 지원으로 제한됐다. 모든 대의원은 각 지역에서 해마다 선출됐고 연임이 허용되지 않았고 조합원들에 의해 언제든지 즉시 소환될 수 있었다. 전국위원회를 비롯한 CNT 산하 모든 기구는 평범한 무급 활동가들의 위원회가 운영했고, 사무총장과 지역 간사들만이 유급 상근 간부였다. 마찬가지로, 이탈리아에서도 지역의 자율성과 분권화 개념이 USI의 조직과 활동 전반에 퍼져 있었다.

1921년 5월 스페인의 호아킨 마우린과 안드레우 닌을 중심으로 한 공산주의적 신디컬리스트들이 잠시 CNT를 통제했을 때 그들은 지역의 자율성이 전국 수준에서 공동 행동의 발전을 거의 불가능하게 만든다는 것을, 특히 전후의 투쟁 물결 속에서 CNT가 노동자들의 행동을 조정하기 어렵게 만든다는 것을 인정했다. 그들의 기관지인 〈루차 소시알〉은 다음과 같이 한탄했다.

지난 몇 년 동안 노동운동의 특징은 분산되고 고립되고 규율 없는 행동이었다. 정말 안타깝다. [스페인의 ─ 지은이] 일부가 뜨겁게 타올랐을 때 나머지는 차갑게 식어 있었다. … 모든 [투쟁은 ─ 지은이] 고립된 전투였고, 통일된 [혁명적 ─ 지은이] 운동을 불가능하게 만드는 지역주의가 모든 투쟁에 깊이 스며들어 있었다.[14]

볼셰비키 혁명의 활력에 고무된 닌과 마우린은 CNT 안에서 중앙 집중적 조직과 지도를 강화하고 자발성과 지역주의를 덜 강조해야 한다고 주장했다.[15] 그러나 공산주의적 신디컬리즘 경향의 영향력은 (어쨌든 규모와 영향력 면에서 아나코신디컬리즘 경향이나 '순수한' 신디컬리즘 경향과 비교도 안 됐지만) 결국 단명했고, CNT는 다시 지역의 자율성과 주도력을 강화하는 쪽으로 기울었다.

그렇지만 영국에서 그랬듯이, 분권적 조직 형태에도 불구하고 스페인의 신디컬리즘 운동 안에서도 지도와 중앙의 지휘는 실제로 나타났다. 예컨대, 국가 탄압과 갑작스런 사태 전환 때문에 연례 CNT 대회나 지역 대회가 중단돼서 중요한 정책 결정을 지도적 위원회의 총회나 (이런저런 회의를 짜깁기하듯 모아 놓은 것에 불과한) '대회'에서 내려야 하는 시기도 있었다. 그런 상황에서는, 머레이 북친이 문헌으로 입증했듯이 항상 '영향력 있는 투사들'(더 많이 알고, 경험 있고, '강력하고', 웅변 재능이 뛰어난 개인들)이 있었고, 그들은 조직의 모든 수준에서 지도력을 발휘하는 경향이 있었다(비록 개별 기구들은 자율적으로 행동하고, 때로는 상급 위원회의 지시를 거슬러서 행동했지만).[16] 또, 당연히 (CNT 안에서 단연 가장 큰 지부인) 카탈루냐 조직(과 특히 바르셀로나 조직)이 CNT 역사 거의 내내 사실상 CNT를 통제했다.

게다가, 특별하게는 신디컬리즘 운동 안에서, 일반적으로는 노동계급 운동 안에서 이른바 '의식적 소수'가 이론적·실천적 지도를 해야 한다고 주장하는 문제에서 영국의 신디컬리즘 운동보다는 스페인·프랑스·미국의 운동이 훨씬 더 멀리 나아갔다는 사실은 매우 중요하다. 예컨대, 프랑스에서는 CGT가 오로지 혁명적 노동자들만으로 이뤄지지는 않았다는 사실을 인정한 신디컬리스트들이 '능동적 소수'의 혁명적 투사들을 육성해서 CGT의 지도적 위원회들 안에서 영향력을 확보하려 했다. 그들은 이 '전위 속의 전위'가 조합원들에게 혁명적 변화의 필요성을 확신시키고 CGT가 개혁주의 조직으로 변질되지 않게 하는 데서 결정적 구실을 할 것이라고 생각했다. 그래서 피에르 모나트와 알프레드 로스메르와 〈라 비 우브리에르〉 그룹은 비록 당이나 분파를 결성할 의도가 전혀 없었지만, 분명히 자신들이 발행하는 신디컬리즘 잡지의 구독자 2000여 명이 핵심이 돼서 노조 활동가들의 정치적·문화적 수준을 높이고 CGT 안에서 지도적 간부들을 발전시킬 수 있다고 여겼다.[17] 또, CGT 안에서 영감을 주고 수호자 구실을 하는 그런 의식적 소수는 나머지 노동계급 전체도 지도할 것이고, 그래서 상대적으로 무기력한 대중을 자극해서 행동에 나서게 하고 미래의 혁명을 이끄는 데도 도움이 되리라고 봤다.

물론 프랑스의 노동조합운동은 영국과 매우 달랐고 조합원 수도 훨씬 적었다. 그리고 어느 정도는 프랑스 노동조합운동이 훨씬 덜 포괄적이었다는 바로 그 이유 때문에, '능동적 소수'가 미조직 대중을 지도한다는 생각이 불가피할 뿐 아니라 필요한 과정이기도 한 것처럼 보였다.[18] IWW 안에서 일부 사람들이 똑같은 견해를 지지한 것도 아마 비슷한 이유 때문이었을 것이다(비록 모든 IWW 조합원이 그 주장을 지지한 것은 아니었지만). 그래서 〈인더스트리얼 워커〉는 "우리는 노동계급의 투쟁적 소수다" 하고 썼다.[19] 이런 '투쟁적 소수'의 임무는 노동자들 사이에서 연대와 계급의식을 고취하고 혁명적 정신을 발전시키는 것이었다. 그것은 "모든 나라에서 노동운동의 진정한 원동력"이었다.[20] 즉, "프롤레타리아 해방군"의 주력부대와 떨어진 채 "본대에서 증원군이 오기를 기다리는 동안 게릴라전을 벌여야 하는 전위부대"라는 것이었다.[21] 마찬가지로, 윌리엄 Z 포스터의 북아메리카 신디컬리스트동맹도 전반적 전략에서는 IWW와 첨예한 이견이 있었지만, 근본적으로는 기존 노조 안에서 활동하는 선전 그룹이었고,

"투쟁적 소수"의 신디컬리스트가 결정적으로 중요한 전위의 구실을 한다고 봤다.[22]

스페인에서 CNT의 분권적 조직 구조는 바쿠닌식의 공공연한 비밀결사, 즉 혁명을 이끄는 것을 목표로 하는 "보이지 않는 조종사들"의 조직이 만들어질 수 있는 배경이 됐다. 그래서 1927년에 CNT 통제권을 개혁주의 경향에 빼앗길지도 모른다고 생각한 아나키스트들은 FAI를 설립해서 "신디컬리즘 조직 속에 아나키즘의 정신을 계속 유지하기"로 결정했다.[23] FAI의 토대는 그루포스 데 아피니다드,* 즉 최대 12명의 단호한 아나키스트 혁명가로 이뤄진 동아리들이었다. 그들을 결속한 것은 공통의 사회적 원칙뿐 아니라 공통의 개인적 성향, 다시 말해 친밀감이기도 했다.[24] FAI는 비록 정치적으로 동질적인 조직은 결코 아니었지만, CNT를 자극하고 지도하겠다는 공통의 목표를 추구하며 단결했고, 그 동아리들은 '자유지상주의적 공산주의'의 실현에 공공연히 헌신하는 전위 운동의 토대로 여겨졌다. CNT와 마찬가지로, FAI의 조직 구조도 연방적이었다. FAI의 지역 조직들을 서로 연결해 준 [이베리아] 반도위원회의 임무는 적어도 이론적으로는 행정적인 것에 불과했다. FAI에는 관료적 기구도 없었고, 회원증이나 회비도 없었으며, 유급 상근 간부나 간사나 사무직원이 일하는 본부도 없었다.

스페인 노동운동을 다룬 저술가들은 대부분 1930년대 초에 온건파 신디컬리스트들이 CNT를 떠나면서 FAI가 CNT를 완전히 지배하게 됐고 이후 CNT는 사실상 아나코신디컬리즘 조직이 됐다는 견해에 동의하는 듯하다. 확실히, 혁명과 자유지상주의적 공산주의에 헌신하는 FAI는 평범한 CNT 조합원들의 정치의식을 높이는 데 이바지했다. 더욱이, FAI는 재빨리 CNT에 대한 지배력을 확립해서 매우 소

---

* grupos de afinidad. 이해관계나 목표가 같은 사람들이 모여 만든 단체들.

수의 아나키스트가 CNT의 요직을 모두 차지하고 사무실과 위원회들을 지배했다. FAI는 CNT에서 개혁주의자들을 완전히 제거할 수는 없었지만, CNT 안에서 상당한 추종 세력을 확보했다. 1934~1936년에는 FAI 회원 수가 약 1만 명이었고, 스페인 내전 기간에 회원 수가 가장 많았을 때는 약 3만 명에 이른 것으로 추산된다.[25] 다시 말해, 권위와 지도를 거부한다는 아나키즘적 미사여구에도 불구하고 1930년대에 FAI가 CNT의 정책을 사실상 지도했다는 것은 결코 비밀이 아니다. CNT의 분권적 구조라는 배경 속에서 반도위원회는 지지자들을 이끄는 볼셰비키식 중앙위원회와 [단순한] 행정 사무국 사이에서 아슬아슬한 줄타기를 했다.[26]

볼셰비즘과의 유사성

볼셰비키가 볼 때, '혁명적 소수'의 지도적 구실을 인정하는 신디컬리즘 이론은 근본적으로 불완전한 혁명적 노동자 정당 이론이었다. 코민테른 2차 대회에서 영국 직장위원회 신문인 〈솔리대리티〉의 편집자 잭 태너는 직장위원회 운동 안에서 노동계급의 가장 의식적이고 재능 있는 소수가 혁명적 전투뿐 아니라 일상적 요구를 위한 투쟁에서도 독자적으로 노동자 대중을 이끌고 지도할 수 있었다며 볼셰비키 같은 특별한 형태의 정당은 필요 없다고 말했다.[27] 이에 대해 레닌은 다음과 같이 대답했다.

태너 동지의 주장이 정당은 반대하지만 가장 단호한 계급의식적 프롤레타리아의 혁명적 소수가 프롤레타리아 전체를 지도하는 것은 찬성한다는 말이라면, 저는 우리의 관점 사이에는 사실 아무 차이도 없다고 말하겠습니다. 조직된 소수가 뭡니까? 이 소수가 정말로 계급의식적이고 대중을 지도할 수 있고 모든 의제와 현안에 답을 줄 수 있다면, 그것이 바로 당입니다. … 태너 동지를 비롯한 직장위원회 운동이나 IWW의 동지들이 노동계급의 의식적 공산주의자 소수가 프롤레타리아를 지도할 수 있다는 것을 인정한다면(우리는 지금 날마다 모든 토론에서 그들이 실제로 그렇게 인정하는 것을 목격하고 있습니다), 그들은 우리의 모든 결의안이 뜻하는 바가 바로 그것이라는 사실도 인정해야 합니다. 그렇다면, 그들이 '당'이라는 말을 피한다는 것 말고는 우리 사이에 아무 차이도 없습니다.[28]

트로츠키는 프랑스 신디컬리스트들과 공산당의 구실 사이에는 비슷한 점이 있다고 거듭 이야기했다.

프랑스 신디컬리스트들은 [부르주아 — 지은이] 민주주의 전통과 그 속임수를 거부하면서 다음과 같이 말했습니다. "우리는 어떤 정당도 원하지 않는다. 우리는 프롤레타리아의 노동조합을 지지하고 그 노조 안에서 직접행동을 적용하는 혁명적 소수를 지지한다." …
이 소수는 우리 동지들에게 무엇을 의미합니까? 그것은 프랑스 노동계급 중에서 선발된 일부, 분명한 강령과 독자적 조직을 가진 일부가 모든 문제를 토론하는 조직, 그러나 단지 토론만 하는 것이 아니라 결정도 내리는 조직, 특정한 규율로 결속돼 있는 그런 조직입니다.[29]

코민테른 2차 대회에서 채택된 "프롤레타리아 혁명에서 공산당이 하는 구실에 관한 테제"는 다음과 같이 강조했다.

혁명적 신디컬리스트들은 흔히 단호한 혁명적 소수가 중대한 구실을 한다고 말한다. 그렇다. 노동계급 가운데 정말로 단호한 소수, 공산주의적 소수, 행동하기를 원하고 강령을 갖고 있고 대중의 투쟁을 조직하기를 원하는 소수, 그것이 바로 공산당이다.[30]

다시 말해, 신디컬리즘은 노동조합에 영향을 미치기 위해 힘차게 투쟁하는 '혁명적 소수'의 지도적 구실을 이해하고 역설했기 때문에, 실제로는 혁명적 정당의 맹아였던 것이다(비록 신디컬리즘의 견해 자체는 불완전하고 미숙했지만). 그래서 트로츠키는 프랑스 신디컬리스트들에게 다음과 같이 강조했다.

제 주장은 여러분의 과거 활동 전체가 프롤레타리아 혁명의 공산당을 창립하기 위한 준비 과정이었을 뿐이라는 것입니다. 전쟁 전의 혁명적 신디컬리즘은 공산당의 맹아였습니다. 반대로, 이제 진정한 공산당을 건설하는 일에 적극 참여하는 것이 곧 프랑스 신디컬리즘의 최상의 전통을 유지하고 발전시키는 일입니다.[31]

1917년 이후 [혁명적 신디컬리즘의] 이런 실천의 정수를 최고로 발전시켜 완성한 결과가 바로 혁명적 공산당의 설립이라는 것이 트로츠키의 주장이었다.

얄궂게도, 많은 노동계급 투사들이 비록 처음에는 '직접행동'을 강조하는 신디컬리즘에 매력을 느꼈지만 일단 산업 투쟁 수준이 점차 가라앉자 신디컬리즘 활동에서 떨어져 나갔다. 신디컬리즘에는 그들의 헌신성을 지탱해 줄 수 있는 일반적 정치가 없었기 때문이다. 예컨대, IWW 조합원들은 파업이 벌어지는 곳이면 전국 어디든지 달려가서 투쟁을 고무하고 공격적으로 투쟁을 이끌었다. 그러나 파업이 끝나면 다시 투쟁을 찾아 다른 곳으로 떠나 버렸으므로 정치적 조직화의 중요성을 깨닫지 못했고, 그래서 파업이 끝난 뒤에도 [정치의식이]

바뀐 상태로 남아 있는 노동자는 극소수에 불과했다. IWW 조합원들의 공격적 노동조합운동 방식과 계급투쟁 수준 사이의 관계를 보면 그들이 사실상 계급투쟁의 부침과 함께 성장하고 쇠퇴했다는 것을 알 수 있다. 그래서 흔히 특정 작업장에서 산업 투쟁이 '침체'하는 동안에 그들은 상시적 조직을 건설하거나 자신들과 주변 사람들을 지탱하기가 매우 힘들었다.

이와 대조적으로, 볼셰비키는 (중앙집중주의, 지도, 조직, 규율 등의 개념 덕분에) 1905년 혁명이 패배한 뒤 혹독한 탄압의 시기를 견뎌 낼 수 있었을 뿐 아니라, 헌신적 활동가들의 중핵을 유지해서 1912년 이후 투쟁 수준이 다시 고양되자 혁명적 지도를 제공할 수 있었고 1917년 혁명 때도 진정한 대중적 조직을 착실하게 건설할 수 있었다. 볼셰비키는 계급의식의 성장이 정치조직으로 흡수되지 않으면 일시적 현상으로 그치고 만다는 사실을 알고 있었다. IWW의 문제가 노동조합과 혁명적 조직의 구실을 병행하려다 이도 저도 아니게 됐다는 점이라면, 프랑스 신디컬리스트들도 비슷한 딜레마에 빠졌다고 트로츠키는 말했다. "그들은 당의 구실을 하기에는 한없이 컸고, 노동조합의 구실을 하기에는 너무 작았다."[32]

전위당

앞서 봤듯이, 신디컬리스트들의 압도 다수는 정당을 의회주의·기회주의·배신과 똑같은 것으로 여겼다. 정당은 잘해야 불필요하고, 최악의 경우에는 노동계급에게 결정적 걸림돌이라는 것이었다. 사회주의 정당이 필요하다는 것을 정말로 인정한 신디컬리스트들조차 근본적으로는 정당이 순전히 산업 투쟁을 보조하는 선전 수단이고 가끔 선거에 참여할 뿐이라고 생각했다. 그래서 J T 머피는 나중에 다음과 같이 인정했다. "우리 중에 어느 누구도 정당을 사회주의 사상의 확산을 위한 선전 도구 이상으로 여기지 않았다."[33] "1917년 전에는 '그 날을 준비하는' 혁명적 사회주의 정당이 무장봉기의 정당이라고 생각하지 않았다. 오히려 우리 자신이 '새로운 구원의 세례 요한'이라고 생각했다."[34]

물론 이것은 신디컬리스트들만의 실수는 아니었고, 1917년 이전에 룩셈부르크·그람시·트로츠키를 비롯해서 모든 혁명적 마르크스주의자들이 갖고 있던 한계의 일부였다.[35] 더욱이, 비록 레닌이 러시아에서 볼셰비키라는 '새로운 종류'의 정당을 건설하고 있었지만 그 중요성이 대체로 분명해진 것은 10월 혁명에서 노동자들이 권력을 장악한 뒤였다. 서유럽과 다른 상황에서 볼셰비즘이 나타났다는 점을 이해하는 것이 중요한데, 먼저 이 문제를 살펴본 뒤에 신디컬리스트들과의 논쟁 문제로 돌아가겠다.

서유럽보다 극도로 후진적인 생산력, 차르 체제의 혹독한 탄압, 의회 민주주의의 부재 등 때문에 러시아에서는 노동계급 전체를 대표하는 광범한 사회주의 정당이라는 개혁주의 모델이 실현될 여지가 거의 없었다.[36] 오히려 러시아 마르크스주의자들은 의회 선거구의 지리적 경계에 따라 조직하지 않고 작업장에서 조직할 수밖에 없었고, 차르 정부의 탄압 때문에 심지어 경제적 계급투쟁조차 매우 정치화했다. 그러나 그런 객관적 상황 말고도, 소규모 선전·선동 서클들을 전국적 수준의 중앙집중적 혁명 정당으로 바꾸는 데서 혁명가들, 특히 레닌이 한 의식적 구실도 중요했다. 그것은 1903년에는 한 정당 내의 조직적 분열에 불과한 것처럼 보였던 두 분파(볼셰비키와 멘셰비키)를 사실상 완전히 다른 두 정당으로, 즉 다가오는 혁명의 성격이나 그 혁명에서 노동계급과 부르주아지가 각각 하는 구실에 대한 정치적 관점이 근본적으로 다른 두 정당으로 바꿔 버렸다.

이 점이 엄청나게 중요한 이유는, 특히 다른 나라의 많은 혁명가들(로자 룩셈부르크 같은)이 여전히 조직적으로는 광범한 개혁주의적 또는 '중간주의적' 사회민주주의 정당의 좌파에 머물러 있었기 때문이다(예컨대, 독일 공산당은 1918년 11월 혁명이 일어난 뒤에야 창립됐다). 이와 대조적으로, 러시아에서는 분명한 결별이 이뤄졌고 혁명이 승리하기 전에 이미 14년 동안 혁명적 정당이 독자적으로 존재했다. 레닌이 처음부터 자신이 하고 있는 일의 의미를 완전히 알고 있었다는 생각은 잘못일 것이다. 사실 그는 1914년까지는 제2인터내셔널과 결별해야 한다고 주장하지 않았고, 그때조차 다른 나라의 혁명가들에게 독자적 정당을 건설하라고 요구하지 않았다. 그러나 이후 과정에서 결정적으로 중요해진 것은 바로 그의 통찰, 즉 개혁주의에 맞서 이데올로기적으로뿐 아니라 조직적으로도 투쟁해야 한다는 생각이었다. 따라서 1917년 전에 이미 볼셰비즘의 실천은 나타났다. 비록 그 이론, 즉 러시아와 더 일반적으로 유럽의 다른 좌파 그룹들과 볼셰비키를 구분 지은 그 이론이 최종 완성되기까지는 여전히 시간이 걸렸지만 말이다.[37]

신디컬리스트들이 볼 때, 혁명적 사회주의 정당이 필요하다는 레닌의 주장은 사회주의는 오직 노동계급의 자기해방을 통해서만 가능하다는 마르크스주의의 주장을 부정하는 것이었다. 그러나 레닌은 이에 대해, 사회주의가 오직 아래로부터만 실현될 수 있다는 것은 사실이지만 자본주의에 대항하는 노동자 투쟁의 부문적·분산적 성격 때문에 혁명이 성공하려면 전위당이 필요하다는 것도 사실이라고 주장했다. 노동계급 운동의 조직·투쟁·의식에 내재하는 불균등성 때문에, 적어도 완전히 혁명적 상황이 되기 전까지는 오직 소수의 노동자들만이 혁명가가 될 것이다. 그러나 **투쟁적 소수**는 항상 존재했는데, 그들은 자신의 경험을 통해 자본주의 체제는 통째로 변혁돼야 한다는 것과 그렇게 하는 가장 효과적인 수단은 노동계급이 사용하는 직접적 투쟁 방식이라는 것을 확신하게 된다. 핵심 문제는 그런 소수를 어떻게 조직해서 계급 전체의 투쟁을 고양시키는 지렛대로 만들 수 있는가 하는 것이었다.

레닌의 대답은 '계급' 개념과 '당' 개념을 날카롭게 구분해야 한다는 것이었다. 필요한 것은 [당이] 노동계급 전체를 '대표'하려고 노력하는 것이 아니라, "계급의 가장 선진적인 부분, 가장 계급의식적이고 따라서 가장 혁명적인 부분"을 혁명적 정당으로 융합시키는 것이라고 레닌은 주장했다.[38] 그런 전위당은 노동자들의 자주적 행동을 고무하면서도 그와 동시에 당의 영향을 받는 노동자들의 일반적 정치 의식 수준을 높이려고 투쟁하고 노동자들의 당면 요구와 체제 전복이라는 가장 중요한 정치적 목표를 연결하려고 노력해야 했다.[39] 지도라고 하는 것은 [당이] 위에서 명령을 내리면 노동계급이 그대로 따르기를 기대하는 것이 아니라, 노동자들이 투쟁 속에서 스스로 만들어 낸 최상의 것들을 받아들여서 그 경험을 일반화하는 것이었다. 그래서 1905년에 페트로그라드 노동자들이 자발적으로 소비에트를 만들었을 때 레닌과 볼셰비키는 (처음에는 소비에트에 반대했지만) 재빨리 자신들의 혁명 모델을 [소비에트에 맞게] 바꿨던 것이다.[40]

혁명에서 당의 지도적 구실

코민테른과 적색노조인터내셔널 초기에 레닌 등 볼셰비키 지도자들이 신디컬리스트들에게 혁명적 정당의 필요성을 설득하고자 애쓰면서 근거로 든 주장은 "[노동계급 – 지은이]에게 부여된 역사적 임무, 즉

부르주아지를 파괴하려면" 혁명적 정당이 "필수적"이라는 것이었다.[41]

코민테른은 프롤레타리아가 독자적 정당 없이도 자신의 혁명을 완수할 수 있다는 견해를 아주 단호하게 거부합니다. …

계급투쟁은 다양한 형태의 프롤레타리아 운동(노동조합, 협동조합, 노동자위원회 [등 – 지은이])의 집중과 공통의 지도부를 요구합니다. … 오직 정당만이 그렇게 단결시키고 지도하는 중심이 될 수 있습니다. 그런 정당을 만들고 강화하기를 거부하는 것, 스스로 그 정당에 복종하기를 거부하는 것은 다양한 전쟁터에서 진군하고 있는 여러 프롤레타리아 전투부대의 지휘부를 통합하기를 거부하는 것과 마찬가지입니다. 프롤레타리아의 계급투쟁은, 일관된 관점에서 투쟁의 다양한 단계를 조명하고 특정 순간마다 프롤레타리아의 주의를 계급 전체의 공통된 구체적 과제로 집중하는 협력적 선동을 요구합니다. 그런 일은 중앙집중적 정치기구, 다시 말해 정당이 없으면 해낼 수 없습니다. … [신디컬리스트들은 – 지은이] 독자적 정당이 없으면 노동계급은 머리 없는 몸통에 불과하다는 사실을 모릅니다.[42]

지노비예프는 제2인터내셔널의 붕괴와 사회주의 정당들의 배신 때문에 정당에 대한 신디컬리스트들의 반감이 더 커졌다는 사실을 알고 있었지만, 그래도 신디컬리스트들이 개혁주의 정당과 **혁명적** 정당의 차이를 인정해야 한다고 강조했다.

우리가 신디컬리스트 대열의 우리 동지들에게 드리고 싶은 말씀은 … 시대의 표적은* 우리가 당을 부정해야 한다는 사실이 아니라는 것입니

---

* sign of the times. 기독교 신약성서에서 유래한 표현으로, 특정 시대의 상황을 분명히 보여 주는 징후나 세계가 변하고 있음을 보여 주는 징조 따위를 일컫는 말.

다. 우리가 살고 있는 시대의 표적은 … 우리가 다음과 같이 말해야 한다는 사실입니다. "낡은 정당들은 파산했다. 그들을 타도하자. 새로운 상황에서 건설해야 할 새로운 공산당 만세!" …

하루살이처럼 근근이 살아가고 분명한 형체도 없는 노동조합은 노동계급에게 올바른 길을 보여 줄 수 없지만, 노동계급 가운데 최상의 투사들을 포괄하는 정당은 그럴 수 있습니다. … 우리에게 문제는 노동계급의 전위를 조직해서 그들이 이 투쟁 속에서 실제로 대중을 지도할 수 있게 하는 것입니다.[43]

문제는 더 선진적인 노동자들이 지도하는 혁명적 정당이 존재하지 않을 때 노동계급 대중은 다른 종류의 지도를 따르거나 묵인할 것이라는 점이었다. 따라서 그런 공백은 메워져야 했고, 만약 선진적 노동자들이 응집력과 자신감이 없어서 조직상의 혁명적 구심을 제공하지 못한다면(즉, 그들이 당으로 행동하지 못한다면) 자본주의 체제 안에서 활동하고 체제에 순응하는 전략을 제시하는 개혁주의 세력이 항상 그 공백을 자연스럽게 메울 터였다. 심지어 1917년 2월 러시아 혁명 후 노동자들이 새로운 권력기관인 소비에트를 건설해서 과거의 전통과 결별했을 때조차 그들은 여전히 전에 자신들을 지도하던 세력에게 충성하고 있었다. 그래서 처음에는 두 주요 개혁주의 정당인 멘셰비키와 사회혁명당이 소비에트에서 대의원의 다수를 차지했고 볼셰비키는 소수파였다. 볼셰비키는 노동자·병사 소비에트를 설득해서 임시정부를 전복하게 하는 것을 자신의 임무로 삼았고, 러시아 노동자들에게 이 2차 혁명의 필요성을 확신시킨 것은 볼셰비키의 주장과 노동자들 자신의 경험이었다. 1917년 늦여름과 초가을이 되자 볼셰비키는 소비에트에서 다수파가 됐고, 그래서 1917년 10월에 혁명을 성공시킬 수 있었다.[44]

그러나 신디컬리스트들은 볼셰비키의 국가권력 장악은 진정한 혁명이 아니었다고 항변했다. CNT 지도자인 앙헬 페스타냐는 혁명적 정당의 지도적 구실이 아니라, 혁명적 봉기의 자발적·대중적 성격을 강조했다. 그는 1917년 2월 러시아 혁명과 10월 볼셰비키 혁명은 완전히 다르다고 주장했다. 그는 어디서나 혁명에는 공산당의 존재가 필요했다는 주장은 쓸데없는 것이며 역사는 그 주장이 거짓임을 보여 줬다고 일축했다. 정당은 혁명을 일으킨 것이 아니라 쿠데타를 조직했을 뿐이고 "쿠데타는 혁명이 아닙니다" 하고 페스타냐는 주장했다. 역사를 보면 "1789년의 프랑스 대혁명 이래 혁명은 정당 없이 일어났습니다."[45] 트로츠키는 페스타냐의 주장을 반박하며 "당신은 자코뱅을 망각했소!" 하고 외쳤다.[46] 1789년의 자발적 봉기로 시작된 뒤 반쯤 공화적인 지롱드 정부에서 (봉건적 소유관계를 폐지한) 1792년의 혁명적 정부로 이행하는 과정은 비조직적 대중이 어떤 정당도 없이 실행한 것이 아니라 자코뱅당의 단호한 지도 아래 실행됐다.

마찬가지로, 1917년 2월 러시아 혁명도 당의 지도 없이 자발적 행동으로 시작됐지만 10월 혁명은 [무장봉기] 날짜를 포함해서 중요한 세부 사항들을 모두 볼셰비키가 사실상 조직했다. 2월부터 10월까지 혁명이 우여곡절(6월 시위, 7월 사태와 그 직후의 질서정연한 퇴각, [8월 말] 우익 장군 코르닐로프의 쿠데타 격퇴 등)을 겪는 동안 노동자·병사 대중은 점차 볼셰비키의 지도와 영향을 받게 됐다. 그런 당은 혁명을 초기 단계에서 최종 승리까지 끌어올리는 데 필수적이었다. 볼셰비키는 노동계급 운동이 지배계급의 참모본부(자본주의 국가로 집중돼 있고 궁극적으로 국가의 억압 기구에 의지하고 있던)에 맞서 싸우는 데 필요한 중앙집중적 조직과 지도를 제공했다.[47] 선진부문이 '자발적' 대중투쟁에 개입하는 것을 조정하고 계획하고 의식적으로 일치시키고 끊임없이 준비해서 체제 전복을 가능하게 만드는 혁명적 사회주의 정당이 존재해야 했던 것이다.

혁명적 정당은 노동자 혁명을 지도하는 데 필요하지만 혁명을 일으키지는 못하고 오직 노동계급의 대중적 분출만이 혁명을 일으킬 수 있다는 것은 사실이다. 트로츠키가 말했듯이, "지도하는 조직이 없다면 대중의 에너지는 피스톤 실린더에 담기지 않은 증기처럼 흩어지고 말겠지만, 그래도 사물을 움직이는 것은 피스톤이나 실린더가 아니라 증기다."[48] 그러나 노동자의 다수가 혁명적 정치를 적극 지지하게 만들려면 소비에트 안에서 다수파가 돼야 하지만 국가권력을 장악하기 위해 필요한 무장봉기를 소비에트가 실행할 수는 없었다. 소비에트는 선진적 노동자와 후진적 노동자를 모두 조직하는 기관이었기 때문이다. 결국 무장봉기를 실행하려면 훨씬 더 단호하고 결연한 지도부, 행동을 계획하고 봉기의 정확한 날짜와 방식을 결정할 지도부가 필요했다. 레닌은 "무장봉기는 기예"라는 마르크스와 엥겔스의 주장을 되풀이해서 강조했다. 무장봉기는 정치적 지도와 군사적·기술적 계획 사이의 적절한 균형이 필요하다는 것이었다.[49] 그래서 1917년 10월의 무장봉기를 조직한 것은 볼셰비키였다. 비록 볼셰비키의 이름으로 직접 조직한 것이 아니라, 페트로그라드 소비에트 산하에 설치되고 트로츠키가 의장을 맡은 군사혁명위원회라는 기구를 통해 조직된 것이었지만 말이다.[50]

러시아와 비교하면 서유럽에서는 자본주의 이데올로기의 헤게모니에 대항하는 이데올로기 투쟁('진지전')이 훨씬 더 중요했다. 그러나 그럼시도 나중에 무장봉기를 통해 자본가 권력을 직접 공격하는 것('기동전')이 여전히 "투쟁의 결정적 순간"이며 여기에는 [투쟁을] 조정하고 일반화하는 중앙집중적 기구인 '현대 군주'(혁명적 정당)가 필수적이라고 주장했다.[51] 마찬가지로, 호아킨 마우린도 혁명적 공격의 정확한 순간을 결정할 수 있는 '혁명적 기구'가 필요하다고 인정했다.[52]

공산당에 대한 노동조합의 자율성

코민테른 2차 대회 뒤에 트로츠키는 프랑스 신디컬리스트들을 공산주의로 설득하기 위한 운동을 힘차게 전개했다. 그는 전쟁 전에 프랑스 신디컬리스트들이 정치에 대한 노동조합의 '자율성'이나 중립성을 위해 투쟁했을 때 그들은 사실상 자본가계급이나 개혁주의적 사회주의 정당에서 독립하고자 투쟁한 것이었고 따라서 그것은 "기회주의에 반대하는 투쟁, 혁명적 노선을 지지하는 투쟁"이었다고 주장했다. 그러나 제1차세계대전을 통해 입증된 사실은 개혁주의적 사회주의 정당에 대한 그들의 적대감이 정당했다고 하더라도 모든 신디컬리스트가 자본주의 국가에서 독립적이지는 않았다는 것이다. 그래서 CGT는 애국주의에 투항해서 정부가 제안한 관직을 받아들였다. 더 의미심장한 사실은, 1917년 이후 프랑스 신디컬리스트들이 개혁주의적 사회주의 정당에 대한 노동조합의 '자율성'이라는 개념을 바꿔서, 새로 설립된 코민테른 산하 혁명적 공산당을 포함해 모든 정당에 대한 자율성을 뜻하는 절대적 원칙으로 만들어 버렸다는 것이다. 트로츠키가 보기에 그것은 사실상 "혁명적 전위를 후진적 대중, 즉 노동조합 속으로 해소시켜 버리는 것"이었다. 사실, '자율성'은 1917년 전에는 혁명적 내용이 있었다. 그러나 최상의 신디컬리스트 투사들이 공산당으로 넘어오고 나서 남아 있는 신디컬리스트들이 공산당을 자신들의 가장 위험한 적으로 여기게 되자 '자율성'은 이제 사실상 반동적인 것이 되고 말았다.[53]

1921년 6월 열린 코민테른 3차 대회에서 트로츠키는 신디컬리스트들의 두려움, 즉 공산당에 동조했다가는 공산당의 통제를 받는 보조 기구로 전락할까 봐 두려워하는 문제를 다루려고 노력했다.[54]

프롤레타리아에게는 공산당으로 단결한 전위의 이데올로기적·정치적 지도가 절실히 필요하다는 것을 인정하는 사람들은 따라서 당이 노동조합 안에서도 지도 세력이 돼야 한다는 것을 인정합니다. …

물론 그렇다고 해서 노동조합이 당에 조직적으로 종속돼야 한다는 말은 아닙니다. 노동조합은 독립적 조직입니다. 노동조합 안에서 당은 자신의 활동으로, 이데올로기적 개입으로, 자신의 권위로 획득한 영향력을 행사합니다. 이 말은 당이 노동조합에 대한 영향력을 확대하기 위해 모든 면에서 분투해야 한다는 뜻입니다. 당은 노동조합운동에서 제기되는 모든 문제를 다뤄야 합니다. 당은 그런 문제들에 분명하게 답해야 하고, 노동조합에서 활동하는 공산주의자들을 통해 자신의 견해를 실행하면서도 노조의 조직적 자율성을 조금도 해치지 말아야 합니다.[55]

지금까지 살펴본 다른 주요 쟁점에 대해서도 그랬듯이, 프랑스를 비롯한 여러 나라의 많은 지도적 신디컬리스트들은 마침내 자신들의 과거 전통과 결별하고 볼셰비키 모델을 받아들였다. 노동계급 운동 안에서 중앙집중적 지도를 제공할 수 있는 새로운 종류의 혁명적 정당 모델을 받아들인 것이다. 마지막 장에서는 1920년대에 그런 새로운 당 안에서 신디컬리즘과 공산주의가 어떻게 융합됐는지 살펴보겠다.

12장 신디컬리즘과 공산주의의 융합

신디컬리즘 운동은 20세기의 첫 20년 동안(스페인에서는 1930년대에도) 세계를 휩쓴 노동계급 투쟁의 폭발적 물결에 지속적이고 상당한 기여를 했을 뿐 아니라, 그 자체가 당시 노동자들의 조직·자신감·계급의식 수준 고양의 직접적 표현이기도 했다. 그 운동은 자본주의 기업 안에서는 경영진의 권위에, 사회 전체적으로는 '민주적' 국가권력의 정당성에 모두 도전하는 비타협적 반자본주의 투쟁 방식을 조직할 수 있는 강력하고 탁월한 능력을 보여 줬다. 그 과정에서 당시 우세하던 노동자 정당과 국가 사회주의 노선뿐 아니라 노동조합 상근 간부들의 관료주의와 보수성도 강력하게 비판했다. 자본주의에 대한 신디컬리스트들의 반감과 대안 사회 구상은, 노동자들이 스스로 사회를 운영할 수 있는 새로운 민주적 권력 형태의 필요성에 대한 근본적 물음을 던졌다. 웨브 부부는 다음과 같이 썼다.

신디컬리스트들이 표현하려는 것은 수많은 육체 노동자들의 뿌리 깊은 진정한 감정이라는 사실을 알아야 한다. 이것은 결코 무시할 수 없고 무시해서도 안 된다. 그 노동자들은 더는 생산의 도구에 불과하기를 거부한다. 자본주의 기업의 '일손'이나 수단에 불과하기를 거부하는 것이다. 노동자들은 … 다른 사람의 목적을 위한 수단에 불과하지 않을 … 권리를 주장한다. 그리고 이런 생각에서 그들은 자신의 노동 생활을 통제하지 못한 채 그저 명령에 복종하는 임금노동자로 영원히 살아가는 데 만족하기를 … 거부한다.[1]

분명히, 신디컬리즘의 주된 기여는 노동조합 안에서 혁명적 전략과 전술을 발전시켰다는 것이다. 비록 마르크스·엥겔스·레닌·트로츠키가 노동조합의 본질을 이해하려는 선구적 노력을 한 것은 사실이지만, 그들은 대중적 노동조합을 실제로 경험하지 못했으므로 당연히 많은 물음을 답변하지 않은 채 그대로 남겨 뒀다. 반면에, 룩셈부르크와 그람시는 약간 더 나아갔고 신디컬리스트들은 작업장 활동가로서 노동조합 문제에 접근한 덕분에 자본주의 사회 안에서 노동조합운동의 동역학에 관한 근본적 특징들을 끌어낼 수 있었다. 특히, 영국의 신디컬리즘은 (ISEL과 전시 직장위원회 운동에 모두 반영됐는데) 노동조합 관료의 성격이나 현장조합원과 노조 상근 간부층의 충돌을 이론적으로 설명했을 뿐 아니라, 노조 상근 간부층의 지배력을 극복할 수 있는 독특한 실천적 수단을 보여 주기도 했다. 영국 신디컬리스트들이 발전시킨 독립적 현장조합원 조직 모델은 (특정 상황에서는 노동자 평의회, 즉 소비에트로 발전할 잠재력이 있는데) 당시 코민테른이 생각했던 것보다 훨씬 더 발전한 것이었고, 오늘날의 세계에서도 여전히 적절하다고 할 수 있다.

신디컬리즘 운동이 그 최종 목표를 달성하는 데는 실패했지만, 그렇다고 해서 국제 혁명운동의 선전과 행동에 유력한 기여를 했다는 사실을 무시할 수는 없다. 신디컬리즘 운동이 20세기 초의 가장 대담하고 창의적인 노동계급 투사들 가운데 일부를 배출했다는 것은 분명하다. 에밋 오코너는 아일랜드에서 ITGWU가 미친 영향을 평가하며 다음과 같이 말했다.

혁명적 세력으로서 ITGWU는 생존 수단이나 표현 능력이 없었고, [구조적·상황적 ─ 지은이] 요인들의 결합에 의존했다. 이런 맥락에서 미뤄 볼 때, [아일랜드의] 신디컬리즘은 한때의 천둥소리나 다름없었다. 즉, 전후 유럽의 소란이 멀리 아일랜드까지 메아리친 것에 불과했다. 그러나 동원 기술의 측면에서 보면 ITGWU는 두드러진 성공을 거뒀고 노동운동 구조의 발달에 중요한 영향을 미쳤다. … 신디컬리즘은 확실한 형태가 없고 응집력도 없고 일시적 운동에 불과했다고 비판한다면, 아일랜드의 신디컬리즘 운동은 사실상 신디컬리즘의 특징이 과장되고 우스꽝스럽게 나타난 것이었다. 그러나 신디컬리즘의 진정한 성과가 노동계급 대중의 불만을 자극하는 능력이었다면, 또 선동 방식을 갖춘 직접행동을 만들어내고 유지하는 능력이었다면, 전후의 아일랜드는 신디컬리즘의 역량을 보여 준 사소하지만 훌륭한 사례였다고 봐야 한다.[2]

게다가, 비록 나중에 소멸했지만 신디컬리즘은 많은 나라에서 미래 세대의 노동조합·정치 활동가들에게 오랫동안 지속될 유산을 남겨 줬다. 예컨대, 1930년대 미국에서는 대규모 산업 투쟁 물결이 다시 전국을 휩쓸었고, 새로 결성된 산업별조직회의가 대량생산 산업들에서 미숙련 노동자와 외국 태생 노동자를 대대적으로 조직하는 운동을 펼쳐 크게 성공했는데, 그 전에 IWW가 없었다면 사정은 사뭇 달랐을 것이고 확실히 효과도 적었을 것이다. 제임스 캐넌이 말했듯이, 러시아에서 1905년에 실패한 혁명이 1917년 혁명의 '예행 총연습'이었다면 IWW는 CIO의 예행 총연습이었다. "IWW가 산별노조 운동을 말과 행동으로 옹호하고 대중화한 뒤에야 그리고 그 덕분에 CIO가 성공할 수 있었다"는 캐넌의 견해는, 자동차·철강 노조의 지역 조직자 상당수가 옛 IWW 조합원이었다는 사실을 보여 주는 자세한 연구 문헌들이 뒷받침해 준다.[3] CIO의 조직화 운동에서 매우 두드러진 효과를 낸 점거 농성 전술도 사실은 IWW에서 직접 영감을 얻은 것이었다. 1937년 미시간 주 플린트에서 제너럴모터스GM 노동자들이 공장점거 투쟁을 벌였는데, 그보다 30년도 더 전인 1906년에 IWW는 뉴욕 주 북부 스키넥터디의 제너럴일렉트릭GE 공장에서 노동자 3명이 해고당한 것에 항의하는 점거 농성 투쟁을 이끌었다. 1906년 파업은 IWW의 다른 많은 투쟁과 마찬가지로 패배했지만, 생산 현장의 공격적 직접행동에 관한 교훈을 남겼다. 또, IWW의 노래 〈영원한 연대〉는 심지어 오늘날까지도 미국 노동운동의 대표적 가요로 남아 있다. 마찬가지로, 다른 나라들에서도 신디컬리즘 전통은 후세대의 노조·정치 활동가들에게 상당히 존중받았다. 각국의 노동운동, 사회주의 운동, 공산주의 운동의 성장과 발전에 귀중한 기여를 한 것이 널리 인정받았던 것이다.

그렇지만 앞서 봤듯이, 신디컬리즘의 엄청난 기여와 잠재적 가능성을 인정하는 데서 그친다면 잘못일 것이다. 역사적·정치적 결과를 이미 알고 있는 후대의 관점에서 보면, 신디컬리즘에 내재한 한계와 약점도 지적할 수 있다. 많은 점에서, 혁명적 사회변혁 전략으로서 신디컬리즘의 유효성은 마르크스주의라는 더 발전되고 더 풍부한 전통에 의해 추월당했다고 볼 수 있다. 물론 두 전통은 서로 공통점이 많았다. 예컨대, 아래로부터 혁명과 노동계급의 자기해방을 옹호했다는 점, 개혁주의적 사회주의 정당과 노동조합 지도자들에 대한 반감을 드러냈다는 점, 노동조합을 혁명적 기구로 변화시키려고 노력했다는 점 등이 그렇다. 또, 어느 정도는 혁명적 마르크스주의 전통 자체가 신디컬리즘의 영향을 받아서 개선되기도 했다. 특히, 노동조합 투쟁이 공산주의 프로젝트의 핵심에 자리를 잡았(고 그래서 이전의 볼셰비키 경험 위에 구축됐)다. 그러나 마르크스주의 전통은 신디컬리즘 전통에 내재한 많은 결정적 한계를 날카롭게 지적하기도 했다. 예컨대, 산업 투쟁을 더 광범한 정치 쟁점들과 연결해야 한다는 점, 산업 투쟁이 무장봉기를 통한 국가권력 장악을 지향하도록 이끌어야 한다는 점, 노동계급 운동 안에서 중앙집중적 지도를 제공하는 혁명적 정당이 필요하다는 점, 혁명의 주요 기구이자 노동자 권력기관으로서 소비에트와 비교했을 때 노동조합은 불충분하다는 점 등이 그것이다.

신디컬리즘에 대한 마르크스주의의 이런 비판은 러시아 혁명과 코민테른·적색노조인터내셔널의 창립에서 절정에 달했고, 나중의 이론적 작업과 실천적 경험을 통해 더 풍부해졌다. 그 과정에서 가장 중요한 신디컬리스트 상당수가 공산주의로 전향했다. 분명히, 앞서 봤듯이 1917년 10월의 경험과 볼셰비키의 직접 개입은 각국에서 공산당이 등장하고 지도적 신디컬리스트 활동가층이 공산주의로 전향하는 데서 결정적 요인이었다. 러시아 혁명은 성공한 반면 다른 유럽 나라들에서는 혁명적 운동이 실패하자 러시아 모델의 매력이 커지고 볼셰비키의 위신이 높아졌다는 것은 분명하다. 그리고 레닌과 코민테른 지도부가 유럽과 그 밖의 지역에서 다양한 혁명적 운동에 개입한 것이 각국 공산당의 창립과 공산당의 정책·전술·조직 형성에 결정적 영향을 미쳤다.

그러나 공산주의 사상과 조직 또한 각국의 다양한 국내 상황에서 발전해 나왔다는 점을 과소평가해서는 안 된다. 전쟁 전의 노동자 투쟁, 제1차세계대전의 충격, 전후의 경제적·사회적 위기, 노동자 투쟁의 밀물과 썰물, 사회민주주의의 위신 추락, 개혁주의적 사회주의 정당 안에서 급진 좌파 경향의 발전, 그리고 혁명적 신디컬리즘 운동의 경험(긍정적 경험이든 부정적 경험이든) 등이 그것이다. 사실, 그런 국내적 요인들은 신생 공산당의 출현뿐 아니라 초기 발전에서도 중요했다. 영국과 관련해서 제임스 힌턴은 다음과 같이 지적했다.

> 1920~1921년 각국 공산당이 건설되던 시기에 그 당원이나 지도자의 상당수가 정말로 볼셰비키의 당 개념을 제대로 이해하고 있었는지 또는 이해하고 있었다면 그것을 정말로 지지했는지는 의심스럽다. 이런 의미에서 그들은 자신들의 신디컬리즘을 새로운 당으로 끌고 들어왔다.[4]

사실, 당시 막 등장한 혁명적 공산당은 이데올로기적·정치적·조직적 한계가 매우 많았고, 신생 공산당에 대한 신디컬리즘의 영향은 이런 한계를 더 악화시켰다. 이 때문에 각국 공산당이 노동자 투쟁을 지향하는 전투 조직으로 바뀌는 데 몇 년이 걸렸다. 공산당이 1918년이나 1919년 전에 건설됐다면, 세계를 휩쓴 전례 없는 산업·정치 투쟁을 이용하는 것이 가능했을지 모른다. 그러나 1920년과 1921년 무렵에는 노동계급이 퇴각하고 있었고, 신생 공산당으로 결집한 혁명가들의 주관적 약점이 객관적 상황(공산당의 뒤늦은 창설이 만들어 낸)의 불리함을 더 악화시켰다. 이 때문에 공산당은 조직 형성에 결정적으로 중요한 시기였던 1920년대를, 당의 성장이나 영향력 확대에 결코 유리하지 않은 상황에서 코민테른의 지시에 따라 볼셰비키식 정당으로 전환하는 데 허비했다. 지금부터는 그런 사태 전개를 간략하게 살펴보겠다.

신디컬리즘과 공산주의의 융합

프란츠 보르케나우는 프랑스에서 사회당 다수파가 새로 만든 공산당이 실제로 혁명적이지는 않았다고 말했다. 프랑스 공산당은 "좌파와 중간주의 그룹들의 연합이었고 … 비대하고 잡다한 정치적 구성체였으며 … 서로 싸우는 집단들의 불안정한 혼합물"이었고, 공산당의 가장 유명한 지도자들은 철저한 개혁주의자들이었고, 그들이 기꺼이 코민테른에 가입하려 한 이유는 오로지 코민테른이 대중적 인기가 있었기 때문이라는 것이다.[5] 신생 공산당은 1920년 12월 창립 이후 1923년 초까지 내부 분파 투쟁으로 만신창이가 됐다. 한쪽에는 열렬한 코민테른 지지자들이 있었는데(예컨대, 수바린과 로리오), 그들은 엄격한 규율과 이데올로기적 통일성, 당에 대한 노조의 복종, 사회당과의 공동전선을 강조한 모스크바의 정책을 옹호했다. 그들에 대항하는 온건파 사회주의자들(마르셀 카생, L O 프로사르 등)은 마지막 순간에야 공산당으로 넘어왔고 많은 쟁점에서 코민테른과 견해가 달랐다.[6]

이런 상황에서는 로스메르와 모나트를 비롯한 혁명적 신디컬리스트들의 구실이 결정적으로 중요하다고 모스크바는 생각했다. 레닌과 트로츠키는 프랑스 신디컬리스트들에게 공산당에 가입해 지도부에서 적극적 구실을 해 달라고 촉구했다. 그러나 부분적으로는 지노비예프 지지자들이 신디컬리스트들에게 적대적이었기 때문에 모나트는 1923년 5월에야 공산당에 가입했고 이듬해 1월에야 당 중앙위원이 됐다.[7] 더욱이, 비록 지도적 신디컬리스트들이 가입해서 노동조합 활동을 당의 일상 활동으로 적잖이 통합할 수 있었지만, 신디컬리스트들은 또한 노동조합이 당의 영향에서 '독립적'이어야 한다는 주장을 고수했고 프랑스에서는 혁명이 노동조합을 통해 실현돼야지 당만으로는 안 된다고 입을 모았다. 1922년 9월 프랑스 공산당 당대회에 보낸 편지에서 트로츠키는 다음과 같이 불평했다.

[1920년 12월] 투르 당대회 이후 상당수의 혁명적 신디컬리스트가 당에 가입했습니다. 이것은 그 자체로 매우 소중한 발전입니다. 그러나 당과 노동조합의 상호 관계 문제에 대한 명확한 견해가 우리 당내에 전혀 없다는 바로 그 이유 때문에, 당이 노동조합운동에 '참견하기'를 삼가야 한다고 주장하는 신디컬리즘의 견해가 완전히 잘못된 생각을 강화하는 경향이 있습니다. 그것은 당과 노동조합이 무조건 서로 독립적이어야 하고 당과 노동조합의 유일한 유대는 기껏해야 우호적 중립을 지키는 것뿐이어야 한다는 생각입니다. 다시 말해, 지금 우리 당의 현실은 혁명적 신디컬리스트들이 당이라는 대장간에서 개조되고 있는 것이 아니라, 오히려 그들이 당에 아나코신디컬리즘이라는 자신들의 특징을 각인시키고 그래서 이데올로기적 혼란을 더욱 부추기고 있는 상황입니다.[8]

CGTU 지도부가 1923년에 마침내 공산주의로 전향한 것은 모스크바의 중요한 승리였다. 1925년이 되자 공산주의적 신디컬리스트인 피에르 세마르(철도 노동자 연맹의 사무총장)는 '레닌주의'가 CGTU의 원칙이라고 인정했다. 그는 레닌이 프랑스 신디컬리스트들에게 노조의 구실을 가르쳐 줬을 뿐 아니라, "철의 규율을 가진 원칙 있는 조직, 프롤레타리아의 전위, 즉 공산당이 반드시 필요하다는 것"도 보여 줬다고 썼다. 그리고 1926년에는 프랑스 공산당과 CGTU 사이의 강한 유대 관계가 공표됐다.[9] 그러나 다른 옛 신디컬리스트들은 1923~1924년에 진행된 프랑스 공산당의 '볼셰비키화'를 못마땅하게 여겼다. 모나트, 모리스 샹벨랑, 로베르 루종은 프롤레타리아의 해방을 위한 혁명적 투쟁에서 노동조합이 핵심 구실을 해야 하고 당은 투쟁을 지도하지 않는 보조적 구실만 해야 한다고 주장했다.[10] 1924년 4월 무렵 모나트, 샹벨랑, 알프레드 로스메르는 공산당 일간지 〈뤼마니테〉에서 집단 사퇴하면서, 혁명적 신디컬리스트 출신의 당원들이 '전염병 환자' 취급을 받고 있다고 불만을 터뜨렸다. 11월에 모나트와 로스메르는 돌이킬 수 없는 조처를 취했다. 러시아 공산당의 구조와 활동 방식을 채택하는 데 반대하는 공개서한을 당원들에게 돌린 것이다. 그들은 또, 당원들이 트로츠키의 저서와 발언을 접하지 못하도록 당 지도부가 방해하고 있다고 비난했다. 12월에 로스메르와 모나트는 당에서 제명됐다.[11] 1925년 1월 모나트, 샹벨랑, 루종이 발행하기 시작한 《라 레볼뤼시옹 프롤레타리엔》(프롤레타리아 혁명)의 부제는 '신디컬리즘적 공산주의 잡지'였다. 그 잡지는 아미앵 헌장의 신디컬리즘으로 되돌아갔고, 공산당이 통제하는 CGTU와 주오 등의 개혁주의자들이 이끄는 CGT를 통합해서 신디컬리즘의 통일을 복원하자고 주장했다. 로스메르는 처음에는 모나트와 함께 활동했지만 1929년에 결국 떨어져 나와서 트로츠키주의 좌익반대파 대열에 합류했다.[12]

한편, 1919년 미국 급진주의의 두 일반적 흐름, 즉 IWW의 신디컬리스트들과 사회당 좌파가 합쳐서 등장한 미국 공산주의 운동은 국가 탄압과 내부 분파 투쟁, 이중 노조 전략, AFL '보이콧' 주장 때문에 어려움을 겪었다. 그러나 1921년 12월 무렵에는 국가 탄압을 우회하려고 애쓰면서, 제한된 강령을 가진 합법 공개 정당인 노동자당과 지하조직인 공산당을 모두 성공적으로 운영했다. 머지않아, '반동적' 노조 안에서 활동하는 코민테른의 정책을 채택했고, 윌리엄 Z 포스터의 지도 아래 이름을 바꾼 노동조합교육동맹TUEL은 적색노조인터내셔널의 공식 미국 지부가 됐고 노동조합 안에서 활동하는 공산주의자들의 조직 기반도 됐다.[13] TUEL은 회비도 회원 자격 규정도 없었다. 그 대신 투사들은 급진적 강령들, 즉 계급 협력이 아니라 계급투쟁적 노동조합운동, 기존 노조의 통합을 통한 산별노조 운동의 발전, 이중 노조 전략 반대, 작업장 대표로 지역 노조를 조직하는 제도, 적색노조인터내셔널 가입, 자본주의 폐지와 노동자 공화국 수립, 소비에트 러시아 지지 등으로 노조를 설득하려고 노력했다.

그러나 TUEL의 영향력은 운동이 한창이었을 때조차 핵심 활동가가 겨우 500명뿐이었을 만큼 미미했다(비록 그들 자신은 신문 배포 부수가 1만 부에서 1만 5000부나 된다고 주장했지만).[14] 그들이 대중 속에 제대로 뿌리내리는 데 실패한 이유는 국가 탄압이 강력하고 보수적 노동운동 지도자들의 적대적 태도에 부딪힌 탓도 있었지만 공산당 내부의 분파 투쟁, 특히 뉴욕에 기반을 둔 찰스 루덴버그의 정치적 공산주의자 그룹과 시카고에 기반을 둔 포스터의 신디컬리스트 출신 노동조합 공산주의자 그룹의 충돌 때문이기도 했다.[15] 포스터 그룹은 스스로 프롤레타리아적이라고 자랑하면서 루덴버그 그룹을 프티부르주아 지식인들이라고 비난했고, 루덴버그는 포스터와 그 동료들을 일관된 공산주의 원칙이 없는 '무식한 노동자들'이자 '신디컬리스트들'이라고 무시했다. 두 분파의 사뭇 다른 출신 배경, 경험, 관심사는 당에 내재하는 긴장을 악화시켰고, 이후 10년 동안 계속될 격렬한 분파 투쟁의 토대를 놓았다.

포스터는 코민테른 대표들과 논쟁할 때 "TUEL은" 노동자당의 권위에 종속되지 않는 "별개의 조직이어야 하고 … 상위 정치"를* 피해야 하며 "이데올로기적 명확성보다는 … 실질적인 것과 대중적 영향력을 추구해야 한다"고 주장했다. 그는 TUEL의 강령이 "단순해

---

* high politics. 국제관계학이나 정치학에서 군사·외교·안보 등 국가의 생존과 직결되는 문제를 다루는 정치 행위를 일컫는 용어. 경제·사회 등의 문제를 다루는 정치 행위는 하위 정치low politics라 한다.

야 하고 계급투쟁의 시급한 일상적 쟁점들에 집중해야 한다"고 말했다. 코민테른은 포스터와 그 지지자들이 말로만 코민테른 노선을 지지할 뿐 "코민테른에 반대하는 정치 방침을 추진"한다고 비판했다.[16] 그래서 모스크바의 지원을 받은 루덴버그가 노동자당을 통제했고 1926년에 TUEL 지지자들을 제명했다. 그런 충돌을 더욱 악화시킨 것은 코민테른이 1920년대 말에 채택한 초좌파주의적 '신노선'이었다. 그때 당은 ('적색 노조 운동'의) 이중 노조 전략으로 완전히 되돌아갔다.[17]

영국에서도 신디컬리즘은 다양한 마르크스주의 조직들과 함께 공산당 건설에 합류한 여러 경향 가운데 하나였다. 실제로 직장위원회 운동 출신의 주요 인물 다수가 신생 영국 공산당 지도부 안에서 두드러진 구실을 했고, 그 덕분에 신디컬리즘의 일부 긍정적 요소들(특히, 작업장과 노동조합 투쟁을 강조하는 태도)이 처음부터 공산당에 흡수될 수 있었다. 그러나 그런 신디컬리즘의 영향 때문에, 지도에 반대하는 전통과 정치 활동의 문제들을 회피하는 태도가 해로운 결과를 낳기도 했다. 그래서 영국 공산당 초기에 노조에서 당의 프랙션 활동은 지역적·자발적 파업 운동에 묻힌 채 주도력을 발휘하거나 응집력 있게 정치적으로 지도하려는 노력을 거의 하지 않는 경향이 있었다.

영국 공산당 형성기에 당의 산업 기반은 그 관점이 순전히 신디컬리즘적이었다. … 당 지도자 중에는 이런 산업 기반 출신이 많았다. … 당이 형성되던 시기에 신디컬리즘의 한계를 이해하려는 노력은 없었고, 정치적 관점에서 다양한 노동계급 투쟁을 전개해야 했을 시기에 신디컬리즘의 약점에서 교훈을 끌어내려는 노력도 없었다. 오히려 당은 산업 현장 투사들에게 순전히 신디컬리즘의 용어로 호소하려고 특별히 애를 썼다.[18]

당이 아니라 직장위원회·노동자위원회 운동을 투쟁의 핵심 요소로 여기는 경향은 끈질기게 유지됐다. 코민테른 3차 대회에서 라데크는 다음과 같이 말했다. "많은 곳에서 당은 노동자위원회라는 망토를 걸치고 무대에 등장한다. [당의] 선전이 성공하더라도 대중이 공산당과 가까워지지는 않는다."[19] 노동조합 활동을 혁명적 정당의 전반적 지도에 종속시켜야 한다는 사실을 인정하게 된 것은, 과거의 신디컬리즘 활동 방식에서 물려받은 전통에 맞서 상당히 투쟁한 뒤에야 겨우 가능해졌다.[20] 그래서 J T 머피는 다음과 같이 인정했다.

우리는 물론 신생 공산당을 재구성하기 위한 [코민테른 — 지은이] 결의안의 요구 사항들을 모두 실행에 옮기지는 않았다. 우리는 코민테른의 원칙을 따르겠다는 정치적 선언을 하기는 했지만, 원칙을 받아들이는 것과 그것을 생활에 적용하는 것은 다른 문제. … 의회 사회주의자, 길드 사회주의자, 신디컬리스트, 반反의회주의자 등을 새로운 레닌주의 개념의 기준에 맞는 완전히 성숙한 공산주의자로 바꾸는 데는 당연히 시간이 걸릴 것이다.[21]

이를 위해서는 코민테른 집행위원회의 은밀한 압력이 필요했다. 코민테른 집행위원회는 영국 공산당이 과거의 활동 방식을 버리고 볼셰비키처럼 규율 있는 중앙집중적 당을 건설하지 못한 것을 강력히 비판했다.[22] 1922년 무렵 직장위원회·노동자위원회 운동은 적색노조 인터내셔널의 영국 지부로 흡수됐고 톰 만이 그 의장이 됐다. 그리고 코민테른이 직접 개입한 결과로, 1924년에 영국 공산당은 산업 활동을 재편해서 전국소수파운동이라는 조직을 건설했다. 전국소수파운동이 추구한 것은 혁명적 노조를 따로 조직하거나 영국 노총과 암스테르담 인터내셔널에 가입돼 있는 기존 노조에서 혁명적 분파들을 분열시키는 것이 아니라, 다양한 산업의 혁명적 소수파들을 혁명적 다수파로 바꾸려는 것이었다. 따라서 전국소수파운동은 노동조합 조직이 아니라, 노동조합의 혁명적 소수파들의 조직이었을 뿐이다.[23]

그런 산업 전략은 사실상 전시 직장위원회 운동 경험을 바탕으로 수립된 것이었는데, 일반적으로는 노동조합 활동을, 특별하게는 노조 관료주의를 대하는 공산당의 태도가 크게 발전한 것이었다. 그리고 소수파운동은 전국 수준에서 상당한 성공을 거두게 된다. 특히, 그 강령의 상당 부분이 광원·금속·철도·운수 노조의 공식 정책으로 채택되게 만들었고, 1926년 총파업 때까지 (광원노조 지도자인 A J 쿡을 비롯한) 좌파 노조 지도자들에게 많은 영향을 미쳤다. 마찬가지로, 영국 공산당의 '볼셰비키화'는 비록 관료적 방식으로 이뤄지기는 했지만, 1920년 이전 영국 혁명가들의 수동성·종파주의·신디컬리즘·선전주의 전통을 깨뜨리는 데서 중요한 진일보였다. 그 덕분에 당은 노동조합에 당원이 많지 않았지만 그 영향력을 극대화할 수 있었고 당 활동이 활기차게 되살아났다.

그렇지만 1925년 4월 러시아 노동조합 지도자들과 영국 노총 중앙 집행위원들(특히 '좌파' 위원들인 퍼셀, 힉스, 스웨일스)로 이뤄진 영-러 노동조합 위원회의 설립은 공산당과 소수파운동의 노동조합 활동 방식에 극히 해로운 정치적 결과를 낳았다. 1924년 1월 레닌이 죽은 뒤 [러시아 공산당] 내부의 권력투쟁에서 등장한 스탈린파 관료 집단은 영국의 좌파 성향 노조 지도자들과 동맹을 맺으면 서방의 [대對러시아] 군사개입을 억제하는 데 도움이 되리라고 기대했다. 영-러 노동조합 위원회는 그런 좌파 노조 지도자들을 마치 '혁명가'인 양 포장해 줬고,

공산당이 그들의 행동을 비판하거나 현장조합원들의 독립성을 고무하지 못하게 만들었다. 물론 얄궂게도, 그 좌파 지도자들은 나중에 우파 지도자들과 꼭 마찬가지로 1926년 총파업을 '배신'하게 된다.[24]

이탈리아 공산당의 궤적에서는 신디컬리즘의 직접적 영향을 찾아보기가 더 어렵다(USI의 지도적 인물들이 많이 공산당에 가입하기는 했지만). 이탈리아 공산당이 창설된 것은 혁명적 노동자 투쟁의 물결이 가라앉고 곧이어 노동계급 조직에 대한 파시스트들의 폭력이 절정에 달했을 때였다. 프랑스와 달리 이탈리아에서는 공산당이 사회당보다 분명히 소수였고, 안토니오 그람시를 중심으로 한 〈오르디네 누오보〉 그룹도 공산당 지도부 안에서 소수파였다. 이탈리아 공산당은 초기에 아마데오 보르디가라는 초좌파주의자가 이끌었다. '순수하고 강경한' 당을 건설하기를 원했던 보르디가는 노동자들에게 기존 노조를 탈퇴하라고 촉구했고, 소비에트를 당이 확장된 것으로만 여겼고, 의회선거 보이콧을 주장했고, 심지어 파시즘의 위협에 맞설 때조차 사회당과 협력하기를 거부했다.[25] 그 뒤 무솔리니의 로마진군은 신생 공산당의 어려움을 가중시켰고, 결국 보르디가가 당 중앙위원회에서 제거되고 지도부 안에서 그람시가 더 많은 구실을 하게 된 뒤에야 공산당은 효과적인 개입주의 조직이 되기 시작했다(그러나 객관적 정치 상황이 매우 불리했고, 그람시의 투옥으로 상황은 더욱 어려워졌다).[26]

스페인에서 신생 공산당의 청년 투사들은 자의식적으로 운동의 초좌파 구실을 했는데, 이런 초좌파주의는 레닌이 코민테른 안에서 비판한 [좌파 공산주의] '유치증'의 표현이었다. 그러나 스페인 공산당 청년 투사들의 초좌파주의는 근본적으로 스페인 국내에서 생겨난 것이었다. 부분적으로는 도시와 농촌의 프롤레타리아 사이에 널리 퍼져 있던 CNT의 태도, 즉 모든 형태의 의회 활동을 극단적으로 혐오하는 태도에서 비롯했던 것이다. 하지만 노동조합 활동에 대해 스페인 공산당은 코민테른을 본받아서, 모든 노조는 UGT 산하든 CNT 산하든 그 안에서 영향력을 확보하기 위해 투쟁할 만한 가치가 있다고 주장했다.[27]

마지막으로, 아일랜드에서는 제임스 코널리의 아들 로디가 공산당을 건설해 코민테른에 가입했지만 라킨은 공산당이 '작은 말벌' 구실밖에 못 할 것이라고 일축했다. 새 조직은 처음부터 끝없는 어려움에 부딪혔다. 창립 초기에도 당원 수가 100명을 넘지 않았는데, 1923년 해산 무렵에는 활동가가 50명쯤으로 줄었다. 라킨이 대안으로 내세운 아이리시워커동맹은 비록 모스크바와 관계를 맺고 있었지만 공산당으로 활동하지는 않았고, 혁명적 노동조합에 기대를 거는 신디컬리즘 전략을 여전히 고수했다(비록 노동계급이 후퇴하는, 그래서 사뭇 다르고 완전히 불리한 객관적 상황에서 그랬지만). 공산당 건설이 지지부진한 것에 실망한 코민테른은 점차 라킨을 제쳐 두고, 대안적 네트워크의 기반을 구축하기 위해 아일랜드 공화주의자들 사이에서 지지를 얻으려고 노력했다. 그러나 아일랜드 공산주의자들은 1920년대 내내 여기저기 흩어진 채 고립을 벗어나지 못했다.[28]

볼셰비즘에서 스탈린주의로

볼셰비키 혁명의 성공은 다른 유럽 나라들에서도 비슷한 혁명이 성공할 것이라는 가정에 근거를 두고 있었다. 1918년 1월 레닌은 다음과 같이 썼다.

우리는 자본주의에서 사회주의로 나아가는 이행기조차 아직 완료하지 못했다. 우리는 국제 프롤레타리아의 도움 없이도 우리가 이행기를 완료할 수 있으리라는 희망을 품어 본 적이 한 번도 없다. 우리는 그 점에 관해서는 어떤 환상도 갖고 있지 않았다. … 한 나라에서 사회주의가 최종 승리하는 것은 물론 불가능하다.[29]

그러나 1917년 이후 러시아 밖에서도 혁명적 격변이 분출했지만, 1923년 말쯤 이런 혁명적 운동들은 패배했다. 특히, 독일의 운동이 패배한 것이 결정적이었다. 국제적으로 그런 패배가 잇따랐다. 러시아는 경제적·정치적으로 고립된 데다가 내전의 파괴에 따른 고통이 맞물리자 혁명의 성과가 점차 사라졌고 스탈린을 중심으로 한 관료 집단이 국가를 지배하기 시작했다. 이 국가(와 당) 관료들은 '일국사회주의'를 건설할 필요성(과 가능성)을 주장했다. 따라서 레닌과 트로츠키의 기존 전략, 즉 혁명을 러시아 국경 밖으로 확산시키려고 노력하는 전략을 사실상 포기했다. 그 과정에서 코민테른도 세계혁명을 촉진하는 기구에서, 제국주의 국가들의 침략에 대비해 각국 공산당을 러시아를 방어하는 수단으로 이용하는 기구로 변질돼 버렸다.

많은 역사가들은 스탈린주의가 볼셰비키 혁명의 논리적·필연적 결과라고 생각했지만,[30] 미할 레이만은 그런 해석이 러시아의 결정적 변화를 무시하는 것이라고 주장했다. 그 변화는 스탈린의 지배력 강화와 함께 시작되고 1927~1929년의 결정적 전환점에서 절정에 달했는데, 바로 그때 스탈린주의는 "사회주의와 정반대"인 사회·정치 체제로서 최종 형태를 갖추게 됐다.[31] 그것은 러시아의 역사적 후진성에서 비롯한 문제들을 국가가 주도하는 강제 공업화·집산화와 '5개년 계획'으로 해결하려는 노력의 결과였다. 또, 토니 클리프는 이 극적인 변화를 통해 관료가 의식적 국가자본주의 지배계급으로 스스로 변신했다고 주장했다. 외부의 경제적·군사적 경쟁 압력이 강요하는 이윤 동기와 자본축적 드라이브를 수용해서 노동계급을 체계적·집단적으로 착취하는 지배계급이 됐다는 것이다.[32] 그런 조처들에 저항한 트로츠키 같은 볼셰비키는 모욕당하고 추방되고 살해됐다. 농민은 자기 토지에서 쫓겨났고, 강제 노동 수용소에 갇혔으며, 저항하면 고문당하고 살해됐다. 그리고 도시에서는 노동자들이 파업권을 박탈당했고, 노동조합은 국가에 대한 독립성을 완전히 상실했다. 따라서 스탈린주의는 1917년 10월 혁명 이후 남아 있던 노동자 국가의 잔재를 파괴하고 그 자리에 관료적 국가자본주의 체제를 수립한 반혁명이었다.

1920년대 상반기에 코민테른은 각국 공산당이 개입주의적 전투 정당으로 바뀌는 데 실제로 도움이 됐다(비록 노조 관료주의 문제와 관련해서는 약간 모호한 부분도 있었지만). 확실히, 코민테른과 적색 노조인터내셔널 초기의 대회들은 혁명적 전략과 전술의 발전에서 엄청난 진보였고 많은 점에서 그때까지 혁명적 마르크스주의 운동이 이룩한 최고의 성과였다. 그러나 러시아 혁명이 점차 변질되고 스탈린주의 관료가 성장하자, 그런 긍정적 발전은 갑자기 중단됐다. 코민테른이 러시아의 외교정책 도구로 변질된 것과 맞물려 각국 공산당도 모스크바에 순종하는 도구로 전락했고, 이것은 그들의 산업 투쟁과 노동조합 활동에도 해로운 영향을 미쳤다. 따라서, 1920년대 초에는 혁명적 조직들의 결집체였던 공산당이 1920년대 중반에는 모스크바의 빈틈없는 관료적 통제 때문에 차츰 무력해졌고, 1920년대 말에는 초좌파주의로 기울었고, 1930년대 중반에는 모종의 개혁주의로 치달았다.[33] 당시 망명 중이던 트로츠키가 코민테른의 재앙적 전략들과 스탈린주의에 반대하는 운동을 조직하려고 계속 노력했지만, 국제 좌파에 대한 스탈린주의의 통제는 오히려 더 강력해졌다. 유럽 전역에서 노동자 운동이 전반적으로 후퇴했고, 히틀러와 파시즘의 위협이 커지자 사회주의의 마지막 희망은 모스크바라는 믿음이 강해졌으며, 트로츠키 자신이 갈수록 정치적으로 고립됐기 때문이다.

물론 초기의 '레닌주의' 시절에도 코민테른은 따지고 보면 실패작이었다. 당장 세계혁명을 일으키지 못했다는 점에서뿐 아니라, (국제 공산주의 운동의 발전에 기여한) 신디컬리즘을 포함해 일국적 전통들이 각국 공산당과 볼셰비즘의 성공적 결합을 방해하는 강력한 요인이었다는 점에서도 그렇다. 이 점을 분명히 보여 주는 것은 코민테른 대회에서 채택된 전략적·전술적 결정들과 각국 공산당의 실제 정책이 서로 달랐다는 사실이다. 앞서 봤듯이, 혁명적 노동자 투쟁의 물결이 한창일 때나 그 직후에 결성된 공산당들은 자국의 토착 전통에 짓눌리는 경향이 있었는데, 그런 토착 전통 가운데 중요한 요소 하나가 바로 신디컬리즘이었다. "볼셰비키 지도자들은 혁명의 전략·전술을 가르치는 데 도움을 줄 수 있었다. 그러나 각국 공산당의 실제 투쟁 경험을 대체할 수 있는 것은 아무것도 없었다. 혁명적 공산주의 지도부를 하룻밤 사이에 만들어 내는 것은 불가능했다."[34] "볼셰비즘을 이식"하는 데 성공하지 못한 것이 국제 혁명이 실패하고 그래서 러시아에서 스탈린주의가 최종 승리하고 각국 공산당이 모스크바에 수동적으로 복종하게 된 것의 한 원인이었다.

그렇지만 각국 공산당의 내재적 약점이 무엇이었든 또 나중에 스탈린주의에 의해 어떻게 왜곡됐든 간에, 각국 공산당 건설에 기여하고 혁명적 노동조합운동이라는 신디컬리즘 사상을 어느 정도 이용해서 작업장과 노동조합의 가장 선진적인 투사들 가운데 일부를 공산당 대열로 끌어들이고 특히 산업 분야에서 당원 수보다 훨씬 더 큰 영향을 미칠 수 있었다는 점에서는 코민테른은 성공작이었다. 신디컬리즘 전통이 신생 공산당에 물려준 가장 중요한 유산 하나는 많은 점에서 볼셰비키 같은 혁명적 정당을 예시했다는 것이다. 그래서 제임스 캐넌은 IWW의 경험을 되돌아보면서 다음과 같이 인정했다.

IWW는 모든 노동자를 노조로 묶어 주는 당면한 경제적 이해관계뿐 아니라 원칙과 강령을 기반으로 단결한 혁명가들의 조직이었고 당시 이 노선을 따라 추진된 다른 실험들보다 이론에서는 아니더라도 실천에서는 훨씬 앞서 있었다(비록 IWW는 노조를 자처하고 다른 실험들은 정당을 자처했지만). 그것이 바로 IWW가 미국 노동운동에 가장 크게 기여한 것이다(지금도 그렇고 앞으로도 그럴 것이다). 우리가 IWW에 감사하며 기억해야 할 불멸의 업적은, 따지고 보면 미국 노동자들의 전위가 자기해방 혁명을 조직하고 지도하기 위해 만들어 낼 혁명적 정당을 예고한 최초의 위대한 선구자 구실을 했다는 점일 것이다.[35]

신디컬리즘 전통과 공산주의 전통 사이에 벌어진 논쟁들, 특히 산업 투쟁과 정치조직의 관계, 국가권력 문제, 혁명가들과 노동계급의 관계 등에 대한 논쟁은 오늘날의 사회운동 활동가들에게도 여전히 중요하다. 혁명적 마르크스주의의 신디컬리즘 비판은 나중에 스탈린주의 이데올로기와 실천이 출현해 오랫동안 득세하다 최종 소멸했음에도 여전히 타당하다고 할 수 있다.

후주

한국어판 머리말

1   K Marx and F Engels, *Selected Works*(Moscow: Progress, 1968), p 229.

2   T Cliff and C Barker, *Incomes Policy, Legislation and Shop Stewards*(London: Industrial Shop Stewards' Defence Committee, 1966), p 135.

3   영국의 사례는 T Lane, *The Union Makes Us Strong: The British Working Class, Its Politics and Trade Unionism*(London: Arrow Books, 1974) and H Beynon, *Working for Ford*(Harmondsworth: Penguin Books, 1984) 참조.

4   J A Geschwender, *Class, Race and Worker Insurgency: The League of Revolutionary Black Workers*(Cambridge: Cambridge University Press, 1977); P Alexander, *Racism, Resistance and Revolution*(London: Bookmarks, 1987); D Georgakas and M Surkin, *Detroit: I Do Mind Dying: A Study in Urban Revolution*(London: Redwords, 1998).

5   M Salvati, 'Muddling Through: Economics and Politics in Italy, 1969-79', P Lange and P S Tarrow(eds) *Italy in Transition*(London, 1980); J Fuller, 'The New "Workerism" — The Politics of the Italian Autonomists', *International Socialism*, 2:8(1980), pp 112~123; T Potter, 'Dangerous Ideas', *Socialist Review*, January-February(1980); C Harman, *The Fire Last Time: 1968 and After*(London: Bookmarks, 1988)[국역: 《세계를 뒤흔든 1968》, 책갈피, 2004].

6   D McShane, *Solidarity: Poland's Independent Union*(Nottingham, Spokesman, 1981); J Potel, *The Summer Before the Frost: Solidarity in*

Poland(London: Pluto Press, 1982); A Touraine, F Dubet, M Wievikora and J Strzelecki, *Solidarity: The Analysis of a Social Movement: Poland 1980~1981*(Cambridge: Cambridge University Press, 1983); C Barker, 'The Self-Limiting Revolution', C Barker(ed), *Revolutionary Rehearsals*(London: Bookmarks, 1986), pp 169~216.

7   A Callinicos, 'Marxism and Revolution in South Africa', *International Socialism*, 2:31(1986), pp 3~66; S Phillips, 'The South African Communist Party and the South African Working Class', *International Socialism*, 2:51(1991), pp 105~129.

8   R Ferguson, 'The Independent Trade Union Movement in Russia'(Phd, University of Warwick, 1998); S Clarke, P Fairbrother, M Burowoy and P Krotov, *What About the Workers? Workers and the Transition to Capitalism in Russia*(London: Verso, 1993).

9   J Wolfreys, 'Class Struggles in France', *International Socialism* 2:84(1999), pp 31~68.

10   M Hardt and A Negri, *Empire*(Harvard, 2001)[국역: 《제국》, 이학사, 2011].

11   K Moody, *Workers in a Lean World: Unions in the International Economy*(London: Verso, 1997)[국역: 《신자유주의와 세계의 노동자》, 문화과학사, 1999].

머리말

1   Marx, *The First International and After*(Harmondsworth, 1974), p 82.

2   M van der Linden and W Thorpe, 'The Rise and Fall of Revolutionary Syndicalism(1890~1940)', in M van der Linden and W Thorpe(eds), *Revolutionary Syndicalism: An International Perspective*(Aldershot, 1990), p 1.

3   E Hobsbawm, 'Bolshevism and the Anarchists', *Revolutionaries*(London, 1993), pp 72~73.

4   J White, *Tom Mann*(Manchester, 1991), p 170.

5   R Price, 'Contextualising British Syndicalism c.1907~c.1920', *Labour History Review*, 63:3(1998), pp 261~276; D Howell, 'Taking Syndicalism Seriously', *Socialist History*, 16(2000), pp 27~48.

6   E O'Connor, *Syndicalism in Ireland*(Cork, 1988), p 1.

7   '개혁주의적 신디컬리즘'은 거의 형용모순처럼 들리지만, 혁명적이지는 않아도 전술적으로 투쟁적인 부문주의에 헌신하고 정치를 회피하는 노동조합운동은 오래 전부터 있었다.

8   F F Ridley, *Revolutionary Syndicalism in France: The Direct Action of Its Time*(Cambridge, 1970), p 1.

9   L Peterson, 'The One Big Union in International Perspective: Revolutionary Industrial Unionism 1900~1925', in J E Cronin and C Sirianni(eds), *Work, Community and Power: The Experience of Labour in Europe and America 1900~1925*(Philadelphia, 1983), pp 64~66.

10 J R Conlin, *Bread and Roses Too: Studies of the Wobblies*(Westport, Connecticut, 1969).

11 M Dubofsky, 'The Rise and Fall of Revolutionary Syndicalism in the United States', in van der Linden and Thorpe, *Revolutionary Syndicalism*, pp 207~210. 다른 많은 역사가들도 IWW를 설명할 때 '신디컬리즘'이라는 용어를 사용한다. 예컨대, John Graham Brooks, Paul F Brissendon, David J Saposs, Patrick Renshaw 등.

12 P S Foner, *History of the Labor Movement in the United States, Vol 4, The Industrial Workers of the World, 1905~1917*(New York, 1965), p 158에서 인용.

13 R R LaMonte, 'Industrial Unionism and Syndicalism', *New Review*, 1 May, 1913, p 527.

14 O'Connor, p xvii.

15 Ridley, p 1. 강조는 지은이.

16 M van der Linden, 'Second Thoughts on Revolutionary Syndicalism', *Labour History Review*, 63:2(1998), p 183.

17 Peterson, 'The One Big Union'; W Thorpe, *'The Workers Themselves': Revolutionary Syndicalism and International Labour, 1913~1923*(Dordrecht, 1989); van der Linden and Thorpe, 'The Rise and Fall of Revolutionary Syndicalism'; van der Linden, 'Second Thoughts', pp 182~196; Howell, pp 27~48.

18 독일이 포함되지 않은 근본적 이유는 1918년 독일 혁명으로 제1차세계대전이 끝나고 카이저가 몰락할 때까지는 실질적이고 효과적인 신디컬리즘 운동이 존재하지 않았기 때문이다. H M Bock, 'Anarchosyndicalism in the German Labour Movement: A Rediscovered Minority Tradition', in van der Linden and Thorpe, *Revolutionary Syndicalism*, pp 59~79 and D H Muller, 'Syndicalism and Localism in the German Trade Union Movement', in W J Mommsen and H-G Husung, *The Development of Trade Unionism in Great Britain and Germany, 1880~1914*(London, 1985), pp 239~249 참조.

19 Callinicos, 'Marxism and the Crisis in Social History', in J Rees(ed), *Essays on Historical Materialism*(London, 1998), pp 36~37.

20 D Geary, *European Labour Politics from 1910 to the Depression*(London, 1991), pp 4~5.

21 J R Conlin(ed), 'Introduction', in *At the Point of Production: The Local History of the IWW*(Westport, Connecticut, 1981), pp 5~6.

22 여러 나라 노동운동의 역사를 비교 연구할 때 주의해야 할 속성과 딜레마를 다룬

중요한 저작 가운데 하나는 M van der Linden, *Transnational Labour History: Exploration*(Aldershot, 2003)이다.

23 J Kocka, 'Comparative Historical Research: German Examples', *International Review of Social History*, 38: 3(1993), pp 369~379.

24 J A Davies, 'Socialism and the Working Classes in Italy Before 1914', in D Geary(ed), *Labour and Socialist Movements in Europe Before 1914*(Oxford, 1989), p 219.

25 J Cronin, 'Neither Exceptional nor Peculiar: Towards the Comparative Study of Labor in Advanced Society', *International Review of Social History*, 38:1(1993), pp 59~75.

26 그런 공통의 주제가 이 책에서 다루지 않은 나라들에서 나타난 사례는 E Olssen, *The Red Feds: Revolutionary Industrial Unionism and the New Zealand Federation of Labour 1908~1913*(Auckland, 1988), V Burgmann, *Revolutionary Industrial Unionism: The Industrial Workers of the World in Australia*(Cambridge, 1995) and L van der Walt, '"The Industrial Union is the Embryo of the Socialist Commonwealth", The International Socialist League and Revolutionary Syndicalism in South Africa, 1915~1919', *Comparative Studies of South Asia, Africa and the Middle East*, 15: 1(1999), pp 5~30 참조. 네덜란드·스웨덴·포르투갈·아르헨티나·멕시코·캐나다의 신디컬리즘 운동은 van der Linden and Thorpe, *Revolutionary Syndicalism* 참조.

1장

1 F F Ridley, *Revolutionary Syndicalism in France: The Direct Action of its Time*(Cambridge, 1970), p 170.

2 같은 책, p 1.

3 W Thorpe, *'The Workers Themselves': Revolutionary Syndicalism and International Labour, 1913~1923*(Dordrecht, 1989), p 15.

4 E G Solano, *El sindicalismo en la teoría y en la práctica*(Barcelona, 1919), p 11.

5 Thorpe, p 15.

6 E Pouget, 'Le Parti du Travail', *Librairie du Travail*(Paris 1922).

7 P Monatte, *Anarcho-syndicalisme et syndicalisme révolutionnaire*, http://en.internationalism.org/ir/120_cgt.html.

8 P S Foner, *History of the Labor Movement in the United States: Vol 4: Industrial Workers of the World 1905-1917*(New York, 1965), pp 150~151.

9 B Pribicevic, *The Shop Stewards' Movement and Workers' Control*(Oxford, 1959), p 17.

10 J A Scumpter. R Wohl, *French Communism in the Making, 1914~1924*(Stanford, Calif, 1966), p 27에서 인용.

11 Ridley, p 5.

12 C Bertrand, 'Revolutionary Syndicalism in Italy, 1912~1922'(PhD, University of Wisconsin, 1970), p 10.

13 J A Estey, *Revolutionary Syndicalism: An Exposition and a Criticism*(London, 1913), p 119; Ridley, p 6.

14 G H Meaker, *The Revolutionary Left in Spain, 1914~1923*(Stanford, Calif, 1974), p 388에서 인용.

15 J Jennings, *Syndicalism in France: A Study of Ideas*(Oxford, 1990), p 30.

16 Holton, *British Syndicalism 1900~1914*(London, 1976), p 21.

17 *Industrial Worker*, 8 May 1913.

18 Holton, pp 19~20; S Macintyre, *A Proletarian Science: Marxism in Britain 1917~1933*(London, 1986).

19 K E Amdur, *Syndicalist Legacy: Trade Unions and Politics in Two French Cities in the Era of World War I*(Urbana, 1986), p 9.

20 E Pouget, *Les bases du syndicalisme*(Paris, 1906).

21 E O'Connor, *Syndicalism in Ireland*(Cork, 1988), p 1.

22 R Hyman, 'Introduction', in T Mann, *What a Compulsory 8-Hour Working Day Means to the Workers*(London, 1972), p 12; R Hyman, 'Foreword', in C L G Goodrich, *Frontier of Control*(London, 1975), p x.

23 M Dubofsky, *Hard Work: The Making of Labor History*(Urbana, 2000), p 91에서 인용.

24 H L E Howarth, *The Syndicalist*, November 1912.

25 *Industrial Syndicalist*, Sept 1910.

26 Pouget, *L'Action directe*(Paris, 1907), pp 14~15.

27 *Proceedings of the First Annual Convention of the Industrial Workers of the World*(New York, 1905), p 1.

28 *The Industrial Syndicalist*, July 1910.

29 Pelloutier, *Historie des bourses du travail*(Paris, 1902), p 54.

30 *The Syndicalist and Amalgamation News*, March~April 1913.

31 *IWW Convention*, pp 244~246.

32 *Industrial Syndicalist*, Feb 1911.

33 *Industrial Worker*, 25 January 1912.

34 Watkins, *Industrial Syndicalist*, May 1911.

35 T Mann, *Industrial Syndicalist*, May 1911.

36 M van der Linden and W Thorpe(eds), 'The Rise and Fall of Revolutionary Syndicalism', in M van der Linden and W Thorpe(eds), *Revolutionary Syndicalism: An International Perspective*(Aldershot, 1990), p 3에서 인용.

37 Ridley, pp 88~94.

38 E Pouget, *Le parti du travail*(Paris, 1905), p 3.

39 E Pouget, *La Voix du Peuple*, 2 June 1901.

40 Ridley, p 173.

41 *Le parti du travail.*

42 사회민주연맹(SDF)은 1912년에 영국 사회당(BSP)으로 이름을 바꿨다.

43 Ridley, p 173. E Pouget, 'What is the Trade Union', in D Guerin(ed), *No Gods, No Masters: An Anthology of Anarchism*(Edinburgh, 2005), pp 432~433도 참조.

44 G D H Cole, *The World of Labour: A Discussion of the Present and Future of Trade Unionism*(London, 1920), pp 77~78에서 인용.

45 *Solidaridad Obrera*, 15 January 1917.

46 J L Kornbluh(ed), *Rebel Voices: An IWW Anthology*(Chicago, 1998), p 13에서 인용.

47 E Pouget, *Le Mouvement socialiste*, 192, 1 December 1907.

48 J Larkin, *International Socialist Review*, 16, December 1915, pp 330~331. *Daily Herald*, 22 November 1913도 참조.

49 E C Ford and W Z Foster, *Syndicalism*(Chicago, 1912), p 38. 대개 포스터가 이 소책자를 썼다고 알려져 있다.

50 W D Haywood, *The Industrial Syndicalist*, vol 1, October 1910.

51 *Solidarity*, 28 September 1912.

52 V St John, *The IWW: Its History, Structure and Method*(Chicago: IWW Publishing Bureau, nd), p 17.

53 같은 책, p 12.

54 'Old Wine in New Bottles', in O D Edwards and B Ranson(eds), *James Connolly: Selected Political Writings*(London, 1973), p 313.

55 *Proceedings of the Second IWW Convention*(1906), p 589.

56 J Hinton, *Labour and Socialism: A History of the British Labour Movement 1867~1974*(Brighton, 1983), p 91.

57 T Mann, *Industrial Syndicalist*, March 1911.

58 J Ebert, *The IWW in Theory and Practice*(Chicago, nd 1920), pp 59~60.

59 B Mitchell, *The Practical Revolutionaries: A New Interpretation of the French Anarchsyndicalists*(New York, 1987), p 34에서 인용.

60   V Griffuelhes and L Jouhaux(eds), *L'Encyclopédie du movement syndicaliste*(Paris, 1912)에서 인용.

61   Foner, pp 172~175; Kornbluh, p 94; P Renshaw, *The Wobblies: The Story of Syndicalism in the United States*(London, 1967), pp 119~120.

62   E Pouget, *Le Sabotage*(Paris, 1910), p 16.

63   E Gurley Flynn, *Sabotage: The Conscious Withdrawal of the Workers' Industrial Efficiency*(Cleveland, 1915), p 5.

64   *La Voix du peuple*, 14 July 1901.

65   *La Voix du peuple*, 4 January 1914.

66   Pouget, *Le Sabotage*, p 34에서 인용.

67   G Yvetot, *La Voix du peuple*, 28 September 1913 참조.

68   Yvetot, *Le Libertaire*, 18 October 1902.

69   Pouget, *Le Sabotage*, p 16.

70   P N Stearns, *Revolutionary Syndicalism and French Labour: A Cause without Rebels*(New Brunswick, 1971), p 70.

71   Giovannitti, 'Introduction', in E Pouget, *Sabotage*(Chicago, 1913).

72   S D Bird, D Georgakas and D Shaffer, *Solidarity Forever: An Oral History of the Wobblies*(London, 1987), p 6.

73   L S Gannett, *Nation*, 20 October, 1920, p 448.

74   Foner, p 163.

75   같은 책, p 165.

76   Meaker, p 175.

77   Kornbluh, pp 217~218에서 인용.

78   Ridley, p 174; Thorpe, *Workers Themselves*, pp 20~21.

79   V Griffuelhes, *Le syndicalisme révolutionnaire*(Paris, 1909), p 13.

80   같은 책, p 6, 8. G Yvetot, *L'ABC syndicaliste*(Paris, 1908), p 51도 참조.

81   R Magraw, *A History of the French Working Class, Vol 1: The Age of Artisan Revolution*(Oxford, 1992), p 109에서 인용.

82   Griffuelhes, p 6.

83   Kornbluh, p 215.

84   Foner, p 135에서 인용.

85   *Industrial Worker*, 19 September 1913.

86   Newsinger, 'Irish Labour in a Time of Revolution', *Socialist History*, 22(2002), p 2.

87   Georges Sorel, *Reflections on Violence*(New York, 1912), p 127.

88   Griffuelhes, p 10.

89 *L'Internazionale*, 20 December 1913.

90 M Dubofsky, *'Big Bill' Haywood*(Manchester, 1987), pp 65~66에서 인용.

91 Riguzzi, *Sindacalismo e riformismo nel Parmense*(Bari, 1974), p 119.

92 Estey, pp 79~95.

93 Sorel.

94 J Ebert, *The Trial of a New Society*(Cleveland, 1913), p 61에서 인용.

95 E Paturd and E Pouget, *How We Shall Bring about the Revolution: Syndicalism and the Co-Operative Commonwealth*(London, 1990, first published 1909).

96 J Julliard, *Fernand Pelloutier et les origines du syndicalisme d'action directe*(Paris 1971), p 325~327에서 인용.

97 R Rocker, 'The Methods of Anarcho-Syndicalism', *Anarcho-Syndicalism*(London, 1987), p 69.

98 Yvetot, *L'ABC syndicaliste*, p 52.

99 Jennings, p 49에서 인용.

100 〈신디컬리스트〉는 ISEL이 (1912년 1월부터 12월까지) 발행한 월간지였다. 그 전신은 (1910년 7월부터 1911년 5월까지 발행된) 〈인더스트리얼 신디컬리스트〉였고, 그 후신은 (1913년 1월부터 1914년 8월까지 발행된) 〈신디컬리스트 앤 아말가메이션 뉴스〉였다.

101 Dubofsky, *'Big Bill'*, pp 66~67에서 인용.

102 The *Charte d'Amiens* adopted at the *Congrès national corporatif(IX de la Confédération) et Conférence des Bourses du Travail, tenus á Amiens du 8 au 16 octobre 1906. Compte rendu des travaux*(Amiens, 1906), pp 169~171.

103 Griffuelhes, p 16.

104 Jennings, p 23.

105 Ridley, p 168.

106 *The Miners' Next Step*, Unofficial Reform Committee(Tonypandy, 1912, reprinted London, 1973).

107 H Lagardelle, *Le Mouvement socialiste*, 22, 1907.

108 Labriola, *Sindacalismo e riformismo*(Florence, 1905), pp 15~16.

109 D Schecter, *Radical Theories: Paths Beyond Marxism and Social Democracy*(Manchester, 1994), p 36.

110 M Bookchin, *The Spanish Anarchists: The Heroic Years 1868~1936*(Edinburgh, 1998), p 269에서 인용.

111 Paturd and Pouget, pp 227~231.

112 Kornbluh, p 197에서 인용.

113 Jennings, p 39에서 인용.

114 E Pouget, *La Voix du peuple*, January 1904.

115 리버풀의 신디컬리스트 석공인 프레드 바우어가 쓰고 짐 라킨의 〈아이리시 워커〉 1911년 7월 29일자에 실린 그 리플릿은 ISEL의 월간지 〈신디컬리스트〉 1912년 1월호에 재수록됐다.

116 Foner, p 131에서 인용.

117 W Thorpe, 'Syndicalist Internationalism and Moscow, 1919~1922: The Breach', *Canadian Journal of History*, 14: 1(1979), p 238.

118 *XVI Congrès national corporatif(X de la CGT) et 3 Conférence des Bourses duTravail ou Unions des Syndicats, tenus á Marseille du 5 au 12 octobre 1908. Compte rendu sténographique des travaux.* Marseille, 1909.

119 Meaker, p 29.

120 *Solidaridad Obrera*, no. 25, 1914.

121 *Industrial Worker*, 11 May 1914; *Solidarity*, 20 May 1911.

122 *Solidarity*, 25 April 1914; 23 May 1914.

123 M Dubofsky, 'The Rise and Fall of Revolutionary Syndicalism in the United States', in van der Linden and Thorpe, *Revolutionary Syndicalism*, p 215에서 인용.

124 W Thorpe, 'The European Syndicalists and War, 1914~1918', *Contemporary European History*, 10:1(2001), p 1.

125 Ridley, pp 182~183.

2장

1 M van der Linden and W Thorpe, 'The Rise and Fall of Revolutionary Syndicalism', in M van der Linden and W Thorpe(eds), *Revolutionary Syndicalism: An International Perspective*(Aldershot, 1990), pp 4~17; M van der Linden, 'Second Thoughts on Revolutionary Syndicalism', *Labour History Review*, 63:2(1998), pp 185~186.

2 W Thorpe, 'Towards a Syndicalist International: The 1913 London Congress', *International Review of Social History*, 23(1978), pp 33~78; 'The European Syndicalists and War, 1914~18', *Contemporary European History*, 10:1,(2001), pp 1~24; 'Syndicalist Internationalism and Moscow, 1919~1922: The Breach', *Canadian Journal of History*, 14: 1(1979), pp 199~234; '*The Workers Themselves*': *Revolutionary Syndicalism and International Labour, 1913~1923*(Dordrecht, 1989) 참조.

3 예컨대, E J Hobsbawm, *Primitive Rebels, Studies in Archaic Forms of Social Movement in the Nineteenth and Twentieth Centuries*(Manchester, 1972), pp

74~92 참조.

4   W Kendall, *The Labour Movement in Europe*(London, 1975), p 36; R Magraw, *France 1814~1915: The Bourgeois Century*(Oxford, 1983), p 233.

5   Moss, *The Origins of the French Labor Movement, 1830~1914: The Socialism of Skilled Workers*(Berkley, Calif, 1976), pp 25~28.

6   Thorpe, *Workers Themselves*, p 24; R Magraw, 'Socialism, Syndicalism and French Labour Before 1914', in D Geary(ed), *Labour and Socialist Movements in Europe Before 1914*(Oxford, 1989), pp 48~100; R Magraw, *A History of the French Working Class, Vol 2: Workers and the Bourgeois Republic*(Oxford, 1992)도 참조.

7   L Berlanstein, *Big Business and Industrial Conflict in Nineteenth Century France: A Social History of the Parisian Gas Company*(Berkeley, Calif, 1991) and 'The Distinctiveness of the Nineteenth Century French Labour Movement', *The Journal of Modern History*, 64: 4(December 1992), pp 660~685 참조. A Cotterau, 'The Distinctiveness of Working Class Cultures in France, 1848~1900', in I Katznelson and A Zolberg(eds), *Working Class Formation: Nineteenth Century Patterns in Western Europe and the United States*(Princeton, N J, 1986), pp 111~154 and T Judt, *The French Labour Movement in the Nineteenth Century, Marxism and the French Left*(Oxford, 1986), pp 24~114도 참조.

8   G Brenan, *The Spanish Labyrinth: An Account of the Social and Political Background of the Spanish Civil War*(Cambridge, 1998); P Heywood, 'The Labour Movement in Spain Before 1914', in Geary, *Labour and Socialist Movements*, pp 231~265 참조.

9   J A Davies, 'Socialism and the Working Classes in Italy Before 1914', in Geary, *Labour and Socialist Movements*, pp 182~230; D L Horrowitz, *The Italian Labor Movement*(Cambridge, Mass, 1963) 참조.

10 G D H Cole, *A History of Socialist Thought: The Second International, 1889~1914: Part 1*(London, 1974), pp 732~733.

11 Holton, *British Syndicalism 1900-1914*(London, 1976), p 275.

12 M Dubofsky, *We Shall Be All: A History of the Industrial Workers of the World*(Chicago, 1969), pp 48~49.

13 Holton, p 29. B Holton, 'Revolutionary Syndicalism and the British Labour Movement', in W J Mommsen and H Husung(eds), *The Development of Trade Unionism in Great Britain and Germany 1880~1914*(London, 1985), pp 266~282도 참조.

14 M Hanagan, *The Logic of Solidarity: Artisans and Industrial Workers in Three French Towns, 1871~1914*(Urbana, Illin, 1980), p 3.

15 Holton, *British Syndicalism*, p 30. J Hinton, *The First Shop Stewards'*

Movement(London, 1973).

16   Dubofsky, pp 36~38.

17   E Larkin, *James Larkin: Irish Labour Leader, 1876~1947*(London, 1968) pp 117~143. P Yeates, *Lockout: Dublin 1913*(Dublin, 2001).

18   N Kirk, *Labour and Society in Britain and the USA: Vol 2: Challenge and Accommodation, 1850~1939*(Aldershot, 1994), pp 35~41.

19   Holton, *British Syndicalism*, p 274.

20   Bambery, *Ireland's Permanent Revolution*(London, 1986), p 28.

21   Holton, *British Syndicalism*, p 28; H Pelling, 'The Labour Unrest 1911~1914', *Popular Politics and Society in Late Victorian Britain*(London, 1968), p 150.

22   D Geary, *European Labour Politics From 1900 to the Depression*(Houndmills, 1991), pp 15~16 참조.

23   Larkin, p 37. J Newsinger, *Rebel City: Larkin, Connolly and the Dublin Labour Movement*(London, 2004)도 참조.

24   W Woehlbe, *Sunset*, September 1917.

25   *On Trade Unions*(Moscow, 1970) p 190.

26   Cole, *History of Socialist Thought*, pp 710~711.

27   A Smith, 'Spain', in S Berger and D Broughton(eds), *The Force of Labour: The Western European Labour Movement and the Working Class in the Twentieth Century*(Oxford, 1995), pp 174~175.

28   G H Meaker, *The Revolutionary Left in Spain, 1914~1923*(Stanford, Calif, 1974), pp 4~5.

29   Trades Union Congress *Report*(1912), p 274.

30   *Industrial Syndicalist*, July 1910.

31   Ridley, p 61.

32   Labriola, *Storia di dieci anni: 1899-1909*(Milan, 1910), p 138.

33   P Le Blanc, *A Short History of the U.S. Working Class*(New York, 1999), p 64.

34   Kendall, *Revolutionary Movement in Britain*, and R Challinor, *The Origins of British Bolshevism*(London, 1977) 참조.

35   Ridley, pp 20~24.

36   Holton, *British Syndicalism*, pp 35~36; 278~279.

37   E Taplin, *Near to Revolution: The Liverpool General Transport Strike of 1911*(Liverpool, 1994) 참조.

38   Hyman, *The Political Economy of Industrial Relations*(London, 1989), p 231.

39   E Hobsbawm, *The Age of Empire, 1875~1914*(London, 1987), pp 121~122.

40   Van der Linden and Thorpe, 'The Rise and Fall', pp 13~14.

41   Taylor, 'Syndicalism', *Socialist Worker Review*, 77(1985), p 24에서 인용.

42   Peterson, 'The One Big Union in International Perspective: Revolutionary Industrial Unionism 1900~1925', in J E Cronin and C Sirianni(eds), *Work, Community and Power: The Experience of Labour in Europe and America 1900~1925*(Philadelphia, 1983), pp 56~57.

43   *Proceedings of the First Annual Convention of the Industrial Workers of the World*(New York, 1905), p 118.

44   같은 책, p 506.

45   D Brody, *Workers in Industrial America: Essays on the Twentieth Century Struggle*(Oxford, 1981), p 35에서 인용.

46   Kimeldorf, *Battling for American Labour: Wobblies, Craft Workers, and the Making of the Union Movement*(Berkeley, Calif, 1999), p 2.

47   E O'Connor, *Syndicalism in Ireland*(Cork, 1988), p xiv.

48   D L Horowitz, *The Italian Labor Movement*(Cambridge, Mass, 1963) 참조.

49   Durgan, 'Revolutionary Anarchism in Spain: the CNT 1911~1937', *International Socialism* 2:11(1981), p 93.

50   V I Lenin, 'The Three Sources and Three Component Parts of Marxism', *Selected Works, Vol 1*(Moscow, 1970), pp 66~67 참조.

51   J Joll, *The Anarchists*(London, 1964); R Kedward, *The Anarchists*(London,1971); D Guerin, *Anarchism: From Theory to Practice*(New York, 1971); G Woodcock(ed),*The Anarchist Reader*(London, 1977); G Woodcock; *Anarchism: A History of Libertarian Ideas and Movements*(Harmondsworth, 1979); P Thomas, *Karl Marx and the Anarchists*(London, 1980); D Miller, *Anarchism*(London, 1984) 참조.

52   Marx, *The Civil War in France*(Moscow, 1970).

53   Heywood, *Political Ideologies: An Introduction*(Houndmills, 2003), pp 197~198.

54   Ridley; B Mitchell, 'French Syndicalism: An Experiment in Practical Anarchism', in van der Linden and Thorpe(eds), *Revolutionary Syndicalism*, pp 25~43; J Jennings, *Syndicalism in France: A Study of Ideas*(London, 1990), pp 25~43 참조.

55   Horrowitz, p 129.

56   T Behan, *The Resistible Rise of Benito Mussolini*(London, 2003), pp 6~7.

57   V Richards(ed), *Errico Malatesta: His Life and Ideas*(London, 1977) 참조.

58   C Levy, 'Italian Anarchism, 1870~1926', in D Goodway(ed), *For Anarchism: History, Theory and Practice*(London, 1989), pp 25~78; C L Bertrand, 'Revolutionary Syndicalism in Italy', in van der Linden and Thorpe, *Revolutionary Syndicalism*, pp 139~153; G Woodcock, *Anarchism: A History*

of Libertarian Ideas and Movements(Harmondsworth, 1979) 참조.

59 Meaker; M Bookchin, *To Remember Spain: The Anarchist and Syndicalist Revolution of 1936*(Edinburgh, 1994); S Dolgoff(ed), *Anarchist Collectives: Workers' Self-Management in Spain 1936~1939*(Montreal, 1990); Bookchin, *The Spanish Anarchists: The Heroic Years 1868~1936*(Edinburgh, 1998); Durgan, pp 93~112; A Bar, 'The CNT: The Glory and Tragedy of Spanish Anarchosyndicalism', in van der Linden and Thorpe, *Revolutionary Syndicalism*, pp 119~138; R Alexander, *The Anarchists in the Spanish Civil War: Vols 1 and 2*(London, 1999) 참조.

60 Bar, p 124.

61 Miller, p 137.

62 Geary, *European Labour Politics*, pp 22~23.

63 Heywood, pp 231~239.

64 영국에서 주목할 만한 아나코신디컬리스트 지도자는 가이 보먼이었다. A Meltzer, *First Flight: The Origins of Anarcho-Syndicalism in Britain*(Berkeley, Calif, 2004) 참조.

65 R Hunter, *Violence and the Labor Movement*(New York, 1914), p 247에서 인용.

66 Woodcock, *Anarchism*, pp 220~225.

67 D D Roberts, *The Syndicalist Tradition and Italian Fascism*(Manchester, 1979), p 74; Bertrand, 'Revolutionary Syndicalism in Italy', p 145.

68 C Levy, 'Currents of Italian Syndicalism Before 1926', *International Review of Social History*, 45(2000), p 243.

69 J P Cannon, *The IWW: The Great Anticipation*(New York, 1956), p 14; Foner, *IWW*, p 129; Dubofsky, p 79.

70 Moss, 'Socialism and the Republic in France', *Socialist History*, 18(2000)pp 146~147; Levy, 'Currents of Italian Syndicalism', p 213.

71 P F Brissendon, *The IWW: The Study of American Syndicalism*(New York, 1919), pp 30~33; P Renshaw, *The Wobblies: The Story of Syndicalism in the United States*(London, 1967), pp 34~36.

72 R G Gammage, *The History of the Chartist Movement 1837~1854*(London: Merlin Press, 1969); M Jenkins, *The General Strike of 1842*(London: Lawrence and Wishart, 1980); J Charlton, *The Chartists: The First National Workers' Movement*(London: Pluto Press, 1997) 참조.

73 Ridley, pp 25~52 참조.

74 J Newsinger, 'Jim Larkin, Syndicalism and the 1913 Dublin Lockout', *International Socialism*, 2:25(1984), p 13.

75 Levy, 'Currents of Italian Syndicalism', p 228.

76 G Lichtheim, *A Short History of Socialism*(Glasgow), p 223.

77 Goodway, p 119.

78 E Screpanti, 'Long Cycles and Recurring Proletarian Insurgencies', *Review*, 7:2(1984), pp 509~548; 'Long Cycles in Strike Activity: An Empirical Investigation', *British Journal of Industrial Relations*, 25:1(1987), p 107 참조.

79 그런 차이에 대한 일반적 평가는 C Tilly, 'Introduction', in L H Haimson and C Tilly(eds), *Strikes, Wars and Revolutions in an International Perspective*(Cambridge, 1989), p 435 참조.

80 O'Connor, pp 29~53.

81 O'Connor, *A Labour History of Ireland, 1824~1960*(Dublin, 1992), p 94.

82 P K Edwards, *Strikes in the United States, 1881~1974*(Oxford, 1981) 참조.

83 Montgomery, 'New Tendencies in Union Struggles and Strategies in Europe and the United States, 1916~1922', in J E Cronin and C Sirianni(eds), *Work, Community and Power: The Exercise of Labor in Europe and America, 1900~1925*(Philadelphia, 1983), p 89.

84 Vandervort, *Victor Griffuelhes and French Syndicalism, 1895~1922*(Baton Rouge, 1996), pp 34~35.

85 R Magraw, 'Socialism, Syndicalism and French Labour', p 90.

86 P N Stearns, *Revolutionary Syndicalism and French Labor: A Cause Without Rebels*(New Brunswick, 1971), p 30.

87 Geary, *European Labour Protest, 1848~1939*(London, 1981), p 105.

88 R Magraw, 'Paris 1917~20: Labour Protest and Popular Politics', and J Horne, 'The State and the Challenge of Labour in France, 1917~20', in C Wrigley(ed), *Challenges of Labour: Central and Western Europe, 1917~1920*(London, 1993), pp 125~148, pp 239~261 참조.

89 Magraw, *History of the French Working Class*, p 247.

90 P Spriano, *The Occupation of the Factories: Italy 1920*(London, 1975); G A Williams, *Proletarian Order: Antonio Gramsci, Factory Councils and the Origins of Italian Communism in Italy, 1911~1921*(London, 1975); M Clark, *Antonio Gramsci and the Revolution That Failed*(New Haven, 1977); L Bordogna, G P Cella and G Provasi, 'Labor Conflicts in Italy Before the Rise of Fascism, 1881~1923: A Quantitative Analysis', in Haimson and Tilly, pp 217~246 참조.

91 F Morrow, *Revolution and Counter-Revolution in Spain*(New York, 1974) 참조.

92 van der Linden and Thorpe, 'The Rise and Fall', p 7.

93 Levine, 'The Development of Syndicalism in America', *Political Science Quarterly*, 28(September 1913), pp 451~479.

94 Dubofsky, p 36; 73~74; 147; 204.

95 J White, 'Syndicalism in a Mature Industrial Setting: The Case of Britain', in

van der Linden and Thorpe, *Revolutionary Syndicalism*, p 104.

96 G Brown, 'Introduction', in *The Industrial Syndicalist*(Nottingham, Spokesman Books, 1974), p 29에서 인용.

97 E P Thompson, 'Homage to Tom Maguire', in A Briggs and J Saville(eds) *Essays in Labour History 1886~1923*(London, 1967), p 314.

98 Brown, p 22에서 인용.

99 G R Askwith, *Industrial Problems and Disputes*(London, 1974), p 294.

100 *The Times*, 16 April 1912.

101 Halévy, *A History of the English People, Vol 2: 1905~1914*(London, 1961), p 433.

102 P Gonnot, *La grève dans l'industrie privée*(Paris, 1912), p 190.

103 P S Foner, *History of the Labor Movement in the United States: Vol 7: Labour and World War I: 1914~1918*(New York, 1987), p 293에서 인용.

104 Magraw, 'Socialism, Syndicalism and French Labour, p 70.

105 G Friedman, *State-Making and Labour Movements: France and the United States, 1876~1914*(New York, 1998), p 260.

106 Larkin, *James Larkin*, p 69.

107 *The Miners' Next Step*, Unofficial Reform Committee(Tonypandy, 1912, reprinted London, 1973); E Pouget, *Le Sabotage*(Paris, 1910); W D Haywood, *The General Strike*(Chicago, nd).

108 G Dangerfield, *The Strange Death of Liberal England 1910~1914*(London, 1997), p 255에서 인용.

109 M G Woodhouse, 'Rank and File Movements Amongst the Miners of South Wales 1910~26'(D Phil, University of Oxford, 1970); D Egan, 'The Unofficial Reform Committee and the Miners' Next Step', *Llafur*, 2:3(1978), pp 64~80; Holton, *British Syndicalism*, pp 84~88; D K Davies, 'The Influence of Syndicalism and Industrial Unionism on the South Wales Coalfield 1898~1921: A Study in Ideology and Practice(PhD, University of Wales, 1991) 참조.

110 Holton, *British Syndicalism*, pp 97~110; 154~163; R W Postgate, *The Builders' History*(London, 1923), pp 385~422.

111 G D H Cole, *The World of Labour: A Discussion of the Present and Future of Trade Unionism*(London, 1913), p 40.

112 B Pribicevic, *The Shop Stewards' Movement and Workers' Control*(Oxford: Blackwell, 1959); J Hinton, *The First Shop Stewards' Movement*(London, 1973).

113 J Newsinger, 'Jim Larkin, Syndicalism and the 1913 Dublin Lock-Out', *International Socialism*, 2:25(1984), pp 3~36; O'Connor, *Syndicalism in*

Ireland, pp 38~53.

114 T R Sykes, 'Revolutionary Syndicalism in the Italian Labor Movement: The Agrarian Strikes of 1907~1908 in the Province of Parma', *International Review of Social History*, 21(1976), pp 186~211; A Borghi, *L'Italia tra due Crispi: cause e conseguenze di una rivoluzione macata*(Paris, nd, 1924), pp 45~56; Spriano; Clark.

115 Meaker.

116 로런스 파업 당시의 IWW 조직을 설명한 것은 Foner, *IWW*, pp 318~349; Renshaw, pp 133~149; Dubofsky, pp 234~257; M Dubofsky, 'Big Bill' Haywood(Manchester, 1987), pp 69~72; B Watson, *Bread and Roses: Mills, Migrants and the Struggle for the American Dream*(New York, 2005) 참조.

117 Brissendon, p 292; Renshaw, pp 133~149.

118 Vandervort, *Victor Griffuelhes and French Syndicalism*, pp 74~83; 101.

119 J Maitron, *Le Mouvement anarchiste en France: De 1914 á nos jours: Vol 2*(Paris: Maspere, 1975), pp 294~295.

120 Vandervort, pp 117~119; Moss, p 148.

121 Foner, *Labor and World War I*, p 248.

122 R Chaplain, *Wobbly: The Rough and Tumble of an American Radical*(Chicago, 1948), pp 176~177.

123 J L Kornbluh(ed), *Rebel Voices: An IWW Anthology*(Chicago, 1998), p 65.

124 Thorpe, *Workers Themselves*, p 30.

125 같은 책, p 1.

126 S Milner, *Dilemmas of Internationalism, French Syndicalism and the International Labour Movement, 1900~1914*(New York, 1991) 참조.

127 Thorpe, *Workers Themselves*, pp 75~77.

128 van der Linden, 'Second Thoughts', p 186.

129 Cartosio, 'Gli emigrati italiani e l'Industrial Workers of the World', in B Bezza,*Gli italiani fuori d'Italia: gli emirate italiani nei movimenti operai dei paesi d'adozione 1880~1940*(Milan, 1983), pp 359~397; D R Gabaccia, 'Worker Internationalism and Italian Labor Migration, 1870~1914', *International Labor and Working Class History*, 45(1994), p 70; Levy, 'Italian Anarchism', p 215.

130 T Lane, 'A Merseysider in Detroit', *History Workshop Journal*, 11(1981), pp 139~140; B Holton, 'Syndicalism and Labour on Merseyside, 1906~1914', in H I Hikens(ed), *Building the Union: Studies on the Growth of the Workers' Movement: Merseyside 1756~1967*(Liverpool, 1973), pp 121~150; G H Hardy, *Those Stormy Years*(London, 1956).

131 Bar, 'The CNT', p 121.

132 C L Bertrand, 'Revolutionary Syndicalism in Italy, 1912~1922'(University of Wisconsin, PhD, 1970), p 30.

133 Foner, *IWW*, p 23.

134 A Giovannitti, 'Introduction', in E Pouget, *Sabotage*(Chicago, 1913), E Gurly Flynn, *Sabotage: The Conscious Withdrawal of the Workers' Industrial Efficiency*(Cleveland, 1915).

135 Bar, *Syndicalism and Revolution in Spain: The Ideology and The Syndical Practice of the CNT in the Period 1915~1919*(New York, 1981), p 106~107; 'The CNT', p 121.

136 *The Syndicalist*, October 1912; January 1914; January 1913; December 1913.

137 Jennings, p 147.

138 Brown, pp 12~13.

139 J White, *Tom Mann*(Manchester, 1991), p 185.

140 C D Greaves, *The Life and Times of James Connolly*(London, 1961), pp 168~245; Larkin, *James Larkin*, pp 167~226.

141 R MacDonald, *Syndicalism: A Critical Examination*(London, 1912), p v.

142 Dubofsky, 'The Rise and Fall of Revolutionary Syndicalism in the United States', in van der Linden and Thorpe, *Revolutionary Syndicalism*, pp 207~210.

143 O'Connor, *Syndicalism in Ireland*, p 182.

3장

1 예컨대, E O'Connor, 'What Caused the 1913 Lockout? Industrial Relations in Ireland, 1907~13', *Historical Studies in Industrial Relations*, 19(2005), p 120 참조.

2 Moss, *The Origins of the French Labor Movement: The Socialism of Skilled Workers, 1830~1914*(Berkeley, Calif, 1976).

3 R H Zieger, Book Review of 'Bread and Roses Too: Studies of the Wobblies', *Labor History*, 11:4(1970), p 568.

4 M van der Linden and W Thorpe, 'The Rise and Fall of Revolutionary Syndicalism', in M van der Linden and W Thorpe(eds), *Revolutionary Syndicalism: An International Perspective*(Aldershot, 1990), pp 7~12.

5 *Proceedings of the First Annual Convention of the Industrial Workers of the World*(New York, 1905), pp 575~576.

6 P Renshaw, *The Wobblies: The Story of Syndicalism in the United States*(London, 1967), p 118에서 인용.

7 *Solidarity*, 21 November 1914.

8   D Montgomery, *Workers' Control in America*(Cambridge), p 106.

9   T Nomura, 'Who Were the Wobblies? The Defendants of the Chicago IWW Trial of 1919: Collective Biographies', *Journal of the Aichi Prefectual University*(1985), pp 135~150.

10   M Dubofsky, 'The Rise and Fall of Revolutionary Syndicalism in the United States', in van der Linden and Thorpe, *Revolutionary Syndicalism*, p 213.

11   Moss, pp 13~19.

12   Kriegal and Jean-Jacques Becker, *1914: La Guerre et le mouvement ouvrierfrançais*(Paris 1964), pp 280~285.

13   K E Amdur, *Syndicalist Legacy: Trade Unions and Politics in Two French Cities in the Era of World War I*(Urbana, Illin, 1986), p 12; 269.

14   Vandervort, *Victor Griffuelhes and French Syndicalism, 1895~1922*(Baton Rouge,1996), p 247.

15   S J Surace, *Ideology, Economic Change and the Working Classes: The Case of Italy*(Berkeley, Calif, 1966), p 68.

16   C L Bertrand, 'Revolutionary Syndicalism in Italy, 1912~1922'(PhD, University of Wisconsin, 1970), pp 141~142.

17   R DeFelice, *Sindacalismo rivoluzionario e fiumanesimo nel carteggio DeAmbris~ D'Annunzio, 1919~1922*(Brescia, 1966), p 17.

18   A Gramsci, 'The Southern Question', *The Modern Prince and Other Writings*(New York, 1957), pp 37~38.

19   A O Olivetti, 'I sindicalisti e la élite', *Cinque anni di sindicalismo e di lotta proletariain Italia,*(Naples, 1914), pp 267~268.

20   Levy, 'Italian Anarchism, 1870~1926', in D Goodway(ed), *For Anarchism: History, Theory and Practice*(London, 1989), p 65.

21   Abse, 'Italy', in S Berger and D Broughton(eds), *The Force of Labour: The Western European Labour Movement and the Working Class in the Twentieth Century*(Oxford, 1995), p 140.

22   P Spriano, *The Occupation of the Factories: Italy 1920*(London, 1975), p 69. *Guerra di Classe*, 6 September 1919도 참조.

23   Bertrand, pp 145~146.

24   *Guerra di Classe*, 6 March 1920.

25   M Clark, *Antonio Gramsci and the Revolution That Failed*(New Haven,1977), p 94에서 인용.

26   P Heywood, 'The Labour Movement in Spain Before 1914', in D Geary(ed), *Labour and Socialist Movements in Europe Before 1914*(Oxford, 1989), pp 235~236.

27   A Bar, 'The CNT: The Glory and Tragedy of Spanish Anarchosyndicalism', in

van der Linden and Thorpe, *Revolutionary Syndicalism*, pp 133~134.

28   M Bookchin, *The Spanish Anarchists: The Heroic Years, 1868~1936*(Edinburgh, 1998), p 203.

29   A Smith, 'Anarchism, the General Strike and the Barcelona Labour Movement, 1899~1914, *European History Quarterly*, 27: 1(1997) 참조.

30   G H Meaker, *The Revolutionary Left in Spain, 1914~1923*(Stanford, Calif, 1974), pp 2~9; 147; Bookchin, *The Spanish Anarchists*, pp 69~71 참조.

31   C Earlham, *Class, Culture and Conflict in Barcelona, 1898~1937*(London, 2004) 참조.

32   예컨대, A Balcells, *El arraigo del anarquismo en Cataluña: Textos de1926~1934*(Madrid: Júcar, 1980), p 18; M Tuñón de Lara, *El movimiento obrero en la historia de España: Vol 1*(Madrid, 1977), p 281; 307~308 참조.

33   예컨대, Heywood, pp 231~265; B Martin, *The Agony of Modernisation: Labour and Industrialisation in Spain*(Ithaca, NY, 1990); A Smith, 'Spain', in Berger and Broughton, pp 171~209 참조.

34   E Larkin, *James Larkin: Irish Labour Leader, 1876~1947*(London, 1968), pp 96~106; E O'Connor, *Syndicalism in Ireland*(Cork, 1988), pp 20~39.

35   G R Askwith, *Industrial Problems and Disputes*(London, 1974; originally published 1920), p 134.

36   M I Cole(ed), *Beatrice Webb's Diaries 1912~1924*(London, 1952), p 7.

37   M Davies, *Comrade or Brother?: The Hidden History of the British Labour Movement, 1789~1951*(London, 1993), p 101. S Rowbotham, *Hidden From History: 300 Years of Women's Oppression and the Fight Against It*(London, 1973), p 114도 참조.

38   J Jennings, 'The CGT and the Couriau Affair: Syndicalist Responses to Female Labour in France Before 1914', *European History Quarterly*, 21: 3(1991), pp 321~337.

39   M Gulliot, *L'Ecole émancipée*, 4 February 1911.

40   Rosmer, *La Vie ouvrèire*, 25, 5 October 1910, pp 415~422.

41   Jennings, 'The CGT', p 332.

42   P S Foner, *Women and the American Labor Movement: From the Trade Unions to the Present*(New York, 1982), p 197에서 인용.

43   *Industrial Worker*, 15 July 1916.

44   J Radcliffe, *The Syndicalist and Amalgamation News*, December 1913.

45   P Foot, *The Vote: How it was Won and How it was Undermined*(London, 2005), p 227.

46   Jennings, 'The CGT', p 321~322.

47 M Guilbert, *Les femes et l'organisation syndicale avant 1914*(Paris, 1966), p 14; 29; 38.

48 R Magraw, 'Socialism, Syndicalism and French Labour Before 1914', in Geary, *Labour and Socialist Movements in Europe*, p 61.

49 R Magraw, *France 1814~1915: The Bourgeois Century*(Oxford, 1983), p 288.

50 R Magraw, *A History of the French Working Class: Vol 2: Workers the Bourgeois Republic*(Oxford, 1992), p 69.

51 Jennings, 'The CGT', p 334에서 인용.

52 *One Big Union Monthly*, 1 September 1919.

53 Foner, p 190에서 인용.

54 S D Bird, D Georgakas and D Shaffer, *Solidarity Forever: An Oral History of the Wobblies*(London, 1987), p 141.

55 J R Barrett, *William Z. Foster and the Tragedy of American Radicalism*(Chicago,1999), p 38. A Baron(ed), *Work Engendered: Towards a New History of American Labor*(Ithaca, NY, 1991), pp 1~46; A Schofield, 'Rebel Girls and Union Maids: The Woman Question in the Journals of the AFL and IWW, 1905~1920', *Feminist Studies*, 9(Summer 1983), pp 335~358; A Kessler-Harris, *Out to Work: A History of Wage Earning: Women in the United States*(New York, 1982), pp 153~159도 참조.

56 F Shor, '"Virile Syndicalism" in Comparative Perspective: A Gender Analysis of the IWW in the United States and Australia', *International Labor and Working Class History*, 56(1999), pp 65~77.

57 *Solidarity*, 17 September 1910.

58 Bird et al, p 100.

59 Gurly Flynn, *The Rebel Girl: An Autobiography: My First Life, 1906~1926*(New York, 1994), p 132; 133~134.

60 *Solidarity*, 15 July 1915.

61 M Tax, *The Rising of the Women*(New York, 1980), pp 125~163; M Sanger, *An Autobiography*(New York, 1971); Bird et al, p 142.

62 A S Kraditor, *The Radical Persuasion, 1890~1917: Aspects of the Intellectual History and the Historiography of Three American Radical Organisations*(Baton Rouge, 1981), p 188.

63 Foner, p 194.

64 Earlham 참조.

65 E O'Connor, *James Larkin*(Cork, 2002), p 35.

66 G S Cross, *Immigrant Workers in Industrial France: The Making of a New Labouring Class*(Temple, Philadelphia, PA, 1983).

67   Magraw, *France 1814~1915: The Bourgeois Century*, pp 298~299.

68   Cross, pp 144~156.

69   M Dubofsky, *We Shall Be All: A History of the Industrial Workers of the World*(Chicago, 1969), p 10.

70   *Industrial Worker*, 17 June, 1909.

71   P S Foner, *History of the Labor Movement in the United States: Vol 4: The Industrial Workers of the World 1905~1917*(New York, 1965), p 124에서 인용.

72   같은 책, p 124.

73   같은 책, p 124.

74   *Industrial Worker*, 26 December 1912.

75   S D Spero and A L Harris, *The Black Worker: The Negro and the Labor Movement*(New York, 1931), p 331.

76   W D Haywood, *Bill Haywood's Book: The Autobiography of William D. Haywood*(New York, 1929), pp 241~242.

77   Foner, *IWW*, pp 245~257; J F Fickle, 'Race, Class and Radicalism: The Wobblies in the Southern Lumber Industry, 1900~1916', in J R Conlin(ed), *At the Point of Production: The Local History of the IWW*(Wesport, Conn, 1981), pp 98~113; H Kimeldorf, 'Radical Possibilities? The Rise and Fall of Wobbly Unionism on the Philadelphia Docks', in Winslow(ed), *Waterfront Workers: New Perspectives on Race and Class*(Illinois, 1998); McGirr, 'Black and White Longshoremen in the IWW: A History of the Philadelphia Marine Transport Workers Industrial Union Local 8', *Labor History*, 36(1995), pp 377~402 참조.

78   J L Kornbluh(ed), *Rebel Voices: An IWW Anthology*(Chicago, 1988), p 439.

79   IWW의 흑인 조합원이 최대 10만 명이라는 주장은 Spero and Harris, p 331; J S Gambs, *The Decline of the IWW*(New York, 1932), p 167 참조. 더 냉철한 평가는 D M Barnes: 'The Ideology of the Industrial Workers of the World'(PhD, Washington State University, 1962), p 21 참조. P S Foner, *Organised Labor and the Black Worker, 1619~1973*(New York, 1978), pp 107~119도 참조.

80   *Industrial Union Bulletin*, 13 July 1907.

81   Bird et al, pp 140~141.

82   P F Brisendon, *The IWW: A Study of American Syndicalism*(New York, 1919), p 160.

83   Earlham, p 152.

84   Lichtheim, *A Short History of Socialism*(Glasgow, 1970), p 223.

85   G D H Cole, *A History of Socialist Thought: The Second International, 1889~1914: Part 1*(London:, 1974), pp 730~731.

86   G Woodcock, *Anarchism: A History of Libertarian Ideas and*

Movements(Harmondsworth, 1979), pp 353~367.

87 Brenan, *The Spanish Labyrinth: An Account of the Social and Political Background of the Spanish Civil War*(Cambridge, 1988), p 189; 191. J Peirats, *Anarchists in the Spanish Revolution*(London, 1990)도 참조.

88 J Jennings, *Syndicalism in France: A Study in Ideas*(London, 1990), p 39에서 인용.

89 같은 책.

90 Newsinger, *Rebel City: Larkin, Connolly and the Dublin Labour Movement*(London, 2004), pp 33~34.

91 Wolfe, *Strange Communists I Have Known*(London, 1996), p 55.

92 Newsinger, p 32에서 인용.

93 J Gray, *James Larkin and the Belfast Dock Strike of 1907*(Belfast, 1985).

94 Larkin, *James Larkin*, p 153에서 인용.

95 C D Greaves, *The Life and Times of James Connolly*(London, 1986), p 331.

96 J Newsinger, 'Irish Labour in a Time of Revolution', *Socialist History*, 22(2002), p 6.

97 O D Edwards and B Ransom(eds), *James Connolly: Selected Political Writings*(New York: Grove Press, 1974), pp 61~162에 재수록된 J Connolly, 'Labour, Nationality and Religion' 참조. 의미심장하게도, 조직으로서 ITGWU는 아일랜드의 민족 독립이라는 대의를 제기하지 않았다. 코널리가 *Labour in Irish History*(1910)라는 책에서 아일랜드 민족주의 지도자들이 아니라 노동계급이 혁명의 핵심 세력이고, 민족 독립을 위한 투쟁은 사회주의를 위한 투쟁의 분리할 수 없는 일부라고 주장했다는 것은 사실이다. 그러나 라킨과 그 밖의 ITGWU 지도자 어느 누구도 민족 독립 투쟁에서 독립적 구실을 하지 않았고, 오히려 신페인당의 공화주의 운동을 지지하는 것으로 민족 독립 투쟁을 제한했다.

98 Kornbluh, p 133에 재수록.

99 Foner, *IWW*, p 348; Dubofsky, *We Shall Be All*, p 256; B Watson, *Bread and Roses: Mills, Migrants and the Struggle for the American Dream*(New York, 2005), pp 217~240.

100 *Industrial Union Bulletin*, 30 March 1907.

101 Foner, *IWW*, pp 37~38, 133~134; Dubofsky, *'Big Bill' Haywood*, p 37; *We Shall Be All*, p 132.

102 Greaves, p 378에서 인용.

103 E O'Connor, *A Labour History of Ireland, 1824~1960*(Dublin, 1992), p 99.

104 예컨대, Renshaw, p 68 참조.

105 J A Estey, *Revolutionary Syndicalism: An Exposition and A Criticism*(London, 1913), pp 32~48; F F Ridley, *Revolutionary Syndicalism in France: The Direct Action of Its Time*(Cambridge, 1970), pp 72~77.

106 Jefferys, 'Review Essay: The Exceptional Centenary of the Confederation generale du travail, 1895~1995', *Historical Studies in Industrial Relations*, 3(1997), p 132.

107 Jouhaux in 'Fédération des ouvriers des métaux', *Congrès unitaire 1909*(Paris,1909), p 9.

108 Dreyfus, *Histoire de la CGT*(Brussels, 1995), pp 69~70.

109 A Bar, p 133; M Bookchin, *To Remember Spain: The Anarchist and Syndicalist Revolution of 1936*(Edinburgh, 1994), p 19, 20, 33, and *The Spanish Anarchists*, pp 145~165 참조.

110 *Memoria del Congreso celebrado en Barcelona los días 28, 29, y 30 de junio y 1 de julio de 1918*(Toulouse, 1957).

111 A Monjo, *Militants. Participació i Democràcia a la CNT als Anys Trenta*(Barcelona, 2003), pp 77~100.

112 Bertrand, pp 38; 66~67; 94~97.

113 Ridley, p 258.

114 Levy, 'Currents of Italian Syndicalism Before 1926', *International Review of Social History*, 45(2000), p 237.

115 Kornbluh, p 209에서 인용.

116 Foot, p 213.

117 B Holton, *British Syndicalism 1900~1914*(London, 1976), p 52에서 인용.

118 D Norman, *Terrible Beauty: Constance Markievicz*(Dublin, 1987), p 83에서 인용.

119 J Cannon, *The IWW: The Great Anticipation*(New York, 1956), p 13.

4장

1 J Jennings, *Syndicalism in France: A Study of Ideas*(Oxford, 1990), p 127에서 인용.

2 V Griffuelhes, 'Le Syndicalisme révolutionaire' in 'Les Deux Conceptions du syndicalisme: Controverse', *Le Mouvement socialiste*, 146, 1 January 1905, pp 1~17.

3 A Bar, *Syndicalism and Revolution in Spain: The Ideology and Syndical Practice of the CNT in the Period 1915~1919*(New York, 1981); G H Meaker, *The Revolutionary Left in Spain, 1914~1923*(Standford, Calif, 1974).

4 B Riguzzi, *Sindacalismo e riformiso nel Parmense*(Bari, 1974), p 129에서 인용.

5 A Borghi, *Anarchismo e sindacalismo. Conferenza tenuta il 3 aprile 1922 a Roma del Fascio Sindacale d'Azione Diretta*(Rome, nd), pp 45~48.

6   *Solidarity*, 19 October 1912.

7   J Conlin, 'A Name That Leads to Confusion', in *Bread and Roses Too: Studies of the Wobblies*(Westport, Connecticut, 1969), p 20.

8   *Industrial Worker*, 2 November 1911.

9   E Ford and W Z Foster, *Syndicalism*(Chicago, 1912), pp 45~46.

10   *Internationalist Socialist Review*, 14, March 1914, p 546.

11   J R Barrett, *William Z. Foster and the Tragedy of American Radicalism*(Chicago, 1999), p 50에서 인용.

12   *The New Review*, May 1914, p 283.

13   Dubofsky, *'Big Bill' Haywood*(Manchester, 1987), pp 60~62 and *We Shall be All: A History of the Industrial Workers of the World*(Chicago, 1969), pp 224~225; Barrett, p 66.

14   C Levy, 'Currents of Italian Syndicalism before 1926', *International Review of Social History*, 45(2000), pp 209~250; J A Davies, 'Socialism and the Working Classes in Italy Before 1914', in D Geary(ed), *Labour and Socialist Movements in Europe Before 1914*(Oxford, 1989), pp 182~230; C Bertrand, 'Revolutionary Syndicalism in Italy 1912~1920'(PhD, University of Wisconsin, 1970) 참조.

15   R Challinor, *The Origins of British Bolshevism*(London, 1977), pp 99~104; Glasgow Labour History Workshop, *The Singer Strike, Clydebank 1911*(Glasgow, 1989).

16   이런 과정을 보여 주는 한 투사의 활동 사례는 T Bell, *Pioneering Days*(London, 1941) 참조.

17   B Holton, *British Syndicalism 1900~1914*(London, 1976), pp 139~147 참조.

18   J L Kornbluh(ed), *Rebel Voices: An IWW Anthology*(Chicago, 1998), p 13에서 인용.

19   같은 책, p 13.

20   P F Brissenden, *The IWW: A Study of American Syndicalism*(New York, 1919), pp 168~169; P S Foner, *History of the Labor Movement in the United States: Vol 4: The Industrial Workers of the World 1905~1917*(New York, 1965), pp 34~99.

21   W Thorpe, 'The European Syndicalists and War, 1914~1918', *Contemporary European History*, 10:1(2001), pp 1~24 참조. 그러나 신디컬리스트들의 반전 운동은 대부분 일반적 선전에 국한됐고, 징병제 같은 구체적 쟁점을 두고 작업장에서 선동하며 산업 투쟁과 '정치'를 분명하게 연결하려는 노력은 하지 않았다. 이 책의 9장과 R Darlington, 'Revolutionary Syndicalist Opposition to the First World War: A Comparative Reassessment', *Revue Belge de Philologie et d'Histoire*, 84:4(2006), pp 983~1003 참조.

22 R Magraw, 'Socialism, Syndicalism and French Labour Before 1914', Geary, *Labour and Socialist Movements in Europe*, p 96.

23 Jennings, p 162에서 인용.

24 J Horne, 'The State and the Challenge for Labour in France 1917~20', in Wrigley(ed), *Challenges of Labour: Central and Western Europe 1917~20*(London, 1993), pp 239~261 참조.

25 R Magraw, *A History of the French Working Class, Vol 2: Workers and the Bourgeois Republic*(Oxford, 1992), p 155.

26 Mitchell, 'French Syndicalism: An Experiment in Practical Anarchism', in M van der Linden and W Thorpe(eds), *Revolutionary Syndicalism: An International Perspective*(Aldershot, 1990), pp 37~39.

27 R Magraw, 'Paris 1917~20: Labour Protest and Popular Politics', in Wrigley, pp 128~134.

28 *L'Internazionale*, 1, 8 August 1914.

29 Bertrand, pp 52~57. C L Bertrand, 'Italian Revolutionary Syndicalism and the Crisis of Intervention: August~December 1914', *Canadian Journal of History*, 10: 3(1975), pp 349~367도 참조.

30 Bertrand, 'Revolutionary Syndicalism in Italy 1912~1922', p 125.

31 *L'Internazionale*, 22 August 1914.

32 *L'Internazionale*, 19 September 1914.

33 C L Betrand, 'Revolutionary Syndicalism in Italy', in van der Linden and Thorpe, *Revolutionary Syndicalism*, p 146.

34 *L'Internazionale*, 19 September 1914.

35 *L'Internazionale*, 17 October 1914.

36 *Guerra di Classe* 7 January 1920.

37 D D Roberts, *The Syndicalist Tradition and Italian Fascism*(Manchester, 1979).

38 Jennings, p 27에서 인용.

39 F F Ridley, *Revolutionary Syndicalism in France: The Direct Action of its Time*(Cambridge, 1970), p 76.

40 Jennings, p 129에서 인용.

41 E O'Connor, *James Larkin*(Cork, 2002), p 25~26.

42 Larkin, *James Larkin: Irish Labour Leader 1876~1947*(London, 1965); O'Connor, pp 70~79.

43 *The Syndicalist and Amalgamation News*, January 1913.

44 같은 책, March~April 1913.

45 같은 책, February 1913.

46 Brissenden, pp 100~101.

47 *International Socialist Review*, 12, July 1911, pp 300~302.

48 Dubofsky, *We Shall Be All*, pp 344~345; P Renshaw, *The Wobblies: The Story of Syndicalism in the United States*(London, 1967), pp 163~164; 173~174.

49 Foner, *IWW*, pp 144~145.

5장

1 R Hoxie, *Trade Unionism in the United States*(New York, 1920), p 154; 160; 159; Perlman, *A Theory of the Labor Movement*(New York, 1928).

2 P Renshaw, *The Wobblies: The Story of Syndicalism in the United States*(London,1967), p 42.

3 P N Stearns, *Revolutionary Syndicalism and French Labour: A Cause Without Rebels*(New Brunswick, 1971).

4 같은 책, p 102.

5 같은 책, p 95.

6 Keogh, *The Rise of the Irish Working Class: The Dublin Trade Union Movement and the Labour Leadership, 1890~1914*(Belfast 1982), pp 3~4.

7 G D H Cole, *A Short History of the British Working Class Movement, 1789~1947*(London, 1948), pp 321~322.

8 미국에 대해서는 R S Wilentz, 'Against Exceptionalism: Class Consciousness and the American Labor Movement', *International Labor and Working Class History*, 26(1984), pp 1~24; M Shalev and W Korpi, 'Working Class Mobilisation and American Exceptionalism', *Economic and Industrial Democracy*, 1(1980), pp 31~61; I Katznelson and A Zolberg, *Working Class Formation: Nineteenth Century Patterns in Western Europe and the United States*(New York, 1986) 참조. 프랑스에 대해서는 G C Friedman, 'Revolutionary Unions and French Labour: The Rebels Behind the Cause: Or, Why Did Revolutionary Syndicalism Fail?', *French Historical Studies*, 20(1997), pp 155~181 참조. 영국은 B Holton, *British Syndicalism*(London, 1976) 참조.

9 *The Syndicalist and Amalgamated News*, November and December 1912.

10 J T Murphy, *New Horizons*(London, 1941), p 135.

11 R Magraw, *A History of the French Working Class, Vol 2: Workers and the Bourgeois Republic*(Oxford, 1992).

12 M Dubofsky, *Industrialism and the American Worker 1865~1920*(Arlington Heights, 1975)에 나오는 수치.

13 Holton, *British Syndicalism*, p 210. 이 수치는 CGT 기관지 〈라 부아 뒤 푀플〉의

평균 판매 부수인 약 5000부에서 추산한 것인데, 헌신적 혁명가가 그중에 절반도 안 되는 것으로 추정하기 때문에 별로 설득력이 없다.

14 C D Greaves, *The Irish Transport and General Workers' Union: The Formative Years, 1909~1923*(Dublin, 1982), pp 70, 82, 91; E O'Connor, 'What Caused the 1913 Lockout? Industrial Relations in Ireland, 1907~13', *Historical Studies in Industrial Relations*, (2005), p 114.

15 J Newsinger, '"A Lamp to Guide Your Feet": Jim Larkin, the Irish Workers, and the Dublin Working Class', *European History Quarterly*, 20:1(1990), pp 63~99.

16 Larkin, *James Larkin: Irish Labour Leader 1876~1947*(London, 1968), p 71; 97~98; 236; C Kostick, *Revolution in Ireland: Popular Militancy 1917 to 1923*(London, 1996), p 32; 139.

17 P F Brissenden, *The IWW: A Study of American Syndicalism*(New York, 1919), p 183, 357; M Dubofsky, 'The Rise and Fall of Revolutionary Syndicalism in the United States', in M van der Linden and W Thorpe(eds), *Revolutionary Syndicalism: An International Perspective*(Aldershot, 1990), p 214.

18 C L Bertrand, 'Revolutionary Syndicalism in Italy', in van der Linden and Thorpe, *Revolutionary Syndicalism*, p 148; *L'Internazionale*, 12 December 1914; A Borghi, *Mezzo secolo di anarchia 1898~1945*(Naples, 1954), p 115; A Gradilone, *Storia del sindacalismo, Vol 3*(Milan, 1959), p 109, 196.

19 Bar, 'The CNT: The Glory and Tragedy of Spanish Anarchosyndicalism', in van der Linden and Thorpe, *Revolutionary Syndicalism*, p 123, 125~126; A Bar, *Syndicalism and Revolution in Spain: The Ideology and Syndical Practice of the CNT in the Period 1915~1919*(New York, 1981); A Durgan, 'Revolutionary Anarchism in Spain: the CNT 1911~1937', *International Socialism* 2:11(1981), p 100.

20 약간 다른 평가는 van der Linden and Thorpe, 'The Rise and Fall of Revolutionary Syndicalism', in van der Linden and Thorpe, *Revolutionary Syndicalism*, p 5 참조.

21 Burgmann, *Revolutionary Industrial Unionism: The Industrial Workers of the World in Australia*(Cambridge, 1995), p 129.

22 G Friedman, *State-Making and Labor Movements: France and the United States, 1876~1914*(Ithaca, New York, 1998), pp 251~252.

23 Preston, 'Shall This Be All? U.S. Historians Versus William D Haywood *et al.*', *Labor History*, 11:3(1971), pp 440~441.

24 Mitchell, 'French Syndicalism: An Experiment in Practical Anarchism', in van der Linden and Thorpe, *Revolutionary Syndicalism*, p 36.

25 Dubofsky, *Industrialism and the American Worker*, p 103.

26 B H Moss, *The Origins of the French Labor Movement: The Socialism of Skilled Workers, 1830~1914*(Berkeley, Calif, 1976), p 150.

27 J Kelly, *Trade Unions and Socialist Politics*(London, 1988), p 298.

28 N Kirk, *Labour and Society in Britain and the USA: Vol 2: Challenge and Accommodation, 1850~1939*(Aldershot, 1994), p 108.

29 J Newsinger, 'Irish Labour in a Time of Revolution', *Socialist History*, 22(2002), p 4.

30 Renshaw, p 24.

31 아일랜드나 프랑스와 관련해서 그런 주장을 간략하게 설명한 것은 각각 E O' Connor, *Syndicalism in Ireland*(Cork University Press, 1988), pp 45~46; 186; R Magraw, 'Socialism. Syndicalism and French Labour Before 1914', in D Geary(ed), *Labour and Socialist Movements in Europe before 1914*(Oxford, 1989), pp 88~89 참조.

32 J Horne, 'The State and the Challenge of Labour in France 1917~20', C Wrigley(ed), *Challenges of Labour: Central and Western Europe 1917~1920*(London, 1993), p 249.

33 J T Murphy, *Preparing for Power*(London, 1972), p 172에서 인용.

34 J Jenson and M Dubofsky, 'The IWW — An Exchange of Views', *Labor History*, 11:3(1970), p 371.

35 L Peterson, 'The One Big Union in International Perspective: Revolutionary Industrial Unionism, 1900~1925', in J E Cronin and C Sirianni(eds), *Work, Community and Power: The Experience of Labor in Europe and America, 1900~1925*(Philadelphia, 1983), p 68.

36 G R Askwith, *Industrial Problems and Disputes*(London, 1974), p 259.

37 R P Arnot, *South Wales Miners: A History of the South Wales Miners' Federation:1898~1914*(London, 1967), p 273.

38 J Cannon, *The IWW: The Great Anticipation*(New York, 1956), p 31.

39 Dubofsky, *Industrialism and the American Worker*, p 102.

40 R MacDonald, *Syndicalism: A Critical Examination*(London, 1912); S and B Webb, *What Syndicalism Means: An Examination of the Origin and Motives of the Movement with an Analysis of its Proposals for the Control of Industry*(London, 1912); P Snowden, *Socialism and Syndicalism*(London, 1913).

41 A W Kirkaldy, *Economics and Syndicalism*(Cambridge, 1914), p 101.

42 R Price, 'Contextualising British Syndicalism c.1907~c.1920', *Labour History Review*, 63:3(1998), pp 261~276.

43 J Lovell, *Stevedores and Dockers*(London, 1969), p 156.

44 Holton, *British Syndicalism*, pp 209~210; B Holton, 'Syndicalist Theories of

the State', *Sociological Review*, 28(1980), p 7도 참조.

45 Holton, *British Syndicalism*, pp 118~119; 209~110.

46 D Montgomery, 'The "New Unionism" and the Transformation of Workers' Consciousness in America 1909~1922', *Journal of Social History*, 7:4(1974), p 509. *Workers' Control in America*(Cambridge, 1979), pp 99~108과 'What More to Be Done?', *Labor History*, 40:3(1999), p 361도 참조.

47 Montgomery, *Workers' Control*, p 91.

48 Kimeldorf, *Battling For American Labor: Wobblies, Craft Workers, the Making of the Union Movement*(Berkeley, Calif, 1999).

49 Peterson, p 66, 68.

50 van der Linden and Thorpe, 'Rise and Fall', pp 17~19.

51 M van der Linden, 'Second Thoughts on Revolutionary Syndicalism', *Labour History Review*, 63:2(1998), pp 189~191.

52 Stearns; and M Collinet, *L'Ouvrier Francais: Essai sur la condition ouvrière 1900~1950*(Paris, 1951) 참조.

53 E Shorter and C Tilly, *Strikes in France 1830~1968*(Cambridge, 1974), p 75; Holton, 'Revolutionary Syndicalism and the British Labour Movement', in W J Mommsen and H Husung(eds), *The Development of Trade Unionism in Great Britain and Germany, 1880~1914*(London, 1985), p 281.

54 K E Amdur, *Syndicalist Legacy: Trade Unions and Politics in Two French Cities in the Era of World War I*(Urbana, Illin, 1986), pp 8~12.

55 E J Hobsbawm, *Primitive Rebels, Studies in Archaic Forms of Social Movement in the 19th and Twentieth Centuries*(Manchester, 1972), pp 74~92.

56 M Bookchin, *To Remember Spain: The Anarchist and Syndicalist Revolution of 1936*(Edinburgh, 1994), p 45~46.

57 Earlham, '"Revolutionary Gymnastics" and the Unemployed: The Limits of the Spanish Anarchist Utopia 1931~37', in K Flett and D Renton(eds), *The Twentieth Century: A Century of Wars and Revolutions?*(London, 2000), pp 134~135.

58 같은 책, p 135.

59 M Dubofsky, *We Shall be All: A History of the Industrial Workers of the World*(Chicago, 1969), pp 447~448. 또 J L Kornbluh(eds), *Rebel Voices: An IWW Anthology*(Chicago, 1998), p 352 참조.

60 N A Sellars, *Oil, Wheat and Wobblies: The Industrial Workers of the World in Oklahoma, 1905~1930*(Norman, Oklahoma, 1998).

61 Kennedy, 'The Decline of the Socialist Party of America 1901~19', *Socialist History*, 9(1996), p 15.

62 G Kolko, *Main Currents in Modern American History*(London, 1976), p 70.

63 Dubofsky, *We Shall Be All*, p 482.

64 P S Foner, *History of the Labor Movement in the United States: Vol 7: Labor and World War I: 1914~1918*(New York, 1987), p 299에서 인용.

65 Kornbluh, pp 318~24; Renshaw, pp 206~239.

66 *One Big Union Monthly*, 1(December 1919).

67 J R Cronin, *Bread and Roses Too: Studies of the Wobblies*(Westport, Conn, 1969), pp 141~145.

68 Friedman, 'Revolutionary Unions and French Labour', pp 177~181.

69 R Magraw, 'Socialism, Syndicalism and French Labour'; B H Moss, *The Origins of the French Labor Movement: The Socialism of Skilled Workers, 1830~1914*(Berkley, Calif, 1976).

70 Friedman, 'Revolutionary Unions and French Labour', p 181.

71 예컨대 A Keufer, *L'Éucation syndicale: Exposé de la méthode organique*(Paris, 1910) 참조.

72 A Jones, 'The French Railway Strikes of January~May 1920: New Syndicalist Ideas and Emergent Communism', *French Historical Studies*, 12: 4(1982), pp 508~540; Horne, pp 252~255.

73 Magraw, *Workers and the Bourgeois Republic*, p 212.

74 Fedeli, 'Breve storia dell'Unione Sindacale Italiana', *Volontà*, 10(1957), p 654.

75 Williams, *Proletarian Order: Antonio Gramsci, Factory Councils and the Origins of Communism in Italy 1911~21*(London, 1975), p 292; T Behan, *The Resistible Rise of Benito Mussolini*(London, 2003).

76 프랑스의 민족주의·원조파시즘 운동과 CGT 이론가들 사이의 이데올로기적 유사성을 끌어내서, 신디컬리즘은 좌파 사이에서 나타난 일반적인 반지성적·반이성적·실존주의적 물결이라고 결론지으려는 완전히 설득력 없는 노력은 Ridley, *Revolutionary Syndicalism in France*, pp 191~238 참조. 더 냉철한 비판적 평가는 T Abse, 'Syndicalism and the Origins of Italian Fascism', *Historical Journal*, 25(1982), pp 247~258; D D Roberts, *The Syndicalist Tradition and Italian Fascism*(Chapel Hill, Carolina, 1979); D D Roberts, 'How Not to Think About Fascism and Ideology, Intellectual Antecedents and Historical Meaning', *Journal of Contemporary History*, 35: 2(2000), pp 185~211; J J Tinghino, *Edmoundo Rossoni: From Revolutionary Syndicalism to Fascism*(New York, 1991) 참조.

77 Bar, 'The CNT', p 124.

78 J Casanoa, 'Terror and Violence: The Dark Face of Spanish Anarchism', *International Labor and Working Class History*, 67(2005), pp 87~90.

79 Burgmann, p 225.

80 S D Bird, D Georgakas and D Shaffer, *Solidarity Forever: An Oral History of*

the Wobblies(London, 1987), pp 15~16.

81 Dubofsky, We Shall Be All, pp 466~467.

82 Foner, Postwar Struggles, pp 237~253. 미국 공산당(CPA)은 주로 외국어 사용
    자들이 설립했고, 공산주의노동당(CLP)은 영어를 사용하는 좌파들(토박이인 존
    리드와 벤저민 지트로가 이끌었다)이 설립했다. 두 당이 합친 통합 공산당의 처음
    명칭은 미국노동자당(WPA)이었고, 1925년 8월 노동자(공산)당으로 이름을 바꿨
    다가 공식적으로 미국공산당(CPUSA)이 된 것은 1929년이었다.

83 Draper, The Roots of American Communism(Chicago, 1989), p 318. 또 J S
    Gambs, The Decline of the IWW(New York, 1932), p 89도 참조.

84 Cannon, pp 36~37.

85 내부 분파 투쟁, 지하 활동, [정부의] 박해를 겪고 나서도 노동자당은 당원 수가
    1922년에는 1만 2058명, 1923년에는 1만 5395명이라고 주장했지만, 이것은 최대
    치일 가능성이 높다. Draper, p 391 참조.

86 J P Cannon, The History of American Trotskyism: 1928~1938(New York,
    2003), pp 37~38.

87 A Kriegel, Aux origines du communisme français, 1914~1920: Contribution
    ál'histoire du mouvement ouvrier français(Paris, 1964); R Wohl, Franch
    Communism in the Making, 1914~1924(Stanford, Calif, 1966), p 82 참조.

88 Chambelland and J Maitron(eds), Syndicalisme Revolutionnaire et
    Communisme: Les Archives de Pierre Monatte, 1914~24(Paris, 1968).

89 Magraw, Workers and the Bourgeois Republic, pp 192~193.

90 Wohl, p 344.

91 두 조직은 1936년에 다시 통합했는데, 그때는 CGT가 점차 공산당의 영향을 받게
    된 뒤였다. CGT는 1948년에 또다시 분열했는데, 이번에는 주오가 이끄는 개혁주
    의적 우파가 떨어져 나가서 노동자의힘(FO)을 결성했다. 그래서 CGT는 공산당이
    통제하게 됐다.

92 Amdur, pp 5~6.

93 La Correspondence Internationale(Berlin) 11 November 1922.

94 A De Grand, The Italian Left in the Twentieth Century: A History of the
    Socialist and Communist Parties(Bloomington, Indiana, 1989) 참조.

95 Bar, 'The CNT', pp 124~125.

96 G Meaker, The Revolutionary Left in Spain, 1914~1923(Stanford, Calif, 1974),
    pp 385~390.

97 같은 책, p 311.

98 J Garner, 'Separated by an "Ideological Chasm": The Spanish National Labour
    Confederation and Bolshevik Internationalism, 1917~1922', Contemporay
    European History, 15:3 (2006), pp 293~326.

99 P Pagès, Andreu Nin: Su evolución politica 1911~37(Bilbao, 1975).

100 Monreal, *El pensamiento politico de Joaquín Maurín*(Barcelona: 1984); Y Riottat, *Joaquín Maurín, De l'anarcho-sindicalisme au communisme, 1919~1936*(Paris, 1997).

101 *Lucha Social*, 19 November 1922.

102 Meaker, pp 422~427.

103 같은 책, pp 478~483.

104 같은 책, pp 482~483.

105 O'Connor, *Reds and the Green: Ireland, Russia and the Communist Internationals 1919~43*(Dublin, 2004).

106 Larkin, pp 231~265; E O'Connor, *James Larkin*(Cork, 2002), pp 80~93.

107 그들은 A 맥매너스(의장), G 피트(사무총장), J T 머피(사무부총장), T 허스트, W 갤러처, T 딩글리였다. R Darlington, *The Political Trajectory of J. T. Murphy*(Liverpool, 1998), p 85 참조.

108 Tom Mann, *Russia in 1921*(London: nd), 특히 p 15, 24, 38, 43; Tom Mann, *Tom Mann's Memoirs*(London, 1967), pp 323~324.

109 R Martin, *Communism and the British Trade Unions: A Study of the National Minority Movement*(Oxford, 1969), p 18; Darlington, pp 84~85.

110 B Pribicevic, *The Shop Stewards' Movement and Workers' Control*(Oxford, 1959), pp 142~143.

111 D Egan, "'A Cult of Their Own": Syndicalism and the Miners' Next Step', Campbell, N Fishman and D Howell(eds), *Miners, Unions and Politics: 1910~47*(Aldershot, 1996), p 29.

112 1922년에 프랑스 공산당원은 7만 8000명이었고(1925년에는 8만 3000명), 이탈리아 공산당원은 2만 4000명이었다(무솔리니가 집권한 뒤인 1925년에는 1만 2000명으로 줄었다). W Kendall, *The Revolutionary Movement in Europe 1900-22*(London, 1969), p 385 참조.

113 P Foot, *The Vote: How It Was Won and How It Was Undermined*(London, 2005), pp 241~243; J Hinton, *Labour and Socialism: A History of the Working Class Movement 1867~1974*(Brighton, 1973), p 117.

114 D Lloyd George, 5th series, *Hansard*, vol xxv, 19 March 1912, p 1774.

115 사회당원은 1921년 5만 명에서 1925년 11만 1000명으로 늘었다. A S Lindemann, *A History of European Socialism*(New Haven, NY, 1983), pp 239~241 참조.

116 P Le Blanc, *A Short History of the U.S. Working Class*(New York, 1999), pp 79~80.

117 Dubofsky, *We Shall Be All*, p 483.

118 Peterson, p 80.

119 van der Linden and Thorpe, 'The Rise and Fall of Revolutionary Syndicalism', p 18.

120　Thorpe, '*The Workers Themselves'*: *Revolutionary Syndicalism and International Labour, 1913~1923*(Dordrecht, 1989, pp 237~268; G Woodcock, *Anarchism*(Harmondsworth, 1979), pp 252~255.

2부 프롤로그

1　K Marx, F Engels and V I Lenin, *Anarchism and Anarcho-Syndicalism*(New York,1972).

2　V I Lenin, 'What is to be Done?', *Selected Works, Vol 1*(Moscow, 1970).

3　V I Lenin, 'The State and Revolution', *Selected Works, Vol 2*(Moscow, 1970).

4　L Trotsky, *Marxism and the Trade Unions*(London, 1972).

5　A Gramsci, *Selections from Political Writings 1910~1920*(London, 1977).

6장

1　R Chaplain, *Wobbly: The Rough and Tumble of an American Radical*(Chicago,1948), p 298. W D Haywood, *Bill Haywood's Book: The Autobiography of William Haywood*(New York:, 1929), p 360도 참조.

2　A Borghi, *L'Italia tra due Crispi: cause e conseguenze di una rivoluzione macata*(Paris, nd, 1924), p 91.

3　M Buenacasa, *El movimiento obrero español, historia y crítica, 1886~1926*(Paris, 1966), p 89.

4　*Defense News Bulletin*, 8 December 1917.

5　*Industrial Worker*, 4 May 1918.

6　Griffuelhes, 'A propos d'un livre', *Le Journal du Peuple*, 30 August 1919.

7　D Reid, 'Guillaume Verdier et le Stndicalisme rèvolutionnaire aux usines de Decazeville 1917~1920', *Annales du Midi*, 166(1984), p 196 참조.

8　C Chambelland(ed), *La Lutte syndicale*(Paris, 1976), p 159에서 인용.

9　J Jennings, *Syndicalism in France: A Study of Ideas*(London, 1990), p 175.

10　Cahill, *Forgotten Revolution: Limerick Soviet 1919*(Dublin, 1990).

11　*Voice of Labour*, 1:73, 12 April 1919.

12　신디컬리즘 운동의 지도자 가운데 모스크바를 방문한 사람들은 다음과 같다. 프랑스에서는 빅토르 그리퓌엘, 가스통 몽무소, 알프레드 로스메르, 미국에서는 빌 헤이우드, 윌리엄 Z 포스터, 조지 윌리엄스, 스페인에서는 호아킨 마우린, 안드레우 닌, 앙헬 페스타냐, 이탈리아에서는 아르만도 보르기, 니콜로 베키, 룰리오 마리, 아일랜드에서는 짐 라킨, 영국에서는 톰 벨, 윌리 갤러처, 아서 맥매너스, 톰 만, J T 머피, 잭 태너, 데이비드 램지 등이다.

13 W Thorpe, 'The Workers Themselves': Revolutionary Syndicalism and International Labour, 1913~1923(Dordrecht 1989), pp 94~95; 100~101.

14 약간 일반적인 배경을 다루고 있는 자료는 E H Carr, The Bolshevik Revolution 1917~1923, Vol 3(London, 1966); D Hallas, The Comintern(London, 1985); A Rosmer, Lenin's Moscow(London, 1971) 참조.

15 New Horizons(London, 1941), p 83.

16 J Molyneux, Marxism and the Party(London, 1978), p 86.

17 G Lukacs, Lenin(London, 1970), p 59.

18 J Degras(ed), The Communist International, 1919~1943: Documents: Vol 1(London: 1956), p 3에서 인용.

19 Industrial Worker, 30 October 1920.

20 Memoria del Congreso celebrado en el Teatro de la Comedia de Madrid, los días 10al 18 de diciembre de 1919(Barcelona, 1932).

21 R Tosstorff, 'Moscow Versus Amsterdam: Reflections on the History of the Profintern', Labour History Review, 68:1(2003), p 81. Profintern: Die Rote Gewerkschaftsinterntionale, 1920~1937(Paderborn, 2004), pp 165~173 참조.

22 Thorpe, Workers Themselves, pp 128~149 참조.

23 J Riddell(ed), Workers of the World and Oppressed Peoples, Unite! Proceedings and Documents of the Second Congress 1920(New York, 1991), p 85.

24 Solidarity, 7 January 1921.

25 Résolutions et statuts adoptés au ler congrès international des syndicatesrévolutionnaires ~ Moscou: 3~19 juillet 1921(Paris, 1921), p 17.

26 E H Carr, Socialism in One Country, 1924~1926, vol 3, part 1(London, 1964) and The Bolshevik Revolution, 1917~1923(London, 1966); Thorpe, Workers Themselves; 'Syndicalist Internationalism Before World War II', in M van der Linden and W Thorpe(eds), Revolutionary Syndicalism: An International Perspective(Aldershot, 1990), pp 14~260; 'Syndicalist Internationalism and Moscow, 1919~1922: The Breach', Canadian Journal of History, 14:1(1979), pp 199~234; Tosstorff, 'Moscow Versus Amsterdam', pp 79~97 참조.

27 Guerre di Classe(Bologna) 25 March 1922.

28 J T Murphy, The 'Reds' in Congress: Preliminary Report of the First World War Congress of the Red International of Trade and Industrial Unions(London, 1921).

29 G Lefranc, Le Mouvement Syndical sous la Troisième République(Paris, 1967); M Dreyfus, Historie de la C.G.T.(Brussels, 1995); Thorpe, Workers Themselves, pp 226~235.

30 Lucha Social, 27 August 1921.

31 *Industrial Worker*, 4 June 1921.

32 *The First Congress of the Red Trades Union International at Moscow, 1921: A Report of the Proceedings by George Williams, Delegate from the IWW*(Chicago, 1921).

33 *The IWW Reply to the Red Trade Union International*(Moscow) *by the General Executive Board of the Industrial Workers of the World*(Chicago, nd, 1922), p 23. *Industrial Solidarity*, 17 December 1921도 참조.

34 같은 책, pp 31~35.

35 영국의 신디컬리스트 지도자 한 명이 공산주의로 정치적 전향을 하게 되는 과정을 자세히 설명한 것은 R Darlington, *The Political Trajectory of J. T. Murphy*(Liverpool, 1998) 참조.

36 Thorpe, 'Syndicalist Internationalism', p 203에서 인용.

37 *New Horizons*, p 118.

38 *Preparing for Power*(London, 1972), pp 159~160.

39 J P Cannon, *The IWW: The Great Anticipation*(New York, 1956), p 37에서 인용.

40 Kendall, *The Revolutionary Movement in Britain 1900~1922*(London, 1969), p xii.

41 Darlington, *Political Trajectory*, pp 54~86.

42 예컨대 R Aron, 'Préface' to B Lazitch, *Lénine et la IIIe internationale*(Neuchâtel, 1951) 참조.

43 Thorpe, *Workers Themselves*.

44 Thorpe, 'Syndicalist Internationalism and Moscow', p 221.

45 I Birchall: 'The "Reluctant Bolsheviks": Victor Serge's and Alfred Rosmer's encounter with Leninism', in C Barker, A Johnson and M Lavalette(eds), *Leadership and Social Movements*(Manchester, 2001), pp 44~59; 'The Success and Failure of the Comintern', in K Flett and D Renton(eds), *The Twentieth Century: A Century of Wars and Revolutions?*(London, 2000), pp 117~132; 'Alfred Rosmer and the RILU', Paper presented to London Socialist Historians Group Conference, Institute of Historical Research, University of London, 6 May 2000; 'Alfred and Marguerite Rosmer', Paper presented to New Socialist Approaches to History Seminar, Institute of Historical Research, University of London, 2 April 2001 참조.

46 A Rosmer, *Lenin's Moscow*(London, 1971), p 61.

47 *Communist International*, no 11-12, June~July 1920, pp 2133~2134.

48 Riddell, p 144, 146.

49 A Rosmer, 'La Liquidation du "Putschisme"', *La Rèvolution prolètarienne*, no 14, 1926, in *Revolutionary History*, 7:4(2000), p 111.

50 *Congress of the Communist International: Minutes of the Proceedings, Vol*

2(London, 1977), p 72.

51   Thorpe, *Workers Themselves*, p 139에서 인용.

52   Rosmer, *Lenin's Moscow*, p 74.

53   *Workers' Life*, 20 January 1928. 외국 대표가 모스크바에 도착할 때마다 레닌과 면담하는 것이 관행이었다. 레닌은 인민위원회 의장이자 볼셰비키 지도자로서 많은 책무에도 불구하고 외국의 노동자 운동에 깊은 관심을 보였다. 예컨대, 그는 머피뿐 아니라 톰 벨(*Pioneering Days*, London, 1941, p 219), 윌리 갤러처(*Last Memoirs*, London, 1966, pp 153~154), 해리 폴릿(*Serving My Time*, London, 1940, p 139)과도 비슷한 면담 자리를 마련했다.

54   Murphy, *New Horizons*, p 129.

55   V I Lenin, 'Theses on the Fundamental Tasks of the Second Congress of the Communist International', *Collected Works: Vol 31*(Moscow, 1966), p 200; Riddell, pp 168~171.

56   L Trotsky, *The First Five Years of the Communist International*, vol 1(New Park), p 98.

57   알렉산드르 로좁스키가 쓴 《마르크스와 노동조합》(런던, 1935)은 코민테른 초기에 신디컬리스트들을 대하던 비교적 우호적인 태도와 나중에 스탈린 체제에서 뚜렷해진 노골적 경멸 사이의 간극을 생생하게 묘사한다.

58   R Palme Dutt, *The Internationale*(London, 1964) 참조.

59   모스크바에 대한 영국 공산당의 **독립성**을 밝혀내려 한 사람들과 정치적 **종속성**을 입증하려는 사람들이 이 문제를 두고 활발한 논쟁을 벌였다. 독립성을 주장한 문헌은 A Thorpe, 'Comintern "Control" of the Communist Party of Great Britain, 1920~43', *English Historical Review*, vol 113, no 452(1998), pp 637~668 참조. 종속성을 주장한 사람들이 더 설득력 있다는 것은 분명한데, 그런 문헌은 J McIlroy and A Campbell, 'New Directions in International Communist Historiography', *Labour History Review*, 68:1(2003), pp 3~7 참조. 이 논쟁을 요약한 유용한 문헌은 J Newsinger 'Review Article: Recent Controversies in the History of British Communism', *Journal of Contemporary History*, 4: 3(2006), pp 557~572 참조.

60   G Novak, D Frankel and F Fedlman, *The First Three Internationals: Their History and Lessons*(New York, 1974).

61   예컨대 J Hinton and R Hyman, *Trade Unions and Revolution: The Industrial Policies of the Early British Communist Party*(London, 1975); P Broué, *Historie de l'internationale communiste 1919~1943*(Paris, 1997); T Cliff, *Lenin: Vol 4: The Bolsheviks and the World Revolution*(London, 1979); Birchall, 'The Success and Failure' 참조.

62   이 과정을 생생하게 개괄한 자료를 보려면 예컨대, 프랑스 공산주의는 R Wohl, *French Communism in the Making, 1914~1924*(Stanford, Calif, 1967) 참조. 영국에서도 그런 연속성이 있었음을 입증하는 다양한 문헌은 다음과 같다.

L J McFarlane, *The British Communist Party: Its Origin and Development until 1929*(London, 1966); M Woodhouse, 'Syndicalism, Communism and the Trade Unions in Britain, 1910~1926', *Marxist*, 4:3, 1966; J Klugmann, *History of the Communist Party of Great Britain: Formation and Early Years 1919~1924*, Vol 1(London, 1968); M Woodhouse and B Pearce, *Essays on the History of Communism in Britain*(London 1975); Hinton and Hyman; R Challinor, *The Origins of British Bolshevism*(London, 1977); T Cliff and D Gluckstein, *Marxism and Trade Union Struggle: The General Strike 1926*(London, 1986).

63   L Peterson, 'Revolutionary Socialism and Industrial Unrest in the Era of the Winnipeg General Strike: The Origins of Communist Labour Unionism in Europe and North America', *Labour/Le Travail*, 13(1984), pp 115~131.

64   같은 책, pp 123~125.

65   Cliff and Gluckstein, p 42.

66   Claudin, *The Communist Movement*(Markham, 1975), p 104.

7장

1   V E Bonnell, *Roots of Rebellion: Workers' Politics and Organization in St. Petersburg and Moscow, 1900~1914*(Berkley, Calif, 1988).

2   V I Lenin, '"Left-wing" Communism: An Infantile Disorder', *Selected Works*, vol 3(Moscow, 1971), p 316.

3   *Resolutions and Decisions of the Second World Congress of the Red International of Labour Unions, 19 November to 2 December 1922*(London, 1923).

4   *Second Congress of the Communist International: Minutes of the Proceedings*, Vol 2(London, 1977), p 69.

5   *Second Congress*, pp 279~280.

6   *'Left-wing' Communism*, p 295.

7   *Second Congress*, p 281.

8   같은 책, p 167.

9   *The Third Congress of the Communist International*(London, 1922), pp 141~142.

10   *The First Congress of the Red Trades Union International at Moscow, 1921: A Report of the Proceedings by George Williams, Delegate from the IWW*(Chicago, 1921).

11   *Resolutions and Decisions of the First International Congress of Revolutionary Trade and Industrial Unions*(Chicago, 1921), p 30.

12   Cliff and D Gluckstein, *Marxism and Trade Union Struggle: The General Strike of 1926*(London, 1986), p 44.

13   *Resolutions and Decisions of the Second World Congress of the RILU*(London, 1923), pp 13~14.

14   J T Murphy, *New Horizons*(London, 1941), p 158.

15   *Second Congress*, p 81.

16   *International Trade Union Unity*(London, 1925), pp 17~18.

17   J T Murphy, *The 'Reds' in Congress: Preliminary Report of the First World Congress of the Red International of Trade and Industrial Unions*(London, 1921), p 8; Cliff and Gluckstein, p 47; R Darlington, *The Political Trajectory of J. T. Murphy*(Liverpool, 1998), p 94.

18   Tosstorff, *Profintern: Die Rote Gewerkschaftsinterntionale, 1920~1937*(Paderborn,2004).

19   Tosstorff, 'Moscow versus Amsterdam: Reflections on the History of the Profintern', *Labour History Review*, 68:1, p 84. 1922년 11월부터 1927년까지 공산주의자들은 적색노조인터내셔널과 암스테르담 인터내셔널을 통합하려고 노력했지만 성공하지 못했고, 그 뒤 1928~1934년에는 적색노조인터내셔널을 재앙적인 스탈린주의 초좌파 노선에 빠뜨렸다가 마침내 불신의 대상이 되자 1937년에 해산해 버렸다.

20   E P Johanningsmeier, *Forging American Communism: The Life of William Z. Foster*(Princeton, 1994), p 71.

21   E P Johanningsmeir, 'William Z. Foster and the Syndicalist League of North America', *Labor History*, 30:3(1989), pp 329~53; idem,. *Forging American Communism*; J R Barrett, *William Z. Foster and the Tragedy of American Radicalism*(Chicago, 1999).

22   L Levine, *The Labor Movement in France: A Study in Revolutionary Syndicalism*(London, 1912), p 201.

23   Mitchell, *The Practical Revolutionaries: A New Interpretation of the French Anarchsyndicalists*(New York, 1987), pp 499~500.

24   Confédération Générale du Travail, *XVIII(e) congrès national corporatif XII(e).Compte rendu des travaux*(Le Havre, 1912), p 305. 섬유연맹 위원장인 르나르의 발언.

25   J P Cannon, *The IWW: The Great Anticipation*(New York, 1956), p 15. 그 뒤 많은 저술가도 비슷한 주장을 했는데, 예컨대 P S Foner, *History of the Labor Movement in the United States, Vol 4: The Industrial Workers of the World 1905~1917*(New York, 1965), pp 462~472 and A S Kraditor, *The Radical Persuasion, 1890~1917: Aspects of the Intellectual History and the Historiography of Three American Radical Organizations*(Baton Rouge, Louisiana, 1981), pp 26~33 참조.

26 Cannon, p 16.

27 J G Brooks, *American Syndicalism*(New York, 1913), p 175.

28 A Kornhauser, R Dubin and A M Ross(eds), *Industrial Conflict*(New York, 1954), p 29.

29 M Dubofsky, *We Shall Be All: A History of the Industrial Workers of the World*(Chicago, 1969), p 165.

30 Foner, p 349.

31 Dubofsky, *We Shall be All*, p 334에서 인용.

32 M Dubofsky, *'Big Bill' Haywood*(Manchester, 1987), p 93.

33 J R Conlin(ed), *At the Point of Production: The Local History of the IWW*(Westport: Conn, 1969).

34 *We Shall be All*, p 334.

35 W Z Foster, *Trade Unionism: The Road to Freedom*(Chicago, 1916).

36 *Forging American Communism*, pp 88~89.

37 *Trade Unionism*, pp 142~143.

8장

1 S and B Webb, *History of Trade Unionism 1666~1920*(London, 1919), p 204.

2 S and B Webb, *Industrial Democracy*(London, 1920), p 28.

3 Webbs, *History of Trade Unionism*, p 466.

4 R Luxemburg, *The Mass Strike, the Political Party and the Trade Unions*(London,1986, first published 1906), pp 87~88.

5 Gramsci, 'Officialdom', *Selections from Political Writings, 1921~1926*(London,1978), p 17.

6 R Michels, *Political Parties: A Sociological Study of the Oligarchical Tendencies of Modern Democracy*(New York, 1962, first published 1915), pp 317~324.

7 Luxemburg, pp 79~80.

8 'Theses of the Trade Union Movement, Factory Committees and the Third International', *Second Congress of the Communist International: Minutes of the Proceedings, Vol 2*(London, 1977), pp 278~279[국역: "노동조합운동, 경영위원회 및 공산주의인터내셔널에 관한 테제",《코민테른 자료선집 2》, 동녘, 1989].

9 노동조합 관련 테제를 제안하는 카를 라데크의 발언, 같은 책, pp 74~75.

10 Theses of the Trade Union Movement, p 281.

11 *Second Congress*, p 89.

12 Cliff, 'Introduction', *The Mass Strike*(London, 1987), pp 9~10; P Broue, *The German Revolution, 1917~1923*(Chicago, 2006) V E Bonnell, *Roots of Rebellion: Workers' Politics and Organisation in St. Petersburg and Moscow 1900~1914*(Berkeley, Calif, 1988).

13 T Murphy, *New Horizons*(London, 1941), p 81.

14 J B Allen, *Revolutionary Unionism*(London, 1909) p 9.

15 J Radcliffe, *The Syndicalist*, October 1912.

16 Holton, *British Syndicalism 1900~1914*(London, 1976), p 204.

17 W F Hay, *The Industrial Syndicalist*, November 1910.

18 *The Miners Next Step*, South Wales Unofficial Reform Committee(Tonypandy, 1912, reprinted London, 1973).

19 M Woodhouse, 'Marxism and Stalinism in Britain', in M Woodhouse and B Pearce, *Essays on the History of Communism in Britain*(London, 1975), p 31.

20 Cited by M G Woodhouse, in 'Rank and File Movements amongst the Miners of South Wales 1910~26', D Phil thesis, University of Oxford, 1970, p 149.

21 Holton, pp 204~205.

22 Cliff and Gluckstein, p 76.

23 Woodhouse, 'Marxism and Stalinism in Britain', pp 32~33에서 인용.

24 *Congress*, p 167.

25 J Hinton, *Labour and Socialism: A History of the Working Class Movement 1867~1974*(Brighton, 1983), p 92.

26 P Bagwell, *The Railwaymen: The History of the National Union of Railwaymen*(London, 1963); P Bagwell, 'The New Unionism in Britain: the Railway Industry', in W J Mommsen and H-G Husung(eds), *The Development of Trade Unionism in Great Britain and Germany, 1880~1914*(London, 1985), pp 185~200; D Howell, *Respectable Rebels: Studies in the Politics of Railway Trade Unionism*(Aldershot, 1999) 참조.

27 Howell, 'Taking Syndicalism Seriously', *Socialist History*, 16(2000), p 40.

28 *Second Congress*, p 72.

29 Hinton, p 93.

30 J T Murphy, *The Workers' Committee: An Outline of its Principles and Structure*(Sheffield, 1917, republished London, 1972), p 18.

31 *The Worker*, 19 March 1921.

32 *The Workers' Committee*, p 13.

33 같은 책, p 13.

34 J T Murphy, *Compromise or Independence? An Examination of the Whitley Report With a Plea for the Rejection of the Proposals for Joint Standing*

Industrial Councils(Sheffield, 1918), p 9.

35   *The Workers' Committee*, p 14.

36   *Solidarity*, March 1917.

37   J T Murphy, *Preparing for Power*(London, 1972, first published 1934), p 111.

38   Clyde Workers Committee leaflet in the Beveridge Collection, British Library of Political and Economic Science, section 3, item 5.

39   Cliff and Gluckstein, pp 70~71.

40   J T Murphy, *Solidarity*, June 1918.

41   J Hinton, *The First Shop Stewards' Movement*(London, 1973) pp 280~286.

42   제1차세계대전 후, 러시아 혁명과 영국의 대규모 노동자 투쟁을 비롯한 유럽 전역의 혁명적 소요라는 맥락 속에서 직장위원들은 현장조합원의 독립성 개념을 확대해서 노동자위원회가 국가권력을 장악해야 한다는 사상으로 발전시켰다. 이제 노동자위원회는 맹아적 '소비에트', 러시아에 존재하는 것과 비슷한 미래 노동자 국가의 경제적·정치적 핵심으로 여겨졌다. 직장위원들의 경험을 바탕으로 한 혁명적 낙관주의는 전후에 운동이 붕괴하면서 곧바로 약해졌지만, 그래도 그것은 전쟁 전에 노동조합운동과 노조 관료주의 문제를 바라보던 '순수한' 신디컬리즘 개념에서 크게 발전한 것이었다.

43   *The Socialist*, December 1919.

44   *The Worker*, 20 December 1919.

45   *Solidarity*, December 1919.

46   J T Murphy, *The Trade Unions: Organisation and Action*(Oxford, 1919), p 19.

47   *Solidarity*, December 1919.

48   Cliff and Gluckstein, pp 52~3.

49   같은 책, p 77.

50   *Second Congress*, p 284.

51   같은 책, p 78.

52   'Anarcho-Syndicalism in Britain, 1914~30', *A History of Anarcho-Syndicalism*, Unit 14, www.selfed.org.uk, p 23에서 인용.

53   러시아와 영국의 노동조합 사이에 국제적 단결을 도모할 목적으로 설립된 영-러 노동조합 위원회는 영국 공산당이 1926년 총파업 때 영국 노총 중앙집행위원회가 '노동의 참모부' 구실을 할 것이라고 기대한 원인이 되기도 했다.

9장

1   *Second Congress of the Communist International: Minutes of the Proceedings: vols 1 and 2*(London, 1977) 참조.

2   D Gluckstein, *The Western Soviets: Workers' Councils versus Parliament*,

1915~20(London, 1985), p 57.

3   Callinicos, *Socialists in the Trade Unions*(London, 1985), pp 14~15.

4   V I Lenin, 'The State and Revolution', *Selected Works Vol 2*(Moscow, 1970).

5   R Luxemburg, 'Social Reform or Revolution', *Selected Political Writings*(New York, 1971, originally published 1908), p 105.

6   V I Lenin, 'What is to be Done?', *Selected Works: Vol 1*(Moscow), p 208.

7   같은 책, p 177.

8   같은 책, p 183.

9   J P Cannon, *The IWW: The Great Anticipation*(New York, 1956), p 16.

10   Connolly, 'Socialism Made Easy', *Selected Political Writings*(New York, 1974, originally published 1914), p 268.

11   같은 책, p 280.

12   같은 책, p 275. 그러나 코널리는 여느 신디컬리스트들과 달리 작업장의 직접행동 뿐 아니라 사회주의 정당의 선거 활동도 필요하다고 강조했다는 사실을 지적해야 겠다. 20세기 초에 코널리는 영국과 아일랜드에서 모두 혁명적 사회주의 정당을 건설하려는 노력에서 지도적 구실을 했다. 그는 미국에서 머문 7년 동안 처음에는 대니얼 디 리언이 이끈 사회주의노동당의 조직자였고 나중에는 사회당의 주요 인 사였다. 1910년 아일랜드로 돌아와서는 아일랜드 사회당의 지도자가 됐다. 짐 라 킨과 마찬가지로 코널리도 ITGWU를 건설했을 뿐 아니라 아일랜드 노동당의 선 거운동을 지원하기도 했다.

13   Allen, *The Politics of James Connolly*(London, 1990), pp 71~74.

14   G Lukács, *History and Class Consciousness: Studies in Marxist Dialetics*(London, 1971).

15   Smith, 'Labour Tradition in Glasgow and Liverpool', *History Workshop Journal*, 17(1984), pp 40~42.

16   R Luxemburg, *The Mass Strike, the Political Party and the Trade Unions*(London,1986, first published 1906), pp 50~51.

17   Barker, 'Perspectives', in C Barker(ed), *Revolutionary Rehearsals*(London,1987), pp 232~238.

18   P Broué, *The German Revolution, 1917~1923*(Chicago, 2006).

19   F F Ridley, *Revolutionary Syndicalism in France: The Direct Action of its Time*(Cambridge, 1970), p 92.

20   Riddell(ed), *Workers of the World and Oppressed Peoples, Unite! Proceedings and Documents of the Second Congress 1920: Vol 1*(New York, 1991), p 323.

21   Ridley, p 93.

22   R Darlington, 'Revolutionary Syndicalist Opposition to the First World War:

A Comparative Reassessment', *Revue Belge de Philologie et d'Histoire*, 84:4(2006), pp 983~1003.

23　M Dubofsky, 'The Rise and Fall of Revolutionary Syndicalism in the United States', in M van der Linden and W Thorpe(eds), *Revolutionary Syndicalism: An International Perspective*(Aldershot, 1990), p 214; P S Foner, *History of the Labor Movement in the United States: Vol 7:Labor and World War I: 1914~1918*(New York, 1987).

24　*Solidarity*, 17 February 1917.

25　P Renshaw, *The Wobblies: The Story of Syndicalism in the United States*(London, 1967), p 217에서 인용.

26　M Dubofksy, '*Big Bill' Haywood*(Manchester, 1987), p 100.

27　Pribicevic, *The Shop Stewards' Movement and Workers' Control*(Oxford, 1959); J Hinton, *The First Shop Stewards' Movement*(London, 1973).

28　J T Murphy, *The Workers' Committee: An Outline of its Principles and Structure*(Sheffield, 1917, republished London, 1972).

29　Gluckstein, *Western Soviets*, pp 59~89; Cliff and D Gluckstein, *Marxism and the Trade Union Struggle*, pp 63~69; R Darlington, *The Political Trajectory of J.T. Murphy*(Liverpool, 1998), pp 41~46.

30　V I Lenin, 'The War and Russian Social Democracy', *Selected Works: Vol 1*(Moscow,1970), pp 656~657.

31　T Cliff, *Lenin: Vol 2: All Power the Soviets*(London, 1976), p 4에서 인용.

32　Harding, *Lenin's Political Thought: Vol 2: Theory and Practice in the Socialist Revolution*(London, 1981), p 39.

33　Lenin, '*State and Revolution*', pp 283~275.

34　Cliff, *Lenin, Vol 2*, pp 22~48.

10장

1　Paturd and Pouget, *How We Shall Bring about the Revolution: Syndicalism and the Co-Operative Commonwealth*(London, 1990, first published 1909).

2　R Luxemburg, *The Mass Strike, the Political Party and the Trade Unions*(London,1986, first published 1906).

3　V I Lenin. 'Strike Statistics in Russia' *Collected Works, Vol 16*(Moscow, 1963), pp 395~421.

4　Trotsky, *1905*(Harmondsworth, 1973).

5　P S Foner, *History of the Labor Movement in the United States: Vol 4: The Industrial Workers of the World 1905~1917*(New York, 1965), p 141에서 인용.

6　Malatesta, 'Syndicalism: An Anarchist Critique', G Woodcock(ed), *The*

Anarchist Reader(Glasgow, 1977), p 223.

7   R Hyman, 'Foreword', C L C Goodrich, *Frontier of Control*(London, 1975, originally published in 1920), p xiv.

8   Marx and F Engels, *The Communist Manifesto*(Harmondsworth, 1972), p 105.

9   Marx, *The Civil War in France*(Moscow, 1970).

10   *Communist Manifesto*, p 104.

11   F Engels, 'The Bakunists at Work: An Account of the Spanish Revolt in the Summer of 1873', in Marx, Engels, Lenin, *Anarchism and Anarcho-Syndicalism*(New York, 1972), p 132.

12   V I Lenin, 'The State and Revolution', *Selected Works Vol 2*(Moscow, 1970).

13   *1905*, p 119.

14   'Theses on the Communist Parties and Parliamentarism', *Second Congress of the Communist International: Minutes of the Proceedings: Vol 2*(London, 1977), p 53.

15   Trotsky, 'On the Coming Congress of the Comintern', *The First Fives Years of the Communist International: Vol 1*(New York, 1972), p 93.

16   J T Murphy, *Preparing for Power*(London, 1934, republished London, 1972), p 159.

17   P Spriano, *The Occupation of the Factories: Italy 1920*(London, 1975);G Williams, *A Proletarian Order: Antonio Gramsci, Factory Councils and the Origins of Communism in Italy 1911~21*(London, 1975) 참조.

18   A Gramsci, 'The Occupation', *Selections from Political Writings, 1910~1920*(London, 1977), p 327.

19   같은 책.

20   Spriano, p 72.

21   'Turn and Italy', *Selections*, pp 182~184.

22   Lukács, 'The Crisis of Syndicalism', Kommunismus, vol 1, no 40(1920), *Political Writings, 1919~1929: The Question of Parliamentarism and other Essays*(London, 1972), pp 81~86.

23   *Labour Monthly*, August 1922, pp 206~207.

24   Marx, 'Critique of the Gotha Programme', in K Marx and F Engels, *Selected Works*(Moscow, 1970), p 327.

25   *State and Revolution*.

26   P S Foner, *History of the Labor Movement in the United States: Vol 8: Post-War Struggles 1918~1920*(New York, 1988), p 232.

27   A Bar, *Syndicalism and Revolution in Spain: The Ideology and Syndical*

Practice of the CNT in the Period 1915~1919(New York, 1981), ch 3.

28 I de Llorens, *The CNT and the Russian Revolution*(London, n.d), p 13에서 인용.

29 A Rosmer, *Lenin's Moscow*(London, 1971), p 20.

30 Trotsky, *1905*; P Glatter(ed), 'The Russian Revolution of 1905: Change through Struggle', *Revolutionary History* (special edition) 9:1(2006) 참조.

31 Cliff, *Lenin: Vol 2: All Power to the Soviets*(London, 1976).

32 D Gluckstein, *The Western Soviets: Workers' Councils versus Parliament 1915~1920*(London, 1985).

33 *Second Congress*, p 89.

34 같은 책, pp 161~162.

35 *The Crusade*, August 1912.

36 레닌과 트로츠키는 모두 내전과 반혁명 위협이라는 극단적 상황에서 잠시 노동의 군사화를 지지하고 노동조합이 국가에 종속돼야 한다고 주장해서 볼셰비키 안에서 노동조합 논쟁을 촉발했다는 사실을 지적해야겠다. I Deutscher, *Soviet Trade Unions: Their Place in Soviet Labour Policy*(London, 1950) 참조.

37 A Gramsci and P Togliatti, 'Workers Democracy', *Selections*, p 66.

38 'Unions and Councils', 같은 책, p 100.

39 'Unions and Councils' and 'Syndicalism and the Councils', *Selections*, pp 98~102, 109~113; *Soviets in Italy*(Nottingham, 1969), pp 15~17 참조.

40 A Gramsci, 'La Conquista dello Stato', *Ordine Nuovo*, 12 July 1919. 'Unions and Councils'; 'Trade Unions and the Dictatorship'; and 'Syndicalism and the Councils', *Selections*, pp 98~113도 참조. 얄궂게도, 자본에 대한 공세의 일환으로 공장평의회가 경영 기능을 접수할 수 있다는, 심지어 혁명 **전에도** 그럴 수 있다는 생각 때문에 그람시는 (신디컬리스트들과 마찬가지로) 국가 속에 있는 자본의 권력을 무시한다고 비판받았다. 그러나 1920년의 공장점거 기간에 그람시는 공장평의회에 관한 기존 생각을 바꿔서, 작업장 통제권과 소비에트식 민주주의가 존속하려면 공장의 벽을 뛰어넘는 정치조직이 중요하고 정치권력을 장악할 필요가 있다고 더 분명하게 주장했다.

41 M Clark, *Antonio Gramsci and the Revolution That Failed*(New Haven, 1977), pp 64~68.

42 *Guerra di Classe*, 6 December 1919.

43 *Guerra di Classe*, 7 January 1920; 13 December 1919.

44 A Giovanetti, *Guerra di Classe*, 6 December 1919.

45 Clark, p 34; 145~146; Williams, pp 193~199.

46 R Alexander, *The Anarchists in the Spanish Civil War: Vol 2*(London, 1999).

47 D Guerin, *Anarchism: From Theory to Practice*(New York, 1971), pp 128~129.

48   같은 책, p 128.

49   Morrow, *Revolution and Counter-Revolution in Spain*(New York, 1974), p 102.

50   후안 페이로는 산업 장관이 됐고 후안 로페스 산체스는 상무 장관이 됐다. 아나키 스트 두 명도 정부 각료에 포함됐는데, 이들은 운동의 더 투쟁적 분파였고 FAI의 지도자들이었다. 그중 한 명인 가르시아 올리베르는 법무 장관이 됐고, 가장 순수 한 아나키즘 지식인의 표본인 페데리카 몬체니는 보건 장관이 됐다.

51   C Earlham, '"Revolutionary Gymnasitics" and the Unemployed: The Limits of the Spanish Anarchist Utopia 1931~37', K Flett and D Renton(eds), *The Twentieth Century: A Century of Wars and Revolutions?*(London, 2000), p 154.

52   L Trotsky, 'The Lesson of Spain', *The Spanish Revolution 1931~9*(New York, 1973), pp 315~316. 트로츠키는 비록 스페인 혁명의 패배가 압도적으로 공산당과 그 민중전선 정책, 무능한 CNT의 전략 때문이었다고 봤지만, POUM의 구실도 신 랄하게 비판했다.

11장

1   W Thorpe, *'The Workers Themselves'*: Revolutionary Syndicalism and International Labour, 1913~1923(Dordrecht, 1989), p 17.

2   *The Syndicalist*, January 1913.

3   M Woodhouse, 'Marxism and Stalinism in Britain, 1920~26', in B Pearce and Woodhouse(eds), *A History of Communism in Britain*(London, 1975), pp 31~55.

4   'Syndicalism in England: Its Origin and History', *The Times*, 16 April 1912, reprinted in *The Syndicalist*, May 1912.

5   *The Miners Next Step*, South Wales Unofficial Reform Committee(Tonypandy, 1912, reprinted London, 1973), p 13.

6   J T Murphy, *The Workers' Committee: An Outline of its Principles and Structure*(Sheffield Workers' Committee, 1917, republished London, 1972), p 17.

7   Simpson, *The Syndicalist and Amalgamation News*, January 1913.

8   *Solidarity*, July 1917.

9   *Workers' Committee*, p 14.

10   R Darlington, *The Political Trajectory of J.T. Murphy*(Liverpool, 1998), p 48에 서 인용.

11   J T Murphy, *Preparing for Power*(London, 1972, reprint of 1934 edition), pp 141~144; B Pribicevic, The Shop Stewards' Movement and Workers' Control

1910~1922 (Oxford, 1959), pp 100~102; W Kendall, *The Revolutionary Movement in Britain 1900~22*(London, 1969), pp 160~161; Darlington, pp 46~49 참조.

12 *Preparing for Power*, p 97.

13 예컨대 M Dubofsky, *We Shall Be All: A History of the Industrial Workers of the World*(Chicago, 1969), p 482 참조.

14 G H Meaker, *The Revolutionary Left in Spain, 1914~1923*(Stanford, Calif, 1974), p 391에서 인용.

15 같은 책, pp 390~391.

16 Bookchin, *To Remember Spain: The Anarchist and Syndicalist Revolution of 1936*(Edinburgh, 1994), p 33.

17 A Rosmer, 'Il y a quarante ans', *La Révolution prolétarienne*, January 1951, pp 1~3.

18 이런 소수의 노동조합운동 전통은 프랑스에서 끈질기게 살아남았다. 예컨대, 1968년에 파업을 벌인 노동자 1000만 명 가운데 노동조합원은 겨우 300만 명뿐이었다.

19 *Industrial Worker*, 3 October 1912.

20 *Solidarity*, 5 November 1912; *Industrial Worker* 3 July 1913; *Voice of the People*, 9 October 1913.

21 J P Cannon, *The IWW: The Great Anticipation*(New York, 1956), p 30.

22 E C Ford and W Z Foster, *Syndicalism*(Chicago, 1990, reprint of 1912 edition), pp 43~44.

23 Carr, *The Civil War in Spain 1936~39*(London, 1986), p 15.

24 Bookchin, *The Spanish Anarchists: The Heroic Years 1868~1936*(Edinburgh, 1998), p 197. 또 R Alexander, *The Anarchists in the Spanish Civil War: Vol 2*(London, 1999); J Perirats, *Anarchists in the Spanish Revolution*(London, 1990)도 참조.

25 앞의 수치는 G Brenan, *The Spanish Labyrinth: An Account of the Social and Political: Background of the Spanish Civil War*(Cambridge, 1988), p 184에, 뒤의 수치는 Bookchin, *To Remember Spain*, p 23에서 나오는 것이다.

26 A Durgan, 'Revolutionary Anarchism in Spain', *International Socialism*, 2:11(1981), pp 93~110.

27 *Second Congress of the Communist International: Minutes of the Proceedings: Vol 1*(London, 1977), pp 61~2; A Rosmer, *Lenin's Moscow*(London, 1971), pp 68~71.

28 *Second Congress*, p 69; Rosmer, *Lenin's Moscow*, pp 68~69.

29 *Second Congress*, p 73; 'Speech on Comrade Zinoviev's report on the role of the party', L Trotsky, *The First Five Years of the Communist International,*

Vol 1(New York, 1972), pp 98~99.

30   Second Congress, p 93.

31   Five Years, p 160.

32   L Trotsky, 'The Anarcho-Syndicalist Prejudices Again!'(May 1923) Marxism and the Trade Unions(London, 1972), p 32.

33   J T Murphy, New Horizons(London, 1941).

34   New Reasoner, Winter 1958/9.

35   룩셈부르크와 스파르타쿠스단의 그 지지자들은 독일 사회민주당이 제1차세계대전을 지지한 뒤에도 여전히 개혁주의적인 사회민주당 안에 남아 있었다. 그람시는 토리노의 공장평의회 운동을 지지하기는 했지만 여전히 이탈리아 사회당의 당원이었다. 두 사람 모두 탈당해서 볼셰비키 모델을 따라 공산당을 창립하지 않았다. [1917년의] 러시아 혁명, 1918년 11월에 일어난 독일 혁명, 1920년에 이탈리아를 휩쓴 혁명적 위기에 비춰서 자신들의 경험을 재평가하기 전까지는 말이다. 트로츠키는 [1903년부터] 1914년까지는 러시아 사회민주당 안에서 멘셰비키와 볼셰비키의 통합을 주장하고 실천한 '화해주의자'였고, 1917년 5월 러시아로 돌아온 뒤에야 마침내 볼셰비키에 가입했다.

36   J Molyneux, Marxism and the Party(London, 1978) p 38; 65~69.

37   J Molyneux, 'The Birth of Bolshevism', Socialist Worker, 4 April 1987; M Haynes, 'The British Working Class in Revolt: 1910~1914', International Socialism, 2: 22(1984), p 103.

38   Congress, pp 91~92.

39   Cliff, Lenin: Vol 1: Building the Party(London, 1975); N Harding, Lenin's Political Thought: Vol 2: Theory and Practice in the Socialist Revolution(New York, 1981).

40   같은 책, pp 159~68.

41   Five Years, p 98.

42   Congress, pp 92~93.

43   같은 책, pp 50~52.

44   이와 달리 독일 공산당은 혁명이 일어난 뒤인 1918년 12월에야 볼셰비키 모델에 따라 창립됐다. 혁명적 상황에서 아무 준비 없이 혁명적 정당을 건설해야 하는 거의 불가능한 과제에 직면한 독일 공산당은 결국 좌충우돌을 거듭할 수밖에 없었다. P Broué, The German Revolution 1917~1923(Chicago, 2006); C Harman, The Lost Revolution: Germany 1918 to 1923(London, 1982) 참조.

45   Thorpe, p 136에서 인용.

46   Rosmer, Lenin's Moscow, p 69.

47   Cliff, Lenin: Vol 2: All Power to the Soviets(London, 1976).

48   A Callinicos, The Revolutionary Road to Socialism(London, 1983), p 47에서 인용.

49　V I Lenin, 'Marxism and Insurrection: A Letter to the Central Committee of the R.S.D.L.P.(B), *Selected Works: Vol 2*(Moscow, 1970), pp 381~384.

50　Cliff, *All Power to the Soviets*, pp 335~379.

51　Gramsci, *Selections from the Prison Notebooks*(London, 1971).

52　*Lucha Social*, 29 April 1922.

53　L Trotsky, 'Communism and Syndicalism', *Marxism and the Trade Unions*(London: New Park, 1972, first published October 1929), pp 35~50.

54　E H Carr, *Socialism in One Country, 1924~1926, vol 3*, part 1(London, 1964) and *The Bolshevik Revolution, 1917~1923*, vol 3(London, 1966); Thorpe, *Workers Themselves*; W Thorpe, 'Syndicalist Internationalism Before World War II', in M van der Linden and W Thorpe(eds), *Revolutionary Syndicalism: An International Perspective*(Aldershot, 1990); 'Syndicalist Internationalism and Moscow, 1919~1922: The Breach', *Canadian Journal of History*,14:1(1979), pp 199~234; R Tosstorff, *Profintern: Die Rote Gewerkschaftsinterntionale, 1920~1937*(Paderborn, 2004) and 'Moscow Versus Amsterdam: Reflections on the History of Profintern', *Labour History Review*, 68:1(2003), pp 79~97 참조.

55　L Trotsky, 'Speech at a General Party Membership Meeting of the Moscow Organisation, July 1921', *The First Five Years of the Communist International: Vol 2*(New York, 1972), p 34.

12장

1　S and B Webb, *What Syndicalism Means: An Examination of the Origin and Motives of the Movement with an Analysis of its Proposals for the Control of Industry*(London, 1912).

2　O'Connor, *Syndicalism in Ireland*(Cork, 1988), p 191.

3　J P Cannon, *The IWW: The Great Anticipation*(New York, 1956), p 5; S Bird, D Georgakas and D Shaffer, *Solidarity Forever: An Oral History of the Wobblies*(London, 1987), p 80.

4　J Hinton, *The First Shop Stewards' Movement*(London, 1973), p 276.

5　R Wohl, *French Communism in the Making 1914~1924*(Stanford, Calif, 1966), pp 438~439.

6　Borkeneau, *The Communist International*(London, 1938), pp 200~229.

7　Birchill, 'Alfred and Marguerite Rosmer', Paper presented to New Socialist Approaches to History Seminar, London Socialist Historians Group, Institute of Historical Research , University of London, 2 April 2001, pp 11~13.

8　Trotsky, 'Letter to the Convention of the French Communist Party',

September1922, *The First Five Years of the Communist International: Vol 2*(New York, 1972), p 163.

9   M Adereth, *The French Communist Party: A Critical History(1920~84): From Comintern to the 'Colours of France'*(Manchester, 1984) 참조.

10 J Jennings, *Syndicalism in France: A Study of Ideas*(Houndmills: 1990), p 178. 모리스 샹벨랑과 로베르 루종은 모나트가 재창간한 〈라 비 우브리에르〉에 합류했고, 샹벨랑은 나중에 CGTU 안에서 〈리그 생디칼리스트〉라는 신문을 중심으로 모인 투사들과 이론가들의 소규모 조직에서 지도적 인물이 됐다.

11 같은 책, pp 179~180; Wohl, pp 412~418.

12 Jennings, p 211.

13 포스터가 1920년 11월 시카고에서 창립한 노동조합교육동맹(TUEL)은 전쟁 전의 북아메리카신디컬리스트동맹(1912~1914년)과 국제노동조합교육동맹(1915~1917년)의 후신이었다. J Zumoff, 'The Syndicalist Roots of American Communism: The IWW and William Z. Foster', Paper presented to seminar on Comparative Labour and Working Class History Seminer, Institute for Historical Research, University of London, 19 January 2001 참조.

14 J R Barrett, *William Z. Foster and the Tragedy of American Radicalism*(Chicago,1999), p 123.

15 W Z Foster, *History of the Communist Party of the United States*(New York, 1952), p 203.

16 J Stepan-Norris and M Zeitlin, *Left-Out: Reds and America's Industrial Unions*(Cambridge, 2003), p 35에서 인용.

17 Barrett, pp 115~123.

18 Woodhouse, 'Marxism and Stalinism in Britain, 1920~26', in M Woodhouse and Pearce, *Essays on the History of Communism in Britain*(London, 1975), p 56.

19 *Communist Review*, December 1921.

20 M Woodhouse, 'Syndicalism, Communism and the Trade Unions in Britain, 1910~1926', originally published in *Marxist*, vol 4, no. 3, 1966 available at: http://www.whatnextjournal.co.uk/Pages/History/Syndicalism.html, p 4.

21 J Murphy, *New Horizons*(London, 1941), pp 181~182.

22 J Klugmann, *History of the Communist Party of Great Britain: Formation and Early Years 1919~1924: Vol 1*(London, 1968), pp 75~235; L J Macfarlane, *The British Communist Party: Its Origin and Development Until 1929*(London, 1966), pp 110~132; Woodhouse, 'Marxism and Stalinism in Britain, 1920~26'; and B Pearce, 'Early Years of the Communist Party of Great Britain', both in Woodhouse and Pearce, pp 1~103, pp 149~178; Hinton, p 276 참조.

23 RILU Executive Bureau Report to Delegates to Third RILU Congress, July 1924, *International Labour Movement 1923~24*. E H Carr, *Socialism in One*

Country 1924~1926 Vol 3, Part 1(London, 1964), pp 122~123도 참조.

24 Woodhouse and Pearce; T Cliff and D Gluckstein, *Marxism and the Trade Union Struggle: The General Strike 1926*(London, 1986); J Eaden and D Renton, *The Communist Party of Great Britain Since 1920*(Houndmills, 2002).

25 F Livorsi, *Amadeo Bordiga*(Rome, 1976); A De Clementi, *Amadeo Bordiga*(Turin,1971).

26 J M Cammett, *Antonio Gramsci and the Origins of Italian Communism*(Stanford, Calif, 1967); G Fiori, *Antonio Gramsci: Life of a Revolutionary*(London, 1970); C Bambery, *A Rebel's Guide to Gramsci*(London, 2006).

27 G H Meaker, *The Revolutionary Left in Spain, 1914~1923*(Stanford, Calif, 1974), pp 249~262.

28 E O'Connor, *Reds and the Green: Ireland, Russia and the Communist Internationals1919~43*(Dublin, 2004).

29 D Hallas, *The Comintern*(London, 1985), p 7에서 인용.

30 예컨대 O Figes, *A People's Tragedy: The Russian Revolution 1891~1924*(Cape, 1996) 참조.

31 M Reiman, *The Birth of Stalinism: The USSR on the Eve of the: Second Revolution'*(London, 1987), p 119; 122.

32 Cliff, *Russia: A Marxist Analysis*(London, 1964); P Binns, T Cliff and C Harman, *From Workers' State to State Capitalism*(London, 1987).

33 Hallas, pp 105~159.

34 T Cliff, *Lenin: Vol 4: The Bolsheviks and the World Revolution*(London, 1979), p 53. T Cliff, *Trotsky: Vol 2: The Sword of the Revolution: 1917~1923*(London, 1990), pp 235~236도 참조.

35 Cannon, p 42.

참고 문헌

신문과 정기간행물

국제

Communist International

Communist Review

International Socialist Review

La Correspondence Internationale

미국

Defense News Bulletin

Industrial Solidarity

Industrial Union Bulletin

Industrial Worker

Nation

New Review

One Big Union Monthly

Political Science Quarterly

Solidarity

Sunset

Syndicalist

Voice of the People

Voice of Labour

영국

Communist

Hansard

International Trade Union Unity

Manchester Guardian

New Reasoner

Solidarity

Syndicalist

Times

Workers' Life

Daily Herald

Industrial Syndicalist

Labour Monthly

Merthyr Pioneer

Socialist

South Wales Worker

Syndicalist and Amalgamation News

Worker

프랑스

L'Ecole émancipée

La Bataille Syndicaliste

La Lutte de Classe

La Vie Ouvrière

Le Journal du Peuple

Le Mouvement socialiste

L'Humanité

La Voix du peuple

La Revue socialiste

La Voix du Travail

Le Libertaire

Le Peuple

아일랜드

Eire

Voice of Labour

이탈리아

Avanti!

Guerra di Classe (Bologna)

Ordine Nuovo

Guerra di Classe

L'Internazionale

Volantá

스페인

España Libre

Solidaridad Obrera

Tierra y Libertad

Lucha Social

Solidaridad Obrera (Bilbao)

대회 자료

Congrès national corporatif (IX de la Confédération) et Conférence des Bourses du Travail, tenus á Amiens du 8 au 16 octobre 1906. Compte rendu des travaux(Amiens, 1906).

Confédération Générale du Travail, XVIII(e) congrès national corporatif XII(e). Compte rendu des travaux(Le Havre, 1912).

Memoria del Congreso celebrado en Barcelona los días 28, 29, y 30 de junio y 1 de julio de 1918(Toulouse, 1957).

Memoria del Congreso celebrado en el Teatro de la Comedia de Madrid los días 10 al 18 de diciembre de 1919(Barcelona: Cosmos, 1932).

Murphy, J T, The 'Reds' in Congress: Preliminary Report of the First World War Congress of the Red International of Trade and Industrial Unions(London: British Bureau of RILU, 1921).

Proceedings of the First Annual Convention of the Industrial Workers of the World(New York: Labor News, 1905).

Résolutions et statuts adoptés au le congrès international des syndicats révolutionnaires - Moscou: 3-19 juillet 1921(Paris, 1921).

Resolutions and Decisions of the First International Congress of Revolutionary Trade and Industrial Unions(Chicago: American Labor Union Educational Society, 1921).

Resolutions and Decisions of the Second World Congress of the Red International of Labour Unions, 19 November to 2 December 1922(London: RILU, 1923).

RILU Executive Bureau Report to Delegates to Third RILU Congress, July 1924, International Labour Movement 1923-24.

The First Congress of the Red Trades Union International at Moscow, 1921: A Report of the Proceedings by George Williams, Delegate from the IWW(Chicago: IWW, 1921).

The Third Congress of the Communist International(London, 1922), pp 141~142.

The IWW Reply to the Red Trade Union International(Moscow) by the General Executive Board of the Industrial Workers of the World(Chicago: IWW, nd, 1922).

Trades Union Congress, Report(London, 1912).

XVI Congrès national corporatif (X de la CGT) et 3 Conférence des Bourses du Travail ou Unions des Syndicats, tenus á Marseille du 5 au 12 octobre 1908. Compte rendu sténographique des travaux(Marseille, 1909).

추가 자료

Abse, T, 'Syndicalism and the Origins of Italian Fascism', *Historical Journal*, 25(1982), pp 247~258.

Abse, T, 'Italy', in S Berger and D Broughton(eds) *The Force of Labour: The Western European Labour Movement and the Working Class in the Twentieth Century*(Oxford: Berg, 1995), pp 137~170.

Adereth, M, *The French Communist Party: A Critical History(1920–84): From Comintern to the 'Colours of France'*(Manchester University Press, 1984).

Alexander, R, *The Anarchists in the Spanish Civil War: Vols 1 and 2*(London: Janus, 1999).

Allen, E J B, *Revolutionary Unionism*(London: The Industrialist League, 1909).

Allen, K, *The Politics of James Connolly*(London: Pluto Press, 1990).

Amdur, K E, *Syndicalist Legacy: Trade Unions and Politics in Two French Cities in the Era of World War I*(Urbana: University of Illinois Press, 1986).

'Anarcho-Syndicalism in Britain, 1914–30', *A History of Anarcho-Syndicalism*, Unit 14, www.selfed.org.uk.

Arnot, R P, *South Wales Miners: A History of the South Wales Miners' Federation, 1898–1914*(London: Allen and Unwin, 1967).

Aron, R, 'Préface' to B Lazitch, *Lénine et la IIIe internationale*(Neuchâtel, Paris: Editions de la Baconnière, 1951).

Askwith, G R, *Industrial Problems and Disputes*(London: Harvester Press, 1974).

Bagwell, P, *The Railwaymen: The History of the National Union of Railwaymen*(London: Allen and Unwin, 1963).

Bagwell, P, 'The New Unionism in Britain: the Railway Industry', in W J Mommsen and Husung, H-G(eds), *The Development of Trade Unionism in Great Britain and Germany, 1880–1914*(London: Allen and Unwin, 1985), pp 185~200.

Balcells, A, *El arraigo del anarquismo en Cataluña: Textos de 1926–1934*(Madrid: Júcar, 1980).

Bambery, C, *Ireland's Permanent Revolution*(London: Bookmarks, 1986).

Bambery, C, *A Rebel's Guide to Gramsci*(London: Bookmarks, 2006)[국역: "안토니오 그람시", 《처음 만나는 혁명가들》, 책갈피, 2015].

Bar, A, *Syndicalism and Revolution in Spain: The Ideology and The Syndical Practice of the CNT in the Period 1915–1919*(New York: Gordon Press, 1981).

Bar, A, 'The CNT: The Glory and Tragedy of Spanish Anarchosyndicalism', in M van der Linden and W Thorpe(eds), *Revolutionary Syndicalism: An*

International Perspective(Aldershot, Scolar Press, 1990), pp 119~138.

Barker, C, 'Perspectives', in C Barker(ed), *Revolutionary Rehearsals*(London: Bookmarks, 1987), pp 217~245[국역: "전망", 《혁명의 현실성》, 책갈피, 2011].

Barnes, D M, 'The Ideology of the Industrial Workers of the World'(PhD, Washington State University, 1962).

Baron, A(ed), *Work Engendered: Towards a New History of American Labor*(Ithaca, NY: Cornell University Press, 1991), pp 1~46.

Barrett, J R , *William Z. Foster and the Tragedy of American Radicalism*(Chicago: University of Illinois, 1999).

Behan, T, *The Resistible Rise of Benito Mussolini*(London: Bookmarks, 2003).

Bell, T, *Pioneering Days*(London: Lawrence and Wishart, 1941).

Berlanstein, L, *Big Business and Industrial Conflict in Nineteenth Century France: A Social History of the Parisian Gas Company*(Berkeley: University of California Press, 1991).

Berlanstein, L, 'The Distinctiveness of the Nineteenth Century French Labour Movement', *The Journal of Modern History*, 64:4(December 1992), pp 660~685.

Bertrand, C, 'Revolutionary Syndicalism in Italy, 1912-1922', PhD thesis, University of Wisconsin(1970).

Bertrand, C L, 'Italian Revolutionary Syndicalism and the Crisis of Intervention: August-December 1914', *Canadian Journal of History*, 10:3(1975), pp 349~367.

Bertrand, C L, 'Revolutionary Syndicalism in Italy', in M van der Linden and W Thorpe(eds), *Revolutionary Syndicalism: An International Perspective*(Aldershot, Scolar Press, 1990), pp 139~153.

Binns, P, T Cliff and C Harman, *From Workers' State to State Capitalism*(London: Bookmarks, 1987). Birchall, I, 'The "Reluctant Bolsheviks": Victor Serge's and Alfred Rosmer's encounter with Leninism', in C Barker, A Johnson and M Lavalette(eds), *Leadership and Social Movements*(Manchester University Press, 2001), pp 44~59.

Birchall, I, 'The Success and Failure of the Comintern', in K Flett and D Renton(eds), *The Twentieth Century: A Century of Wars and Revolutions?*(London: Rivers Oram Press, 2000), pp 117~132.

Birchall, I, 'Alfred Rosmer and the RILU', Paper presented to London Socialist Historians Group One Day Conference, Institute of Historical Research, University of London, 6 May 2000.

Birchall, I, 'Alfred and Marguerite Rosmer', Paper presented to New Socialist Approaches to History Seminar, London Socialist Historians Group, Institute of Historical Research, University of London, 2 April 2001.

Bird, S D, D Georgakas and D Shaffer, *Solidarity Forever: An Oral History of the Wobblies*(London: Lawrence and Wishart, 1987).

Bock, H M, 'Anarchosyndicalism in the German Labour Movement: A Rediscovered Minority Tradition', in M van der Linden and W Thorpe(eds), *Revolutionary Syndicalism: An International Perspective*(Aldershot, Scolar Press, 1990), pp 59~79.

Bookchin, M, *To Remember Spain: The Anarchist and Syndicalist Revolution of 1936*(Edinburgh: AK Press, 1994).

Bookchin, M, *The Spanish Anarchists: The Heroic Years 1868–1936*(Edinburgh: AK Press, 1998).

Bonnell, V E, *Roots of Rebellion: Workers' Politics and Organization in St. Petersburg and Moscow, 1900–1914*(Berkley: University of California Press, 1988).

Bordogna, L, G P Cella and G Provasi, 'Labor Conflicts in Italy before the Rise of Fascism, 1881–1923: A Quantitative Analysis', in L Haimson and C Tilly(eds), *Strikes, Wars and Revolutions in an International Perspective*(Cambridge University Press, 1989), pp 217~246.

Borghi, A, *Anarchismo e sindacalismo. Conferenza tenuta il 3 aprile 1922 a Roma del Fascio Sindacale d'Azione Diretta*(Rome, nd).

Borghi, A, *L'Italia tra due Crispi: cause e conseguenze di una rivoluzione macata*(Paris: Libreria Internazionale, nd, 1924).

Borghi, A, *Mezzo secolo di anarchia 1898-1945*(Naples: Edizioni scientifiche italiane, 1954).

Borkeneau, F, *The Communist International*(London: Faber and Faber, 1938).

Brenan, G, *The Spanish Labyrinth: An Account of the Social and Political Background of the Spanish Civil War*(Cambridge: Cambridge University Press, 1998).

Brissendon, P F, *The IWW: The Study of American Syndicalism*(NewYork: Columbia University, 1919).

Brody, D, *Workers in Industrial America: Essays on the Twentieth Century Struggle*(Oxford University Press, 1981).

Brooks, J G, *American Syndicalism*(New York, 1913).

Broué, P, *Historie de l'internationale communiste 1919–1943*(Paris: Fayard, 1997).

Broué, P, *The German Revolution 1917–1923*(Chicago: Haymarket Books, 2006).

Brown, G, 'Introduction', in *The Industrial Syndicalist*(Nottingham, Spokesman Books, 1974), pp 5~29.

Buenacasa, M, *El movimiento obrero español, historia y crítica, 1886–1926*(Paris: Familia y Amigos del Autor, second edition, 1966).

Burgmann, V, *Revolutionary Industrial Unionism: The Industrial Workers of the World in Australia*(Cambridge University Press, 1995).

Cahill, L, *Forgotten Revolution: Limerick Soviet 1919*(Dublin: O'Brien Press, 1990).

Callinicos, A, *The Revolutionary Road to Socialism*(London: Socialist Workers Party, 1983).

Callinicos, A, *Socialists in the Trade Unions*(London: Bookmarks, 1985)[국역: 《노동조합 속의 사회주의자들》, 풀무질, 1996].

Callinicos, A, 'Marxism and the Crisis in Social History', in J Rees(ed), *Essays on Historical Materialism*(London: Bookmarks, 1998), pp 25~40.

Cammett, J M, *Antonio Gramsci and the Origins of Italian Communism*(Stanford Calif, Stanford University Press, 1967).

Cannon, J P, *The IWW: The Great Anticipation*(New York: Pioneer Publishers, 1956).

Cannon, J P, 'The IWW and Red International of Labor Unions', *James P Cannon and the Early Years of American Communism: Selected Writings and Speeches 1920–1928*(New York: Prometheus, 1992), p 186.

Cannon, J P, *The History of American Trotskyism: 1928–1938*(New York: Pathfinder, 2003).

Cartosio, B, 'Gli emigrati italiani e l'Industrial Workers of the World', in B Bezza, *Gli italiani fuori d'Italia: gli emirate italiani nei movimenti operai dei paesi d' adozione 1880–1940*(Milan, 1983), pp 359~397.

Carr, E H, *The Bolshevik Revolution 1917–1923, Vol 3*(London: Macmillan, 1966).

Carr, E H, *Socialism in One Country 1924–1926, Vol 1*(London: Macmillan, 1964).

Carr, E H, *Socialism in One Country 1924–1926, Vol 3, Part 1*(London: Macmillan, 1964).

Carr, E H, *Socialism in One Country 1924–1926, Vol 3*(Harmondsworth: Penguin, 1972).

Carr, R, *The Civil War in Spain 1936–39*(London: Weidenfield and Nicholson, 1986).

Casanoa, J, 'Terror and Violence: The Dark Face of Spanish Anarchism', *International Labor and Working Class History*, 67(2005), pp 79~99.

Chaplain, R, *Wobbly: The Rough and Tumble of an American Radical*(University of Chicago Press, 1948).

Challinor, R, *The Origins of British Bolshevism*(London: Croom Helm, 1977).

Chambelland, C(ed), *La Lutte syndicale*(Paris: Maspero, 1976).

Chambelland,C and J Maitron(eds),*Syndicalisme Revolutionnaire et Communisme: Les Archives de Pierre Monatte, 1914–24*(Paris: Maspero, 1968).

Charlton, J, *The Chartists: The First National Workers' Movement*(London: Pluto Press, 1997).

Clark, M, *Antonio Gramsci and the Revolution That Failed*(New Haven: Tale University Press, 1977).

Claudin, F, *The Communist Movement*(Markham: Penguin Books, 1975).

Cliff, T, *Russia: A Marxist Analysis*(London: International Socialism, 1964)[국역:《소련은 과연 사회주의였는가》, 책갈피, 2011].

Cliff, T, *Lenin, Vol 1: Building the Party*(London: Pluto Press, 1975)[국역:《레닌 평전 1》, 책갈피, 2010].

Cliff, T, *Lenin, Vol 2: All Power to the Soviets*(London: Pluto Press, 1976)[국역:《레닌 평전 2》, 책갈피, 2009].

Cliff, T, *Lenin, Vol 4: The Bolsheviks and the World Revolution*(London: Pluto Press, 1979)[국역:《레닌 평전 4》, 책갈피, 2013].

Cliff, T, 'Introduction', *The Mass Strike*(London: Bookmarks, 1987), pp 5~10.

Cliff, T, *Trotsky, Vol 2: The Sword of the Revolution 1917-1923*(London: Bookmarks, 1990).

Cliff, T and D Gluckstein, *Marxism and Trade Union Struggle: The General Strike 1926*(London: Bookmarks, 1986)[1부 국역:《마르크스주의와 노동조합 투쟁》, 책갈피, 2014].

Cole, G D H, *The World of Labour: A Discussion of the Present and Future of Trade Unionism*(London: Bell and Sons, 1920).

Cole, G D H, *A Short History of the British Working Class Movement, 1789-1947*(London: Allen and Unwin, 1948)[국역:《영국 노동운동의 역사》, 책세상, 2012].

Cole, G D H, *A History of Socialist Thought: The Second International, 1889-1914: Part 1*(London: Macmillan, 1974).

Cole, M I(ed), *Beatrice Webb's Diaries 1912-1924*(London: Longmans, 1952).

Collinet, M, *L'Ouvrier Francais: Essai sur la condition ouvrière 1900-1950*(Paris, Ouvrières, 1951).

Conlin, J, 'A Name That Leads to Confusion', in *Bread and Roses Too: Studies of the Wobblies*(Westport, Connecticut: Greenwood Publishing, 1969), pp 8~40.

Conlin, J R, *Bread and Roses Too: Studies of the Wobblies*(Westport, Connecticut: Greenwood Publishing, 1969).

Conlin, J R(ed), *At the Point of Production: The Local History of the IWW*(Westport: Connecticut: Greenwood Press, 1981).

Connolly, J, 'Labour, Nationality and Religion', in O D Edwards and B Ransom(eds), *James Connolly: Selected Political Writings*(New York: Grove Press, 1974), pp

61~162.

Connolly, J, 'Socialism Made Easy', Selected Political Writings(originally published 1914, New York: Grove Press, 1974), pp 243~328.

Connolly, J, 'Old Wine in New Bottles'(originally published 30 April 1914), in O D Edwards and B Ransom(eds), Connolly's Selected Political Writings(New York: Grove Press, 1974).

Cotterau, A, 'The Distinctiveness of Working Class Cultures in France, 1848–1900', in I Katznelson and A Zolberg(eds), Working Class Formation: Nineteenth Century Patterns in Western Europe and the United States(Princeton, N J, 1986), pp 111~154.

Cronin, J, 'Neither Exceptional nor Peculiar: Towards the Comparative Study of Labor in Advanced Society', International Review of Social History, 38: part 1,(1993), pp 59~75.

Cross, G S, Immigrant Workers in Industrial France: The Making of a New Labouring Class(Philadelphia, Temple University Press, 1983).

Dangerfield, G, The Strange Death of Liberal England 1910–1914(London: Serif, 1997).

Darlington, R, The Political Trajectory of J. T. Murphy(Liverpool University Press, 1998).

Darlington, R, 'Revolutionary Syndicalist Opposition to the First World War: A Comparative Reassessment', Revue Belge de Philologie et d'Histoire, 84:4(2006), pp 983~1003.

Davies, D K, 'The Influence of Syndicalism and Industrial Unionism on the South Wales Coalfield 1898–1921: A Study in Ideology and Practice, PhD, University of Wales, 1991.

Davies, J A, 'Socialism and the Working Classes in Italy before 1914', in D Geary(ed), Labour and Socialist Movements in Europe Before 1914(Oxford: Berg, 1989).

Davies, M, Comrade or Brother?: The Hidden History of the British Labour Movement, 1789–1951(London: Pluto Press, 1993).

Degras, J(ed), The Communist International, 1919–1943: Documents: Vol 1(London: Oxford University Press, 1956).

De Clementi, A, Amadeo Bordiga(Turin: Einaudi, 1971).

De Grand, A, The Italian Left in the Twentieth Century: A History of the Socialist and Communist Parties(Bloomington: Indiana University Press, 1989).

DeFelice, R, Sindacalismo rivoluzionario e fiumanesimo nel carteggio DeAmbris– D'Annunzio, 1919–1922(Brescia: Morcellianna, 1966).

de Llorens, I, The CNT and the Russian Revolution(London: Kate Sharpley Library, nd).

Deutscher, I, *Soviet Trade Unions: Their Place in Soviet Labour Policy*(London: Royal Institute of International Affairs, 1950).

Dolgoff, S(ed), *Anarchist Collectives: Workers' Self-Management in Spain 1936–9*(Montreal: Black Rose Books, 1990).

Draper, H, *The Roots of American Communism*(Chicago: Elephant Paperbacks, 1989, first published 1957).

Dreyfus, M, *Histoire de la CGT*(Brussels: Editions Complexe, 1995).

Dubofsky, M, *We Shall Be All: A History of the Industrial Workers of the World*(Chicago Quadrangle Books, 1969).

Dubofsky, M, *Industrialism and the American Worker 1865–1920*(Arlington Heights: AHM Publishing, 1975)[국역:《현대 미국 노동운동의 기원》, 한울, 1990].

Dubofsky, M, *'Big Bill' Haywood*(Manchester University Press, 1987).

Dubofsky, M, 'The Rise and Fall of Revolutionary Syndicalism in the United States', in M van der Linden and W Thorpe(eds), *Revolutionary Syndicalism: An International Perspective*(Aldershot, Scolar Press, 1990), pp 203~220.

Dubofsky, M, *Hard Work: The Making of Labor History*(Urbana: University of Illinois Press, 2000).

Durgan, A, 'Revolutionary Anarchism in Spain: the CNT 1911–1937, *International Socialism*, 2:11(1981), pp 93~110.

Earlham, C, '"Revolutionary Gymnastics" and the Unemployed: The Limits of the Spanish Anarchist Utopia 1931–37', in K Flett and D Renton(eds), *The Twentieth Century: A Century of Wars and Revolutions?*(London: Rivers Oram Press, 2000), pp 133~155.

Earlham, C, *Class, Culture and Conflict in Barcelona, 1898–1937*(London: Routledge, 2004).

Ebert, J, *The IWW in Theory and Practice*(Chicago, nd, 1920).

Ebert, J, *The Trial of a New Society*(Cleveland: IWW Publishing Bureau, 1913).

Eaden, J and D Renton, *The Communist Party of Great Britain Since 1920*(Houndmills, Palgrave, 2002).

Edwards, O D and B Ranson(eds), *James Connolly: Selected Political Writings*(London, Jonathan Cape, 1973).

Edwards, P K, *Strikes in the United States, 1881–1974*(Oxford: Basil Blackwell, 1981).

Egan, D, 'The Unofficial Reform Committee and the Miners' Next Step', *Llafur*, 2:3(1978), pp 64~80.

Egan, D, '"A Cult of Their Own": Syndicalism and the Miners' Next Step', A

Campbell, N Fishman and D Howell(eds), *Miners, Unions and Politics: 1910–47*(Aldershot: Scolar Press, 1996), pp 13~33.

Engels, F, 'The Bakunists at Work: An Account of the Spanish revolt in the Summer of 1873', Marx, Engels, Lenin, *Anarchism and Anarcho-Syndicalism*(New York: International Publishers, 1972), pp 125~146.

Estey, J A, *Revolutionary Syndicalism: An Exposition and A Criticism*(London: P S King and Son, 1913).

Fedeli, U, 'Breve storia dell'Unione Sindacale Italiana', *Volontà*, 10(1957), p 654.

Fickle, J F, 'Race, Class and Radicalism: The Wobblies in the Southern Lumber Industry, 1900–1916', in J R Conlin(ed), *At the Point of Production: The Local History of the IWW*(Wesport, Conn: Greenwood Press, 1981), pp 98~113.

Figes, O, *A People's Tragedy: The Russian Revolution 1891–1924*(Cape, 1996).

Fiori, G, *Antonio Gramsci: Life of a Revolutionary*(London: New Left Books, 1970) [국역: 《안또니오 그람쉬》, 이매진, 2004].

Flynn, E G, *Sabotage: The Conscious Withdrawal of the Workers' Industrial Efficiency*(Cleveland: IWW Publishing Bureau, 1915).

Flynn, E G, *The Rebel Girl: An Autobiography: My First Life, 1906–1926*(New York: International Publishers, 1994).

Foner, P S, *History of the Labor Movement in the United States, Vol 4, The Industrial Workers of the World, 1905–1917*(New York: International Publishers, 1965).

Foner, P S, *Organised Labor and the Black Worker, 1619–1973*(New York: International, 1978).

Foner, P S, *Women and the American Labor Movement: From the Trade Unions to the Present*(New York: The Free Press, 1982).

Foner, P S, *History of the Labor Movement in the United States: Vol 7: Labor and World War I: 1914–1918*(New York: International Publishers, 1987).

Foner, P S, *History of the Labor Movement in the United States: Vol 8: Postwar Struggles 1918–1920*(New York: International Publishers, 1988).

Foot, P, *The Vote: How it was Won and How it was Undermined*(London: Viking, 2005).

Ford, E C and W Z Foster, *Syndicalism*(Chicago: Charles H Kerr Publishing Company, 1990, reprint of 1912 edition).

Foster, W Z, *Trade Unionism: The Road to Freedom*(Chicago: International Trade Union Education League, 1916).

Foster, W Z, *History of the Communist Party of the United States*(New York: International Publishers, 1952).

Friedman, G, *State-Making and Labour Movements: France and the United States,*

1876~1914(New York: Cornel University Press, 1998).

Friedman, G C, 'Revolutionary Unions and French Labour: The Rebels Behind the Cause: Or, Why Did Revolutionary Syndicalism Fail?', *French Historical Studies*, 20(1997), pp 155~181.

Gabaccia, D R 'Worker Internationalism and Italian Labor Migration, 1870~1914', *International Labor and Working Class History*, 45(1994), pp 63~79.

Gallacher, W, *Last Memoirs*(London: Lawrence and Wishart, 1966).

Gambs, J S, *The Decline of the IWW*(New York: Columbia University Press, 1932).

Gammage, R G, *The History of the Chartist Movement 1837~1854*(London: Merlin Press, 1969).

Garner, J, 'Separated by an "Ideological Chasm": The Spanish National Labour Confederation and Bolshevik Internationalism, 1917~1922', *Contemporary European History*, 15:3(2006), pp 293~326.

Geary, D, *European Labour Protest, 1848~1939*(London: Croom Helm, 1981).

Geary, D, *European Labour Politics from 1910 to the Depression*(Houndmills: Macmillan, 1991).

Giovannitti, A, 'Introduction', E. Pouget, *Sabotage*(Chicago: Charles H. Kerr & Company, 1913).

Glatter, P(ed), 'The Russian Revolution of 1905: Change through Struggle', *Revolutionary History,* special edition, 9:1(2006).

Glasgow Labour History Workshop, *The Singer Strike, Clydebank 1911*(Glasgow: Clydebank District Library, 1989).

Gluckstein, D, *The Western Soviets: Workers' Councils versus Parliament, 1915~20*(London: Bookmarks, 1985)[국역: 《서구의 소비에트》, 풀무질, 2008].

Gonnot, P, *La grève dans l'industrie privée*(Paris: A. Rousseau, 1912).

Goodway, D(ed), *For Anarchism: History, Theory and Practice*(London: Routledge, 1989).

Gradilone, A, *Storia del sindacalismo, Vol 3*(Milan, 1959), p 109, 196.

Gramsci, A, *Soviets in Italy*(Nottingham: Institute for Workers' Control, 1969).

Gramsci, A, 'The Southern Question', *The Modern Prince and Other Writings*(NewYork: International, 1957)[국역: 《남부 문제에 대한 몇 가지 주제들 외》, 책세상, 2004].

Gramsci, A, *Selections from the Prison Notebooks*(London: Lawrence and Wishart, 1971)[국역: 《그람시의 옥중수고 1, 2》, 거름, 1999].

Gramsci, A, 'Unions and Councils', *Selections from Political Writings 1910~1920*(London: Lawrence and Wishart, 1977), pp 98~102.

Gramsci, A, 'Trade Unions and the Dictatorship', *Selections from Political Writings*

1910 – 1920(London: Lawrence and Wishart, 1977), pp 103~108.

Gramsci,A, 'Turn and Italy', *Selections from Political Writings 1910 – 1920*(London: Lawrence and Wishart, 1977), pp 182~184.

Gramsci, A, 'Syndicalism and the Councils', *Selections from Political Writings 1910 – 1920*(London: Lawrence and Wishart, 1977), pp 265~268.

Gramsci, A, 'The Occupation', *Selected Political Writings 1910 – 1920*(London: Lawrence and Wishart, 1977), pp 326~329.

Gramsci, A, 'Officialdom', *Selections from Political Writings, 1921 – 1926*(London: Lawrence and Wishart, 1978), pp 17~19.

Gramsci, A and P Togliatti, 'Workers Democracy', in A Gramsci, *Selections from Political Writings 1910 – 1920*(London: Lawrence and Wishart, 1977), pp 65~68.

Gray, J, *James Larkin and the Belfast Dock Strike of 1907*(Belfast, Blackstaff Press, 1985).

Greaves, C D, *The Irish Transport and General Workers' Union: The Formative Years, 1909 – 1923*(Dublin, 1982).

Greaves, C D, *The Life and Times of James Connolly*(Lawrence and Wishart, 1986).

Griffuelhes, V, *L'Action syndicaliste*(Paris, 1908).

Griffuelhes, V, *Le syndicalisme révolutionnaire*(Paris: Bibliothèque du movement socialiste, 4, 1909).

Griffuelhes, V, and L Jouhaux(eds), *L'Encyclopédie du mouvement syndicaliste*(Paris, 1912).

Guilbert, M, *Les femes et l'organization syndicale avant 1914*(Paris: Editions du CNRS, 1966).

Guerin, D, *Anarchism: From Theory to Practice*(New York: Monthly Review Press, 1971)[국역: 《아나키즘: 이론에서 실천까지》, 여름언덕, 2015].

Guerin, D(ed), *No Gods, No Masters: An Anthology of Anarchism*(Edinburgh: AK Press, 2005).

Halévy, E, *A History of the English People, Vol 2: 1905 – 1914*(London: Ernest Benn, 1961).

Hallas, D, *The Comintern*(London: Bookmarks, 1985)[국역: 《우리가 알아야 할 코민테른 역사》, 책갈피, 1994].

Hanagan, M, *The Logic of Solidarity: Artisans and Industrial Workers in Three French Towns, 1871 – 1914*(Urbana: University of Illinois, 1980).

Harding, N, *Lenin's Political Thought: Vol 2: Theory and Practice in the Socialist Revolution*(New York: St. Martins Press, 1981).

Hardy, G H, *Those Stormy Years*(London: Lawrence and Wishart, 1956).

Harman, C, *The Lost Revolution: Germany 1918 to 1923*(London: Bookmarks, 1982)[국역:《패배한 혁명》, 풀무질, 2007].

Haynes, M, 'The British Working Class in Revolt: 1910-1914', *International Socialism* 2: 22, 1984, pp 87~116.

Haywood, W D, *The General Strike*(Chicago: IWW Publicity Bureau, nd). Haywood, W D, *Bill Haywood's Book: The Autobiography of William D Haywood*(New York: International Publishers, 1929).

Heywood, A, *Political Ideologies: An Introduction*(Houndmills: Palgrave, 2003)[국역:《현대 정치이론》, 까치, 2007].

Heywood, P, 'The Labour Movement in Spain Before 1914', in D Geary(ed), *Labour and Socialist Movements in Europe Before 1914*(Oxford: Berg, 1989), pp 231~265.

Hinton, J, *The First Shop Stewards' Movement*(London: Allen and Unwin, 1973).

Hinton, J, *Labour and Socialism: A History of the British Labour Movement 1867-1974*(Brighton: Wheatsheaf Books, 1983).

Hinton, J and R Hyman, *Trade Unions and Revolution: The Industrial Policies of the Early British Communist Party*(London: Pluto Press, 1975).

Hobsbawm, E J, *The Age of Empire, 1875-1914*(London: Cardinal, 1987)[국역:《제국의 시대》, 한길사, 1998].

Hobsbawm, E J, *Primitive Rebels, Studies in Archaic Forms of Social Movement in the Nineteenth and Twentieth Centuries*(Manchester University Press, 1972)[국역:《반란의 원초적 형태》, 온누리, 2011].

Hobsbawm, E J, 'Bolshevism and the Anarchists', in E. Hobsbawm, *Revolutionaries*(London: Abacus, 1993), pp 57~70[국역:《혁명가》, 길, 2008].

Holton, B, 'Syndicalism and Labour on Merseyside 1906-14', H I Hikens(ed), *Building the Union: Studies on the Growth of the Workers' Movement: Merseyside 1756-1967*(Liverpool: Toulouse Press, 1973), pp 121~150.

Holton, B, *British Syndicalism 1900-1914*(London: Pluto Press, 1976).

Holton, B, 'Syndicalist Theories of the State', *Sociological Review*, 28(1980), pp 5~21.

Holton, B, 'Revolutionary Syndicalism and the British Labour Movement', in J Mommsen and H Husung(eds), *The Development of Trade Unionism in Great Britain and Germany 1880-1914*(London: Allen and Unwin, 1985), pp 266~282.

Horne, J, 'The State and the Challenge for Labour in France 1917-20', C Wrigley(ed), *Challenges of Labour: Central and Western Europe 1917-20*(London: Routledge, 1993), pp 239~261.

Horrowitz, D L, *The Italian Labor Movement*(Cambridge, Mass: Harvard University

Press, 1963).

Howell, D, *Respectable Rebels: Studies in the Politics of Railway Trade Unionism*(Aldershot: Ashgate, 1999).

Howell, D, 'Taking Syndicalism Seriously', *Socialist History*, 16(2000), pp 27~48.

Hoxie, R, *Trade Unionism in the United States*(New York: D Appleton, 1920).

Hunter, R, *Violence and the Labor Movement*(New York: The Macmillan Company, 1914).

Hyman, R, 'Introduction', in T Mann, *What a Compulsory 8-Hour Working Day Means to the Workers*(London: Pluto Press, 1972), pp 3~16.

Hyman, R, 'Foreword', in C L G. Goodrich, *Frontier of Control*(London: Pluto Press, 1975, first printed 1920, pp vii~xli.

Hyman, R, *The Political Economy of Industrial Relations*(London: Macmillan, 1989), pp 120~146.

Jefferys, S, 'Review Essay: The Exceptional Centenary of the Confederation generale du travail, 1895–1995', *Historical Studies in Industrial Relations*, 3(1997), pp 123~142.

Jenkins, M, *The General Strike of 1842*(London: Lawrence and Wishart, 1980).

Jennings, J, *Syndicalism in France: A Study of Ideas*(Oxford: Macmillan, 1990).

Jennings, J, 'The CGT and the Couriau Affair: Syndicalist Responses to Female Labour in France Before 1914', *European History Quarterly*, 21:3(1991), pp 321~337.

Jenson, J and M Dubofsky, 'The IWW — An Exchange of Views', *Labor History*, 11:3(1970), p 355~372.

Johanningsmeir, E P, 'William Z. Foster and the Syndicalist League of North America', *Labor History*, 30:3(1989), pp 329~353.

Johanningsmeir, E P, *Forging American Communism: The Life of William Z. Foster*(Princeton University Press, 1994).

Joll, J, *The Anarchists*(London: Methuen, 1964).

Jones, A, 'The French Railway Strikes of January–May 1920: New Syndicalist Ideas and Emergent Communism', *French Historical Studies*, 12, 4(1982), pp 508~540.

Judt, T, *The French Labour Movement in the Nineteenth Century, Marxism and the French Left*(Oxford: Oxford University Press, 1986), pp 24~114.

Julliard, J, *Fernand Pelloutier et les origins du syndicalisme d'action directe*(Paris: Editions du Seuil, 1971).

Katznelson, I and A Zolberg, *Working Class Formation: Nineteenth Century Patterns in Western Europe and the United States*(Princeton University Press, 1986).

Kedward, R, *The Anarchists*(London: Macdonald, 1971).

Kelly, J, *Trade Unions and Socialist Politics*(London: Verso, 1988).

Kennedy, D, 'The Decline of the Socialist Party of America 1901–19', *Socialist History*, 9(1996) pp 8~22.

Kendall, W, *The Revolutionary Movement in Britain 1900–22*(London: Weidenfield and Nicholson, 1969).

Kendall, W, *The Labour Movement in Europe*(London: Allen Lane, 1975).

Keogh, D, *The Rise of the Irish Working Class: The Dublin Trade Union Movement and the Labour Leadership, 1890–1914*(Belfast: Appletree Press, 1982).

Kessler-Harris, A, *Out to Work: A History of Wage Earning: Women in the United States*(New York: Oxford University Press, 1982).

Keufer, A, *L'Éucation syndicale: Exposé de la méthode organique*(Paris, 1910).

Kimeldorf, H, 'Radical Possibilities? The Rise and Fall of Wobbly Unionism on the Philadelphia Docks', in C Winslow(ed), *Waterfront Workers: New Perspectives on Race and Class*(Urbana: University of Illinois Press, 1998).

Kimeldorf, H, *Battling for American Labour: Wobblies, Craft Workers, and the Making of the Union Movement*(Berkeley: University of California Press, 1999).

Kirk, N, *Labour and Society in Britain and the USA: Vol 2: Challenge and Accommodation, 1850–1939*(Aldershot, Scolar Press, 1994).

Kirkaldy, A W, *Economics and Syndicalism*(Cambridge: Cambridge University Press, 1914).

Klugmann, J, *History of the Communist Party of Great Britain: Formation and Early Years 1919–1924*, Vol 1(London: Lawrence and Wishart, 1968).

Kocka, J, 'Comparative Historical Research: German Examples', *International Review of Social History*, 38: part 3(1993), pp 369~379.

Kolko, G, *Main Currents in Modern American History*(London: Harper and Row, 1976).

Kornbluh, J L(ed), *Rebel Voices: An IWW Anthology*(Chicago: Charles Kerr, 1998).

Kornhauser, A, R Dubin and A M Ross(eds), *Industrial Conflict*(New York: McGraw-Hill, 1954).

Kostick, C, *Revolution in Ireland: Popular Militancy 1917 to 1923*(London: Pluto Press, 1996).

Kraditor, A S, *The Radical Persuasion, 1890–1917: Aspects of the Intellectual History and the Historiography of Three American Radical Organizations*(Baton Rouge: Louisiana State University Press, 1981).

Kriegel, A, *Aux origines du communisme français, 1914–1920: Contribution á l' histoire du mouvement ouvrier français*(Paris: Mouton, 1964).

Kriegel, A and Jean-Jacques Becker, *1914: La Guerre et le mouvement ouvrier français*(Paris: Armand Colin, 1964).

Labriola, A, *Sindacalismo e reformiso*(Florence, 1905).

Labriola, A, *Storia di dieci anni: 1899–1909*(Milan: Casa Editrice II viandante, 1910).

LaMonte, R R, 'Industrial Unionism and Syndicalism', *New Review*, 1 May, 1913, p 527.

Lane, T, 'A Merseysider in Detroit', *History Workshop Journal*, 11(1981), pp 138~153.

Larkin, E, *James Larkin: Irish Labour Leader, 1876–1947*(London: New English Library, 1968).

Le Blanc, P, *A Short History of the U.S. Working Class*(New York: Humanity Books, 1999).

Lefranc, G, *Le Mouvement Syndical sous la Troisième République*(Paris: Payot, 1967).

Lenin, V I, 'Strike Statistics in Russia' *Collected Works, Vol 16*(London: Lawrence and Wishart, 1963) pp 395~421.

Lenin, V I, *On Trade Unions*(Moscow: Progress, 1970).

Lenin, V I, 'The Three Sources and Three Component Parts of Marxism', *Selected Works, Vol 1*(Moscow: Progress, 1970), pp 66~70[국역: "마르크스주의의 세 가지 원천과 세 가지 구성요소", 《마르크스주의의 역사적 발전의 몇 가지 특징들 외》, 두레, 1989].

Lenin, V I, 'The War and Russian Social Democracy', *Selected Works: Vol 1*(Moscow: Progress, 1970), pp 650~657.

Lenin, V I, 'What is to be Done?', *Selected Works: Vol 1*(Moscow: Progress, 1970), pp 122~270[국역: 《무엇을 할 것인가》, 박종철출판사, 2014].

Lenin, V I, 'The State and Revolution', *Selected Works: Vol 2*(Moscow: Progress, 1970), pp 287~375[국역: 《국가와 혁명》, 아고라, 2015].

Lenin, V I, 'Marxism and Insurrection: A Letter to the Central Committee of the R.S.D.L.P .(B), *Selected Works: Vol 2*(Moscow: Progress, 1970), pp 380~384.

Lenin, V I, '"Left-wing" Communism: An Infantile Disorder', *Selected Works, Vol 3*(Moscow: Progress Publishers, 1971), pp 291~370[국역: 《공산주의에서의 "좌익" 소아병》, 돌베개, 1995].

Lenin, V I, 'Theses on the Fundamental Tasks of the Second Congress of the Communist International', *Collected Works: Vol 31*(Moscow, Progress, 1977), pp 184~202.

Levine, L, *The Labor Movement in France: A Study in Revolutionary Syndicalism*(London: King, 1912).

Levine, L, 'The Development of Syndicalism in America', *Political Science Quarterly*, 28(September 1913), pp 451~779.

Levy, C, 'Italian Anarchism, 1870–1926', in D. Goodway(ed), *For Anarchism: History, Theory and Practice*(London: Routledge, 1989).

Levy, C, 'Currents of Italian Syndicalism before 1926', *International Review of Social History*, 45(2000), pp 209~250.

Lichtheim, G, *A Short History of Socialism*(Glasgow: Fontana, 1970)[국역: 《사회주의운동사》, 까치, 1983].

Lindemann, A S, *A History of European Socialism*(New Haven, NY, 1983).

Livorsi, F, *Amadeo Bordiga*(Rome: Riuniti, 1976).

Lovell, J, *Stevedores and Dockers*(London: Macmillan, 1969).

Lozovsky, A, *Marx and the Trade Unions*(London: Martin Lawrence, 1935).

Lukács, G, *Lenin*(London: Pluto Press, 1970)[국역: 《레닌》, 녹두, 1985].

Lukács, G, *History and Class Consciousness: Studies in Marxist Dialectics*(London: Merlin, 1971) [국역: 《역사와 계급의식》, 거름, 1999].

Lukács, G, 'The Crisis of Syndicalism', Kommunismus, vol 1, no. 40(1920), *Political Writings, 1919–1929: The Question of Parliamentarism and other Essays*(London: New York Books, 1972), pp 81~86.

Luxemburg, R, 'Social Reform or Revolution', *Selected Political Writings*(New York: Monthly Review Press, 1971, originally 1908), pp 52~134[국역: 《사회 개혁이냐 혁명이냐》, 책세상, 2003].

Luxemburg, R, *The Mass Strike, the Political Party and the Trade Unions*(first published 1906, London: Bookmarks, 1986)[국역: 《대중파업론》, 풀무질, 1995].

MacDonald, R, *Syndicalism: A Critical Examination*(London: Constable, 1912).

Maitron, J, *Le Mouvement anarchiste en France: De 1914 á nos jours: Vol 2*(Paris: F Maspéro, 1975).

Macfarlane, L J, *The British Communist Party: Its Origin and Development Until 1929*(London: Macgibbon and Kee, 1966).

Macintyre, S, *A Proletarian Science: Marxism in Britain 1917–1933*(London: Lawrence and Wishart, 1986).

Magraw, R, *France 1814–1915: The Bourgeois Century*(Oxford: Fontana, 1983).

Magraw, R, 'Socialism, Syndicalism and French Labour Before 1914', in D. Geary(ed), *Labour and Socialist Movements in Europe before 1914*(Oxford: Berg, 1989).

Magraw, R, *A History of the French Working Class, Vol 1: The Age of Artisan Revolution*(Oxford: Blackwell, 1992).

Magraw, R, *A History of the French Working Class, Vol 2: Workers and the*

Bourgeois Republic(Oxford: Blackwell, 1992).

Magraw, R, 'Paris 1917-20: Labour Protest and Popular Politics', and J. Horne, 'The State and the Challenge of Labour in France, 1917-20', in C Wrigley(ed), Challenges of Labour: Central and Western Europe, 1917-1920(London: Routledge, 1993), pp 125~148.

Malatesta, E, 'Syndicalism: An Anarchist Critique', in G. Woodcock(ed), The Anarchist Reader(Glasgow, 1977), p 223.

Mann, T, Russia in 1921(London: np nd).

Martin, B, The Agony of Modernisation: Labour and Industrialisation in Spain(Ithaca, NY, 1990).

Martin, R, Communism and the British Trade Unions: A Study of the National Minority Movement(Oxford University Press, 1969).

Marx, K, The Civil War in France(Moscow: Progress, 1970)[국역: 《프랑스 내전》, 박종철출판사, 2003].

Marx, K, The First International and After(Harmondsworth: Penguin, 1974). Marx, K, F Engels and V I Lenin, Anarchism and Anarcho-Syndicalism(New York: International Publishers, 1972).

Marx, K, and F Engels, 'Critique of the Gotha Programme', Selected Works(Moscow: Progress, 1970), pp 311~331.

Marx, K, and F Engels, The Communist Manifesto(Harmondsworth: Penguin, 1972)[국역: 《공산당 선언》, 여러 판본이 있다].

McFarlane, L J, The British Communist Party: Its Origin and Development until 1929(London: Macgibbon and Kee, 1966).

McGirr, L, 'Black and White Longshoremen in the IWW: A History of the Philadelphia Marine Transport Workers Industrial Union Local 8', Labor History, 36(1995), pp 377~402.

Mcllroy, J and A Campbell, 'New Directions in International Communist Historiography', Labour History Review, 68:1(2003), pp 3~7.

Meaker, G H, The Revolutionary Left in Spain, 1914-1923(Stanford University Press, 1974).

Meltzer, A, First Flight: The Origins of Anarcho-Syndicalism in Britain(Berkeley, CA: Kate Sharpley Library, 2004).

Michels, R, Political Parties: A Sociological Study of the Oligarchical Tendencies of Modern Democracy(New York: Collier Books, 1962, first published 1915)[국역: 《정당사회학: 근대 민주주의의 과두적 경향에 관한 연구》, 한길사, 2002].

Milner, S, Dilemmas of Internationalism, French Syndicalism and the International Labour Movement, 1900-1914(New York: Berg, 1991).

Miller, D, Anarchism(London: Dent, 1984).

Mitchell, B, 'French Syndicalism: An Experiment in Practical Anarchism', in M van der Linden and W Thorpe(eds), *Revolutionary Syndicalism: An International Perspective*(Aldershot, Scolar Press, 1990), pp 25~43.

Mitchell, B, *The Practical Revolutionaries: A New Interpretation of the French Anarchsyndicalists*(New York: Greenwood Press, 1987).

Monatte, P, *Anarcho-syndicalisme et syndicalisme révolutionnaire*, http://en.internationalism.org/ir/120_cgt.html.

Monjo, A, *Militants. Participació i Democràcia a la CNTalsAnys Trenta*(Barcelona, 2003).

Molyneux, J, *Marxism and the Party*(London: Pluto Press, 1978)[국역: 《마르크스주의와 정당》, 책갈피, 2013].

Molyneux, J, 'The Birth of Bolshevism', *Socialist Worker*, 4 April 1987.

Monreal, A, *El pensamiento político de Joaquín Maurín*(Barcelona: Ediciones 62, 1984).

Montgomery, D, 'The "New Unionism" and the Transformation of Workers' Consciousness in America 1909-1922', *Journal of Social History*, 7:4(1974), pp 509~529.

Montgomery, D, *Workers' Control in America*(Cambridge University Press, 1979).

Montgomery, D, 'New Tendencies in Union Struggles and Strategies in Europe and the United States, 1916-1922', in J E Cronin and C Sirianni(eds) *Work, Community and Power: The Exercise of Labor in Europe and America, 1900-1925*(Philadelphia: Temple University Press, 1983), pp 88~116.

Montgomery, D, 'What More to Be Done?', *Labor History*, 40:3(1999), pp 356~361.

Morrow, F, *Revolution and Counter-Revolution in Spain*(New York: Pathfinder Press, 1974).

Moss, B, *The Origins of the French Labor Movement: The Socialism of Skilled Workers 1830-1914*(Berkeley: University of California Press, 1976).

Moss, B, 'Socialism and the Republic in France', *Socialist History*, 18(2000), pp 32~49.

Muller, D H, 'Syndicalism and Localism in the German Trade Union Movement', in W J Mommsen and H-G Husung, *The Development of Trade Unionism in Great Britain and Germany, 1880-1914*(London: Allen and Unwin, 1985), pp 239~249.

Murphy, J T, *The Workers' Committee: An Outline of its Principles and Structure*(Sheffield Workers' Committee, 1917, republished London: Pluto Press, 1972).

Murphy, J T, *Compromise or Independence? An Examination of the Whitley Report with a Plea for the Rejection of the Proposals for Joint Standing*

Industrial Councils(Sheffield: Sheffield Workers' Committee, 1918).

Murphy, J T, *The Trade Unions: Organisation and Action*(Oxford, 1919).

Murphy, J T, *The 'Reds' in Congress: Preliminary Report of the First World War Congress of the Red International of Trade and Industrial Unions*(London, 1921).

Murphy, J T, *New Horizons*(London: John Lane/The Bodley Head, 1941).

Murphy, J T, *Preparing for Power*(London: Pluto Press, 1972, originally published 1934).

Newsinger, J, 'Jim Larkin, Syndicalism and the 1913 Dublin Lock-Out', *International Socialism*, 2:25(1984), pp 3~36.

Newsinger, J, '"A Lamp to Guide Your Feet": Jim Larkin, the Irish Workers, and the Dublin Working Class', *European History Quarterly*, 20:1(1990), pp 63~99.

Newsinger, J, 'Irish Labour in a Time of Revolution', *Socialist History*, 22(2002), pp 1~31.

Newsinger, J, *Rebel City: Larkin, Connolly and the Dublin Labour Movement* (London: Merlin Press, 2004).

Newsinger, J, 'Review Article: Recent Controversies in the History of British Communism', *Journal of Contemporary History*, 4:3(2006), pp 557~572.

Nomura. T, 'Who Were the Wobblies? The Defendents of the Chicago IWW Trial of 1919: Collective Biographies', *Journal of the Aichi Prefectual University*(1985), pp 135~150.

Norman, D, *Terrible Beauty: Constance Markievicz*(Dublin: Poolbeg, 1987).

Novak, G, D Frankel and F, Fedlman, *The First Three Internationals: Their History and Lessons*(New York: Pathfinder, 1974).

O'Connor, E, *Syndicalism in Ireland*(Cork University Press, 1988).

O'Connor, E, *A Labour History of Ireland, 1824–1960*(Dublin: Gill and Macmillan, 1992).

O'Connor, E, *James Larkin*(Cork University Press, 2002).

O'Connor, E, *Reds and the Green: Ireland, Russia and the Communist Internationals 1919–43*(University College Dublin Press, 2004).

O'Connor, E, 'What Caused the 1913 Lockout? Industrial Relations in Ireland, 1907–13', *Historical Studies in Industrial Relations*, 19(2005), pp 101~121.

Olivetti, A O, 'I sindicalisti e la élite', originally published 1 July 1909, *Cinque anni di sindicalismo e di lotta proletaria in Italia*(Naples: Società Editrice Partenopea, 1914).

Olssen, E, *The Red Feds: Revolutionary Industrial Unionism and the New Zealand Federation of Labour 1908–1913*(Auckland: Oxford University Press, 1988).

Pagés, P, *Andreu Nin: Su evolución política 1911–37*(Bilbao: Zero, 1975).

Palme Dutt, R, *The Internationale*(London: Lawrence and Wishart, 1964).

Paturd, E and E Pouget, *How We Shall Bring about the Revolution: Syndicalism and the Co-Operative Commonwealth*(first published 1909, London: Pluto Press, 1990).

Pearce, B, 'Early Years of the Communist Party of Great Britain', M Woodhouse and B Pearce, *Essays on the History of Communism in Britain*(London: New Park Publications, 1975), pp 149~178.

Peirats, J, *Anarchists in the Spanish Revolution*(London: Freedom Press, 1990).

Pelling, H, 'The Labour Unrest 1911–1914', *Popular Politics and Society in Late Victorian Britain*(London: Macmillan, 1968).

Pelloutier, F, *Historie des bourses du travail*(Paris, 1902).

Perlman, S, *A Theory of the Labor Movement*(New York: Macmillan, 1928).

Peterson, L, 'The One Big Union in International Perspective: Revolutionary Industrial Unionism 1900–1925', in J E Cronin and C Sirianni(eds), *Work, Community and Power: The Experience of Labour in Europe and America 1900–1925*(Philadelphia: Temple University Press, 1983), pp 49~87.

Peterson, L, 'Revolutionary Socialism and Industrial Unrest in the Era of the Winnipeg General Strike: The Origins of Communist Labour Unionism in Europe and North America', *Labour/Le Travail*, 13(1984), pp 115~131.

Pollitt, H, *Serving My Time*(London: Lawrence and Wishart, 1940).

Postgate, R W, *The Builders' History*(London: The National Federation of Building Trade Operatives, 1923).

Pouget, E, *Le parti du travail*(Paris: la guerre sociale, 1905).

Pouget, E, *L'Action directe*(Paris: Bibliothéque syndicaliste, 1907).

Pouget, E, *Les bases du syndicalisme*(Paris: Bibliothéque syndicaliste, 1906).

Pouget. E, *Le Sabotage*(Paris: La guerre sociale, s.a. Bibliothéque syndicaliste, 4, 1910).

Pouget, E, 'What is the Trade Union', in D Guerin(ed), *No Gods, No Masters: An Anthology of Anarchism*(Edinburgh, 2005), pp 432~433.

Preston, W, 'Shall This Be All? U.S. Historians Versus William D Haywood *et al.*', *Labor History*, 11: 3(1971), pp 435~453.

Pribicevic, B, *The Shop Stewards' Movement and Workers' Control*(Oxford: Blackwell, 1959).

Price, R, 'Contextualising British Syndicalism c.1907–c.1920', *Labour History Review*, 63:3(1998), pp 261~276.

Reid, D, 'Guillaume Verdier et le Stndicalisme rèvolutionnaire aux usines de

Decazeville 1917~1920', *Annales du Midi*, 166(April~June 1984).

Reiman, M, *The Birth of Stalinism: The USSR on the Eve of the: Second Revolution*(London: I B Tauris and Co Ltd, 1987).

Renshaw, P, *The Wobblies: The Story of Syndicalism in the United States*(London: Eyre and Spottiswoode, 1967).

Richards, V(ed), *Errico Malatesta: His Life and Ideas*(London: Freedom Press, 1977).

Riddell, J(ed) *Lenin's Struggle for a Revolutionary International: Documents, 1907~1916, The Preparatory Years*(New York: Monad Press, 1984).

Riddell, J(ed), *Workers of the World and Oppressed Peoples, Unite! Proceedings and Documents of the Second Congress 1920*(New York: Pathfinder, 1991).

Ridley, F F, *Revolutionary Syndicalism in France: The Direct Action of Its Time*(Cambridge University Press, 1970).

Riguzzi, B, *Sindacalismo e riformismo nel Parmense*(Bari: De Donato, 1974).

Riottat, Y, *Joaquín Maurín, De l'anarcho-syndicalisme au communisme 1919~1936*(Paris: L'Harmattan, 1997).

Roberts, D D, *The Syndicalist Tradition and Italian Fascism*(Manchester: Manchester University Press, 1979).

Roberts, D D, 'How Not to Think About Fascism and Ideology, Intellectual Antecedents and Historical Meaning', *Journal of Contemporary History*, 35:2(2000), pp 185~211.

Rocker, R, 'The Methods of Anarcho-Syndicalism', *Anarcho-Syndicalism*(London: Phoenix Press, 1987), pp 63~73.

Rosmer, A, 'Il y a quarante ans', *La Révolution prolétarienne*, January 1951, pp 1~3.

Rosmer, A, *Lenin's Moscow*(London: Pluto Press, 1971).

Rosmer, A, 'La Liquidation du "Putschisme"', *La Rèvolution prolètarienne*, no 14, pp 1~4, 1926, in *Revolutionary History*, 7:4(2000), pp 109~116.

Rowbotham, S, *Hidden From History: 300 Years of Women's Oppression and the Fight Against It*(London: Pluto Press, 1973).

Second Congress of the Communist International: Minutes of the Proceedings: Vols 1 and 2(London: New Park, 1977).

Schecter, D, *Radical Theories: Paths Beyond Marxism and Social Democracy*(Manchester University Press, 1994), p 36.

Schofield, A, 'Rebel Girls and Union Maids: The Woman Question in the Journals of the AFL and IWW, 1905~1920', *Feminist Studies*, 9(Summer 1983), pp 335~358.

Screpanti, E, 'Long Cycles and Recurring Proletarian Insurgencies', *Review*, 7:2(1984), pp 509~548.

Screpanti, E, 'Long Cycles in Strike Activity: An Empirical Investigation', *British Journal of Industrial Relations*, 25:1(1987), pp 99~124.

Scumpter, J A, cited in R Wohl, *French Communism in the Making, 1914-1924* (Stanford, Calif, 1966), p 27.

Shalev, M, and W Korpi, 'Working Class Mobilisation and American Exceptionalism', *Economic and Industrial Democracy*, 1(1980), pp 31~61.

Sellars, N A. *Oil, Wheat and Wobblies: The Industrial Workers of the World in Oklahoma, 1905-1930*(Norman: University of Oklahoma Press, 1998).

Shor, F, '"Virile Syndicalism" in Comparative Perspective: A Gender Analysis of the IWW in the United States and Australia', *International Labor and Working Class History*, 56(1999), pp 65~77.

Shorter, E and C Tilly, *Strikes in France 1830-1968*(Cambridge University Press, 1974).

Smith, A, 'Spain', in S Berger and D Broughton(eds) *The Force of Labour: The Western European Labour Movement and the Working Class in the Twentieth Century*(Oxford: Berg, 1995), pp 171~209.

Smith, A, 'Anarchism, the General Strike and the Barcelona Labour Movement, 1899-1914, *European History Quarterly*, 27:1(1997), pp 5~40.

Smith, A, 'Spain', in S Berger and D Broughton(eds), *The Force of Labour: European Labour Movements and the European Working Class in the Twentieth Century*(Oxford: Berg, 1995), pp 171~209.

Smith, J, 'Labour Tradition in Glasgow and Liverpool', *History Workshop Journal*, 17(1984), pp 32~56.

Snowden, P, *Socialism and Syndicalism*(London: Collins, c1913).

Solano, E G, *El Sindicalismo en la teoría y en la práctica*(Barcelona, 1919).

Sorel, G, *Reflections on Violence*(New York: B W Huebsch, 1912, third edition, first published 1908)[국역: 《폭력에 대한 성찰》, 나남, 2007].

Spero, S D and A L Harris, *The Black Worker: The Negro and the Labor Movement* (New York: Columbia University Press, 1931)

Spriano, P, *The Occupation of the Factories: Italy 1920*(London: Pluto Press, 1975).

Stearns, P N, *Revolutionary Syndicalism and French Labor: A Cause without Rebels* (New Brunswick: Rutgers University Press, 1971).

Stepan-Norris, J and M Zeitlin, *Left-Out: Reds and America's Industrial Unions*(Cambridge University Press, 2003).

St. John, V, *The IWW: Its History, Structure and Method*(Chicago: IWW Publishing Bureau, nd, revised edition 1917).

Surace, S J, *Ideology, Economic Change and the Working Classes: The Case of Italy*(Berkeley: University of California, 1966).

Sykes, T R, 'Revolutionary Syndicalism in the Italian Labor Movement: The Agrarian Strikes of 1907~8 in the Province of Parma', *International Review of Social History*, 21(1976), pp 186~211.

Taplin, E, *Near to Revolution: The Liverpool General Transport Strike of 1911*(Liverpool: Bluecoat Press, 1994).

Tax, M, *The Rising of the Women*(New York: Monthly Review Press, 1980), pp 125~163.

Taylor, P, 'Syndicalism', *Socialist Worker Review*, 77(1985), p 24.

The Miners' Next Step: Being a Suggested Scheme for the Re-Organization of the Federation, issued by the Unofficial Reform Committee(Tonypandy: Robert Davies and Co, 1912, reprinted London: Pluto Press, 1973).

Thomas, P, *Karl Marx and the Anarchists*(London: Routledge, 1980).

Thompson, E P, 'Homage to Tom Maguire', A Briggs and J Saville(eds), *Essays in Labour History 1886~1923*(London: Macmillan, 1967), pp 276~316.

Thorpe, A, 'Comintern "Control" of the Communist Party of Great Britain, 1920~43', *English Historical Review*, 113: 452(1998), pp 637~662.

Thorpe, W, *'The Workers Themselves': Revolutionary Syndicalism and International Labour, 1913~1923*(Dordrecht: Kluwer Academic Publishers, 1989).

Thorpe, W, 'Towards a Syndicalist International: The 1913 London Congress', *International Review of Social History*, 23(1978), pp 33~78.

Thorpe, W, 'Syndicalist Internationalism and Moscow, 1919~1922: The Breach' *Canadian Journal of History*, 14:1(1979), pp 199~234.

Thorpe,W, 'The European Syndicalists andWar, 1914~18', *Contemporary European History*, 10: part 1(2001), pp 1~24.

Thorpe, W, 'Syndicalist Internationalism Before World War II', in M van der Linden and W Thorpe(eds), *Revolutionary Syndicalism: An International Perspective*(Aldershot: Scolar Press), pp 237~260.

Tilly, C, 'Introduction' in L H Haimson and C Tilly(eds), *Strikes, Wars and Revolutions in an International Perspective*(Stanford. California: Cambridge University Press, 1989).

Tinghino, J J, *Edmoundo Rossoni: From Revolutionary Syndicalism to Fascism* (New York: Peter Lang, 1991).

Tosstorff, R, '"Moscow" or "Amsterdam"? The Red International of Labour Unions, 1920/21~1937', Thesis, Johannes Gutenberg University, Mainz, Germany, 1999.

Tosstorff, R, 'Moscow Versus Amsterdam: Reflections on the History of the Profintern', *Labour History Review*, 68:1(2003), pp 79~97.

Tosstorff, R *Profintern: Die Rote Gewerkschaftsinterntionale, 1920-1937* (Paderborn: Schoeningh, 2004).

Trotsky, L, *Marxism and the Trade Unions*(London: New Park, 1972)[국역: 《트로츠키의 노동조합투쟁론》, 풀무질, 2002].

Trotsky, L, 'Communism and Syndicalism: On the Trade Union Question'(May 1923), *Marxism and the Trade Unions*(London: New Park, 1972), pp 19~29.

Trotsky, L, 'The Anarcho-syndicalist Prejudices Again!'(May 1923), *Marxism and the Trade Unions*(London: New Park, 1972), pp 30~34.

Trotsky, L, *The First Five Years of the Communist International*, vol 1(New Park: Pathfinder, 1972).

Trotsky, L, 'Speech at a General Party Membership Meeting of the Moscow Organization, July 1921', *The First Five Years of the Communist International: Vol 2*(New York: Mondad Press, 1972), p 1~43.

Trotsky, L, 'Letter to the Convention of the French Communist Party', September 1922, *The First Five Years of the Communist International: Vol 2*(New York: Pathfinder, 1972), p 162~180.

Trotsky, L, 'On the Coming Congress of the Comintern', *The First Fives Years of the Communist International: Vol 1*(New York, 1972), p 93.

Trotsky, L, *1905*(Harmondsworth, Penguin, 1973).

Trotsky, L, 'The Lesson of Spain', *The Spanish Revolution 1931-9*(New York: Pathfinder Press, 1973), pp 306~326[국역: 《레온 트로츠키의 스페인 혁명》, 풀무질, 2008].

Tuñón de Lara, M, *El movimiento obrero en la historia de España: Vol 1*(Madrid: Taurus, 1977).

Vandervort, B, *Victor Griffuelhes and French Syndicalism, 1895-1922*(Louisiana State University Press, 1996).

van der Linden, M 'Second Thoughts on Revolutionary Syndicalism', *Labour History Review*, 63:2(1998), pp 182~196.

van der Linden, M, *Transnational Labour History: Explorations*(London: Ashgate, 2003).

van der Linden, M and W Thorpe, 'The Rise and Fall of Revolutionary Syndicalism (1890-1940)',in M van der Linden and W Thorpe(eds), *Revolutionary Syndicalism: An International Perspective*(Aldershot, Scolar Press, 1990), pp 1~24.

van der Walt, L, '"The Industrial Union is the Embryo of the Socialist Commonwealth", The International Socialist League and Revolutionary Syndicalism in South Africa, 1915-1919', *Comparative Studies of South Asia, Africa and the Middle East*, 15:1(1999), pp 5~30.

Watson, B, *Bread and Roses: Mills, Migrants and the Struggle for the American Dream*(New York: Penguin, 2005).

Webb, S and B Webb, 'What Syndicalism Means: An Examination of the Origin and Motives of the Movement with an Analysis of its Proposals for the Control of Industry', *The Crusade*, August 1912.

Webb, S, and B Webb, *What Syndicalism Means: An Examination of the Origin and Motives of the Movement with an Analysis of its Proposals for the Control of Industry*(London, 1912).

Webb, S, and B Webb, *History of Trade Unionism 1666-1920*(London: Longman, 1919)[국역:《영국노동조합운동사 상·하》, 형성사, 1990].

Webb, S, and B Webb, *Industrial Democracy*(London: Longman, 1920).

White, J, *Tom Mann*(Manchester University Press, 1991).

White, J, 'Syndicalism in a Mature Industrial Setting: The Case of Britain', in M van der Linden and W Thorpe(eds), *Revolutionary Syndicalism: An International Perspective*(Aldershot, Scolar Press, 1990), pp 101~118.

Wilentz, R S, 'Against Exceptionalism: Class Consciousness and the American Labor Movement', *International Labor and Working Class History*, 26(1984), pp 1~24.

Williams, G A, *Proletarian Order: Antonio Gramsci, Factory Councils and the Origins of Italian Communism in Italy, 1911-1921*(London: Pluto Press, 1975).

Wohl, R, *French Communism in the Making, 1914-1924*(Stanford University Press, 1966).

Woodcock, G(ed), *The Anarchist Reader*(London: Fontana, 1977).

Woodcock, G, *Anarchism: A History of Libertarian Ideas and Movements*(Harmondsworth: Penguin, 1979)[국역:《아나키즘: 자유인의 사상과 운동의 역사》 사상편·운동편, 형설출판사, 1982].

Woodhouse, M, 'Syndicalism, Communism and the Trade Unions in Britain, 1910-1926', *Marxist*, vol 4, no 3(1966) available at: http://www.whatnextjournal.co.uk/Pages/History/Syndicalism.html.

Woodhouse, M G, 'Rank and File Movements amongst the Miners of South Wales 1910-26', D.Phil thesis, University of Oxford, 1970.

Woodhouse, M, 'Marxism and Stalinism in Britain', in M Woodhouse and B Pearce, *Essays on the History of Communism in Britain*(London: New Park Publications, 1975), pp 1~103.

Woodhouse, M, and B Pearce, *Essays on the History of Communism in Britain*(London 1975).

Wolfe, B, *Strange Communists I Have Known*(London: Allen and Unwin, 1996).

Yeates, P, *Lockout: Dublin 1913*(Dublin: Gill and Macmillan, 2001).

Yvetot, G, *L'ABC syndicaliste*(Paris: la guerre sociale, 1908).

Zieger, R H, Book Review of 'Bread and Roses Too: Studies of the Wobblies', *Labor History*, 11:4(1970), pp 564~569.

Zumoff, J, 'The Syndicalist Roots of American Communism: The Industrial Workers of the World and William Z. Foster', Paper presented to seminar on Comparative Labour and Working Class History, Institute for Historical Research, University of London, 19 January 2001.

찾아보기